新能源汽车维修安全必备手册

陆艳宝　胡志涛　江海荣　主　编
向静裴　张泽平　李连俊　副主编

辽宁科学技术出版社
沈阳

图书在版编目（CIP）数据

新能源汽车维修安全必备手册 / 陆艳宝，胡志涛，江海荣主编. -- 沈阳 ：辽宁科学技术出版社，2023.1

ISBN 978-7-5591-2807-2

Ⅰ. ①新… Ⅱ. ①陆… ②胡… ③江… Ⅲ. ①新能源－汽车－车辆修理－手册 Ⅳ. ①U469.707-62

中国版本图书馆 CIP 数据核字（2022）第 217096 号

出版发行：辽宁科学技术出版社
（地址：沈阳市和平区十一纬路25号 邮编：110003）
印 刷 者：辽宁新华印务有限公司
经 销 者：各地新华书店
幅面尺寸：210mm × 285mm
印　　张：25.5
字　　数：600千字
出版时间：2023年1月第1版
印刷时间：2023年1月第1次印刷
责任编辑：吕焕亮
封面设计：盼　盼
责任校对：王玉宝

书　　号：ISBN 978-7-5591-2807-2
定　　价：150.00元

编辑电话：024—23284373
E-mail：atauto@vip.sina.com
邮购热线：024—23284626

编委会

前言

由于对碳中和的日益重视，国家出台一系列政策促进新能源汽车的销售，混合动力、纯电动汽车的市场份额逐渐上升，纯电动汽车是主要发展方向。2025年，中国新能源汽车年销量将达到500万辆左右，电动汽车在大众市场和中端市场的覆盖面会进一步扩大。

新能源汽车与传统燃油汽车最大的区别是高压安全问题，没有安全作保证，一切维修都是空谈。应广大汽车维修人员和汽车电子从业人员的要求，我们特意组织各个电动汽车车系的维修专家进行编写，介绍各个车型安全注意事项、部分车型高压系统架构和如何断开高压系统，这个就可以按照传统燃油汽车逻辑进行维修。所以这本《新能源汽车维修安全必备手册》是每个新能源汽车维修人员或传统燃油汽车维修人员向新能源汽车维修转变的得力参考书，也可以作为中高职院校新能源汽车维修专业学生的辅助教材，让学生掌握常见车型切断高压系统的安全方法。

本书具有以下特点：

（1）车型新：本书汇集的车型包括特斯拉Model 3、特斯拉Model Y、蔚来EC6、小鹏G3i、理想ONE、威马E.5、奔驰EQC、华晨宝马iX3、一汽奥迪Q2 e-tron、沃尔沃XC40新能源、保时捷Taycan、赛力斯华为智选SF5、雷克萨斯UX300e、上汽通用别克VELITE 7、欧拉黑猫、奇瑞冰淇淋、东风标致e2008、合众汽车哪吒V、北京现代昂希诺EV、东风悦达起亚KX3 EV、一汽红旗E-HS9、五菱宏光MINI EV、上汽荣威Ei5、广汽丰田C-HR EV、众泰T300 EV、吉利帝豪EV、广汽埃安Y、比亚迪秦Plus EV、北汽新能源EC3等。

（2）实用性强：对各个车型的高压断电步骤一步一步地进行介绍，按步骤操作完成切断高压系统，实用性特别强。

（3）读者面广：适合纯电动汽车机电维修、汽车电子维修、音响改装，以及汽车电控系统开发技术人员和中高职业院校师生使用。

在编写过程中，编者花费了大量的时间、精力，虽然在编写时对每个数据和图片都进行了仔细检查，但由于水平有限，书中不当之处在所难免，欢迎广大读者对本书内容提出宝贵意见。

目录

第一章　特斯拉车系

第一节　安全警示

一、电压

警告：车辆装配有低压（12V）和高压（HV）（400V）电路。要完全断开高压系统，请参考“车辆电气绝缘程序”。

警告：只有接受过高压安全意识培训并完成全部所需认证课程（如适用）的维修技师才允许执行此程序。处理高压电缆时，必须随时佩戴最低防护等级为 0（1000V）的适当个人防护装备（PPE）及高压绝缘手套。

警告：在执行涉及高压的程序之前，请确保万用表和导线能够承受至少 500V 电压。

警告：切勿断开或切断橙色高压电缆或高压组件，除非高压系统已禁用。

警告：禁用车辆后，动力会在辅助约束系统（SRS）中持续 30s，在高压电气系统中持续 1min。

警告：切勿侵入高压电池外壳中。

二、高压电池和高压电路

高压电池存储电机和车辆电气系统的所有能量。高压电路可感知有可能损坏车辆或构成安全风险的多种情况。此类情况下的主要响应方式是将高压从车辆其他位置断开。当高压电池不在车辆中时，不拆下配电盒盖将无法接触到高压。

警告：执行暴露在高压之下的任何程序之前，请取下您佩戴的所有首饰（手表、手链、戒指、项链、耳环、身份牌、穿刺饰品等），并掏出兜里的所有物品（钥匙、硬币、钢笔、铅笔、工具、纽扣等）。

警告：如果需要为了安全地执行程序而佩戴矫正护目镜，请确保该护目镜牢固地固定到头上并且无法掉落。

警告：如果某高压电池的外壳或安全电路已受损或发生严重损坏，则此高压电池可能构成重大高压和触电死亡危险。

警告：执行可能需要在高压电池附近使用电钻的任何程序（尤其是从车辆内部向下钻孔）前，请务必拆下高压电池。

警告：如果高压电池或车辆出现漏气、冒烟、过热、火花或电弧等迹象，请联系当地应急部门，并参考 https：//www.tesla.com/firstresponders 上的适用《紧急响应指南》。锂离子高压电池泄漏的气体或烟雾可能具有易燃性，随时可能燃烧。

三、12V电池

特斯拉使用的12V电池与大多数内燃机汽车使用的铅酸电池类似。铅酸电池由于充注(富液)硫酸，因而有时被称为“富液”电池。

警告：铅酸电池所含的电解质存在于稀硫酸中，如果接触皮肤，可造成严重的化学灼伤。

警告：铅酸电池可以释放氢气和氧气，在特定条件下可能导致爆炸。仅限在无火花或明火且通风良好的区域对12V电池充电。

警告：务必保持12V电池直立。12V电池采用通风设计（未密封），因而如果电池未保持直立，会导致硫酸溢出。

警告：仅限使用特斯拉规定的电池充电器。不按建议规格为电池充电会导致电池过热，释放酸和氢气的可能性增大，可能造成人身伤害、车辆损坏、火灾或爆炸。

警告：为防止排放气体进入驾驶室进气系统或腐蚀组件，执行作业后一定要重新安装12V电池通风管。

警告：特斯拉中的高压电池可以支持已损坏/过度放电的12V电池，无论车辆是否正在行驶中。不过，在检测到12V电池退化时，车辆会显示警报，提示12V电池需要更换。如果在较长时间内忽略这些警报，高压电池可能会放电到无法再支持12V电池的程度（车辆将需要跳线跨接启动），或12V电池可能会因近乎持续的充电而过热。

警告：12V电池放电过度，可能会造成电池永久损坏，并导致充电期间发生过热的可能性上升。如果车辆的12V电池放电过度或“耗尽”，务必更换12V电池。即使放电过度的电池成功进行了再次充电，已产生的损坏也可能引发未来的稳定性问题。

警告：避免不必要的12V电池更换。如果车辆不支持12V电池或者出现较低的高压充电状态且无法充电，请断开12V电源。保持12V电池连接可能导致因过度放电而损坏12V电池。

四、急救措施

若出现（或疑似）电击或触电死亡，请立即寻求医疗援助。正常情况下，技术人员不得接触高压电池单元中包含的物质。如果破裂或受损电池泄漏的物质接触到皮肤，请立即用水冲洗，然后用肥皂和水清洗受感染部位。避免吸入任何排放气体。若出现化学灼伤或刺激仍然存在，请寻求医疗援助。若不慎入眼，请使用大量清水冲洗15min并立即就医。

警告：如果某高压电池的外壳或安全电路已受损或发生严重损坏，则此高压电池可能构成重大高压和触电死亡危险。

警告：避免接触从受损电池中释放的气体。排放的气体可能会刺激眼睛、皮肤和喉咙。排放气体温度可能超过600℃。接触高温气体可能导致灼伤。

五、高压电池存放预防措施

1.警告

（1）请勿将高压电池存放在低于-20℃的环境中。

（2）在高于35℃的环境中存放高压电池的时间不得超过10天。

（3）请勿在低于0℃的环境中为高压电池充电或放电。

（4）在满电状态（SOC）或完全放电状态下存放高压电池的时间不得超过30天。

（5）请勿在高压电池附近从事切割、钻孔或焊接作业。

（6）存放高压电池前，用塞子塞住每个高压连接处。

2.注意

（1）如果没有高压连接器塞，请使用 3M 2480S 遮蔽胶带或 3M 471 聚氯乙烯绝缘带覆盖连接器。

（2）高压电池应存放在干燥区域、合格包装中或非导电表面上。为降低意外短路风险，请确保所存放电池的附近没有散布的金属或其他导电材料。

（3）高压电池的存放时间不应超过 9 个月，否则可能影响高压电池的使用寿命。如果预期要存放较长时间，请咨询特斯拉。

六、高压电池处理程序

高压电池中含有的锂离子单元不包含铅、镉或水银等重金属。应根据国家、省 / 自治区 / 直辖市和地方法规回收或处理高压电池。有关处理高压电池的法规因司法管辖区的不同而有所不同。在美国，电池属于通用废物，许多州还就高压电池处理制定了各自的法规。高压电池包含可回收材料。特斯拉推荐所有车主将高压电池带到特斯拉服务中心进行评估，在适当的情况下，能够以安全高效的方式回收利用。如果在不将高压电池返回特斯拉的情况下处理该电池，请向国家、省 / 自治区 / 直辖市和 / 或地方主管部门咨询相应的处理和回收方法。

第二节　Model 3/Y

一、高压架构

Model 3 和 Model Y 的高压架构完全相同，高压架构概览如图 1-1 所示。前舱的高压连接的插头如图 1-2 所示。

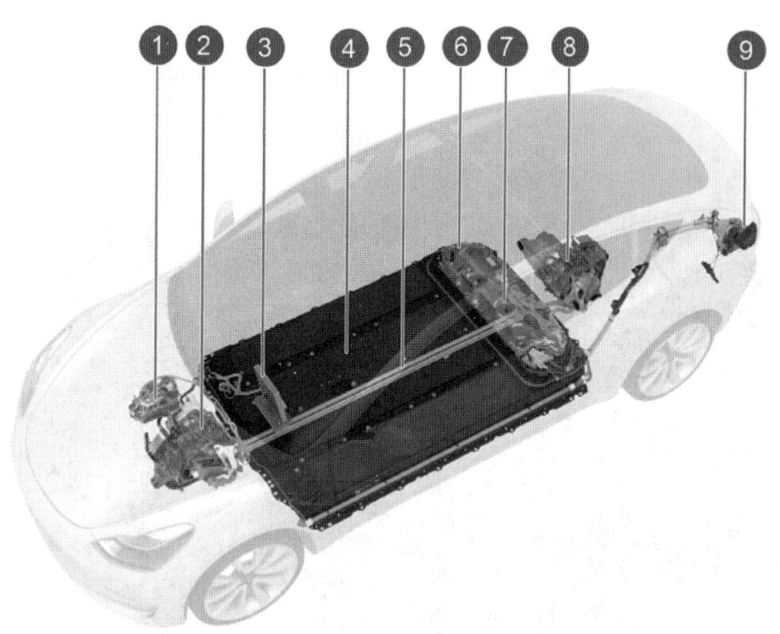

1.空调压缩机　2.前部驱动单元　3.正温度系数加热器　4.高压电池　5.高压缆道　6.配电盒　7.功率转换系统　8.后轮驱动单元　9.交流/直流充电端口

图1-1

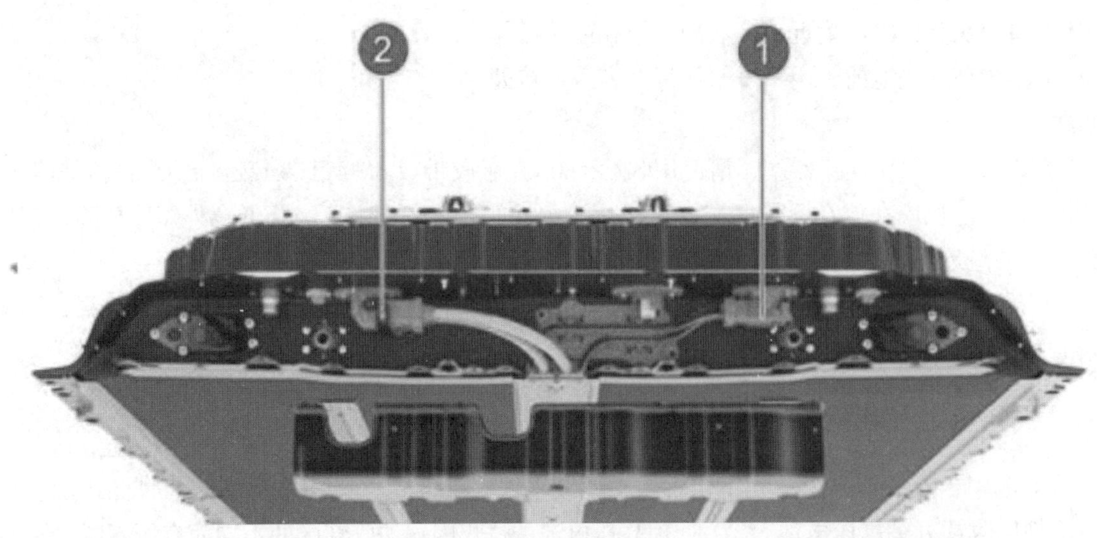

1.PTC加热器和压缩机连接器　2.前轮驱动单元连接器

图1-2

前轮驱动单元和辅助组件（压缩机和 PTC 加热器）均位于车辆前部。不同配置的车型高压组件从配电盒至车辆前部的布线大致相同。前轮驱动单元、压缩机和 PTC 加热器的高压布线始于高压电池配电盒后部的两处高压连接器。PTC 加热器和压缩机高压线位于配电盒中的相同连接器上。前轮驱动单元有自己独立的连接器。后轮驱动单元的高压布线始于高压电池配电盒后部的高压连接器。线束用于后轮驱动单元，包含 2 根高压线缆。线束长度较短，可迅速抵达驱动单元。高压电池至后舱的高压插头如图 1-3 所示。

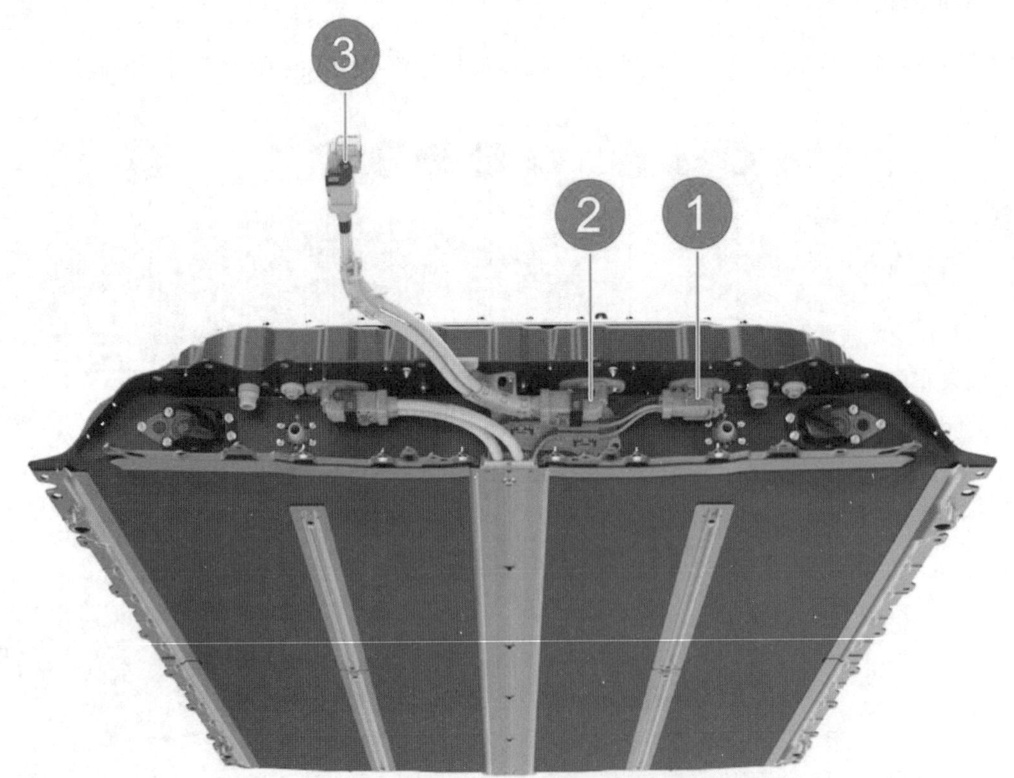

1.正温度系数加热器和压缩机连接器　2.后轮驱动单元线束连接高压电池的连接器　3.后轮驱动单元连接器

图1-3

充电端口的高压布线始于高压电池配电盒后部的高压连接器。配电盒处的连接位于配电盒盖板旁。充电高压电缆如图 1-4 所示。

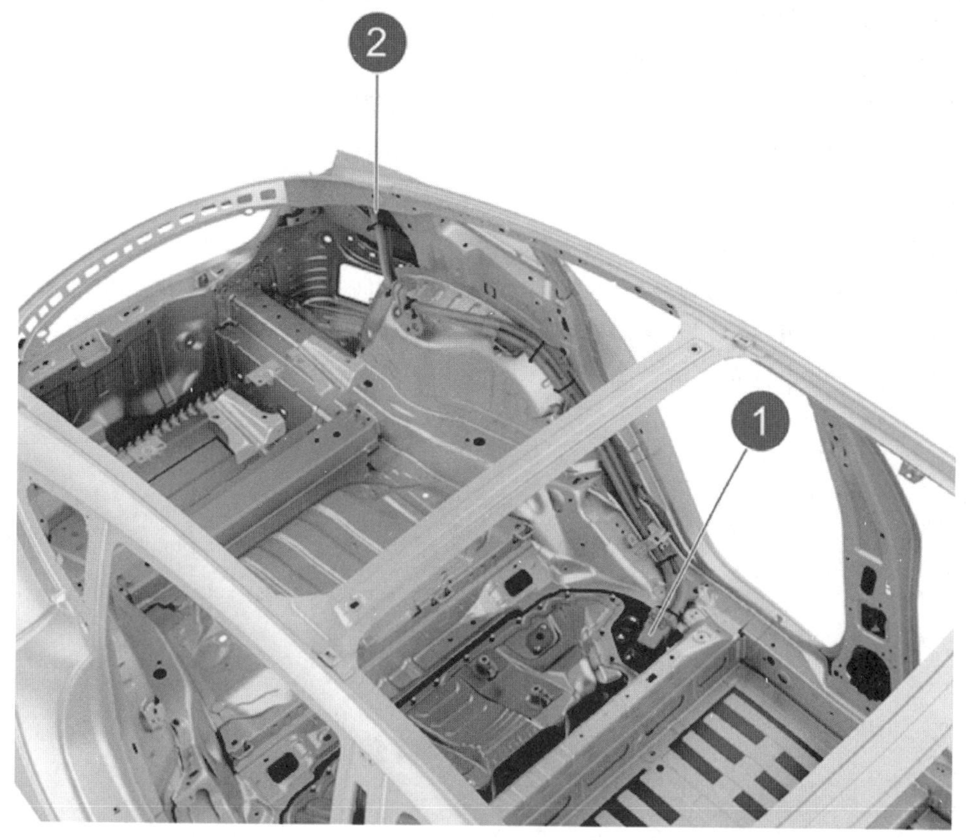

1.配电盒连接器　2.充电端口

图1-4

二、12V蓄电池断开和连接程序

警告：本程序会禁用 12V 电源，但并不证明高压电源不再用于高压组件（正温度系数加热器、空调压缩机、逆变器等）。完成本程序后且维护高压组件之前，请执行车辆电气隔离程序。

警告：如不严格按照本程序中的步骤顺序操作，可能会对车载电脑造成永久性损害。

警告：断开 12V 电源之前，请满足以下条件：

（1）如果车门处于开启状态，关闭的车窗可能会碎裂。

（2）关闭车门可能会引发锁死。

（3）气囊未展开。

（4）各系统、显示器和其他控制均已关闭。

扭矩规格如表 1-1 所示。

表1-1

描述	扭矩值
正极/负极电缆至电池端子	6N·m

1.12V/低压蓄电池断开（VIN前三位非LRW）

（1）断开所有充电电缆。

（2）在触摸屏上，关闭温度控制系统的电源，然后等待至少 30s，以便温度控制系统彻底关闭。

（3）警告：必须执行此过程，否则会对车辆的高压部件造成损坏。

（4）确保车辆处于驻车挡。

（5）完全降下所有车窗，以避免发生玻璃破碎和车门上锁的状况。

（6）打开左后和右后车门，将一条车间毛巾夹在车门撞销上，以免闩锁锁住。

（7）拆下第二排下部坐垫。

（8）拆下前备箱后部挡板。

（9）在触摸屏上点击：控制→安全和保障→ 车辆电源 →关闭电源。

（10）警告：务必在温度控制系统已关闭电源至少 30s 后，再进行下一步。如果温度控制系统运行中，切勿断开 12V 电源。

（11）拧松将 12V 电池负极电缆固定到电池的螺母上，然后断开电缆与电池的连接。断开蓄电池负极如图 1–5 所示。

图1–5

（12）拆下配电盒 RH 侧的泡沫盖板。取下泡沫盖板如图 1–6 所示。

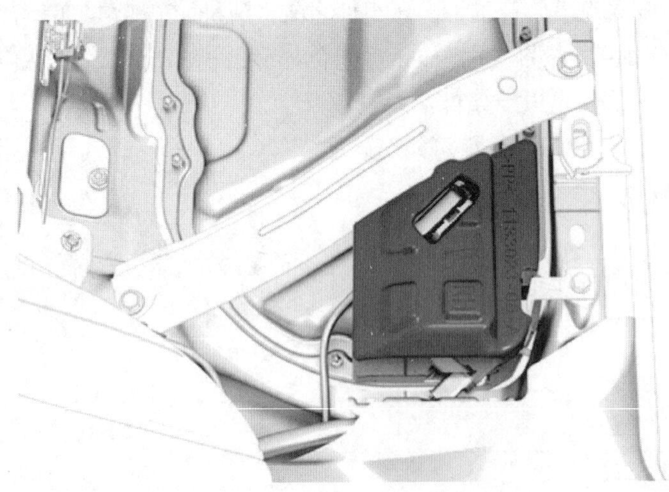

图1–6

（13）断开电气线束与高压控制器连接器之间的连接。断开高压控制器插头如图 1–7 所示。

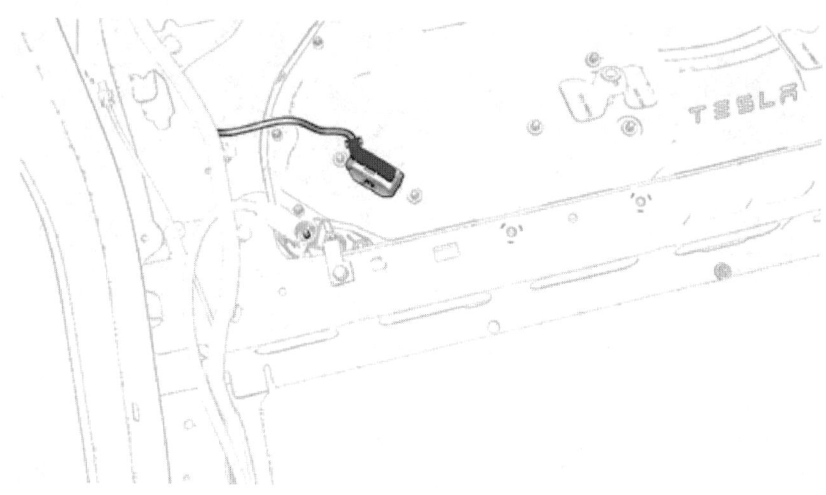

图1-7

（14）注：打开高压电池正极触点开关和负极触点开关时，会伴随沉闷的金属声。将逻辑连接器端盖安装到高压控制器连接器上，以防止错误连接，并保护连接器。保护连接器如图 1-8 所示。

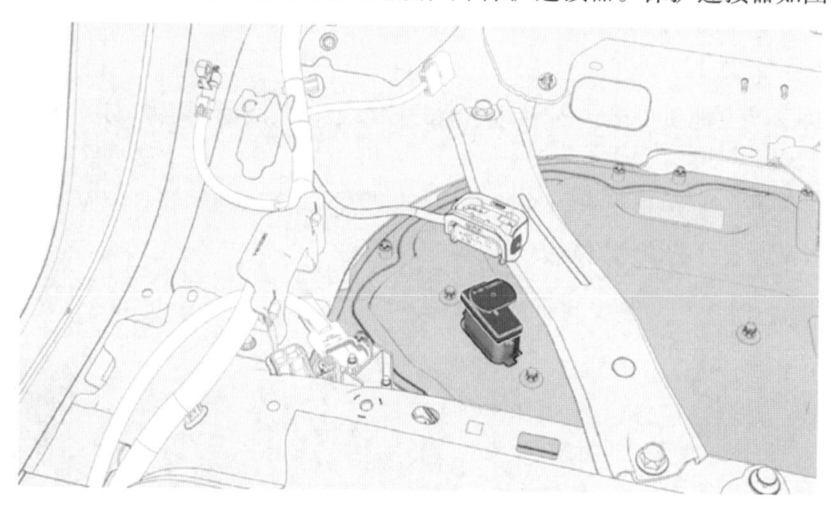

图1-8

（15）进行下一步之前，请等待 2min，让电气系统完全放电。

（16）如果已断开 12V 电源，以便维护某一高压组件，请确认该组件已经没有高压电。

2.12V/低压蓄电池断开（热泵款）

（1）注意：热泵款如图 1-9 所示，拆卸前备箱之后能够看到红圈部分的压缩机和位于压缩机旁边的超级阀总成。

（2）断开所有充电电缆。

（3）在触摸屏上，关闭温度控制系统的电源，然后等待至少 30s，以便温度控制系统彻底关闭。警告：必须执行此过程，否则会对车辆的高压部件造成损坏。

（4）确保车辆处于驻车挡。

（5）完全降下所有车窗，以避免发生玻璃破碎和车门上锁的状况。

（6）打开左后和右后车门，将一条车间毛巾夹在车门撞销上，以免闩锁锁住。

（7）拆下第二排下部坐垫。

（8）拆下前备箱后部挡板。

图1-9

（9）在触摸屏上点击：控制→安全和保障→车辆电源→关闭电源。

（10）警告：务必在温度控制系统已关闭电源至少30s后，再进行下一步。如果温度控制系统运行中，切勿断开12V电源。

（11）拧松将12V电池负极电缆固定到电池的螺母上，然后断开电缆与电池的连接。断开蓄电池负极见图1-5。

（12）警告：断开12V电池负极电缆，然后断开紧急响应回路。找到12V辅助电池RH侧旁边的紧急响应回路。断开紧急响应回路插头如图1-10所示。

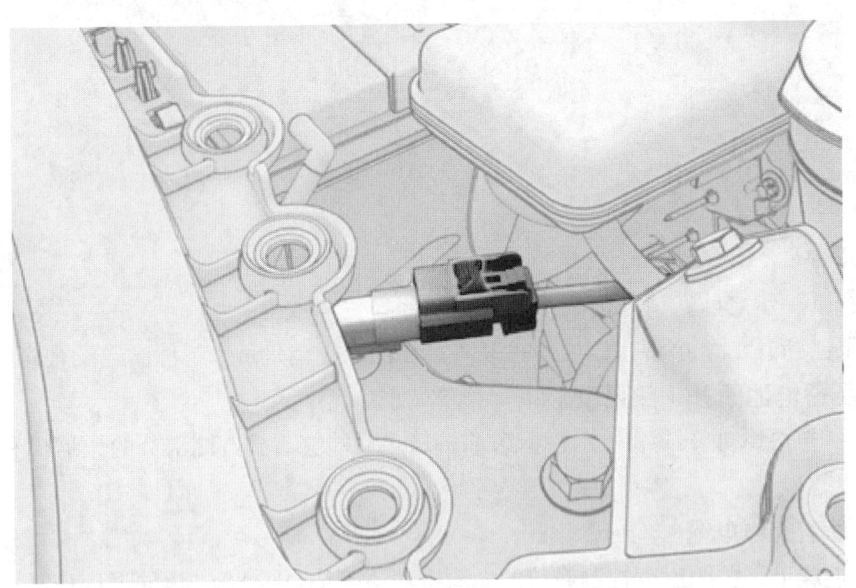

图1-10

（13）向后滑动红色锁片，按下黑色锁片，然后断开紧急响应回路。

（14）进行下一步之前，请等待2min，让电气系统完全放电。

（15）如果已断开12V电源，以便维护某一高压组件，请确认该组件已经没有高压电。

3.12V/低压锂电池断开程序

（1）打开LH前车门并降下LH前车窗。

（2）从中央显示屏关闭车辆电源。

（3）拆下后挡板。

（4）如图 1-11 所示，断开低压电池连接器与低压电池的连接。提起以松开绿色锁片，将黑色连接器锁向外拉以松开连接器，然后向上拉以断开连接器。

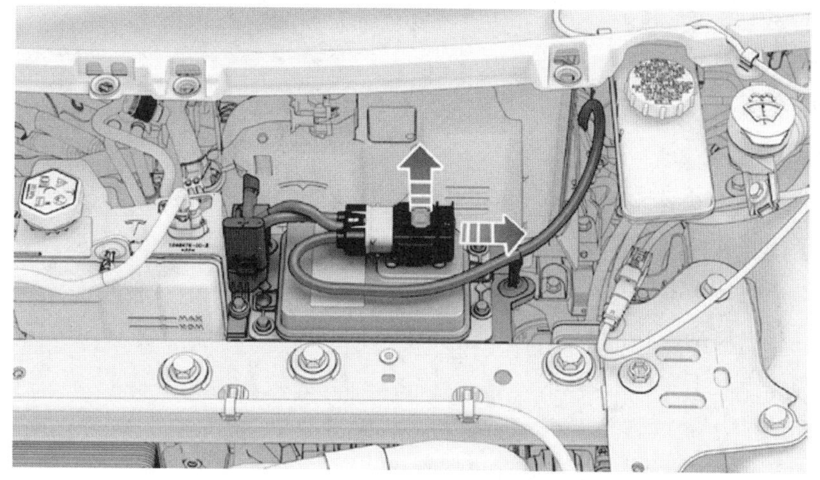

图1-11

（5）断开紧急响应回路。

（6）注意：在开始维修车辆之前，让所有电路放电 2min。断开紧急响应回路如图 1-12 所示。

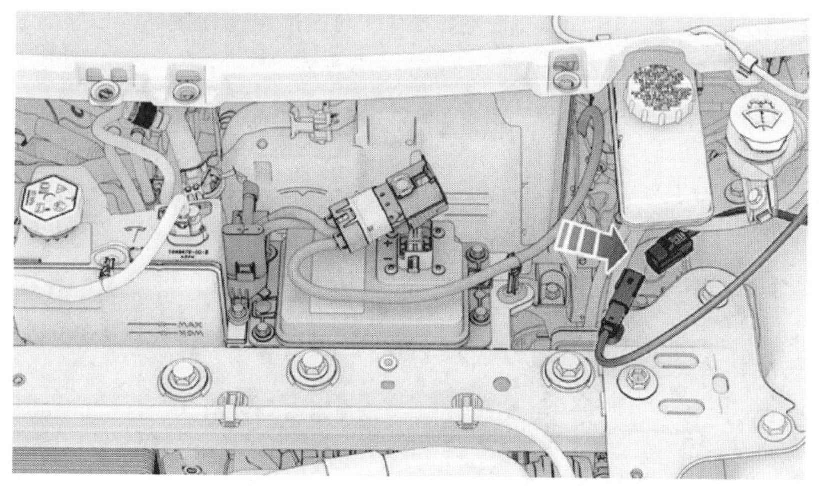

图1-12

（7）如果已断开 12V 电源，以便维护某一高压组件，请确认该组件已经没有高压电。

4.连接程序

（1）进口 Model 3

①从高压控制器连接器上拆下逻辑连接器罩。

②将电气线束连接到高压控制器连接器。

③将泡沫盖板安装到配电盒 RH 侧。

④安装第二排下部坐垫。

⑤将 12V 电池负极电缆连接到电池，然后向下按压终端线夹，使其牢固就位于电池极柱上。

⑥安装将夹子固定到极柱的螺母。

⑦安装前备箱后部挡板。

⑧踩下制动踏板以启动车辆电源。

⑨从后车门撞销上取下车间毛巾。

⑩关闭后车门。

⑪将车窗、座椅、温度控制、音频和电量恢复至维修前的状态。

（2）热泵款 Model 3/Y

①连接紧急响应回路，然后向前滑动红色锁片以锁定连接器。警告：连接紧急响应回路前，请勿重新连接 12V 负极端子。

②将 12V 电池负极电缆连接到电池，然后向下按压终端线夹，使其牢固就位于电池极柱上。

③安装将夹子固定到极柱的螺母。

④安装前备箱后部挡板。

⑤踩下制动踏板以启动车辆电源。

⑥从后车门撞销上取下车间毛巾。

⑦关闭后车门。

⑧将车窗、座椅、温度控制、音频和电量恢复至维修前的状态。

（3）锂电池车型

①连接紧急响应回路，然后向前滑动红色锁片以锁定连接器。警告：连接紧急响应回路前，请勿重新连接 12V 负极端子。

②连接低压电池连接器与低压电池。插入连接器，向内推黑色连接器锁以接合锁，确保连接器完全就位，然后接合绿色锁片。连接蓄电池插头如图 1-13 所示。

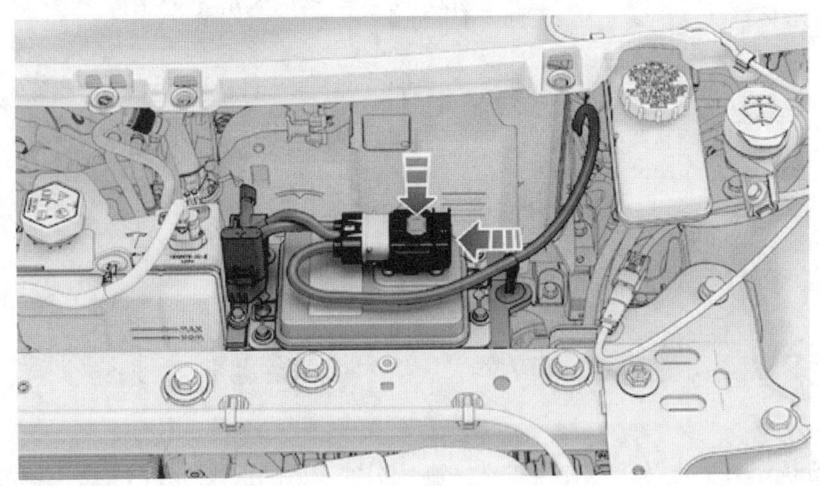

图1-13

③安装后挡板。

④升起 LH 前车窗。

三、高压隔离程序

警告：本程序会验证高压电源不再用于高压组件（正温度系数加热器、空调压缩机和逆变器等）。维护高压组件之前，请执行本程序。

警告：执行暴露在高压之下的任何程序之前，请取下您佩戴的所有首饰（手表、手链、戒指、项链、耳环、身份牌、穿刺饰品等），并掏出兜里的所有物品（钥匙、硬币、钢笔、铅笔、工具、纽扣等）。

警告：请遵守所有的安全警示说明。

Model 3/Y 的高压隔离过程完全相同。

（1）断开 12V/ 低压电源。请参考上面 12V 蓄电池断开和连接程序。

（2）拆下第二排下部坐垫。

（3）设置绝缘万用表，以测量 12V/ 低压辅助电池端子间的电压。警告：对于 12V（铅酸）辅助电池：如果电池端子间的电压低于 10V 或高于 14V，则说明万用表的测量不可靠，此时不能使用它。对于低压（锂离子）辅助电池：如果电池端子间的电压低于 13V 或高于 16V，则说明万用表的测量不可靠，此时不能使用它。仅限使用功能齐全的绝缘万用表。

（4）继续本程序前，请先摘下所有金银首饰，清空口袋。

（5）继续此程序前，请戴上高压绝缘手套、皮质外用手套和护目镜。

（6）高压验电位置如图 1-14 所示。

图1-14

（7）拆下并弃用将高压探针盖固定到配电盒罩的 5 角螺栓（×2）（如图 1-15 所示），然后从配电盒罩上拆下高压探针盖。

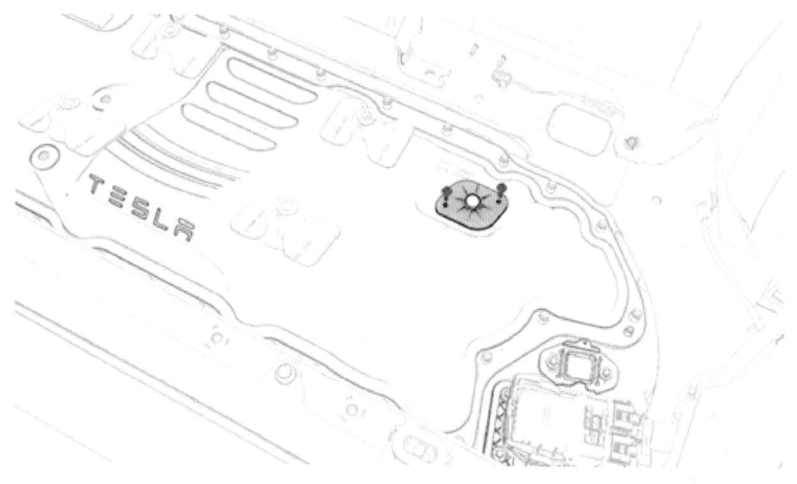

图1-15

（8）使用绝缘万用表探测电压，如表 1-2 所示。如图 1-16 所示拆下高压探针盖。

1.测量导孔　2.直流链路中的主正和主负测量点

图1-16

表1-2

组件测试	B+（LH探孔）	B-（RH探孔）	地线	测量电源低于10V	测量低于等于或高于10V
HV	正极（+）引线	负极（-）引线		通过	未通过 检查高压电池触点开关是否卡住。请参阅高压电池触点开关检查。
电池正极触点开关	正极（+）引线		负极（-）引线	通过	未通过 高压电池正极触点开关可能已卡住。请参阅高压电池触点开关检查。
高压电池负极触点开关		正极（+）引线	负极（-）引线	通过	未通过 高压电池负极触点开关可能已卡住。请参阅高压电池触点开关检查。

（9）测量12V/低压辅助电池端子间的电压，如果符合下列标准，则可以确定高压直流链路不带电，否则需要重新执行验电过程。警告：对于12V（铅酸）辅助电池：如果电池端子间的电压低于10V或高于14V，则说明万用表在刚才的测量过程中损坏，此时更换一块万用表从第三步开始执行测量过程。对于低压（锂离子）辅助电池：如果电池端子间的电压低于13V或高于16V，则说明万用表在刚才的测量过程中损坏，此时更换一块万用表从第三步开始执行测量过程。

第三节　Model S/X

一、高压架构（第一代）（高压架构概览如图1-17所示）

Model S第一代高压架构从开始生产到2014年1月6日。说明如下：

（1）第一代DC/DC（作为空调压缩机、冷却剂加热器和PTC加热器的前接线盒）。

（2）高压电池。

（3）第一代高压接线盒。

（4）第一代主充电器。

（5）后部大号驱动单元（始终为大号，没有双电机第一代动力总成）。

（6）第一代副充电器（可选）。

（7）充电端口。

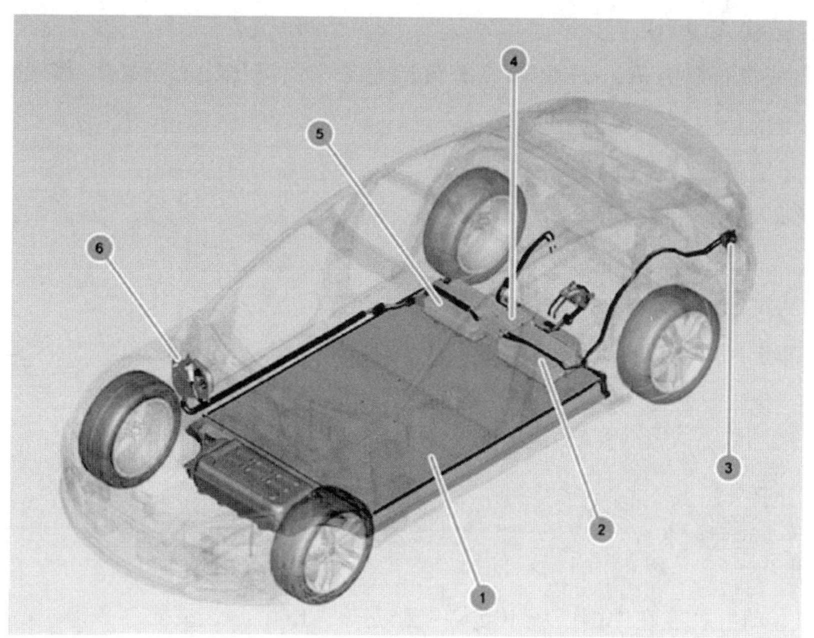

1.高压电池　2.10 kW车载副充电器（可选）　3.充电端口　4.接线盒　5.10kW车载主充电器　6.DC/DC

图1-17

第一代高压分布示意图如图 1-18 所示。

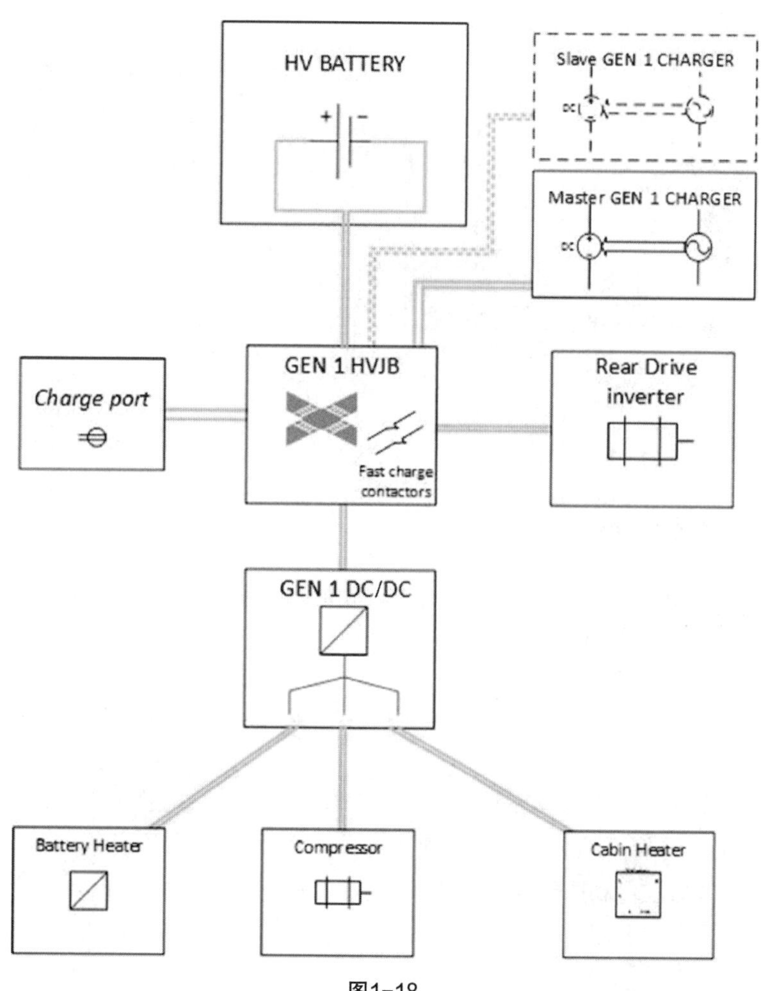

图1-18

第一代动力总成快速说明：

第一代动力总成没有双电机，HVIL 节点的数量为 4 个，高压中心是高压接线盒，将以下高压链路连接在一起：

（1）后轮驱动单元。

（2）高压电池。

（3）DC/DC。

（4）高压接线盒包含快速充电触点开关。

（5）在快速充电期间，高压接线盒也将上述中心连接至充电端口（允许从充电端口向高压电池快速充电）。

（6）DC/DC 担当以下高压 HVAC 组件的电力分配器：

①冷却液加热器。

②正温度系数加热器。

③空调压缩机。

第一代 Model S 动力总成在中国市场不支持三相交流充电。

二、高压架构（第二代）（高压架构概览如图1-19所示）

Model S 第二代高压架构从 2014 年 1 月到 2016 年 3 月，如图 1-20 所示。

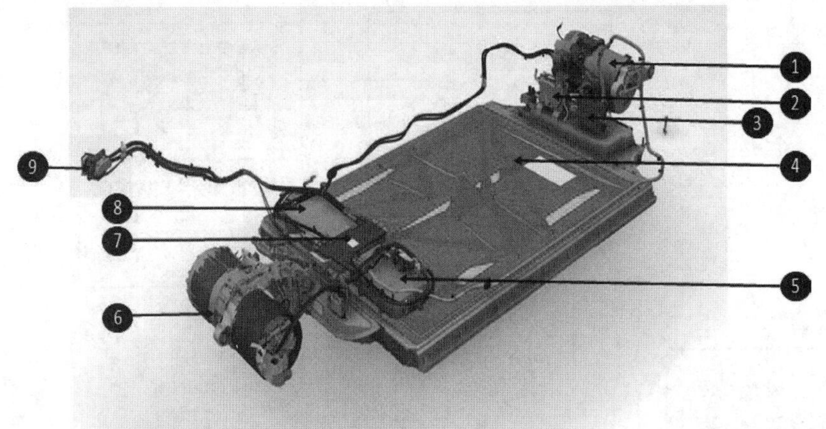

1.前驱动单元（可选） 2.第二代 DC/DC 3.前接线盒 4.高压电池 5.第二代主充电器 6.主驱动单元或后轮驱动单元 7.第二代高压接线盒 8.第二代副充电器（可选） 9.充电端口

图1-19

（1）推出双电机。

（2）高压互锁回路节点的数量可以是 4 个。

（3）5 个高压互锁回路节点需要在高压电池中使用新的电池管理系统。高压电池内部又进一步更新，以提供更多电力。

（4）第二代动力总成的高压电池称为 Pack 1.5（第一代动力总成称为 Pack 1.0），Pack 1.5 向后兼容它可用于第一代动力总成，但 Pack 1.0 不能用于第二代动力总成。

（5）高压集线器是第二代高压接线盒。它将以下高压链路连接在一起：

①后轮驱动单元。

②前部驱动单元。

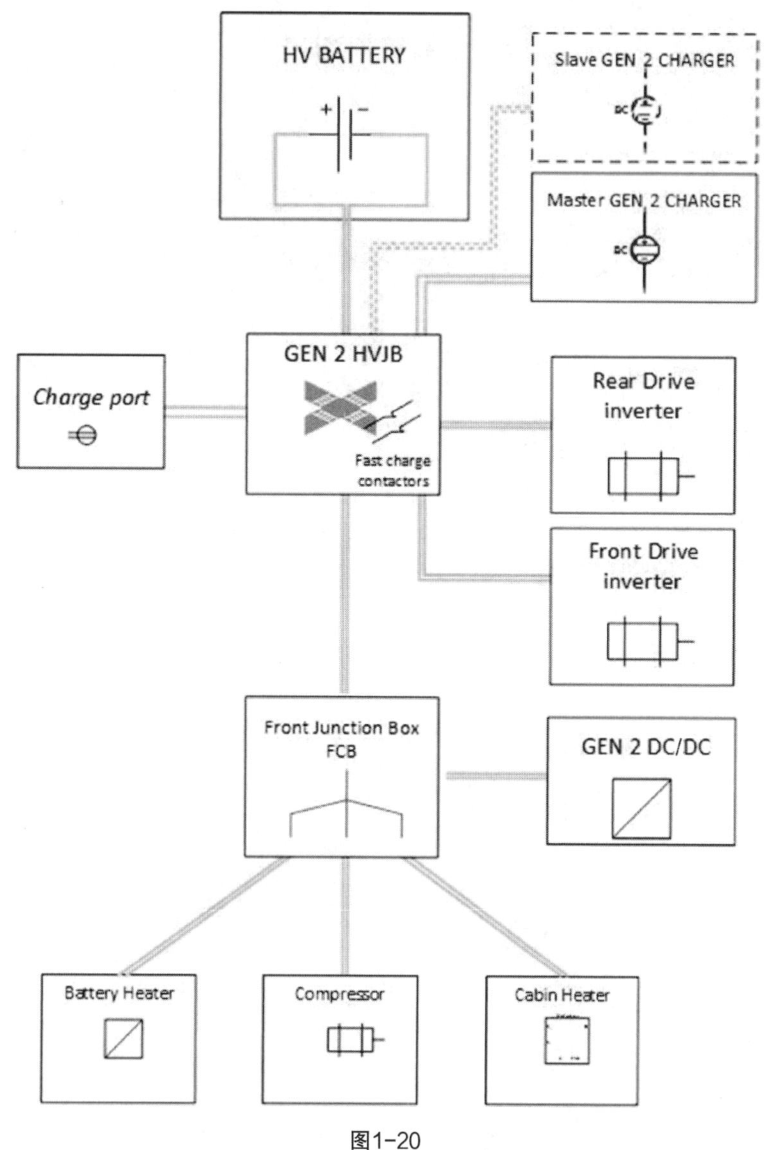

图1-20

③高压电池。

④前部接线盒。

（6）高压接线盒包含快速充电触点开关。在快速充电期间，高压接线盒将上述中心连接至充电端口（允许从充电端口向高压电池快速充电）。

（7）与第一代在高压配电上最大的不同是 DC/DC 被分为两个高压组件：前接线盒和第二代 DC/DC。

（8）前接线盒是以下高压 HVAC 部件和第二代 DC/DC 的电源分配器：

①冷却液加热器。

②正温度系数加热器。

③空调压缩机。

④ DC/DC。

（9）第二代动力总成现在配置为三相充电。

三、高压架构（第三代）（高压架构概览如图1-21所示）

1.前驱动单元（2017年9月前选装，之后只有双电机版） 2.第二代 DC/DC 3.第三代前接线盒 4.高压电池 5.第三代充电器（无副充电器） 6.主驱动单元或后轮驱动单元 7.充电端口 8.快速分离器（取代低压速接头和高压接线盒）

图1-21

第三代 Model S 和 Model X 高压架构从 2016 年 3 月到现在，高压架构如图 1-22 所示。

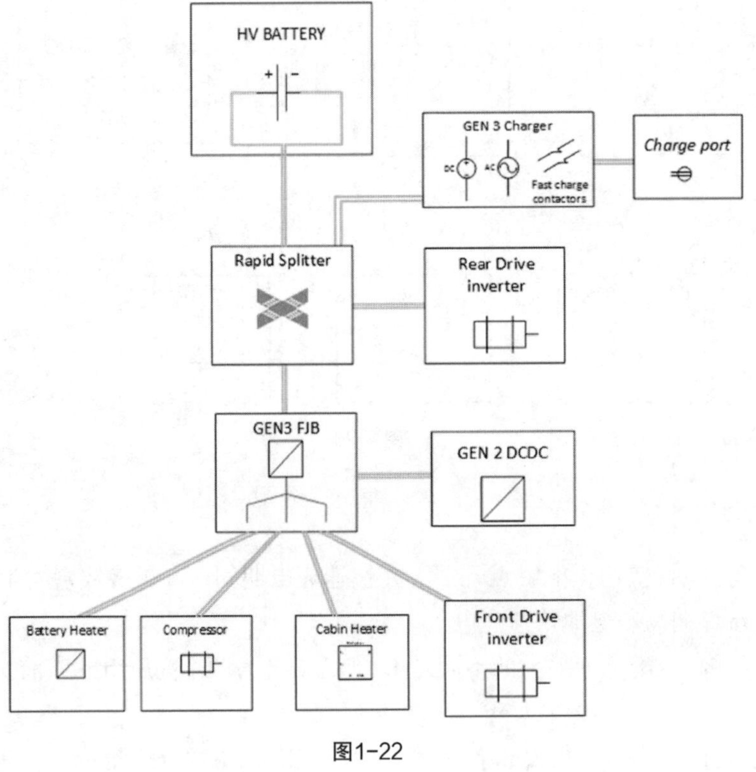

图1-22

Model S 与 Model X 第三代动力总成架构在中国市场较为常见。没有双充电器选项。Model S 只有后轮驱动的选项。高压互锁回路节点的数量可以是 3 个（RWD）或 4 个（AWD）。第三代动力总成的高压电池称为 Pack 2.0。高压电池在 Pack 1.5 与 Pack 2.0 之间有了重大改进。高压接线盒已被拆除。高压接线盒的高压集线器功能已被快速分离器取代。快速充电触点开关现安装在第三代充电器内。快速分离器连接高压电池、后轮驱动单元、充电器和第三代前接线盒。第三代前接线盒类似于第二代前接线盒动力总成，但现在也为前驱动单元提供高压，从高压电池的后部到前部拆下一组高压电缆。第三代动力总成还配备了新的充电器。由于 Model S 高压系统采用了 Model X 的所有改进，因此 Model S 和 X 使用非常相似的高压系统。

四、12V蓄电池断开和连接程序

1.第一代RWD：截至2016年4月10日生产的 RWD 车辆。

（1）打开前备厢。

（2）如果车辆正在充电，请取下充电电缆。

（3）完全打开驾驶员侧车窗。

（4）取出空调滤芯。

（5）拆卸连接导流罩面板的铆钉（×3），如图 1-23 所示。

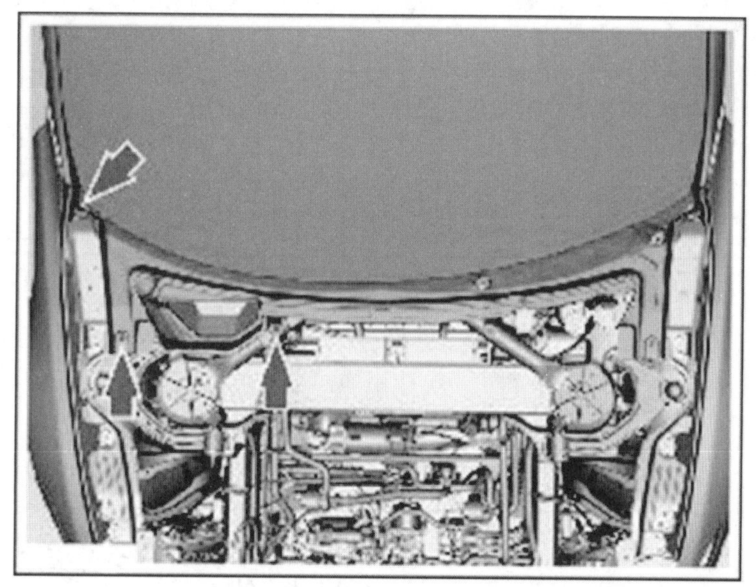

图1-23

（6）提起右侧的导流罩底板，注意如图 1-24 所示两个位置的卡扣，不要损坏零部件。

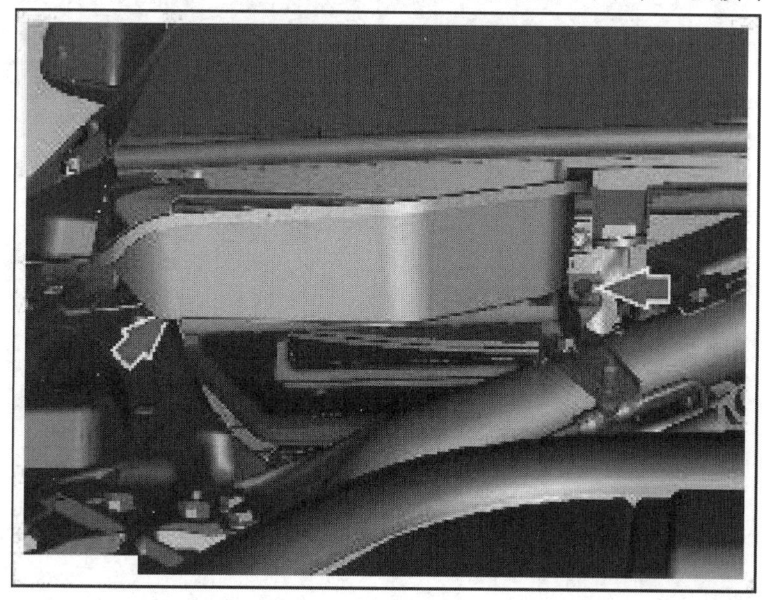

图1-24

（7）拆卸连接空调滤芯前壳到暖通空调管道的螺栓（扭矩 1.5N·m）。释放压片（×2）以拆卸前壳，如图 1-25 所示。

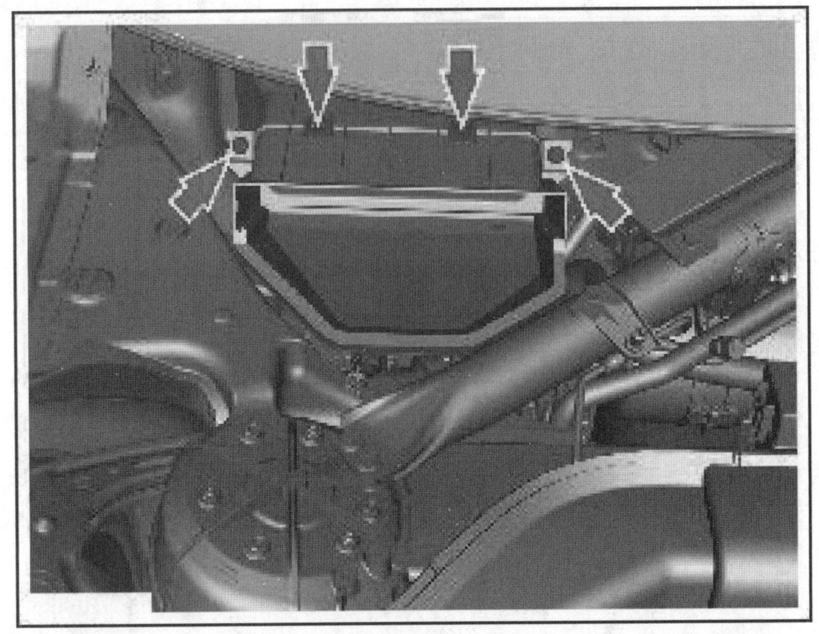

图1-25

（8）将所有车门假锁。

（9）触摸屏关闭车辆电源→电子刹车及关闭电源→关闭电源。

（10）关上所有车门。

（11）断开 12V 电池接地连接（扭矩 5N·m），如图 1-26 所示。

图1-26

（12）断开第一响应回路（X536）。

（13）等待至少 2min，所有电路完全放电。警告：在使用任何高压元件之前，执行高压隔离程序。

2.第一代双电机车辆：2016年4月10日生产

（1）打开前备厢。

（2）如果车辆正在充电，请取下充电电缆。

（3）完全打开驾驶员侧车窗。

（4）拆卸前备厢装饰板。

（5）将所有车门假锁。

（6）触摸屏关闭车辆电源→电子刹车及关闭电源→关闭电源。

（7）断开 12V 电池负极（扭矩 5N·m），如图 1-27 所示。

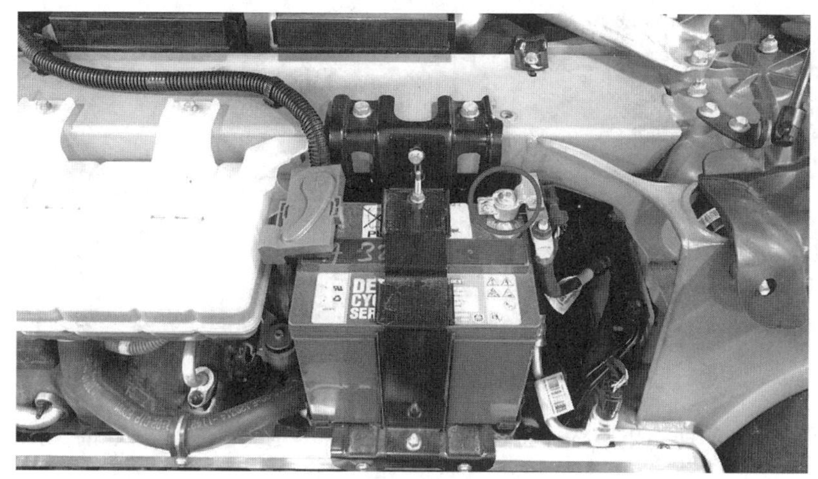

图1-27

（8）断开第一响应回路（X536）。断开紧急响应回路插头如图 1-28 所示。

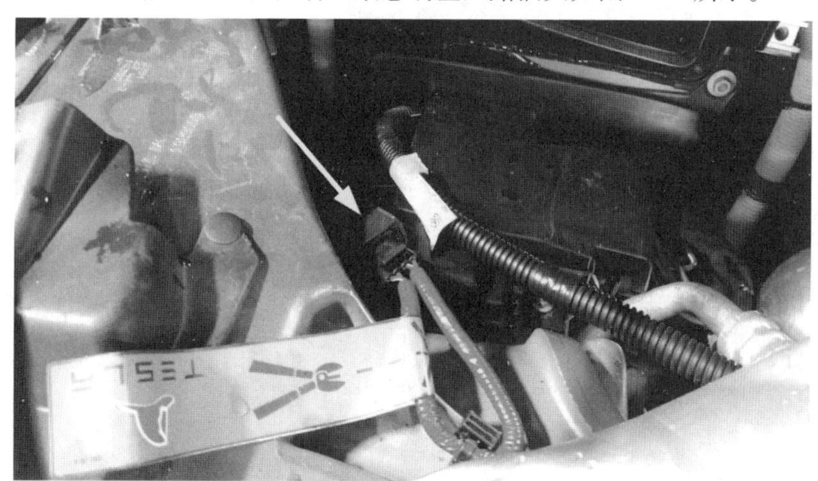

图1-28

（9）等待至少 2min，所有电路完全放电。警告：在使用任何高压元件之前，执行高压隔离程序。

3.所有2016年4月10日以后生产的车辆

（1）打开前备厢。

（2）如果车辆正在充电，请取下充电电缆。

（3）完全打开驾驶员侧车窗。

（4）拆卸前备厢装饰板。

（5）将所有车门假锁。

（6）触摸屏关闭车辆电源→电子刹车及关闭电源→关闭电源。

（7）断开 12V 电池负极（扭矩 5N·m），如图 1-29 所示。

（8）断开紧急响应回路（X536），如图 1-30 所示。

图1-29

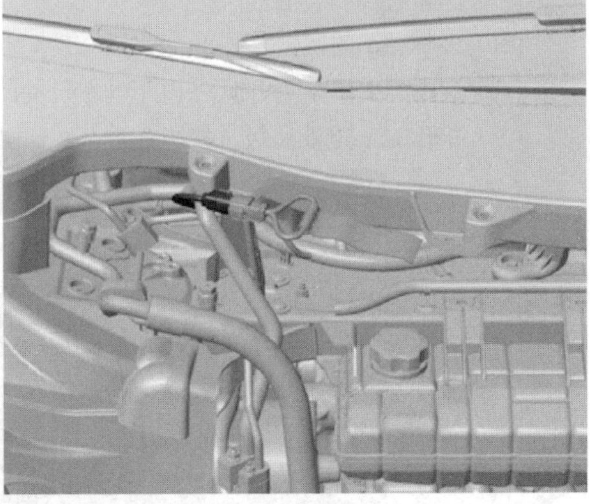

图1-30

（9）等待至少 2min，所有电路完全放电。警告：在使用任何高压元件之前，执行高压隔离程序。

4.连接顺序

与断开流程完全相反，在此不再累述。

5.高压隔离程序

警告：本程序是为了确认高压组件不再带高压电，在维修高压元件之前执行此程序。

警告：在每次断开高压连接器时，都必须使用高压数字万用表检查连接器两侧是否存在高压电。

警告：确保绝缘表万用表和表线能够处理至少 500V 直流电。

警告：在执行下列程序之前，请确保紧急响应回路（X536）断开至少 2min。

·必须首先断开 12V 电源。

·设置绝缘万用表，以测量 12V/ 低压辅助电池端子间的电压。警告：如果电池端子间的电压低于 10V 或高于 14V，则说明万用表的测量不可靠，此时不能使用它。仅限使用功能齐全的绝缘万用表。

·继续本程序前，请先摘下所有金银首饰，清空口袋。

·继续此程序前，请戴上高压绝缘手套、皮质外用手套和护目镜。

·检查是否存在高电压。

（1）电机逆变器处验电

此程序只能在大型后驱动单元的车辆上执行。如果车辆有小的后驱动单元，执行本程序的“检查高压接线盒（HVJB）”部分。如果车辆有第三代充电器，执行本程序的“检查第三代充电器的高电压”部分。

①设置绝缘万用表，以测量 12V/ 低压辅助电池端子间的电压。警告：对于 12V（铅酸）辅助电池：如果电池端子间的电压低于 10V 或高于 14V，则说明万用表的测量不可靠，此时不能使用它。

②升起并支撑车辆。拆下中间防护罩。

③断开低压线束，然后松开螺栓，取下橙色驱动器逆变器盖（扭矩 3N·m），如图 1-31 所示。

图1-31

④从电机逆变器盖上拆卸两个O形环并丢弃。

⑤使用第一步验证过的万用表，以电机逆变器外壳作为接地点，测量以下电压：B+与地、B-与地和B+与B-。警告：如果任何电压读数超过10V，则说明高压接触器未完全打开，如图1-32所示。有触电危险，不得进行进一步的工作，联系专业人员处理。

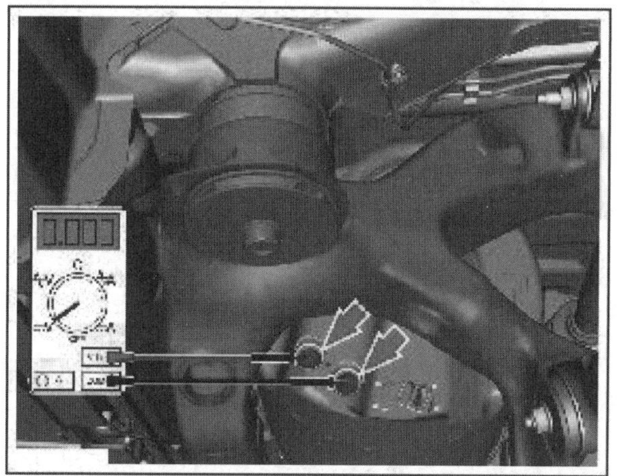

图1-32

⑥重新测量12V/低压辅助电池端子间的电压，如果符合下列标准，则可以确定高压直流链路不带电，否则需要重新执行验电过程。警告：如果电池端子间的电压低于10V或高于14V，则说明万用表在刚才的测量过程中损坏，此时更换一块万用表从第三步开始执行测量过程。

⑦注意，为了防止将来进水，在电机逆变器上安装新的O形环（1003784-00-A），在安装之前将硅酮润滑剂（1010251-00-A）覆盖并涂抹在盖子上。将盖子以一定的角度插入，以防止O形环损坏。装回密封盖如图1-33所示。

（2）高压接线盒HVJB处的高压检测（第一代高压架构）

①设置绝缘万用表，以测量12V/低压辅助电池端子间的电压。警告：对于12V（铅酸）辅助电池：如果电池端子间的电压低于10V或高于14V，则说明万用表的测量不可靠，此时不能使用它。

②打开两个后门。

③把前排座位完全向前移动。

④拆卸第二排坐垫。

⑤拆卸覆盖第二排座位框架的棉衬垫。

⑥拆卸固定高压接线盒盖（扭矩5N·m）的螺栓（×6）。取下盖子，如图1-34所示。

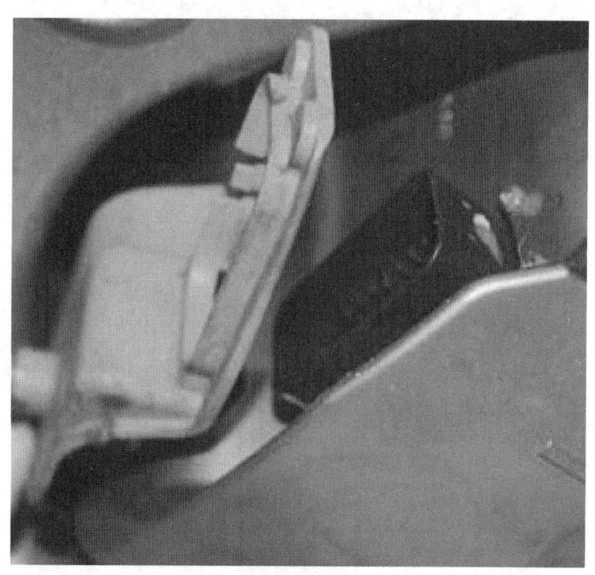

图1-33

⑦使用第一步验证过的绝缘万用表，测量B+对地的电压，如图1-35所示。警告：如果电压读数超过10V，则说明高压接触器未完全打开。有触电危险，不得进行进一步的工作，联系专业人员处理。

⑧使用第一步验证过的绝缘万用表，测量B-对地的电压，如图1-36所示。警告：如果电压读数超过10V，则说明高压接触器未完全打开。有触电危险，不得进行进一步的工作，联系专业人员处理。

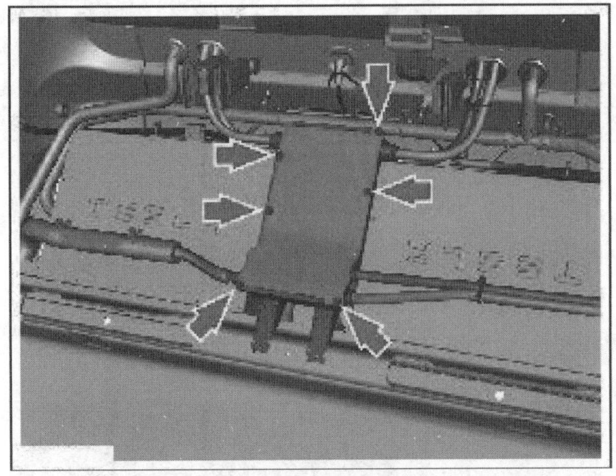

图1-34

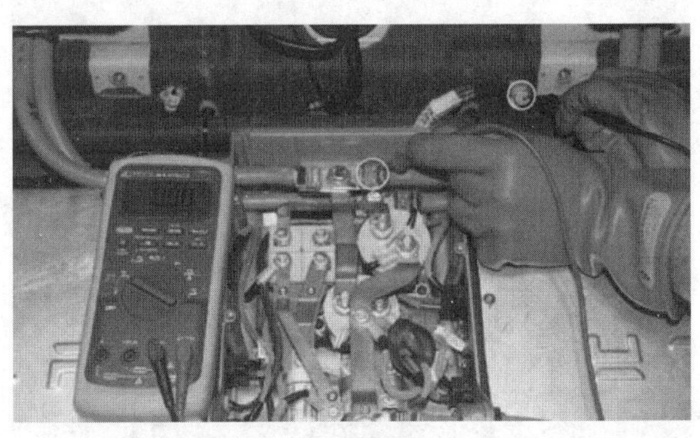

图1-35

图1-36

⑨使用第一步验证过的绝缘万用表，测量B+ 和 B- 之间的电压，如图 1-37 所示。警告：如果电压读数超过 10V，则说明高压接触器未完全打开。有触电危险，不得进行进一步的工作，联系专业人员处理。

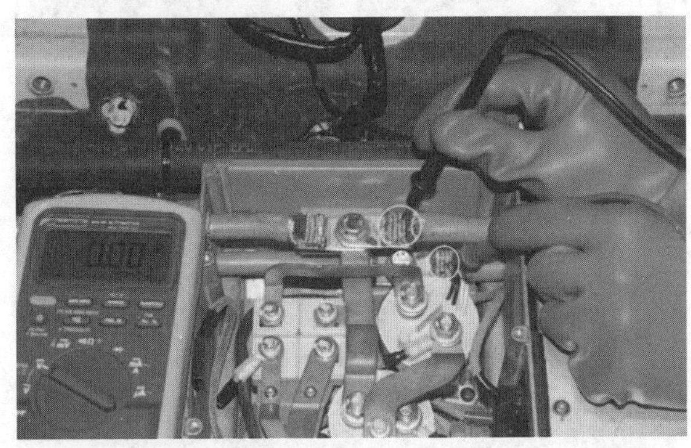

图1-37

⑩重新测量 12V/ 低压辅助电池端子间的电压，如果符合下列标准，则可以确定高压直流链路不带电，否则需要重新执行验电过程。警告：如果电池端子间的电压低于 10V 或高于 14V，则说明万用表在刚才的测量过程中损坏，此时更换一块万用表从第三步开始执行测量过程。

（3）高压接线盒 HVJB 处的高压检测（第二代高压架构）

①设置绝缘万用表，以测量 12V/ 低压辅助电池端子间的电压。警告：对于 12V（铅酸）辅助电池：如果电池端子间的电压低于 10V 或高于 14V，则说明万用表的测量不可靠，此时不能使用它。

②打开两个后门。

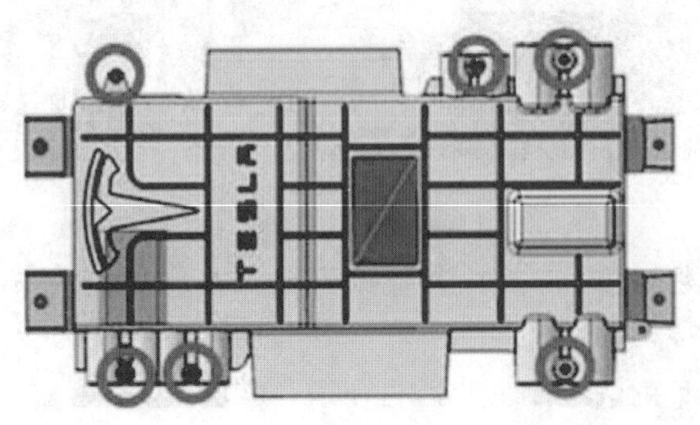

图1-38

③把前排座位完全向前移动。

④拆卸第二排坐垫。

⑤拆卸覆盖第二排座位框架的棉衬垫。

⑥拆卸固定高压接线盒盖（扭矩 5N·m）的螺栓（×6），如图 1-38 所示。取下盖子。

⑦使用第一步验证过的绝缘万用表，测量B+ 对地的电压，如图 1-39 所示。警告：如果电压读数超过 10V，则说明高压接触器未完全打开。

图1-39

⑨使用第一步验证过的绝缘万用表，测量B+ 和 B- 之间的电压如图 1-41 所示。警告：如果电压读数超过 10V，则说明高压接触器未完全打开。有触电危险，不得进行进一步的工作，联系专业人员处理。

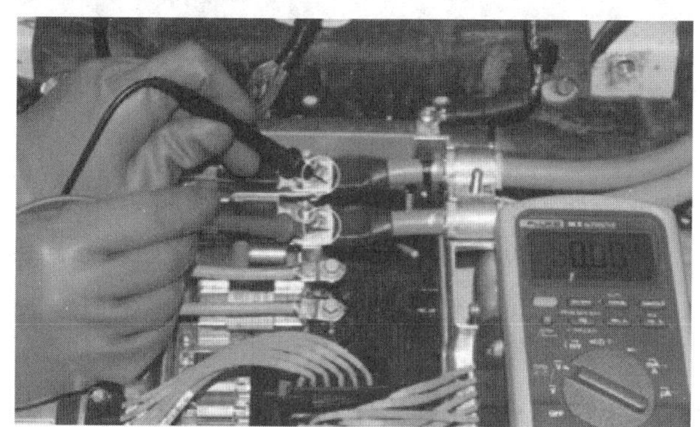
图1-41

①打开两个后门。

②把前排座位完全向前移动。

③拆卸第二排坐垫。

④拆卸覆盖第二排座位框架的棉衬垫，如图 1-42 所示。

⑤拆卸后座椅框架固定螺栓（扭矩 26N・m），如图 1-43 所示。提示：没有必要将框架完全取出，可以使用安全带固定在后座椅靠背上。

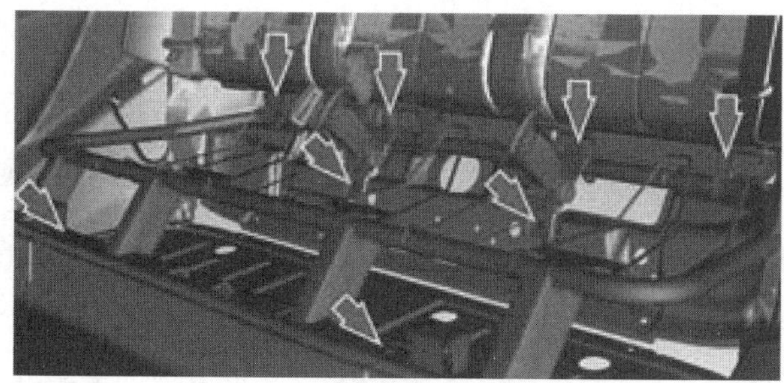
图1-43

有触电危险，不得进行进一步的工作，联系专业人员处理。

⑧使用第一步验证过的绝缘万用表，测量 B- 对地的电压如图 1-40 所示。警告：如果电压读数超过 10V，则说明高压接触器未完全打开。有触电危险，不得进行进一步的工作，联系专业人员处理。

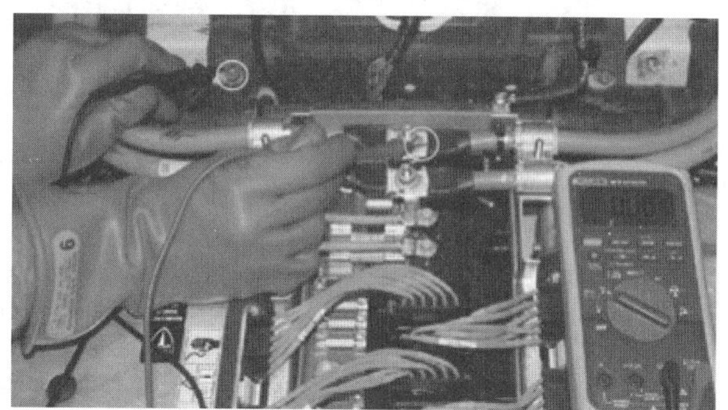
图1-40

⑩重新测量 12V/ 低压辅助电池端子间的电压，如果符合下列标准，则可以确定高压直流链路不带电，否则需要重新执行验电过程。警告：如果电池端子间的电压低于 10V 或高于 14V，则说明万用表在刚才的测量过程中损坏，此时更换一块万用表从第三步开始执行测量过程。

（4）高压充电器处高压检测（第三代高压架构）

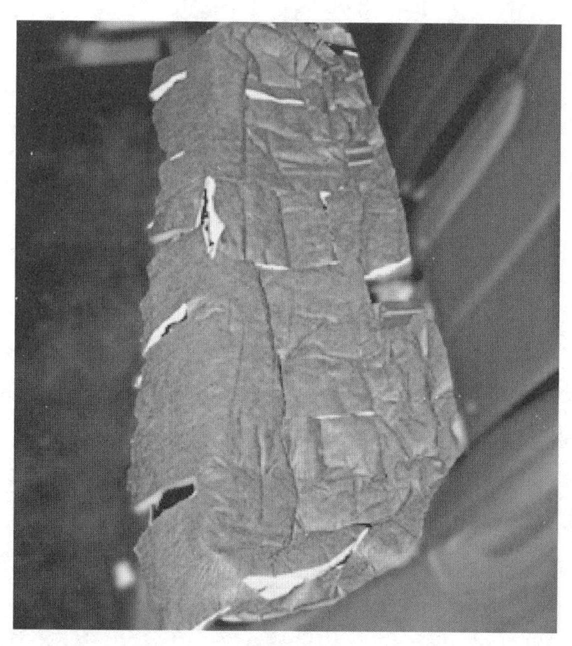
图1-42

⑥提起底部的座位框架，以便可以方向拆卸充电器测量盖板。从充电器接入面板上取下并丢弃保修标签，如图 1-44 所示。

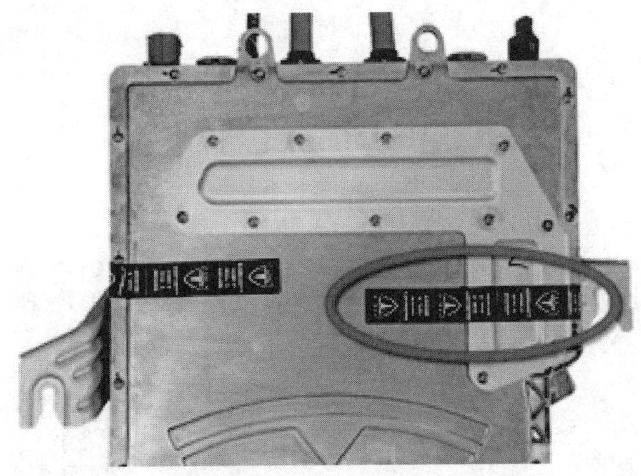

图1-44

⑦拆卸固定充电器盖板的螺栓（扭矩 2N·m）（×11）（如图 1-45 所示），并丢弃，在安装时更换所有螺栓。

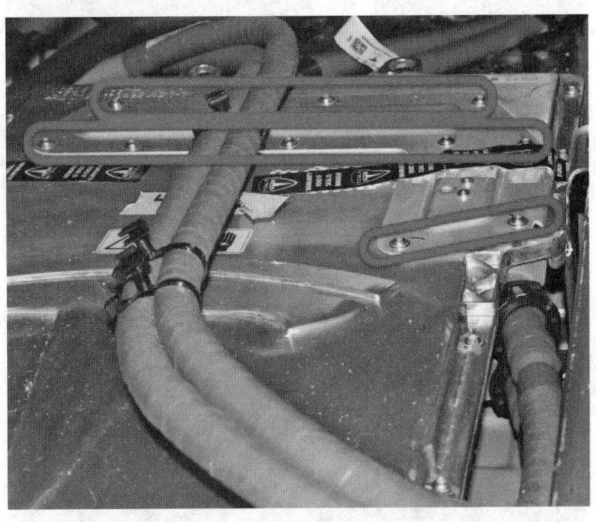

图1-45

⑧小心拆卸前接口盖，确保可以看到高压电池的高压电缆紧固件，如图 1-46 所示。

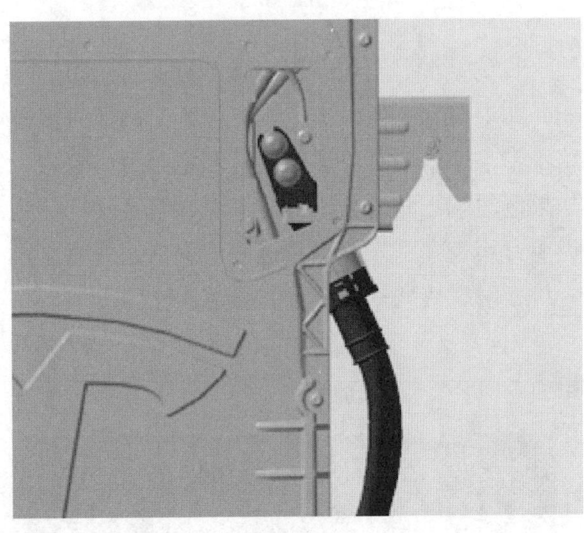

图1-46

⑨使用充电器外壳作为接地，测量以下电压。警告：万用表表针的金属露出长度不要超过 3mm，否则会有短路危险。B+ 与地、B- 与地和 B+ 与 B-。警告：如果任何电压读数超过 10V，则说明高压接触器未完全打开。有触电危险，不得进行进一步的工作，联系专业人员处理。

⑩重新测量 12V/ 低压辅助电池端子间的电压，如果符合下列标准，则可以确定高压直流链路不带电，否则需要重新执行验电过程。警告：如果电池端子间的电压低于 10V 或高于 14V，则说明万用表在刚才的测量过程中损坏，此时更换一块万用表从第三步开始执行测量过程。

第二章　蔚来车系

第一节　2020年蔚来ES8

一、高压安全防范

危险：电池包母线电压高达400V左右，在高压部件的拆卸和安装过程中，需要取得低压电工证资质；在佩戴高压手套的情况下，必须做好自身的绝缘保护措施，身上不得携带任何金属物品。

危险：对高压电部件进行维修和拆装前，必须进行断电操作，确认已断开紧急切断开关和12V电源，并且断电后车辆静置5min以上。接通高压电前，必须进行高压电部件壳体接地检查，确认高压电部件的装配和连接可靠。

1.高压操作定义

工作电压范围AC：36 ~ 1000V；DC：60 ~ 1500V属于高压操作。车辆维修作业中的高压定义：

（1）高压电池装车后，车辆高压部件的检测和检修。

（2）高压电池装车后，车辆的上、下电操作。

（3）高压电池装车后，车辆高压部件的拆装、返修。

2.高压部件

高压部件的保护壳上包含底色为黄色，三角边框与箭头为黄色符号，如图2-1所示，高压部件如表2-1所示。

图2-1

（1）车辆上/下电

①上电状态：高压系统中高压电池内继电器闭合，其他高压部件与高压电池建立连接，整个高压系统带有高压电。

②下电状态：高压系统中高压电池内继电器断开，其他高压部件与高压电池断开连接，高压电池外的高压系统进行放电，失去高压电。

（2）基本要求

注意：其ST级别与DT级别技师需至少具备国家电工资质（中华人民共和国特种作业操作证－电工）。技师在高压相关系统上操作分为三个级别，具有各自的工作范围领域：

①L1：MT（Maintenance Technician）非带电工作。

②L2：ST（Service Technician）：断电下不带电操作。

③L3：DT（Diagnostic Technician ）：高压系统诊断和维修，并可工作于暴露的带电高压系统。

表2-1

名称	作用
动力电池包	存储电能并提供全车所需电能
高压配电盒	按需分配高压电能给高压部件
前电驱动系统	由电机、逆变器、齿轮箱组成驱动前轮输出
后电驱动系统	由电机、逆变器、齿轮箱组成驱动后轮输出
压缩机总成	空调系统制冷时用以压缩制冷剂
直流交换器	将动力电池包的高压电压转换为低压直流电压以供车上低压用电设备使用的功率转换器
车载充电机	将交流电转换为高压直流电，用于给高压电池包进行充电的变换器
前空调双区PTC加热器	将高压电能转化为热能，驾驶员或乘客侧空调系统制热时
后空调高压PTC加热器	将高压电能转化为热能，后排乘客空调系统制热时
高压电池加热器	将高压电能转化为热能，用于加热高压电池冷却液
高压线束（橙色）	连接各高压部件
慢充充电口（左）	连接车载充电机，提供交流外接电源
快充充电口（右）	功率分配单元，提供直流外接电源

（3）操作分类

严格执行各个领域的工作项目对高压系统隔离要求及人员资质分配。

①非高压系统工作如表 2-2 所示。

表2-2

领域	序号	工作项目	高压系统隔离		最低资格
			是	否	
非高压系统工作	1	拆卸/安装12V电池		☆	MT
	2	拆卸和安装12V电气系统单元和部件		☆	MT
	3	制动液排放/加注		☆	MT
	4	制动系统零件拆装		☆	MT
	5	拆卸/安装头灯		☆	MT
	6	拆卸和安装悬架系统机械部件		☆	MT
	7	焊接工作	☆		ST和BAT
	8	钣金工作（借助校正平台）	☆		ST和BAT
	9	钣金工作（组装和凹痕修复工作）		☆	BAT
	10	喷涂准备和喷涂实施		☆	RAT
	11	车身烤漆	☆		RAT

②接近高压系统工作如表 2-3 所示。

表2-3

领域	序号	工作项目	高压系统隔离		最低资格
			是	否	
接近高压系统工作	1	排空/加注制冷剂		☆	ST
	2	拆卸/安装电子转向机		☆	MT
	3	拆卸/安装前、后副车架		☆	MT
	4	维修临近高压系统的机械部件/线路		☆	MT
	5	使用切割或热源，在接近高电压部件和高压线路的地方工作，比如焊接、锡焊、热风和热黏合		☆	ST和BAT

③操作高压系统如表 2-4 所示。

表2-4

领域	序号	工作项目	高压系统隔离		最低资格
			是	否	
操作高压系统	1	高压系统隔离	☆		ST
	2	更换或维修断路器	☆		DT
	3	更换BMS单元	☆		DT
	4	更换或维修高压电池熔断器	☆		DT
	5	高压线路	☆		ST
	6	卸下与装上高压电池	☆		ST
	7	排空或加注高压系统冷却液		☆	MT
	8	拆卸/安装电动空调泵	☆		ST
	9	拆卸/安装等电位连接线	☆		MT
	10	对高压部件冷却系统的维修	☆		MT
	11	拆卸/安装驱动电机	☆		ST
	12	拆卸/安装逆变器	☆		ST
	13	拆卸/安装减速箱	☆		ST
	14	拆卸/安装电源分配单元	☆		ST
	15	拆卸/安装高压PTC加热器	☆		ST
	16	拆卸/安装车载充电器	☆		ST
	17	拆卸/安装充电接口	☆		ST
	18	拆卸/安装DC/DC 转换器	☆		ST

3.绝缘操作用品

绝缘操作用品必须符合国家标准要求：

（1）安全帽：要使用 T4（绝缘）类适用于带电作业场所。

（2）护目镜：化学试剂防护眼镜，用于防护有刺激或腐蚀性的溶液对眼睛造成的化学损伤。

（3）绝缘手套：必须符合国家标准《带电作业用绝缘手套》（GB17622—2008）。应使用 0 级以上的绝缘手套作业。

（4）安全鞋：必须符合国家标准《电绝缘鞋》（GB 12011—2009）。

（5）高压防护服：必须能够耐受电弧产生的热量并且不会着火。

（6）绝缘垫：必须符合行业标准《带电作业用绝缘垫》（DL/T 853—2015）。在带电的部件和连接件上必须使用 0 级以上 6mm 以上厚度的绝缘垫。

（7）绝缘维修工具：高压部件操作绝缘工具起到双重保护。

（8）防护面罩：必须满足基本绝缘要求。

（9）灭火器：操作区附近必须摆放有效期内的灭火器。

（10）温度测试设备：使用红外远距离温度测试仪，测量数据误差必须在可控范围内。

4.警告标签

（1）绿色带电警示牌，如图 2-2 所示。表示高压危险电压系统已被隔离，可以根据高压作业许可进行工作。

图2-2

图2-4

（2）红色带电警示牌，如图 2-3 所示。表示高压危险电压系统处于带电状态，可能存在接触带电电路的风险。该标志只在试验或其他特定工作过程中有限的一段时间被使用。

图2-3

（3）橙色带电警示，如图 2-4 所示。表示电气系统正在工作，若没有其他机械问题，随时可以投入使用。

（4）黄色四方形带电警示牌，如图 2-5 所示。表示请勿触碰或拆卸任何高压部件，除非指示这样做。

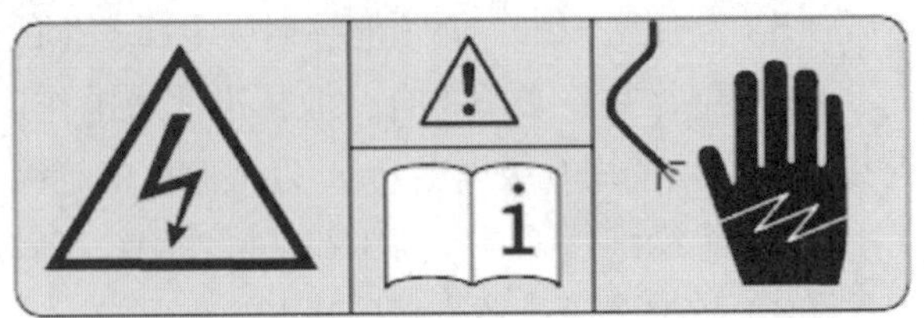

图2-5

5.高压操作要求

对车辆维修操作时，必须遵循以下操作：

（1）必须有电气危险的工作场所并明确标示，并使用护栏布置警戒线进行隔离，以便外人无法进入工作区域并因此受到伤害，如图 2-6 所示。

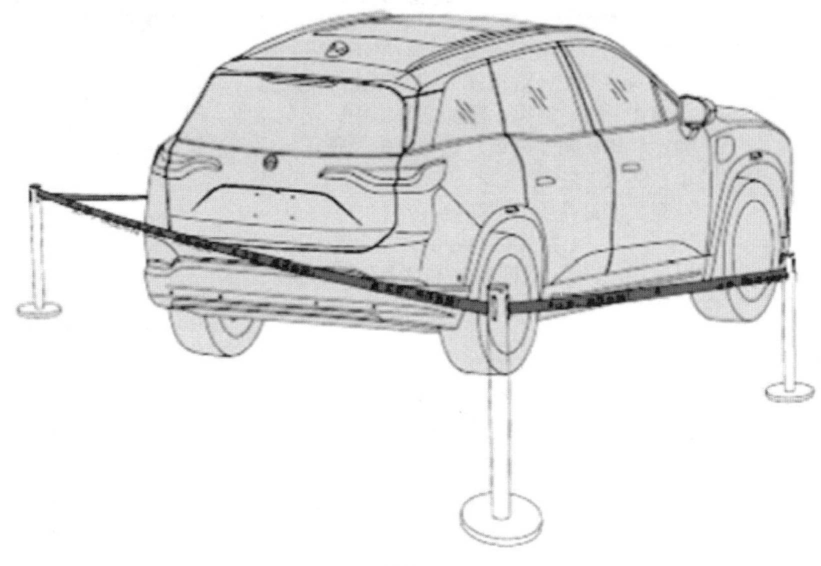

图2-6

（2）工作场所不得有任何妨碍电气安全作业的物体。

（3）工作场所必须安装易于触及绝缘钩，在人员触电时进行人电分离。

（4）工作场所必须放置警告标签。

（5）进行高压操作时，必须穿戴绝缘防护用品，穿戴前必须检查防护用品是否有损坏现象。

（6）进行高压操作时必须取下身上的金属物（项链、戒指、手表等）。

（7）如发生事故，必须及时报告。

（8）如有人员触电，必须采取正确的应急措施。

（9）为了使受伤人员得到及时的救治，确保疏散通道畅通非常重要。

6.高压部件运输/存储防范

（1）高压电池包防范

高压电池包存放运输，必须符合以下条件：

①要存放于防水、防尘处，连接端口要有防尘盖。

②电池包要用防火材质的覆盖物覆盖。

③存放区域要被隔离，并放置有警告标识。

④存放区域必须具备消防栓设施。

⑤存放区域与操作区域最少 30m 距离。

⑥每 2 个月 1 次对存储高压电池使用慢充到 100%。

（2）部件存储、运输要求如表 2-5 所示。

表2-5

序号	零件名	存储/运输要求	装配防护要求
1	高压电池包	温度5~30℃，湿度30%~80%，不超过6个月 温度-40~60℃，湿度30%~80%，不超过1周 存储在干净、通风、阴凉的环境中，避免光照、雨淋、腐蚀性气体、剧烈震动、机械冲击及重压；远离热源；大气压在86~106kPa 补充要求：高压电池防范	水、电快换连接器要求防水防异物，电快换连接器ESD防护
2	直流交换器	温度15~35℃，湿度30%~65%且2个月之内 温度-25~55℃，湿度30%~65%且2周之内 防摔防挤压	连接器ESD防护，防水防异物
3	车载充电机	温度15~35℃，湿度30%~65%且2个月之内 温度-25~55℃，湿度30%~65%且2周之内	连接器ESD防护，防水防异物
4	高压配电盒	温度15~35℃，湿度30%~65%且2个月之内 温度-25~55℃，湿度30%~65%且2周之内 防摔防挤压	连接器ESD防护，防水防异物
5	车辆控制器	温度-40~105℃，湿度93%max（在40℃温度环境） VCU在运输过程中，应注意轻拿轻放并避免过分积压包装箱以免损伤VCU	连接器ESD防护，防水防异物
6	电驱动系统	温度18~30℃，湿度30%~65%且6个月之内 温度-25~55℃，湿度30%~65%且 2周之内 储存时间超过6个月~1年需评估使用 防震防摔防挤压	连接器ESD防护，防水防异物；水管防水防异物
7	烟火式断电安全开关	温度-40~65℃ 防震防摔防挤压	连接器ESD防护，防水防异物
8	高压线束	温度-40~85℃，湿度0%~95%，不超过3个月 防摔防挤压	长度超过2m的线束禁止垂挂
9	直流充电插座	温度-40~85℃，湿度0%~95%，不超过3个月 防摔防挤压	
10	交流充电插座	温度-40~85℃，湿度0%~95%，不超过3个月 防摔防挤压	
11	交流充电枪	温度-40~85℃，湿度0%~95%，不超过3个月 防摔防挤压	

7. 维修测试

所有高压部件在维修后都需要测试，已达到安全标准，安全测试包含以下测试：

（1）高压等电势检测如图 2-7 所示。

①检测对象：所有进行拆装过高压部件（包括拆卸搭铁线）。

②检测设备：输出电流不小于 0.2A，电压小于 30V（AC）或大于 60V（DC），测试持续时间大于 5s，设备精度小于 0.01Ω。

③检测要求：高压部件对地电阻测试小于 0.1 Ω，高压部件对高压部件电阻测试小于 0.2Ω。

④注意事项：设备运行时，不能固定或取下测试探头；测试时不能有人员接触车辆。

（2）高压绝缘电阻检测，如图 2-8 所示。

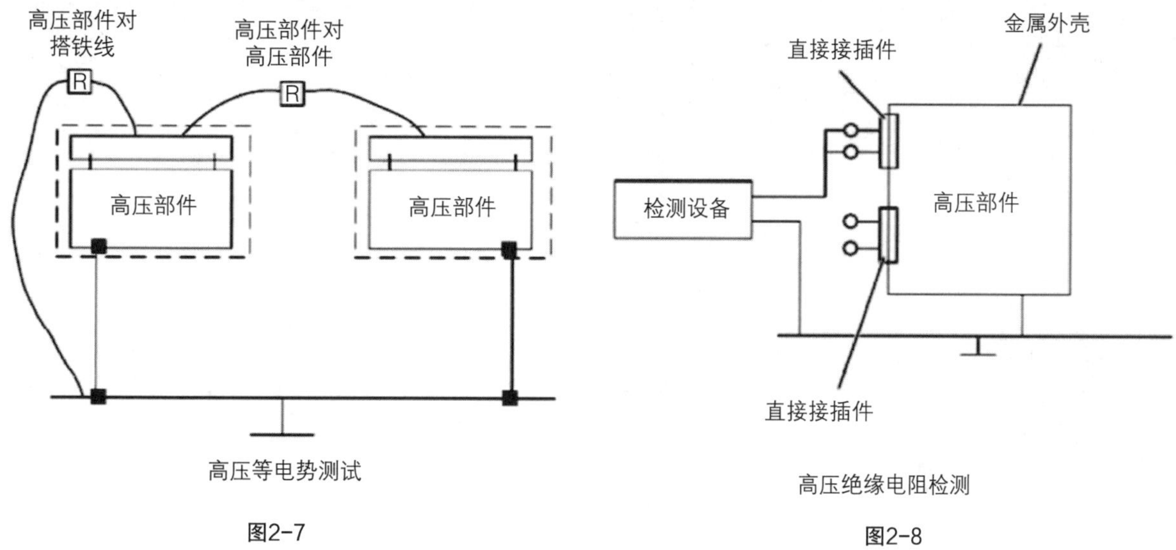

图2-7

图2-8

①检测对象：所有进行拆装过高压部件（包括拆卸搭铁线）。

②检测设备：测试设备输出电压大于测试部件高压部件最高电压（500V）。

③检测要求：持续时间大于 60s，电压应施加在高压部件正 / 负极与金属外壳之间，若有外露的交流侧端子，也要测试交流端子。

④注意事项：设备运行时，不能有人员接触车辆。

二、整车断电上电操作

危险：电池包母线电压高达 400V 左右，在高压部件的拆卸和安装过程中，需要取得低压电工证资质；在佩戴高压手套的情况下，必须做好自身的绝缘保护措施，身上不得携带任何金属物品。接通高压电前，必须进行高压部件壳体接地检查，确认高压部件的装配和连接可靠。对高压部件进行维修和拆装前，必须进行断电操作，确认已断开紧急切断开关和 12V 电源，并且断电后车辆静置 5min 以上。

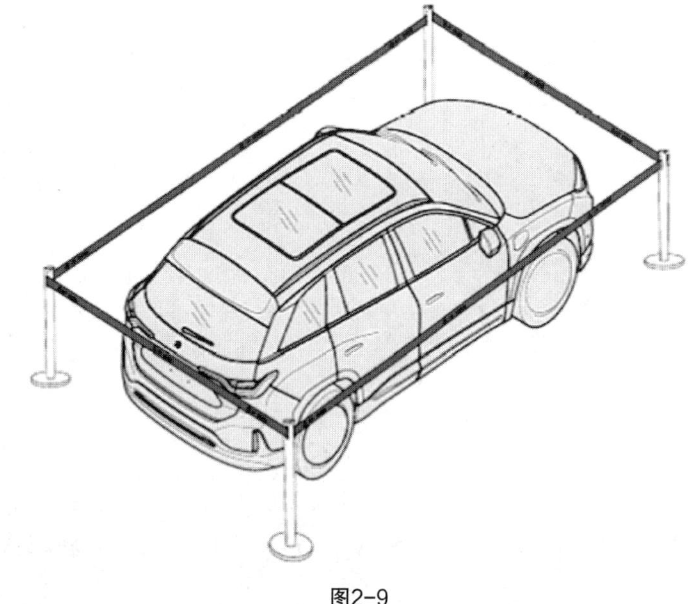

图2-9

1.断电操作

（1）使用诊断仪（BD2），按照诊断程序→特殊功能→ VCU →高压下电程序，进行整车高压下电。

（2）设置隔离栏隔离车辆，如图 2-9 所示。

（3）放置“红色带电警示牌”警示标签，表示正在进行高压系统操作，如图 2-10 所示。

（4）断开紧急切断开关，保存车辆钥匙及紧急切断开关，如图 2-11 所示。

（5）拆下左侧行李箱饰板工具盖板。

图2-10

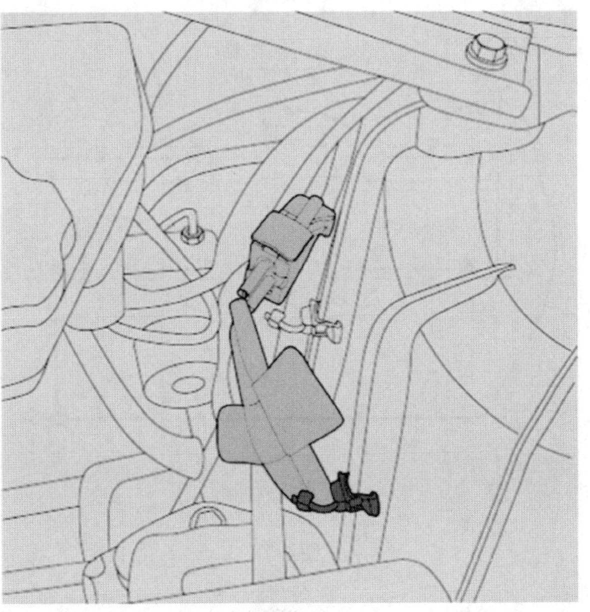

图2-11

（6）断开蓄电池负极并包裹，如图 2-12 所示。

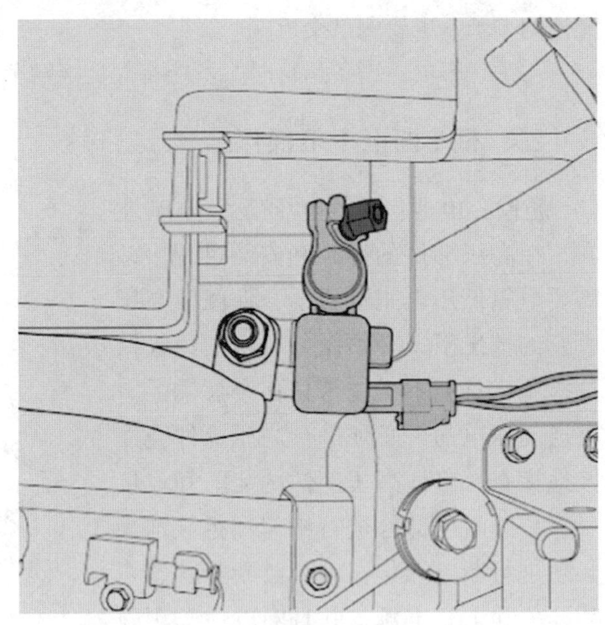

图2-12

（7）静置车辆至少 5min，穿戴绝缘防护用品并检查绝缘防护手套的气密性，确保测量及维修设备的完好性，如图 2-13 所示。

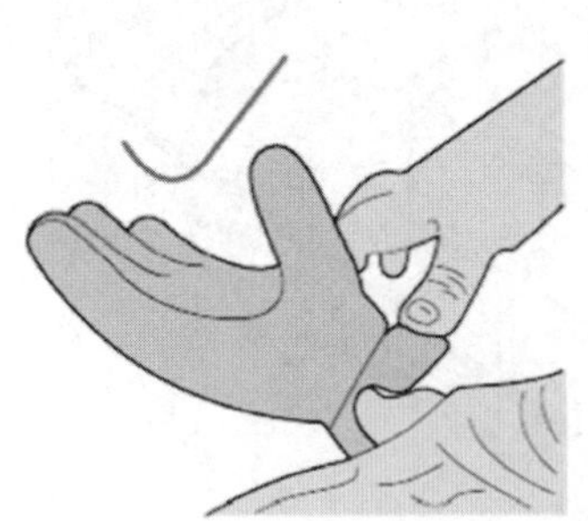

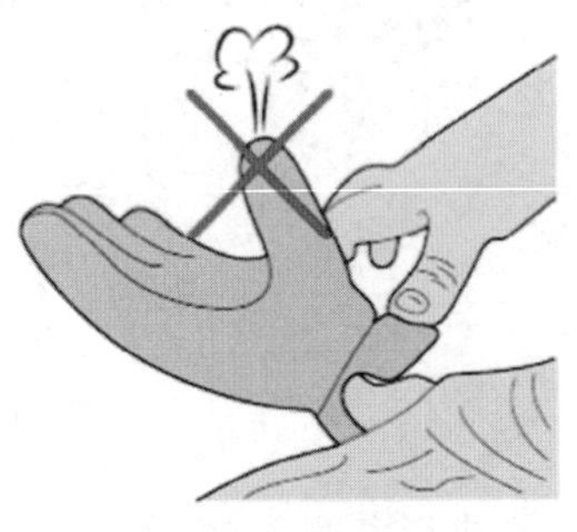

图2-13

（8）断开高压配电盒与电池包高压线束接插件并包裹，使用合适测量装置按照规定对高压配电盒残留电压进行测量，残留电压低于 60V 合格，才可进入下一步操作，如图 2-14 所示。

（9）取下“红色带电警示牌”警示标签，放置“绿色带电警示牌”警告标签，表示高压系统已被切断，如图 2-15 所示。

图2-15

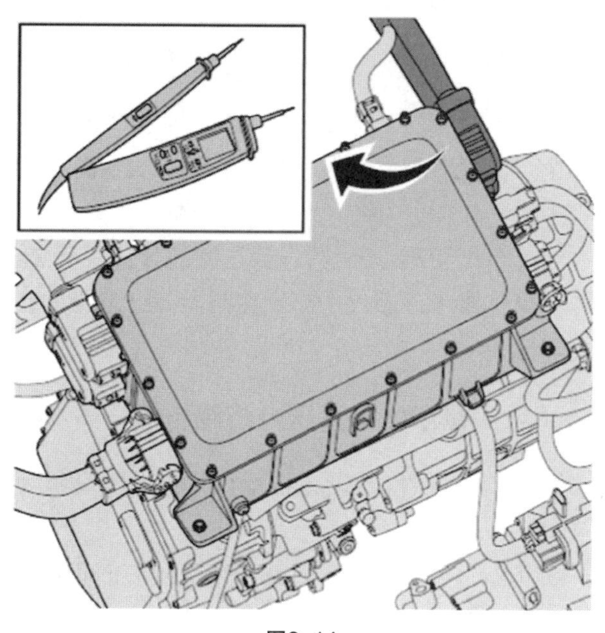

图2-14

2.上电操作

（1）检查所有的等电位线是否都洁净且处于良好状态。

（2）检查所有的高压线是否都处于良好状态。

（3）检查所有的高压系统连接和螺栓连接是否正常。

（4）连接紧急切断线束开关，如图 2-16 所示。

（5）连接蓄电池负极，拧紧螺母至扭矩为 6N·m，并测量蓄电池电压，如图 2-17 所示。

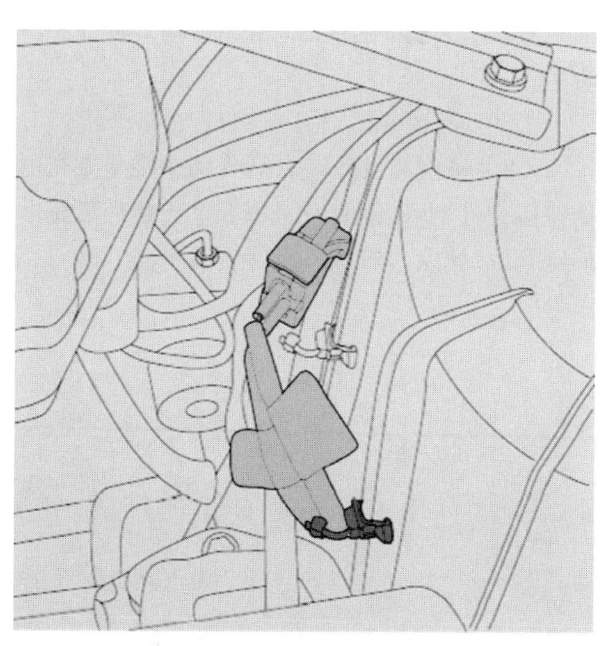

图2-16

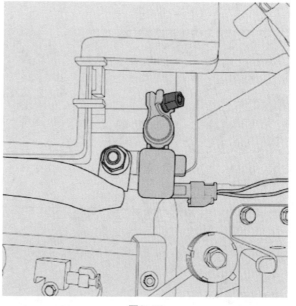

图2-17

（6）装上左侧行李箱饰板工具盖板。

（7）打开车门并系上安全带。

（8）关闭车门并深踩制动踏板切入 P 挡。

（9）松开制动踏板，上电完成。

（10）取下“绿色带电警示牌”警告标签，同时放置“黄色带电警示牌”警示标签，表示高压系统已被接通，如图 2-18 所示。

图2-18

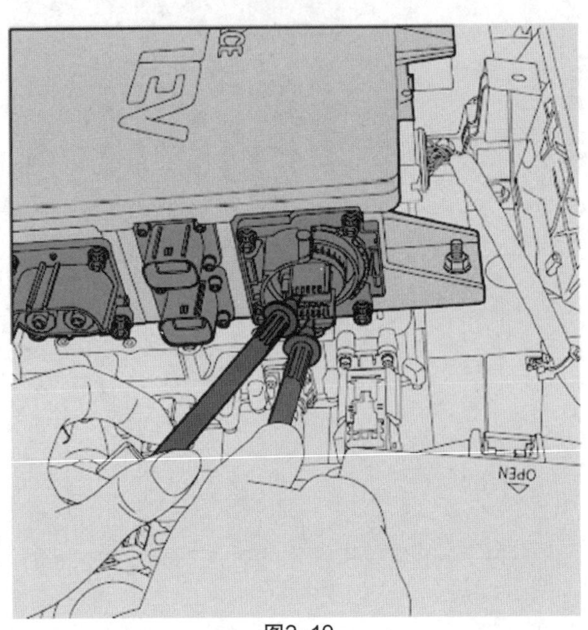

图2-19

（11）使用诊断仪，进行“控制器重启”操作，具体参考诊断仪中车辆控制器→控制器重启的界面说明。

三、整车已下高压电绝缘检测

（1）按照检测设备指示操作，电压设置为 500V。

（2）将检测设备红表笔连接高压配电盒接插件 HV+，黑表笔连接高压配电盒接插件 HV-，如图 2-19 所示。

（3）测量残留电压，若残留电压小于 60V，合格，进入下一步；若残留电压不小于 60V，排查绝缘故障。

（4）将检测设备红表笔连接高压配电盒接插件 HV+，黑表笔连接前减震器上端，如图 2-20 所示。

（5）记录数据，大于 5MΩ，合格。

（6）将检测设备红表笔连接高压配电盒接插件 HV-，黑表笔连接前减震器上端，如图 2-21 所示。

（7）记录数据，大于 5MΩ，合格。

（8）将检测设备红表笔分别连接交流充电插座接插件 HV+ 和 HV-，黑表笔连接交流充电插座 PE 接地点，如图 2-22 所示。

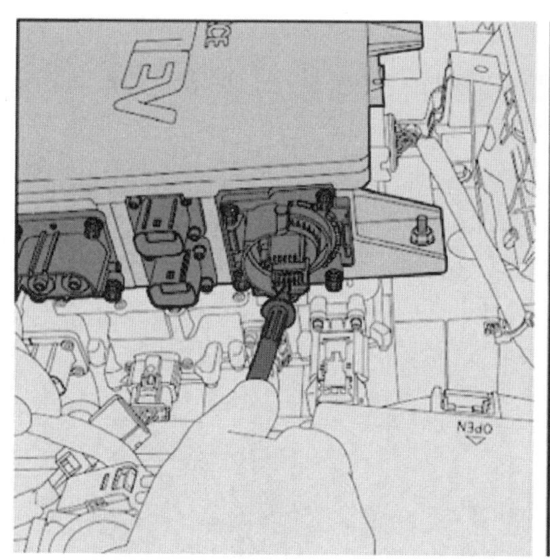
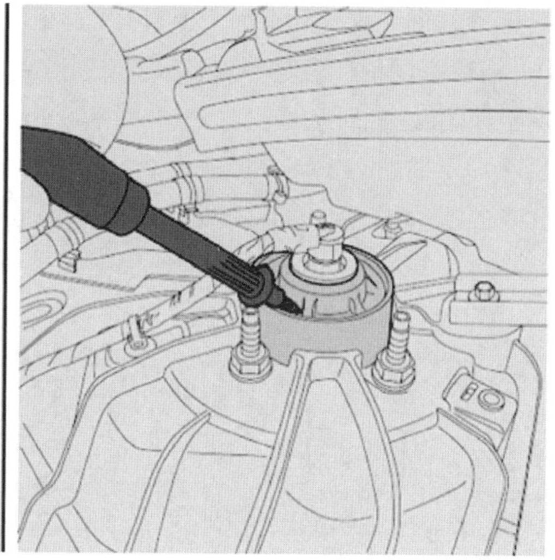

图2-20

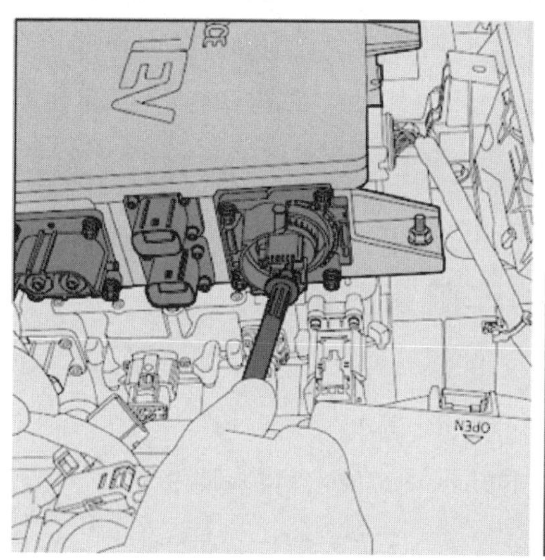
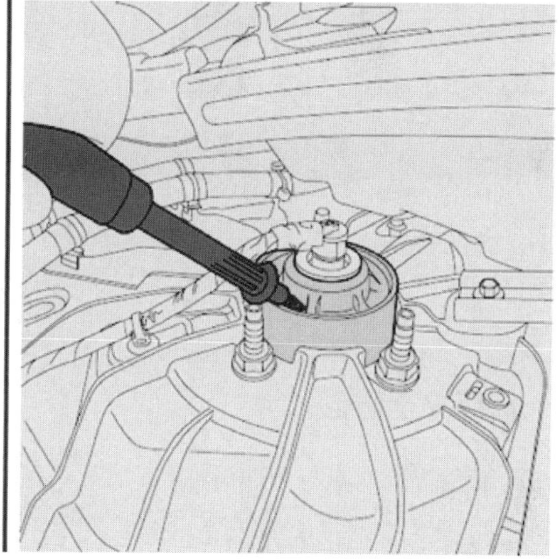

图2-21

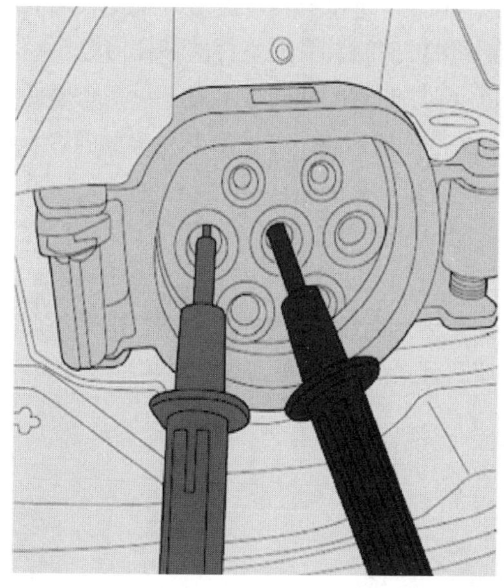
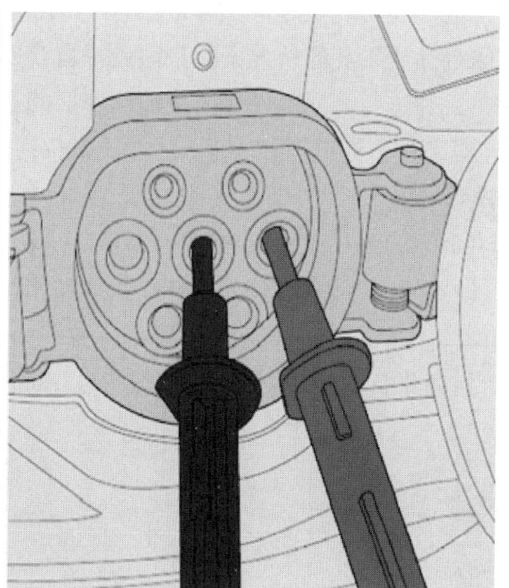

图2-22

（9）记录数据，数据分别都大于 5MΩ 合格。

（10）将检测设备红表笔分别连接直流充电插座接插件 HV+ 和 HV-，黑表笔连接直流充电插座 PE 接地点，如图 2-23 所示。

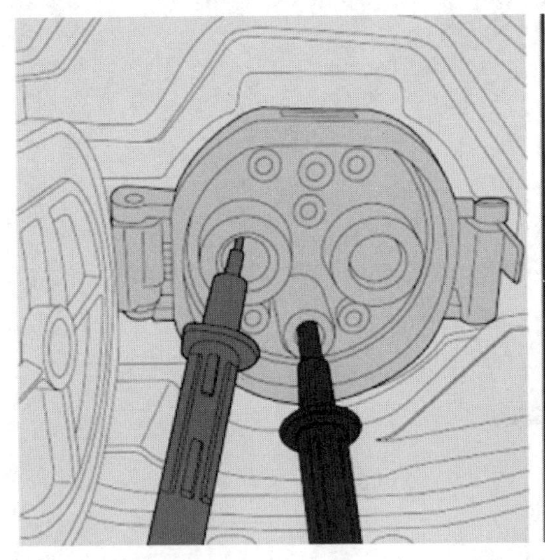
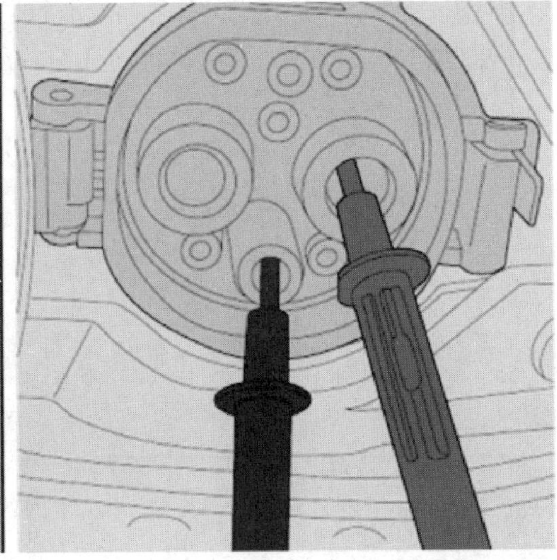

图2-23

（11）记录数据，数据分别都大于 5MΩ 合格。

第二节　2020年蔚来EC6

一、高压安全防范

其高压安全防范内容与 2020 年蔚来 ES8 车型基本相同，相关内容请参阅第一节。

二、整车断电上电操作

危险：电池包母线电压高达 400V 左右，在高压部件的拆卸和安装过程中，需要取得低压电工证资质；在佩戴高压手套的情况下，必须做好自身的绝缘保护措施，身上不得携带任何金属物品。接通高压电前，必须进行高压部件壳体接地检查，确认高压部件的装配和连接可靠。对高压部件进行维修和拆装前，必须进行断电操作，确认已断开紧急切断开关和 12V 电源，并且断电后车辆静置 5min 以上。

1.断电操作

（1）使用诊断仪（BD2），按照诊断程序→特殊功能→ VCU →高压下电程序，进行整车高压下电。

（2）设置隔离栏隔离车辆，如图 2-24 所示。

（3）放置“红色带电警示牌”警示标签，表示正在进行高压系统操作，如图 2-25 所示。

（4）断开紧急切断开关，保存车辆钥匙及紧急切断开关，如图 2-26 所示。

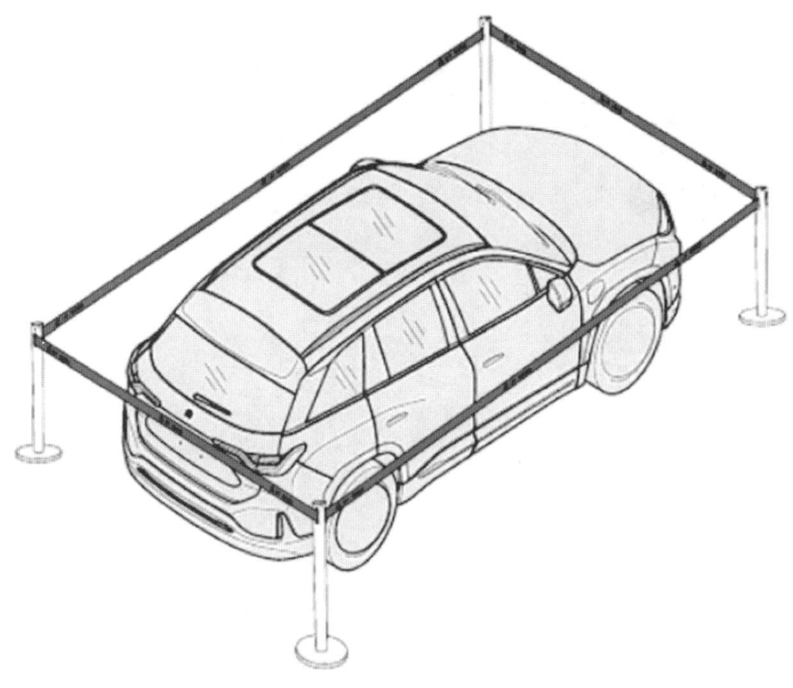

图2-24

图2-25

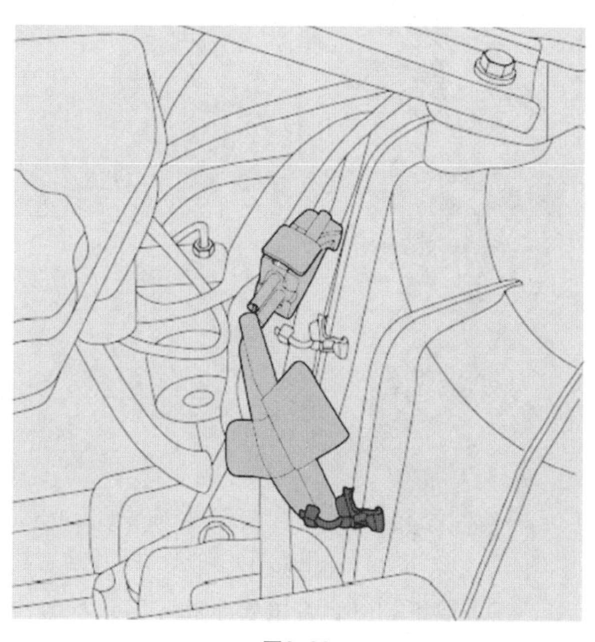

图2-26

（5）拆下左侧行李箱饰板工具盖板。

（6）断开蓄电池负极并包裹，如图 2-27 所示。

（7）静置车辆至少 5min，穿戴绝缘防护用品并检查绝缘防护手套的气密性，确保测量及维修设备的完好性，如图 2-28 所示。

（8）断开高压配电盒与电池包高压线束接插件并包裹，使用合适测量装置按照规定对高压配电盒残留电压进行测量，残留电压低于 60V 合格，才可进入下一步操作，如图 2-29 所示。

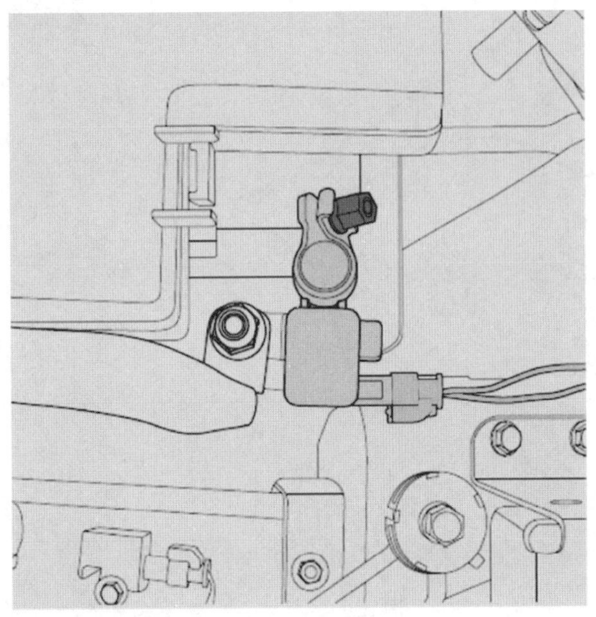
图2-27

图2-28

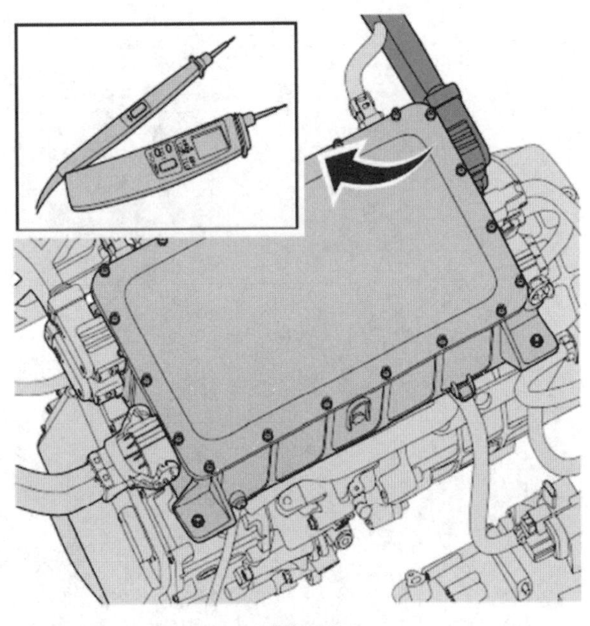
图2-29

图2-30

（9）取下“红色带电警示牌”警示标签，放置“绿色带电警示牌”警告标签，表示高压系统已被切断，如图 2-30 所示。

2.上电操作

（1）检查所有的等电位线是否都洁净且处于良好状态。

（2）检查所有的高压线是否都处于良好状态。

（3）检查所有的高压系统连接和螺栓连接是否正常。

（4）连接紧急切断线束开关，如图 2-31 所示。

（5）连接蓄电池负极，拧紧螺母至 6N·m，并测量蓄电池电压，如图 2-32 所示。

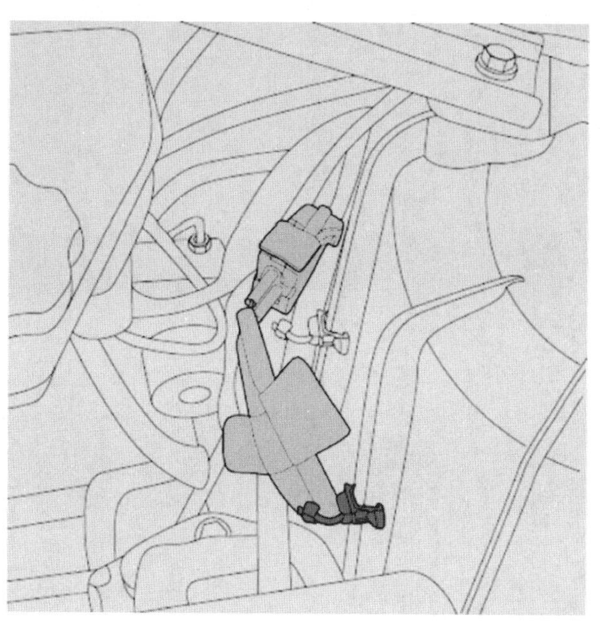

图2-31

（6）装上左侧行李箱饰板工具盖板。

（7）打开车门并系上安全带。

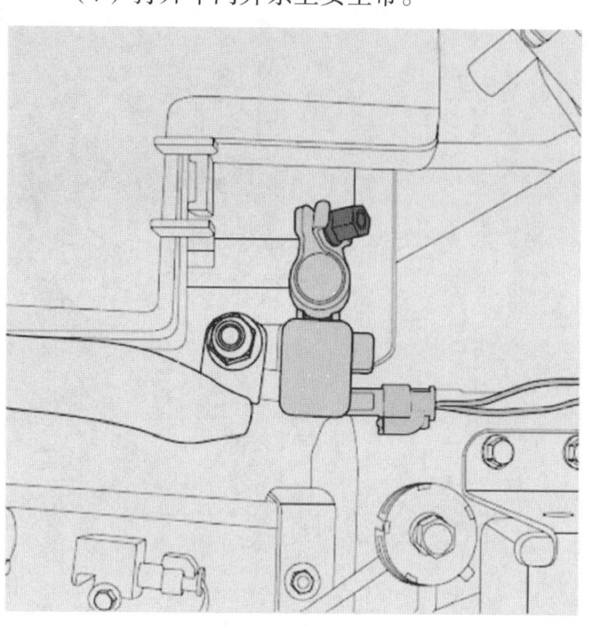

图2-32

（8）关闭车门并深踩制动踏板切入 P 挡。

（9）松开制动踏板，上电完成。

（10）取下“绿色带电警示牌”警告标签，同时放置“黄色带电警示牌”警示标签，表示高压系统已被接通，如图 2-33 所示。

（11）使用诊断仪，进行“控制器重启”操作，具体参考诊断仪中车辆控制器→控制器重启的界面说明。

高压电气系统正在工作

小心

车辆电气系统正在工作

图2-33

三、整车已下高压电绝缘检测

（1）按照检测设备指示操作，电压设置为 500V。

（2）将检测设备红表笔连接高压配电盒接插件 HV+，黑表笔连接高压配电盒接插件 HV-，如图 2-34 所示。

（3）测量残留电压，若残留电压小于 60V，合格，进入下一步；若残留电压不小于 60V，排查绝缘故障。

（4）将检测设备红表笔连接高压配电盒接插件HV+，黑表笔连接前减震器上端，如图2-35所示。

（5）记录数据，大于 5MΩ 合格。

（6）将检测设备红表笔连接高压配电盒接插件HV-，黑表笔连接前减振器上端，如图2-36所示。

（7）记录数据，大于 5MΩ 合格。

（8）将检测设备红表笔分别连接交流充电插座接插件 L1 和 N，黑表笔连接交流充电插座 PE

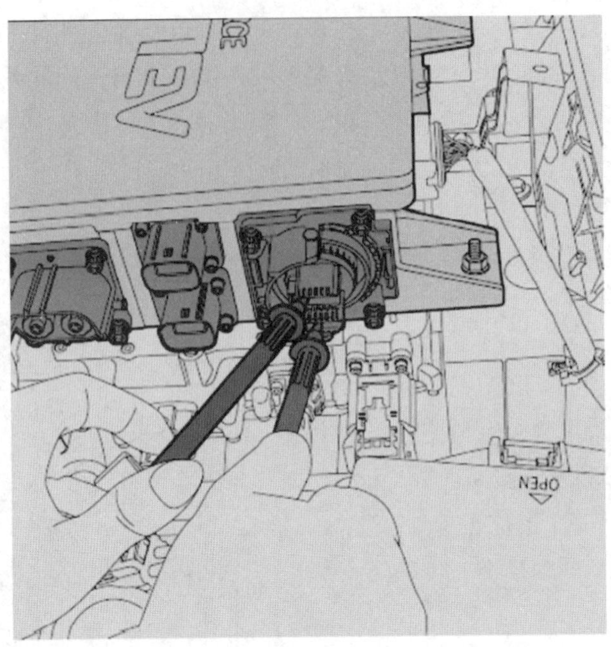

图2-34

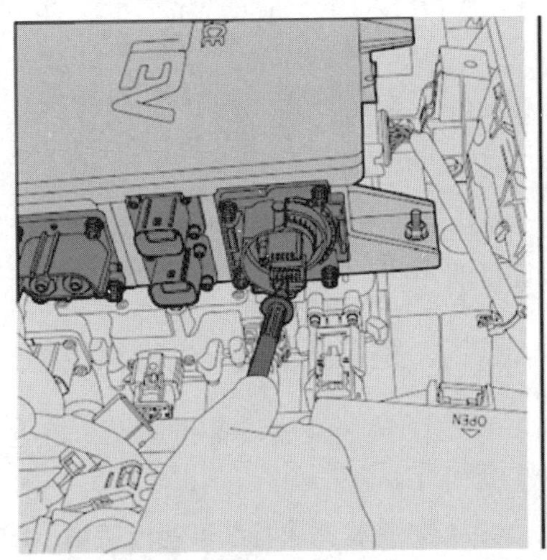
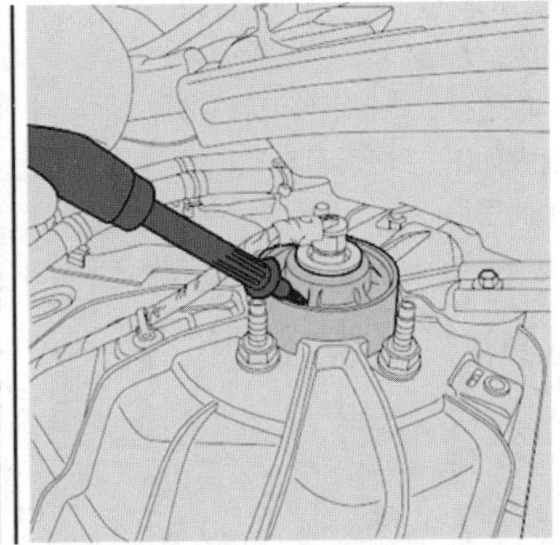

图2-35

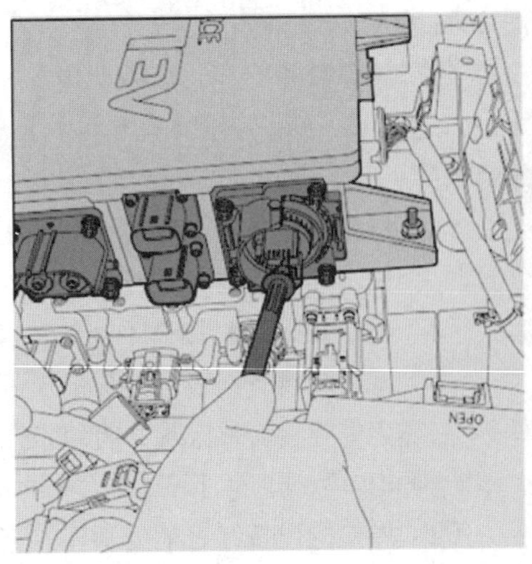
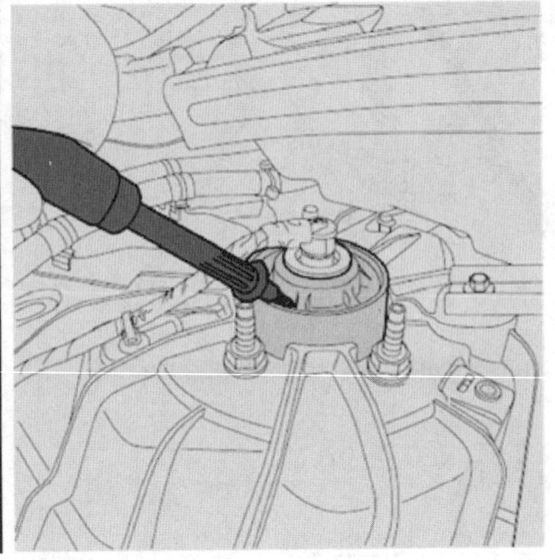

图2-36

接地点，如图 2-37 所示。

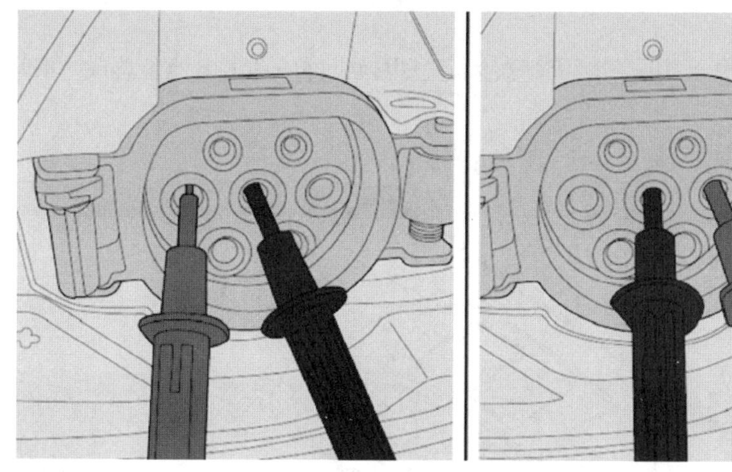

图2-37

（9）记录数据，数据分别都大于 5MΩ 合格。

（10）将检测设备红表笔分别连接直流充电插座接插件 DC+ 和 DC-，黑表笔连接直流充电插座 PE 接地点，如图 2-38 所示。

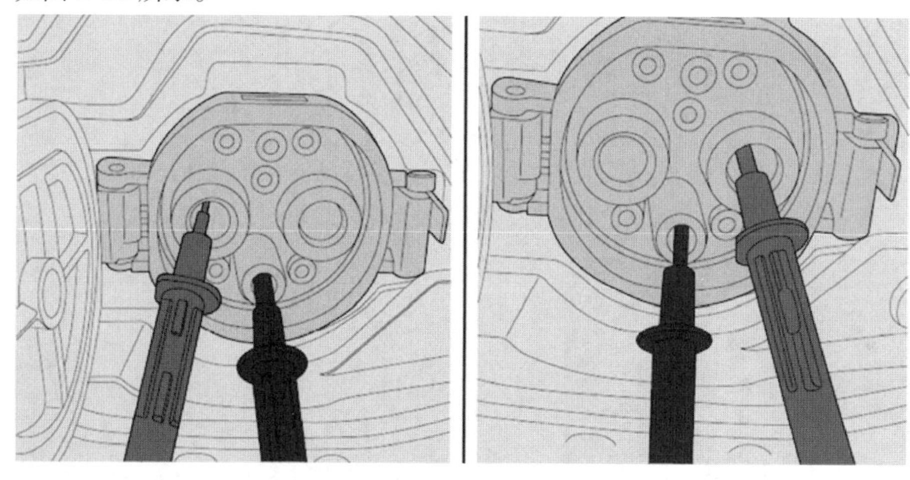

图2-38

（11）记录数据，数据分别都大于 5MΩ 合格。

第三节 2019年蔚来ES6

一、高压安全防范

其高压安全防范内容与 2020 年蔚来 ES8 车型基本相同，相关内容请参阅第一节。

二、整车断电上电操作

危险：电池包母线电压高达 400V 左右，在高压部件的拆卸和安装过程中，需要取得低压电工证资质；在佩戴高压手套的情况下，必须做好自身的绝缘保护措施，身上不得携带任何金属物品。接通高压电前，必须进行高压电部件壳体接地检查，确认高压电部件的装配和连接可靠。对高压电部件进行维修和拆装前，必须进行断电操作，确认已断开紧急切断开关和 12V 电源，并且断电后车辆静置

5min 以上。

1.断电操作

（1）使用诊断仪（NDS），按照车辆控制器标定→更换组件→动力电池包总成→高压下电程序，进行整车高压下电。

（2）设置隔离栏隔离车辆，如图 2-39 所示。

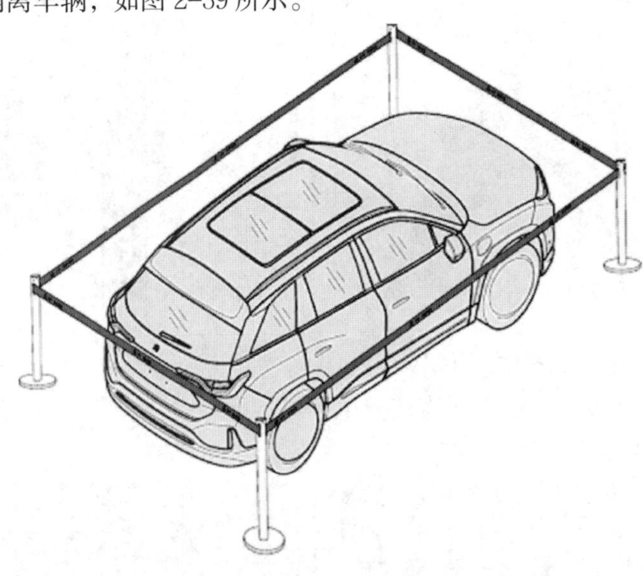

图2-39

（3）放置“红色带电警示牌”警示标签，表示正在进行高压系统操作，如图 2-40 所示。

（4）断开紧急切断开关，保存车辆钥匙及紧急切断开关，如图 2-41 所示。

图2-40

图2-41

（5）拆下左侧行李箱饰板工具盖板。

（6）断开蓄电池负极并包裹，如图 2-42 所示。

（7）静置车辆至少 5min，穿戴绝缘防护用品并检查绝缘防护手套的气密性，确保测量及维修设备的完好性，如图 2-43 所示。

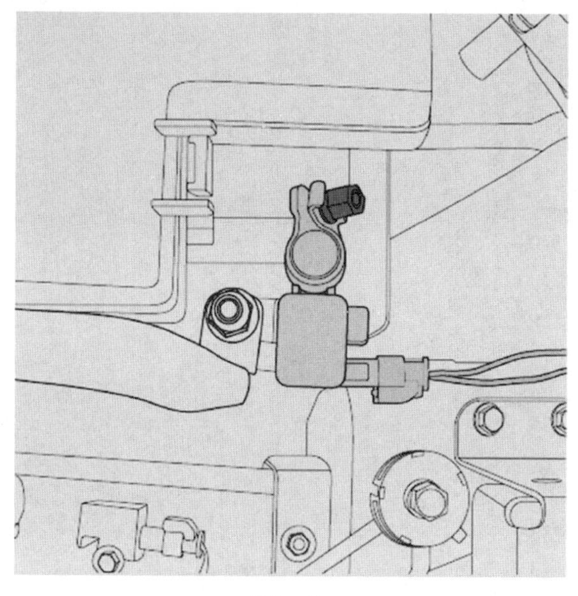

图2-42

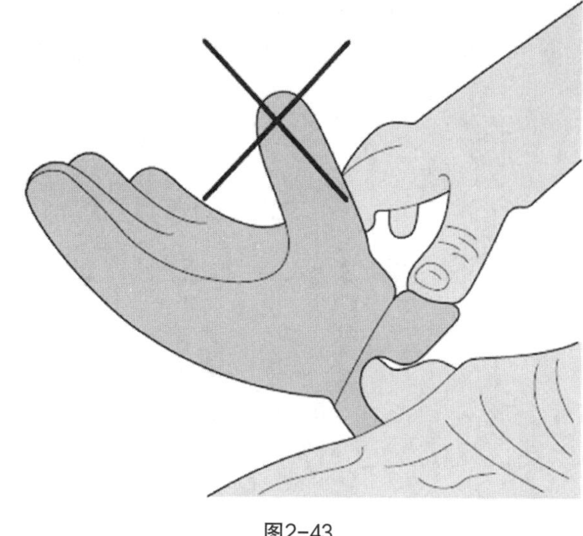

图2-43

（8）断开高压配电盒与电池包高压线束接插件并包裹，使用合适测量装置按照规定对高压配电盒残留电压进行测量，残留电压低于 60V 合格，才可进入下一步操作，如图 2-44 所示。

（9）取下“红色带电警示牌”警示标签，放置“绿色带电警示牌”警告标签，表示高压系统已被切断，如图 2-45 所示。

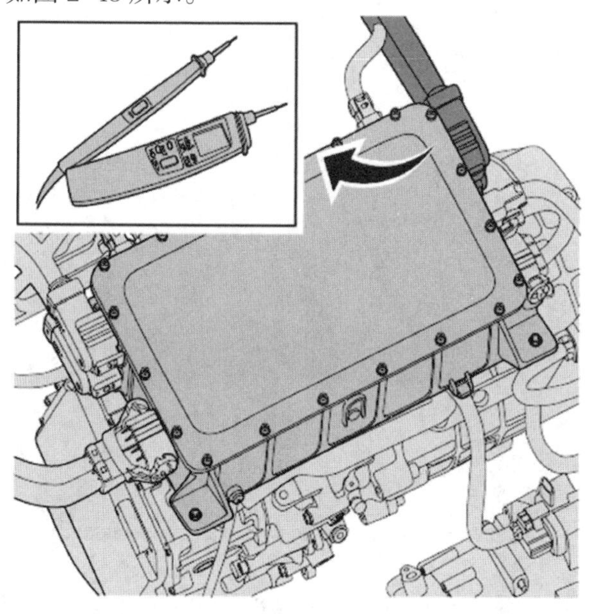

图2-44

图2-45

2.上电操作

（1）检查所有的等电位线是否都洁净且处于良好状态。

（2）检查所有的高压线是否都处于良好状态。

（3）检查所有的高压系统连接和螺栓连接是否正常。

（4）连接紧急切断线束开关，如图 2-46 所示。

（5）连接蓄电池负极，拧紧螺母至 6N·m，并测量蓄电池电压，如图 2-47 所示。

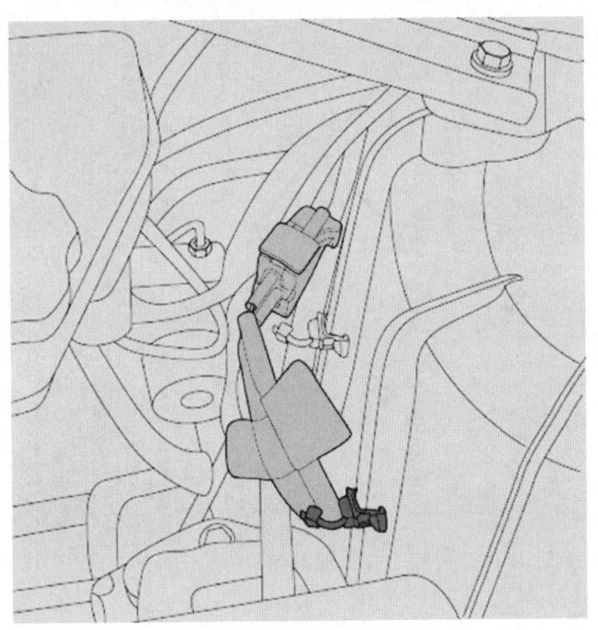

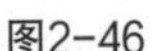

图2-46

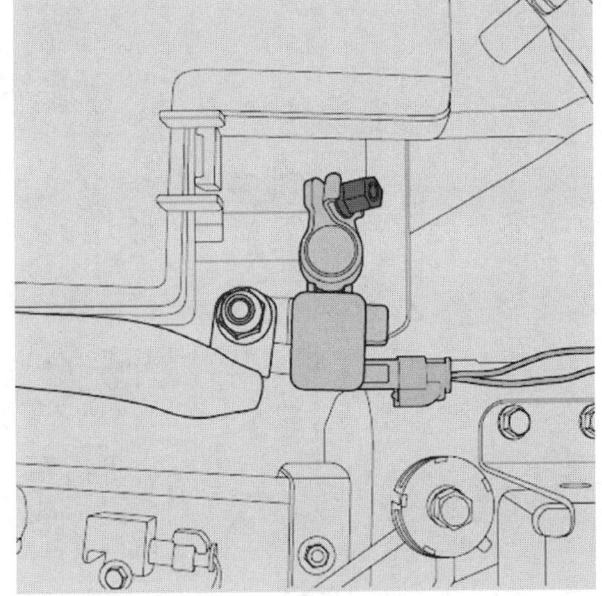

图2-47

（6）装上左侧行李箱饰板工具盖板。

（7）打开车门并系上安全带。

（8）关闭车门并深踩制动踏板切入 P 挡。

（9）松开制动踏板，上电完成。

（10）取下“绿色带电警示牌”警告标签，同时放置“黄色带电警示牌”警示标签，表示高压系统已被接通，如图 2-48 所示。

（11）使用诊断仪，进行“控制器重启”操作，具体参考诊断仪中车辆控制器→控制器重启的界面说明。

图2-48

三、整车已下高压电绝缘检测

（1）按照检测设备指示操作，电压设置为 500V。

（2）将检测设备红表笔连接高压配电盒接插件 HV+，黑表笔连接高压配电盒接插件 HV-，如图 2-49 所示。

（3）测量残留电压，若残留电压小于 60V，合格，进入下一步；若残留电压不小于 60V，排查绝缘故障。

（4）将检测设备红表笔连接高压配电盒接插件 HV+，黑表笔连接前减震器上端，如图 2-50 所示。

（5）记录数据，大于 5MΩ 合格。

（6）将检测设备红表笔连接高压配电盒接插件 HV-，黑表笔连接前减振器上端，如图 2-51 所示。

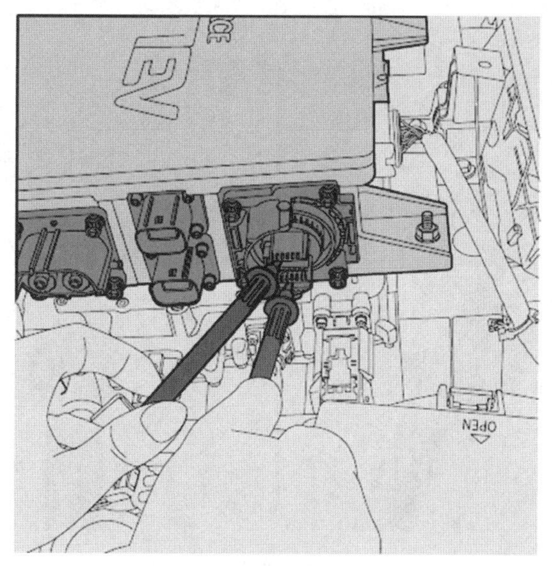

图2-49

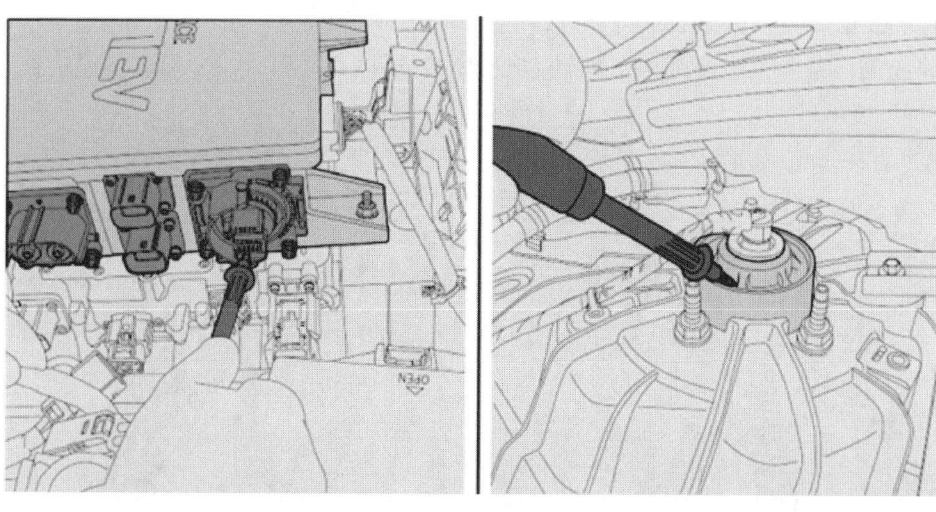

图2-50

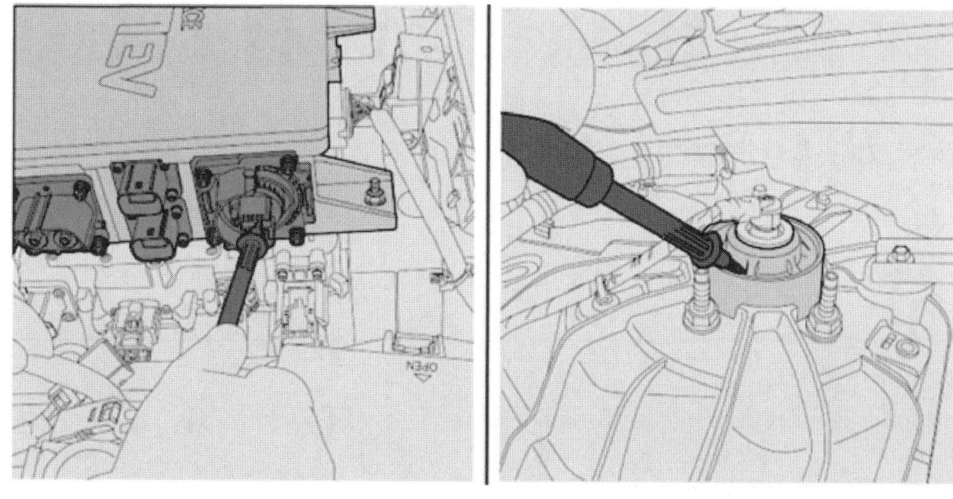

图2-51

（7）记录数据，大于 5MΩ 合格。

（8）将检测设备红表笔分别连接交流充电插座接插件 HV+ 和 HV-，黑表笔连接交流充电插座

PE 接地点，如图 2-52 所示。

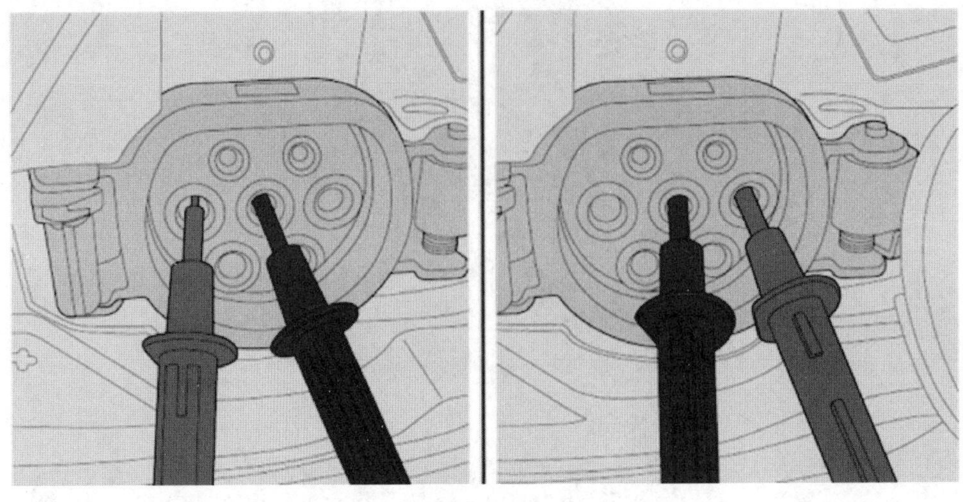

图2-52

（9）记录数据，数据分别都大于 5MΩ 合格。

（10）将检测设备红表笔分别连接直流充电插座接插件 HV+ 和 HV-，黑表笔连接直流充电插座 PE 接地点，如图 2-53 所示。

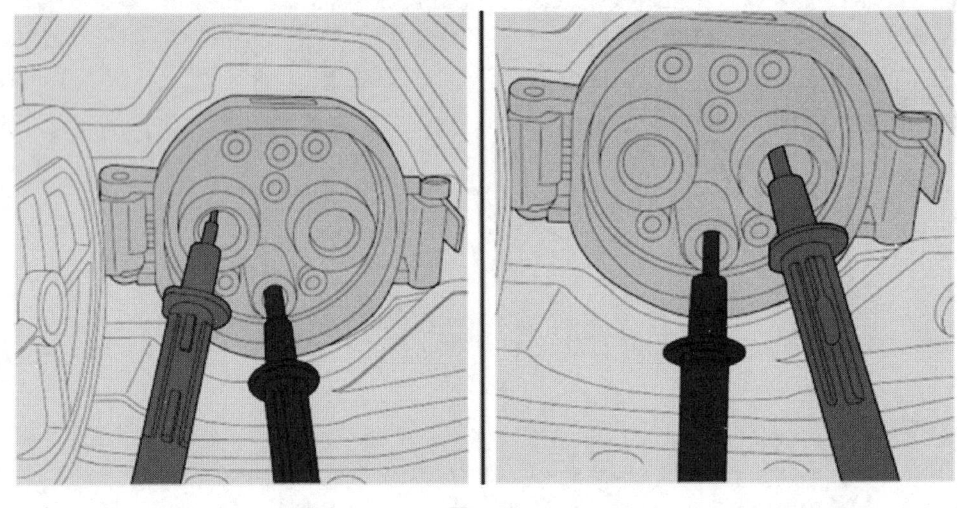

图2-53

（11）记录数据，数据分别都大于 5MΩ 合格。

第三章　小鹏车系

第一节　2020年小鹏P7

一、高压安全知识

1.电动车修理安全须知

纯电动轿车上的用电设备分低压用电部件与高压用电部件，低压用电部件包括仪表、音响、灯光、喇叭和鼓风机等；高压用电部件包括驱动电机、电机控制器、电池包、高压配电箱、充电机/直流转换器、空调压缩机、电池换热器、水加热器等。本车的高压动力电池电压高于345V。高压部件上贴有橙黄色警告标签，注意警告标签上的内容要求。为了避免触电伤害，禁止触碰高压部件、高压电缆（橙色）及其连接头。如果车上的电缆裸露或破损，禁止触碰，以防触电。禁止非专业维修人员随意解除、拆解或改装用电设备，否则触碰到高压电将导致人员烧伤，甚至触电死亡等严重后果。

2.电动车修理安全措施

（1）绝缘护具。

①绝缘防护服（绝缘级别：5kV）。

②绝缘胶鞋（绝缘级别：10kV）。

③绝缘帽（绝缘级别：10kV）。

④防护眼镜。

⑤绝缘手套（绝缘级别：1kV）。

（2）维修人员操作前必须穿戴好绝缘防护用品。

①穿好绝缘防护服。

②穿好绝缘胶鞋。

③戴好绝缘帽。

④戴好防护眼镜。

⑤戴好绝缘手套。根据工作情况选择相应的防高压电工手套或防电池电解液酸碱性手套。注意：使用前必须检查绝缘防护用品，保证其无破损、破洞和裂纹，内外表面清洁、干燥，不能带水进行操作，确保安全。

（3）绝缘工具。

①绝缘胶垫（绝缘级别：1kV）。

②绝缘工具。

③动力电池工作台。

④绝缘防护钩（绝缘级别：30kV）。

（4）绝缘工具的使用。

①在维修区域垫上绝缘胶垫。

②维修人员对带电部件操作时，必须使用绝缘工具。

③检修动力电池和电控元件时，必须使用带绝缘垫的专业工作台。注意：使用前必须检查绝缘工具，保证其无破损、破洞和裂纹，内外表面清洁、干燥，不能带水进行操作，确保安全。

（5）维修场地。

①高压警示牌。

②二氧化碳或磷酸铵盐类灭火器。

③警戒线。

④专用维修工位接地线。

（6）维修场地要求。

①在维修作业前需采用隔离措施：使用警戒栏隔离，并树立高压警示牌，以警示不相关人员远离该区域，避免发生安全事故。

②维修场地指定位置必须配备消防栓，使用清水灭火。

③在维修高压设备前，将车身用搭铁线连接到电动车专用维修工位的接地线上。

④安装专用的交流电路（220V 50Hz 16A）和电源插座。如果给电动车充电时没有使用专用线路，可能影响线路上的其他设备的正常工作。

⑤保持工作环境干净且通风良好，远离液体和易燃物。

3.电动车安全操作

（1）检修高压系统。

①在车辆上电前，注意确认是否还有人员在进行高压维修操作，避免发生危险。

②检修高压系统时，关闭所有用电器，车辆下电，断开蓄电池负极极夹，断开高压手动维修开关。

③检修高压线时，对拆下的任何裸露出的高压部位，应立刻用绝缘胶带包扎绝缘。

④安装高压线时，必须按照车身固定孔位要求将线束固定好。

⑤不能用手指触摸高压线束插接件里的带电部分以免触电，另外应防止有细小的金属工具或铁条等接触到插接件中的带电部分。

（2）使用万用表测量。

①检修高压系统前应使用万用表测量整车高压回路，确保无电，方法如下：断开高压维修开关后，测量动力电池和车身之间的电压来初步判断是否漏电，若检测到电压大于等于50V，应立即停止操作，检查判断漏电部位。

②使用万用表测量高压时，需注意选择正确量程，检测的万用表精度不低于0.5级，要求具有直流电压测量挡位，量程范围大于或等于500V。

③使用万用表测量高压时，需遵守“单手操作”原则。

④所使用的万用表一根表笔线上配备绝缘鳄鱼夹（要求耐压为3kV，过流能力大于5A），测量时先把鳄鱼夹夹到电路的一个端子，然后用另一只表笔接到需测量端子测量读数，每次测量时只能用一只手握住表笔。

⑤使用万用表测量高压时，严禁触摸表笔金属部分。

（3）车辆处理。

①车辆发生异常、事故、火灾和浸入水中。

②如果车辆发生事故，不允许再次启动车辆。

③如果车辆起火，则应立即使用大量清水灭火。

④车辆浸入水中，在打捞前必须等待水面无气泡和滋滋声产生，电量消耗后，穿戴好绝缘防护用品才能进行打捞作业，以防触电。

4.激活维修模式

为确保车辆在维修过程中，故障诊断不受远程控制的干扰和保障维修技师的作业安全，车辆进店维修时，激活大屏维修模式。

操作方法：

（1）进入维修模式。

（2）车辆建立维修工单中后，在 OAS 上下载认证证书到 U 盘，U 盘插到车上以后会自动进入维修模式。

5.高压下电方法及维修注意事项

注意：

（1）严禁非专业人员对高压零部件进行移除和安装。

（2）未经过高压安全培训的维修人员，不允许对高压零部件进行维护。

（3）车辆在充电过程中不允许对高压部件进行移除和维护工作。

（4）对高压部件进行作业前，必须断开充电口与充电设备的连接，确认车辆处于 OFF 挡位，并将 12V 蓄电池断开，断开手动维修开关，至少 3min 以后再对车辆的高压部件及线路进行检查（让高压部件中的电容器件放电）。

（5）穿戴好绝缘手套（绝缘等级为 1000V/300A 以上）、绝缘鞋、绝缘帽、防护眼镜等绝缘防护工具。

（6）高压部件打开后或线束连接器断开后，使用万用表对其电压进行测量，电压降到 36V（交流）或 60V（直流）以下，才可以进行下一步操作。

（7）维修高压零部件时，注意壳体表面温度，待冷却后进行操作。

（8）维修电池包时断开手动维修开关，使用万用表确认电池包正、主负极输出端无电压，方可进行下一步操作。

二、高压断电、通电流程

（一）高压断电流程

1.隔离工位

（1）使用警示围栏进行现场隔离。

（2）使用警示牌对现场进行标示。

2.准备并检查工具

（1）核验现场通用工具及专用工具齐全性。

（2）查验 PPE 防护用品齐全性，并对绝缘手套、护目镜状态进行检查。

（3）操作现场铺设绝缘垫。

3.打开行李箱

下电前打开。

4. 长按下电开关

长按下电开关下电。

5.断开12V蓄电池

（1）拆开 12V 低压蓄电池负极连接线紧固螺栓，断开低压蓄电池。

（2）对蓄电池负极线进行包裹防护。

（3）确认全车已经断开 12V 电源，否则请联系技术支持。

6.车辆放电

等待时间须在 5min 以上。

7.拆卸座椅、坐垫

拆卸后排座椅、坐垫。

8.正确佩戴高压防护工具

正确佩戴安全手套、护目镜、安全帽、绝缘鞋。

9.拆卸高压安全插头

拆卸 MSD，并把 MSD 放置到安全柜中。

10.高压系统验电检查

（1）使用万用表分别测量安全插头两端对地电压及插头两端电压。

（2）测量值须 < 60V。

（3）如果任何一个测试值超过 60V，请停止断电流程，在前挡风玻璃处放置红色危险标志牌，并联系技术支持。

11.高压插头隔离

①使用专用工具隔离 MSD 高压接口。

②放置绿色安全指示牌。

（二）高压上电流程

1.安装高压安全插头

（1）移除绿色安全指示牌。

（2）安装 MSD。

2.安装座椅、坐垫

安装后排座椅、坐垫。

3.接上低压12V蓄电池的负极端子

（1）安装 12V 低压蓄电池负极连接线。

（2）按照标准力矩紧固螺栓。

4.车辆上电工作

重新开门和踏下制动踏板，进行车辆上电操作。

5.将车辆切换至正常状态检查

观察仪表板是否有不正常警报符号。

6.上电完成

挂入 D 挡，查验车辆是否重新进行 Ready 状态。

7.根据需要退出大屏检查模式

如果还有其他维修需要，可不退出；如果已经维修完成，则需要退出检查模式。

8.现场5S整理

整理通用工具 / 专用工具、PPE 用品。

第二节　2020年小鹏G3

一、高压安全知识

1.电池包修理安全须知

纯电动轿车上的用电设备分低压用电部件与高压用电部件，低压用电部件包括仪表、音响、灯光、喇叭和鼓风机等；高压用电部件包括驱动电机、电机控制器、电池包、高压配电箱、充电机/直流转换器、空调压缩机、电池换热器、空调暖风机（PTC）等。小鹏汽车高压动力电池额定电压：374.4V。高压部件上贴有橙黄色警告标签，注意警告标签上的内容要求。为了避免触电伤害，禁止触碰高压部件、高压电缆（橙色）及其连接头。如果车上的电缆裸露或破损，禁止触碰，以防触电。禁止非专业维修人员随意解除、拆解或改装用电设备，否则触碰到高压电将导致人员烧伤，甚至触电死亡等严重后果。

2.电动车修理安全措施

（1）绝缘护具。

①绝缘防护服。

②绝缘胶鞋。

③防护眼镜。

④绝缘手套。

（2）维修人员操作前必须穿戴好绝缘防护用品。

①穿好绝缘防护服。

②穿好绝缘胶鞋。

③戴好防护眼镜。

④戴好绝缘手套：根据工作情况选择相应的防高压电工手套或防电池电解液酸碱性手套。注意：使用前必须检查绝缘防护用品，保证其无破损、破洞和裂纹，内外表面清洁、干燥，不能带水进行操作，确保安全。

（3）绝缘工具。

①绝缘胶垫。

②绝缘工具。

③动力电池工作台

（4）绝缘工具的使用。

①在维修区域垫上绝缘胶垫。

②维修人员对带电部件操作时必须使用绝缘工具。

③检修动力电池和电控元件时必须使用带绝缘垫的专业工作台。注意：使用前必须检查绝缘工具，保证其无破损、破洞和裂纹，内外表面清洁、干燥，不能带水进行操作，确保安全。

（5）维修场地。

①压警示牌。

②二氧化碳或磷酸铵盐类灭火器。

③警戒线。

④专用维修工位接地线。

（6）维修场地要求。

①在维修作业前需采用隔离措施：使用警戒栏隔离，并树立高压警示牌，以警示不相关人员远离该区域，避免发生安全事故。

②维修场地指定位置必须配备消防栓，使用清水灭火。

③在维修高压设备前，将车身用搭铁线连接到电动车专用维修工位的接地线上。

④安装专用的交流电路（220V 50Hz 16A）和电源插座。如果给电动车充电时没有使用专用线路，可能影响线路上的其他设备的正常工作。

⑤保持工作环境干净且通风良好，远离液体和易燃物。

3.电动车安全操作

（1）检修高压系统。

①在车辆上电前，注意确认是否还有人员在进行高压维修操作，避免发生危险。

②检修高压系统时，关闭所有用电器，车辆下电，断开蓄电池负极极夹。

③检修高压线时，对拆下的任何裸露出的高压部位，应立刻用绝缘胶带包扎绝缘。

④安装高压线时，必须按照车身固定孔位要求将线束固定好。

⑤不能用手指触摸高压线束插接件里的带电部分以免触电，另外应防止有细小的金属工具或铁条等接触到插接件中的带电部分。

（2）使用万用表测量。

①检修高压系统前应使用万用表测量整车高压回路，确保无电，方法如下：断开手动维修开关后，测量动力电池和车身之间的电压来初步判断是否漏电，若检测到电压大于等于50V，应立即停止操作，检查判断漏电部位。

②使用万用表测量高压时，需注意选择正确量程，检测用万用表精度不低于0.5级，要求具有直流电压测量挡位，量程范围大于等于500V。

③使用万用表测量高压时，需遵守“单手操作”原则。

④所使用的万用表一根表笔线上配备绝缘鳄鱼夹（要求耐压为3kV，过流能力大于5A），测量时先把鳄鱼夹夹到电路的一个端子，然后用另一只表笔接到需测量端子测量读数，每次测量时只能用一只手握住表笔。

⑤使用万用表测量高压时，严禁触摸表笔金属部分。

（3）车辆处理。

①车辆发生异常、事故、火灾和浸入水中：如果车辆发生事故，不允许再次启动车辆；如果车辆起火，则应立即使用大量清水灭火。

②车辆浸入水中，在打捞前必须等待水面无气泡和滋滋声产生，电量消耗后，穿戴好绝缘防护用品才能进行打捞作业，以防触电。

4.高压下电方法及维修注意事项

注意：

（1）严禁非专业人员对高压零部件进行移除和安装。

（2）未经过高压安全培训的维修人员，不允许对高压零部件进行维护。

（3）车辆在充电过程中不允许对高压部件进行移除和维护工作。

（4）对高压部件进行作业前，必须断开充电口与充电设备的连接，确认车辆处于OFF挡位，并将12V蓄电池断开，断开低压维修开关，至少3min以后再对车辆的高压部件及线路进行检查（让高压部件中的电容器件放电）。

（5）穿戴好绝缘手套（绝缘等级为1000V/300A以上）、绝缘鞋、绝缘帽、防护眼镜等绝缘防护工具。

（6）高压部件打开后或线束连接器断开后，使用万用表对其电压进行测量，电压降到36V（交流）或60V（直流）以下，才可以进行下一步操作。

（7）维修高压零部件时，注意壳体表面温度，待冷却后进行操作。

（8）维修电池包时断开动力电池插头，使用万用表确认电池包正、主负极输出端无电压，方可进行下一步操作。

二、高压断电、通电流程

（一）高压断电

1.隔离工位

（1）使用警示围栏进行现场隔离。

（2）使用警示牌对现场进行标示。

2.准备并检查工具

（1）核验现场通用工具及专用工具齐全性。

（2）查验PPE防护用品齐全性，并对绝缘手套、护目镜状态进行检查。

（3）操作现场铺设绝缘垫。

3.仪表报警信息确认

确认仪表是否有高压报警信息，比如高压粘接报警。如果仪表报高压粘接，则停止断电流程，联系技术支持。

4.关闭点火开关

（1）前舱盖打开状态下，通过长按紧急下电开关方式，实现车辆下电。

（2）车辆钥匙放置距车辆5m以上的安全柜中。

5.断开12V蓄电池

（1）拆开12V低压蓄电池负极连接线紧固螺栓，断开低压蓄电池。

（2）对蓄电池负极线进行包裹防护。

（3）确认全车已经断开12V电源，否则请联系技术支持。

6.断开低压维修开关

（1）拉出低压维修开关黄色锁片。

（2）按压黑色锁销，拔出低压维修开关连接插头。

（3）使用专用锁具锁止低压维修开关，并将钥匙自行保管好。

7.系统放电

等待时间须在5min以上。

8.切断动力电池低压供电

断开动力电池低压连接插头。

9.切断动力电池高压接插件

（1）佩戴绝缘手套。

（2）依次解锁并拔下动力电池前端高压连接插头。

10.高压系统验电检查

（1）使用万用表测量动力电池高压输入/输出端子、高压系统部件连接端子电压状态。

（2）测量值须 < 60V。

（3）如果任何一个测试值超过60V，请停止断电流程，在前挡风玻璃处放置红色危险标志牌，并联系技术支持。

11.线路插接连接器保护

（1）对拆下的高/低压线路连接器进行包裹防护。

（2）线路插接连接器进行防磕碰处理。

（3）断电成功后，在前挡风玻璃处放置绿色安全指示牌。

（二）高压上电流程

1.动力电池高压接插件安装恢复

（1）移除绿色安全指示牌。

（2）重新插入安装高压插接件。

（3）使用目视和倒拔方法检查插接件安装是否到位。

2.插上动力电池低压线束插接件

（1）重新插入安装低压插接件。

（2）使用目视方法检查插接件安装是否到位。

3.接通低压维修开关

（1）解锁低压维修开关锁具。

（2）翘起低压维修开关侧面锁止挡片。

（3）按压黑色锁销，重新插入低压维修开关。

（4）推回黄色锁片，固定低压维修开关。

4.接上低压12V蓄电池的负极端子

（1）安装12V低压蓄电池负极连接线。

（2）按照标准力矩紧固螺栓。

5.车辆上电工作

重新开门和踏下制动踏板，进行车辆上电操作。

6.车辆切换至正常状态检查

观察仪表是否有不正常故障提示信息。

7.上电完成

挂入D挡，查验车辆是否重新进行Ready状态。

8.根据需要退出大屏检查模式

如果还有其他维修需要，可不退出；如果已经维修完成，则需要退出检查模式。

9.现场5S整理

（1）整理通用工具/专用工具、PPE防护用品。

（2）移除警示围栏。

第三节　2021—2022年小鹏G3i

一、高压安全知识

高压安全知识与2020年小鹏G3基本相同，参考其相关内容。

二、2021—2022年小鹏G3i高压断电、通电流程

（一）高压断电

1.隔离工位

（1）使用警示围栏进行现场隔离。

（2）使用警示牌对现场进行标示。

2.准备并检查工具

（1）核验现场通用工具及专用工具齐全性。

（2）查验PPE防护用品齐全性，并对绝缘手套、护目镜状态进行检查。

（3）操作现场铺设绝缘垫。

3.仪表报警信息确认

确认仪表是否有高压报警信息，比如高压粘接报警。如果仪表报高压粘接，则停止断电流程，联系技术支持。

4.关闭点火开关

（1）前舱盖打开状态下，通过长按紧急下电开关方式，实现车辆下电。

（2）车辆钥匙放置距车辆5m以上的安全柜中。

5.断开12V蓄电池

（1）拆开12V低压蓄电池负极连接线紧固螺栓，断开低压蓄电池。

（2）对蓄电池负极线进行包裹防护。

（3）确认全车已经断开12V电源，否则请联系技术支持。

6.断开低压维修开关

（1）拉出低压维修开关黄色锁片。

（2）按压黑色锁销，拔出低压维修开关连接插头。

（3）使用专用锁具锁止低压维修开关，并将钥匙自行保管好。

7.系统放电

等待时间须在5min以上。

8.切断动力电池低压供电

断开动力电池低压连接插头。

9.切断动力电池高压接插件

（1）佩戴绝缘手套。

（2）依次解锁并拔下动力电池前端高压连接插头。

10.高压系统验电检查

（1）使用万用表测量动力电池高压输入/输出端子、高压系统部件连接端子电压状态。

（2）测量值须 < 60V。

（3）如果任何一个测试值超过 60V，请停止断电流程，在前挡风玻璃处放置红色危险标志牌，并联系技术支持。

11.线路插接连接器保护

（1）对拆下的高 / 低压线路连接器进行包裹防护。

（2）线路插接连接器进行防磕碰处理。

（3）断电成功后，在前挡风玻璃处放置绿色安全指示牌。

（二）高压上电流程

1.动力电池高压接插件安装恢复

（1）移除绿色安全指示牌。

（2）重新插入安装高压插接件。

（3）使用目视和倒拔方法检查插接件安装是否到位。

2.插上动力电池低压线束插接件

（1）重新插入安装低压插接件。

（2）使用目视方法检查插接件安装是否到位。

3.接通低压维修开关

（1）解锁低压维修开关锁具。

（2）翘起低压维修开关侧面锁止挡片。

（3）按压黑色锁销，重新插入低压维修开关。

（4）推回黄色锁片，固定低压维修开关。

4.接上12V低压蓄电池的负极端子

（1）安装 12V 低压蓄电池负极连接线。

（2）按照标准力矩紧固螺栓。

5.车辆上电工作

重新开门和踏下制动踏板，进行车辆上电操作。

6.车辆切换至正常状态检查

观察仪表是否有不正常故障提示信息。

7.上电完成

挂入 D 挡，查验车辆是否重新进行 Ready 状态。

8.根据需要退出大屏检查模式

如果还有其他维修需要，可不退出；如果已经维修完成，则需要退出检查模式。

9.现场5S整理

（1）整理通用工具 / 专用工具、PPE 防护用品。

（2）移除警示围栏。

第四章 理想车系

2020—2022 年理想 ONE。

一、高压安全系统

1.理想ONE高压部件位置

理想 ONE 高压部件位置如图 4-1 和图 4-2 所示，图注如表 4-1 所示。

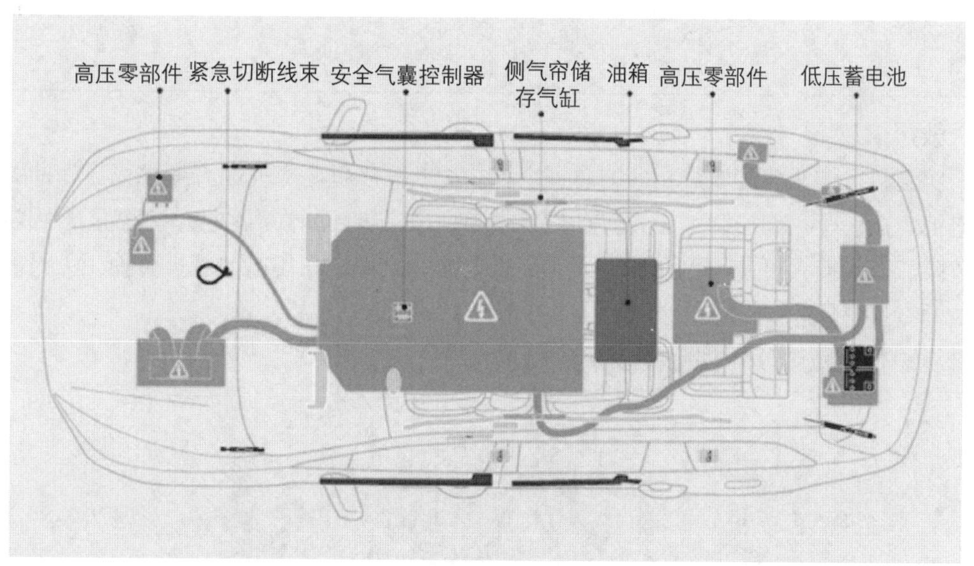

图4-1

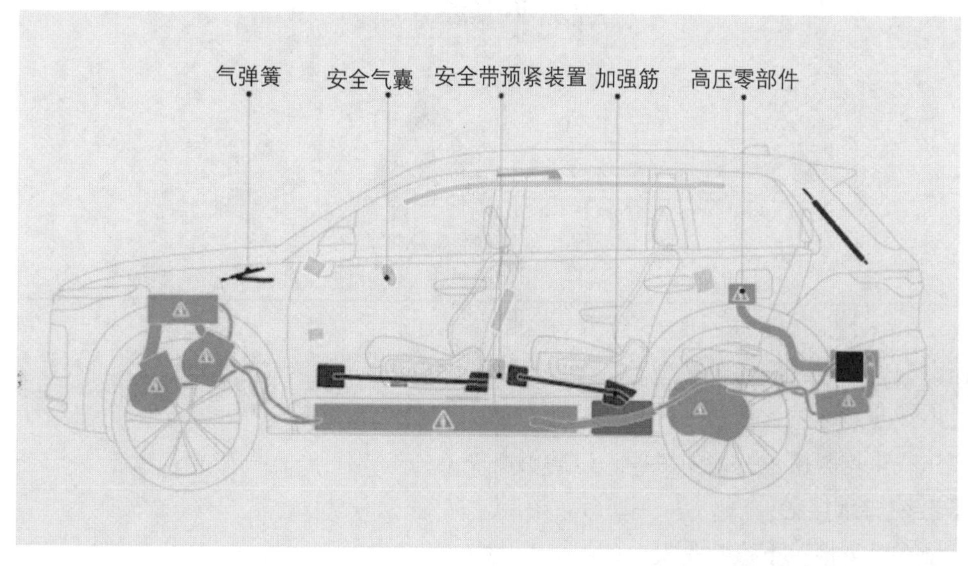

图4-2

表4-1

图标	名称
	高压零部件
	安全带预紧装置
	侧气帘储存气缸
	气弹簧
	低压蓄电池
	紧急切断线束
	安全气囊控制器

2.紧急救援信息

注意：实施救援作业前需佩戴相应的防护装置。切断高压供电需先断开紧急高压切断线束，再断开低压蓄电池负极。车辆如遇溺水需先将车辆从水中拖出，再切断高压供电，车辆不会因浸水产生更大的触电危险。车辆着火可使用灭火器扑灭非高压电池的火灾，高压电池着火可使用大量的水降温，谨防高压电池有复燃风险。

3.警示标志信息及说明（如图4-3所示）

图4-3

①高压电警告标志：请勿触摸高压零部件，以防触电！

②动力电池注意标志：请勿踩踏动力电池！

整车高压线束均为橙色，请勿触摸，以防触电！

4.高压系统与水接触

高压系统在下列情况下通常是安全的：

（1）脚部空间中有水渍（如开启天窗时下雨）。

（2）涉水行驶。

5.高压系统自动关闭

在车辆发生严重碰撞事故时，高压系统会自动关闭，以免威胁到乘客和其他交通参与者。注意：车辆发生碰撞后，请勿私自移动车辆，请立即联系理想汽车客服中心。

6.动力电池

该动力电池只适用于本车，禁止在其他车辆上使用或以任何方式改装，以免发生触电、发热、冒烟、爆炸或电解液泄漏等事故。动力电池相关信息将在车辆登记上牌时进行记录，随意报废或丢弃的动力电池会造成环境污染，将承担相应的法律责任。因此，在车辆动力电池需要更换、报废以及拆解时，请联系理想汽车客服中心。

7.关于动力电池回收

（1）回收处置范围。

废旧动力电池需得到妥善的存储及回收。在车辆保养维修过程中，满足以下条件的动力电池，判定为需要回收：在理想汽车维修中心对动力电池进行维修和保养的过程中，对电池容量和状态进行检测。对达到相关法律、法规要求，需进行回收的动力电池时，由理想汽车进行回收。其他情况判定电池不能继续使用，但电池状态较好，经过简单维修后，进行回收，并进行梯次利用。电池发生严重故障或损坏，不能进行梯次利用，将进入再生利用流程。

（2）回收处置流程。

动力电池需要维修、更换或回收时，请联系理想汽车客服中心（400-686-0900）。在对动力电池维修、更换或回收时，会依照国家法律法规的要求对车辆所有人信息进行核实。理想汽车维修中心将按照维修手册及贮存等技术信息要求对动力电池进行维修、拆卸和更换，规范贮存，并负责将动力电池移交合法的第三方动力电池回收合作厂家或综合利用企业进行回收处理。理想汽车维修中心将更新拆卸后的动力电池信息及编码，上传至“新能源汽车国家监测与动力电池回收利用溯源综合管理平台”。动力电池含有有毒物质和腐蚀性物质，若随意报废或丢弃动力电池对环境造成污染，车辆所有人将承担相应的法律责任。

注意：对动力电池拆卸、拆解和存储不当将造成人身伤害，对环境造成污染。动力电池的拆卸、拆解和更换必须在理想汽车维修中心进行，请勿私自拆卸、拆解、更换动力电池。请勿触摸高压系统零部件，避免发生触电事故。整车高压线束均为橙色，请勿损坏或拉拽高压线束及插头，避免发生触电事故。请勿触摸动力电池泄漏出的液体，避免造成人身伤害。请勿将液体溅洒车内，如后备厢、地板等，否则可能导致高压系统故障甚至发生火灾。请勿将更换后的废旧动力电池移交给没有资质的回收服务网点或个人，否则将承担相应的责任。

二、整车上电与下电过程

（1）钥匙解锁车辆，车门开启后，或驾驶员坐入座椅，整车电源自动切换为ACC，仪表自动开机，高压系统自动上电，允许用户使用空调和娱乐系统。

（2）踩下制动踏板，整车电源模式自动切换为ON模式，整车自动进入Ready模式。

（3）驾驶员在ON（Ready）模式下，打开车门，离开驾驶座位，电源自动切换为ACC。

（4）驾驶员离开座椅后，关闭车门，电源模式自动切换为OFF，并且电子手刹自动拉起，确保车辆在OFF下不溜车。

第五章　威马车系

第一节　威马车系上下电功能

一、上下电功能（上电）

1.进入条件

整车下电完成，存在 KL15 唤醒源。

2.执行过程

按顺序执行以下过程：

（1）硬线唤醒 INV。

（2）网络唤醒 DCC（同时也发送硬线唤醒）。

（3）发起防盗认证。

（4）将 DCC 的控制模式置为 Standby 模式。

（5）VCU 进行高压检测，若不满足，记录故障并进入紧急下电流程。

（6）VCU 接收到 INV 发送的预充允许指令，开始发送 BMS 主继电器吸合指令，同时禁止所有高压用电器工作，在 BIS 主继电器吸合过程中，判断 BMS 预充状态是否正确。如若异常，则进入紧急下电流程。

（7）VCU 发送主继电器吸合指令后，需巡回检测 6s（标定）等待接收 BMS 主继电器是否吸合完成。若超时后主继电器依然未闭合，同样认为预充故障，进入紧急下电流程。

（8）当检测到电压总成连接成功后，整车进入 Standby 模式。

（9）检测 DCC 和 INV 输入电压是否在合理范围，满足条件后将 DCC 的控制模式置为电压控制模式，并发送充电电压值信号。

二、上下电功能（下电）

1.进入条件

（1）正常下电（同时满足以下两个条件）。

① KL15 断开。

②系统电源为 OFF。

（2）故障主动下电。

检测到整车碰撞信号。

（3）故障被动下电。

①检测 BMS 绝缘值过低。

②检测到 DCC 三级故障超过 1min。

③检测到 DCC 四级故障。

④检测到 INV 四级故障。

⑤检测到 BMS/DCC/INV 丢帧。

⑥ DCC 实际运行模式为错误。

⑦检测到 BMS 三级故障。

⑧ BMS 发送下电请求并且请求时间大于 0。

2.正常下电执行过程

（1）电源断开后，动力总成运行模式切换为 Standby，将电机请求扭矩清零。

（2）检测电机实际转速 < 300r/min，并且 INV 允许下电的情况下，停止各高压总成工作，关闭 INV 控制器使能，挡位退到 P 挡。

（3）检测 IBS 传感器上报电压蓄电池 SOC 状态，若 SOC 小于 79%，需要对低压蓄电池充电至 80% 再进行下一步。

（4）发送 DCC 运行指令为 OFF，关闭 DC/DC 模块。

（5）当检测到 DCC 反馈实际模式为 OFF 时，此时发送 BMS 主继电器断开指令。

（6）VCU 接收到 BMS 反馈的主继电器断开信号后，发送 BMS 下电指令和 INV 主动放电使能信号。

（7）当 VCU 检测到电机母线电压小于 60V 后，认为主动放电完成，关闭电机硬线唤醒信号。

第二节　2020—2021年威马W6

一、高压安全知识

（一）电动车修理安全措施

1.绝缘护具

（1）绝缘防护服。

（2）绝缘胶鞋。

（3）防护眼镜。

（4）绝缘手套。

2.维修人员操作前必须穿戴好绝缘防护用品

（1）穿好绝缘防护服。

（2）穿好绝缘胶鞋。

（3）戴好防护眼镜。

（4）戴好绝缘手套：根据工作情况选择相应的防高压电工手套或防电池电解液酸碱性手套。注意：使用前必须检查绝缘防护用品，保证其无破损、破洞和裂纹，内外表面清洁、干燥，不能带水进行操作，确保安全。

3.绝缘工具

（1）绝缘胶垫。

（2）绝缘工具。

（3）动力电池安装堵盖。

（4）动力电池工作台。

（二）电动车修理安全须知

纯电动乘用车上的用电设备分低压用电部件与高压用电部件，低压用电部件包括仪表、音响、灯光、喇叭、蜂鸣器和鼓风机等；高压用电部件包括驱动电机、驱动电机控制器、高压电池组、动力控制器总成（DC/DC）、车载充电机、空调压缩机、加热器（PTC）等。本车高压动力电池额定电压为360V左右。高压部件上贴有橙黄色警告标签，注意警告标签上的内容要求。为了避免触电伤害，禁止触碰高压部件、高压电缆（橙色）及其连接头。如果车上的电缆裸露或破损，禁止触碰，以防触电。禁止非专业维修人员随意解除、拆解或改装用电设备，否则触碰到高压电将导致人员烧伤，甚至触电死亡等严重后果。

（三）电动车安全操作

1.检修高压系统

在车辆上电前，注意确认是否还有人员在进行高压维修操作，避免发生危险。检修高压系统时，关闭启动开关电源，脱开蓄电池负极搭铁线和断开直流高压母线，由专职监护人员保管，并确保在维修过程中不会有人将其重新安装。检修高压线时，对拆下的任何裸露出的高压部位，应立刻用绝缘胶带包扎绝缘。安装高压线时，必须按照车身固定孔位要求将线束固定好。不能用手指触摸高压线束插接件里的带电部分以免触电，另外应防止有细小的金属工具或铁条等接触到插接件中的带电部分。

2.使用万用表测量

检修高压系统前应使用万用表测量整车高压回路，确保无电，方法如下：断开直流高压母线5min后、测量动力电池和车身之间的电压来初步判断是否漏电。若检测到电压大于等于50V，应立即停止操作，检测万用表精度不低于0.5级，要求具有直流电压测量挡位，量程范围大于等于500V。使用万用表测量高压时，需遵守“单手操作”原则。

二、高压电的断开和连接程序

1.准备工作

（1）安装隔离柱，划分作业区域，安全护栏设置在车辆四周，与车辆各点至少保持1m距离，如图5-1所示。

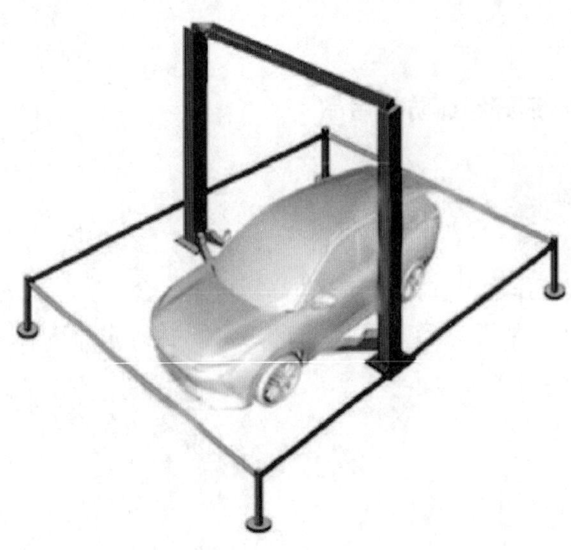

图5-1

（2）维修人员必须穿戴防护装置。

（3）断电前，车辆周围必须放置醒目标识并留下姓名、电话，如图 5-2 所示。

图5-2

2.断电步骤

（1）断开低压电池负极搭铁线。

（2）拆卸机舱底部后护板。

（3）断开高压电的线束连接器时需两人，一人穿戴（绝缘鞋、绝缘手套、防毒面具）拆卸，另一人需拿着绝缘钩套住正在拆卸的维修人员。

（4）断开动力电池处整车低压线的线束连接器，如图 5-3 所示。

图5-3

（5）断开动力电池处直流高压母线总成的线束连接器，如图 5-4 所示。

（6）断开动力电池处高压直流充电线带插座总成的线束连接器，如图 5-5 所示。

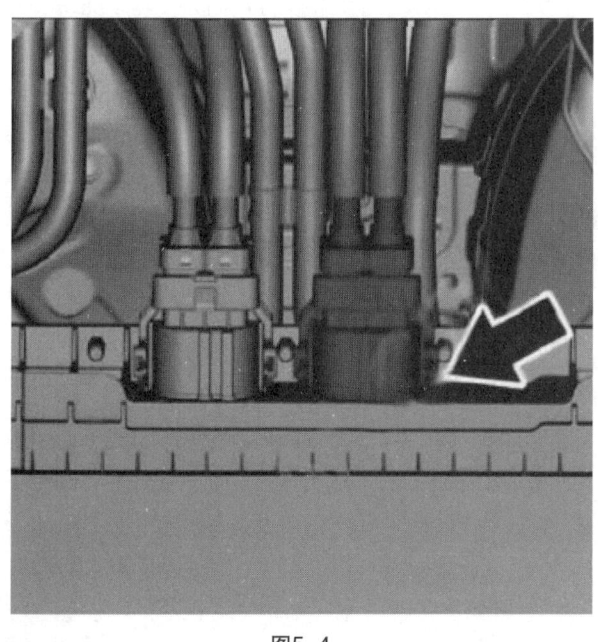

图5-4

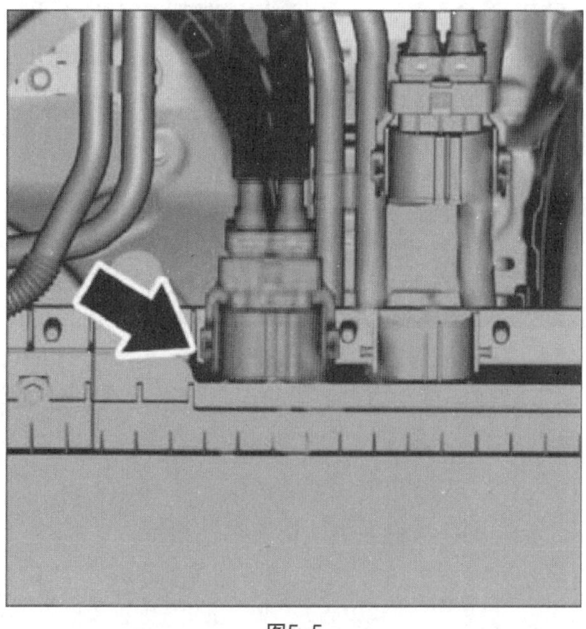

图5-5

（7）断开线束连接器后等待 15min，如图 5-6 所示。

图5-6

（8）用两极电压测试仪测量一下，安全之后将红色高压警告牌换成白色，已断开高压电正在维修警告牌，如图 5-7 所示。

Warning
警告
Caution:work in progress on the vehicle!
注意：车辆正在进行作业！
High Voltages are safely de-energized.
高压系统已经安全断电
Work only under the control and supervision of an HV expert
只有在高压专家的控制和监督下才允许作业
姓名：
电话：
Name and telephone number of the HV expert
高压电专家的姓名和联系方式
(This sign is to be attached to the vehicle at a visible point)
此警示标识需粘贴车辆可见处

图5-7

3.上电步骤

（1）连接高压电的线束连接器时需两人，一人穿戴（绝缘鞋、绝缘手套、防毒面具）拆卸，另一人需拿着绝缘钩套住正在拆卸的维修人员。

（2）连接动力电池处高压直流充电线带插座总成的线束连接器，如图 5-8 所示。

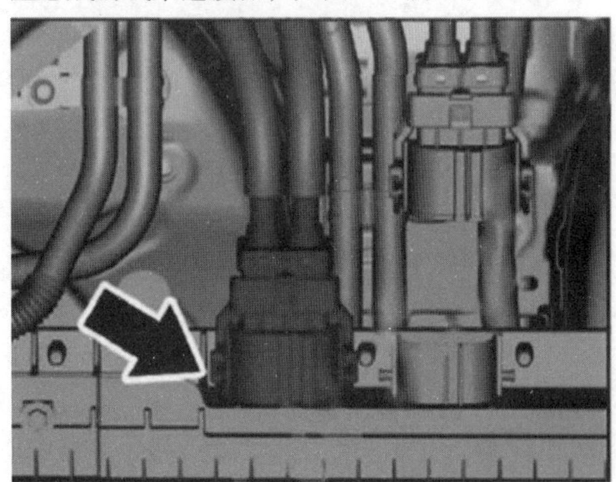

图5-8

（3）连接动力电池处直流高压母线总成的线束连接器，如图 5-9 所示。

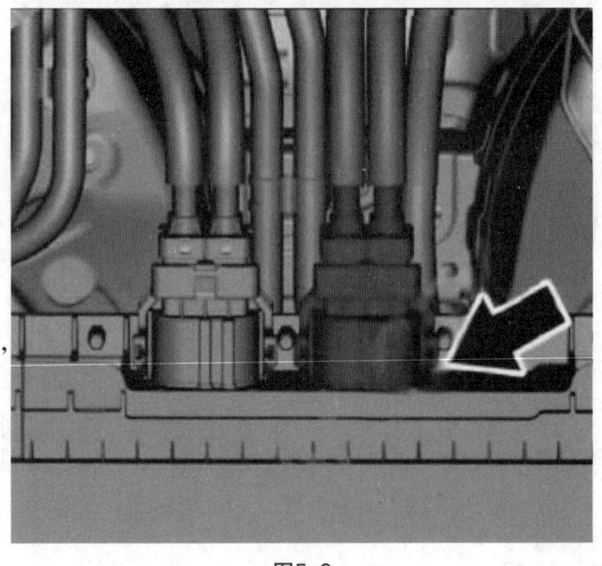

图5-9

（4）连接动力电池处整车低压线的线束连接器，如图 5-10 所示。

（5）安装机舱底部后护板。

（6）连接低压电池负极搭铁线。

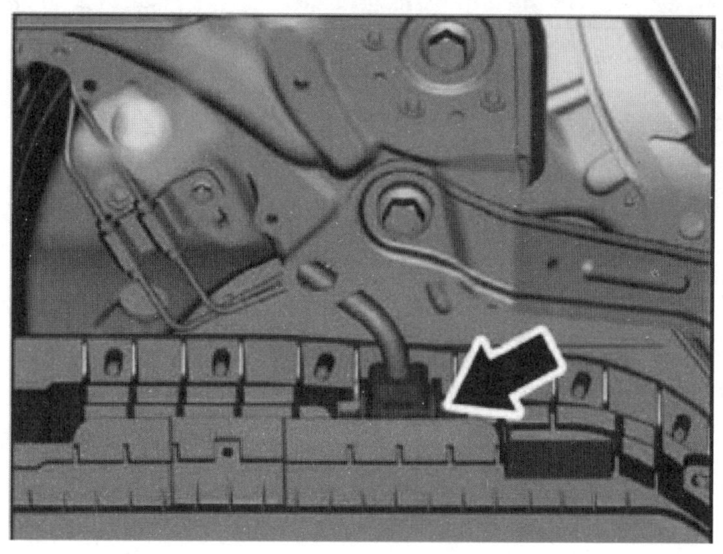

图5-10

第二节　2021—2022年威马E.5

一、高压安全知识

1.电动车修理安全须知

纯电动乘用车上的用电设备分低压用电部件与高压用电部件，低压用电部件包括仪表、音响娱乐、灯光、喇叭、蜂鸣器和鼓风机等；高压用电部件包括驱动电机、驱动电机控制器、高压电池组、动力控制器总成（DC/DC）、车载充电机、空调压缩机、加热器（PTC）等。本车高压动力电池额定电压为360V左右。高压部件上贴有橙黄色警告标签，注意警告标签上的内容要求。为了避免触电伤害，禁止触碰高压部件、高压电缆（橙色）及其连接头。如果车上的电缆裸露或破损，禁止触碰，以防触电。禁止非专业维修人员随意解除、拆解或改装用电设备，否则触碰到高压电将导致人员烧伤，甚至触电死亡等严重后果。

2.电动车修理安全措施

（1）绝缘护具。

①绝缘防护服。

②绝缘胶鞋。

③防护眼镜。

④绝缘手套。

维修人员操作前必须穿戴好绝缘防护用品：

①穿好绝缘防护服。

②穿好绝缘胶鞋。

③戴好防护眼镜。

④戴好绝缘手套：根据工作情况选择相应的防高压电工手套或防电池电解液酸碱性手套。注意：使用前必须检查绝缘防护用品，保证其无破损、破洞和裂纹，内外表面清洁、干燥，不能带水进行操作，确保安全。

（2）绝缘工具。

①绝缘胶垫。

②绝缘工具。

③动力电池安装堵盖。

④动力电池工作台。

绝缘工具的使用：

①在维修区域垫上绝缘胶垫。

②维修人员对带电部件操作时必须使用绝缘工具。

③检修动力电池和电控元件时必须使用带绝缘垫的专业工作台。注意：使用前必须检查绝缘工具，保证其无破损、破洞和裂纹，内外表面清洁、干燥，不能带水进行操作，确保安全。

（3）维修场地。

①高压警示牌。

②高压水枪和大量的水。

③警戒线。

④专用维修工位接地线。

维修场地要求：

①在维修作业前需采用隔离措施：使用警戒栏隔离，并树立高压警示牌，以警示不相关人员远离该区域，避免发生安全事故。

②维修场地指定位置必须配备消防栓，使用清水灭火。

③在维修高压设备前，将车身用搭铁线连接到电动车专用维修工位的接地线上。

④安装专用的交流电路（220V 50Hz 16A）和电源插座。如果给电动车充电时没有使用专用线路，可能影响线路上其他设备的正常工作。

⑤保持工作环境干净且通风良好，远离液体和易燃物。

（4）维修安全。

维修操作安全注意事项：

①高压系统下电（断开直流高压母线），需要等待 5min 以上，待电机控制器、充电机等内部有电容元件的部件充分放电。

②维修车辆时，必须设置专职监护人一名，监护人和维修人员必须具备国家认可的《特种作业操作证（电工）》与《初级（含）以上电工证》（职业资格证书）。

③监护人工作职责为监督维修的全过程。

监督维修人员组成、工具使用、防护用品佩戴、备件安全保护、维修安全警示牌等是否符合要求。

负责对维修过程中的安全维修操作规程进行检查，监护人要按安全维修操作规程进行检查，监护人要按安全维修操作规程指挥操作，维修人员在做完一个操作后要告知监护人在作业流程单上做标记。

④禁止未经培训的人员进行高压部分的检修，禁止一切人员带有侥幸心理进行危险操作，避免发生安全事故。

3.电动车安全操作

（1）检修高压系统。

①在车辆上电前，注意确认是否还有人员在进行高压维修操作，避免发生危险。

②检修高压系统时，关闭启动开关电源，脱开蓄电池负极搭铁线和断开直流高压母线，由专职监护人员保管，并确保在维修过程中不会有人将其重新安装。

③检修高压线时，对拆下的任何裸露出的高压部位，应立刻用绝缘胶带包扎绝缘。

④安装高压线时，必须按照车身固定孔位要求将线束固定好。

⑤不能用手指触摸高压线束插接件里的带电部分以免触电，另外应防止有细小的金属工具或铁条等接触到插接件中的带电部分。

（2）使用万用表测量。

①检修高压系统前应使用万用表测量整车高压回路，确保无电，方法如下：断开直流高压母线5min后，测量动力电池和车身之间的电压来初步判断是否漏电，若检测到电压大于等于50V，应立即停止操作，检查判断漏电部位。

②使用万用表测量高压时，需注意选择正确量程，检测用万用表精度不低于0.5级，要求具有直流电压测量挡位，量程范围大于等于500V。

③使用万用表测量高压时，需遵守“单手操作”原则。

④所使用的万用表一根表笔线上配备绝缘鳄鱼夹（要求耐压为3kV，过流能力大于5A），测量时先把鳄鱼夹夹到电路的一个端子，然后用另一只表笔接到需测量端子测量读数，每次测量时只能用一只手握住表笔。

⑤使用万用表测量高压时，严禁触摸表笔金属部分。

（3）车辆处理。

车辆发生异常、事故、火灾和浸入水中：

①如果车辆发生事故，不允许再次启动车辆，并且在救援前断开直流高压母线。

②若车辆起火，请立即离开车辆，务必使用干粉灭火器灭火。若使用少量的水或其他非指定类型的灭火器，可能会导致严重伤害或死亡。

③车辆浸入水中，在打捞前必须等待水面无气泡和滋滋声产生，电量消耗后，穿戴好绝缘防护用品才能进行打捞作业，以防触电。

二、高压电的断开和连接程序

1.准备工作

（1）在维修任何电气部件前，电源模式必须置于“OFF（关闭）”状态，并且所有电气负载必须为“OFF”，除非操作程序中另有说明。如果工具或设备容易接触裸露的带电电气端子，还要断开蓄电池负极电缆。违反这些安全须知，可能导致人身伤害或损坏车辆和车辆部件。

（2）在拆卸此电动车辆时请先阅读“警告和注意事项”中的“电动车修理安全须知”“电动车修理安全措施”“电动车安全操作”。

（3）如果在维修高压系统时（高压系统线束在车上，使用橘黄色识别），必须佩戴高压绝缘手套才能进行操作，必须断开安全开关。

（4）装隔离柱，划分作业区域，安全护栏设置在车辆四周，与车辆各点至少保持1m距离，如图5-11所示。

（5）维修人员必须穿戴防护装置。

（6）断电前，车辆周围必须放置醒目标识并留下姓名、电话，如图5-12所示。

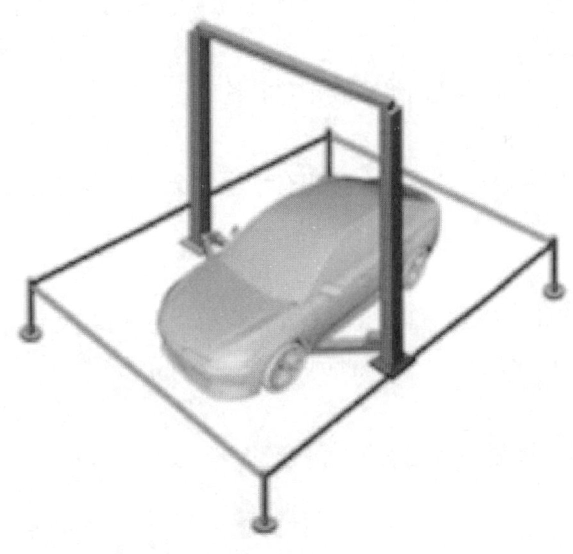

图5-11

图5-12

2.断电步骤

（1）断开低压电池负极搭铁线。

（2）拆卸机舱底部后护板。

（3）断开高压电的线束连接器时需两名维修技师，一人穿戴（绝缘鞋、绝缘手套、防毒面具）拆卸，另一人需拿着绝缘钩套住正在拆卸的维修人员。

（4）断开动力电池处整车低压线的线束连接器，如图 5-13 所示。

（5）脱开直流高压母线总成的线束卡扣，如图 5-14 所示。

图5-13

图5-14

（6）断开动力电池处直流高压母线总成的线束连接器，如图 5-15 所示。

（7）拆卸动力电池检修盖板。

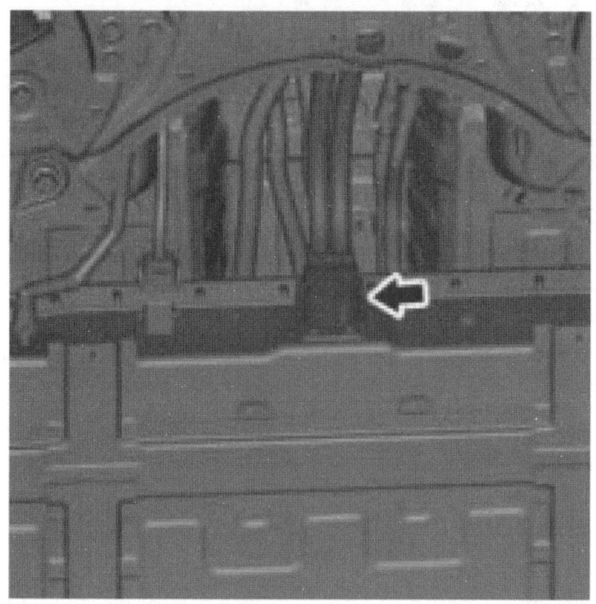

图5-15

（8）断开动力电池处高压直流充电线带插座总成的线束连接器，如图 5-16 所示。

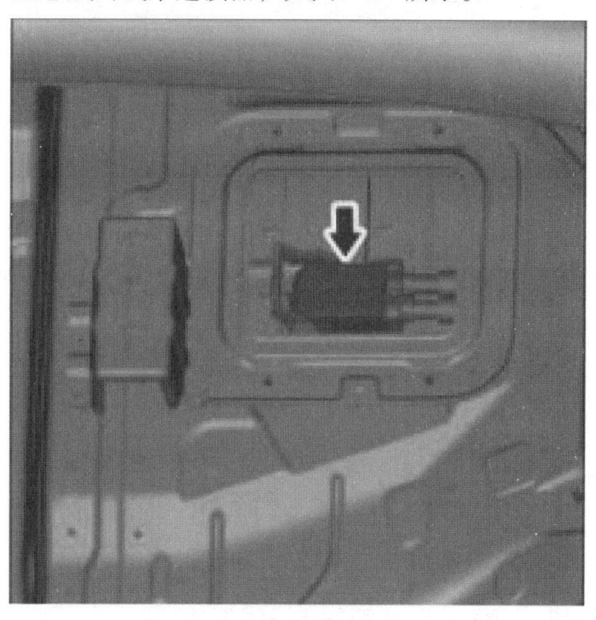

图5-16

（9）断开线束连接器后等待 15min，如图 5-17 所示。

15

图5-17

（10）用两极电压测试仪测量一下，安全之后将红色高压警告牌换成白色，已断开高压电正在维修警告牌，如图 5-18 所示。

Warning
警告
Caution work in progress on the vehicle!
注意：车辆正在进行作业！
High Voltages are safely de-energized
高压系统已经安全断电
Work only under the control and supervision of an HV expert
只有在高压专家的控制和监督下才允许作业
姓名： 电话：

图5-18

3.上电步骤

（1）连接高压电的线束连接器时需两名维修技师，一人穿戴（绝缘鞋、绝缘手套、防毒面具）拆卸，另一人需拿着绝缘钩套住正在拆卸的维修人员。

（2）连接动力电池处高压直流充电线带插座总成的线束连接器，如图 5-19 所示。

（3）连接动力电池处直流高压母线总成的线束连接器，如图 5-20 所示。

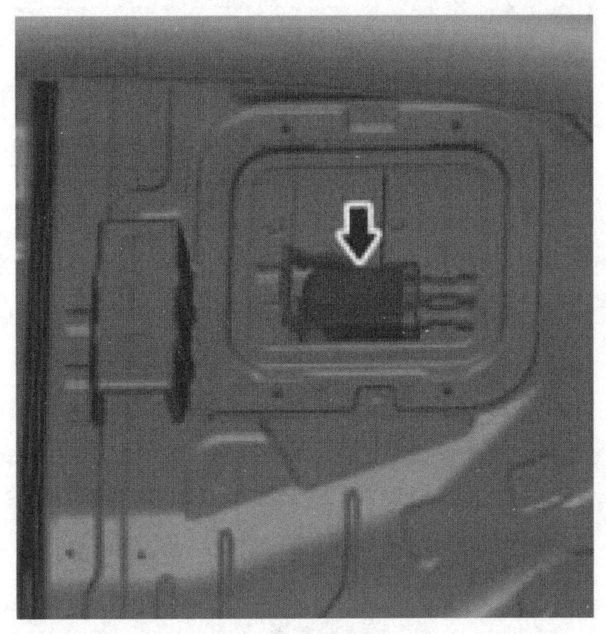

图5-19

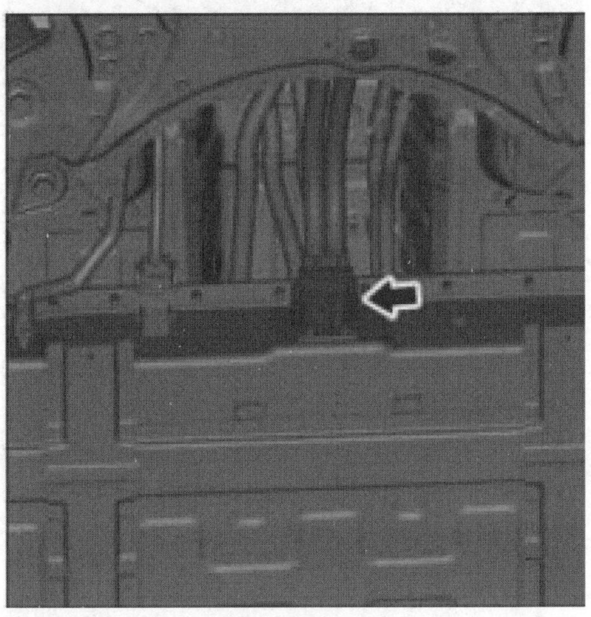

图5-20

（4）安装直流高压母线总成的线束卡扣，如图 5-21 所示。

（5）连接动力电池处整车低压线的线束连接器，如图 5-22 所示。

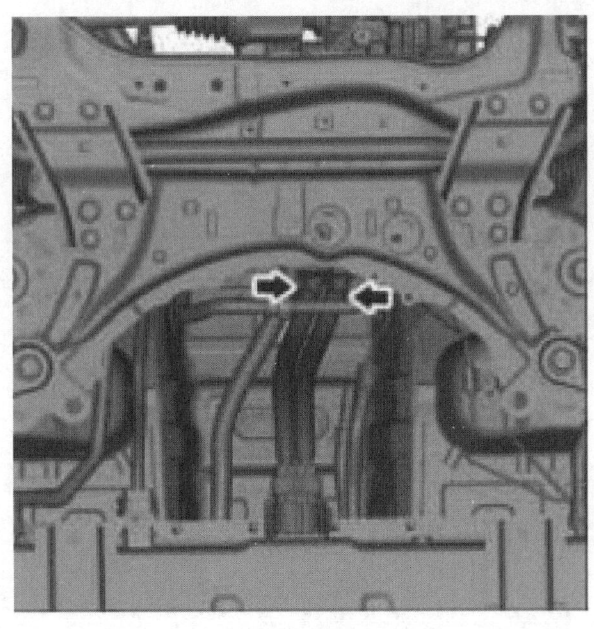

图5-21

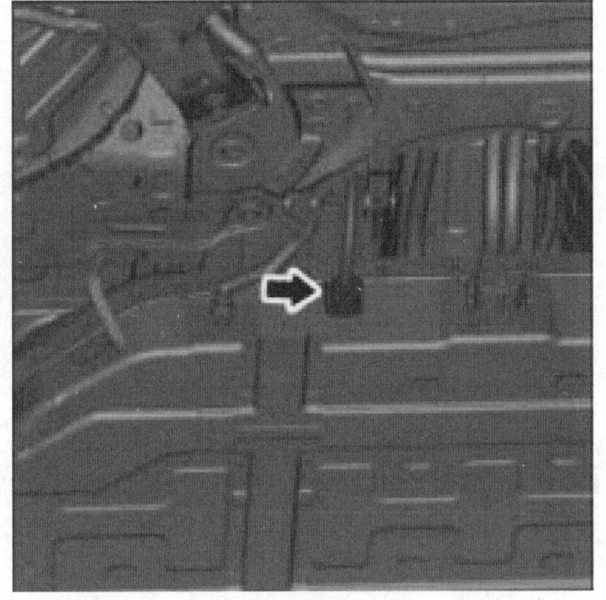

图5-22

（6）安装机舱底部后护板。

（7）安装动力电池检修盖板。

（8）连接低压电池负极搭铁线。

第六章 奔驰车系

第一节 新能源车型维修安全规范

一、涉电作业安全意识和安全防护要求

（1）车载高压电可达 396V 甚至更高，触摸车载高压电气系统的部件或线路可能会因电击而导致灼伤，心脏纤维性颤动或心搏停止，甚至有导致死亡的风险。

（2）任何情况下都不得触摸高压车载电气系统的明线及损坏或故障的部件。特别是对于事故车辆处于高压车载电气系统停用之前。

（3）禁止体内带有电子植入装置（例如，心脏起搏器）的人员对高压车载电气系统进行任何作业。

（4）高压电车辆维修属于特种维修作业，只能由完成专门的电工培训并获得国家应急管理部（原国家安全生产监督管理总局）颁发的《低压电工作业特种作业操作证》的人员对高压车载电气系统及部件执行操作。

（5）对于高压车载电气系统的维修操作必须满足相应的奔驰维修资质要求，包括高压电车辆的断电、保养、故障诊断以及高压部件的拆卸和安装等都必须由参加奔驰高压培训课程并获得相应维修资质的员工执行。

为执行简单作业，通过数字培训课程 T2397D（工作相关的安全说明），对员工进行安全方面的培训时，必须使其了解有关高电压车载电气系统的所有特点、危险、防护措施和操作规定。成功完成安全说明课程后，可执行以下简单操作：

①操作（驾驶、加油 / 充电、清洁）。

②轮胎（检查状况 / 更换）。

③检查 / 加注冷却液、清洗液、机油。

④更换雨刮器刮片 / 调节喷嘴。

⑤对 12V 低压电池进行充电；检查 / 更换 12V 保险丝。读取诊断信息（实际数值、快速测试）。

⑥加装附件［不带维修间资料系统（WIS）说明］。

⑦包括检查服务措施是否执行在内的接车。

⑧车辆特定功能说明（在销售 / 车辆交付期间）。

针对机动车中高压驱动系统的安全说明 T2397D 用于对高压驱动系统方面的进一步培训 / 知识补充。资质的有效期为 12 个月，失效后必须进行再测试。具备高电压系统意识的员工也必须完成每年一次的专业培训措施。通过高电压系统意识课程（高电压基础培训要求）后，可以执行：

①对于装配高压车载电气系统的车辆，在断电的情况下对高压部件进行所有修理、保养和诊断作业。

②对于装配高压车载电气系统的车辆，在断电的情况下进行高电压部件的拆卸 / 安装。

（6）在不能清晰确认车载高压电气系统是否存在高压电的情况下（例如事故车），必须穿戴好个人防护装备（PPE）以避免潜在的危险。

（7）必须遵循个人防护装备（PPE）的使用说明，穿着个人防护装备之前，仔细检查其安全状态。如果个人防护装备有任何损坏，则立即对其进行更换。

（8）高压绝缘手套、绝缘鞋和绝缘垫定期每 6 个月送到有资质的计量机构做绝缘性能检查。

（9）绝缘工具定期每 12 个月送到有资质的计量机构做绝缘性能检查。

（10）车载高压电系统互锁电路完整性对于确保在高压系统安全操作上有重大意义。如果违规操作，具有重大的安全隐患。因此对车间操作做出以下安全警示：

①严禁跨接互锁电路进行测试：人为跨接互锁电路会导致即使在高压线路断开的情况下高压电系统仍会产生高压电。此不当操作会导致电弧烧伤与电击等致命伤害。

②禁止在高压电已经建立的情况下，直接断开或连接高压线路插头连接。

③任何情况下，禁止打开高压蓄电池。

（11）维修高压电车辆时，必须设置专职监护人一名，监护人员的要求与工作职责具体如下：

①监护人及维修人员必须具备“低压电工作业特种作业操作证”，并且参加奔驰高压培训课程并获得相应维修资质。

②监督维修人员有无维修资质，防护用品正确佩戴，工具使用安全，维修安全警示牌等各项是否符合要求。

③确认维修开关的安全接通和断开。

④负责对维修过程中的维修操作是否安全进行检查，监护人要按安全维修操作规程指挥操作，维修人员在做完一个操作后要告知监护人。

（5）监督维修的全过程，监护人要认真负起责任，确保维修过程的安全，避免发生安全责任事故。

二、涉电作业安全操作规范

（1）对高压车载电气系统执行操作之前，必须将高压安全断电且必须确保在执行操作期间保持高压车载电气系统的断电状态。

必须遵守 3 条安全准则：

①禁用（断电）。

②防止再次启用。

③检查并确保断电状态。

（2）对高压车载电气系统进行操作时，必须注意并遵守以下注意事项：

①使用前根据制造商规定检查测量装置和工具设备，确保其状态良好。

②通过安装合适的防护套或绝缘盖，防止接触电缆接头或电气连接器被弄脏。

③操作前，检查电线和电气连接器是否脏污和损坏；如有必要，则进行清洁或更换。

④记录车辆的高压车载电网断开与启用情况。

（3）执行高压车载电器系统诊断时，务必仔细阅读所有 XENTRY 诊断仪关于必须注意的安全说明项目。

（4）在执行任何高电压电气设备、线路维修前，必须按照规定首先进行基于 XENTRY 诊断仪对车载电网的禁用断开。对于无法通过 XENTRY 诊断仪正常禁用断开的情况，必须由获得手动断电维修资质的“专家”执行和记录“手动禁用高压车载电气系统”的操作。操作人将 XENTRY 诊断仪或 WIS 文档生成的断电记录打印并签字后将其放在车辆中显眼位置（如风挡玻璃前）。

（5）对高压部件进行评估：检查高压车载电气系统是否存在外部损坏和故障。如果发现高压部件或高压车载电气系统的线束发生损坏或故障（例如动物啃咬、摩擦、事故损坏等），则必须更换这些部件和/或线路，不允许维修高压部件或高压车载电气系统线路。

（6）当检查事故车辆时，必须由专业人员（接受过产品高电压培训的人员）检查事故车辆及高压蓄电池损坏情况：

①如果事故车辆的高压蓄电池安装区域没有受碰撞，需要由专业人员连接 XENTRY 诊断仪对高压系统进行初始检测（读取故障码及实际值），如有必要停用高压车载电气系统。

②如果高压蓄电池安装区域受碰撞导致可视变形，高压蓄电池存在下列损坏：

高压蓄电池出现可见机械损坏（如果高压蓄电池本体或其周围出现可见变形）；

电解液泄漏（可见或可闻）；

生热（热着色）；

电池外壳冷却液泄漏或制冷剂泄漏。

如果符合以上任意一条，此高压电池定义为不可安全运输状态。由专业人员按照本安全规范中关于紧急情况处理的指导，立即采取适当的措施。整个操作过程中必须穿戴个人防护装备（PPE）。此种情况，请不要触碰损坏的高压电池并将整车拖至经销商处。

（7）检测中发现事故触发了热敏保险丝（高压车载电气系统不可逆切断），则必须更换高压电池。

（8）事故中出现高压部件损坏的车辆，必须按照以下要求停放：

①将车辆停放在开阔区域，与其他车辆和建筑物保持足够的距离（5m 以上）。

②取下点火钥匙；对于装配无钥匙启动的车辆取下发射器。

③断开服务断开装置（S7）。如果没有装配服务断开装置（S7）的车辆，必须先分开 12V 低压电池的接地线，然后才能停用高压车载电气系统！高压车载电气系统必须由穿戴个人防护装备（PPE）的专业人员（接受过产品培训的人员）通过断开高压触点停用。

④必须对该开阔区域进行隔离，以防未经授权的人员进入，并使用当地适用的警告标志指示事故车辆的危险（高压），并注明“未确认禁用高压电源”。

⑤如果在工作时间以外无法找到专业人员，则必须执行第 1 点、第 2 点和第 4 点。作为防火和车辆保护的预防措施，还必须断开 12V 低压电池。

⑥如果高压电池中有电解液溢出，要在其下放置一个收集容器。

⑦经销商及时申请高压电池安全运输箱，在厂家的指导下对高压电池做下一步的工作。

（9）对于事故后车辆，必须检查高压车载电气系统是否存在外部损坏和故障。如果在部件或导线上检测到故障或损坏，则必须立即更换部件或导线，不允许修理部件或导线。

（10）对高压电池有任何操作的员工必须在开始工作之前了解可能出现的潜在风险，以及高压电池损坏、发生事故及故障时的处理步骤。

（11）高压电池运输规定：

①在拆下高压电池之前应当进行可运输性检查。必须遵照车辆制造商提供的关于各特定车型系列的说明。从车型系列 222 改款开始，参见并执行 XENTRY 中的评估步骤。

②发生气囊展开或燃爆保险丝触发的事故情况下，更换的高压电池不再总是被认为“不可安全运输”。请严格按照 XENTRY 指导做高压电池可运输性评估，并填写《废旧动力蓄电池安全判定检测项目》

存档。

③如果高压电池可运输性评估结果为不安全运输，必须存放在为该高压蓄电池准备的专用容器中。

（12）运输可以安全运输的高压电池。

能够安全运输的高压电池可以用新电池的原包装中装运，要求是高压电池按照交货状态进行包装。

（13）操作不可安全运输的高压电池。

如果受损的高压电池被定义为不可安全运输，并由主机厂技术支持小组确认，车间需要立即从主机厂立即申请一个高压电池安全运输箱，同时订购新电池，以节省安全运输箱和新电池的运输时间。根据可运输性分析表被评估为“不可以安全运输”的高压电池会对周围区域的安全造成威胁（具体取决于电池损坏程度）。如果起火和冒烟，则必须立即通知消防部门，并保持足够的安全距离。如果能够排除严重危险，则必须按照当前流程，向主机厂保修部门申请不可安全运输高压电池专用存储/运输箱，并严格按照 WIS 文档规定的存储/运输箱使用说明进行存储和运输。经销商在收到专用容器后，才可拆下车辆中已被诊断为无法安全运输的高压蓄电池。用于非安全运输的 HV 电池的橙色安全容器（仅适用存储）如图 6-1 所示。用于安全非运输的 HV 电池的银色安全容器（运输）如图 6-2 所示。

图6-1

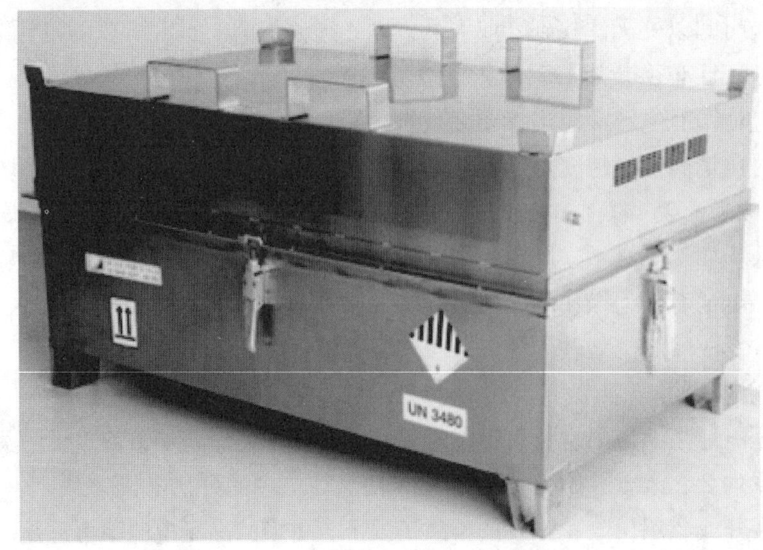

图6-2

（14）存放不可以安全运输的高压电池。

拆卸高压电池前，车辆必须由具备资质的员工停到户外（如果可能）。一定要确保将车辆停放在液体不能渗透的地面或底层上或是收集盘上方，从而避免可能漏出的电解液渗入地面。

（15）要卸下高压电池或其他组件，会导致车辆重心偏移，有从举升机上倾覆的风险，需要拆下螺钉（如图6-3中2）和车辆举升机支撑点（如图6-3中1），之后将车辆举升安全装置（如图6-3中01）171 589 01 31 00连接到右前和左后，然后在左前和右后使用车辆举升安全装置（如图6-3中01）169 589 02 31 00。要卸下其他主要组件，请在对角线上前后连接车辆举升安全装置（如图6-3中01）171 589 01 31 00。

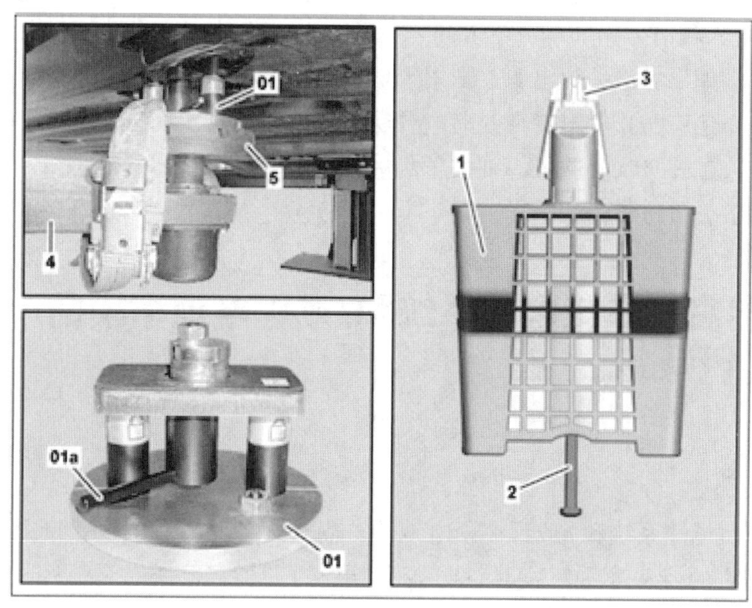

图6-3

三、涉电作业紧急情况处理

（1）冒烟往往是火灾发生的预示。因此如果冒烟， 必须立即通知消防部门，并保持足够的安全距离。

（2）检查高压电池外壳是否存在热着色现象。如果怀疑存在热着色，必须穿戴个人防护装备（绝缘手套、防护面具）。如果检测到高压电池起火或者出现起火迹象（加热变色、烤焦的可拆卸零件），必须立即通知消防部门，并保持足够的安全距离。

（3）对于高压电池外壳上的任何变色都明显表明产生了热， 可以确信高压电池内部发生了严重损坏。 除了外壳上的热着色现象， 以下状况也表明产生了热。

①如果高压电池外壳的温度高于60℃，且置于环境温度低于45℃的环境中12h后，外壳温度仍高于60℃。

②如果高压电池外壳的温度高于80℃，在这种情况下，立即通知消防部门并保持足够的安全车距。相应的温度测量设备为市售激光温度测量仪表或红外线（IR）温度计等。

（4）对于高压电池外壳确认有电解液泄漏的迹象。等待约20min电解液的可能反应时间，观察反应现象（例如冒烟）。如果未出现可见反应，将电池放置在安全的容器中，然后放到规定的存放位置。进行操作时，应避免皮肤直接接触泄漏的电解液。

①目视检查。

液态电解液无色或呈淡黄色。但是可能会由于污染变暗甚至呈黑色，并可能留下黑色痕迹。

②嗅味检查。

电解液是可挥发的，可以通过其刺激性气味进行识别。

（5）维修车间或高压电池储存的地方，应该使用可灭 E 类火（带电物质火）的推车式水基型灭火器。

（6）锂离子电池着火时，可以使用水进行灭火。在灭火期间锂离子电池可能再次自己点燃。为此，必须使用大量的水来灭火。

（7）当发现有人触电后，如果触电人尚未脱离电源，必须安全设法使触电者立即脱离电源，或使电源脱离触电者。如果无法关掉电源，则用干燥的非导电材料将受害者推离或拖离电源。

（8）与此同时，还应防止触电者在脱离电源后可能造成的二次伤害（如倒地摔伤或从高空落下）。争取时间就地使用人工呼吸法及胸外心脏按压法进行抢救，并坚持不断地进行。同时，应尽早与医疗部门联系，争取医务人员接替治疗。

第二节　带高压车载电气系统和/或锂电池车辆的个人防护装备（PPE）

一、一般信息

对装配高压车载电气系统和 / 或锂离子电池的车辆执行修理、保养和诊断操作时，必须遵照相关国家指令和法规规定的特殊资质 / 说明信息！必须始终遵照梅赛德斯 - 奔驰 /smart 关于修理、保养和诊断操作时的规定资质 / 说明。对于涉及高压车载电气系统和 / 或锂离子蓄电池的作业，开始作业前，一定要执行必要的安全预防措施，技术文件中相应主题的相关文档中列明了必要的安全预防措施（例如，高压车载电气系统断电）和必需的个人防护装备（PPE），必须遵照特定国家法律法规。使用前，根据制造商规范检查所有测量仪器、工具、辅助工具和个人防护装备（PPE），以确保其处于完好状态。个人防护装备可在执行作业时进行保护，以防潜在危险，例如，手动停用、事故车辆的初始诊断、处理机械损坏的电池（拆卸、评估、存放在固定容器中）。

以下蓄电池类型可能会受到影响：

①以下类型的铅酸电池（不指定电解液）：

传统铅酸电池（不指定电解液）；

免保养铅酸电池（不指定电解液）。

②锂离子电池。

二、关于高压车载电气系统的一般信息

高压车载电气系统由多个部件组成。各部件彼此直接连接或通过高压电线相互连接在一起。如果在执行修理作业的过程中，高压部件的高压触点（针脚和套管）或密封表面分离，则必须根据技术文件和诊断仪中指定主题的相关文档信息进行保护，使其免受外部影响（例如污垢、潮湿、机械载荷）。这一点在不能立即完成修理作业和 / 或车辆停在户外时尤其重要。必须始终更换有故障的高压线路。切勿修理或改装高压车载电气系统的高压线路。

严格禁止所有干预高压结构或改变高压部件以及未经梅赛德斯－奔驰/smart明确说明或认可的改装。在所有服务、保养、诊断和修理操作期间，不得对车辆的高压车载电气系统充电。必须断开车辆端的充电电缆。例外情况：综合考虑资质/说明和安全注意事项的情况下，允许充电，作为测试流程的一部分，必须充电进行诊断。通过自动启动风扇、鼓风机、水回路中的泵或激活高电压正温度变化系数（PTC）加热器和空调压缩机重新编程或遥控的预进入智能气候控制（PreCon）存在伤害风险。为抑制修理作业期间的遥控功能预进入气候控制（PreCon）和车载电气系统支持，必须将其从仪表中关闭或打开发动机罩/检修盖或行李箱盖，并且遵照相关主题文档中的规定。高压车载电气系统的停用和试运行流程必须存档并放到车内醒目的位置。

三、操作高压蓄电池或蓄电池所需个人防护装备（PPE）

操作高压蓄电池或蓄电池潜在危险包括：

（1）由于电击导致的电气风险，例如，如果接触保护不再存在。

（2）短路或分开连接器时的电弧风险。

以下用于高压作业的个人防护装备（PPE）列表是梅赛德斯－奔驰/smart规定的最低要求。执行作业前，认真查看指定主题的相关技术文档信息，确认维修何时要穿戴用于高压车载电气系统的个人保护装备（PSA），如图6-4所示。

1.不带通风孔的电工安全帽，根据标准DIN EN 397和DIN EN 50365 2.安全面罩/护目镜/标签，根据标准DIN EN 166 3.防护手套，根据标准DIN EN 60903等级0，红色，［标记A（酸），A+H（酸和油）或R（酸，油，臭氧）］，必须根据DIN EN 60903验证热保护效果 4.电弧闪光夹克，等级2，根据标准DIN EN/ISO 11612

图6-4

四、高压保护手套（如图6-5中3）的识别、色码、防护等级和标准

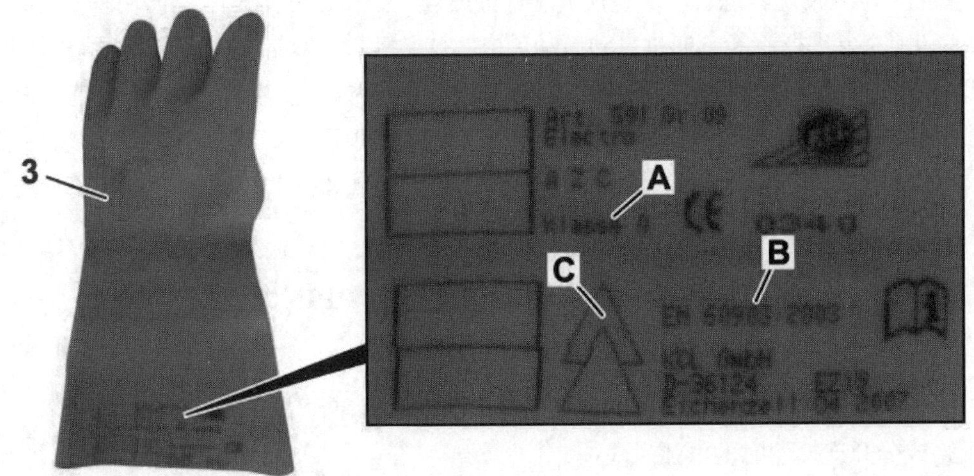

3.防护手套，根据标准 EN 60903.2012，等级 0，红色，［标记 A（酸），A+H（酸和油）或 R（酸，油，臭氧）］A.保护级别B.DIN 标准　C.符号：适用于带电作业

图6-5

五、清除释放的电解液

潜在危险包括：

由于液体媒介的泄漏导致的化学危险，例如，出现机械损坏的蓄电池的电解液泄漏。以下列出的用于在锂离子蓄电池的电解液泄漏时提供保护的个人防护装备（PPE）是梅赛德斯－奔驰 /smart 规定的最低要求。必须遵照所在国家法律法规！

个人保护装备（PSA）：

（1）防护手套（符合标准 EN 60903.2012，等级 0［标记 A（酸），A+H（酸＋油）或 R（酸＋油＋臭氧）］，电解液处于纯净形式的情况下（由于高压部件无危险）：腈纶手套。

（2）紧密的防护眼镜、护目镜或防护面罩。

（3）长袖防护服。

（4）呼吸防护设备（取决于电解液的释放量或释放浓度），如图 6-6 所示。

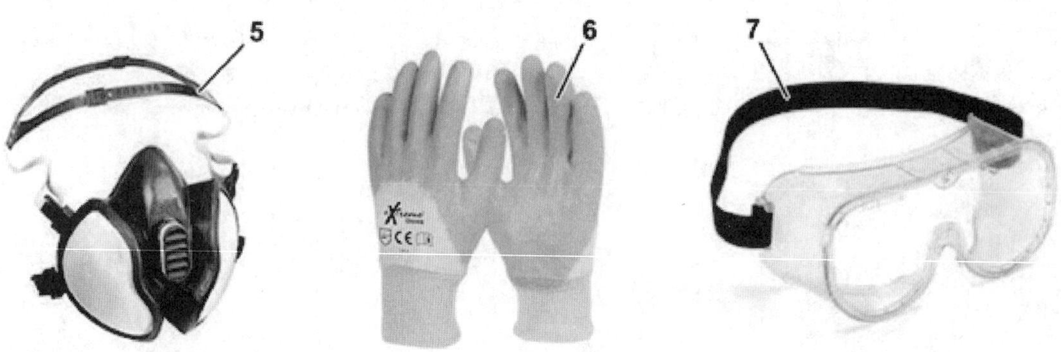

5.呼吸防护设备　6.防护手套　7.防护眼镜/护目镜/防护面罩

图6-6

六、检查

（1）为对电气系统本身或相关部件及邻近区域进行安全作业而使用的所有工具、装备、防护产品和辅助工具等必须适用于进行此类操作，必须状况良好且按规定进行布置。

（2）每次使用防护手套前，目视检查其是否存在裂纹、穿孔、磨损或任何其他形式的损坏。

（3）每次使用防护手套之前向手套中充注空气并卷起，或使用气动手套检测仪检查其是否泄漏。

（4）制造商规定的其他测试。

七、高压电个人防护设备信息汇总如表6-1所示

表6-1

高压电个人防护设备	防护用途	执行标准	
		WIS规定的标准（欧标）	国标
防护手套	至少 1000 V交流电压/1500 V直流电压的电压维持能力，耐酸性和耐油性，防护级 0 ［R（酸性 +油性 + 臭氧）+ C（低温）］	DIN EN 60903：2012 DIN EN/IEC 60903	BG/T 17622—2008
防电弧长外套	防止维修过程中身体接触造成人员伤害，防止维修过程中产生火焰、电弧及飞溅伤害	EN ISO 11612	GB8965.1 DL/T 320—2010（ 2009 电力行业执行标准）
面部/眼睛保护	防止维修过程中产生火焰、电弧及飞溅伤害	EN 166	GB 14866—2006
电工安全帽	防止维修过程中产生火焰、电弧及飞溅伤害	EN 397和EN 50365—2002-11	GB 2811—2007
面部/眼睛保护装备以及不带通风孔的电工安全帽	防止维修过程中产生火焰、电弧及飞溅伤害	EN 397和EN 50365—2002-11	GB 14866—2006 GB 2811—2007
安全鞋	电压抵抗等级高于10kV的绝缘防护	WIS信息不可用	GB 12011—2009

第三节　手工绝缘工具及绝缘检测工具

一、手工绝缘工具（如图6-7所示）

绝缘手工工具在使用前要对绝缘层进行目视检查，如果发现绝缘层破损，不得使用并及时更换。

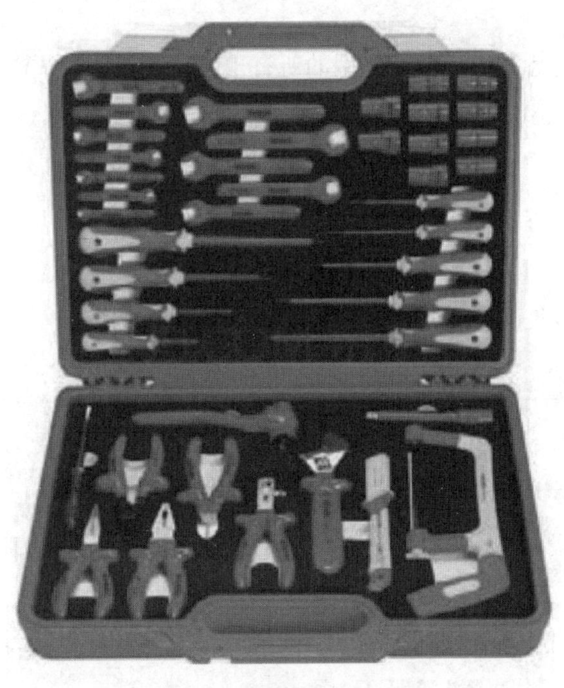

图6-7

二、绝缘检测相关工具

（1）绝缘电阻测试仪，W000 588 00 19 00 或 FLUKE 1587C，如图 6-8 所示。用途：绝缘测试仪，用于高压车载电气系统和电机上的绝缘监测。

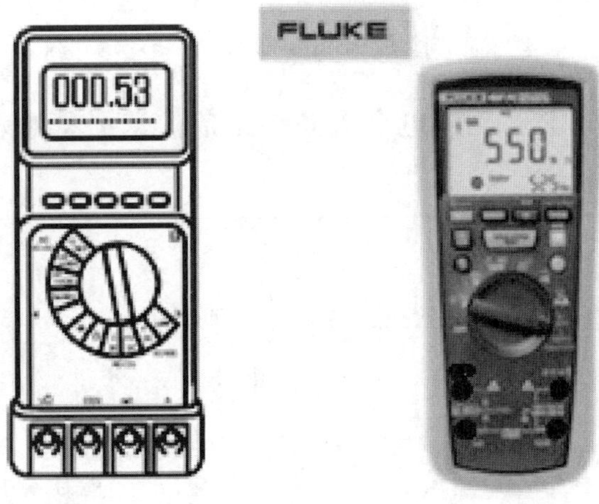

图6-8

（2）2 针电压测试仪，W 000 588 07 19 00，如图 6-9 所示。用途：用于对混合动力车辆和电动车辆进行作业之前检查是否存在电压。

（3）测试适配器，W 222 589 07 63 00，如图 6-10 所示。用途：用于检查是否存在电压的测试适配器。

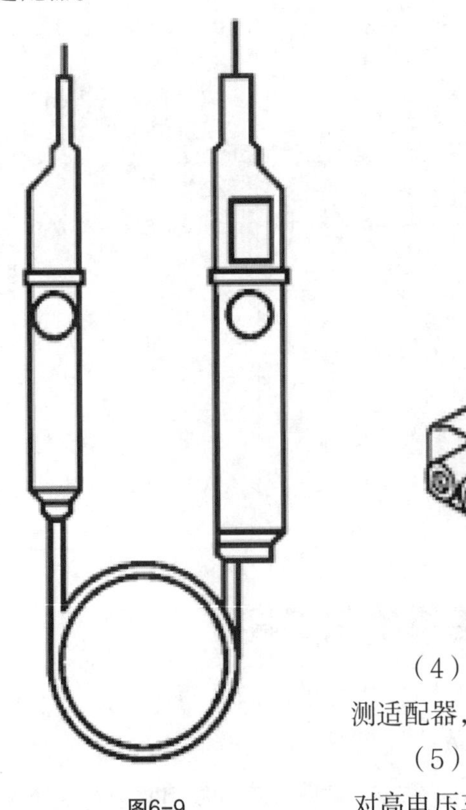

图6-9

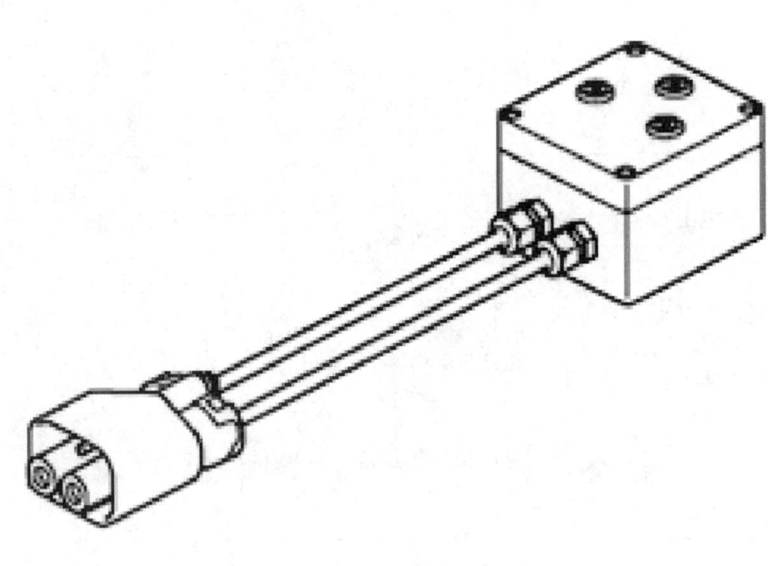

图6-10

（4）测试适配器 W242 589 00 63 00，如图 6-11 所示。用途：检测适配器，用于在手动电源停用过程中检查是否存在电压。

（5）测试适配器 000 589 94 63 00，如图 6-12 所示。用途：用于对高电压车载电气系统执行测试和测量的测试适配器。

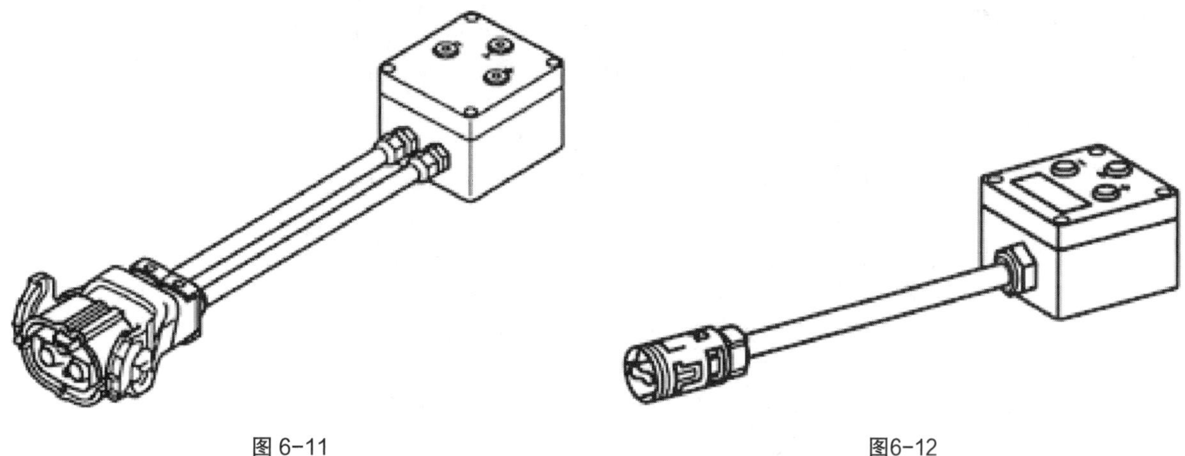

图 6-11　　图6-12

（6）绝缘垫，W 000 588 16 98 00，如图 6-13 所示。预定用途：防电压测试期间绝缘测试物体的绝缘垫。

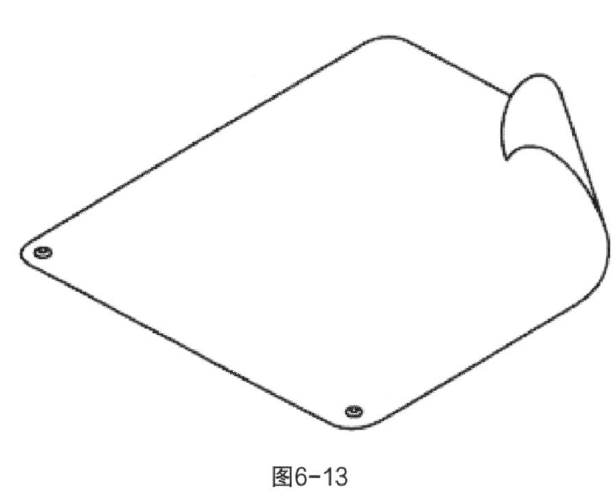

图6-13

（7）警告标签，W 451 589 08 63 00，如图 6-14 所示。用途：用于遮蔽车辆插座和/或插座盖板的警告标牌。说明：高压电源禁用过程的辅助步骤。

图6-14

（8）车辆举升机固定工具，W 169 589 02 31 00，如图 6-15 所示。用途：车辆举升安全装置支架、紧固带和橡胶垫，用于将车辆固定在车辆举升机上。

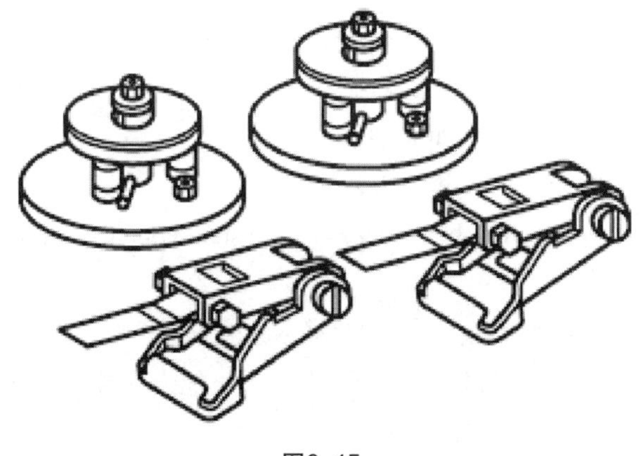

图6-15

（9）车辆举升器安全保险工具 W 171 589 01 31 00，如图 6-16 所示。用途： 车辆举升安全装置套件用于将车辆固定在车辆举升机上。说明：一套总成包括两个装置。车辆举升机安全装置必须安装在至少一个车轴上。这样可以防止车辆在拆卸发动机或后轴时发生倾翻。对于车型 EQC（293），必须安装左前和右后车辆举升安全装置，以便于拆下高压电池，这些安全装置须与 W 171

589 01 31 00 配合使用。

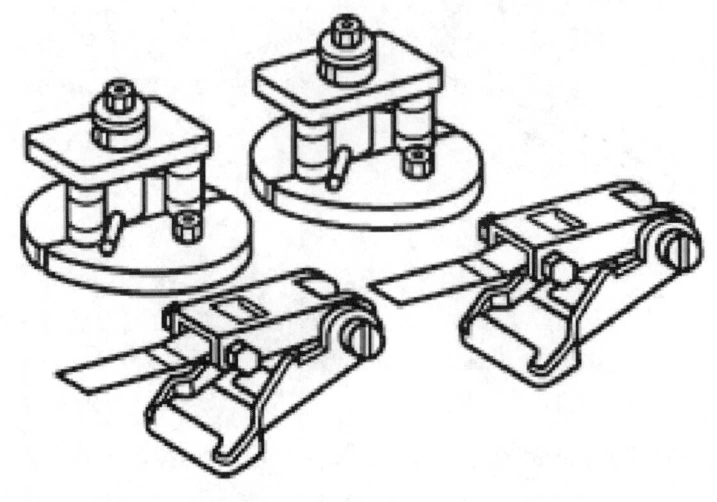

图6-16

第四节　将高电压车载电气系统断电/投入使用

下面以 EQC（车型代码 293）为例讲解高压车载电气系统断电 / 投入使用的步骤和注意事项，其他车型步骤相似，必须按照 XENTRY 诊断仪的提示操作。

一、断电（电源禁用）

（1）如果充电电缆已连接，将充电电缆从用于为高压蓄电池充电的车辆插座上断开。关闭充电插座盖板，然后粘贴警告标志，以防充电电缆被重新插入。

（2）打开发动机罩。

（3）拆下上部发动机盖。

（4）连接 XENTRY 诊断仪。

（5）禁用高压车载电气系统：完全执行车辆诊断系统中的规定作业步骤进行电源禁用。

为此，选择以下的菜单项：

①控制单元进入菜单（Control unit entry menu）。

②驱动方式（Drive type）。

③电机 1 的电力电子控制单元（N129/1）或电机 2 的电力电子控制单元（N129/2）（Power electronics control unit for electric machine 1 or power electronics control unit for electric machine 2）。

④高压车载电气系统选项（High-voltage on-board electrical system tab）。

⑤高压车载电气系统电源禁用事件日志（High-voltage on-board electrical system commissioning event log）。

按 XENTRY 提示步骤按照图片（如图 6-17 所示）顺序（A、B、C）小心地断开高压断开装置 S7，这样就会切断互锁电路和电路 30C，之后用合适的锁锁住，将钥匙妥善保存，防止他人误接通（防止再次启用）：

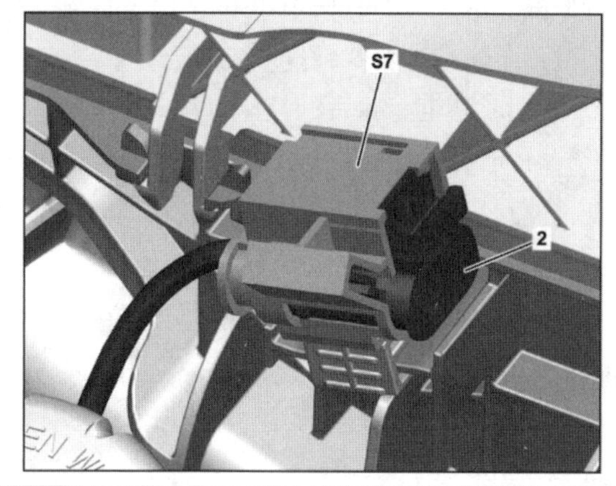

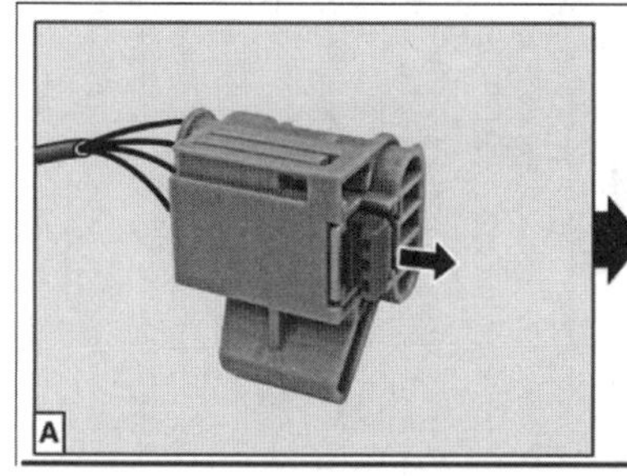

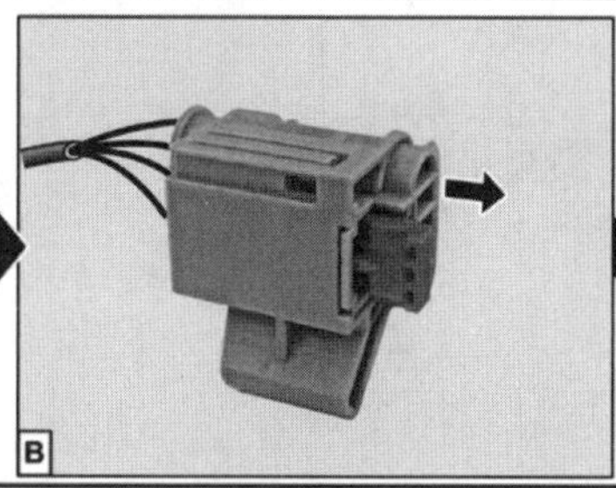

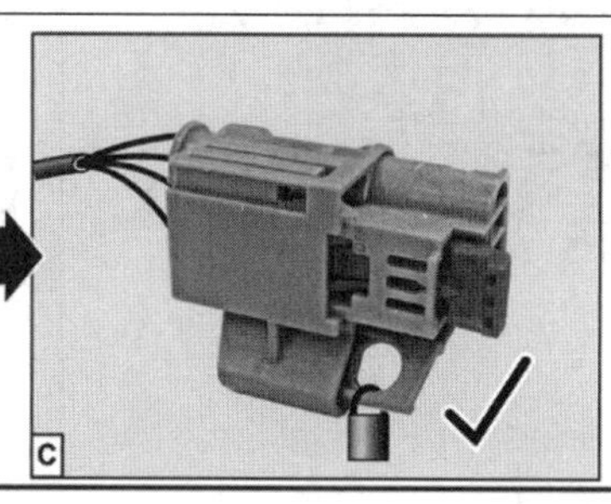

图6–17

（6）按照 XENTRY 诊断仪的提示调出仪表中的授权服务中心级别菜单（如图 6–18 所示），查看车辆数据，检查并确保断电状态，具体步骤如下：

2.“返回”按钮 3.手指导航垫 4.多功能显示屏

图6–18

①将电子点火开关控制单元切换至位置 1（电路 15R）。多功能显示屏（如图 6–18 中 4）中不得出现故障信息。

②在手指导航垫（如图 6–18 中 3）上进行滑动操作，以在多功能显示屏（如图 6–18 中 4）中选择菜单项“里程”（Trip）。

③在“里程”（Trip）菜单中，通过在手指导航垫（如图 6–18 中 3）上进行滑动操作，以在多功能显示屏（如图 6–18 中 4）中选择标准“总里程”（Total distance）显示。

④按住“返回”（Back）按钮（如图 6–18 中 2）1.5 s，然后按压手指导航垫（如图 6–18 中 3）。多功能显示屏（如图 6–18 中 4）显示带有以下选项卡的授权服务中心菜单：

· 车辆数据（Vehicle data）
· 测功机测试（Dynamometer test）
· 制动片更换模式（Brakepad change mode）或 制动片更换（Brakepad change）
· 主动保养提示系统增强版（ASSYST PLUS）

· 平视显示屏（Head-up display）（具体取决于安装的装备）

⑤检查车辆数据，并确保断电状态。

（7）完成断电步骤后，打印电源禁用事件日志并签字。

（8）将电源停用事件日志放置在车中醒目位置。

二、投入使用（试运行）

（1）检查高压断开装置 S7 的连接头（如图 6-19 中 2）和套管是否损坏；如果出现故障，更换高压断开装置 S7。

（2）按照图片顺序（如图 6-19 中 D，E，F）小心地连接高压断开装置 S7，否则高压断开装置 S7 可能会损坏。

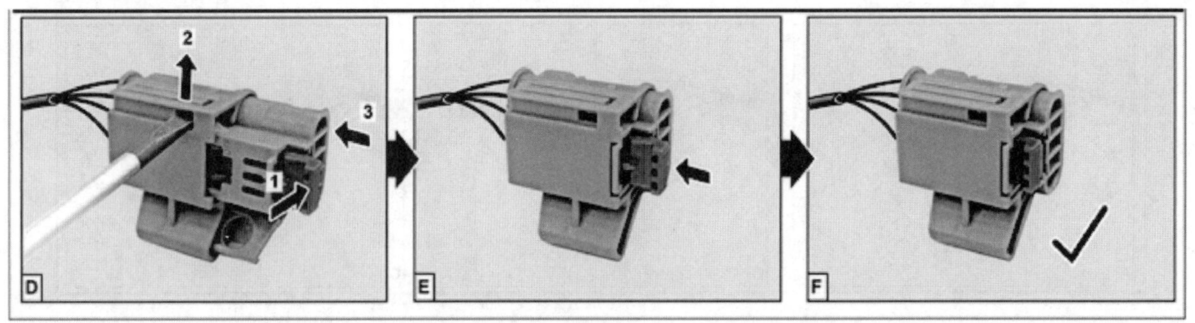

图6-19

（3）投入使用（试运行）高压车载电气系统。

完全执行车辆诊断系统中的规定作业步骤进行试运行。为此，选择以下的菜单项：

· 控制单元进入菜单（Control unit entry menu）

· 驱动方式（Drive type）

· 电机 1 的电力电子控制单元（N129/1）或电机 2 的电力电子控制单元（N129/2）（Power electronics control unit for electric machine 1 or power electronics control unit for electric machine 2）

· 高压车载电气系统选项（High-voltage on-board electrical system tab）

· 高压车载电气系统试运行事件日志（High-voltage on-board electrical system commissioning event log）

（4）打印试运行事件并签字。

（5）将试运行事件日志和电源禁用事件日志放入施工单文件夹中。

（6）执行快速测试，清除故障记忆并断开诊断系统。

三、手动断电（电源禁用）

如果无法通过诊断系统执行电源禁用，手动进行高压车载电气系统的电源禁用，步骤如下：

（1）关闭点火开关并将遥控钥匙存放在发射范围以外（至少 2m）；整个电源禁用过程期间，车辆中或车辆周围不得有其他人员。

（2）如果 12V 充电器已连接，断开用于维持 12V 车载电气系统电压的充电器。

（3）如果充电电缆已连接，将充电电缆从用于为高压蓄电池充电的车辆插座上断开。

（4）关闭充电插座盖板，然后粘贴警告标志，以防充电电缆被重新插入。

（5）打开发动机罩。

（6）拆下发动机盖。

（7）按照图示顺序（如图 6-20 中 A、B、C），将连接头（如图 6-20 中 2）从高压断开装置 S7 中拉出并用挂锁（如图 6-20 中 3）固定，防止重新启动，单独存储挂锁（如图 6-20 中 3）钥匙，以使其仅可由被许可人员使用（防止再次启用）。

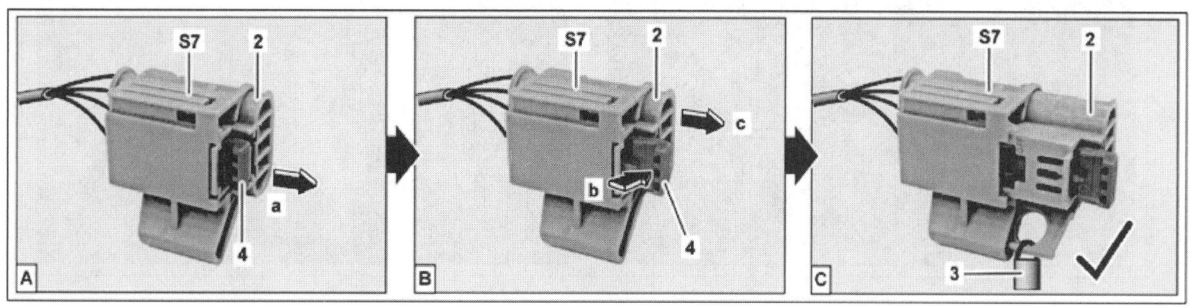

2.连接头　3.挂锁　4.保险丝　S7.高压断开装置

图6-20

（8）目视检查所有高压部件是否可启用；高压部件应不可启用，电动制冷剂压缩机和加热器不得启用；如果高压部件已启用，取消无电压的手动测试并通知负责的厂家支持部门。

（9）检查高压部件，电气连接器和电线是否损坏。如果出现损坏，取消无电压的手动测试并通知负责的厂家支持部门。

（10）根据制造商提供的规范检查 2 针电压测试仪是否正常工作。

（11）目视检查测试适配器（如图 6-21 中 6）（测试适配器 242 589 00 63 00 和测试适配器 000 589 94 63 00）是否存在损坏。开始检查作业之前，必须目视检查是否存在外部损坏来确保检测适配器的正常功能。如果出现故障，更换测试适配器（如图 6-21 中 6）。

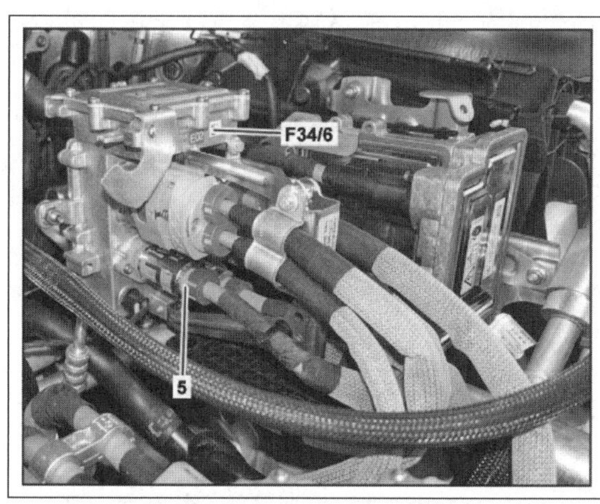

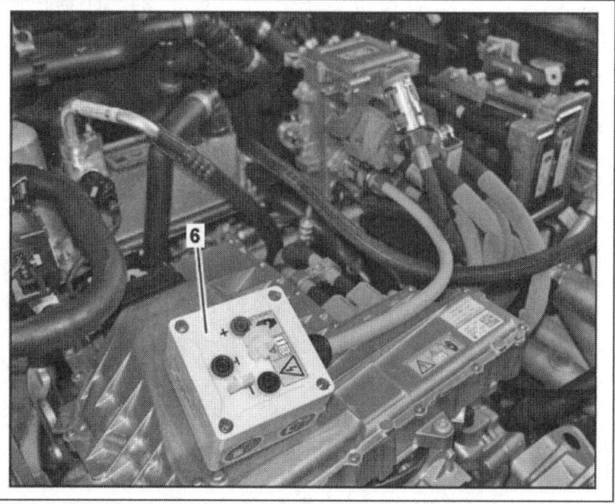

5.高压连接器，在高压电源分配器（F34/6）上　6.测试适配器

图6-21

（12）将高压电源分配器（F34/6）上高压连接器（如图 6-21 中 5）的电线从支架上松开。

（13）打开点火开关。

（14）拆下后部底板饰板。

（15）将螺母（如图 6-22 中 7）从高压电池的高压连接器（如图 6-22 中 8）电线的支架上拆下，

然后松开支架。

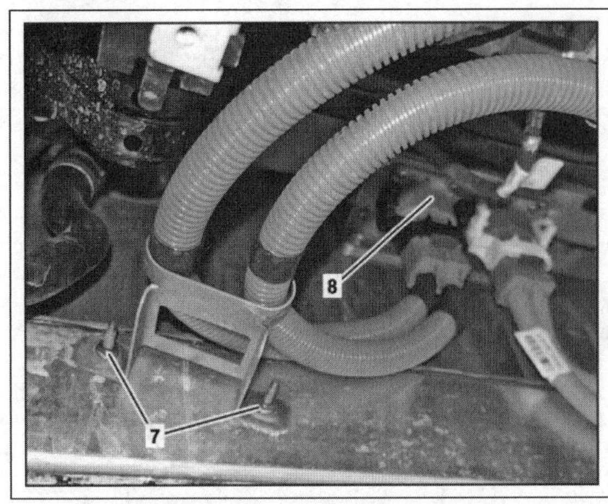

7.螺母　9.测试适配器　8.高压连接器

图6-22

（16）穿戴个人防护装备（防电弧夹克、面罩、绝缘手套等）。执行以下操作步骤时，必须穿戴个人防护装备。遵照相应国家的安全法规，因具体国家不同存在差异。

（17）将高压连接器（如图6-22中8）从高压蓄电池上断开；确保小心操作和绝对清洁。否则可能会损坏高电压部件。

（18）将测试适配器（如图6-22中9）（测试适配器242 589 00 63 00）连接到高压蓄电池上。确保小心操作和绝对清洁，否则可能会损坏高电压部件。

（19）使用2针电压测试仪（W 000 588 07 19 00）检查高压车载电气系统的高压蓄电池处的电压。使用测量仪，在适配器上执行电压测量（如图6-23中A、B、C），对其进行评估。如果所有电压测量期间，测量到直流电压 ≤ 60V，则车辆被视为无高压；随后确定车辆无电压。 如果三次电压测量的其中一次过程中直流电压 ≥ 60V，取消电压测量。等待约2min，然后执行第二次电压测量；如果第二次电压测量过程中直流电压仍 ≥ 60V，取消电压缺失手动测试，并立即通知厂家支持团队。

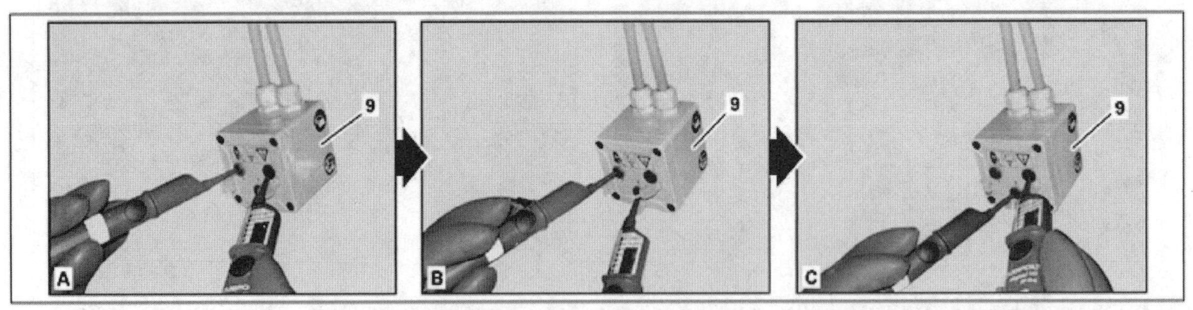

图6-23

（20）拆下测试适配器并连接高压连接器。确保小心操作和绝对清洁，否则可能会损坏高电压部件。

（21）将高压连接器从高压电源分配器上断开。确保小心操作和绝对清洁，否则可能会损坏高电压部件。

（22）将测试适配器（测试适配器000 589 94 63 00）连接到高压电源分配器上。确保小心操作和绝对清洁，否则可能会损坏高电压部件。

（23）使用2针电压测试仪（W 000 588 07 19 00）检查高压车载电气系统的高压电源分配器（F34/6）处是否无电压。使用测量仪，在适配器上执行电压测量（如图6-24中A、B、C），对其进行评估。如果所有电压测量期间，测量到直流电压 ≤ 60V，则车辆被视为无高压；随后确定车辆无电压。如果三次电压测量的其中一次过程中直流电压 ≥ 60V，取消电压测量。等待约 2min，然后执行第二次电压测量（如图 6-24 中 A、B、C）；如果第二次电压测量过程中直流电压仍 ≥ 60V，取消电压缺失手动测试，并立即通知厂家支持团队。

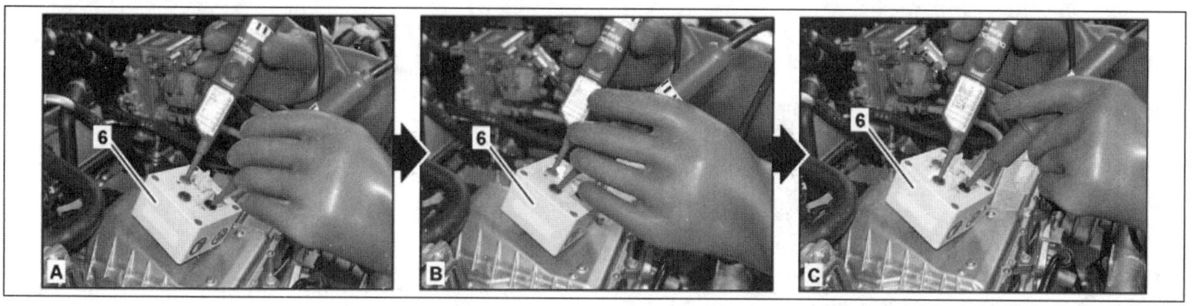

图6-24

（24）拆下测试适配器并连接高压连接器，确保小心操作和绝对清洁，否则可能会损坏高电压部件。

（25）脱掉个人防护装备。

（26）关闭点火开关并将遥控钥匙存放在发射范围以外（至少 2m）。

（27）完成测试日志（表）并放到风挡玻璃后。

第五节　检查锂电池的壳体

高压电池事故受损，需要检查锂电池的壳体，下面以 EQC（车型代码 293）为例讲解具体检验标准。

一、机械防护套/外壳损坏：B1a/b 外壳上出现裂纹或开口

检查锂电池是否有裂纹或开口（如图 6-25 中箭头所示）（如由损坏的外壳零件引起）

如果检测到裂纹或开口，则有发生内部损坏或异物或液体进入的风险，这可能导致锂电池发生损坏或短路，立即紧急呼叫地区和国家相应的紧急号码；切勿触碰高压电池并疏散危险区域。

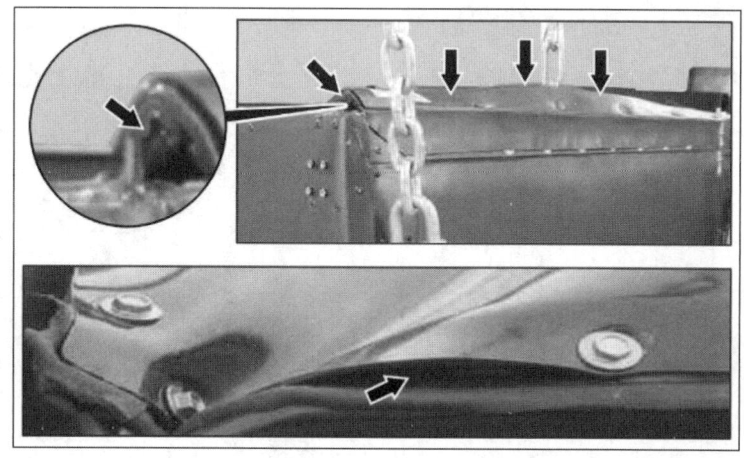

图6-25

二、机械防护套/外壳损坏：B2a/b 外壳出现严重的凹痕深度/变形

检查锂电池的外壳，包括螺纹连接、安装部件以及安装在外壳上的用于机械变形的安装部件（如适用）。如果可以看到凹痕或变形，则有发生内部损坏的风险，可能导致锂电池损坏或短路。如果出现故障，执行操作下列步骤。

（1）在未变形的外壳上将直尺、刻度尺或接触角测量器的高度确定为起点（如图6-26中箭头c）。

图6-26

（2）使用市售设备/工具。

①直径为1.5mm的带圆形测量刀片的游标卡尺。

②直尺、刻度尺或接触角测量器。

③测量凹痕深度时，必须使用合适的辅助工具，如直尺、刻度尺或接触角测量器测量相对于基准线（原来未变形的外壳轮廓）的凹痕深度。

（3）如果对未装配EB300、EB311或EB312高压电池的车辆进行测试。

①检查凹痕深度（如图6-27中d）是否超过2mm。

②凹痕深度（如图6-27中d）≤ 2mm：可运输。

③凹痕深度（如图6-27中d）> 2mm：不可运输。

④如果最大凹痕深度（如图6-27中d）不可运输，需要联系相应的厂家支持团队。

图6-27

如果最大凹痕深度不可运输，联系相应的厂家支持团队。

（4）如果对装配EB300高压电池的车辆进行测试。

检查凹痕深度是否超过区域（如图6-28中A、B、C、D）的允许限值。

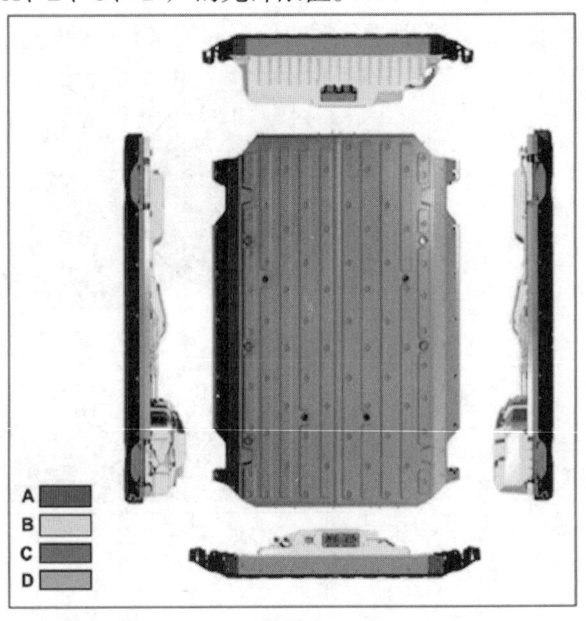

图6-28

（5）如果对装配EB311或EB312高压电池的车辆进行测试，

检查凹痕深度是否超过区域（如图6-29中A、B、C、D、E）的允许限值。

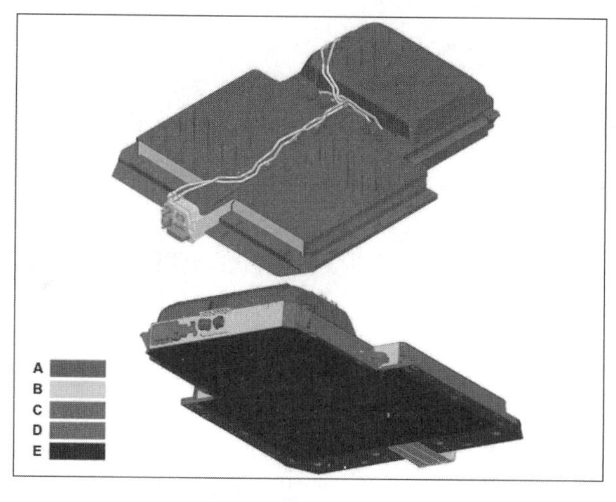

图6-29

如果最大凹痕深度不可运输，联系相应的厂家支持团队。

三、装配 EB300 高压电池的车辆的允许凹痕深度

A：根据 B1、B3 和 B4 进行评估。

B：≤ 2mm。

C：≤ 5mm。

D：≤ 10mm。

如果超过其中一个区域（A、B、C、D）的允许凹痕深度，则不允许运输。

四、装配 EB311 或 EB312 高压电池的车辆的允许凹痕深度

A：≤ 2mm。

B：≤ 2mm。

C：≤ 10mm。

D：根据 B1、B3 和 B4 进行评估。

E：≤ 3mm。

如果超过其中一个区域（A、B、C、D、E）的允许凹痕深度，则不允许运输。记录所有凹痕/变形的位置，类型和凹痕深度。

五、机械防护套/外壳损坏：B4 电气连接器及其周围损坏

检查电气触点（插头、衬套、螺栓、杆等），并检查锂电池的连接是否损坏（如图 6-30 箭头所示）。

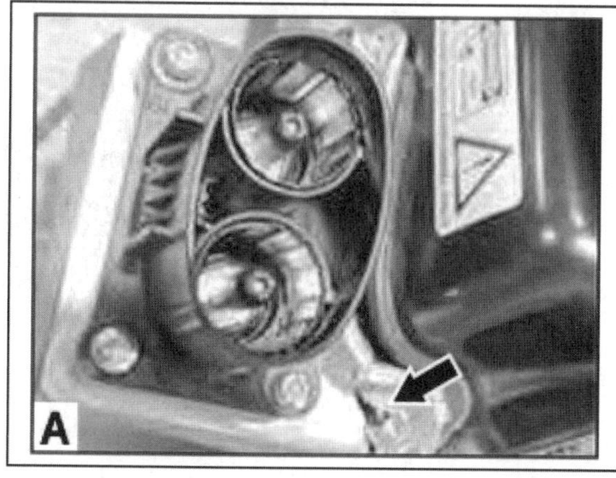

图6-30

（1）如果锂电池的电气触点（插头、衬套、螺栓、杆等）损坏。

联系相应的厂家技术团队，并确定进一步的安全措施以安全触摸带电部件。

（2）如果锂电池的电气触点（插头、衬套、螺栓、杆等）未损坏。

用电池专用护盖盖住触点（插头、衬套、螺栓、杆等），以避免触摸并安全防止异物和液体进入。

六、机械防护套/外壳损坏：B5 压力释放装置触发/断路/损坏

检查压力释放装置的完整性。如果压力释放装置触发或断路，检查锂电池是否有电解液泄漏。

七、检查锂电池是否有电解液泄漏

（1）检查锂电池是否由于电解液泄漏出现刺鼻气味。避免皮肤直接接触泄漏的电解液。电解液易挥发且具有刺激性气味。

（2）操作电解液时，穿戴个人防护设备（PPE）或地区 / 国家规定的防护服。

如果出现刺鼻气味。操作电解液时使用的个人保护装备包括以下零部件：

①防护手套（符合 EN 60903.2012 的等级 0［名称 A（酸），A+H（酸 + 油）或 R（酸 + 油 + 臭氧）］。

②微紧的防护眼镜、护目镜或防护面罩。

③长袖防护服。

④呼吸防护设备（根据释放的电解液量和 / 或释放的浓度）。

（3）检查锂电池外壳是否有电解液泄漏的痕迹。避免皮肤直接接触泄漏的电解液。根据反应，电解液可能具有不同的颜色（从浅 / 透明到深 / 不透明），如图 6-31 所示。如果电池仅出现机械损坏，则电解液为透明的。如果电解液泄漏，疏散危险区域并保持安全距离。确保工作区域通风良好。等待电解液反应完毕（至少 20min）。用吸收器（蛭石）收集流出的电解液并存放到用于弃置的容器中。使用车间抹布清洁部件，并将车间抹布置于指定进行处理的容器中。如果电解液泄漏的情况下不满足

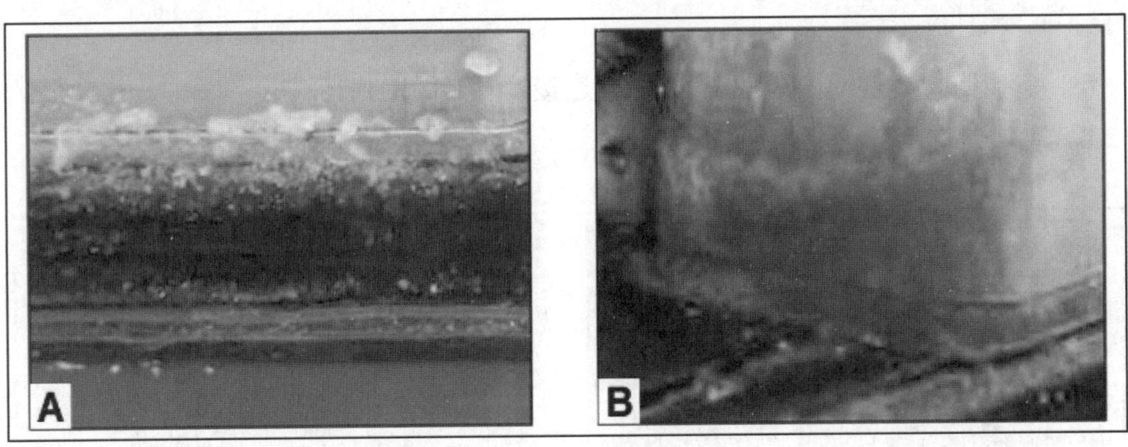

A.电解液形成胶化的残留层　B.由于外壳上的电解液而导致的变色

图6-31

拆卸条件，则立即紧急呼叫地区和国家相应的紧急号码；切勿触碰高压电池并疏散危险区域

第六节　高压电池维护

为保证高压电池得到最佳保养并避免后续损坏，应根据规范维护高压电池，如表 6-2 所示。

表6-2

使用案例/充电规格	非作业时间不超过 6 周	非作业时间最多 12 周	非作业时间 > 12 周（库存车辆）	展厅中的车辆
高压电池（适用于插电式混合动力车辆或电动车辆）	非作业时间之前：如果高压电池的充电电量（SOC）< 30 %，则高压电池必须充电至约 50% 的充电电量（SOC）	非作业时间之前：如果高压电池的充电电量（SOC）< 30%，则高压电池必须充电至约50% 的充电电量（SOC）	非作业时间之前，之后每 6 个月：如果高压电池的充电电量（SOC）< 30%，则高压电池必须充电至约 50%的充电电量（SOC）	非作业时间之前，之后每 2 个月：如果高压电池的充电电量（SOC）< 30%，则高压电池必须充电至约 50% 的充电电量（SOC）

重要：对于长时间存储的高压车辆（带高压电池的车辆），12V 低压电池不要断开。12V 电量的供给是保证高压电池电压平衡的必要因素，否则可能会造成高压电池的损坏。当前所有车型的 12V 低压电池的充电 / 反馈都是通过高压电池在特定周期进行的。

第七节 车辆保养注意事项

在保养方面，采用高压电技术的车辆会与传统车辆有一定的区别，对此我们需要有充分的意认识。为了确保保养的规范性，在这里将向大家介绍关于高压电车辆的保养特点。

一、奔驰品牌在国内已有的高压电车型，如表6-3所示。

系列	车型
高压混合动力系列	E400 Hybrid/V212195、S400 Hybrid/V221195、S400 Hybrid /V222157
插电混合动力系列	S550e/560e Plug in/V222163/V222173 GLE500e Plug in/W166063 C350e Plug in/V205147 GLC300e/GLC350e Plug in/W253953/W253954 GLE350e Plug in /W167154 GLE350e coupe Plug in/W167354 E350e L Plug in/V213155
纯电动系列	EQC400/293890、EQC350/293891、 EQA300/H243708、EQB350/X243613、 EQS450/297124、EQS580/297144

二、纯电系列车型保养注意事项

（1）每次保养 A/B 检查充电电缆和车辆插座。

①检查充电电缆（如图 6-32 中 1a）整个长度，插头和开关是否有裂纹、扭结、被动物啮咬、切口、压坏区域、磨擦痕迹以及其他损坏。

②检查充电电缆（如图 6-32 中 1b）整个长度，插头和开关是否有裂纹、扭结、被动物啮咬、切口、压坏区域、磨擦痕迹以及其他损坏。

③检查充电器馈入插座（如图 6-32 中 2）是否损坏，检查并确认盖（如图 6-32 中 3）在充电器馈入插座（如图 6-32 中 2）上牢固落座。

④检查放泄口（如图 6-32 中 4）是否清洁通畅或脏污，清除所有污物。确保充电器馈入插座（如图 6-32 中 2）区域不得有水积聚。

⑤通过打开和关闭盖（如图 6-32 中 3）检查锁止装置（如图 6-32 中 5）。

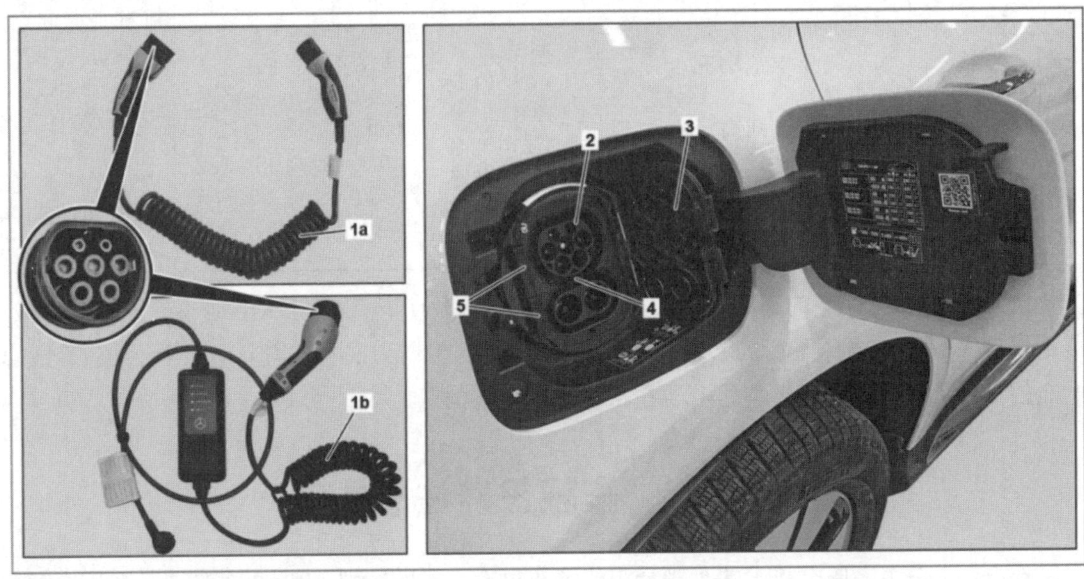

1a.充电电缆　1b.充电电缆　2.充电器馈入插座　3.盖　4.放泄口　5.锁止装置

图6-32

（2）虽然没有传统的发动机，每次保养 A 也要检查高电压蓄电池冷却回路冷却液膨胀箱和低温回路冷却液膨胀容器中的冷却液液位，如图 6-33 所示。

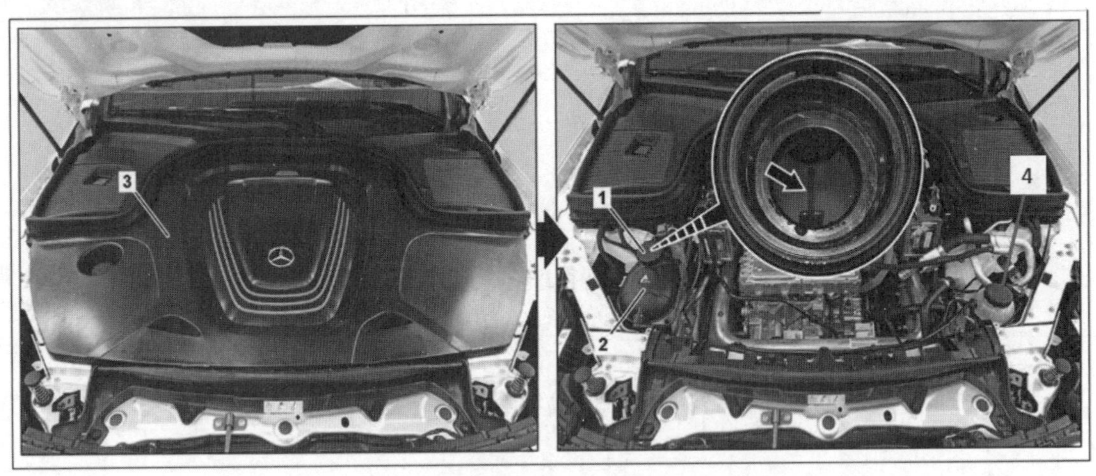

1.盖　2.高压电池冷却回路冷却液膨胀容器　3.发动机盖　4.低温回路冷却液膨胀容器

图6-33

检查车底所有可见零件是否有损坏和液体流失检查时需拆除前后底板，并检查所有底板上的可见系统如传动系统部件、管路、软管是否损坏、泄漏、腐蚀以及铺设连接是否正确。如果发现问题，必须维修。

第七章 宝马车系

一、安全警示

进行危险电压组件方面的工作时必须遵守安全规定。在国际上通过标准（例如 DINECER100）给出了强制性安全规定。危险电压是：

· 交流电压（AC）25V 或更高

· 直流电压（DC）60V 或更高

“危险电压”的定义以人与带电工作部件接触时产生的结果为基础，如果通过人体的电流可能危害健康时，则该电压是“危险”的。在宝马的混合动力车辆中带危险电压的组件汇总在概念“高压组件”下。这些危险通过安全标签表示出来，或者信号颜色为橙色（高压导线）。警告标志：危险电压警告如图 7-1 所示；高压组件警告提示牌，规格 1 如图 7-2 所示；高压组件警告提示牌，规格 2 如图 7-3 所示。

图7-1

图7-2

图7-3

警告：最高安全规定绝对不允许在带电运行部件上进行工作！

因此，开始工作前必须关闭供电（无电压），工作期间也必须确保系统无电压。详细具体的安全规定源于这个最高安全规定。开始进行高压组件方面的工作前，每位售后服务人员都必须按这些规定执行。只有通过遵守这些规定才能保护健康和生命，任何时候都需要牢记下列规定细则：

· 关闭供电（无电压）
· 固定住以防重新接通
· 确定系统无电压
· 接地和短路
· 盖往相邻的导电部件

因为宝马的高压车载网络采用IT网络形式（高压是一个独立的供电回路，与12V低压是绝缘的，负极不使用车身作为回路且有专门的高压导线），所以规定（4）用途不大。在此导体不与车身接地相连。

（1）维修资质：高压组件上的所有工作只能由经过专门培训的电工（资质：在高压类型车辆上进行维修工作的专业人员）执行。对于每辆混合动力汽车，电工还必须额外接受过车辆特定的培训并且必须通过学习目标检测。

（2）标记：注意高压组件的警告牌。使用单个高压组件时，检查是否存在提示标签。只能在规定位置自行安放警告牌。只能使用经过许可并有相应标记的原装新部件。

（3）行为规范/保护措施。

①注意使用高压电池单元的操作说明。

②对于事故车辆，在断开高压车载网络前，绝不允许触碰敞开的高压导线和高压组件。

③损坏情况下（机械损坏、热损坏）可能释放出过渡金属化合物、碳、电解液物质及其分解产物，操作时必须使用合适的耐酸个人防护装备！

· 手套
· 防护眼镜

④损坏的高压电池单元必须放于耐酸和不受气候（阳光、雨水）制约的收集容器中，存放在室外时要放在不经授权不可进入的安全位置。不要吸入逸出的气体。

⑤避免将流出的物质排入排水沟、矿井和下水道。

⑥按照工作说明收集流出的物质并废弃处理，此时应穿戴耐酸的个人防护装备。

⑦失火情况下通知消防队，立即清空该区域并封锁事故现场。在不会伤及人员的前提下尝试灭火（合适的灭火剂：水和泡沫）。

⑧应借助对接器重新修理割断的第2个救援分离点。

（4）工作开始前的措施。

①必须由经过相应培训的专业人员分配每项车辆操作任务。这位电气专业人员必须在开始作业前将车辆置于进行作业所需的运行状态。必须遵守这位专业人员的指示。在未咨询专业人员的情况下，禁止任何作业。

②发动机运行期间，不允许在高压系统或高压组件上进行操作。

③在切断高压系统的电压之前，必须结束行驶准备状态。缺少驾驶员时，只有在以下前提条件下才结束行驶准备状态：

· 安全带锁扣已解锁
· 驾驶员侧车门已打开
· 没有踩制动器
· 没有操作加速踏板拉杆

・速度 < 3km/h

④通常禁止在带电的高压组件上进行维修工作。高压系统的每个工作步骤开始之前，必须由经过相关培训的专业人员断开高压系统（高压安全开关断开）并锁死，以防止未经准许重新启动（挂锁）。

⑤每次关闭高压系统后，在进行其他维修工作前务必遵守至少 10s 的等候时间。

⑥在开始工作之前必须检查并确保无电压。仅在以下状态才允许开始工作：

・根据仪表中的显示高压系统已关闭（或）

・当高压警告提示（指示灯、检查控制等）激活时，在车辆上进行所有其他操作前必须先用诊断系统查明并排除故障原因

・如果未明确确定无电压，则不允许开始工作。有生命危险！在开始工作前必须由合格的 1000V AC 专业电工使用相应的测量仪 / 测量方法确定无电压

⑦充电模式期间，禁止在车辆上进行工作。工作开始之前，必须使充电电缆与车辆断开。在为蓄电池充电时高压电池单元可能会发热。该加热可能会导致电动风扇偶尔启动（电动风扇的接通请求）。因此充电过程中禁止在电动风扇区域内进行维修工作。注意电池充电电缆要在电动风扇区域内灵活敷设。

（5）作业时 / 后的措施。

①必须立即向主管专业人员报告高压组件的可辨认机械损坏或辨伪标记。

②在高压系统上进行所有作业时，禁止对驱动系的所有组件（车轮、变速器、驱动轴等）进行外部驱动。

③禁止修理高压线（橘黄色外壳）及其插头和止挡件。损坏时原则上必须完整更新导线。

④在高压组件（通过提示标签和柑黄色外壳相应地标记）附近作业时，必须保护这些组件不受损坏。

⑤维修说明中规定的工作步骤必须严格遵守。

⑥必须使用定义的扭紧力矩拧紧高压组件及其支架。必须遵守扭紧力矩和螺栓连接规定。

⑦由于电位补偿，将高压组件连接到车身接地端上对于安全至关重要。因此，当高压组件未正确连接到车身接地上时禁止开始运行。车辆自动进行测量（绝缘测量 / 电位补偿测量），因此不需要手动测量。

⑧为了接地连接正确，不允许给高压组件的固定元件喷漆。注意其他有关喷漆的提示。

⑨拆卸下来的高压电池单元必须安全妥善放置，以防滥用或损坏。

⑩高压组件上损坏或无法再看清楚的警告牌务必更换。

（6）电位补偿。

① EME 的等电势导线、高压线和蓄电池负极导线采用了安全螺栓连接！

②清洁接触面，并让另一个人进行检查。

③用扭矩拧紧螺栓。

④由另一个人检查扭矩。

⑤两个人都必须在汽车档案上确认规格的正确性。

二、车型介绍

宝马集团的车型分为插电混合动力 PHEV 和纯电动汽车 BEV，本书中后面 PHEV 都是指插电混合动力，BEV 都是指纯电动汽车，如图 7-4 所示。

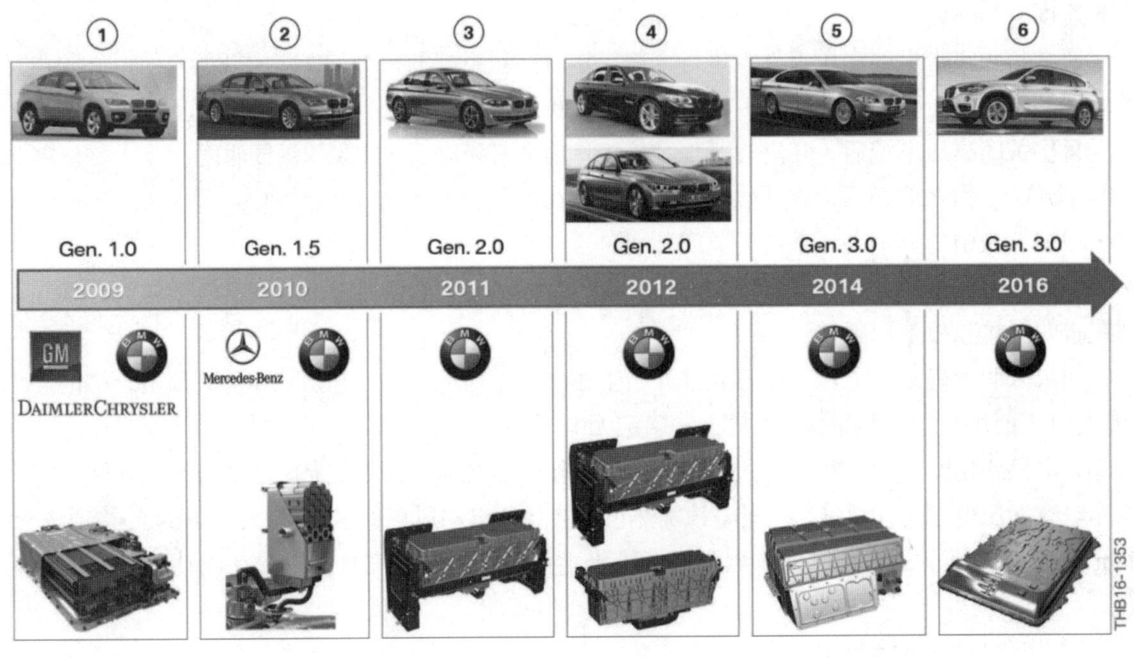

图7-4

E72 作为第 1 款宝马混动汽车于 2009 年上市。本款产品中所使用的技术（称之为第 1 代）是与大众汽车、克莱斯勒与宝马共同合作研发的一项技术。镍金属氢化物电池作为电能存储装置。宝马的第 2 款混动汽车“混动 7”于 2010 年上市。这是一款采用 1.5 代技术的轻度混合动力汽车。该技术与梅德赛斯奔驰合作研发。汽车高压电气系统采用高效的锂离子电池。混合动力 5（第 3 款宝马混动汽车）自 2011 年投建。F10H 是配备第 2 代混动技术的首款汽车。锂离子电池作为电能存储装置。2012 年，配备第 2 代技术的宝马混动汽车开始生产：第 2 代宝马混动 7 根据 F01H/F02H 开发代码进行生产，并替换了 F04。与此同时，宝马混动 3（开发代码 F30H）开始上市。作为配备第 3 代技术的首款宝马混动汽车，宝马 530Le （开发代码 F18 PHEV）特别面向中国市场自 2014 年投建。这是一款插电式混动电车。锂离子电池作为电能存储装置。宝马 X1 xDrive 25Le（开发代码：F49 PHEV）是一款第 3 代宝马混动汽车。F49 PHEV 是一款中国本土生产并配备锂离子电池的插电式混动汽车。宝马 X1 xDrive 25Le 在纯电力驱动条件下可以行驶 60km 左右。该款汽车在 2016 年 4 季度上市。宝马的远景目标是 PHEV 覆盖所有宝马车系，其中在中国市场比较常见的有 X1（F49）PHEV、5 系（F18、G38）PHEV、X5（F15）PHEV。BEV 车型有一个单独的品牌 i，常见的车型有 i3、i8、iX3，于 2021 年刚上市的 iNext 等，可以看出宝马的纯电动化战略逐渐加速。

1.X1 PHEV

宝马 X1 xDrive 25Le 通过一系列明显的特征与传统 F49 区分开来。“e”在型号中作为一个识别标志添加到型号“225xe”命名中，并在 C 柱和发动机隔音罩上添加“eDrive”铭刻文字，表明这是一款混动汽车。宝马 X1 xDrive 25Le 标配 18″ 铝轮圈（568 设计）。充电插座盖板布置在前侧面板左侧，表明宝马 X1 xDrive 25Le 是一款插电式混动汽车，如图 7-5 所示。

F49 PHEV 内部装置同样通过一系列特征与 F49 区分开来。续航按钮位于储物箱前侧，在驾驶员门内部。第二个特征是中控台上的驾驶体验开关：eDrive 按钮。配备该按钮后，驾驶员可以通过切换功能选择不同的功能，并且完全依靠电力驱动即可达到 120km/h。汽车内部配备不带 MSA 功能的启停按钮。

1.左前门右侧附有型号名称“xDrive 25Le” 2.蓝色空气进口栅 3.隔音罩配备“eDrive”标识 4.充电插座盖板在左侧面板上带有“i”标识 5.轮毂中心带有“BMW i”徽标 6.C柱（左侧和右侧）带有“eDrive”铭文 7.门槛处覆由带“eDrive”

图7-5

前门槛盖板装饰条及自动变速器选挡开关上同样带有“eDrive”铭刻。组合仪表显示混动驾驶状态以及高压电池单元的充电状态，并且可以根据功能选择在中央数据显示屏上显示。CID 及组合仪表显示在汽车启动时启用，如图 7-6 所示。

1.组合仪表带有混动特征 2.发动机启停按钮处不带有MSA开关 3.eDrive按钮位于驾驶体验开关左侧 4.加油按钮 5.带有“eDrive”铭刻的挡位选择开关 6.带有混动特征的中央数据显示屏

图7-6

F49 PHEV 乘客车厢与 F49 几乎相同。因为高压电池单元位于汽车下部，油箱从 61L 缩减至 35L。这个空间用来在汽车下部安装高压电池单元。因为后部脚踏板进行了轻微的改装，以便创造空间安装电机和高压电池单元，因此行李舱的空间缩减了 60L 左右。行李舱底部镶板下方的储物盒因此被删减掉。

2.5系F18 PHEV

宝马 530Le 与传统 F18 的区别体现在一系列特征上。两根 C 柱上以及发动机隔音板上的“eDrive”字样显示这是一辆混合动力汽车。530Le 标配不同的 18″ 轮辋。为了进一步延长续航里程，车轮可选装五幅式运动型空气动力轮辋，从而减少车辆的空气阻力。通过后保险杠饰板左侧的充电接口盖可以看出宝马530Le是一辆插电式混合动力汽车。行李箱中带“eDrive Power Unit”字样的徽标提示此处有高压电池单元，如图7-7所示。

1.带“eDrive”和“530Le”字样的隔音板 2.“530Le”字样和中文车型标识 3.C柱（左右）“eDrive”字样 4.18"轮辋 5.高压电池饰板上的“eDrive Power Unit”标识 6.充电接口盖

图7-7

与F18车辆相比，宝马530Le的内饰同样有其独一无二的特征。加油按钮位于驾驶员侧A柱饰板上。在启动/停止按钮下方可发现另一个特点：eDrive按钮。借助该按钮，驾驶员可以纯电动模式快速行驶，时速可达120km/h。在饮料杯架上方的翻盖上，带“eDrive”字样的徽标昭示着汽车的混合动力身份。此外，在前后车门槛板上也能找到“eDrive”字样，如图7-8所示。混合动力汽车特有的运行状态和高压电池充电量显示在组合仪表中，根据用户要求也可显示在中央信息。显示器（CID）中。无论CID中的显示还是组合仪表中的显示，都在打开点火开关后自动激活。F18 PHEV的车内空间与F18一致。

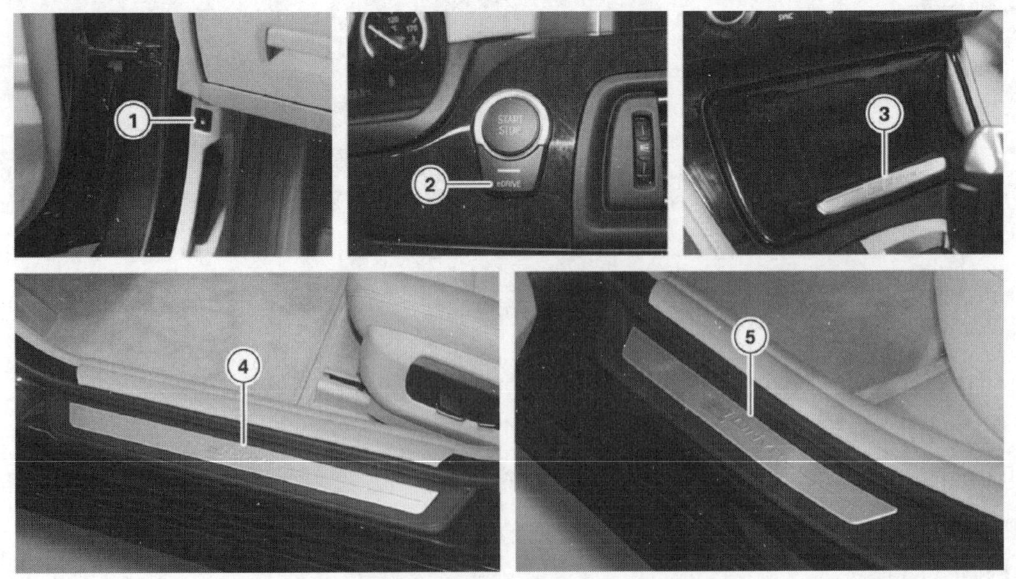

1.加油按钮 2.eDrive按钮 3.带“eDrive”字样的徽标 4.带“eDrive”字样的前部车门槛板 5.带“eDrive”字样的后部车门槛板

图7-8

其他车型都基本与这个类似，在此不再一一介绍。

三、高压架构（含主流PHEV、BEV车型）

（一）F49 PHEV

由图 7-9 可以看出，高压电池位于车辆底部。驱动电机和电机逆变器（电机电子装置 EME，后文统称为 EME）在车辆的后桥上，没有采用整体集成设计方案，要注意电机逆变器充电器与电机的连接线在车辆正常运行时传输的是高压交流电。便捷充电电子装置 KLE（车载充电器，AC/DC 转换）也位于车辆的左后方。可以发现车辆的高压部件大部分都位于车辆的后方。

1. 3缸汽油发动机　2.6速自动变速器　3.高压启动器电动发电机　4.高压电池单元　5.加压油箱（35L）　6.电机　7.电机电子装置（EME）　8.减速装置　9.便捷充电电子装置KLE

图7-9

1.机械冷却液泵　2.多楔带　3.皮带摆动张紧装置　4.高压启动器电动发电机　5.带集成弓形弹簧的减震器

图7-10

在发动机舱内也有高压部件——高压启动器电动发电机，该部件以电机的模式运行时可以带动发动机启动，当发动机运转时，该部件以发电机的方式工作，所以 F49 PHEV 的车辆不再有单独的低压启动机和发电机，这两个部件被高压启、发电机取代。这里要注意的是，该部件以发电机的模式工作时，所产生的也是高压电，经过逆变器整流后给高压电池充电。F49 PHEV 高压启动电机发电机如图 7-10 所示。

高压启动器电动发电机同样可用于能量回收和 eBOOST。高压启动器电动发电机的功能包括：

（1）对高压电池单元进行充电。

（2）启动发动机。

（3）增加发动机的负载点。

（4）发动机的 eBOOST 功能。

警告：在对发动机舱内的高压启动发动机进行拆装作业时，一定要执行高压断电操作。

F49 PHE 高压架构如图 7-11 所示，高压组件和高压电缆如图 7-12 所示。

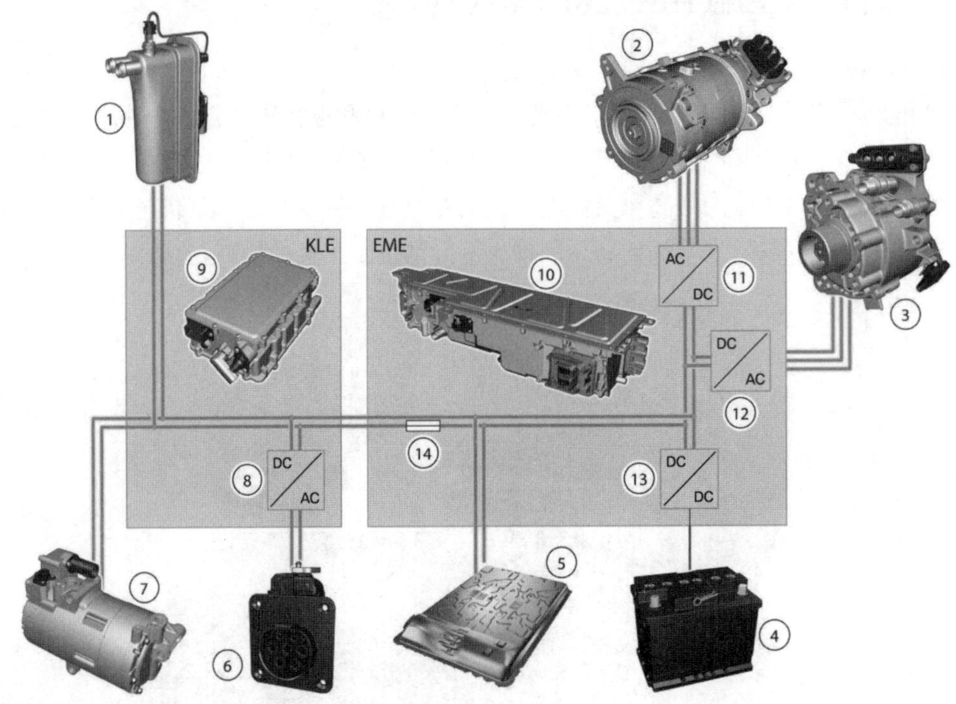

1.电气加热装置　2.电机　3.高压启动器电动发电机　4.电池（12V）　5.高压电池单元　6.充电插座　7.电动空调压缩机（EKK）　8.单向AC/DC转换器　9.便捷充电电子装置　10.电机电子装置（整个）　11.电机的双向DC/AC 转换器　12.高压启动器电动发电机的双向DC/AC转换器　13.单向DC/DC转换器　14.60A防过载电流保护

图7-11

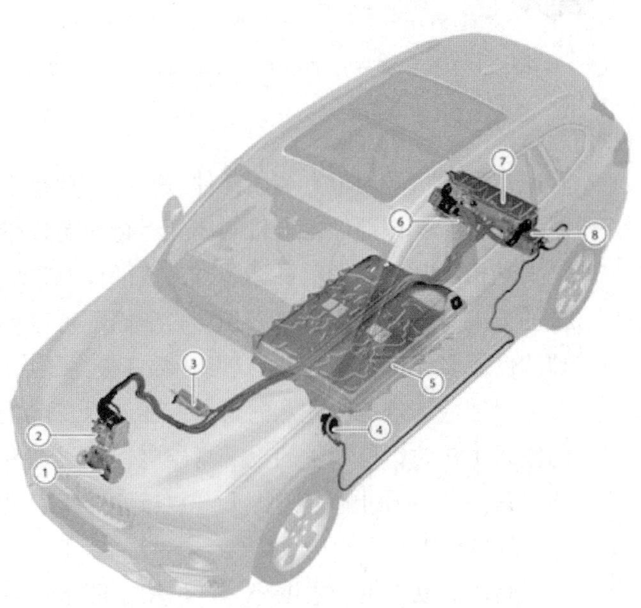

1.电动空调压缩机（EKK）　2.高压启动器电动发电机（HV-SGR）　3.电气加热装置EH　4.充电插座　5.高压电池单元　6.电机（EM）　7.电机电子装置（EME）　8.便捷充电电子装置KLE

图7-12

高压电缆连接高压组件，并且采用橘色电缆套标识。混动汽车制造商已达成统一意见：高压电缆采用警示黄色进行标识。

警告：禁止修理高压电缆，如果有损坏，该线路必须全部更换。

高压电缆的弯曲半径如图 7-13 所示。

警告：在维修时高压电缆禁止过度弯曲或扭结，最大弯曲半径不得小于 70 mm。过度弯曲 / 扭结高压电缆会损害电缆护套，导致汽车高压电气系统报绝缘故障。

1.启动发动机

F49 PHEV 中的高压启动器电动发电机是一种同步电机，如图 7-14 所示。该装置的一般结构和操作原理与带有内部转子的永久励磁同步电机相对应。转子安装在内部，并配备永磁体。定子为环形，位于转子外部，环绕转子。它的形状为穿通 3 相线圈的铁芯。如果向定子应用一个 3 相交流电压，定子线圈产生一个旋转的磁场，旋转磁场“牵拉”转子内的磁体。在这种情况下，高压启动器电动发电机发挥电动机的功能，通过提供附加扭矩辅助发动机（eBOOST 功能）。在充电模式中，旋转的转子产生改性磁场，从而在定子线圈中产生交流电压。

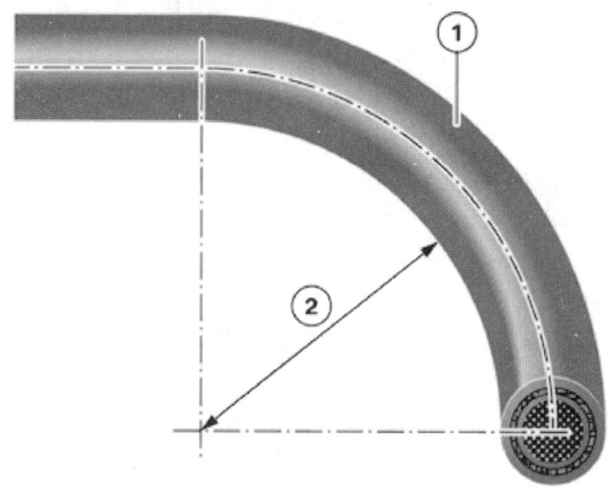

1.高压电缆　2.弯曲半径必须大于70mm

图7-13

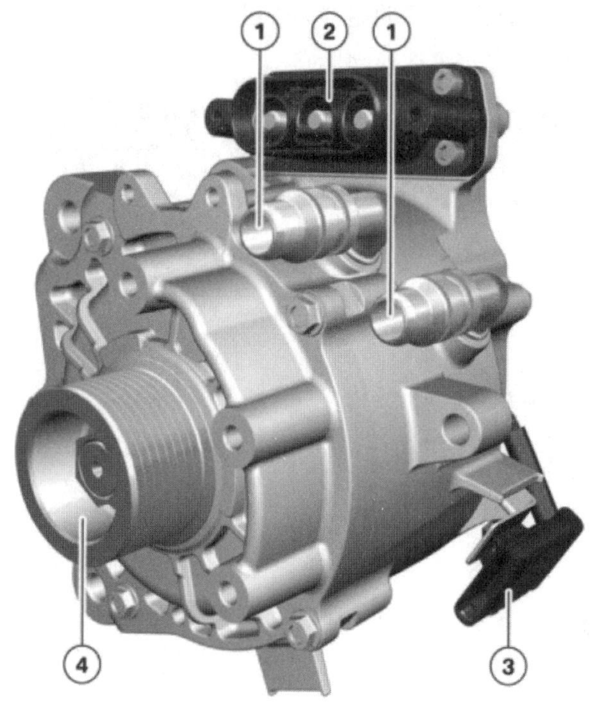

1.冷却液线路的接口　2.高压接口　3.低压接口（信号线路）　4.皮带轮

图7-14

高压启动器电动发电机的传感器通过 EME 进行读取和评估。为了避免温度过高损害组件，高压启动器电动发电机内配备了一个温度传感器。温度传感器是一个负温度系数的热变电阻，位于定子线圈。转子的温度未直接测量，但是可以通过定子内温度传感器的测量数值进行判定。信号同样由 EME 读取和评估。如果出现故障，影响高压启动器电动发电机性能的情景有下述两种：

（1）如果温度传感器提供一项不真实的数值，高压启动电动发电机的功率被缩减至 8kW。这样做的目的旨在防止温度进一步增加。此外还出现一个带有功率缩减说明的检查控制信息。

（2）如果温度进一步升高或传感器信号故障，高压启动器电动发电机被置于安全状态（主动短路），汽车进入应急操作。此外，还出现检查控制信息：无法启动发动机。

为了确保定子线圈的定压可以进行精确计算，并且 EME 可以根据振幅和相位产生电压，必须知道转子的精确设置角度。因此，高压启动器电动发电机中配备了一个转子位置传感器。转子位于传感器固定在高压启动器电动发电机的定子上，根据倾斜传感器原理进行工作。转子位置传感器中有 3 个线圈。一个指定的交流电压供给至其中一个线圈。其他两个线圈各移动 90°。这些线圈中产生的电压可以提供转子角度设置相关的信息。转子位置传感器由高压启动器电动发电机的制造商安装在相应线列，确保其可以时刻进行精确调整。如果传感器信号在发动机运行过程中出现故障，高压启动器电动发电机切换至应急操作。这样可以使汽车行驶至最近的宝马维修站。在这种紧急操作中，一旦发动机熄火将无法再次启动。如果传感器信号在发动机静止状态下出现故障，高压启动器电动发电机切换至安全状态（主动短路）。无法启动发动机。如果出现这种状况，汽车只能通过后桥的电机进行驱动。在前述两种情况下，相应的检查控制信息通过组合仪表显示。注意：温度传感器和转子位置传感器不可以单独更换。

2.电气加热装置

F49 PHEV 的热交换器与发动机的冷却液回路集成为一体，加热器回路安装位置如图 7-15 所示。通过发动机的加热确保热交换器输出充足的热量，从而对乘客舱进行加热，电加热器接口如图 7-16

所示，电气加热装置中的加热器线圈如图 7-17 所示，F49 PHEV 电气加热装置的功能电路图如图 7-18 所示。因为这款汽车的混动概念，发动机在很多驾驶条件下所产生的热量非常低，并且无法将冷却液回路加热至必要的温度。所以 F49 PHEV 配备了电气加热装置。原则上，这种功能与快热式热水器相似。通过一个切换阀形成一个独立的回路，该回路在电动冷却液泵中进行循环。

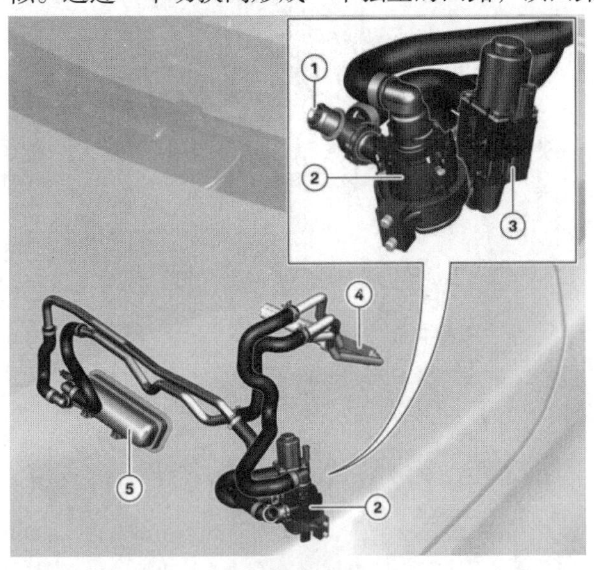

1.冷却液回路接口　2.电动冷却液泵（20W）　3.电动切换阀　4.热交换器　5.电气加热装置

图7-15

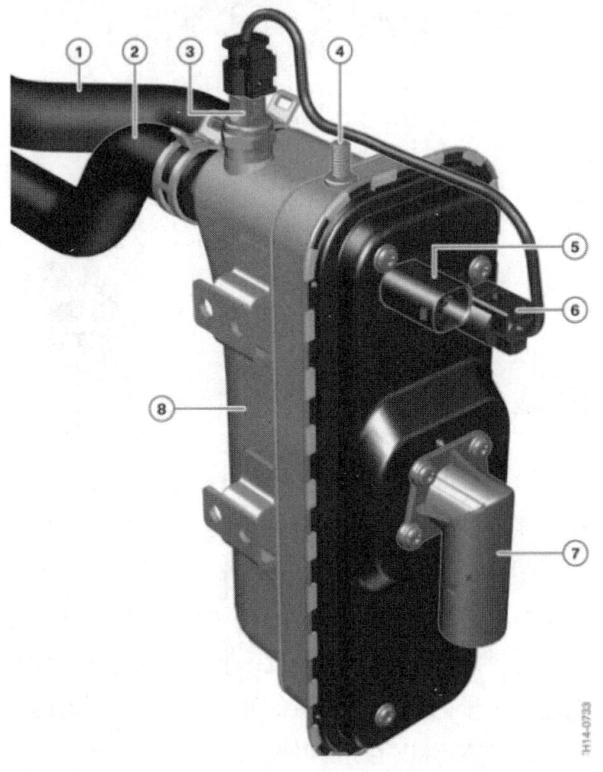

1.用于冷却液供给管路的接口　2.用于冷却液回流管路的接口　3.电加热器输出口的冷却液温度传感器　4.电位均衡接口　5.信号接头（低压接头）　6.传感器接口　7.高压接头的接口　8.电气加热装置

图7-16

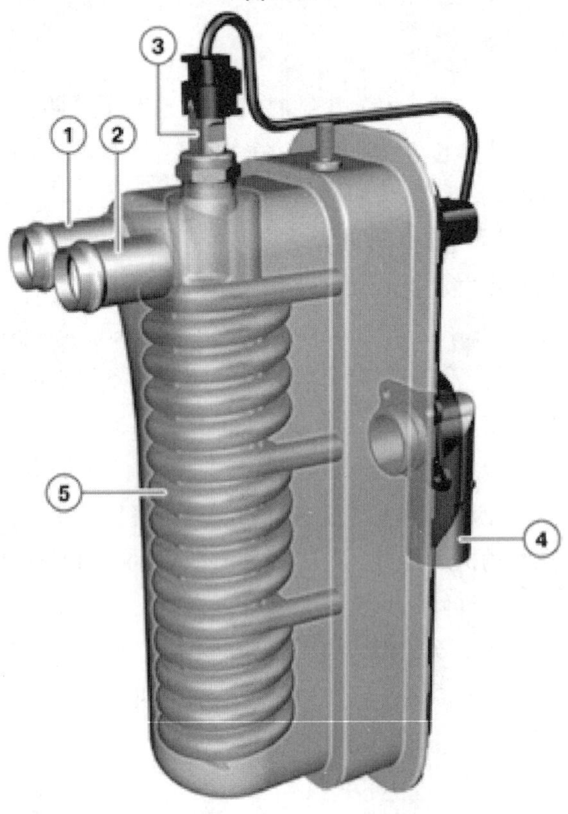

1.用于冷却液供给管路的接口　2.用于冷却液回流管路的接口　3.电加热器输出口的冷却液温度传感器　4.高压接头的接口　5.3个加热器线圈

图7-17

穿过独立线束的电流通过电气加热控制单元进行测量和控制。最大电流为 20 A，电压范围为 250~ 400V。功率在该电压范围内上下浮动。如果耗电量增加，则通过硬件开关切断能量供给。这种开关配置的设计确保即便在控制单元出现故障时仍然可以进行安全断电。电气加热装置内，高压电路和低压电路相互独立。与局域互联网总线及电源（终端 30B）相连的接口位于低压接头上。电气加热圆接头的高压接点进行保护，防止接触。电气加热装置的高压接头不是高压联锁回路电路的组成部分。高压接点旁边的高压接头内集成配置桥接器。高压接头内的桥接器为主要接点。这就意味着当拔出高压接头时，高压桥接器的接点首先被断开。EH 控制单元的电源因此被切断，从而高压侧的电力需求降为零，即便在高压接头被完全拔出前。因此，高压接点不会出现电弧。通过单独或联合启用独立的加热器线圈可以实现 6 个加热等级。IHKA 控制单元通过局域互联网总线输出加热开关指令。达到最高温度或超出许可电流等级时，电加热器自动限制加热输出。当高压电池单元达到特定的充电状态后，电气加热装置的功率同样被降至 ECO PRO 模式。如果出现系统故障，则关闭电气加热。电加热器属于免维护装置。按 50 ： 50 配比的水与 G48 冷却液添加剂的混合物作为该装置的冷却液。注意：如果使用错误的冷却液，会导致电加热器损坏，引起严重的高压系统短路故障。

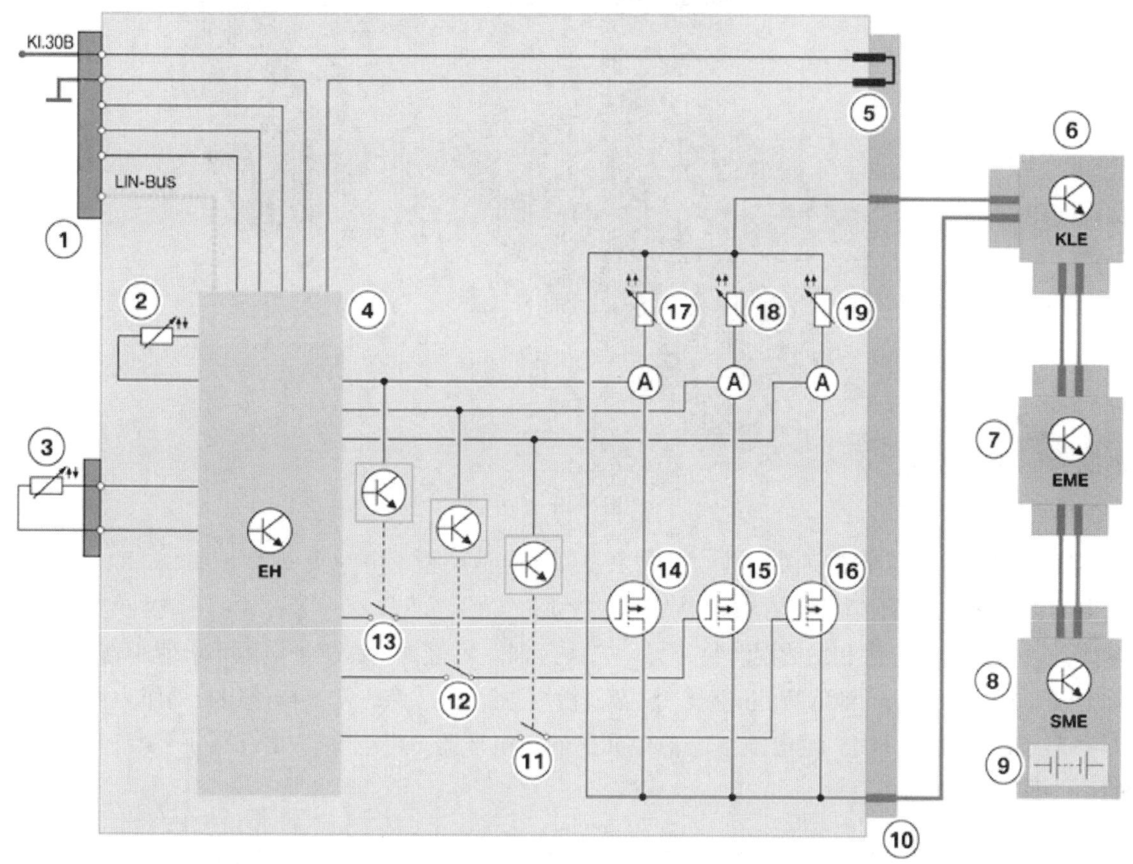

1.高压接头　2.电气加热控制单元打印电路板的温度传感器　3.温度传感器　4.电气加热装置（控制单元）　5.高压接头内的电桥　6.充电电子装置KLE　7.电机电子装置（EME）　8.电池管理电子装置（SME）　9.高压蓄电池单元　10.电气加热装置内的高压接头　11.如果加热器线圈3出现过流，则断开硬件　12.如果加热器线圈2出现过流，则断开硬件　13.如果加热器线圈1出现过流，则断开硬件　14.加热器线圈1的电子开关（PowerMOSFET）　15.加热器线圈2的电子开关（Power MOSFET）　16.加热器线圈3的电子开关（Power MOSFET）　17.加热器线圈1　18.加热器线圈2　19.加热器线圈3

图7-18

3. 高压电池

高压电池单元由中国宁德时代新能源科技有限公司（CATL）生产，F49 PHEV 高压电池单元如图 7-19 所示。F49 PHEV 高压电池单元配备的很多组件与 F15 PHEV 相比有所不同，如以下部分：

· 电池单元模块

· 电池监控电子装置

· 安全盒（Safety box）

· 蓄电池管理电子装置（SME）

· 热交换器

· 导线束

· 接口（电气系统、制冷剂与排气）
· 壳体部件与固定部件

图7-19

在 F49 PHEV 高压电池内使用的电池组属于锂离子电池类型（电池类型为 NMCo/LMO 混合）。锂离子电池的阳极材料原则上是锂金属氧化物。“NMCo/LMO 混合”这一名称说明了这种电池类型使用的金属。一方面是镍、锰和钴的混合物，另一方面是锂锰氧化物。锂离子电池正极使用这种材料可以优化电动车辆所用高压电池的特性（能量密度高、使用寿命长）。像往常一样使用石墨作为负极材料，充电时锂离子沉积在负极内。蓄电池组电池单元的额定电压为 3.6V。表 7-1 总结了 F49 PHEV 高压电池的一些重要技术数据。

表7-1

电压	277.2V（额定电压） 最小 216V、最大 316V（电压范围）
蓄电池组电池	154个蓄电池组电池，以2个并联7个串联的布置方式组成一个模块（每个电池3.6V和26.5Ah）
最大可存储能量 最大可用能量	14.7kW · h 10.7kW · h
最大功率（放电）	84kW（短时） 33kW（持续）
最大功率（交流电充电）	3.5kW
总重量	169kg
尺寸	1419.2mm × 1019mm × 211.7mm
冷却系统	冷却液

电机最佳电池温度范围明显缩小。该范围为 25~40℃。如果在功率输出较高时电池温度持续明显

超出该范围，就会影响蓄电池组电池使用寿命，F49 PHEV 高压电池单元的温度适用范围如图 7-20 所示。为了消除该影响并在所有环境温度条件下确保输出最大功率，F49 PHEV 的高压电池单元带有自动冷却功能。注意，F49 PHEV 上并没有安装高压电池单元加热装置。

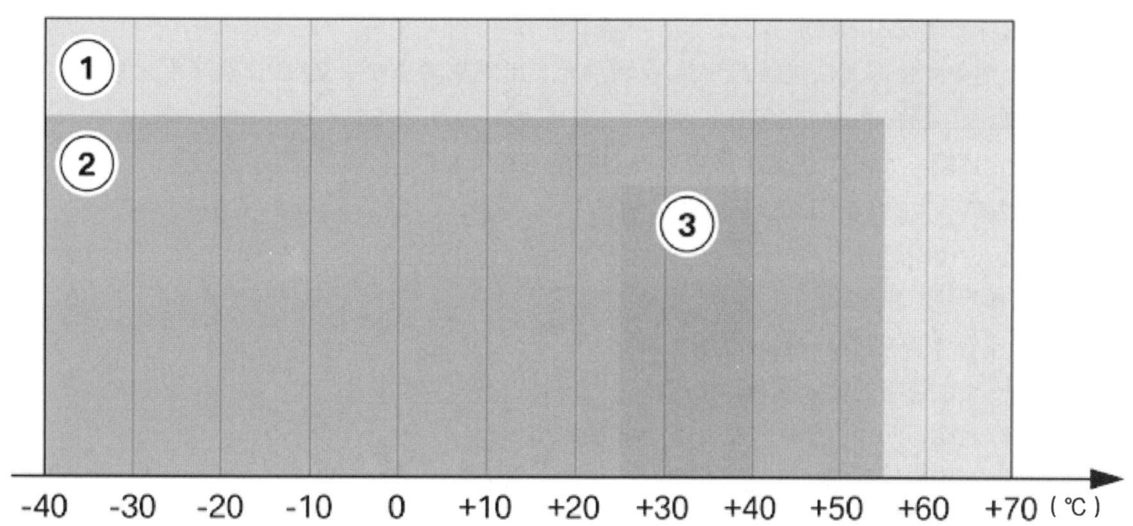

1.一般温度范围（存储区域） 2.高压电池单元工作范围 3.高压电池单元最佳工作范围

图7-20

从图 7-21 可以看出，除了汇集在 11 个电池模块中的电池单元外，F49 PHEV 高压电池单元还包括以下电气 / 电子组件：

（1）蓄电池管理电子装置（SME）的控制单元。

（2）11 个电池监控电子装置（CSC）。

（3）带接触器、传感器、过电流保险丝和绝缘监控的安全盒。

SME 控制单元需要执行以下任务：

（1）由电机电子装置 EME 根据要求控制高压系统的启动和关闭。

（2）评估所有蓄电池组电池的测量信号以及高压电路内的电流强度。

（3）控制高压电池单元的冷却系统。

（4）确定高压电池的充电状态（SOC）和老化状态（SOH）。

（5）确定高压电池的可用功率并根据需要对电机电子装置提出限制请求。

（6）安全功能（例如电压和温度监控、高压互锁回路监控）。

（7）识别出故障状态，存储故障码记录并向电机电子装置发送故障状态。

原则上可通过诊断系统操作 SME 控制单元。进行故障查询时必须清楚，在 SME 控制单元的故障存储器内不仅可存储控制单元故障，而且还可查阅高压电池单元内其他组件的故障记录。这些故障代码记录根据严重程度和可用功能分为不同类型：

（1）立即关闭高压系统。

因出现故障影响高压系统安全或产生高压电池损坏危险时，就会立即关闭高压系统并断开电动机械式接触器触点。

（2）限制功率。

高压电池无法继续提供最大功率或全部能量时，就会限制驱动功率和可达里程从而保护组件。此时驾驶员可在驱动功率明显降低的情况下继续行驶较短距离。

（3）对客户没有直接影响的故障。

例如 SME 或 CSC 控制单元之间的通信短时受到干扰时，不表示功能受限或危及高压系统安全。只会产生一个故障码记录，须由宝马维修站通过诊断系统对该记录进行分析。在此不显示检查控制信息。不会影响客户所使用的功能。

从高压电池单元外部无法接触到 SME 控制单元。出现故障需要更换 SME 控制单元时，必须事先打开高压电池 SME 控制单元的电气接口包括：

（1）SME 控制单元 12V 供电（来自车内空间配电箱的总线端 30F 与接地连接）。

（2）接触器 12V 供电（总线端 30 碰撞信息）。

（3）PT - CAN2。

（4）局域 CAN1 和 CAN2。

（5）来自车身域控制器的唤醒导线（BDC）。

（6）高压互锁回路的输入端和输出端。

（7）制冷剂循环回路内膨胀和截止组合阀的启用导线。

（8）制冷剂温度传感器单元。

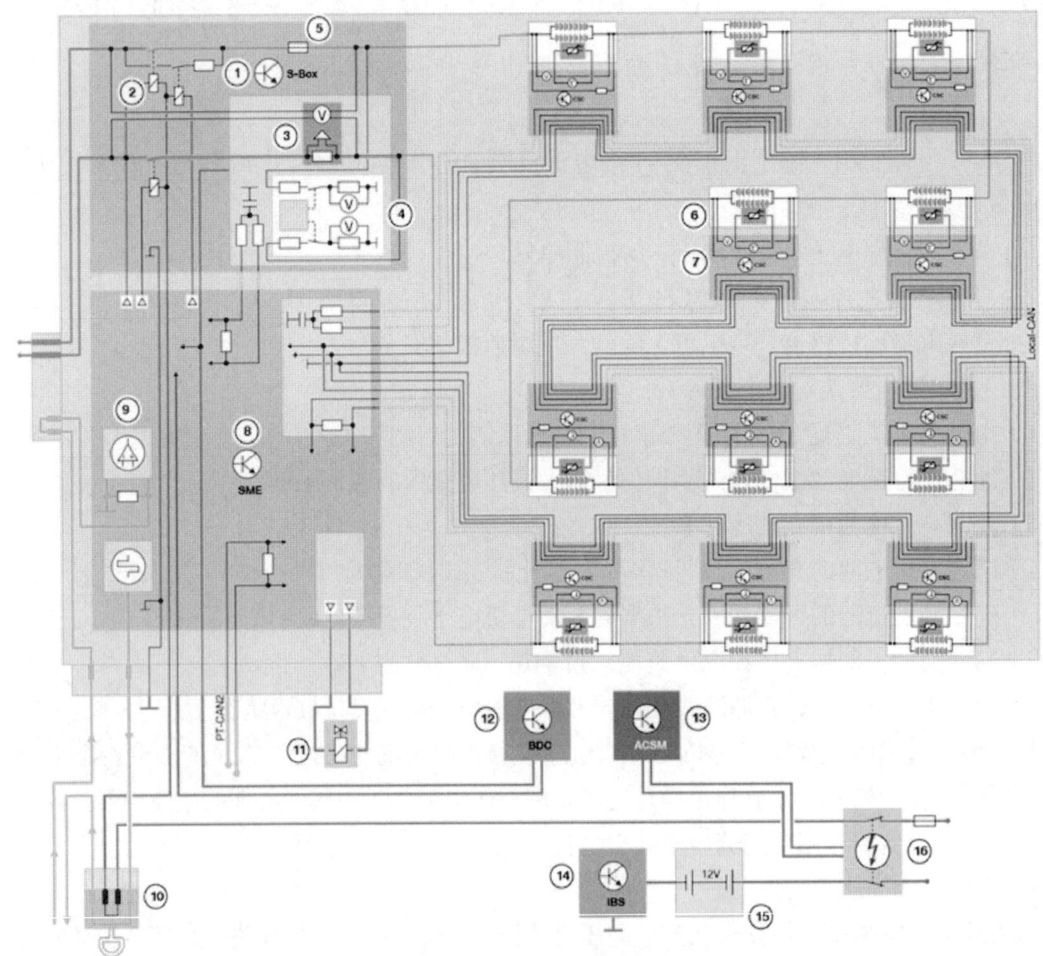

1.安全盒（Safety box） 2.接触器 3.电流和电压传感器 4.绝缘监控电路 5.主电流保险丝（350A） 6.电池模块 7.电池监控电子装置（CSC） 8.蓄电池管理电子装置（SME） 9.高压互锁回路电路控制 10.高压安全插头（“售后服务断电开关”） 11.用于热交换器的制冷剂管路膨胀和截止组合阀 12.车身域控制器（BDC） 13.带有安全型蓄电池接线柱触发用控制导线的ACSM 14.智能型蓄电池传感器IBS 15.12V蓄电池 16.安全型蓄电池接线柱SBK

图7-21

由一个专用12V导线为高压电池单元内的接触器供电。该导线称为总线端30碰撞信息，简称为总线端30C。总线端名称中的C表示发生事故（碰撞）时关闭该12V电压。该导线是安全型蓄电池接线柱的第二个输出端。即安全型蓄电池接线柱触发时，也会断开该供电导线。此外该导线还经由高压安全插头，因此将高压系统断开电源时，也会断开安全盒内接触器的供电。因此在上述两种情况下，高压电池单元内的两个接触器会自动断开。局域CAN1使SME控制单元与电池监控电子装置CSC相互连接（见后面内容）。局域CAN2用于实现SME控制单元与安全盒之间的通信。通过该数据总线可传输例如电流强度测量值等信息。高压电池单元由11个串联连接的电池模块构成，F49 PHEV电池模块布置方式如图7-22所示。每个电池模块仅配有一个电池监控电子装置。电池模块本身以每组各7个电池单元串联、共2组最终并联的形式构成。每个电池单元的额定电压为3.66V，额定容量为26 Ah。电池模块的顺序是固定的，如图7-22由右侧下部开始。

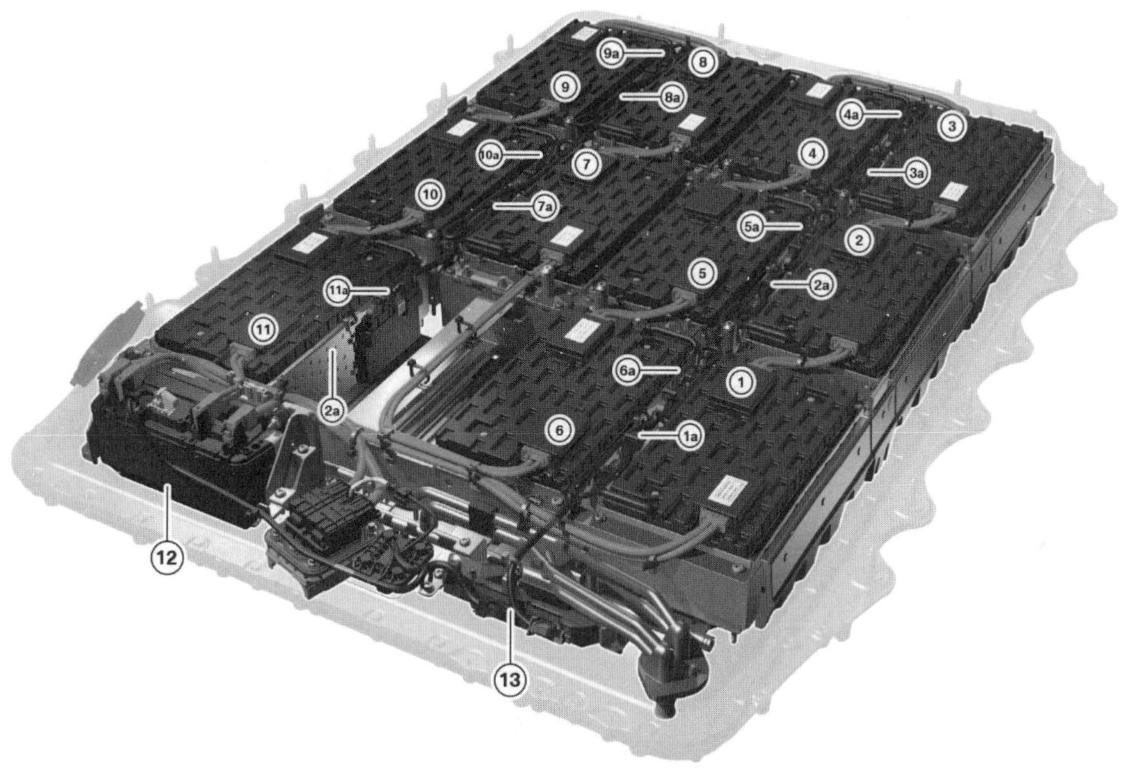

1.电池模块1 1a.电池监控电子装置1a 2.电池模块2 2a.电池监控电子装置2a 3.电池模块3 3a.电池监控电子装置3a 4.电池模块4 4a.电池监控电子装置4a 5.电池模块5 5a.电池监控电子装置5a 6.电池模块6 6a.电池监控电子装置6a 7.电池模块7 7a.电池监控电子装置7a 8.电池模块8 8a.电池监控电子装置8a 9.电池模块9 9a.电池监控电子装置9a 10.电池模块10 10a.电池监控电子装置10a 11.电池模块11 11a.电池监控电子装置11a 12.安全盒（Safety box） 13.蓄电池管理电子装置（SME）

图7-22

在F49 PHEV高压电池单元内，每个电池模块都有一个电池监控电子装置。电池监控电子装置可监控蓄电池组中14个电池单元的状态。F49 PHEV电池监控电子装置如图7-23所示。

电池监控电子装置具有以下功能：

（1）测量和监控每个电池单元的电压。

（2）测量和监控电池模块多处的温度。

（3）将测量参数传输给蓄电池管理电子装置控制单元。

（4）执行蓄电池组电池电压补偿过程。

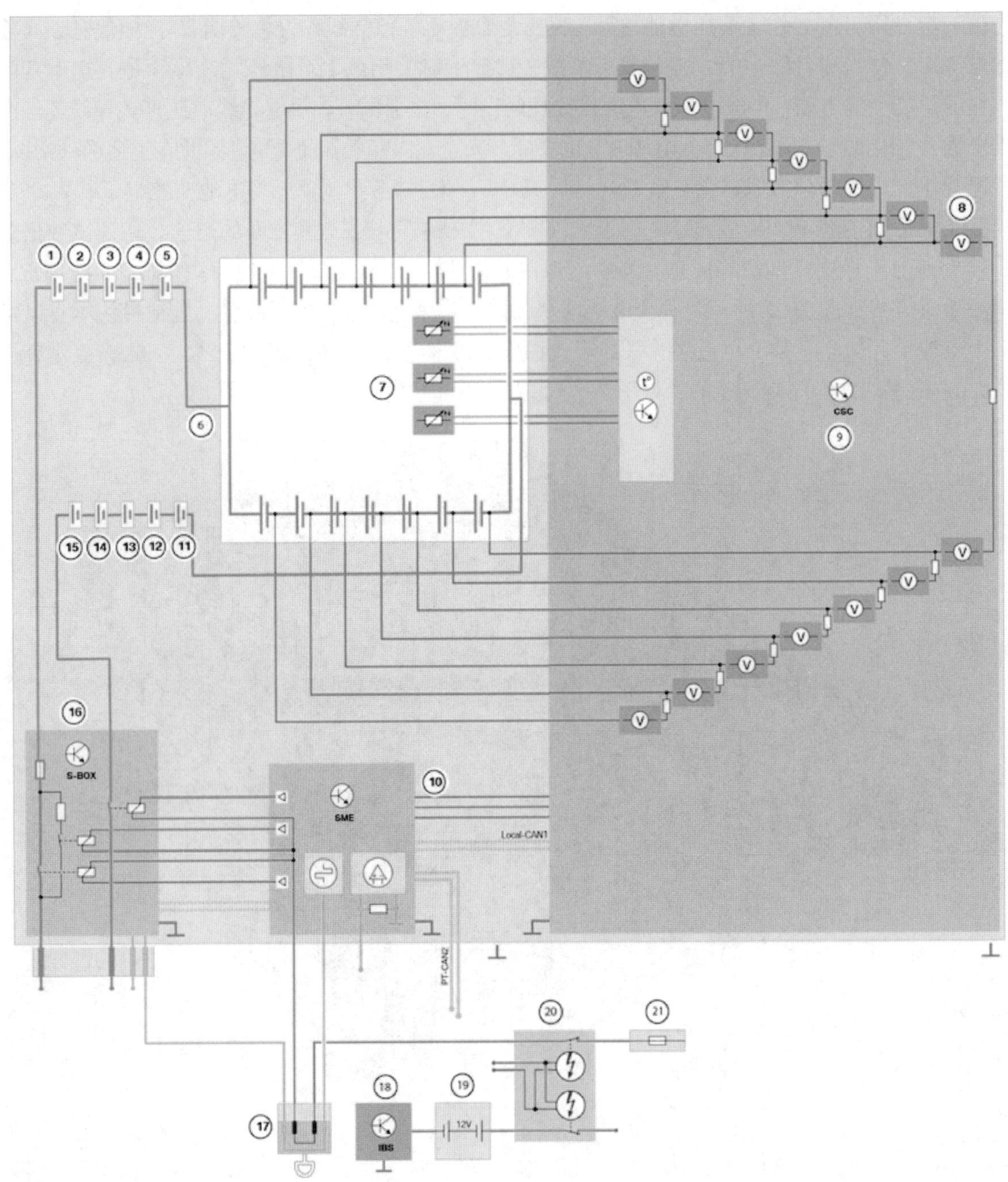

1.电池模块1　2.电池模块2　3.电池模块3　4.电池模块4　5.电池模块5　6.电池模块6　7.电池模块上的温度传感器　8.蓄电池组电池的电压测量　9.电池监控电子装置6a　10.蓄电池管理电子装置（SME）　11.电池模块7　12.电池模块8　13.电池模块9　14.电池模块10　15.电池模块11　16.安全盒（Safety box）　17.高压安全插头（售后服务断电开关）　18.智能型蓄电池传感器 IBS　19.12V蓄电池　20.安全型蓄电池接线柱 SBK　21.前配电箱

图7-23

在此以极高扫描率（每 20ms 测量一次）测量电池电压。通过测量电压可识别出充电和放电过程结束。温度传感器安装在电池模块上，根据其测量值可确定各蓄电池组电池的温度。根据电池温度可识别出过载或电气故障。出现任何上述情况时，都必须立即降低电流强度或完全关闭高压系统，以免蓄电池组电池进一步损坏。此外，测量温度还用于控制冷却系统，以便始终在最有利于功率和使用寿命的温度范围内运行蓄电池组电池。由于电池温度是一项重要参数，因此每个电池模块都有 4 个负温度系数（NTC）温度传感器，其中一个为冗余传感器电池监控电子装置通过局域 CAN1 传输其测量数值。该局域 CAN1 使所有电池监控电子装置相互连接并与 SME 控制单元相连。在 SME 控制单元内对测量值进行评估并根据需要做出相应反应（例如控制冷却系统）。局域 CAN1 和 CAN2 的数据传输速度均为 500kBit/s。与采用相同数据传输速度的 CAN 总线一样，数据总线导线采用绞线形式。此外，两个局域 CAN 端部都以终端电阻终止。用于局域 CAN1 各 120Ω 的终端电阻位于 SME 控制单元内。F49 PHEV 高压电池单元局域 CAN 电路原理图如图 7-24 所示。

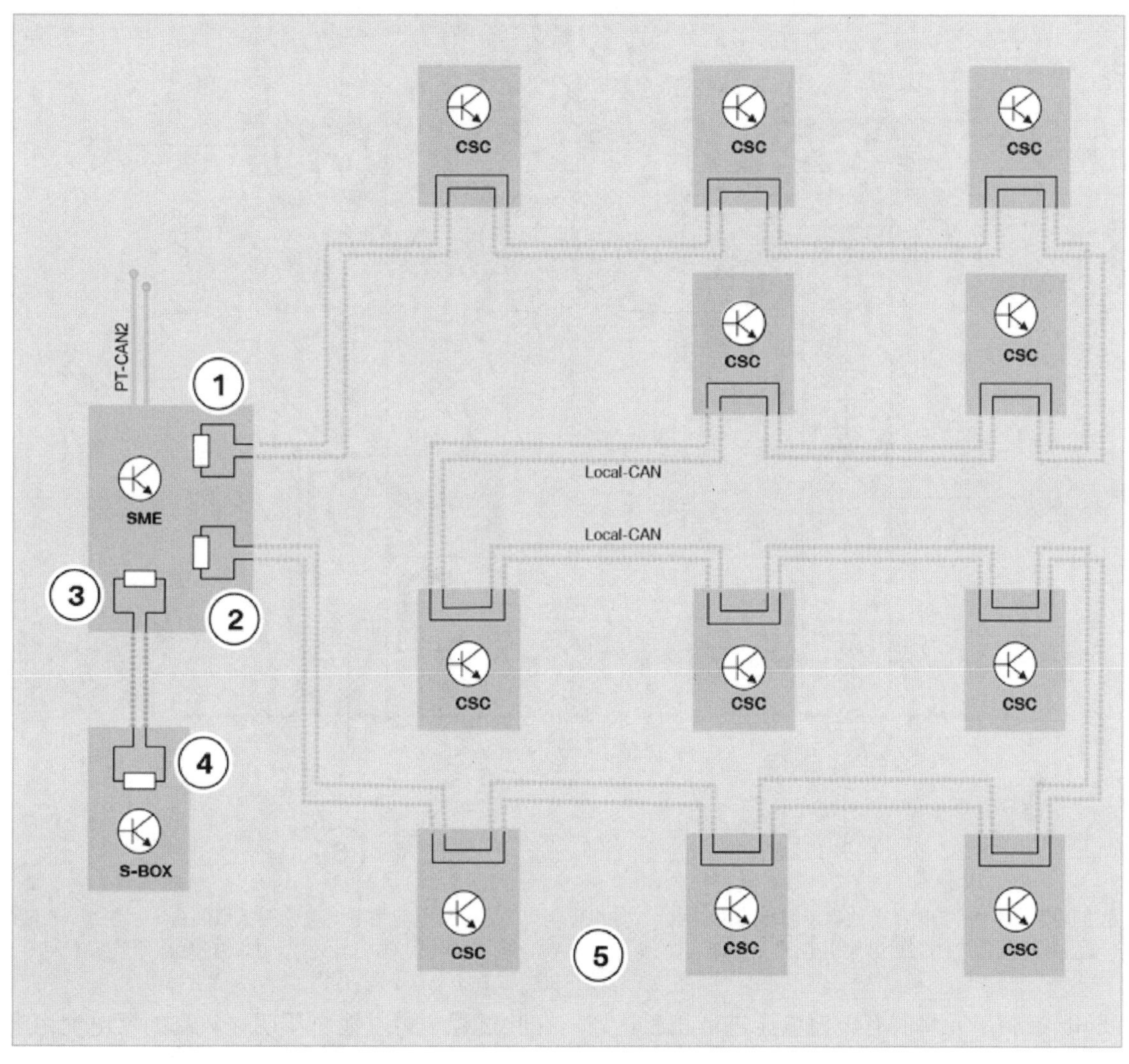

1.SME控制单元内的局域CAN1终端电阻　2.SME控制单元内的局域CAN1终端电阻　3.SME控制单元内的局域CAN2终端电阻　4.安全盒内的局域CAN2终端电阻　5.高压电池单元

图7-24

在检查故障期间测量局域 CAN 电阻时，在所有总线设备已连接且终端电阻正常的情况下会得到约 60Ω 的数值。如果一个或多个蓄电池组电池的电池电压明显低于所有其他蓄电池组电池，高压电池的可用能含量就会因此受限。放电时，由最弱的蓄电池组电池决定何时停止释放能量：如果最弱电池的电压降至放电限值，则即使其他蓄电池组电池还存有充足能量，也必须结束放电过程。如果仍继续放电过程，就会因此造成最弱蓄电池组电池永久损坏。因此可通过一项功能使电池电压调节至几乎相同的水平。该过程也称为电池平衡。F49 PHEV 电池电压平衡原理图如图 7-25 所示。

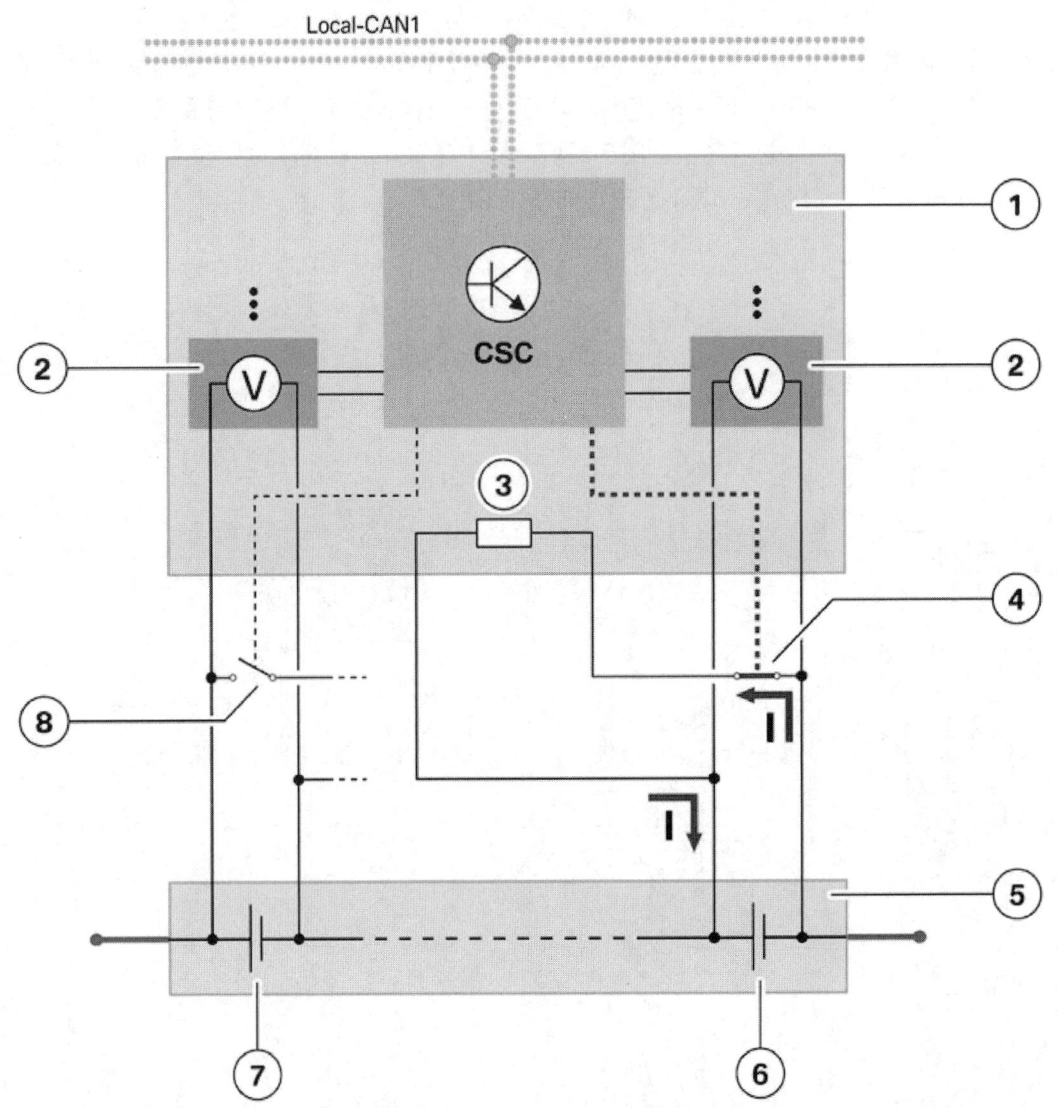

1.电池监控电子装置　2.用于电池电压测量的传感器　3.放电电阻　4.用于蓄电池组电池放电的触点闭合（启用）　5.电池单元　6.通过放电降低电压的蓄电池组电池　7.未放电的蓄电池组电池单元　8.用于蓄电池组电池放电的触点断开（未启用）

图7-25

SME 控制单元将所有电池电压进行相互比较。在此过程中对电池电压明显较高的蓄电池组电池进行有针对性的放电。SME 控制单元通过局域 CAN1 将相关请求发送至这些蓄电池组电池的电池监控电子装置，从而启动放电过程。为此每个电池监控电子装置都有一个针对各蓄电池组电池的欧姆电阻，相应电子触点闭合后放电电流就会流过该电阻。启动放电过程后由电池监控电子装置独自负责执行该过程，即使在期间主控控制单元切换为休眠模式也会继续执行。通过与总线端 30F 直接相连的蓄电池管理电子装置为 CSC 控制单元供电来实现这一点。所有蓄电池组电池的电压均处于较小规定范围内时，放电过程就会自动结束。电池平衡过程会一直进行，直至所有电池达到相同电压水平。在平衡电池电压的过程中会造成损失，但损失的电能极小（小于 0.1% SOC）。而优势在于可使可达里程和高压电池使用寿命最大化，因此总体而言平衡电池电压非常有利且十分必要。当然只有在车辆静止状态下才会执行该过程。平衡电池电压的具体条件包括：

（1）总线端 15 断开，车辆或车辆的电气系统处于休眠状态。

（2）高压系统关闭。

（3）电池电压或各电池 SOC 的偏差大于相应限值。

（4）高压电池的总 SOC 大于相应限值。

如果满足上述条件，电池电压就会自动平衡。因此客户既看不到检查控制信息，也无须为此采取特殊措施。即使更换电池模块后，SME 控制单元也会自动识别出电池电压平衡需求。如果电池电压的偏差过大或电池电压平衡未顺利进行,就会在蓄电池管理电子装置控制单元内生成一个故障码记录。此时通过一条检查控制信息提醒客户注意该故障状态。之后必须通过诊断系统对故障存储器进行评估并进行相应维修工作。高压系统的具体启动步骤：

（1）EME 控制单元需通过 PT-CAN / PT-CAN2 上的总线信号启动。

（2）通过自诊断功能监控高压系统。

（3）高压系统的电压持续升高。

（4）使接触器触点完全闭合。

主要通过电机电子装置控制单元和蓄电池管理电子装置控制单元进行高压系统监控。在此检查与安全有关的标准，例如高压互锁回路电路或绝缘电阻。而且还必须满足启动所需的功能条件，例如所有子系统处于运行准备就绪状态。

由于高压系统带有电容值较高的电容器（供电电子装置内的中间电路电容器），因此不允许电动机械式接触器触点简单闭合。电流脉冲过高会导致高压电池、中间电路电容器以及接触器触点损坏。首先会使负极上的接触器闭合。与正极上的接触器并联有一个带电阻的预充电开关。此时启用该开关，受电阻限制的接通电流使中间电路电容器充电。中间电路电容器电压大致达到蓄电池电压值时，就会断开预充电开关并且使高压电池单元正极上的接触器闭合。此时高压系统处于完全准备就绪状态。高压系统未出现故障时，会在约 0.5s 内完成高压系统整个启动过程。SME 控制单元通过 PT-CAN2 向 EME 控制单元发送启动成功的信号。如果例如接触器的某个触点不能顺利闭合，也会通过相同的方式发送故障信号。

4.高压的正常关闭

高压系统关闭分为正常关闭和快速关闭两种情况，F49 PHEV 正常关闭原理如图 7-26 所示。在此所说的正常关闭，一方面保护所有相关组件，另一方面监控与安全有关的高压系统组件。

满足以下条件或标准时，就会正常关闭高压系统：

（1）驾驶员关闭总线端 15，继续运行时间结束（由 EME 进行控制）。

（2）驻车空气调节、驻车暖风或高压电池调节功能结束。

（3）高压电池充电过程结束。

高压系统的正常关闭顺序始终相同，与触发因素无关。具体步骤包括：

（1）继续运行时间结束后 EME 通过 PT-CAN/PT-CAN2 上的总线信号发送关闭指令。

（2）高压电气系统上的系统（EME、EKK、EH）将高压电气系统内的电流降为零。

（3）电机绕组短路。

（4）断开高压电池单元内的接触器（由 SME 进行控制）。

（5）检查高压系统，例如电动机械式接触器触点是否按规定断开。

高压系统放电，即中间电路电容器（EME）主动放电：

（1）首先会尝试供应 12V 系统蓄电池存储的能量。

（2）如果无法实现，就会通过可接通电阻使中间电路电容器放电。

（3）如果中间电路电容器未在 5s 内放电至 60V 电压以下，就会通过被动电阻使其放电。

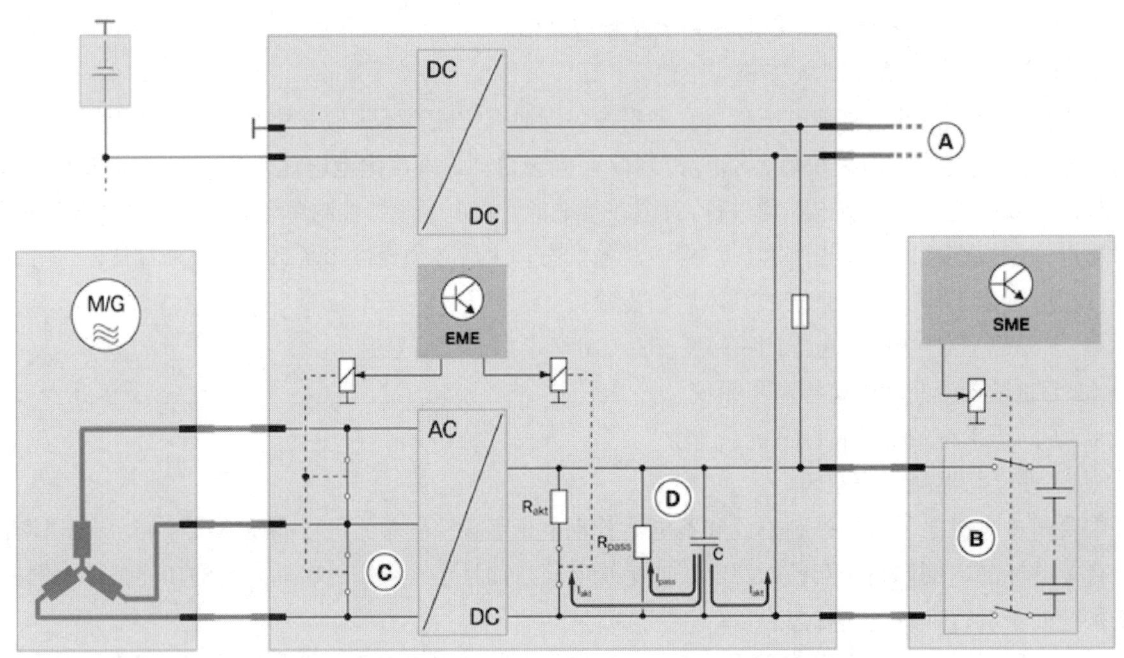

A.关闭所有高压组件 B.断开接触器 C.电机绕组短路 D.中间电路电容器放电

图7-26

根据需要分多个阶段进行中间电路电容器放电。总线端 15 断开后，无论继续运行时间还是关闭过程本身都可能持续几分钟。例如自动运行的监控功能是原因之一。如果在此期间出现重新启动要求或存在某项快速关闭条件，就会中止正常关闭。

5.电机电子装置（逆变器）

F49 PHEV 安装位置及电机的二次组件如图 7-27 所示。电机螺接在后桥上的电机变速器上，通过电力驱动后轮。

电机配备一个标识以便对其进行明确的识别和判定，电机的标识如图 7-28 所示。政府机关审批通过中同样需要标识。电机的标识与发动机的标识等同，电机的标识定义如表 7-2 所示。电机的序号可以在电机标识上查找。通过编号（连同标识）可以对每个独立的电机进行清晰的识别。

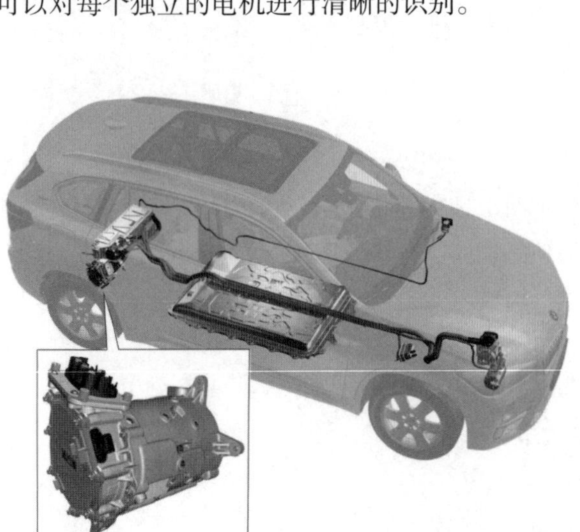

图7-27

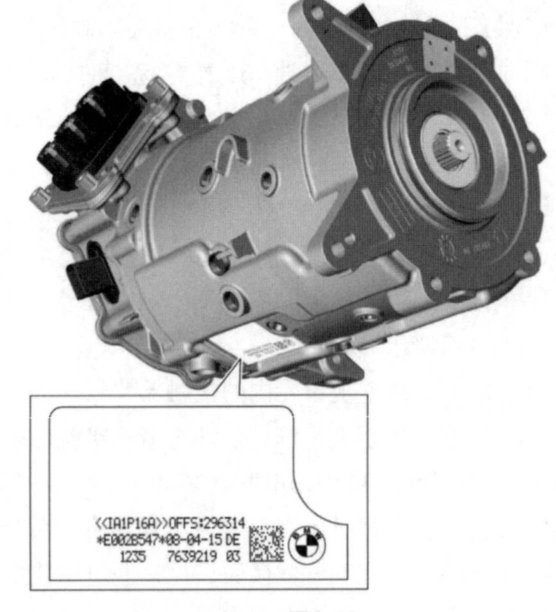

图7-28

表7-2

位置	含义	索引	说明
1	电机的开发者	G I J	变速器中的电机 电机，宝马 电机，外部
2	电机类型（叠片的外径）	A B C D E	＜200mm ＞200mm＜250mm ＞250mm＜300mm ＞300mm 小径外部转子
3	电机本体概念的变更	0 或 1 2~9	机械本体 变更，板材切割变更（摩托车为偶数，乘客汽车为奇数）
4	电机类型（发动机程序）	N U O P R S T	异步电机 直流电机 轴流电机 永久励磁同步电机 开关磁阻电机 电动励磁同步电机 横流电机
5＋6	扭矩	0~ …	比如：25＝250N・m
7	相关型式试验 （如有变更，需要进行新的型式试验）	A B~Z	标准 根据要求，比如：与长度和线圈适应

F49 PHEV 电机的标识为 IA1P16A。技术数据如表 7–3 所示。

表7-3

开发者	宝马
最大扭矩	165N・m/0~2900r/min
最大功率	65kW
功率（持续）	28kW
操作电压（$U_{最小}$~$U_{最大}$）	225~360V
最大电流	420 A_{eff}
效率	最高96%
转速区间	0~14000r/min
重量（不含扭转减震器）	31.3kg 左右

F49 PHEV 电机连接件如图 7–29 所示。

F49 PHEV 电机传感器如图 7–30 所示。

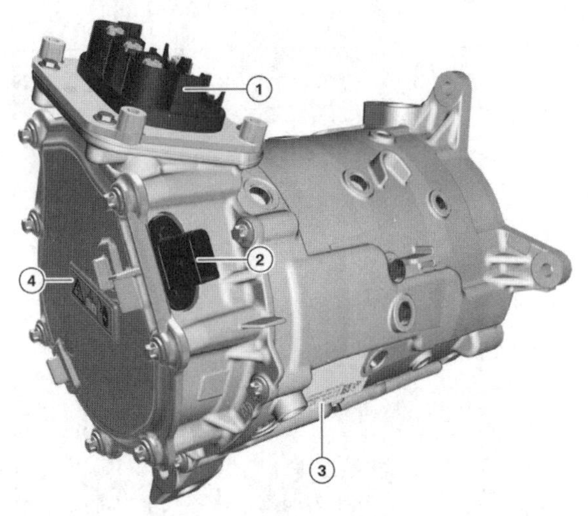

1.高压接口 2.电气接线，转子位置传感器 3.型号牌 4.高压组件警示标签

图7-29

1.转子位置传感器的转子 2.转子位置传感器的定子

图7-30

为了对定子线圈电压进行正确计算，并确保电机电子装置根据振幅和相位层产生电压，必须知道转子的精确位置。转子位置传感器就承担这一任务。转子结构与同步电机的转子结构类似，并且它有一个特殊成形的转子与电机转子相连，并由一个与电机定子相连的定子。转子在定子线圈中旋转产生的电压通过电机电子装置进行评估，然后根据评估结果计算转子位置的角度。电机组件在运行过程中不得超过特定的温度。配备一个温度模块和两个冗余温度传感器，以便监控电机的温度。它们设计为带有一个负温度系数（NTC）的可变电阻器，并在定子线圈头的两个点进行温度测量。NTC 越热，电阻越低。电机电子装置对温度传感器的信号进行评估，通过计算温度模块进行对比，如果必要，当电机温度接近最大许可值时可以降低电机的功率，以免损害组件 F49 PHEV 的电机没有任何注油装置。仅有两个带槽球轴承，球轴承上带有注油装置，以便进行润滑。因此，电机不需要维护。作为一项基本原理，F49 PHEV 的电机禁止在宝马维修中进行修理或打开。电机和电机变速器这两个组件可以单更换，即互相独立。相关程序的详细说明见现行维修说明。接到客户投诉后，通过诊断的方式判定故障。如果诊断发现电机 / 电机变速器系统存在故障，则该系统必须从汽车后桥上被拆除。如果无法明确判定造成故障的组件，咨询专家部门意见后，整个系统（电机和电机变速器）必须更换。否则，组件必须断开。因此，两个组件的安装方式必须确保它们的稳定性。所有螺丝连接拆掉后，可以通过起重机小心地将变速器从电机上拆除。在此过程中，必须确保电机的转子轴不会承受任何载荷，以免损害带槽球轴承。根据诊断结果，对故障组件进行更换，其余组件连同全新组件进行组装。安装新的电机或新的电机电子装置（EME）后，或者 EME 重新编程后，必须在 EME 中检查转子位置传感器的偏移并进行编程（若需）。相关诊断工作即是出于这个目的。转子位置传感器偏移角铭刻在电机型号牌上，组件安装后也可以看见该型号牌，并且通过汽车提升机提起汽车后可以查看该型号牌。型号牌位于电机保护盖罩下方，从下方可以轻易看到。

6.电机电子装置EME

电机电子装置安装在后桥下方的汽车底部，如图 7-31 所示。为了实现电机电子装置的所有接线，该组件必须完全拆除。EME 的上部接线位于行李舱底部盖板下方螺丝拧固的盖子下方。电机电子装置的接线可以分为四类：

（1）低压接口。

（2）高压接口。

（3）3 个螺纹孔，用于等电位连接。

（4）冷却液线路的接线。

F49 PHEV 电机电子装置的接线如图 7-32 所示。

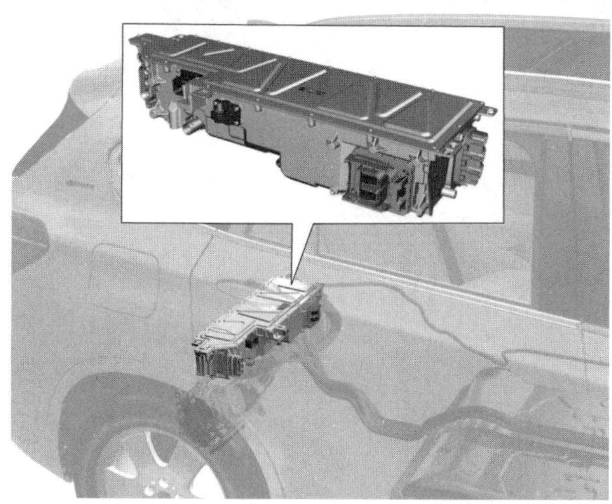

图7-31

电机电子装置外部低压接头连接下述线路和信号：

（1）用于 EME 控制单元的电源（引自配电箱的终端 30B，位于前侧和地面）。

（2）FlexRay 总线系统。

（3）PT-CAN 总线系统。

（4）PT-CAN2 总线系统。

（5）唤醒导线。

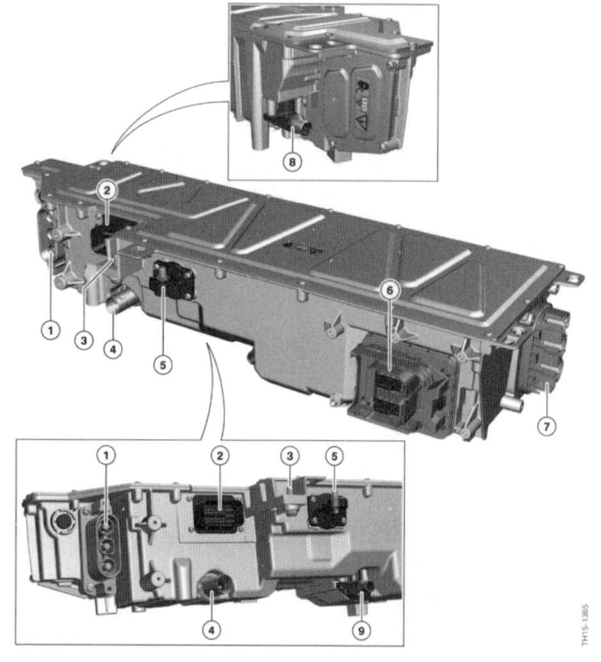

1.与高压启动电动发电机相连的高压接口（AC） 2.低压接头/信号接头的接线 3.DC/DC转换器输出-12V 4.用于便捷充电电子装置交流充电的高压接口 5.输出，DC/DC转换器+12V 6.与高压电池单元相连的高压接口（DC） 7.与电机相连的高压接口（AC） 8.用于冷却液回流管路的接口 9.用于冷却液供给管路的接口

图7-32

（6）引自 ACSM 的信号线路，用于传送碰撞信息。

（7）汽车内部截止阀的动作。

（8）高压联锁回路电路的输入和输出（EME 控制单元评估信号），如果出现电路干扰，将切断高压系统。

（9）启用电动真空泵。

（10）电动冷却液泵（PME）：脉冲宽度调制信号。

（11）电机转子位置传感器的评估。

（12）电机温度传感器的评估。

（13）高压启动器电动发电机的转子位置传感器的评估。

（14）高压启动器电动发电机的温度传感器的评估。

此类线路和信号的电流等级相对较低。电机电子装置通过两个独立的低压连接和大横截面线路与 12V 汽车电气系统相连（终端 30 和终端 31）。通过这种配置与电机电子装置内的 DC/DC 转换器接通，并为整个 12V 汽车电气系统提供能量。带有电机电子装置的这两条线路通过螺丝进行连接。图 7-33 通过简单的接线图描述了电机电子装置的低压接口。

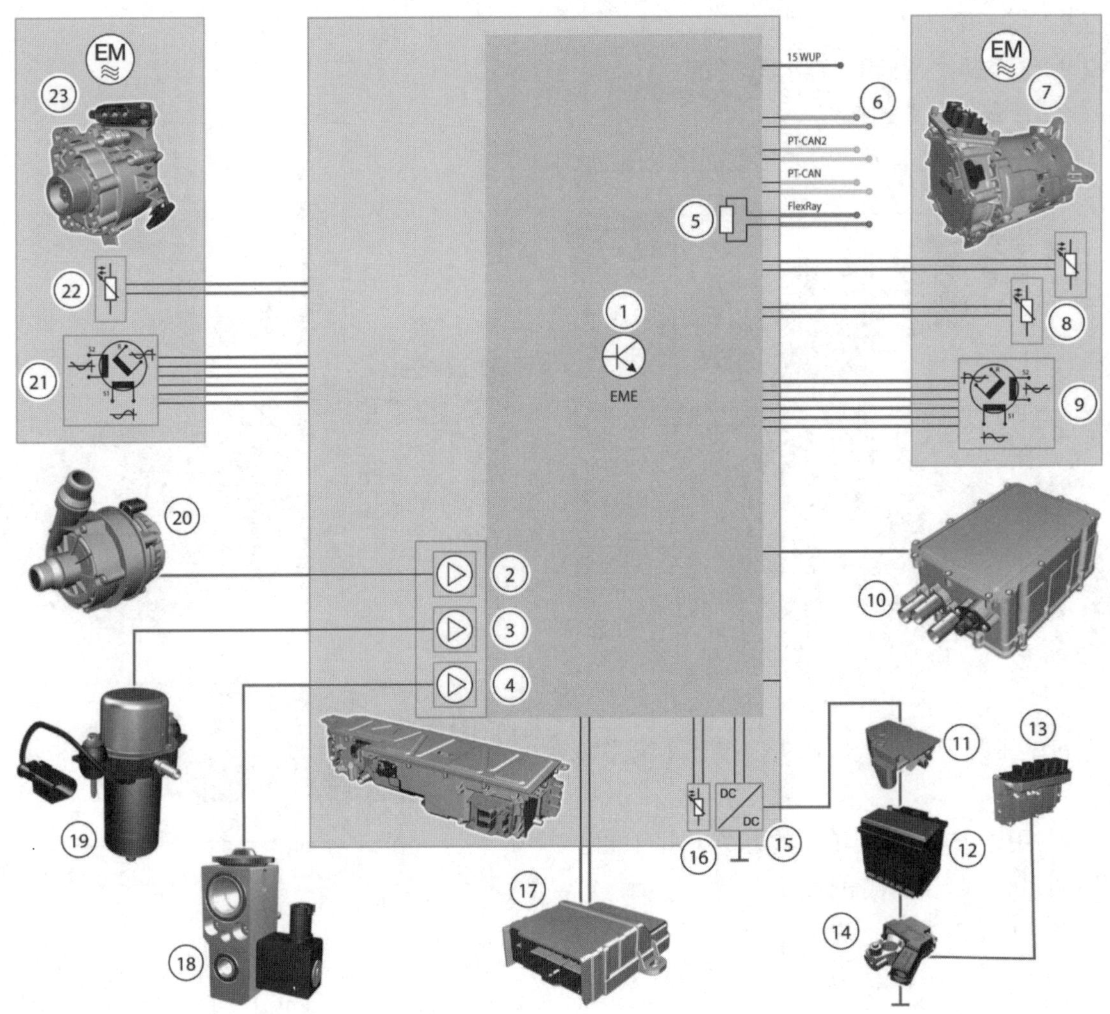

1.电机电子装置（EME） 2.启用80W电动冷却液泵的输出级（LT冷却液电路） 3.启用电动真空泵的输出级 4.启用汽车内部膨胀阀和截止阀的输出级 5.终端电阻器，FlexRay 6.高压联锁回路的信号线路 7.电机（整个） 8.电机定子线圈中的温度传感器 9.电机中的转子位置传感器 10.便捷充电电子装置KLE 11.安全型蓄电池接线柱SBK 12.12V蓄电池 13.数字式电动机电子装置DME 14.智能型蓄电池传感器IBS 15.单向DC/DC转换器 16.DC/DC转换器中的温度传感器（负温度系数传感器） 17.碰撞安全模块 18.膨胀和截止组合阀，乘客舱 19.电动真空泵 20.电动冷却液泵 21.高压启动电动发电机中的转子位置传感器 22.高压启动电动发电机中的温度传感器 23.高压启动器电动发电机

图7-33

控制电机的电力电子装置EME采用DC/AC转换器，F49 PHEV双向DC/AC转换器的操作模式，如图7-34所示。这是一种带有双DC高压接口和3相AC电压接口的脉冲转换器。在其作为电动机工作时，这种DC/AC转换器可以作为换流器工作，并且可以将高压电池单元的能量传导至电机。但是，DC/AC转换器也可以作为一种整流器，并将电机的电能传导至高压电池单元。这种动作在制动能再生过程中执行，在此过程中，电机作为发电机并且可以产生电能。

DC/AC转换器的操作模式通过EME控制单元界定。EME控制单元还接收发动机控制单元DME发出的设定值（主要输入变量），电机应为DME控制单元提供扭矩（数量和信号）。通过这个设定值以及电机的当前操作状态（发动机转速和扭矩），EME控制单元可以判定DC/AC转换器的操作模式以及电机相位电压的振幅和频率。根据此类规范，DC/AC转换器的功率半导体元件被同步启用。除DC/AC转换器外，电力电子装置还含有电流传感器，电流传感器位于DC/AC转换器AC电压侧的3个相位内。通过电流传感器发出的信号，EME控制单元对应用于电力电子装置及电机的电动功率以及电机所产生的扭矩进行监控。电机电子装置的控制回路通过到电机内电流传感器和转子位置传感器的信号关闭。电机电子装置和电机的性能数据相互协调。为了避免电力电子装置超负荷，DC/AC 转换器中还配备了另外一个温度传感器。如果通过这种信号发现功率半导体元件温度超高，EME 控制单元可以降低输送至电机的功率，以便保护电力电子装置。

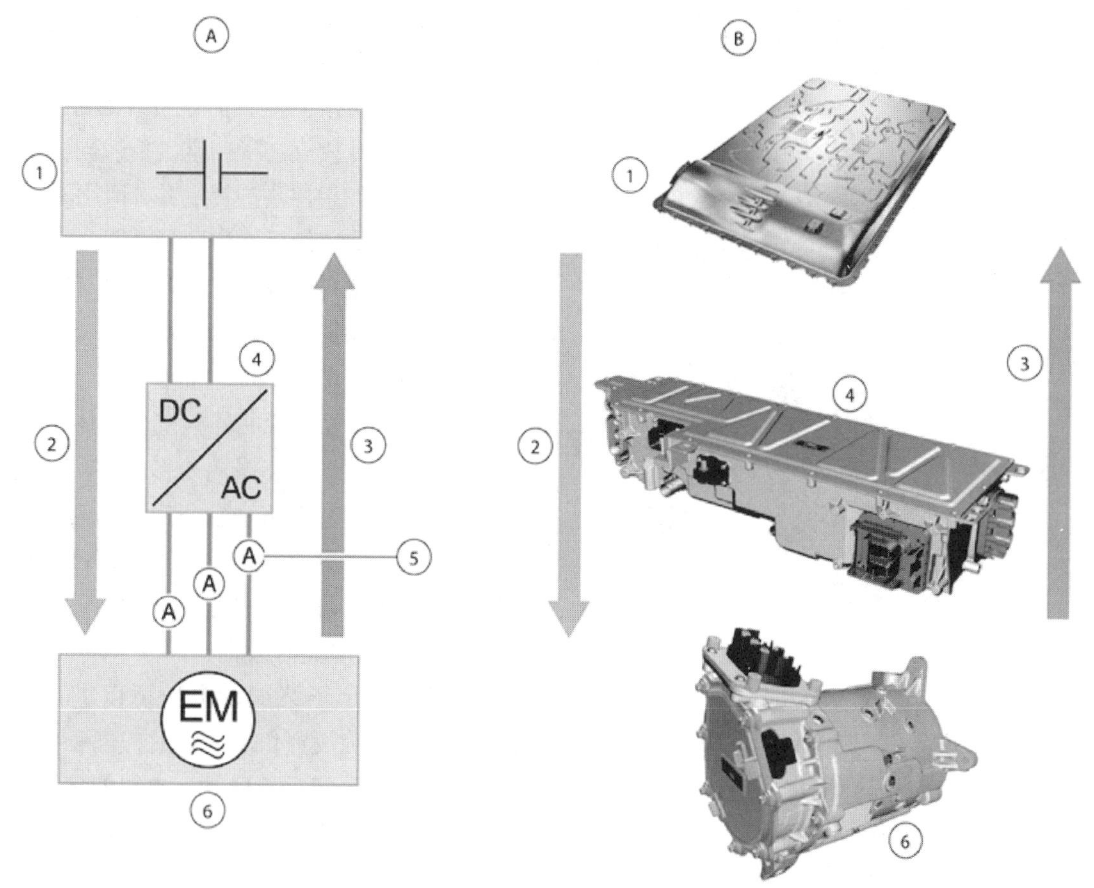

A.示意图　B.带组件的示意图　1.高压电池单元　2.操作模式为转换器时，电机为发动机　3.操作模式为整流器时，电机为交流发电机　4.DC/AC 转换器　5.电流传感器　6.电机

图7-34

7.高压启动器电动发电机

高压启动器电动发电机安装在 F49 PHEV 发动机舱内前端传统交流发电机的位置，F49 PHEV 高压启动器电动发电机的安装位置如图 7-35 所示。F49 PHEV 中的高压启动器电动发电机是一种同步电机。该装置的一般结构和操作原理与带有内部转子的永久励磁同步电机相对应。转子安装在内部，并配备永磁体。定子为环形，位于转子外部，环绕转子。它的形状为穿通三相线圈的铁芯。

图7-35

如果向定子输出三相交流电压，定子线圈产生旋转的磁场，旋转磁场“牵拉”转子内的磁体。在这种情况下，高压启动电动发电机发挥电动机的功能，通过提供附加扭矩辅助发动机（eBOOST 功能）。

在充电模式中，旋转的转子产生改性磁场，从而在定子线圈中产生交流电压。高压启动器电动发电机的连接如图 7-36 所示。

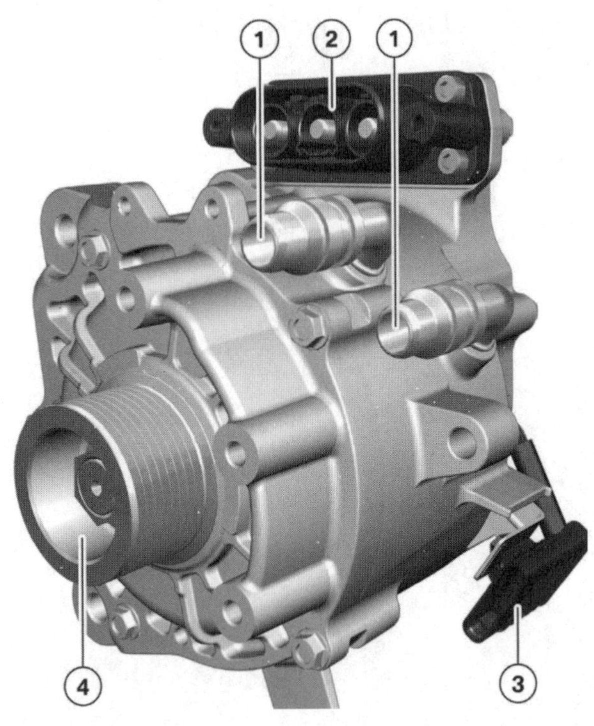

1.冷却液线路的接口　2.高压接口　3.低压接口（信号线路）　4.皮带轮

图7-36

（1）温度传感器。

为了避免温度过高损害组件，高压启动器电动发电机内配备了一个温度传感器。温度传感器是一个负温度系数的热变电阻，位于定子线圈。转子的温度未直接测量，但是可以通过定子内温度传感器的测量数值进行判定。信号同样由 EME 读取和评估。如果出现故障，影响高压启动器电动发电机性能的情景有下述两种：

①如果温度传感器提供一项不真实的数值，高压启动器电动发电机的功率被缩减至 8kW。这样做的目的旨在防止温度进一步增加。此外还出现一个带有功率缩减说明的检查控制信息。

②如果温度进一步升高或传感器信号故障，高压启动器电动发电机被置于安全状态（主动短路），汽车进入应急操作。此外，还出现检查控制信息：无法启动发动机。

（2）转子位置传感器

为了确保定子线圈的电压可以进行精确计算，并且 EME 可以根据振幅和相位产生电压，必须知道转子的精确设置角度。因此，高压启动器电动发电机中配备了一个转子位置传感器。转子位于传感器固定在高压启动器电动发电机的定子上，根据倾斜传感器原理进行工作。转子位置传感器中有 3 个线圈。一个指定的交流电压供给至其中一个线圈。其他两个线圈各移动 90°。这些线圈中产生的电压可以提供转子角度设置相关的信息。转子位置传感器由高压启动器电动发电机的制造商安装在相应线列，确保其可以时刻进行精确调整。如果传感器信号在发动机运行过程中出现故障，高压启动器电动发电机切换至应急操作。这样可以使汽车行驶至最近的宝马维修站。在这种紧急操作中，一旦发动机熄火将无法再次启动。如果传感器信号在发动机静止状态下出现故障，高压启动器电动发电机切换至安全状态（主动短路）。无法启动发动机。如果出现这种状况，汽车只能通过后桥的电机进行驱动。在前述两种情况下，相应的检查控制信息通过组合仪表显示。

8.便捷充电电子装置KLE

便捷充电电子装置 KLE 建立了汽车和充电站之间的沟通，便捷充电电子装置的接口如图 7-37 所示。KLE 控制单元通过终端 30F 供给电压。连接充电电缆时，便捷充电电子装置同样唤醒高压电池需要的汽车电气系统中的部分控制单元。便捷充电电子装置将交流充电电压转换成直流电压，转换效率为 95%，并传送至 EME，EME 对高压电池单元进行充电。在前述充电效率条件下（同时取决于温度条件），充电功率在最大 3.7kW AC 时（比如：通过 Wallbox 充电），可以为高压电池输送 3.5kW DC 的充电功率。便捷充电电子装置同时还具备高压分配器的功能，为电气加热装置和电动空调压缩机供电。F49 PHEV 中配备改装软件的便捷充电电子装置属于 F15 PHEV 已安装组件的通用零件。F49 PHEV 便捷充电电子装置的输入 / 输出如图 7-38 所示。

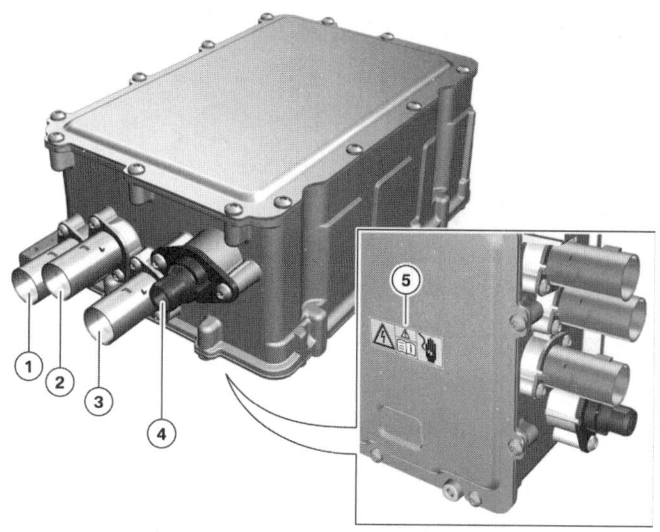

1.电机电子装置的高压接口　2.电动空调压缩机的高压接口　3.电气加热装置的高压接口　4.冷却液接口（回路）　5.高压组件警示标签

图7-37

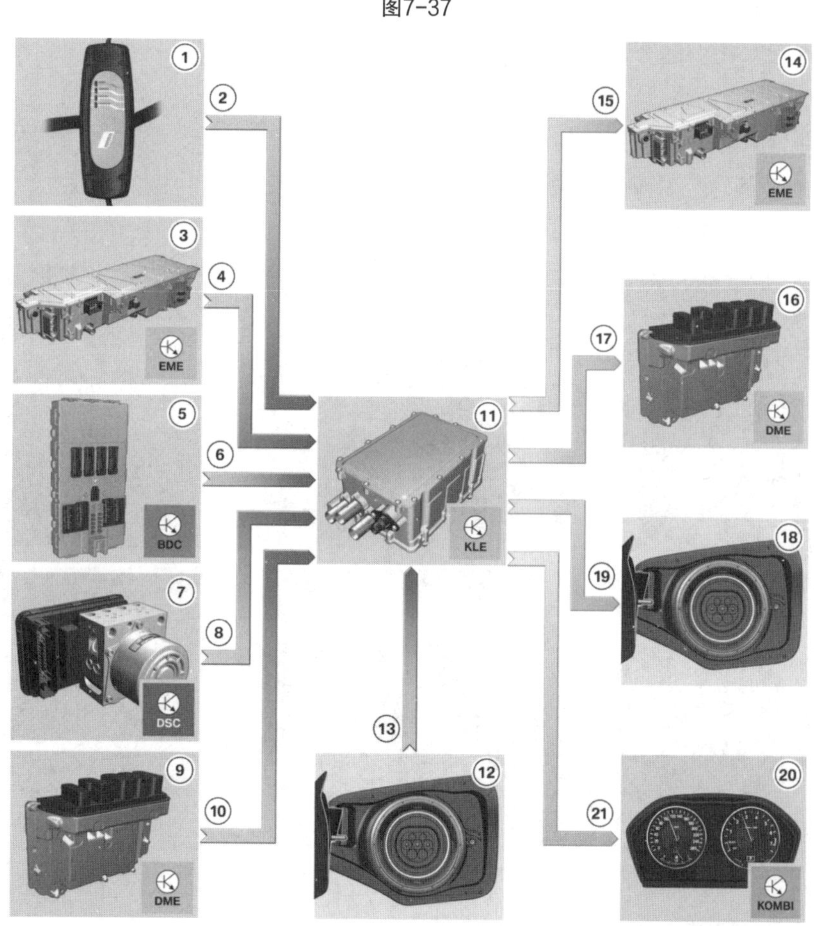

1.电动汽车供电设备（EVSE）　2.交流电压网络是否可用、充电电缆是否正确连接以及最大可用电流等级等信息　3.电机电子装置（EME）　4.所需的充电功率、充电电压和充电电流等级（设定值）　5.车身域控制器（BDC）　6.终端状态，驾驶准备就绪关闭　7.动态稳定控制系统 DSC　8.车速　9.数字式电动机电子装置DME　10.驻车器状态　11.便捷充电电子装置　12.车上的充电插座　13.充电插座盖板及充电插头的状态　14.电机电子装置（EME）　15.设定充电功率的实际值、充电电压和充电电流的等级、放电　16.数字式电动机电子装置DME　17.充电电缆是否连接及充电程序是否启用相关的信息　18.充电插座　19.定位器照明 LED 和充电状态显示启用、充电插头锁的启用　20.组合仪表　21.充电信息显示相关的信号

图7-38

便捷充电电子装置的主要功能：

（1）通过控制线路和充电插头检测线路与 EVSE 进行通信。

（2）启用充电状态显示 LED。

（3）检测充电插座盖板的状态。

（4）启用锁定充电插头的电动机。

（5）为电热系统提供高压电力。

（6）为电气空调压缩机提供高压。

（7）将交流电压转换成滞留电压（AC/DC 转换器）。

电机电子装置为高压电池单元将交流电压转换成直流电压，该装置封装在便捷充电电子装置内。交流电压以单相电源的形式为便捷充电电子装置供电。输入电压（可以通过便捷充电电子装置处理）的范围为 100~240V，50Hz 或 60Hz。输出侧与输入侧相独立，便捷充电电子装置提供一种电子可调直流电压或电子可调直流电流。输出电压和输出电流的功能参数源自 EME 控制单元中的“高压电力管理”功能。相关数值通过 EME 进行计算和调整，确保高压电池单元进行优化充电，并确保为 F49 PHEV 中的其他用电装置提供充足的电能。电机电子装置模块是一个单项 AC/DC 转换器，即整流器。便捷充电电子装置的设计确保它们可以在输出侧提供 3.5kW 的最大电动功率。

（二）F18 PHEV

注意：在本部分只对 F18 PHEV 的高压系统做整体架构介绍，每个部件只展示其外观，具体功能可以参考 F49 的详细介绍。工作原理没有本质上的区别。

F18 PHEV 外部识别特征如图 7–39 所示。

1.带“eDrive”和“530Le”字样的隔音板　2.“530Le”字样和中文车型标识　3.C柱（左右）“eDrive”字样　4.18"轮辋　5.高压电池饰板上的“eDrive Power Unit”标识　6.充电接口盖

图7–39

F18 PHEV 内部识别特征如图 7–40 所示。

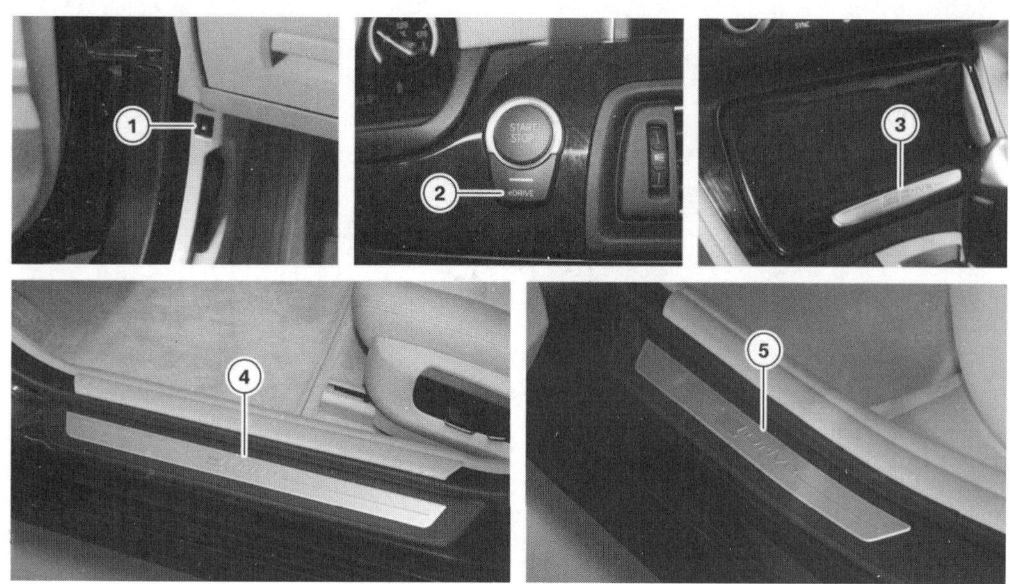

1.加油按钮 2.eDrive按钮 3.带“eDrive”字样的徽标 4.带“eDrive”字样的前部车门槛板 5.带“eDrive”字样的后部车门槛板

图7-40

F18 PHEV 高压架构如图 7-41 所示。

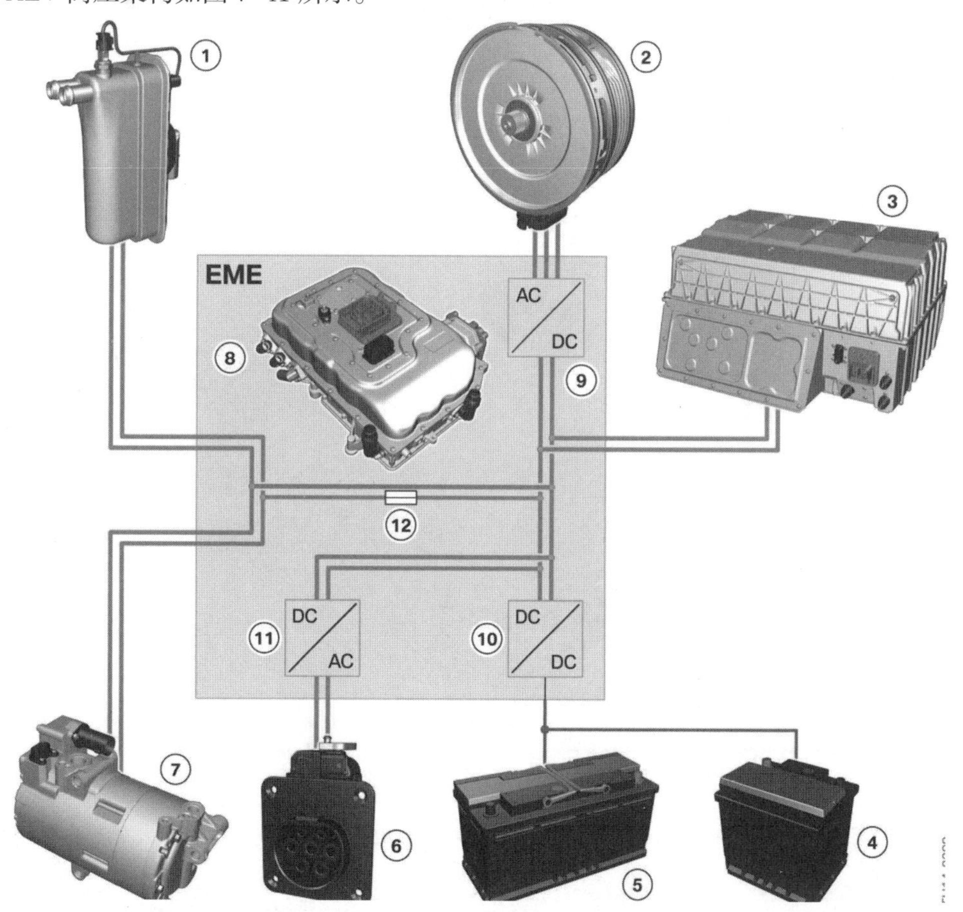

1.电加热装置 2.电机 3.高压电池 4.辅助蓄电池（12V） 5.车辆蓄电池（12V） 6.高压充电接口 7.电动制冷压缩机 8.电机-电子伺控系统（整体） 9.双向DC/AC转换器 10.单向DC/DC转换器 11.单向AC/DC转换器 12.过电流保护装置［在电动制冷压缩机和电加热装置的供电导线中（80A）］

图7-41

F18 PHEV 高压组件和高压导线如图 7-42 所示。

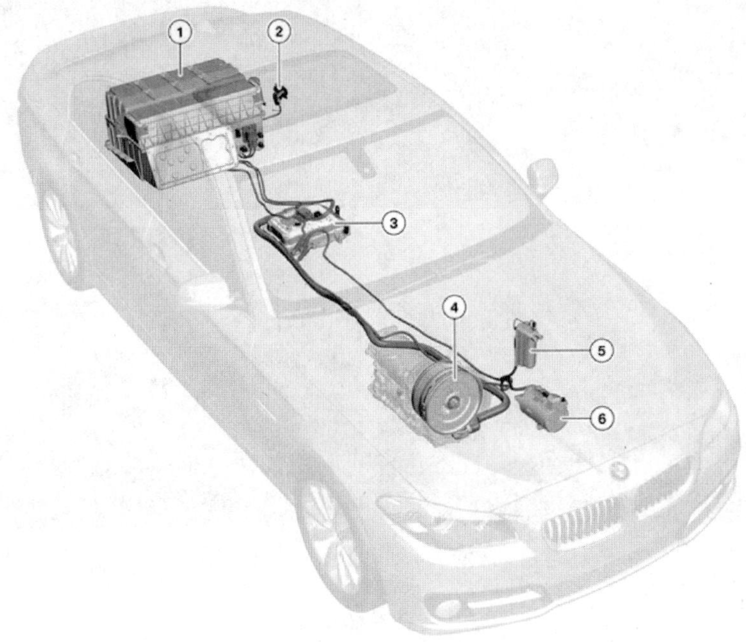

1.高压电池单元　2.高压充电接口　3.电机电子伺控系统EME　4.电机　5.电加热装置　6.电动制冷压缩机EKK

图7-42

1.驱动电机

F18 PHEV 电机的安装位置和辅助组件如图 7-43 所示。

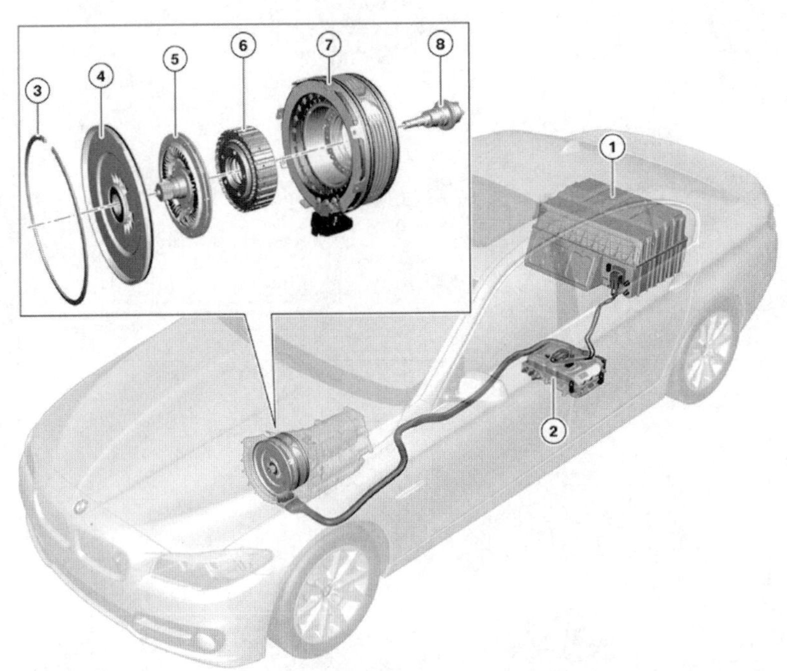

1.高压电池单元　2.电机电子伺控系统　3.防松环　4.电机盖板　5.辅助扭转减震器　6.分离离合器　7.电机　8.空心轴

图7-43

混合动力组件作为单独的组件集成在变速器钟形罩中，占据了液压变矩器在变速器壳体中的安装空间。采用“并联式混合动力系统”。发动机和电机均与驱动轮机械连接。车辆驱动时，两个驱动系统既能单独使用也能同时使用。F18 PHEV 电机的高压接口如图 7-44 所示。

2.电机电子伺控系统

F18 PHEV电机电子伺控系统的安装位置如图7-45所示。

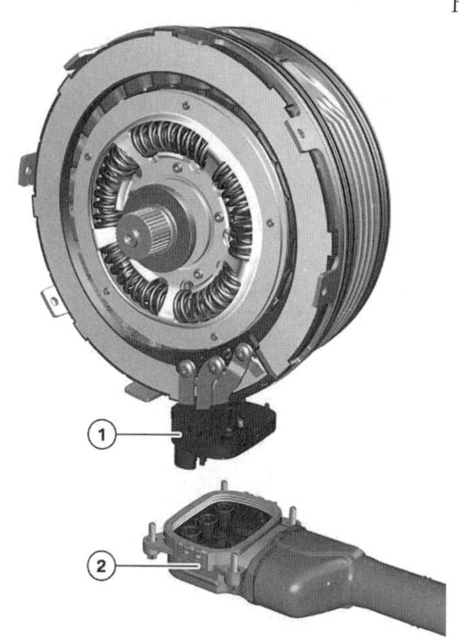

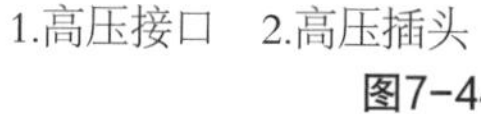

1.高压接口　2.高压插头

图7-44

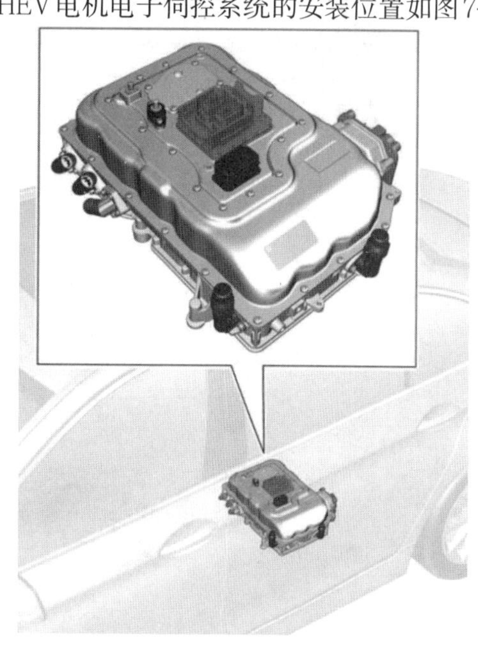

图7-45

电机电子伺控系统安装在后桥前的左侧底板上。为了接触到电机电子伺控系统的所有接口，必须将其整个拆下。

F18 PHEV 电机电子伺控系统的接口及导线如图 7-46 所示。

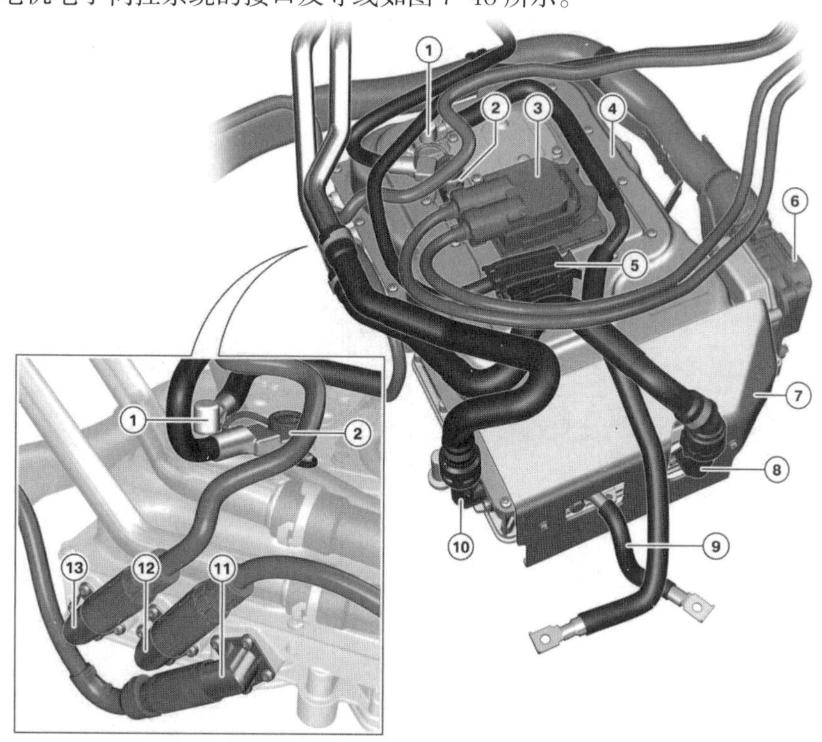

1.DC/DC转换器-12V输出端　2.DC/DC转换器+12V输出端　3.至高压电池的高压导线（DC）　4.电机电子伺控系统壳体　5.低压插头　6.至电机的高压导线（AC）　7.防冲击装置　8.冷却液回流管路接口　9.电位平衡导线接口　10.冷却液供给管路接口　11.至电动制冷压缩机的高压接口　12.至电加热装置的高压接口　13.充电接口的交流充电高压接口

图7-46

F18 PHEV 电机电子伺控系统的低压接口如图 7-47 所示。

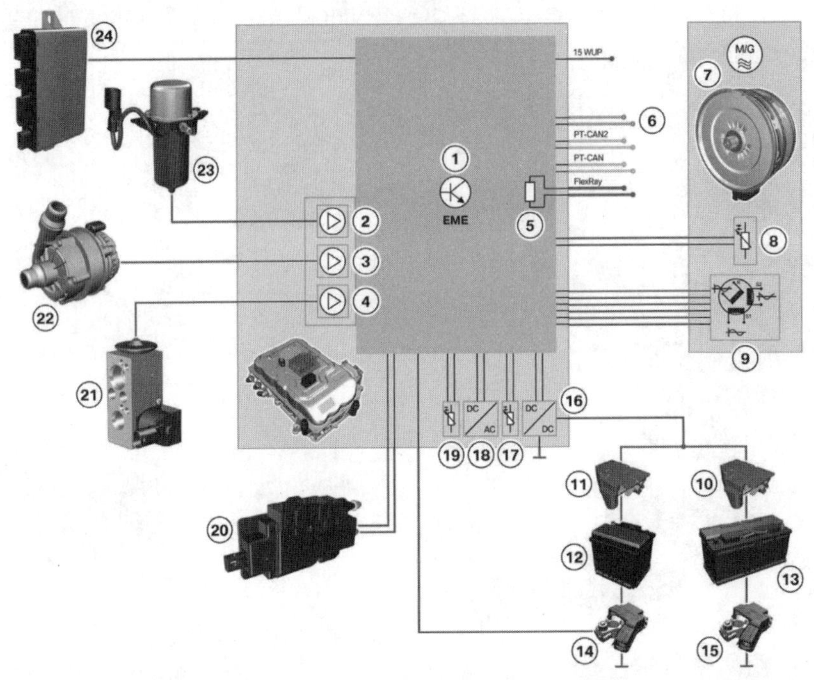

1.电机电子伺控系统EME　2.用于控制电动真空泵的末级　3.用于控制电动冷却液泵的末级（EME的冷却液续航）　4.用于控制可闭锁的膨胀阀的末级　5.FlexRay终端电阻　6.高压触点监测装置信号线　7.电机（整体）　8.温度传感器（NTC电阻器）测量电机输出端上的冷却液温度　9.转子位置传感器　10.安全蓄电池接线柱SBK　11.辅助蓄电池的安全蓄电池接线柱SBK2　12.12V辅助蓄电池　13.12V蓄电池　14.智能型蓄电池传感器2 BS2　15.智能型蓄电池传感器IBS　16.单向DC/DC转换器　17.DC/DC转换器上的温度传感器（NTC电阻器）　18.双向DC/AC转换器　19.转换器上的温度传感器（NTC电阻器）　20.碰撞安全模块　21.车内组合式膨胀阀和单向阀　22.电动冷却液泵（80W）　23.电动真空泵　24.充电接口模块LIM

图7-47

3.高压电池单元

F18 PHEV 高压电池单元的安装位置如图 7-48 所示。

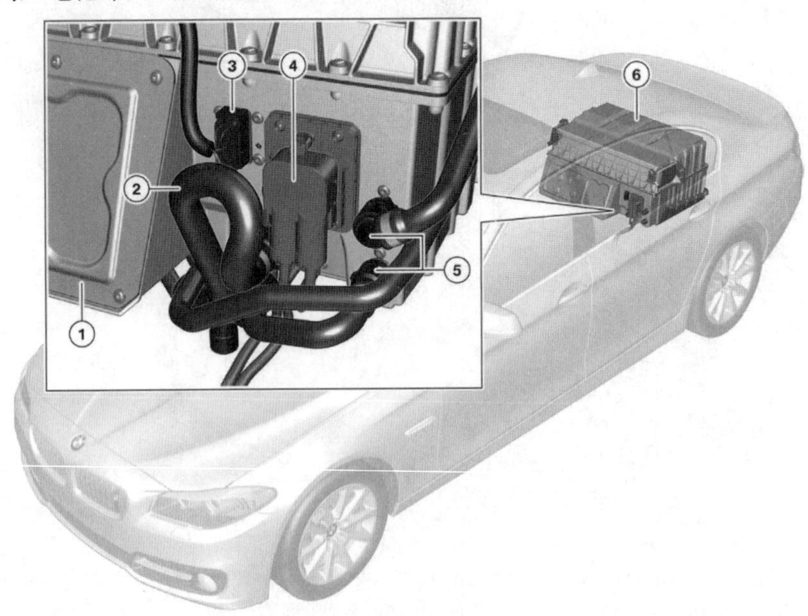

1.维修盖板　2.排气管　3.SME信号接口　4.高压接口　5.冷却液管路接口　6.高压电池单元

图7-48

除了高压接口，高压电池单元还有一个信号接口。通过这个接口给集成在高压电池单元中的控制单元供电并提供总线、传感器和监控信号。为冷却高压电池，它连接在一个独立的冷却液循环中。不必拆下高压电池单元就能断开电导线（高压接口和信号接口）以及冷却液管。高压电池单元位于车厢内部。如果单格电池内部因严重故障（单格电池内部短路）而发生化学反应，必须通过一根排气管向外排走产生的气体，以实现压力平衡。高压电池单元借助 4 个支架与车身相连。通过这种方式，重力以及行驶期间产生的加速力作用在车身上。在行李箱中无法直接够到固定螺栓，松开螺栓时必须先拆下几块饰板。拆卸高压电池单元时必须先执行最新维修说明中规定的所有准备工作（诊断、切断电压、拆卸饰板等）。为了更方便地拆卸和安装高压电池单元，必须使用专用工具。

4.交流充电

F18 PHEVLIM 的安装位置如图 7-49 所示。

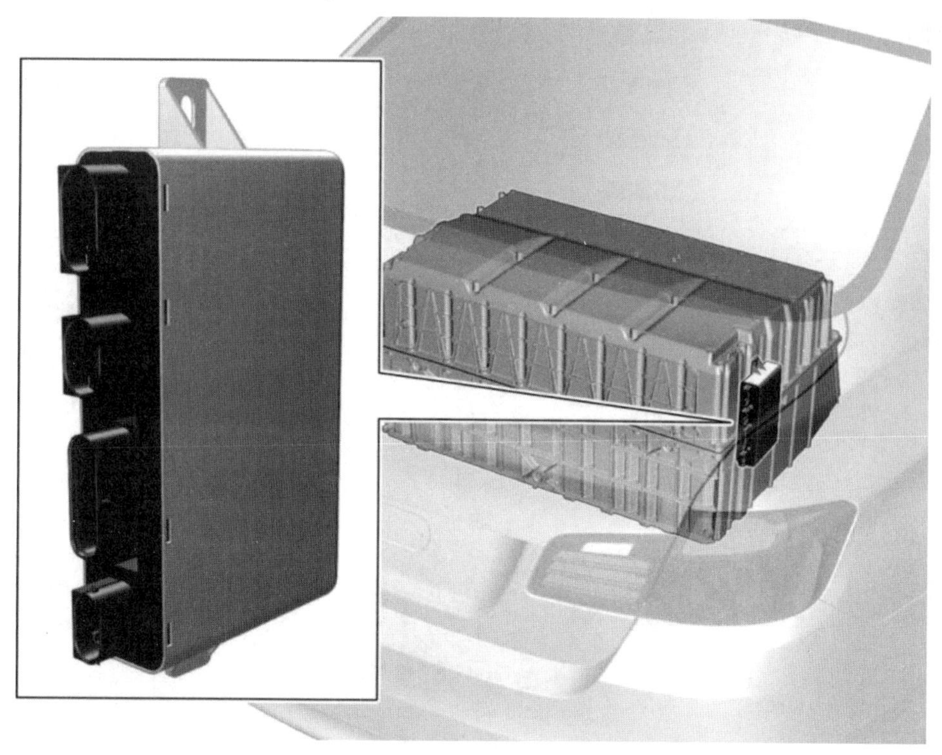

图7-49

LIM 实现车辆和充电站之间的通信。通过端子 30F 进行 LIM 控制单元的供电。此外，如果插上充电电缆，LIM 可唤醒车辆车载网络中的控制单元。另外还有一根直接从 LIM 控制单元至电机电子伺控系统的导线。只有当 LIM 控制单元通过这根导线上的信号许可充电过程时，电机电子伺控系统才开始转换电压并因此启动充电过程。通过引导线和充电插头识别导线与电动车充电设备 EVSE 进行通信。

（1）协调充电过程。

（2）控制显示充电状态的 LED。

（3）识别充电接口盖状态。

（4）控制充电插头锁电机。

F18 PHEV 充电接口模块输入 / 输出如图 7-50 所示。

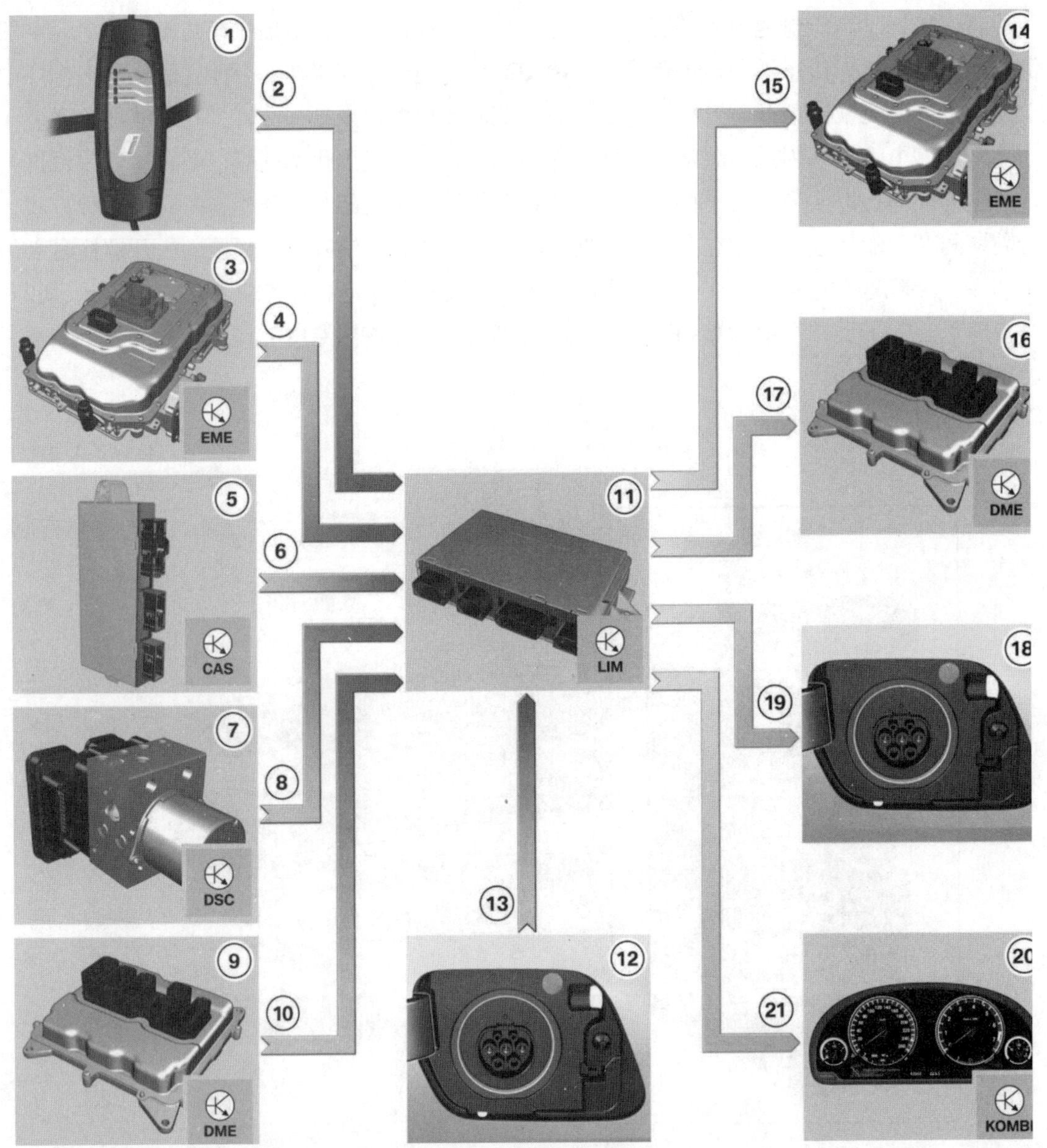

1.电动汽车供电设备EVSE　2.关于交流电源是否可用、充电电缆是否已按规定连接以及可用最大电流强度的信息　3.电机电子伺控系统EME　4.请求的充电功率、充电电源和充电电流强度（标准值）　5.便捷进入及启动系统CAS　6.端子状态，行驶就绪状态已关闭　7.动态稳定控制系统DSC　8.行驶速度　9.数字式发动机电子伺控系统DME　10.驻车锁止器状态　11.充电接口模块LIM　12.车辆上的充电接口　13.充电接口盖和充电插头的状态　14.电机电子伺控系统EME　15.设置的充电功率、充电电压和充电电流强度的实际值，充电许可　16.数字式发动机电子伺控系统DME　17.关于充电电缆是否已插上和充电过程是否激活的信息　18.充电接口　19.控制用于环境照明和充电状态显示的LED，控制充电插头锁　20.组合仪表　21.充电信息显示信号

图7-50

（三）G38 PHEV

注意：在本部分只对 G38 PHEV 的高压系统做整体架构介绍，每个部件只展示其外观，具体功能可以参考 F49 的详细介绍。工作原理没有本质上的区别。

G38 PHEV 高压架构如图 7-51 所示。

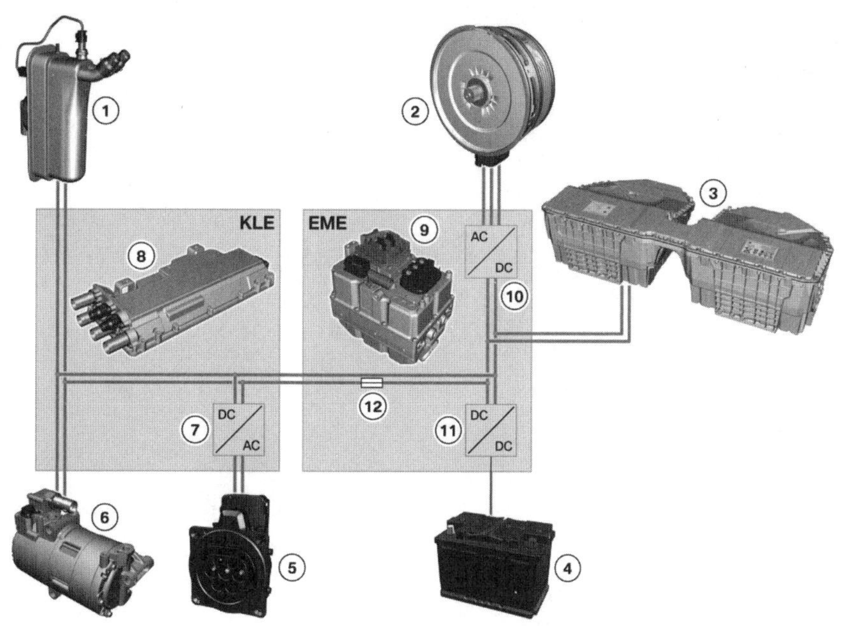

1.电气加热装置　2.电机　3.高压电池单元　4.12V蓄电池　5.充电接口　6.电动空调压缩机　7.单向AC/DC转换器　8.便捷充电电子装置　9.电机电子装置（整体）　10.双向DC/AC转换器　11.单向DC/DC转换器　12.过电流保险丝（90A）

图7-51

G38 PHEV 高压组件和高压导线如图 7-52 所示。

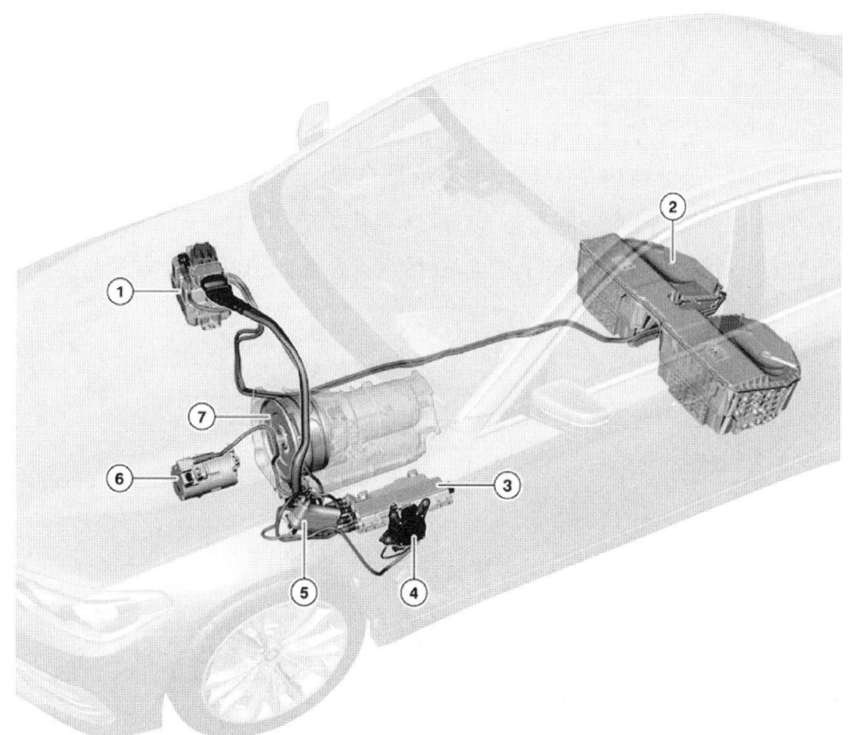

1.电机电子装置EME　2.高压电池单元　3.便捷充电电子装置KLE　4.充电接口　5.电气加热装置　6.电动空调压缩机EKK　7.电机

图7-52

高压导线用于高压组件相互连接，带有橙色电缆护套。混合动力车辆制造商已在通过橙色警告色统一标记高压导线方面达成一致。在此对 G38 PHEV 所用高压导线进行概述。

1.驱动电机

G38 PHEV 电机安装位置如图 7-53 所示。

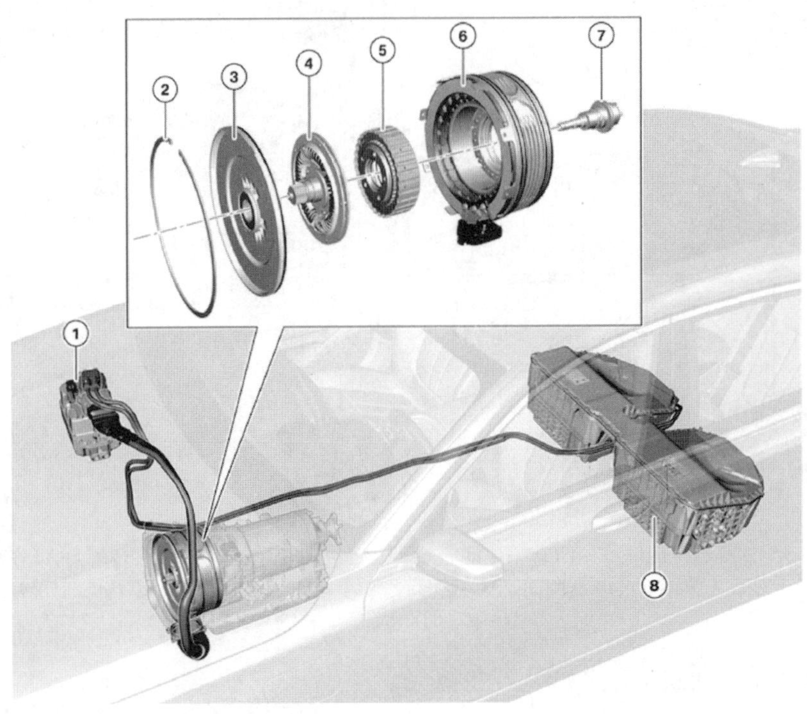

1.电机电子装置 2.卡环 3.电机端盖 4.附加扭转减震器 5.分离离合器 6.电机 7.空心轴 8.高压电池单元

图7-53

混合动力组件作为单个组件集成在变速器钟形罩内，在变速器壳体内占据液力变矩器的结构空间。G38 PHEV 的电机采用内部转子结构。内部转子表示带有永久磁铁的转子以环形方式布置在内侧。用于产生旋转磁场的绕组布置在外侧，构成定子，G38 PHEV 电机的转子和定子如图 7-54 所示。电机有 8 个极对。转子通过一个法兰支撑在转子空心轴上，空心轴以形状连接方式与变速器输入轴连接。

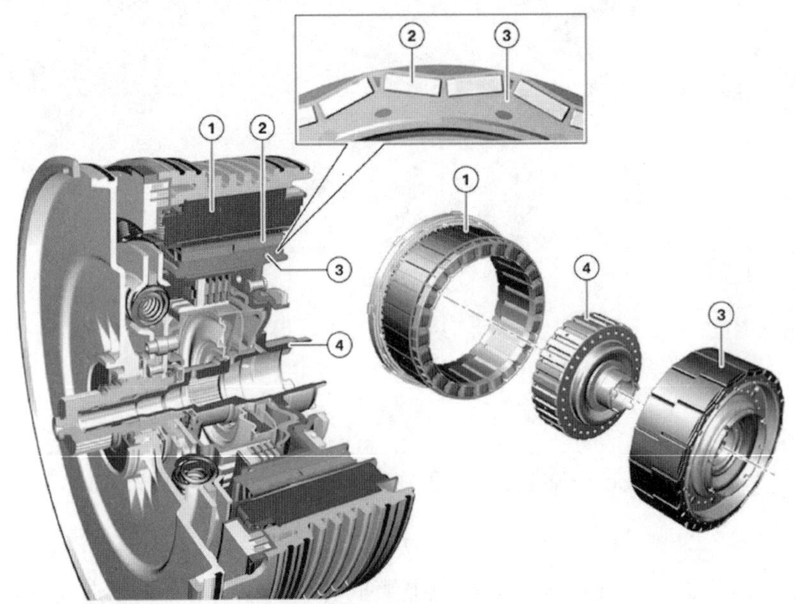

1.定子 2.永久磁铁 3.转子 4.带分离离合器外壳的空心轴

图7-54

2. 电机电子装置 EME53

G38 PHEV 电机电子装置的安装位置如图 7-55 所示。

图7-55

电机电子装置安装在发动机室内左侧后部，G38 PHEV 电机电子装置导线及接口如图 7-56 所示。电机电子装置上的接口可以划分为 4 个类别：

（1）低电压接口。

（2）高压接口。

（3）电位补偿导线接口。

（4）冷却液管路接口。

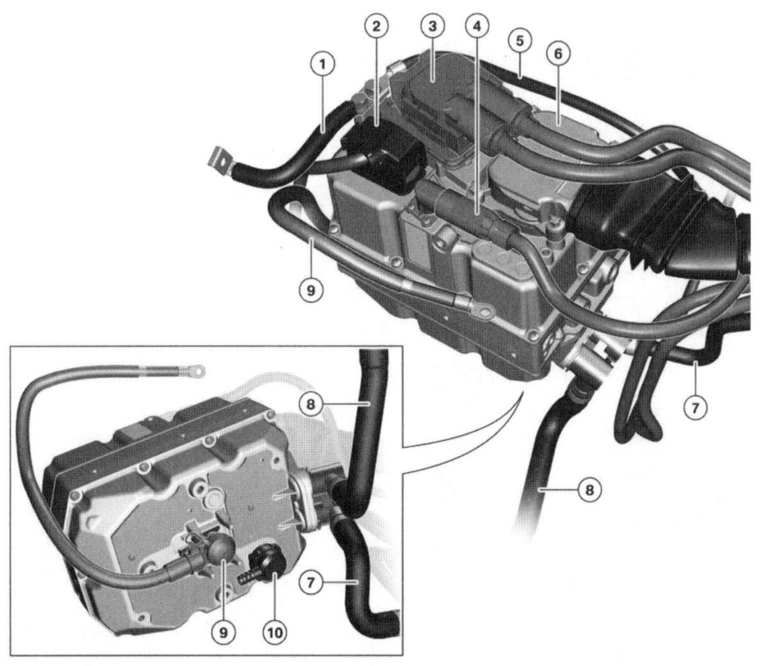

1.电位补偿导线接口 2.低电压插头 3.至高压电池单元的高压导线（DC） 4.至便捷充电电子装置的高压接口 5.至电机的高压导线（AC） 6.冷却液回流管路 7.冷却液供给管路 8.DC/DC转换器+12V输出端 9.通风装置

图7-56

低电压接口（如图 7-57 所示）在电机电子装置上的低电压插头中汇总了以下导线和信号：

（1）混合动力配电盒的总线端 30。

（2）左前配电盒的总线端 30。

（3）总线端 30C（总线端 30 碰撞信号）。

（4）接地。

（5）FlexRay 总线系统。

（6）PT-CAN 总线系统。

（7）PT-CAN3 总线系统。

（8）高压触点监控电路输入端和输出端（EME 控制单元分析信号并在电路断路时关闭高压系统。蓄能器管理电子装置 SME 的冗余）。

（9）控制车内空间截止阀。

（10）控制电动真空泵。

（11）分析电机上的转子位置传感器信号。

（12）分析电机上的温度传感器信号。

（13）附加蓄电池的智能型蓄电池传感器（LIN 总线）。

通过两个独立的低电压接口和横截面较大的导线将电机电子装置与 12V 车载网络（总线端 30 和 31）连接。电机电子装置内的 DC/DC 转换器通过这个连接为整个 12V 车载网络提供能量。这两根导线与电机电子装置的接触连接分别通过一个螺栓连接实现。

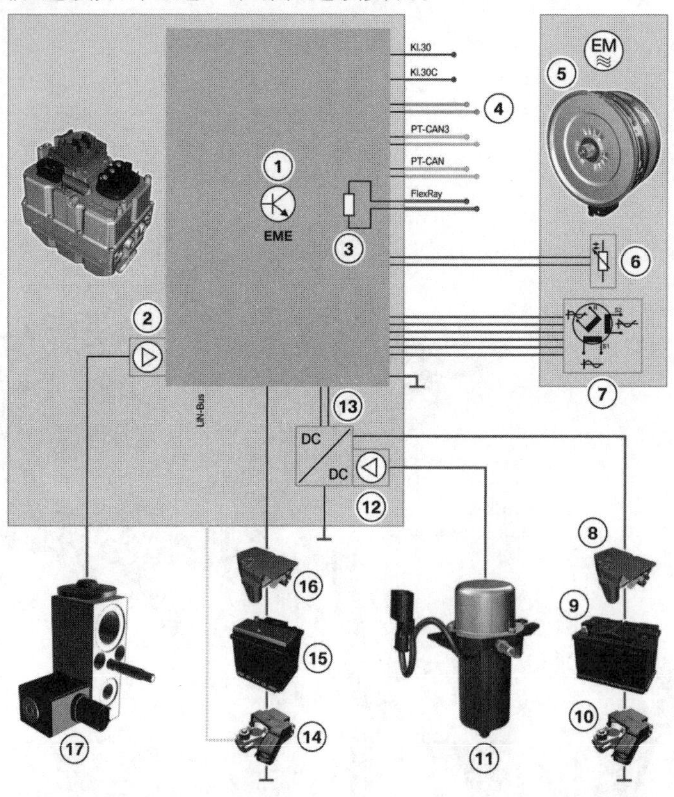

1.电机电子装置EME　2.用于控制电动真空泵的输出级　3.用于控制膨胀和截止组合阀的输出级　4.FlexRay 终端电阻　5.高压触点监控信号导线　6.电机（整体）　7.温度传感器　8.转子位置传感器　9.安全型蓄电池接线柱SBK　10.12V蓄电池　11.智能型蓄电池传感器IBS　12.智能型蓄电池传感器2 IBS2　13.附加12V蓄电池　14.安全型蓄电池接线柱2 SBK2　15.单向DC/DC转换器　16.膨胀和截止组合阀（车内空间）　17.电动真空泵

图7-57

3.高压电池单元 82

高压电池单元安装在后桥前方中间位置，如图 7-58 所示。这样带来的优点是降低了 G38 PHEV 的重心，从而改善了行驶特性。所有接口均可从车辆底部接触到。

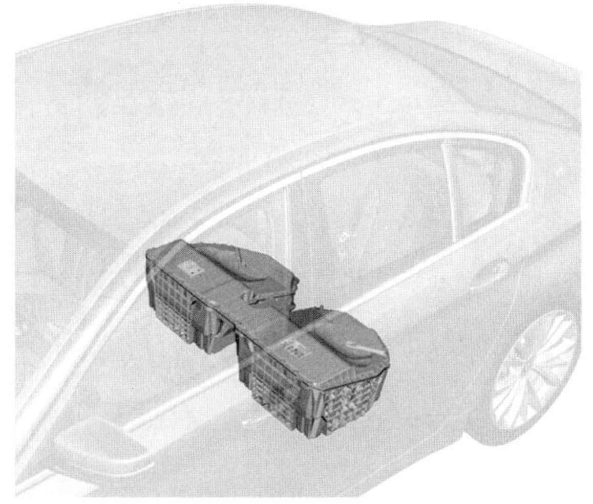

图7-58

G38 PHEV 高压电池单元内部结构如图 7-59 所示。

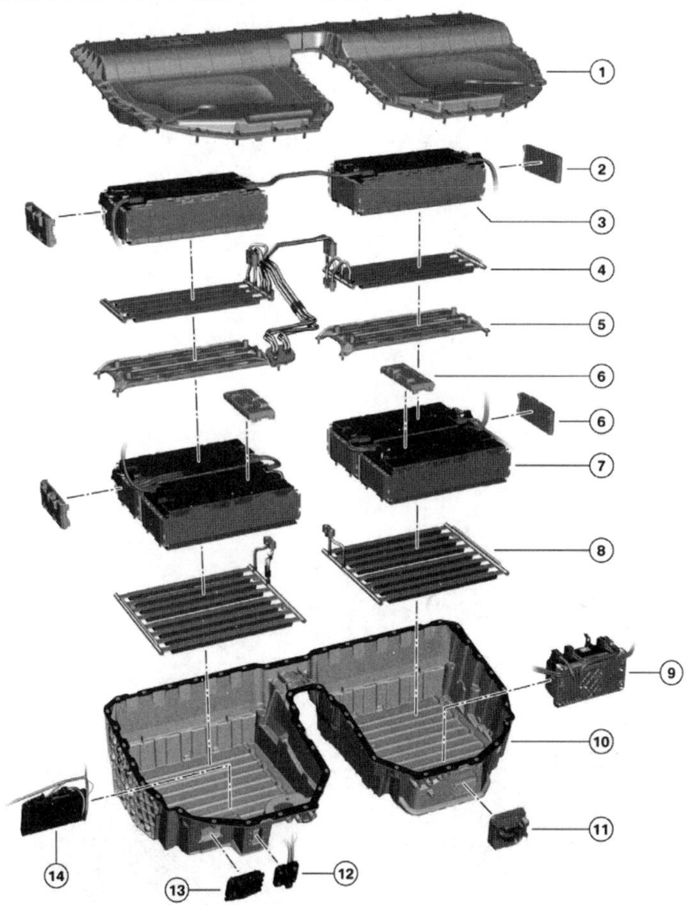

1.壳体上部件　2.上部电池监控电子装置　3.上部电池模块　4.上部热交换器　5.模块隔板　6.下部电池监控电子装置　7.下部电池模块　8.下部热交换器　9.安全盒　10.壳体下部件　11.高压接口　12.信号插头　13.排气单元　14.蓄电池管理电子装置 SME

图7-59

G38 PHEV 高压电池单元系统电路图如图 7-60 所示。

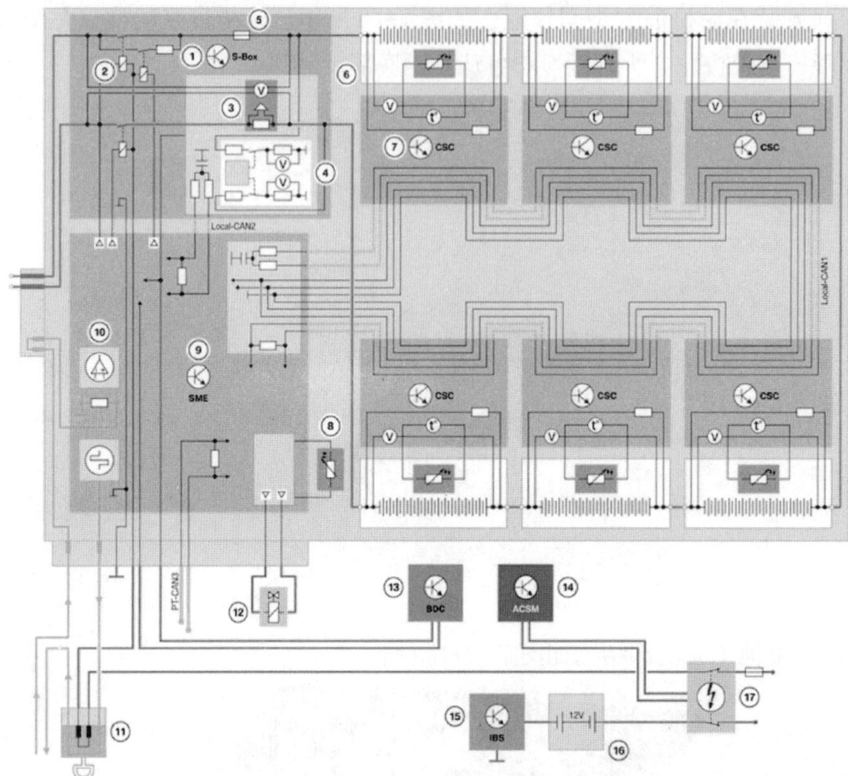

1.安全盒 S-Box　2.接触器　3.电流和电压传感器　4.绝缘监控　5.主电流保险丝（350A）　6.电池模块　7.电池监控电子装置（电池监控电路CSC）　8.制冷剂管路温度传感器　9.蓄电池管理电子装置SME　10.高压触点监控电路控制装置　11.高压安全插头（售后服务断电开关）　12.制冷剂管路的膨胀和截止组合阀　13.车身域控制器BDC　14.带有安全型蓄电池接线柱触发用控制导线的 ACSM　15.智能型蓄电池传感器IBS　16.12V蓄电池　17.安全型蓄电池接线柱SBK

图7-60

4.交流充电

G38 PHEV 便捷充电电子装置 KLE 如图 7-61 所示。

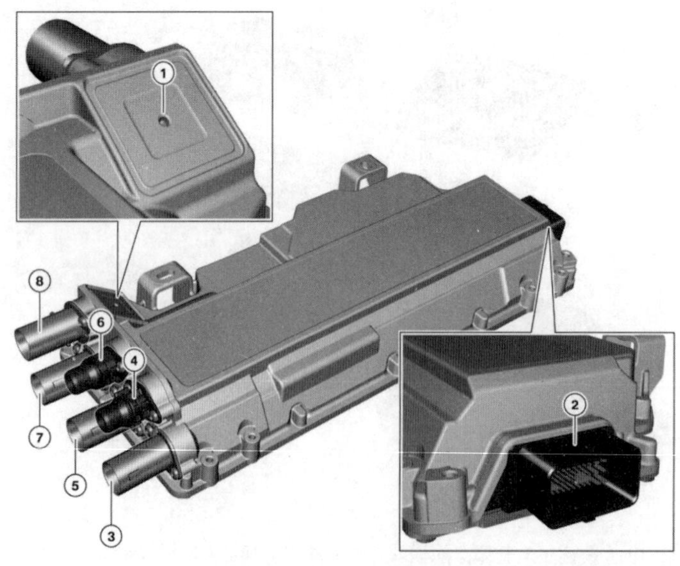

1.排气口　2.低电压接口/信号接口　3.电气加热装置高压接口　4.冷却液回流接口　5.电动空调压缩机高压接口　6.冷却液供给接口　7.电机电子装置 EME 高压接口　8.充电接口高压接口

图7-61

便捷充电电子装置的主要任务：

（1）通过控制导线和接近导线与 EVSE 进行通信。

（2）控制充电状态显示。

（3）识别充电接口盖的状态。

（4）控制用于锁止充电插头的电机。

（5）将交流电压转化为直流电压（AC/DC 转换器）。

（6）为电动空调压缩机提供高压。

（7）为电气加热装置提供高压。

G38 PHEV 便捷充电电子装置的输入 / 输出如图 7-62 所示。

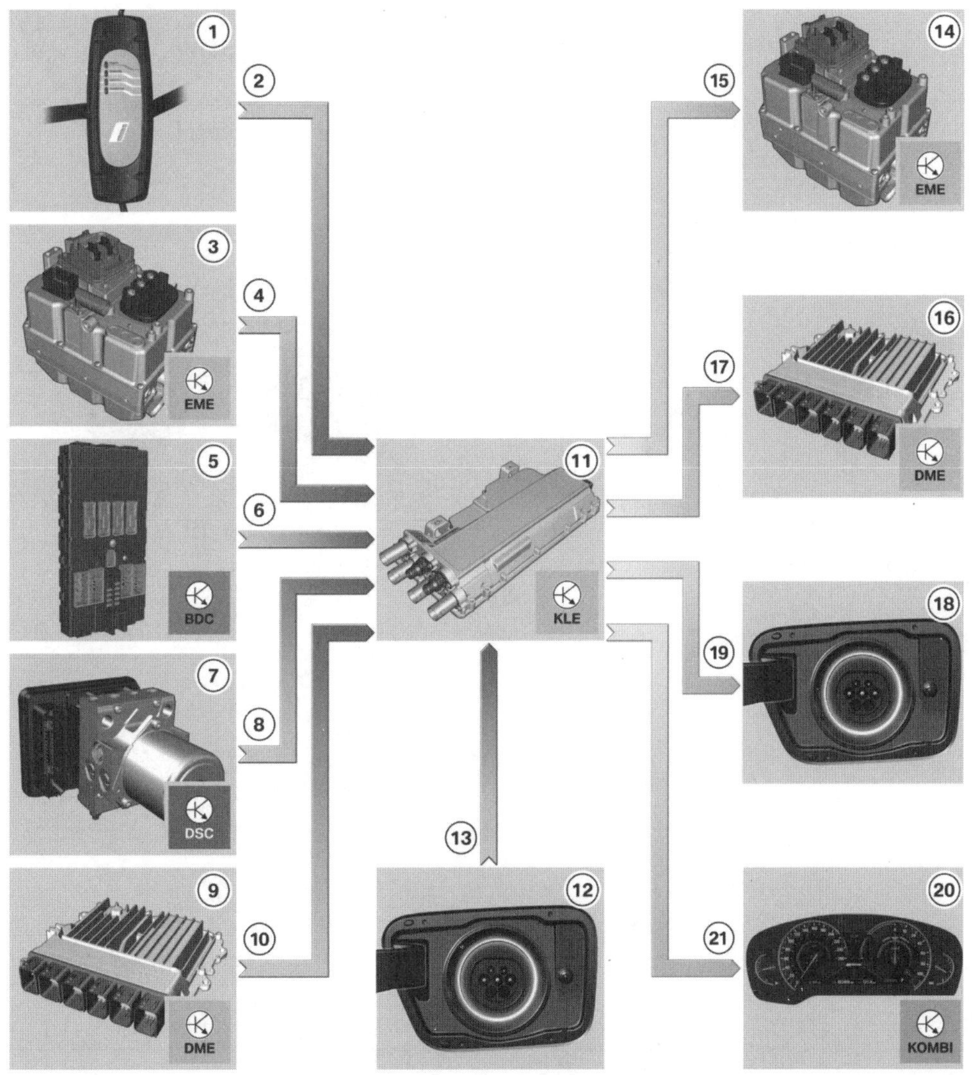

1.电动车辆供电设备EVSE　2.有关交流电压网络是否可用、充电电缆是否正确连接以及最大可用电流强度的信息　3.电机电子装置EME　4.所要求的充电功率、充电电压和充电电流强度（规定值）　5.车身域控制器 BDC　6.总线端状态，行驶准备就绪已关闭　7.动态稳定控制系统 DSC　8.车速　9.数字式发动机电子系统DME　10.驻车锁状态　11.便捷充电电子装置KLE　12.车辆上的充电接口　13.充电接口盖和充电插头的状态　14.电机电子装置 EME　15.所设置充电功率、充电电压和充电电流强度的实际值，充电授权　16.数字式发动机电子系统 DME　17.有关充电电缆是否插入和充电过程是否启用的信息　18.充电接口　19.控制用于定向照明和充电状态显示的 LED，控制充电插头锁止装置　20.组合仪表　21.用于显示充电信息的信号

图7-62

（四）F15 PHEV

注意：在本部分只对 F15 PHEV 的高压系统做整体架构介绍，每个部件只展示其外观，具体功能可以参考 F49 的详细介绍。工作原理没有本质上的区别。

F15 PHEV 高压架构如图 7-63 所示。

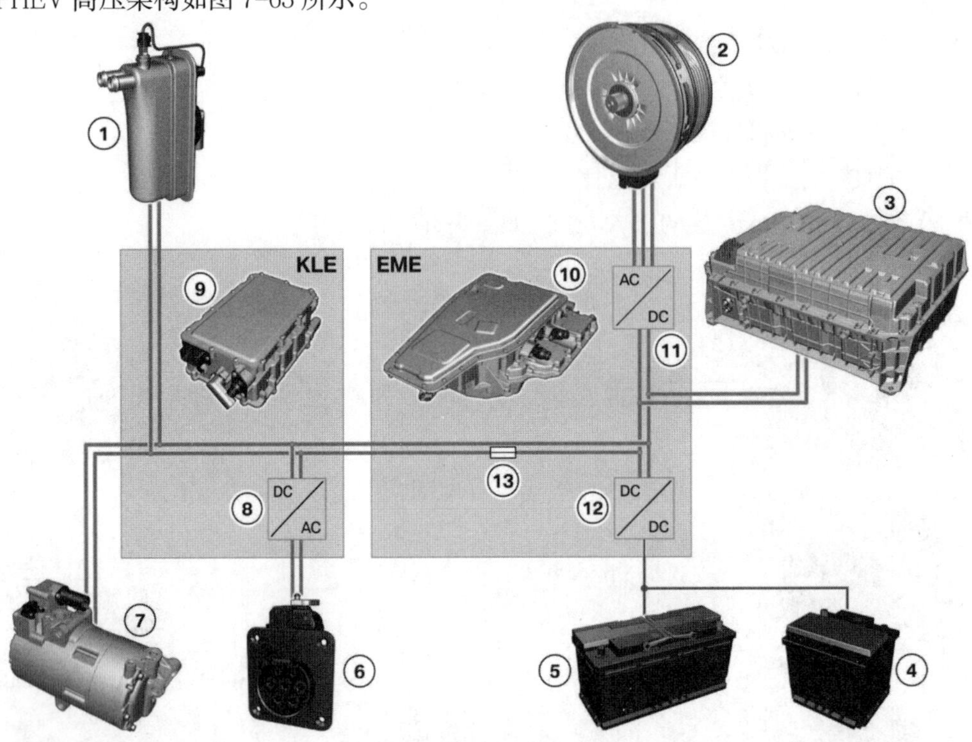

1.电气加热装置　2.电机　3.高压电池单元　4.附加蓄电池（12V）　5.车辆蓄电池（12V）　6.高压充电接口　7.电动制冷剂压缩机　8.单向AC/DC转换器　9.便捷充电电子装置　10.电机电子装置（整体）　11.双向 DC/AC 转换器　12.单向DC/DC转换器　13.过电流保险丝［在连接电动制冷剂压缩机和电气加热装置的供电导线内（80A）］

图7-63

F15 PHEV 高压元件位置如图 7-64 所示。

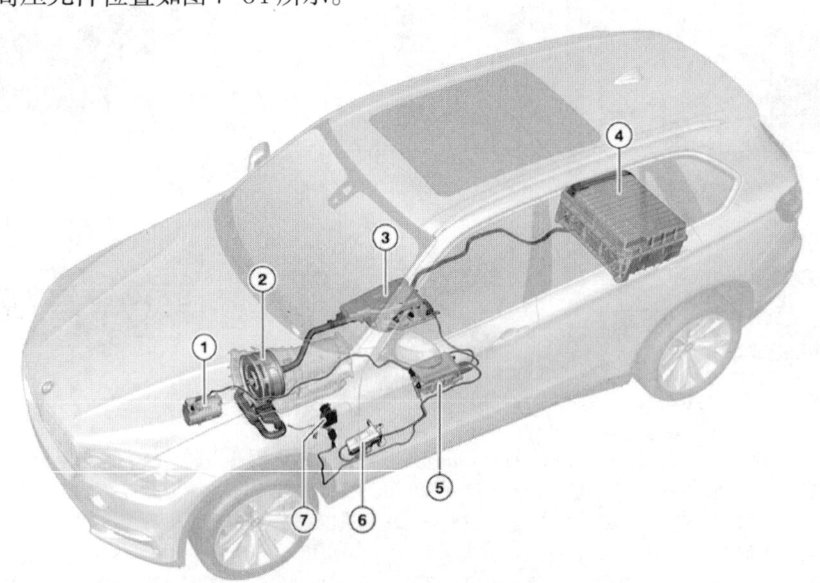

1.电动制冷剂压缩机EKK　2.电机　3.电机电子装置EME　4.高压电池单元　5.便捷充电电子装置KLE　6.电气加热装置EH　7.高压充电接口

图7-64

1.电机

F15 PHEV 电机的安装位置和附属组件如图 7-65 所示。

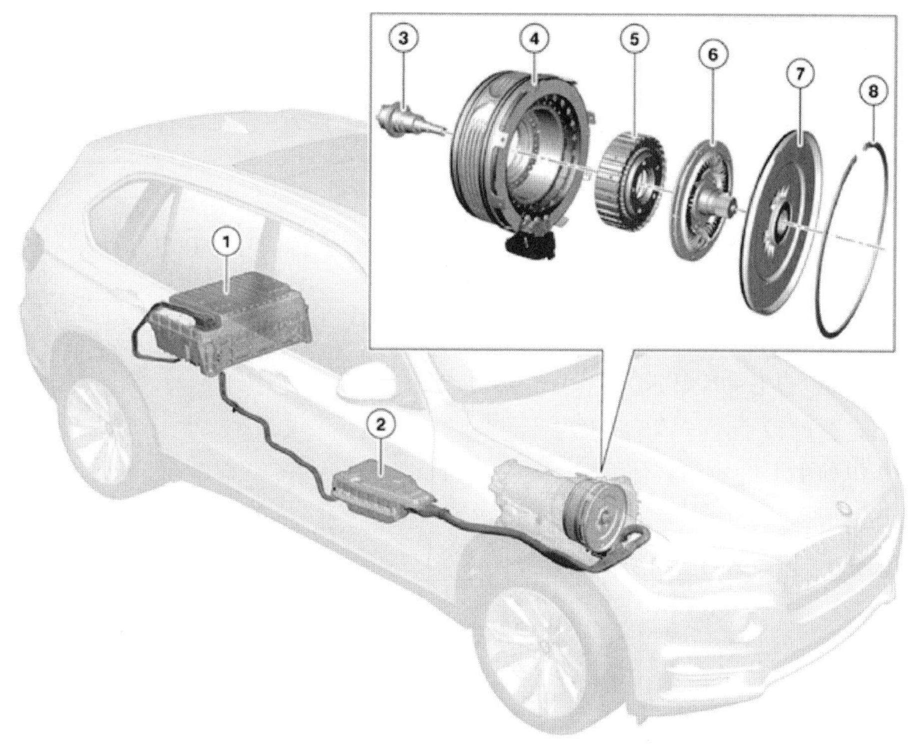

1.高压电池单元 2.电机电子装置 3.空心轴 4.电机 5.分离离合器 6.附加扭转减震器 7.电机端盖 8.卡环

图7-65

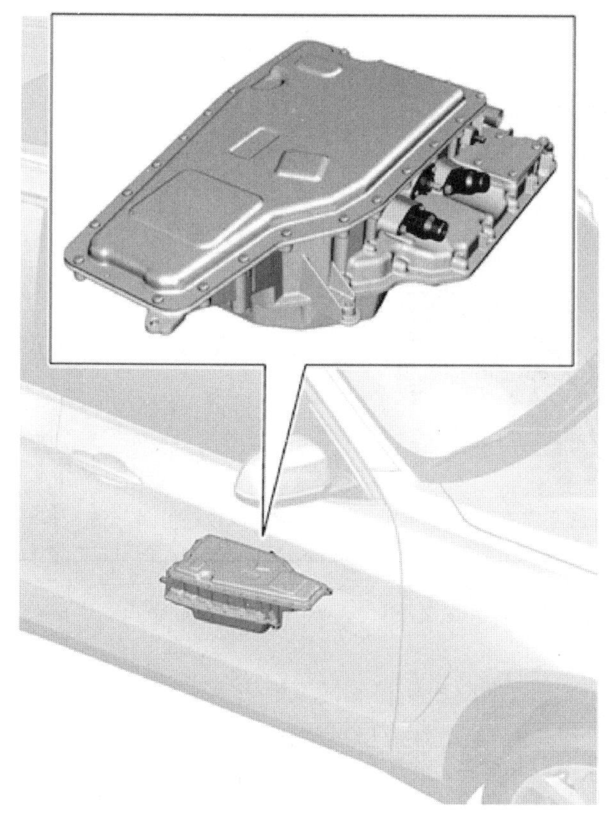

图7-66

采用并联式混合动力系统。发动机和电机均与驱动齿轮机械连接。驱动车辆时不仅可以单独而且也可以同时使用两种驱动系统。其他技术信息可以参考 F18PHEV、F49PHEV 相关描述。

2.电机电子装置

电机电子装置位于后桥前方右侧地板上，F15 PHEV 电机电子装置的安装位置，如图 7-66 所示。为能接触到电机电子装置的所有接口，必须将其整个拆下。

F15 PHEV 电机电子装置的导线 / 管路和接口如图 7-67 所示。

电机电子装置上的接口可分为四类：

（1）低电压接口。

（2）高压接口。

（3）电位补偿导线接口。

（4）冷却液管路接口。

低电压接口在电机电子装置的外部低电压插头上汇集以下导线和信号：

（1）EME 控制单元供电（前部配电盒的总

线端 30B 和接地）。

（2）FlexRay 总线系统。

（3）PT-CAN 总线系统。

（4）PT-CAN2 总线系统。

（5）唤醒导线。

（6）用于发送碰撞信号的 ACSM 信号导线。

（7）控制车内空间截止阀。

（8）高压触点监控电路输入端和输出端（EME 控制单元分析信号并在电路断路时关闭高压系统。形成 SME 的冗余）。

（9）控制电动真空泵。

（10）用于 EME 的电动冷却液泵：PWM 信号。

（11）分析电机的转子位置传感器信号。

（12）分析电机的温度传感器信号。

（13）附加蓄电池的智能型蓄电池传感器 IBS2：LIN 总线。

（14）连接充电接口模块 LIM 的信号导线。

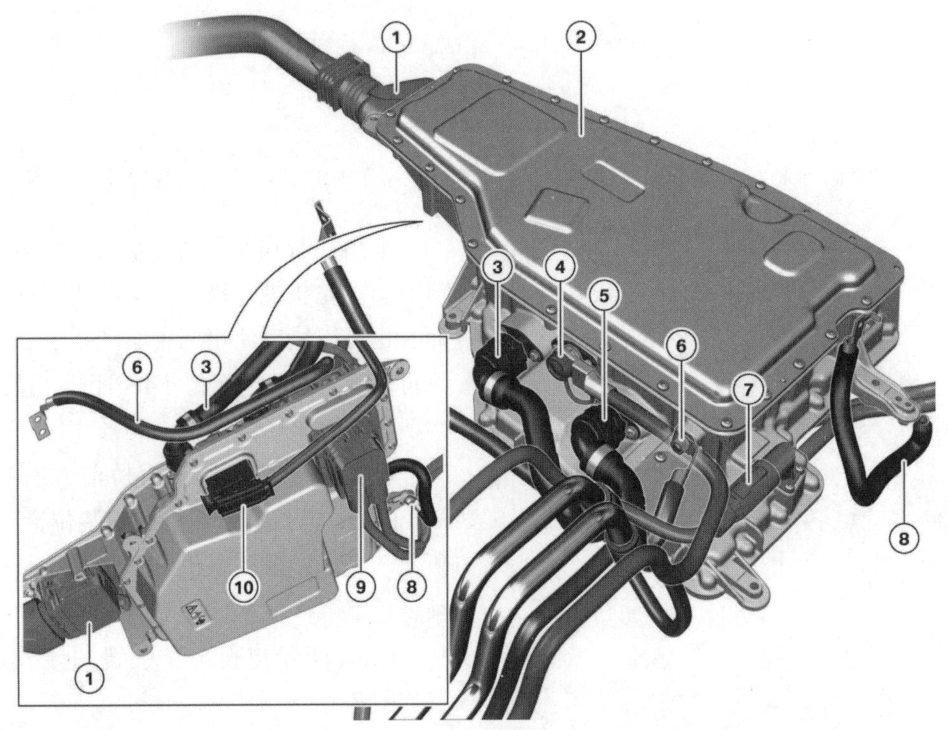

1.连接电机的高压导线（交流电） 2.电机电子装置壳体 3.冷却液回流管路接口 4.DC/DC 转换器+12V输出端 5.冷却液供给管路接口 6.DC/DC转换器-12V输出端 7.用于便捷充电电子装置交流电充电的高压接口 8.电位补偿导线接口 9.连接高压电池单元的高压导线（直流电） 10.低电压插头

图7-67

这些导线和信号的电流强度相对较小。通过两个独立的低电压接口和横截面较大的导线使电机电子装置与 12V 车载网络（总线端 30 和 31）连接。电机电子装置内的 DC/DC 转换器通过该连接为整个 12V 车载网络提供能量。两根导线与电机电子装置的接触连接通过螺栓连接实现。F15 PHEV 电机电子装置的低电压接口如图 7-68 所示。

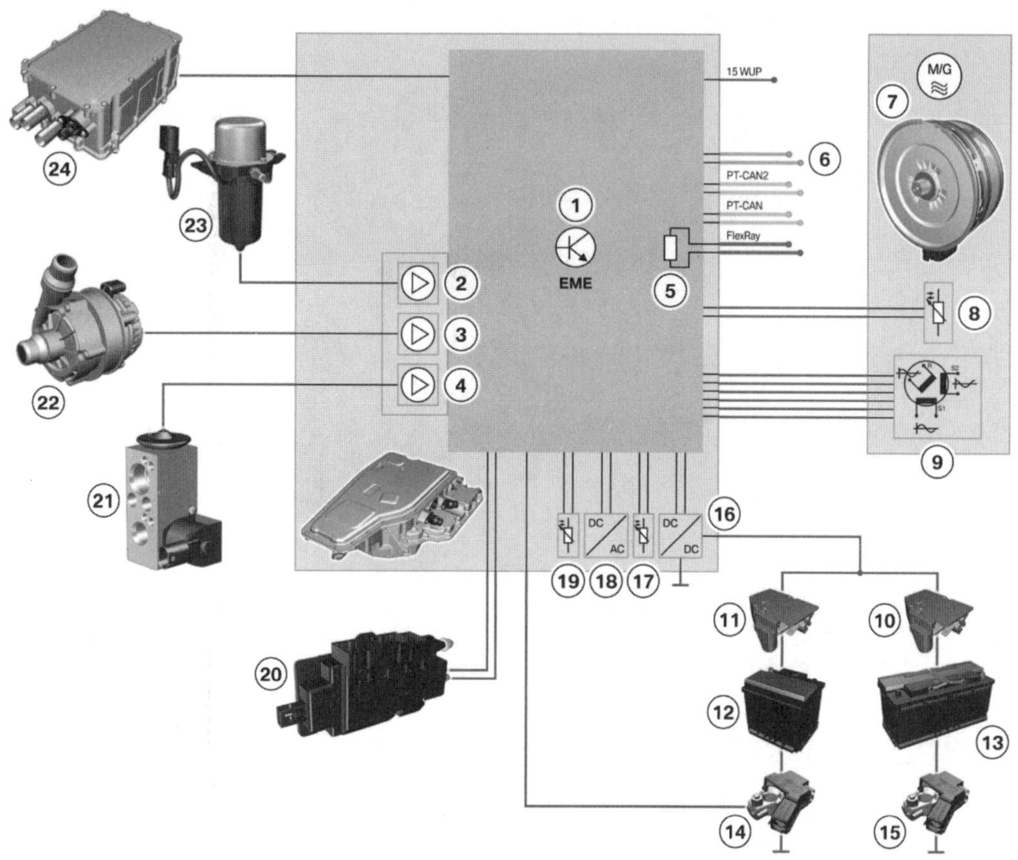

1.电机电子装置EME　2.用于控制电动真空泵的输出级　3.用于控制电动冷却液泵的输出级（EME 的冷却液循环回路）　4.用于控制截止阀的输出级　5.FlexRay终端电阻　6.高压触点监控信号导线　7.电机（整体）　8.温度传感器（NTC电阻）测量电机输出端的冷却液温度　9.转子位置传感器　10.安全型蓄电池接线柱SBK　11.附加蓄电池安全型蓄电池接线柱SBK2　12.附加12V蓄电池　13.12V蓄电池　14.智能型蓄电池传感器2 IBS2　15.智能型蓄电池传感器IBS　16.单向DC/DC转换器　17.DC/DC 转换器上的温度传感器（NTC 电阻）　18.双向 DC/AC 转换器　19.DC/AC 转换器上的温度传感器（NTC 电阻）　20.碰撞和安全模块　21.车内空间截止阀　22.电动冷却液泵（80W）　23.电动真空泵　24.便捷充电电子装置KLE

图7-68

3.高压电池单元

F15 PHEV 高压电池单元安装位置如图 7-69 所示。

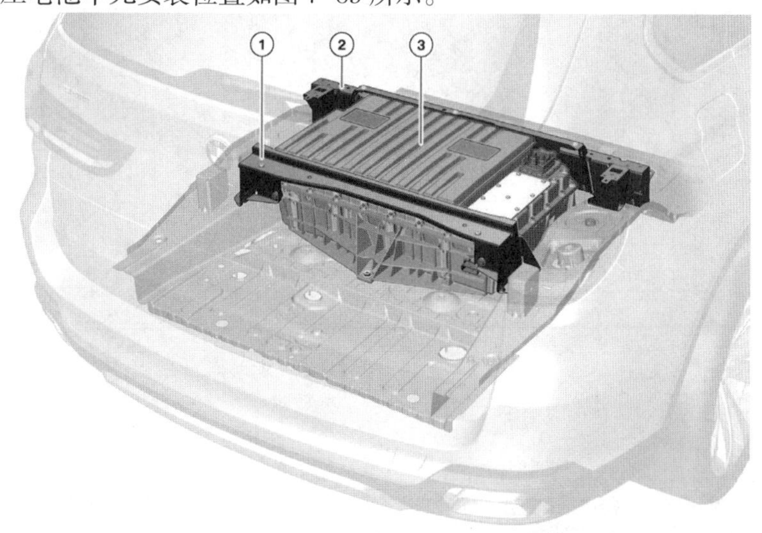

1.后部横梁上部　2.前部横梁上部　3.高压电池单元

图7-69

F15 PHEV 电池模块的布置如图 7-70 所示。

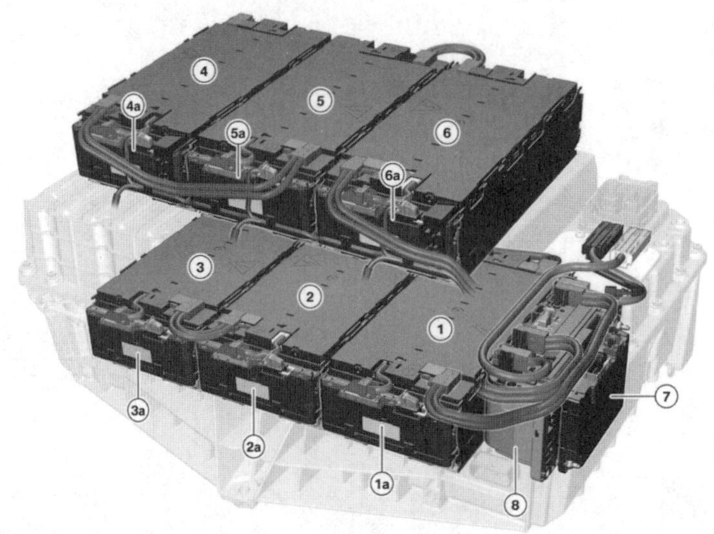

1.电池模块1　1a.电池监控电子装置1a　2.电池模块2　2a.电池监控电子装置2a　3.电池模块3　3a.电池监控电子装置3a　4.电池模块4　4a.电池监控电子装置4a　5.电池模块5　5a.电池监控电子装置5a　6.电池模块6　6a.电池监控电子装置6a　7.蓄能器管理电子装置SME　8.安全盒（S 盒）

图7-70

F15 PHEV 高压电池单元系统电路图如图 7-71 所示。

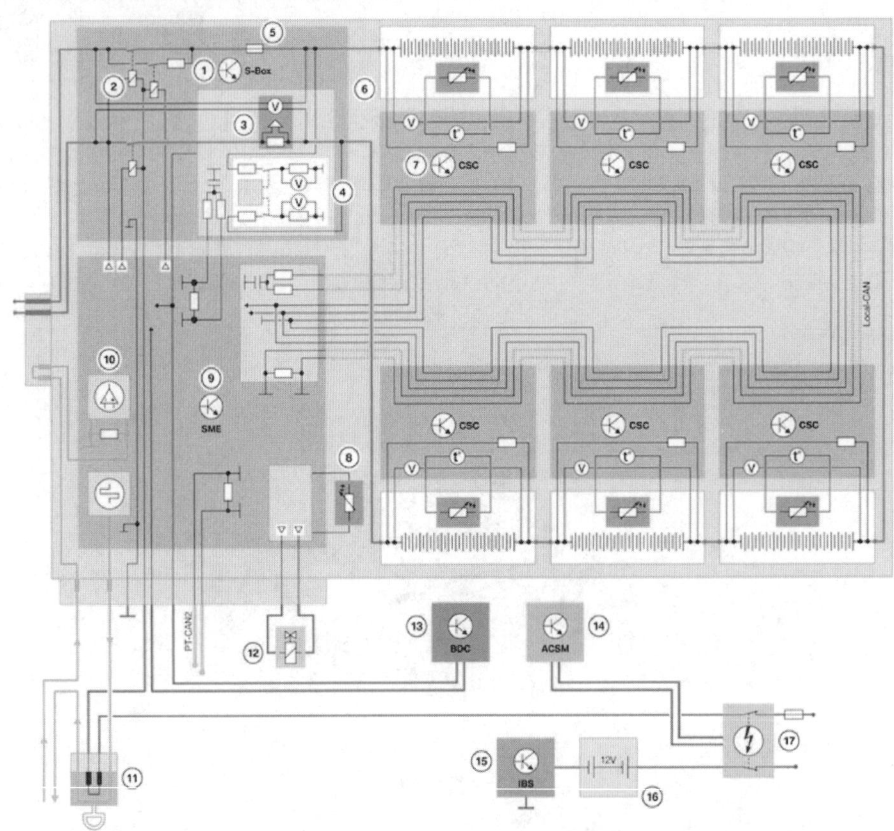

1.安全盒（S盒）　2.接触器　3.电流和电压传感器　4.绝缘监控　5.主电流保险丝（350A）　6.电池模块　7.电池监控电子装置（电池监控电路CSC），制冷剂管路　8.制冷剂管路温度传感器　9.蓄电池管理电子装置SME　10.高压触点监控电路控制装置　11.高压安全插头（售后服务断电开关）　12.制冷剂管路的膨胀和截止组合阀　13.车身域控制器BDC　14.带有触发安全型蓄电池接线柱的控制导线的ACSM　15.智能型蓄电池传感器IBS　16.12V蓄电池　17.安全型蓄电池接线柱SBK

图7-71

4.交流充电

F15 PHEV KLE 组件如图 7-72 所示。

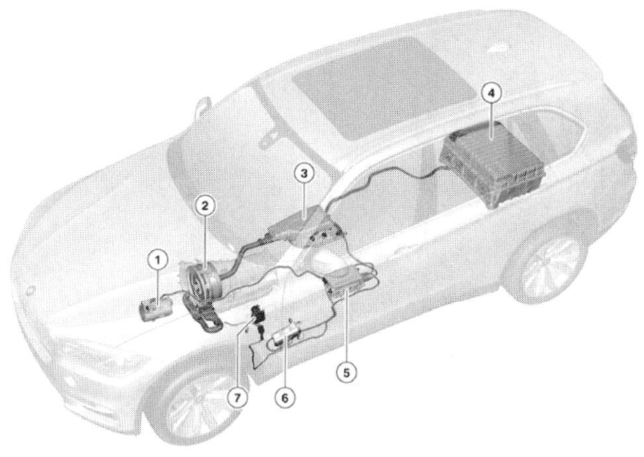

1.电动空调压缩机 2.电机 3.电机电子装置 4.高压电池单元 5.便捷充电电子装置 6.电气加热装置 7.充电接口

图7-72

便捷充电电子装置的主要任务：

（1）通过控制导线和充电插头识别导线与 EVSE 进行通信。

（2）控制用于显示充电状态的 LED。

（3）识别充电接口盖的状态。

（4）控制用于锁止充电接口盖的电机。

（5）将交流电压转化为直流电压（AC/DC 转换器）。

（6）为电动空调压缩机提供高压。

（7）为电气加热装置提供高压。

F15 PHEV 充电接口模块的输入 / 输出如图 7-73 所示。

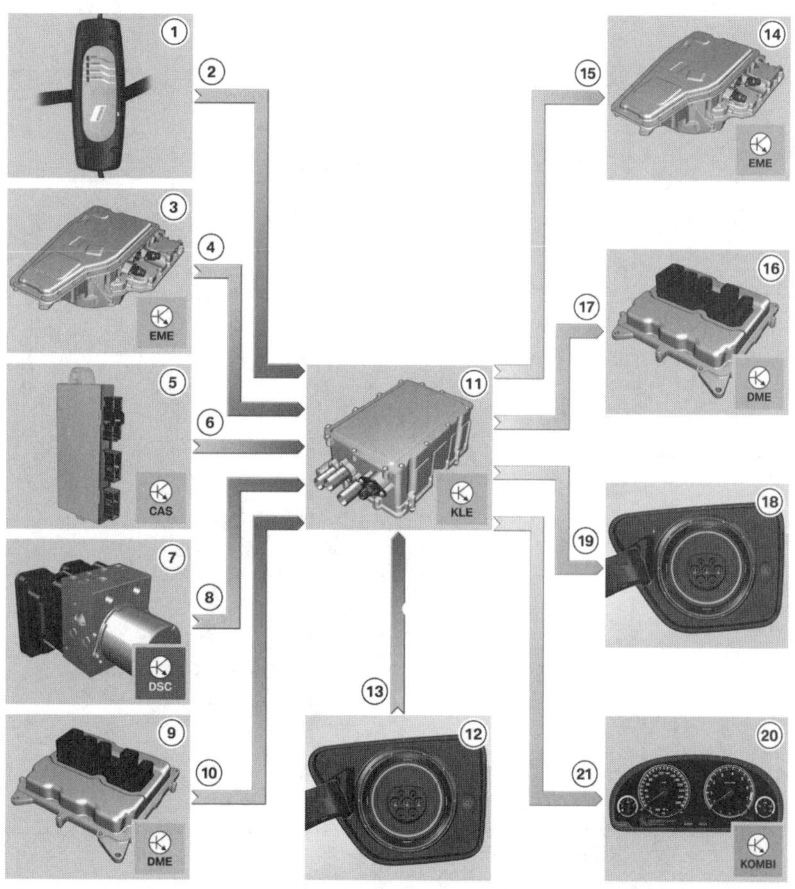

1.电动车辆供电设备 EVSE 2.有关交流电压网络是否可用、充电电缆是否正确连接以及最大可用电流强度的信息 3.电机电子装置EME 4.所要求的充电功率、充电电压和充电电流强度（规定值） 5.便捷登车及启动系统CAS 6.总线端状态，行驶准备已关闭 7.动态稳定控制系统DSC 8.车速 9.数字式发动机电子系统DME 10.驻车锁状态 11.便捷充电电子装置 12.车上的充电接口 13.充电接口盖和充电插头的状态 14.电机电子装置EME 15.所设置充电功率、充电电压和充电电流强度的实际值，充电授权 16.数字式发动机电子系统DME 17.有关充电电缆是否插入和充电过程是否启用的信息 18.充电接口 19.控制用于定向照明和充电状态显示的 LED，控制充电插头锁止装置 20.组合仪表 21.用于显示充电信息的信号

图7-73

（五）i3 BEV

注意：在本部分只对 i3 BEV 的高压系统做整体架构介绍，每个部件只展示其外观，具体功能可以参考 F49 的详细介绍。工作原理没有本质上的区别。

i3 高压架构如图 7-74 所示。

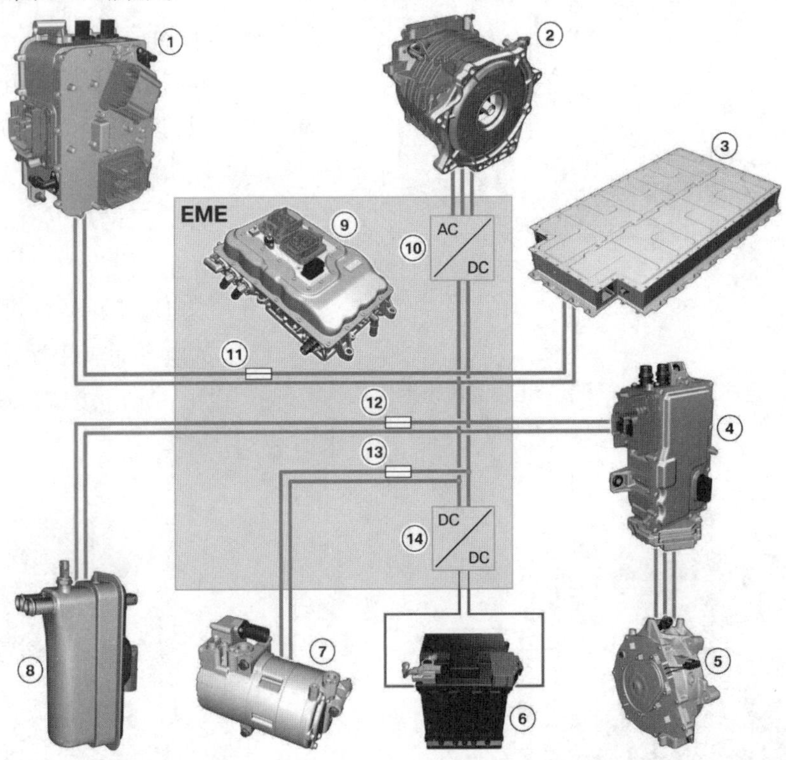

1.便捷充电电子装置 2.电机 3.高压电池 4.增程电机电子装置 REME 5.增程电机 6.12V蓄电池 7.电动制冷剂压缩机 8.电气加热装置 9.电机电子装置（整体） 10.电机电子装置内的双向 DC/AC 转换器 11.便捷充电电子装置供电导线内的过电流保险丝 12.电气加热装置供电导线内的过电流保险丝 13.电动制冷剂压缩机供电导线内的过电流保险丝 14.电机电子装置内的DC/DC转换器

图7-74

i3 高压组件如图 7-75 所示。

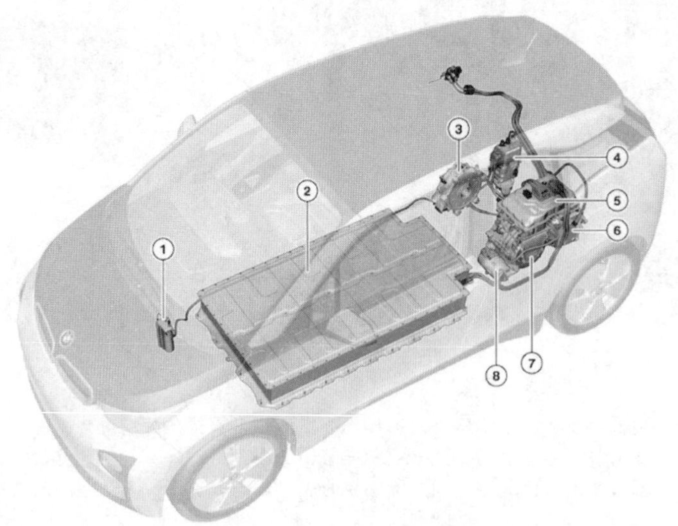

1.电气加热装置 2.高压电池 3.增程电机 4.增程电机电子装置 5.电机电子装置 6.便捷充电电子装置 7.电机 8.电动制冷剂压缩机

图7-75

1.电机

稳定和支撑驱动单元（不带增程器的型号）如图 7–76 所示。

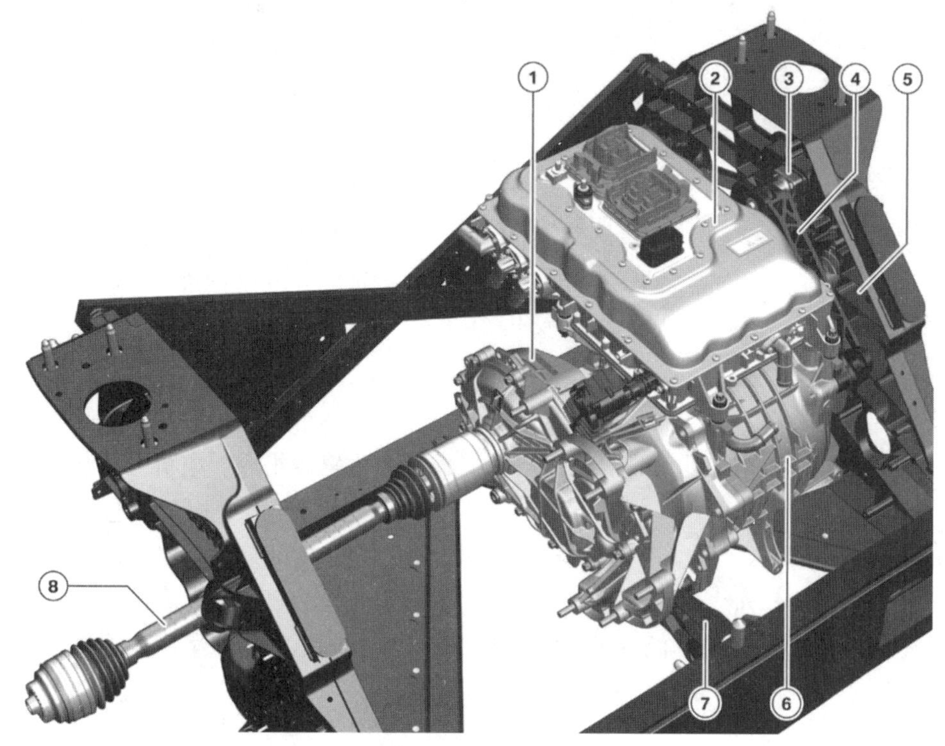

1.变速器　2.电机电子装置　3.支撑臂轴承　4.支撑臂　5.后桥模块　6.电机　7.稳定杆连杆　8.半轴

图7–76

电机的电接口如图 7–77 所示。

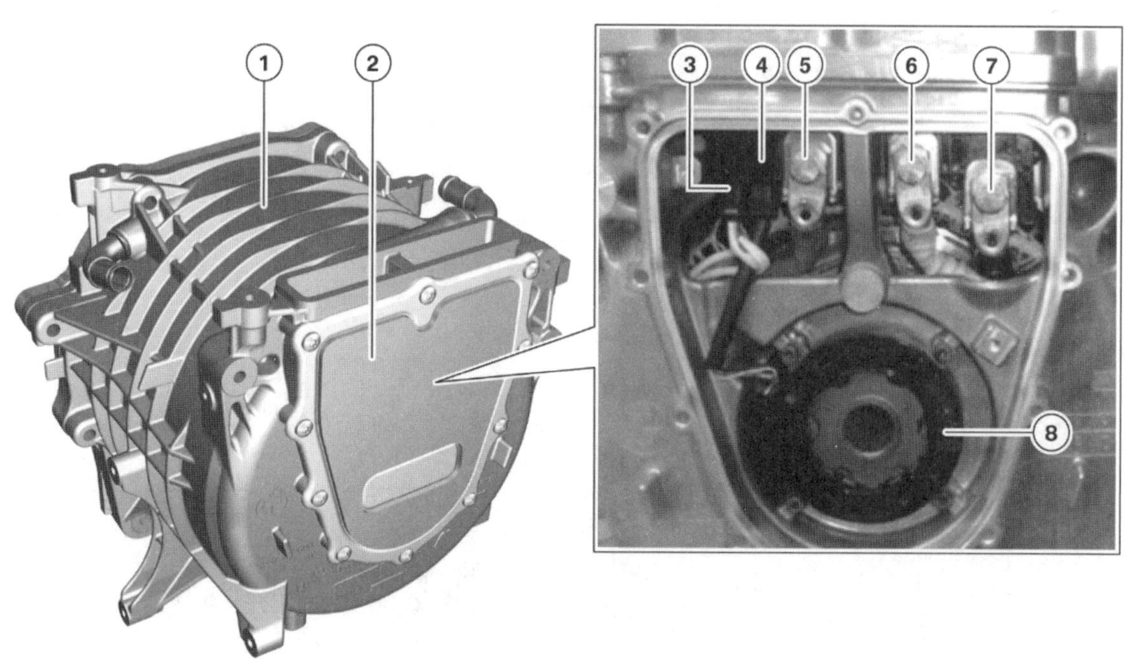

1.外部壳体　2.壳体盖　3.转子位置传感器接口　4.定子内的温度传感器　5.高压接口U　6.高压接口V　7.高压接口W　8.转子位置传感器

图7–77

2.电机电子装置

电机电子装置 EME 如图 7-78 所示。

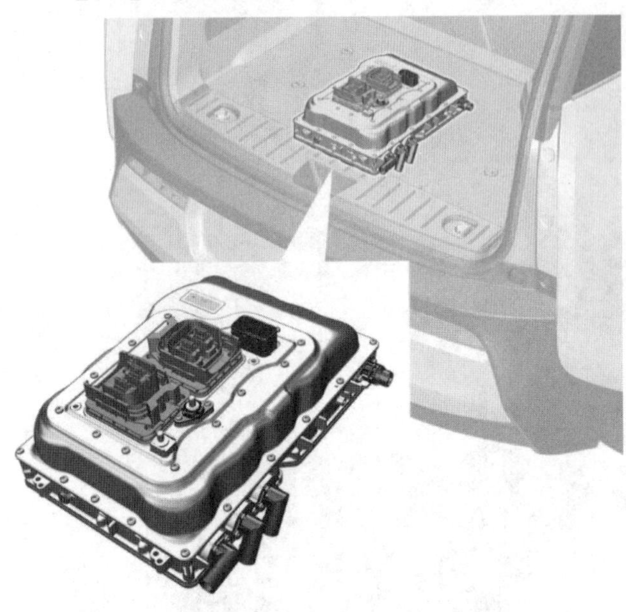

图7-78

EME 控制单元直接控制驻车锁执行机构。其工作方式与其他行驶挡位“R”和“D”功能一样。在此，EDME 控制单元也计算逻辑部分。随后由电机电子装置负责执行部分，从而例如针对倒车行驶或向前行驶以相应方式控制电机。i3 变速器还带有选挡杆锁和互锁功能，其逻辑部分也在 EDME 控制单元内进行计算。

电机与电机电子装置之间的电气接口如图 7-79 所示。

有一个高压接口和一个低电压接口。高压接口由三相组成。电机电子装置内的双向 DC/AC 转换器产生三相交流电压，该电压传输至电机定子内的绕组。以此控制电机并规定其运行方式作为电机或发电机运行。电气导线或接口用螺栓拧紧，上方有盖板保护。低电压接口仅由以下传感器的信号导线组成：

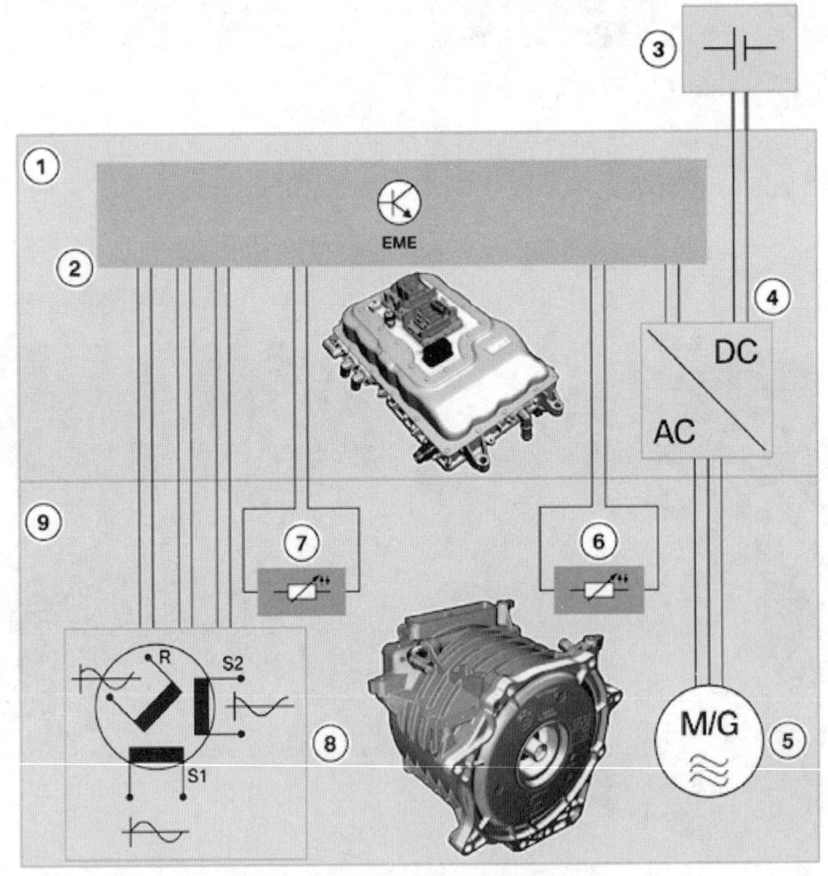

1.电机电子装置（整体） 2.EME 控制单元 3.高压电池 4.双向 DC/AC 转换器 5.实际电机 6.定子温度传感器 7.定子温度传感器 8.转子位置传感器 9.电机（整体）

图7-79

（1）定子绕组温度传感器（2 个）。

（2）转子温度传感器（在一个轴承上）。

（3）转子位置传感器。

电机电子装置测量两个温度传感器（采用 NTC 电阻设计）的电阻，由此确定电机内两个部位的温度。此外电机电子装置还产生用于转子位置传感器的交流电压并分析这些传感器的信号（两个感应交流电压）。电气接口由一个插接连接件构成，该插接连接件像高压接口一样隐藏在共同盖板下。

3.高压电池单元

高压电池单元的安装位置如图 7-80 所示。

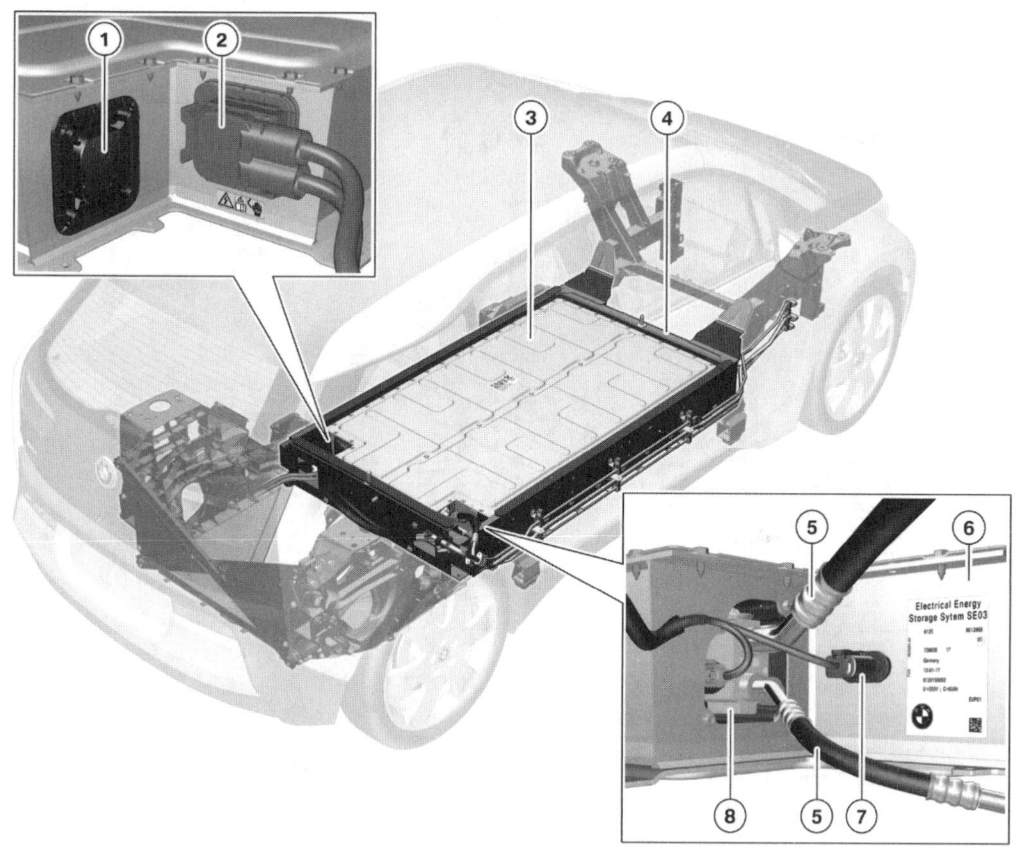

1.排气口　2.高压接口　3.高压电池单元　4.框架（Drive模块）　5.制冷剂管路　6.提示牌　7.低电压接口　8.膨胀和截止组合阀

图7-80

高压电池单元除高压接口外还带有一个低电压接口。此外还为集成式控制单元提供电压、总线信号、传感器信号和监控信号。为对高压电池进行冷却将其接入制冷剂循环回路内。高压电池单元上的提示牌向进行相关组件作业的人员说明所用技术及可能存在的电气和化学危险。可在无须拆卸高压电池单元的情况下断开导线（高压和低电压）和制冷剂管路。高压电池单元位于车内空间以外。如果由于严重故障导致电池产生过压，不必通过排气管向外排出所产生的气体。通过高压电池单元壳体上的一个排气口便可进行压力补偿。与当前宝马 ActiveHybrid 车辆一样，高压安全插头（“售后服务时断开连接”）不是高压电池单元的组成部分。它位于发动机室盖下方。

4.交流充电

电接口模块输入 / 输出如图 7-81 所示。

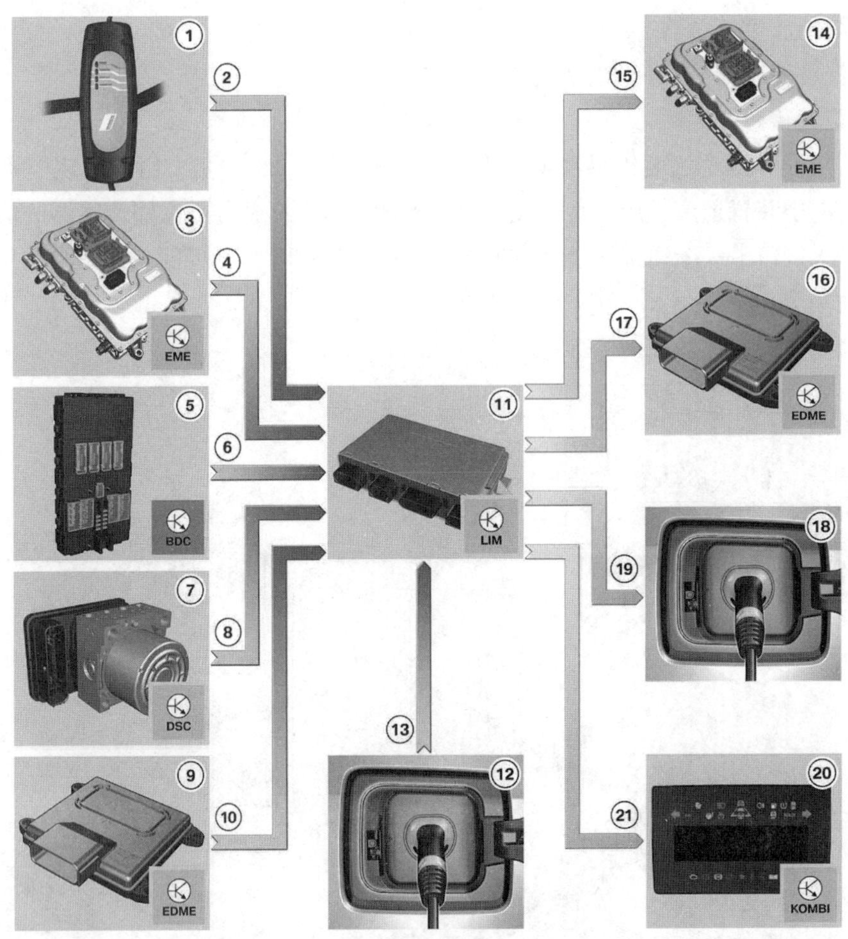

1.电动车辆供电设备　2.有关交流电压网络是否可用、充电电缆是否正确连接以及最大可用电流强度的信息　3.电机电子装置EME　4.所要求的充电功率、充电电压和充电电流强度（规定值）　5.车身域控制器 BDC　6.总线端状态，行驶准备已关闭　7.动态稳定控制系统 DSC　8.车速　9.数字式发动机电气电子系统 EDME　10.驻车锁状态（已挂入 / 已松开），高压车载网络功率需求　11.充电接口模块LIM　12.车辆上的充电接口　13.充电接口盖和充电插头的状态　14.电机电子装置EME　15.所设置充电功率、充电电压和充电电流强度的实际值，充电授权　16.数字式发动机电气电子系统 EDME　17.有关充电电缆是否插入和充电过程是否启用的信息　18.充电接口　19.控制用于定向照明和显示充电状态以及充电接口盖状态的LED，控制用于锁止充电插头的电动驱动装置　20.组合仪表　21.用于显示充电信息的信号

图7-81

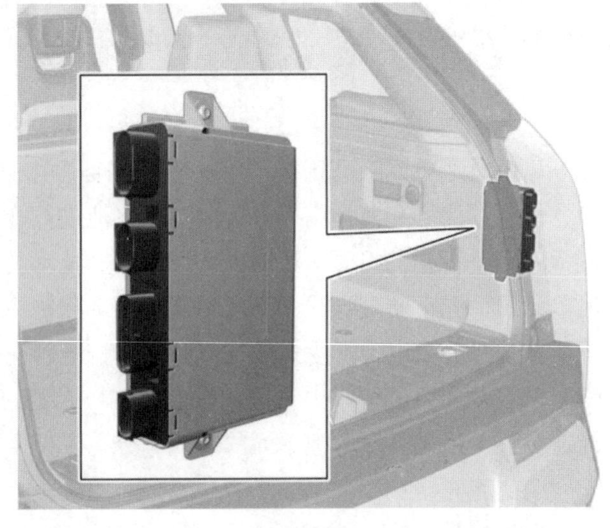

图7-82

LIM 模块安装位置如图 7-82 所示。LIM 可实现车辆与充电站之间的通信。通过总线端 30F 为 LIM 控制单元供电。在 LIM 内带有一个用于 PT-CAN 的终端电阻。此外插入充电电缆时，LIM 可唤醒车辆车载网络内的控制单元。此外还有一根导线直接由 LIM 控制单元连接至电机电子装置。只有当 LIM 控制单元通过该导线上的信号授权充电过程时，电机电子装置才会开始转换电压从而执行充电过程。

LIM 的主要任务：

（1）通过控制和接近导线与 EVSE 进行通信。

（2）协调充电过程。

（3）控制用于显示充电状态的 LED。

（4）控制用于锁止充电接口盖的电机。

（5）控制用于锁止充电插头的电机。

（六）iX3 BEV

注意：在本部分只对 iX3 BEV 的高压系统做整体架构介绍，每个部件只展示其外观，具体功能可以参考 F49 的详细介绍。工作原理没有本质上的区别。

iX3 高压架构如图 7-83 所示。

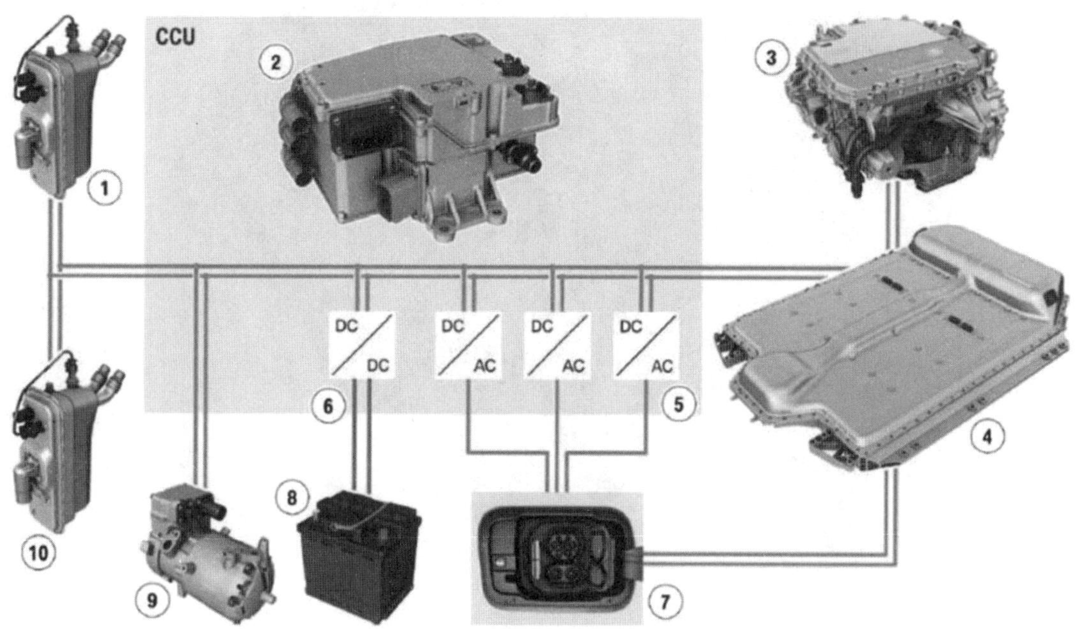

1.电气加热装置EH　2.Combined Charging Unit（CCU）　3.带有电机电子伺控系统EME的电气化驱动单元　4.高压电蓄电池单元　5.整流器　6.单向DC/DC转换器　7.充电接口　8.12V蓄电池　9.电气制冷剂压缩机EKK　10.电气加热装置EH

图7-83

通过 2 个单独的低压接口和大横截面导线，将 CCU 和 12V 车载网络连在一起（总线端 30 和 31）。CCU 中的 DC/DC 转换器（也被称为直流斩波器）通过这一连接为整个 12V 车载网络供电。这两根导线和 CCU 之间的导线分别通过螺栓进行连接。除此以外，CCU 还具有一个 58 针低压接口。这个接口汇总了下列一些导线和信号：

（1）CCU 控制单元的供电（总线端 30B 和总线端 31）。

（2）唤醒导线 WUP。

（3）通过总线端 30C 的供电。

（4）CAN-FD 接口。

（5）加速踏板模块 FPM 的供电和信号导线。

（6）电动风扇继电器的控制电路。

（7）用于控制电动风扇、主动空气风门控制装置、电动冷却液泵（130W 和 80W）以及高压电池单元的电加热装置 EH 的 LIN 总线接口。

（8）冷却液出口上的温度传感器。

（9）连至充电接口电子装置的本地 CAN 接口。

（10）充电接口的控制和充电插头识别导线。

1.电机

电气化驱动单元 220LR - G08 BEV 中的第 5.0 代，如图 7-84 所示。

1.电机电子装置 EME（图示无壳体端盖） 2.排气装置 3.电动驻车锁模块 4.机械式变速器（1挡）及差速器 5.机油模块

图7-84

在变速器盖罩上安装了一个通风器。它的作用是在欠压或者过压情况下，确保电气化驱动单元的压力平衡。在维修时注意别触碰，如果破损会影响其功能。

2.电机电子装置

电机电子伺控系统 EME 接口如图 7-85 所示。

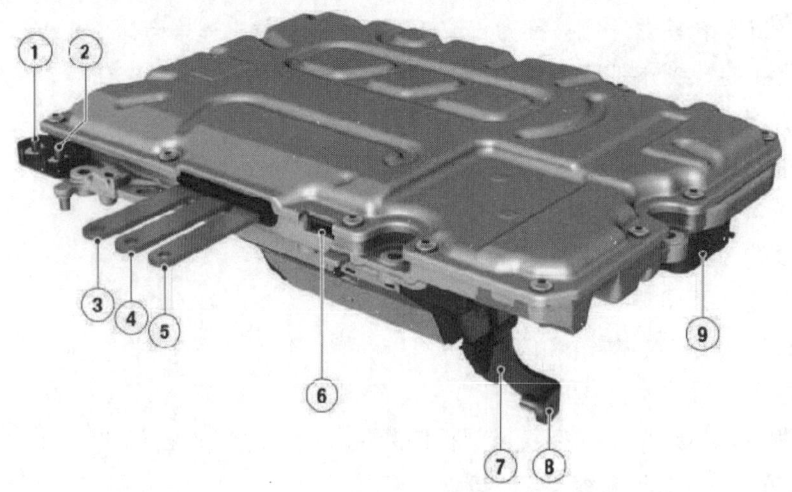

1.励磁导线接口 2.励磁导线接口 3.W相 4.V相 5.U相 6.6针插头连接 7.通过导电轨的直流高压接口负极 8.通过导电轨的直流高压接口正极 9.58针插头连接

图7-85

在 EME 的内部有下列组件，它们是促动电动机所必需的：

（1）整流器和逆变器。

（2）DC/DC 转换器。

整流器和逆变器用作负责驱动车辆的他励同步电机的 3 个相位的电子控制装置。转子的磁场通过一个带有励磁电路的 DC/DC 转换器产生。通过一个转子位置传感器测量电动机的旋转角。

3.高压电池单元

高压电池的位置如图 7-86 所示。

图7-86

为了对高压电池进行调温，将其集成到一个单独的冷却液循环回路中。电导线（高压接口和连至低压车载网络的接口）以及冷却液管脱开，同时无须为此拆卸高压电池单元。在拆卸高压电池单元时，必须首先执行所有最新的维修手册中确定的准备工作（诊断、拆卸饰板、断电、排放冷却液等）。如果在高压电池内部确定存在冷却液泄漏的情况，则应停止作业，并且通知技术支持部！在松开紧固螺栓前，必须准备好带有合适的定位件的移动式升降台 MHT1200，并且定位在高压电池单元下方。高压电池 SE16 连至车身接地的电位补偿低电阻连接是通过侧承梁上的螺栓连接加以落实的。必须确保无论在高压电池单元的外壳上还是在车身上，相应的孔均未进行涂漆处理，没有锈蚀，并且没有污染。同样也要确保相应螺纹的清洁干净。在紧固 14 个等电位连接螺栓前，必要时必须打磨至裸露出金属。请严格遵守维修手册中的说明。

四、高压下电和上电操作

宝马所有 PHEV 和 BEV 车辆的高压下电操作原理和操作方法都相同，在本文中以市场上常见的 X1F49 PHEV 车型为例讲解完整的流程，对于不同车型的差异部分会进行说明，未明确说明的地方按下面的操作流程即可。

（一）高压的下电操作

（1）环检车辆，确认车辆外部没有连接高低压充电器。

（2）检查车辆正确挂入 P 挡，驻车制动器正确接合。

（3）将左前门假锁（打开左前门，用工具将锁块压入，模拟左前门锁上）。

（4）打开后备箱盖并假锁（后备箱打开后，用工具将锁块上压力，并确认行李箱灯正确熄灭）。

（5）使用遥控器上锁车辆。

（6）查看启动按钮的背景灯，直到其红色的背景灯熄灭后再进行下一步操作，如图 7-87 所示。

（7）在行李箱右侧，将断电服务开关的装饰板取出，断电服务开关位置如图 7-88 所示。

图7-87

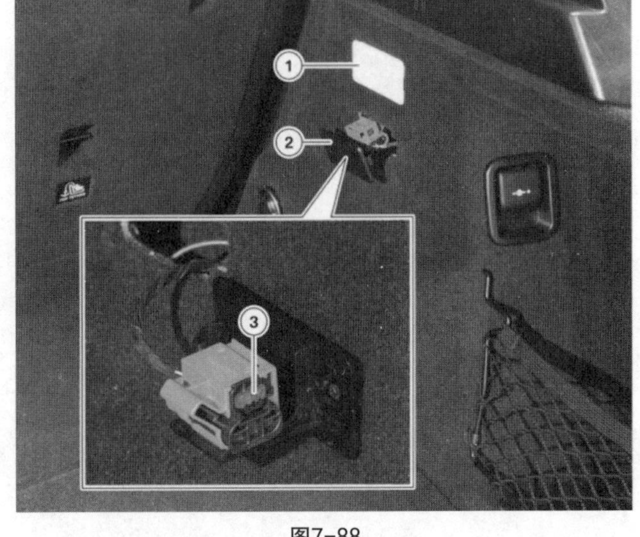

图7-88

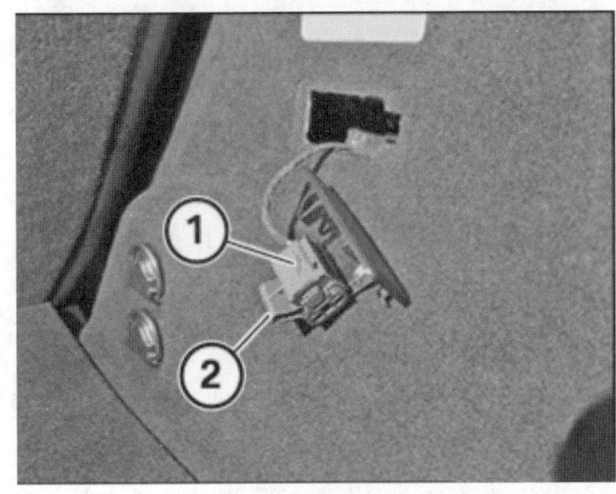

图7-89

（8）从装饰板中取出断电服务开关，如图 7-89 所示。

（9）如图 7-90 所示，解锁断电服务开关的插销，向外拔出断电服务开关。

（10）如图 7-91 所示，直到能看到断电服务开关插销的圆孔。

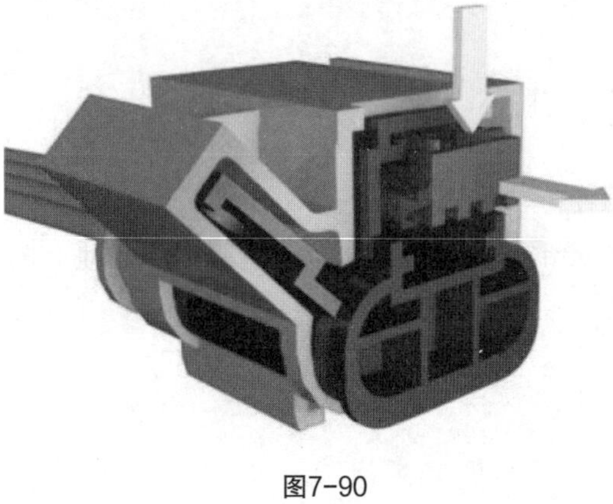

图7-91

图7-90

（11）将环形锁（如图 7-92 中 1）插入空出的孔（如图 7-92 中 2）中，将锁上锁取出钥匙。

（12）打开点火开关，并检查组合仪表（KOMBI）

是否显示“高压电力系统已关闭”，确认高压已下电如图 7-93 所示。警告：如果组合仪表没有明确的“高压电力系统已关闭”的提示，说明高压系统没有执行正确的下电程序，需要专业人员进一步验证高压系统是否带电，此时不建议进行高压系统的相关维修作业。

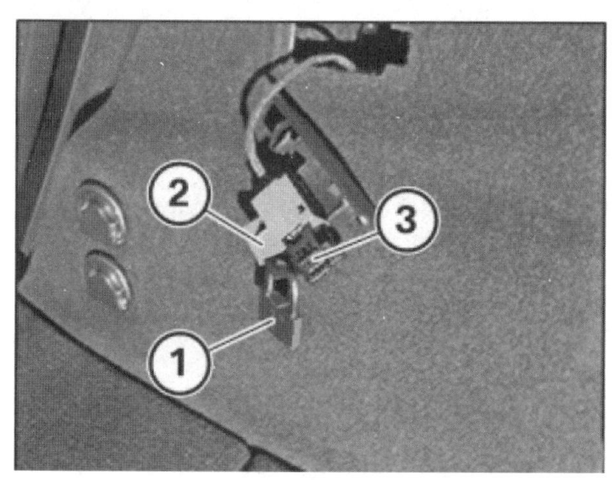

图7-92

图7-93

（13）当检查控制信息未显示时，服务功能“高压系统切断电压”能读取故障原因，路径如下：车辆处理→服务功能→驱动装置→混合动力车辆→高压系统→高压系统电压切断：读取预防原因。未成功下电时的处理措施如图 7-94 所示。

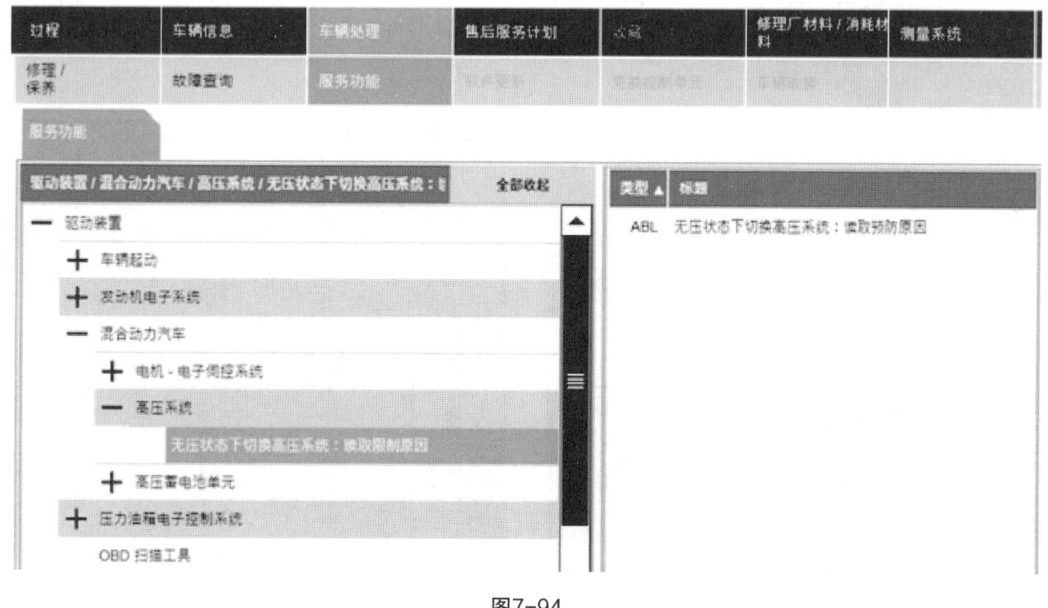

图7-94

（二）高压上电

（1）将断电服务开关上面的环形锁取掉，取出环形锁如图 7-95 所示。

（2）使用一字螺丝也从图 7-96 中所示位置插入，将锁销顶出来。

（3）按下红色卡销，向里面推入黑色短接头，以恢复断电服务开关，如图 7-97 所示。

（4）打开点火开关，确认高压系统是否成功上电。例如使用 eDrive 模式能否成功驱动车辆。

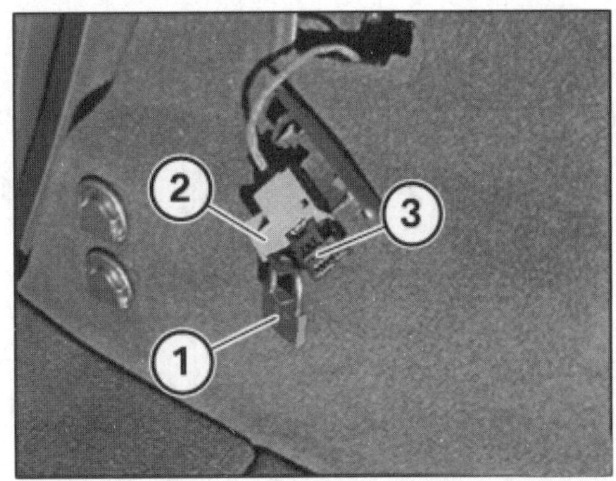

图7-95

图7-96

图7-97

（三）各车型断电服务开关的位置

1.F49 PHEV

请参考上述标准高压断电步骤。

2.F18 PHEV

（1）从右侧行李箱饰件（如图 7-98 中 2）上取下。

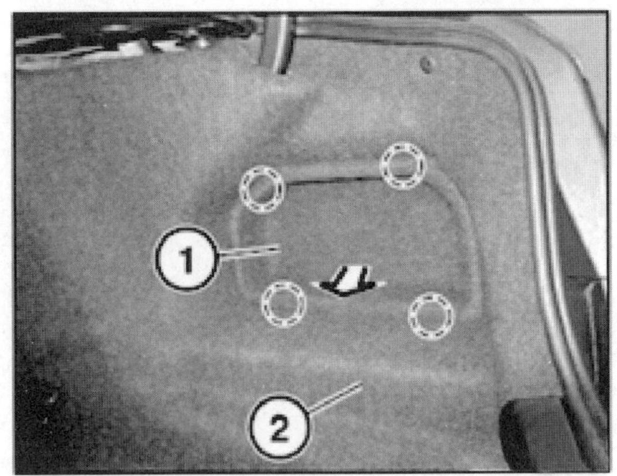

图7-98

（2）在脱开高压安全插头之前应确保车辆处于“休眠状态”，如图 7-99 所示。请遵守上述步骤中的高压断电程序。

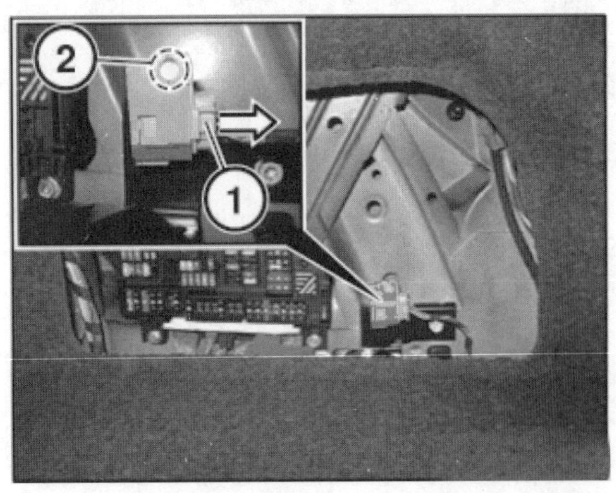

图7-99

（3）使用挂锁锁住断开服务开关，如图 7-100 所示。

（4）确认仪表上的断电提示，如图 7-101 所示。

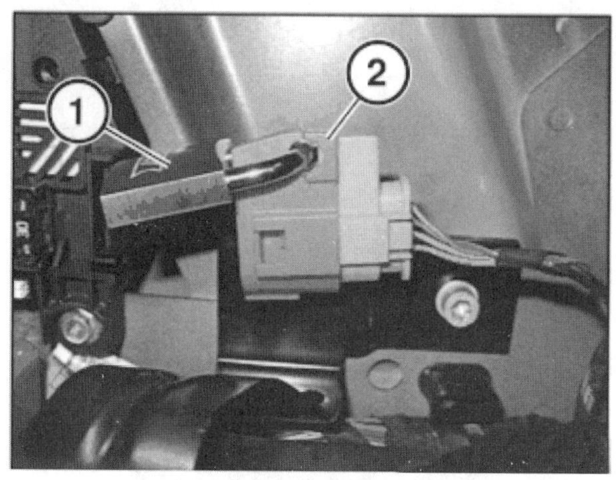

图7-100

图7-101

3.G38 PHEV

（1）取出右侧行李箱装饰件中的盖板如图 7-102 所示。

（2）取出行李箱右侧下部的饰板（如图 7-103 中 1）。

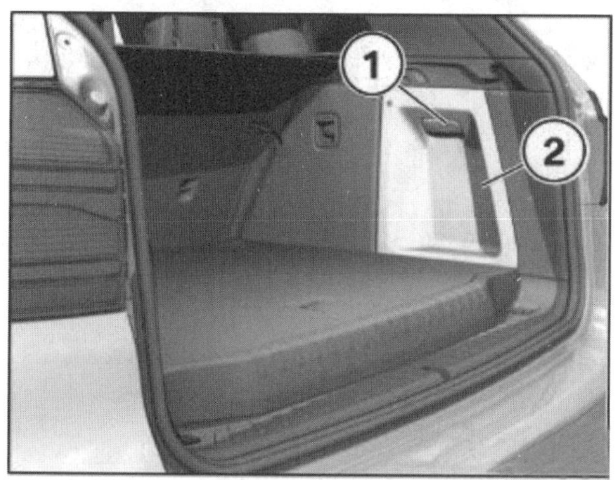

图7-102

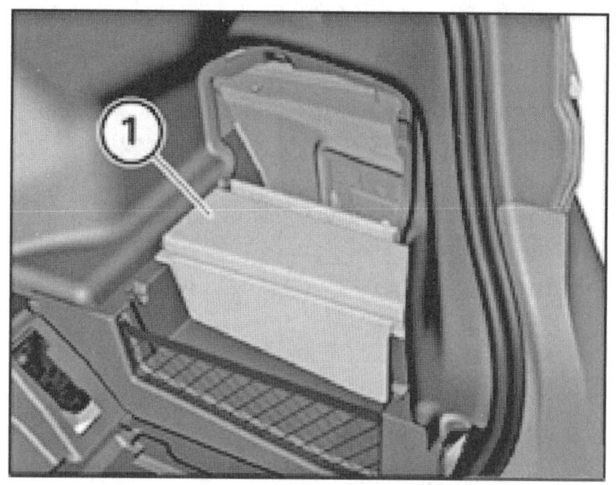

图7-103

图7-104

（3）在脱开高压安全插头之前应确保车辆处于“休眠状态”，如图 7-104 所示。请遵守上述步骤中的高压断电程序。解锁红色插销（如图 7-104 中 1），然后脱开断电服务开关。

（4）使用挂锁锁住断开服务开关，如图 7-105 所示。

（5）确认仪表上出现已成功断电提示，如图 7-106 所示。

4.F15 PHEV

（1）取下右侧后备箱饰板，如图 7-107 所示。

（2）在脱开高压安全插头之前应确保车辆处于“休眠状态”，如图 7-108 所示。请遵守上述步骤中的高压断电程序。解锁红色插销（如图 7-108 中 1），然后脱开断电服务开关。

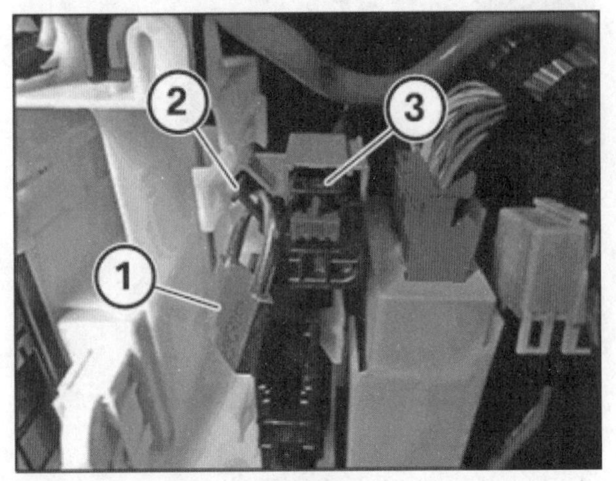

图7-105

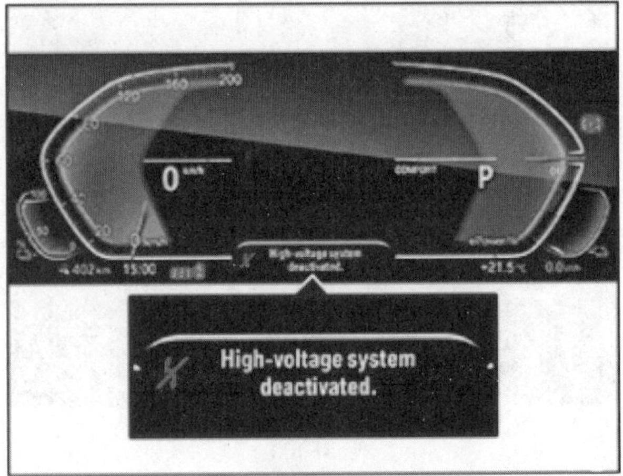

图7-106

图7-107

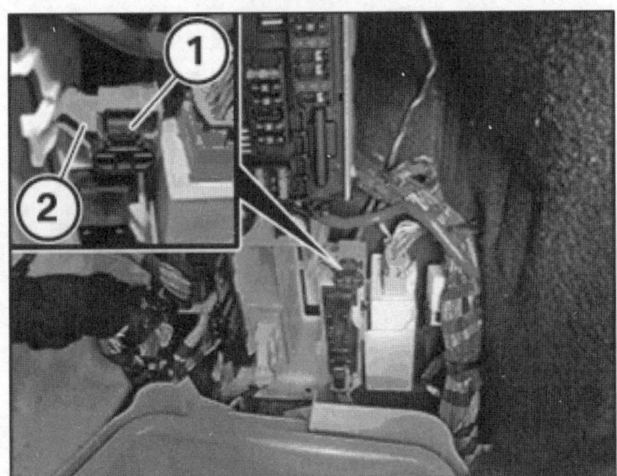

图7-108

（3）使用挂锁锁住断开服务开关如图 7-109 所示。

（4）确认仪表上出现已成功断电提示，如图 7-110 所示。

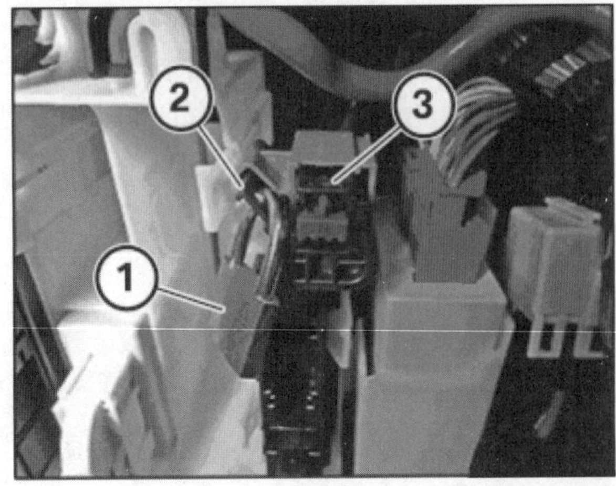

图7-109

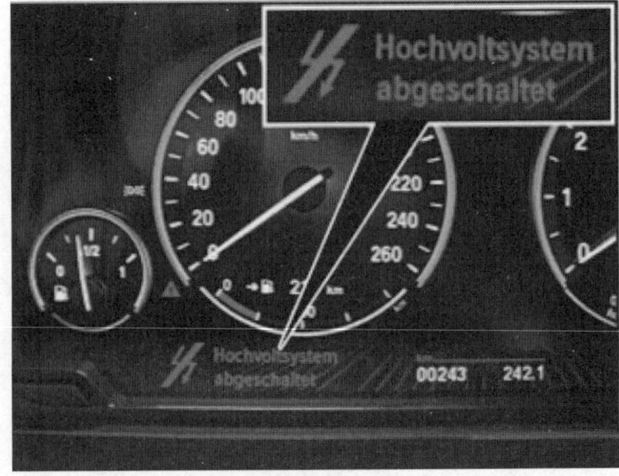

图7-110

5.i3 BEV

（1）移除前备箱的右侧盖板，如图 7-111 所示。

（2）在脱开高压安全插头之前应确保车辆处于“休眠状态”。请遵守上述步骤中的高压断电程序。解锁红色插销（如图 7-112 中 1），然后脱开断电服务开关。

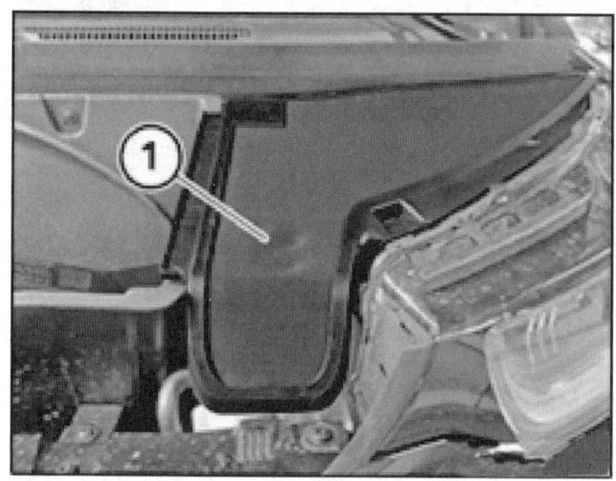

图7-111

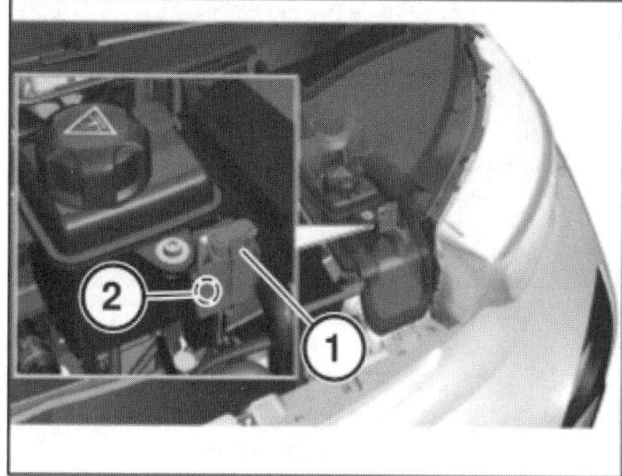

图7-112

（3）使用挂锁锁住断开服务开关，如图 7-113 所示。

（4）确认仪表上出现已成功断电提示，如图 7-114 所示。

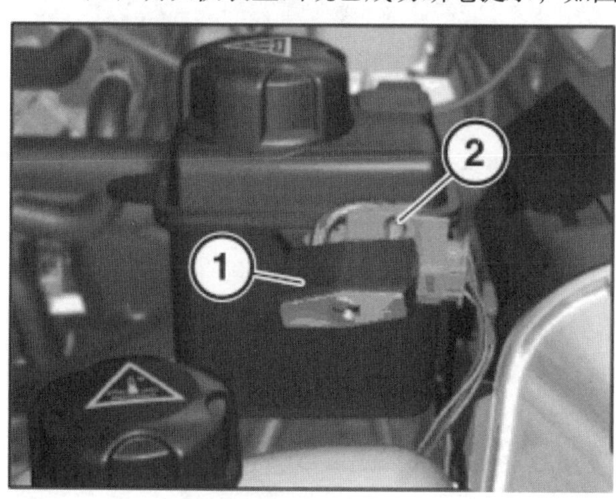

图7-113

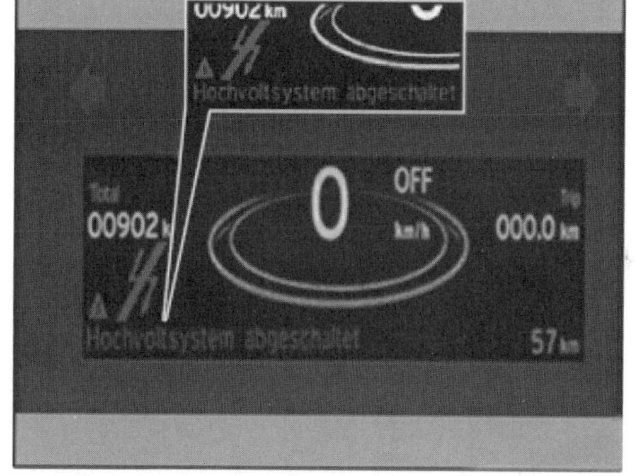

图7-114

6.i8 BEV

（1）打开前备箱盖，找到断电服务开关。在脱开高压安全插头之前应确保车辆处于“休眠状态”。请遵守上述步骤中的高压断电程序。解锁红色插销（如图 7-115 中 1），然后脱开断电服务开关。

（2）使用挂锁锁住断开服务开关，如图 7-116 所示。

（3）确认仪表上出现已成功断电提示，如图 7-117 所示。

7.iX3 BEV

（1）拉动挂把手（如图 7-118 中 1），取出行李箱右侧的装饰板（如图 7-118 中 2）。

（2）在脱开高压安全插头之前应确保车辆处于“休眠状态”。请遵守上述步骤中的高压断电程序。解锁红色插销（如图 7-119 中 1），然后脱开断电服务开关

（3）使用挂锁锁住断开服务开关，如图 7-120 所示。

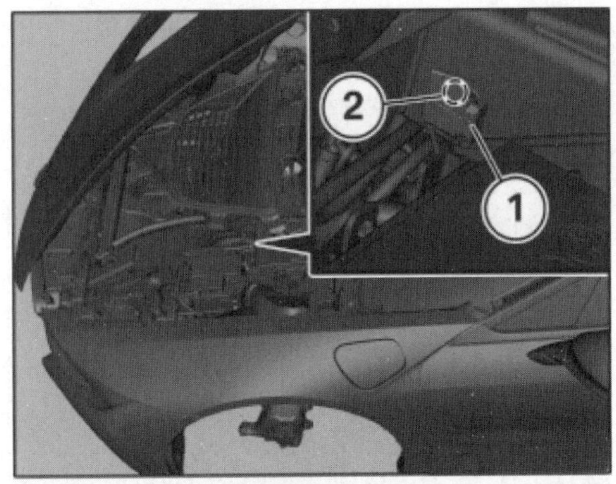

图7-115

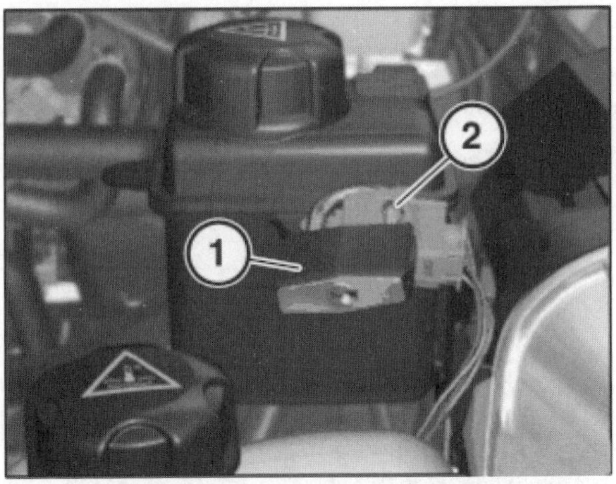

图7-116

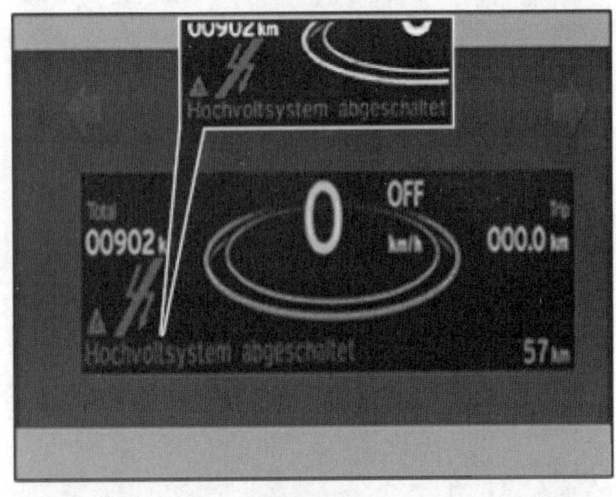

图7-117

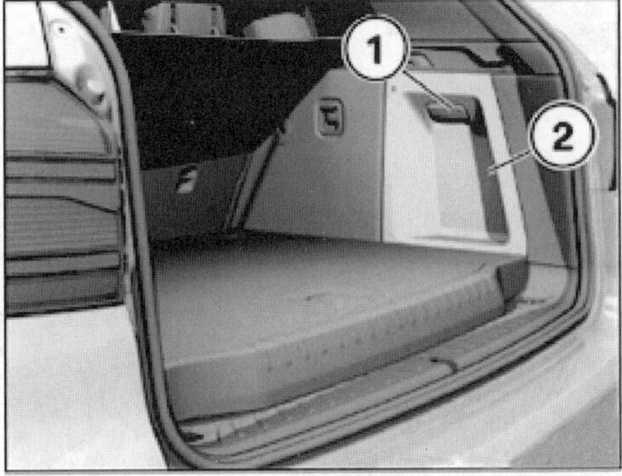

图7-118

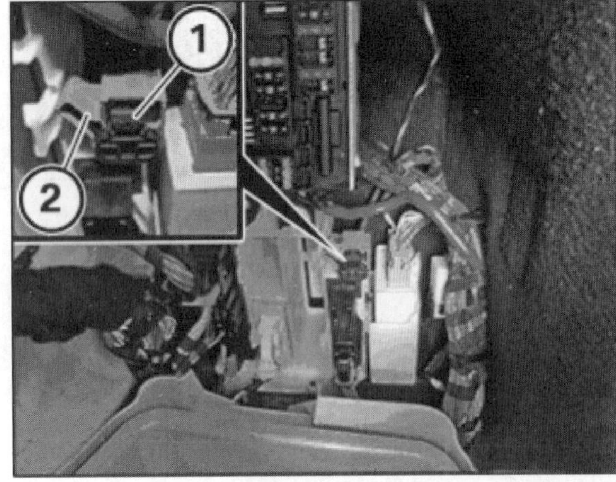

图7-119

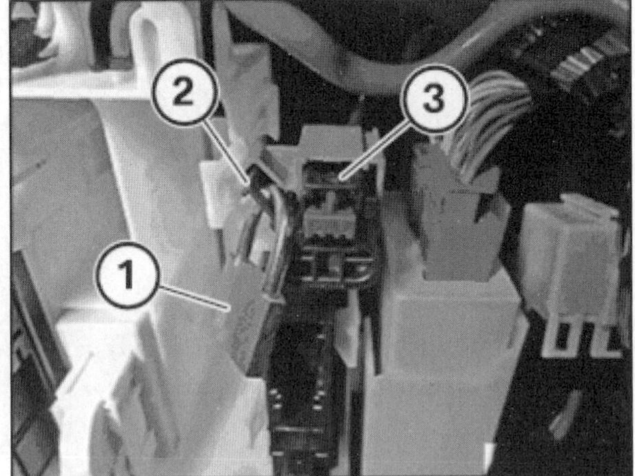

图7-120

（4）确认仪表上出现已成功断电提示，如图 7-121 所示。

（四）无电压状态的确认流程

警告：鉴于高压插头的特殊构造，禁止在没有专用高压适配器的情况下使用万用表针直接测量高压插头的电压，有引起短路着火和触电的风险。

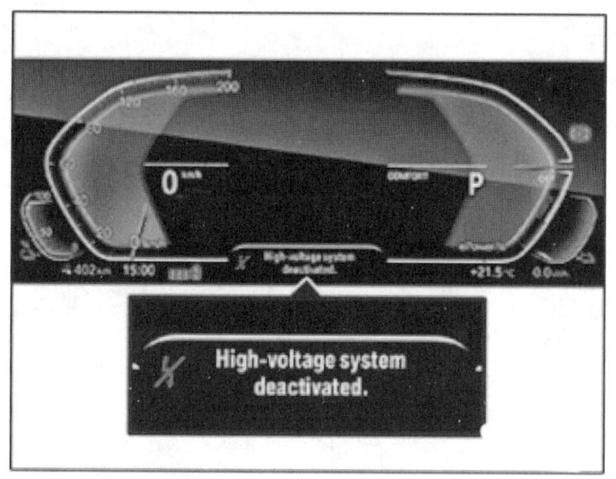

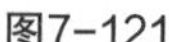
图7-121

当断开高压断电服务开关，启用组合仪表但无法显示断电标志时，须采取以下步骤：保持高压电断开装置断开，并防止再次连接。高压测试适配器如图 7-122 所示。

· 使用警示带和“警示锥筒”隔离区域

· 环车确认并进行危险评估

· 通过 ISTA 测试模块确认并记录高压系统处于无电压状态及读取相关数据流

· 联系专业的技术人员以获取技术支持

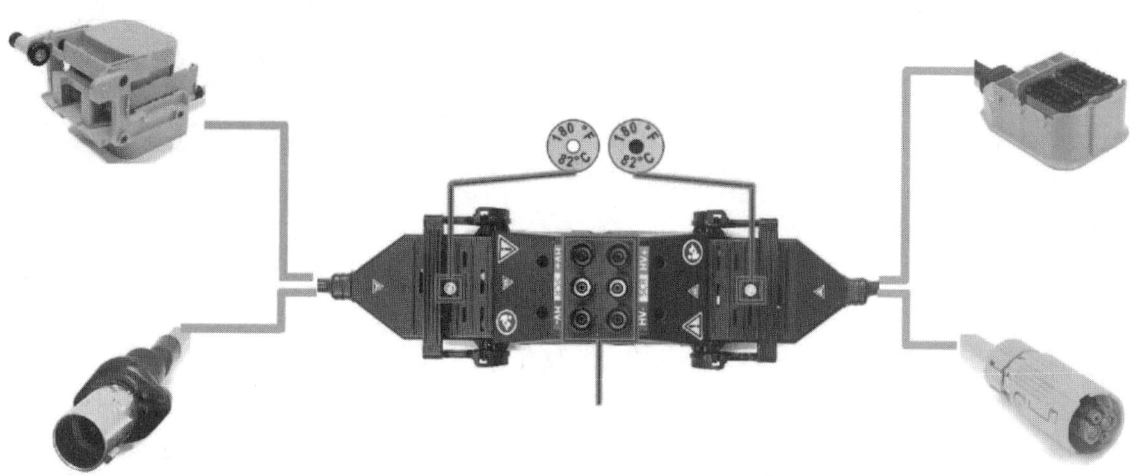

图7-122

（1）准备灭火器放置在维修工位（推荐使用水基型灭火器），水基型灭火器如图 7-123 所示。

（2）准备绝缘救援钩放置在维修工位，如图 7-124 所示。

（3）准备绝缘手套放置在维修工位，绝缘手套如图 7-125 所示。

图7-123

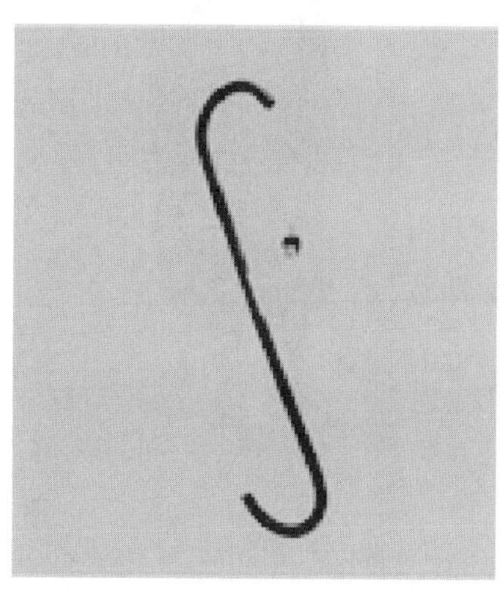

图7-124

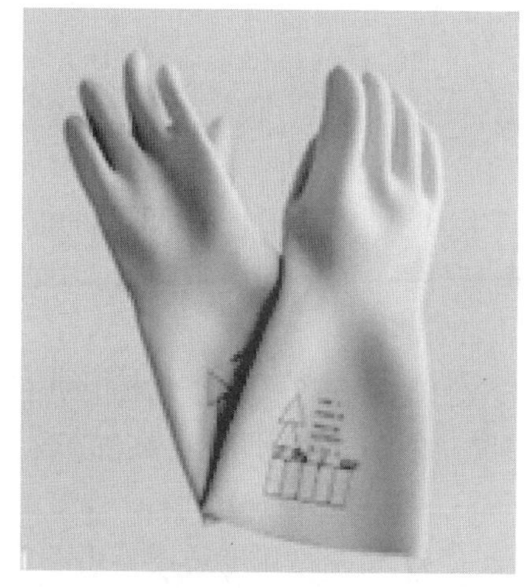

图7-125

（4）确保打开所有车门和挡板，以使车辆自由进入。

（5）断开 12V 蓄电池的接地线缆，脱开 12V 负极如图 7-126 所示。

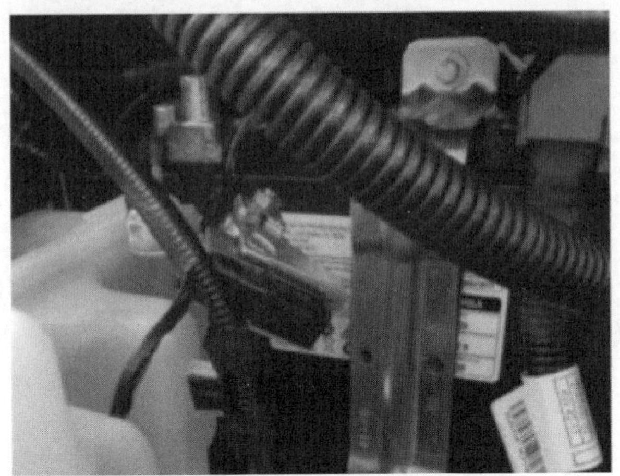

图7-126

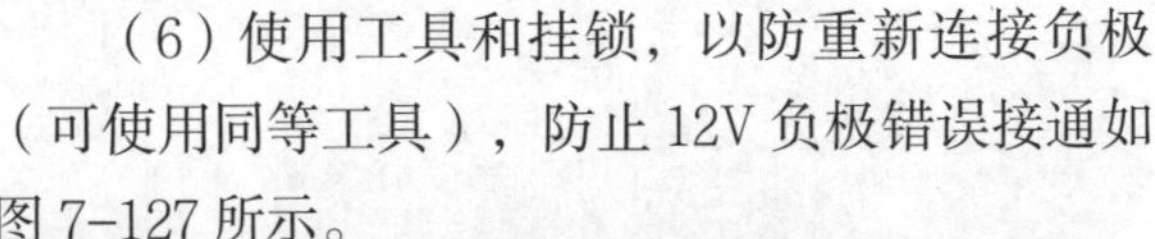

（6）使用工具和挂锁，以防重新连接负极（可使用同等工具），防止 12V 负极错误接通如图 7-127 所示。

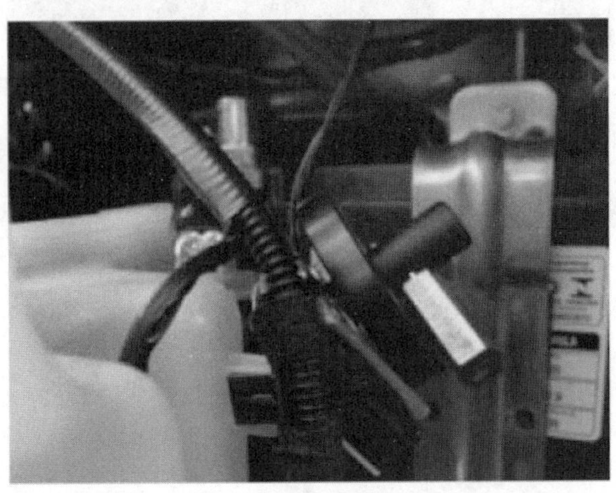

图7-127

（7）组装高压电适配器组：检查高压电适配器组是否有外部损坏（绝缘、接口、插入式触点等）；连上扁平高压电连接器和扁平高压电衬套。适配器外观检查如图 7-128 所示。

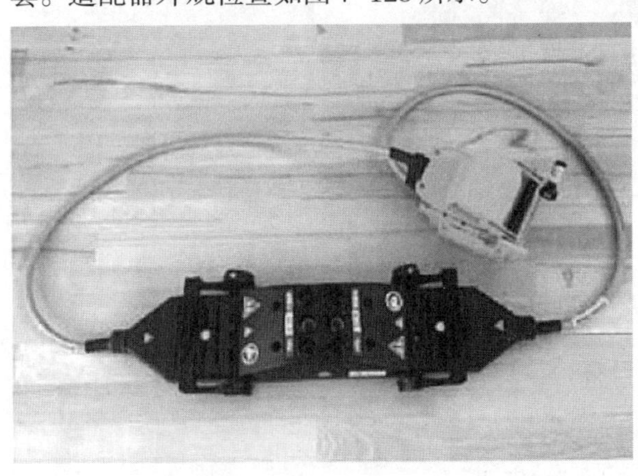

图7-128

（8）检查数字万用表有无损坏、功能是否正常，以及两极电压检测仪有无损坏，两极测试仪和万用表如图 7-129 所示。

图7-129

（9）检查高压电适配器组的电气功能：测量 HV- 线的电阻，设定点数值：Ca. 94kΩ（容差 1%）。适配器检查 1 如图 7-130 所示。

（10）检查高压电适配器组的电气功能：测量屏蔽件的电阻，设定点数值：0Ω。适配器检查 2 如图 7-131 所示。

（11）检查高压电适配器组的电气功能：测量 HV+ 线的电阻，设定点数值：Ca. 94kΩ（容差 1%），适配器检查 3 如图 7-132 所示。

（12）检查高压电适配器组的电气功能：测量 HV- 和 HV+ 线之间的电阻，设定点数值：> 10MΩ，适配器检查 4 如图 7-133 所示。

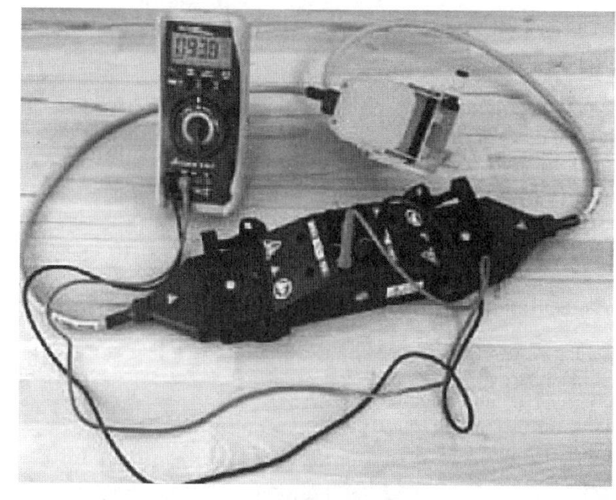
图7-130

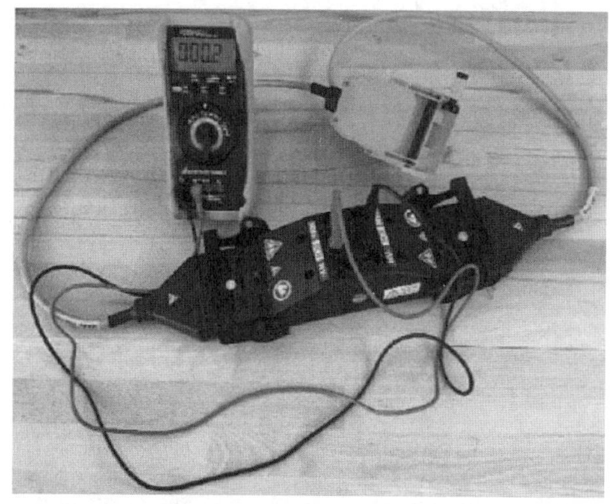
图7-131

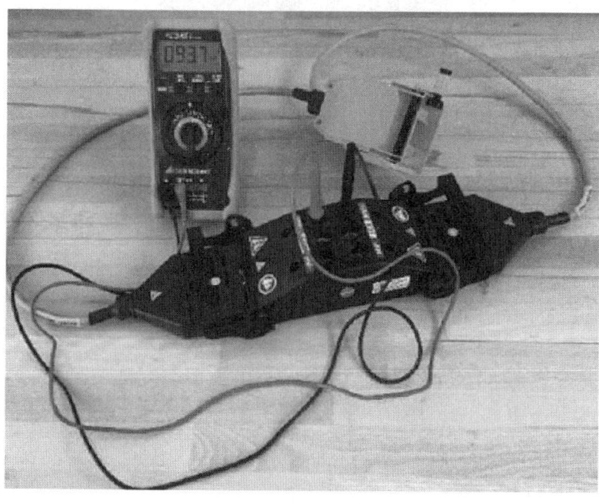
图7-132

图7-133

（13）检查高压电适配器组的电气功能：测量HV-和屏蔽线之间的电阻，设定点数值：>10MΩ。适配器检查5如图7-134所示。

（14）检查高压电适配器组的电气功能：测量HV+和屏蔽线之间的电阻，设定点数值：>10MΩ。适配器检查6如图7-135所示。

图7-134

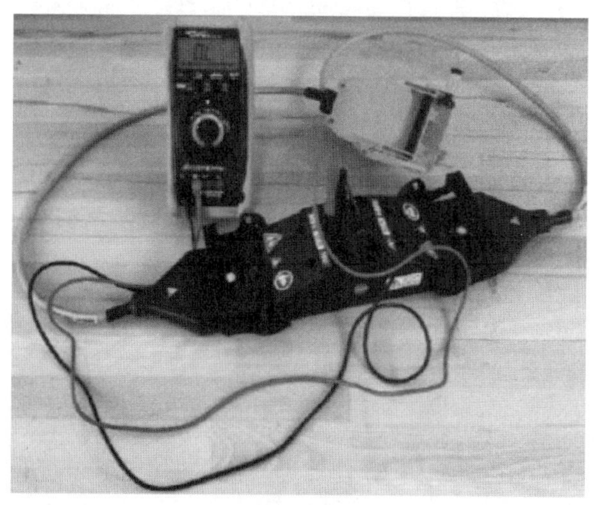
图7-135

（15）在安装高压电适配器组之前，检查电气机械电子设备 EME 上的高压电线缆，以及高压电池上的高压电接口是否有损坏，并正确布线。注意：必须确定电气机械电子设备 EME 和高压电池单元之间的无电压状态。根据进入方式的不同，高压电适配器可与 EME 的高压电池单元接口相连，或直接连入高压电池单元的高压电接口。以下流程与 EME 上的高压电池单元接口相关。高压验电位置如图 7-136 所示。

图7-136

（16）带好绝缘手套，将扁平高压电连接器（来自高压电池单元）从 EME 上断开。断开插头连接后，检查高压电接口是否有损坏、污染、异常等，如图 7-137 所示。

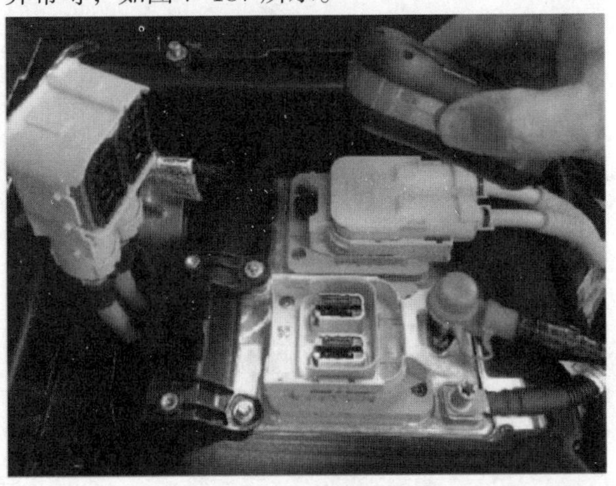

图7-137

（17）将检查好的高压电适配器与车辆高压电系统相连，如图 7-138 所示。

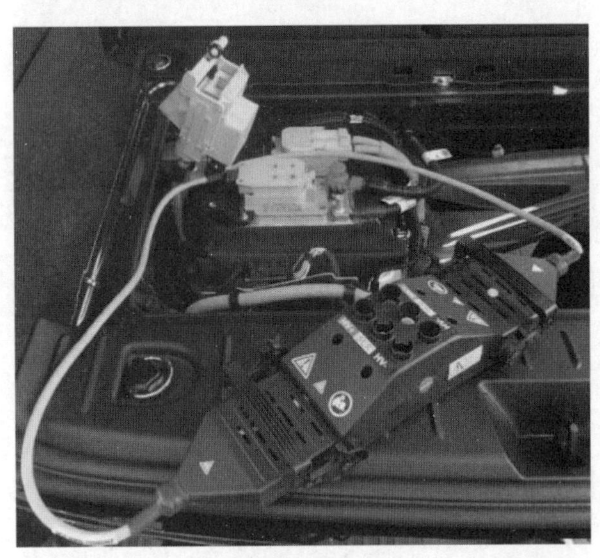

图7-138

（18）在相同类型的低压 12V 电源上执行两极电压检测仪的功能检查。两极测试仪检查如图 7-139 所示。

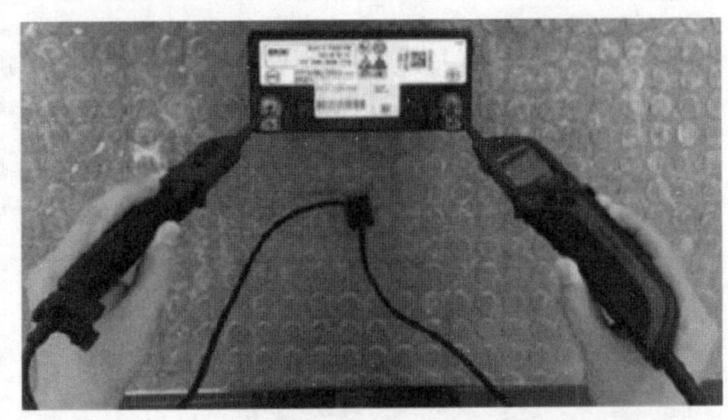

图7-139

（19）接下来使用检查好的两极电压检测仪进行 6 项检查，确认车辆高压系统是否正常切断。警告：只要在一项检查中两极电压检测仪出现了反应，就表明高压电系统并未全极断电。说明高压电池内部的正负接触器发生了粘连，必须进行正确的维修，不在本文的技术讨论范围之内。

（20）高压电池侧：HV+ 与 HV-，如图 7-140 所示。

（21）高压电池侧：HV+ 与 SCR 屏蔽层，如图 7-141 所示。

（22）高压电池侧：HV- 与 SCR 屏蔽层，如图 7-142 所示。

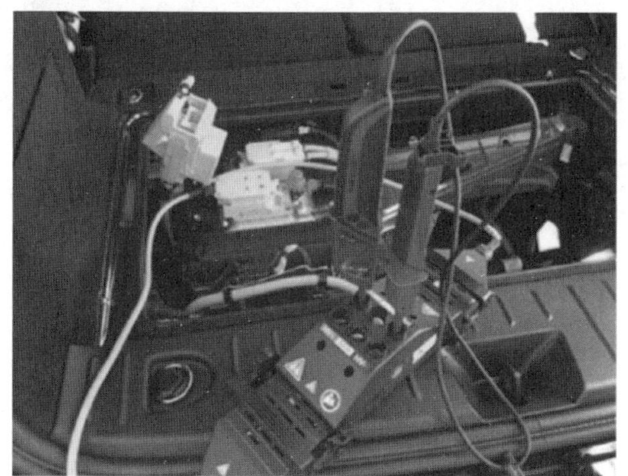

图7-140

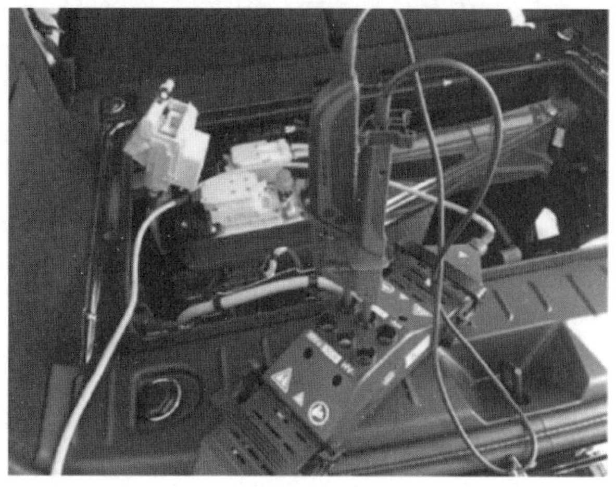

图7-141

（23）EME 侧：HV+ 与 HV-，如图 7-143 所示。

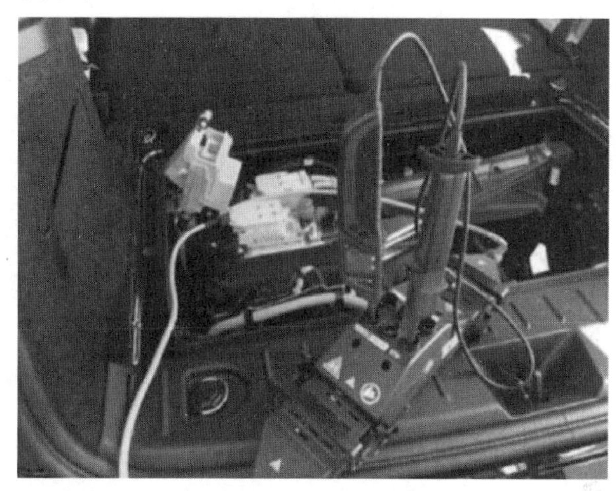

图7-143

图7-142

（24）EME侧HV+与SCR屏蔽层，如图7-144所示。

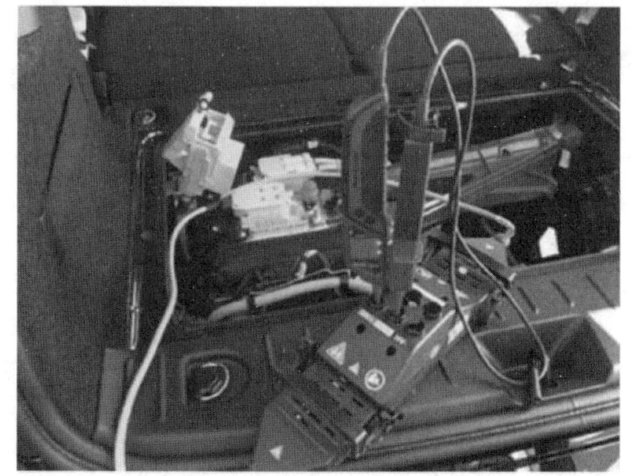

图7-144

（25）EME侧HV-与SCR屏蔽层，如图7-145所示。

图7-145

第八章 奥迪车系

第一节 纯电动车高压系统组成及结构

一、奥迪Q2 e-tron

1.高压系统组成

高压部件连接关系如图 8-1 所示。

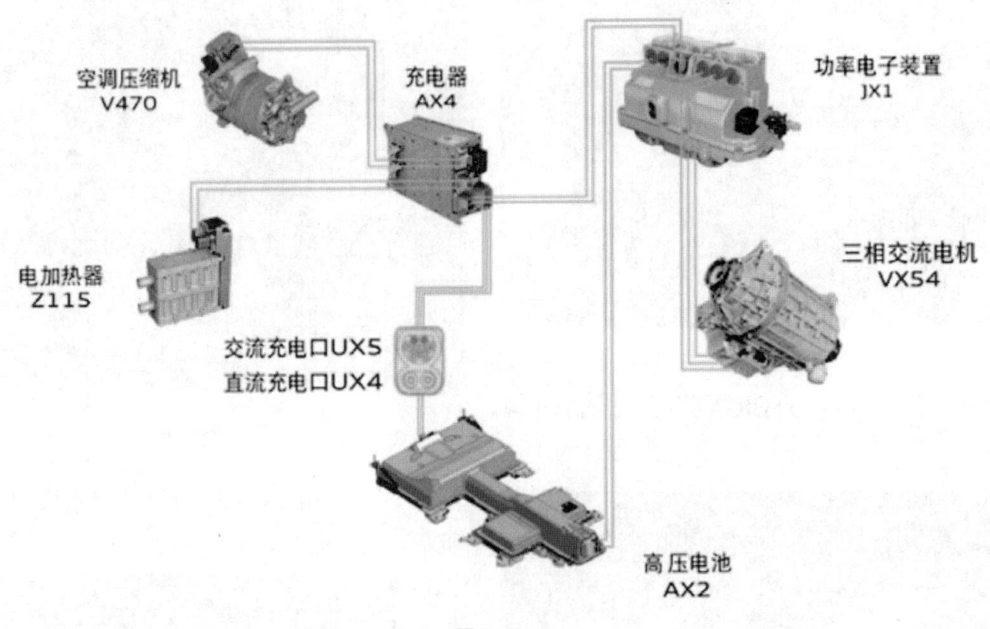

图8-1

2.高压系统主要部件概述

（1）高压充电器 AX4（如图 8-2 所示）。

将交流电转换为直流电，为高压电池 AX2 充电。

（2）功率电子控制装置 JX1。

功率电子控制装置内集成了电驱动系统控制单元 J841、空调压缩机保险 S355、逆变器 A31、变压器 A19、中间电容 C25、12V 电网接口、高压系统接口和冷却液接口。它控制从高压电池 1 AX2 到三相电流驱动电机 VX54 的能量流并在三相电流驱动电机上调节所需的扭矩（发动机 / 发电机），如图 8-3 所示。此外，电动机的电子功率和控制装置 JX1 还通过内置的变压器 A19 对 12V 车载电网提供支持。主动放电——当 15 号端子断开，发生碰撞时安全线断开；使用 A19 在 4s 内将电放到 60V，电路图如图 8-4 所示。

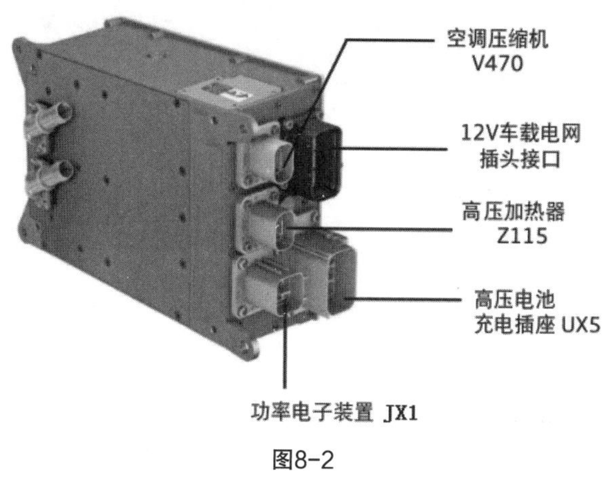

图8-2

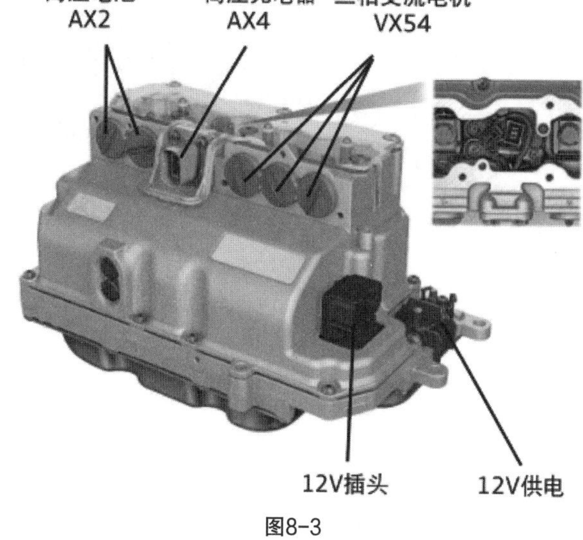

图8-3

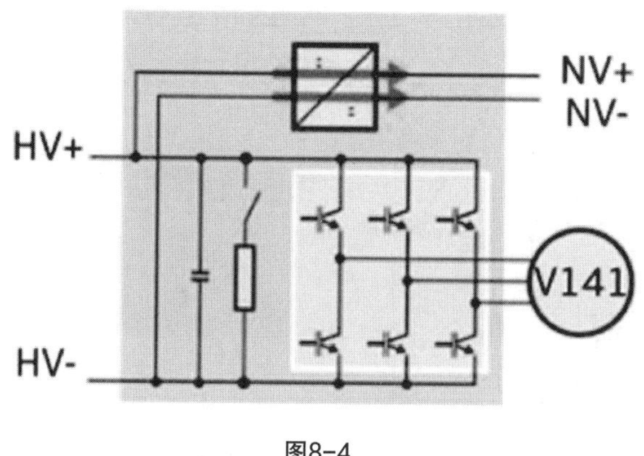

图8-4

紧急放电——变压器 A19 损坏时，通过中间电路电容 1 C25 的放电电阻进行紧急放电。持续约 4s，电路图如图 8-5 所示。

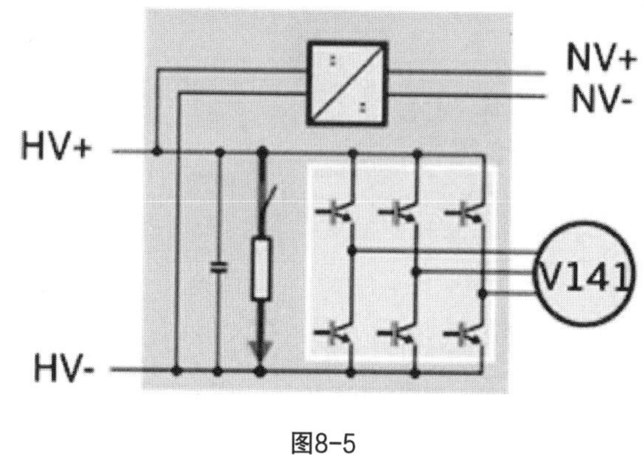

图8-5

被动放电——借助电动机的电子功率和控制装置 JX1 中的各种电阻，在高压正极和高压负极之间实现被动放电，同时无法对被动放电进行影响。持续约 120 s。这个过程是随时存在的。

中间电路电容 1 C25 的任务是保持电压恒定并平整电压峰值。接线端 15 “接通”时，它充电，接线端 15 “断开”时，它主动放电。出现故障或出现一个碰撞信号时，电容同样会主动放电。

电气空转——当 15 号断开时，车辆可以以步行速度移动；当 15 号端子打开时且挡拉处于 N 挡时，车辆可以达到最高 50km/h 的速度，电路图如图 8-6 所示。

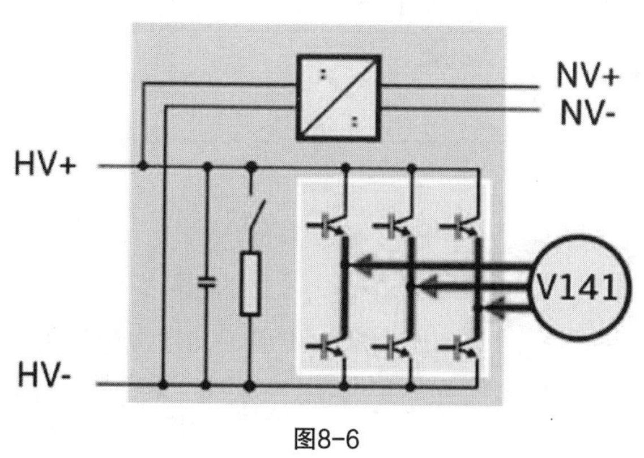

图8-6

主动短路——15 号打开且车速超过 50km/h 后，系统会控制电机主动短路产生较大机械阻力。在此状态下长时间移动，存在电机过热损坏的可能！电路图如图 8-7 所示。

（3）三相交流驱动电机 VX54。

三相交流驱动电机如图 8-8 所示。

通过功率电子控制装置控制来实现电动机驱动车辆，或是作为发电机来回收能量提高续航里程。

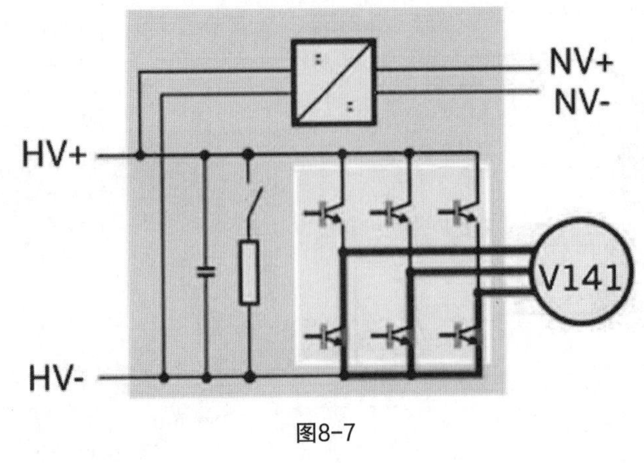

图8-7

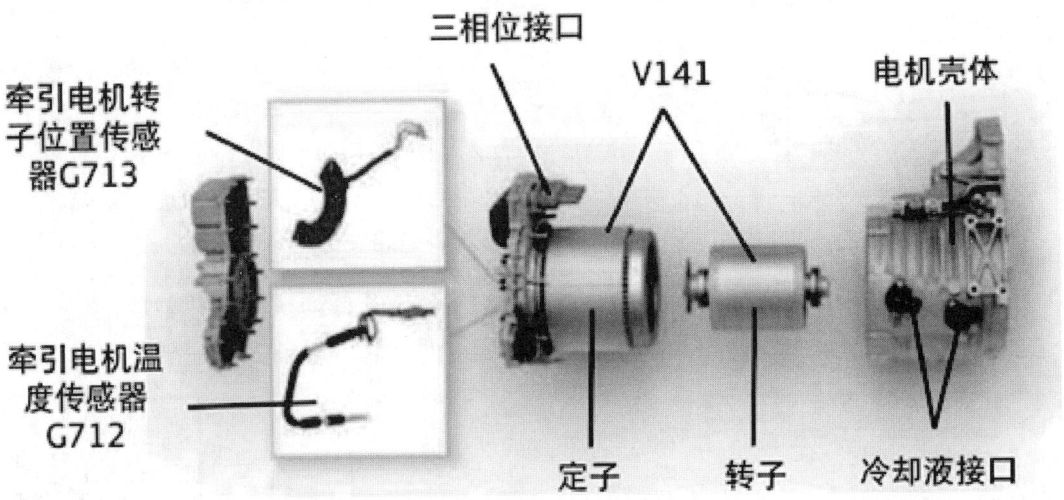

三相位接口
V141
电机壳体
牵引电机转子位置传感器G713
牵引电机温度传感器G712
定子
转子
冷却液接口

图8-8

（4）高压电池 1 AX2。

高压电池 1 AX2 如图 8-9 所示。

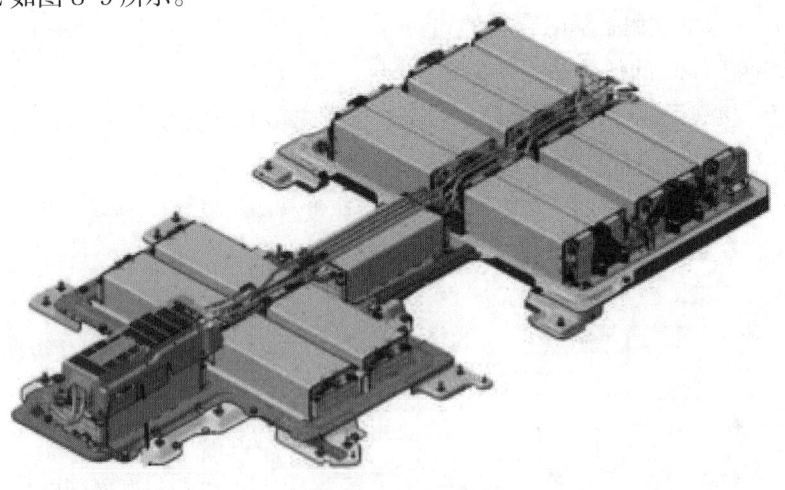

图8-9

高压电池安装在车辆下面并且为行驶、加热和制冷提供能源。高压电池内集成了高压电池开关盒 SX6 来控制高压功率保护器的断开与接通，高压开关盒 SX6 控制原理如图 8-10 所示。

（5）高压电池管理器 J840。

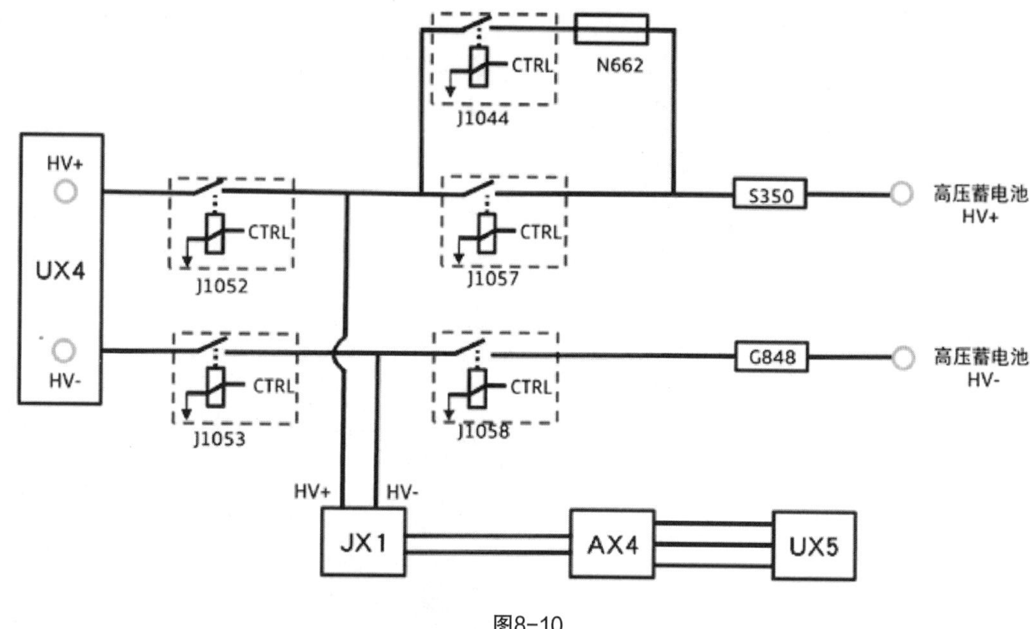

图8-10

该部件属于低压元件，其监控高压电池内部电池充电状态、内部绝缘状态、控制高压开关盒 SX6 工作、监控碰撞信号和安全线状态，如图 8-11 所示。

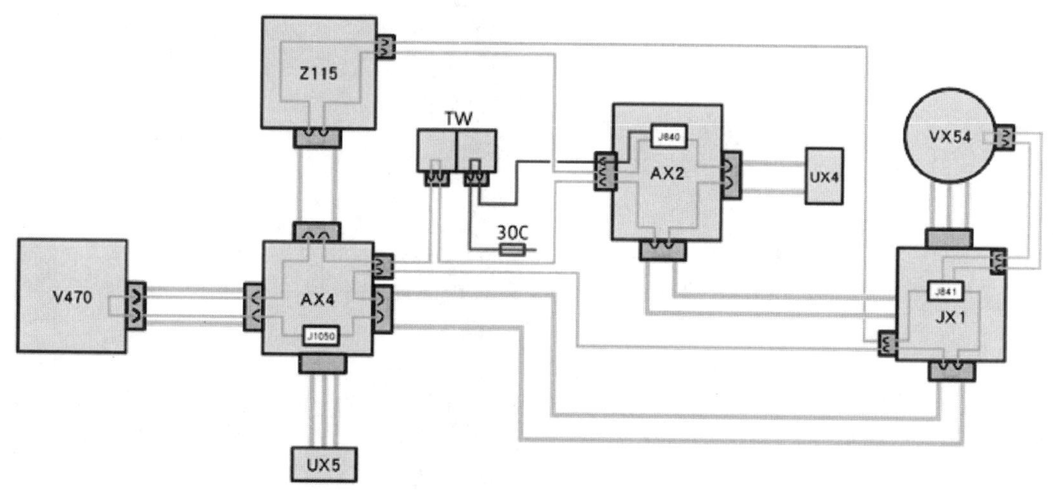

图8-11

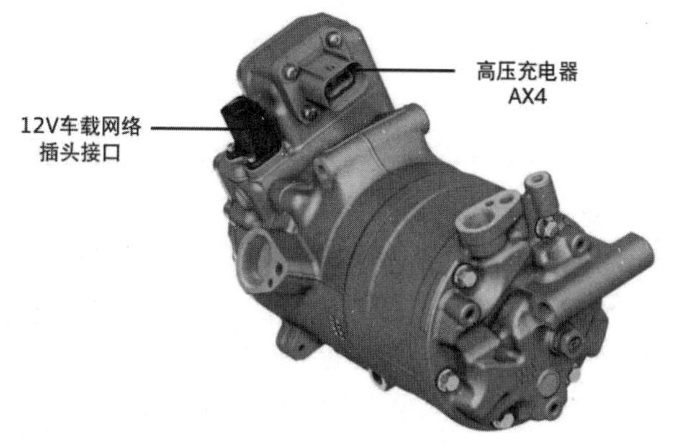

图8-12

（6）空调压缩机 V470。

空调压缩机 V470 结构如图 8-12 所示。根据空调控制单元 J255 的指令激活空调压缩机，实现空调系统的制冷功能。

（7）电加热器 Z115。

电加热器 Z115 结构如图 8-13 所示。为乘员仓提供暖风热量。

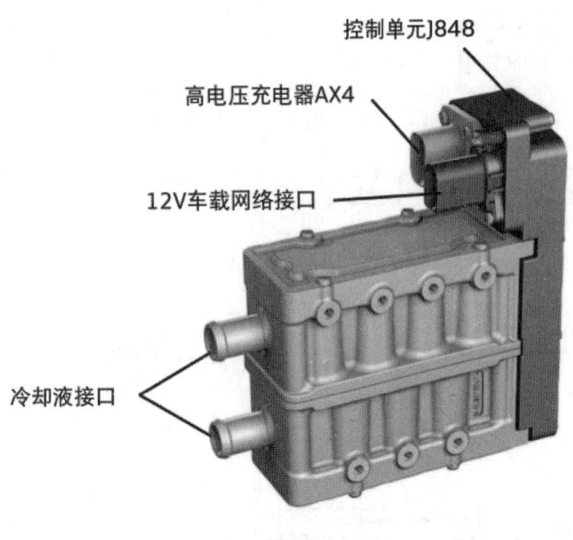

图8-13

二、奥迪e-tron

1.高压系统组成

高压系统组成如图 8-15 所示。

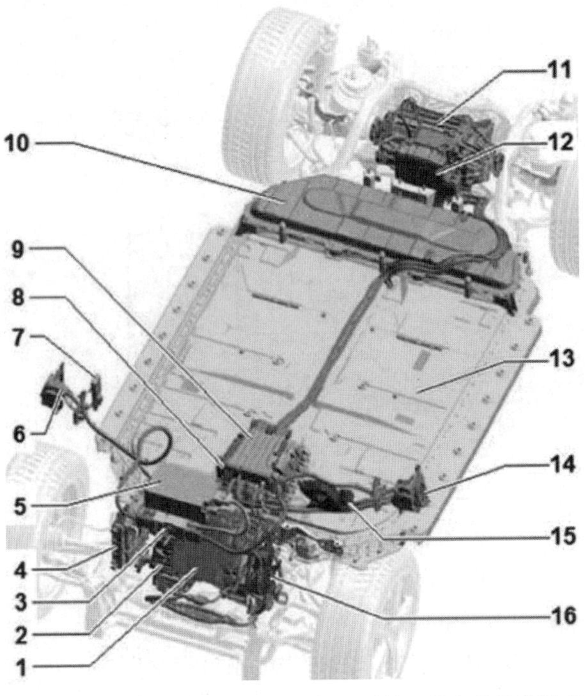

1.前轴上的电驱动控制单元J1234　2.前轴上的电驱动装置牵引电机V66　3.高压充电电源配电器SX4　4.变压器A19　5.高压电池充电装置1AX4　6.高压电池充电插座 2 UX5　7.电池调节控制器 J840　8.高压电源的导线分线器TV43　9.高压电池开关箱SX6　10.高压电池1 AX2第2层　11.后轴上的电驱动装置牵引电机V663　12.后轴上的电驱动控制单元J1235　13.高压电池1 AX2第1层　14.高压电池充电插座1 UX4　15.高压加热装置（PTC）Z115　16.高压加热装置2（PTC）Z190

图8-15

3.高压系统保养插头与30C保险丝

该部件属于低电压元件，主要是在高压系统断电时需要切断相关装置。高压系统保养插头位置如图 8-14 所示。30C 保险丝位置如图 8-15 所示。

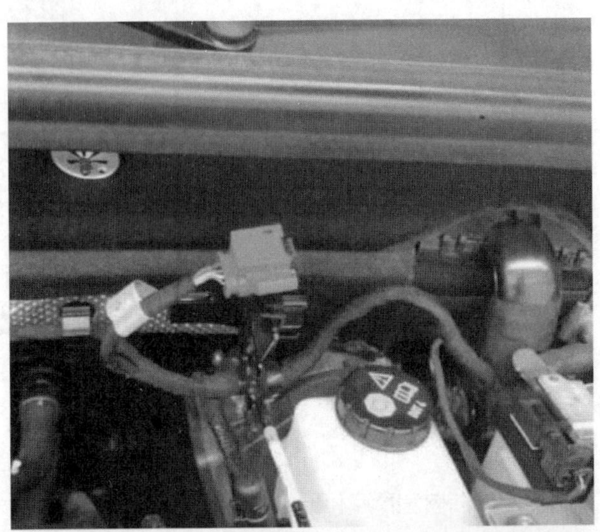

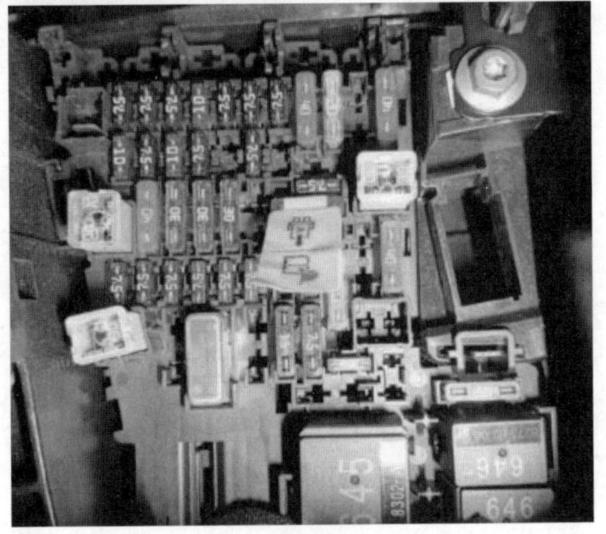

图8-14

2.高压主要部件概述

（1）高压电池充电器 AX4。

高压电池充电器 AX4 结构如图 8-16 所示。

将交流电（AC）转换成直流电（DC），以便给高压电池充电；内部集成有充电器控制单元 J1050，连接在混合动力 CAN 总线上；在充电过程中与充电桩通信；充电器控制单元 J1050 负责充电管理，存储充电和驻车空调时间设置信息。充电功率最大可达 11kW；可实现 1~3 相交流充

图8-16

该装置只有在装配了第二个车载充电器 AX5 后才会配套装配。

（3）电动空调压缩机 V470。

电动空调压缩机 V470 结构如图 8-18 所示。

图8-18

关盒 SX6 内一个保险丝来供应高压，通过高压电池开关盒 SX6 内一个保险丝来供应高压。

（4）高压加热器（PTC）Z115 和高压加热器 2（PTC）Z190。

高压加热器（PTC）Z115 和高压加热器 2（PTC）Z190 结构如图 8-19 所示。

对车内空间的空气进行加热；对高压电池的冷

电，内部有 3 个整流器，每个整流器的最大工作能力为 16A；充电器控制单元 J1050 控制插头 / 充电盖锁止功能；充电器控制单元 J1050 监控插座温度；在直流充电时，充电器控制单元 J1050 负责通信，这时整流器不工作。

（2）高压充电网配电器 SX4。

高压充电网配电器 SX4结构如图8-17所示。

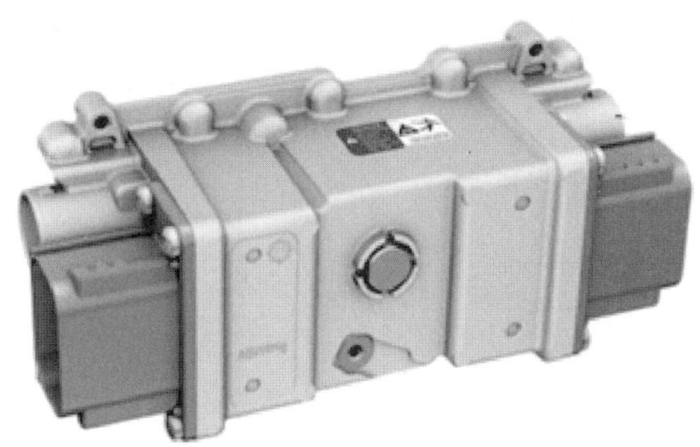
图8-17

电动空调压缩机属于温度管理系统的从控元件，对车内空间进行制冷；对车内空间进行制冷；驻车空调功能；驻车空调功能；通过高压电池开

图8-19

却循环管路进行加热；用于驻车加热功能；通过高压电池开关盒 SX6 内的一个保险丝来供应高压电；高压加热器 Z115 集成有控制单元 J848；高压加热器 2 Z190 集成有控制单元 J1238；高压加热器（PTC）属于温度管理系统部件，控制单元 J848 和 J1238 通过 LIN 总线连接温度管理控制单元 J1024。

（5）DC/DC 变压器 A19。

DC/DC 变压器 A19 结构如图 8-20 所示。

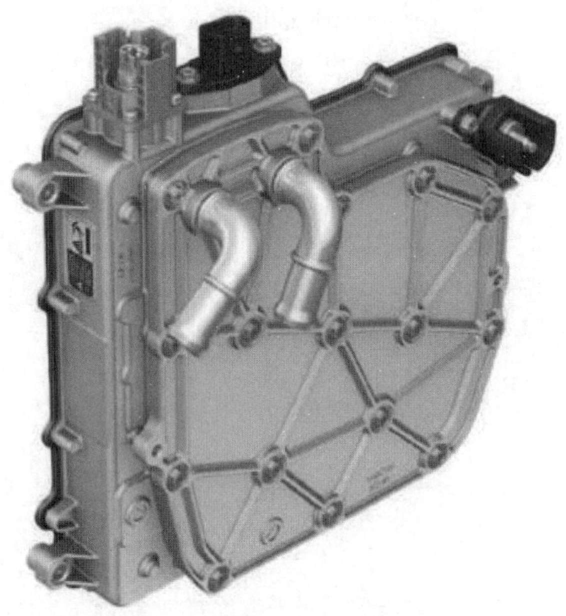

图8-20

将高压电压 397V 转换成 12V 车载电压；变压器的功率高达 3kW；采用冷却液循环来冷却；变压器 A19 控制单元连接混合动力 CAN；变压器 A19 诊断地址码：8104；通过开关盒 SX6 内的一个保险丝连接在高压电池上。

（6）高压部件保养插头 TW。

保养插头位置如图 8-21 所示。30C 功率控制单元保险丝位置如图 8-22 所示。

图8-21

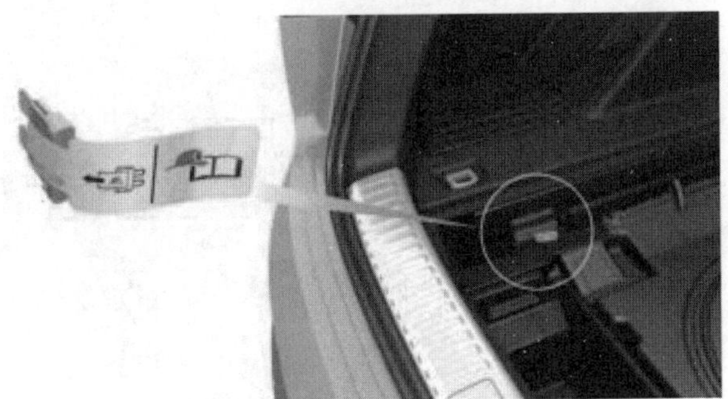

图8-22

（7）前部交流驱动装置 VX89。

前部交流驱动装置 VX89 如图 8-23 所示。

图8-23

该装置实质上是由两个独立的元件前桥驱动电机 V662 和前桥驱动控制单元 J1234- 功率电子装置组成的。功率控制单元根据行驶工况来控制驱动电机作为电机驱动 DC-AC；或作为发电机回收能量 AC-DC。驱动电机作为执行器，根据功率控制单元的指令来工作。其内部集成了电机位置传感器和温度传感器，用来监控电机的工作状态。

（8）后部交流驱动装置 VX90。

后部交流驱动装置 VX90 功能与组合与前部交流驱动装置 VX89 基本一致，结构如图 8-24 所示。

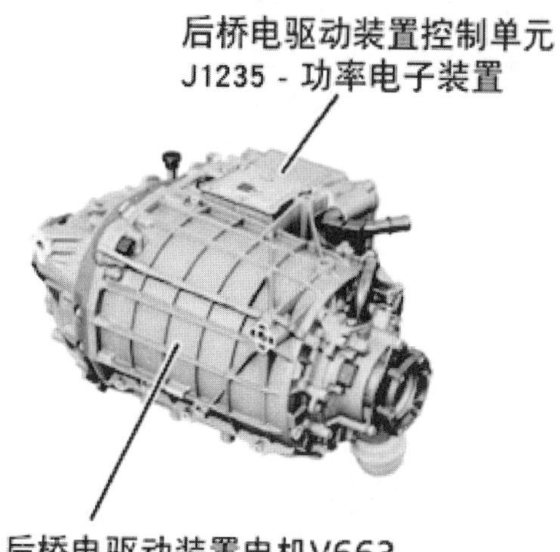

图8-24

（9）高压电池 AX2。

高压电池 AX2 如图 8-25 所示。

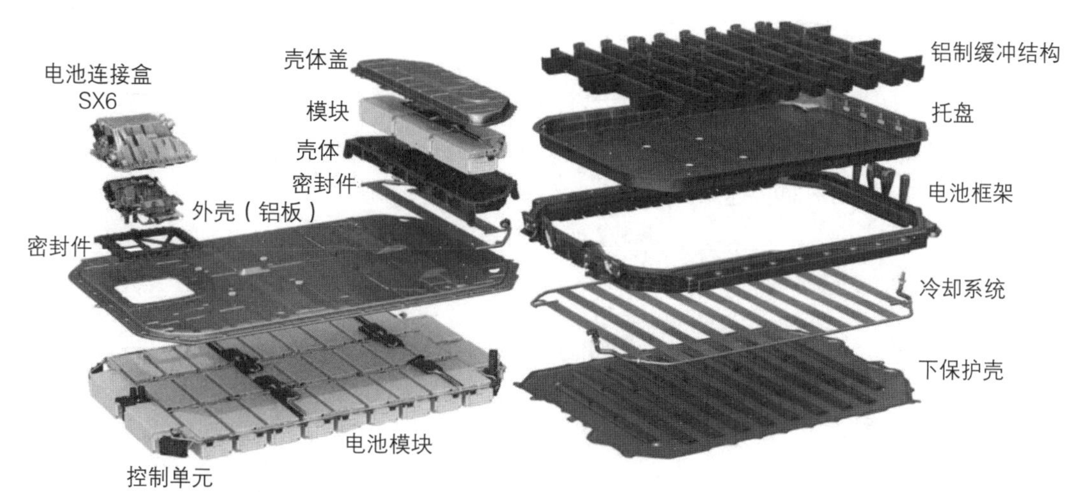

图8-25

图8-26

高压电池 AX2 集成了开关盒 SX6、12 个电池模块控制单元、36 个电池控制模块，主要用来存储电能和给驱动电机、车载 12V 电网、空调系统提供电能。

（10）高压电池 AX2 调节控制单元 J840。

高压电池 AX2 调节控制单元 J840 安装位置如图 8-26 所示。

高压电池 AX2 调节控制单元 J840 是一个低压部件，它没有集成在高压电池内。但它是高压电池的主要控制单元，其功能有“确定高压电池的充电状态、确定并监控允许的充电电流和放电电流以及电池充电的电压和电流、评估高压开关盒 SX6 所测得的高压系统绝缘电阻值、监控安全线 1、估算电池格电压及平衡、把要求高压电池加热的指令发给温度管理控制单元 J1024；按温度管理控制单元 J1024 提供的参数来激活高压电池冷却液泵 V590；在发生碰撞时促使接触器脱开”。

（11）开关盒 SX6。

开关盒 SX6 结构如图 8-27 所示。

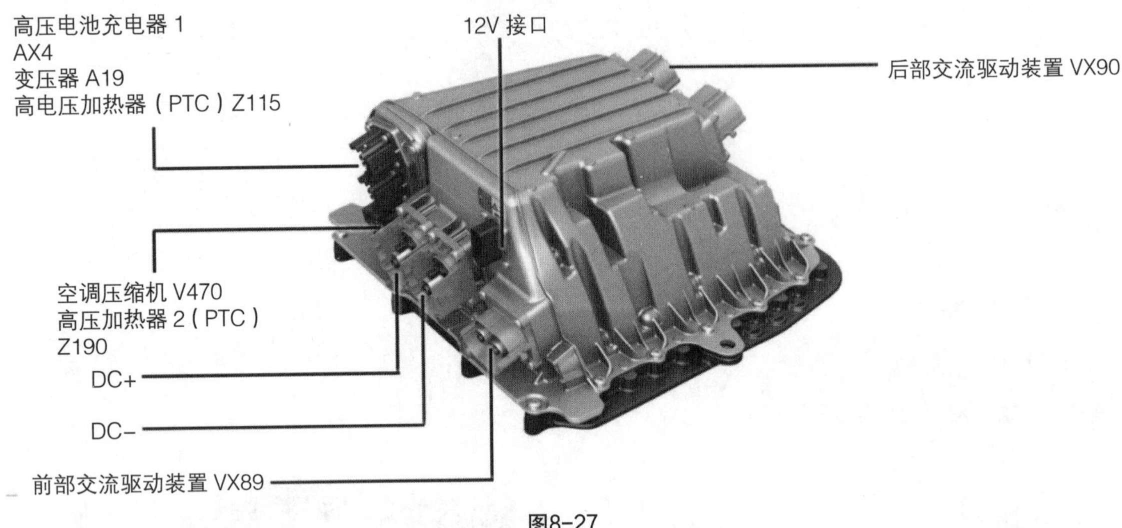

图8-27

根据 J840 的控制指令来控制高压接触器的断开和闭合；并且在点火开关打后每隔 30s 就会进行一次绝缘检查，并将相关信息传递给 J840。

（12）安全线。

安全线连接如图 8-28 所示。

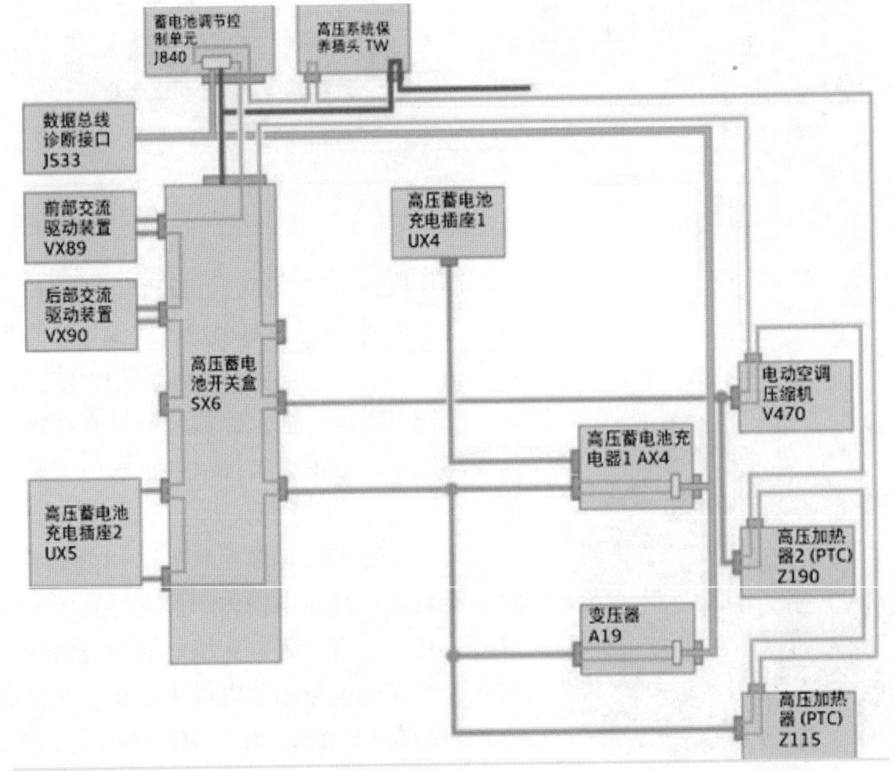

图8-28

安全线 1 穿过蓄电池调节控制单元 J840、电动空调压缩机 V470 、高压加热器 2（PTC） Z190、高压加热器（PTC） Z115、保养插头 TW 和高压电池开关盒 SX6；安全线 2 在变压器 A19 内；安全线 3 在高压电池充电器 1 AX4 内；J840、A19、AX4 将安全线 1~3 的状态报告给数据总线诊断接口 J533。其中任一条安全线中断了，组合仪表控制单元 J285 有信息提示，关闭端子 15 前可以继续开车行驶，但无法再次激活驱动系统。

第二节　断电与上电操作

一、需要用到的专用工具

（1）VAS6558/9-4 如图 8-29 所示。

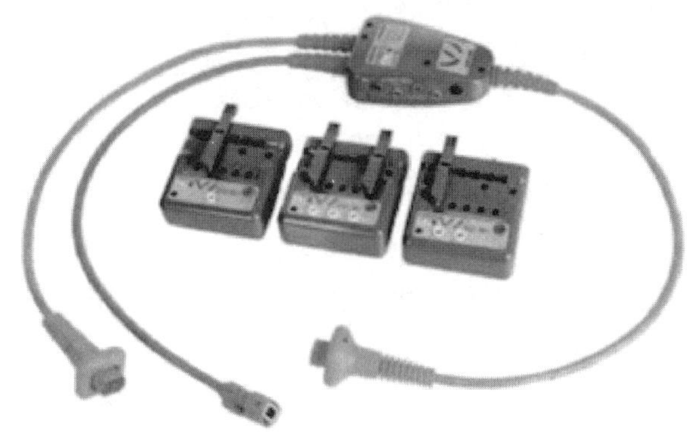

图8-29

（2）VAS6558A 如图 8-30 所示。

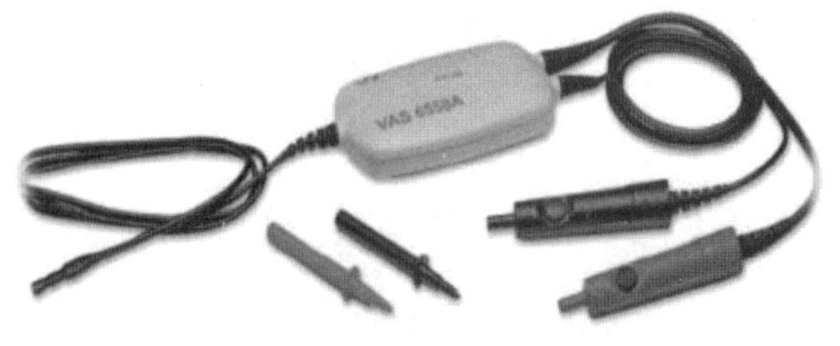

图8-30

（3）VAS6558/9-6 如图 8-31 所示。

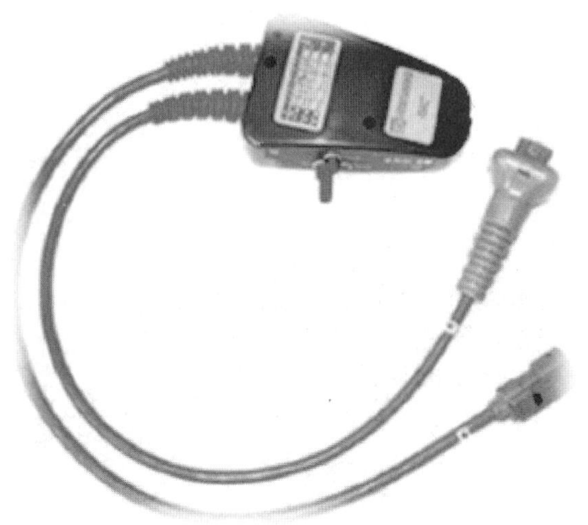

图8-31

二、手动断电操作流程

（1）穿好高压操作防护服、绝缘鞋、绝缘手套（注意使用前检查绝缘效果是否良好）。

（2）使用诊断仪 VAS6150E 进入诊断系统，在功率控制单元 J841 内选择“切断高压电源”的测试计划（如使用专检，则后面的操作根据诊断仪提示一步一步执行即可）。

图8-32

（3）检查高压系统导线外观有无破损情况。

（4）在待修车辆上放置高压危险警示标识牌 VAS6649，如图 8-32 所示。

（5）关闭定时充电和恒温空调设置。

（6）观察组合仪表是否有高压电未断电符号。

（7）在诊断仪中选择手动断电测试计划。

（8）打开高压系统保养插头TW，并用专用工具T40262/1将TW插头上锁防止意外送电（注意钥匙由断电本人妥善保管），如图8-33所示。

图8-33

（9）将高压测量工具VAS6558A连接到诊断仪上并进行仪表校零，如图8-34所示。

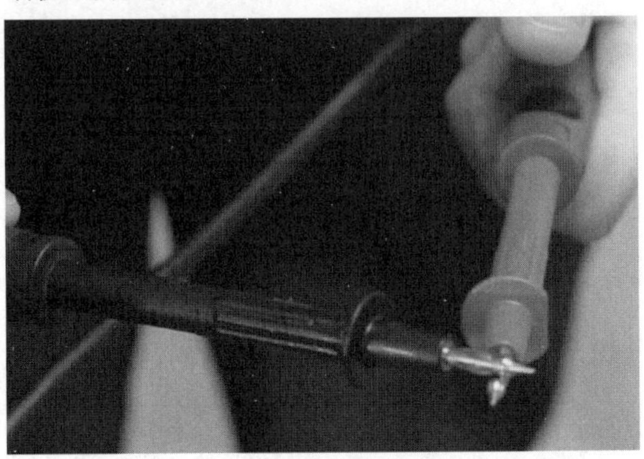

图8-34

（10）根据诊断仪提示依次检查VAS6558/9-6正极、负极、屏蔽线路之间的绝缘电阻，正常电阻值都在5.5GΩ（将测量值记录在断电记录表内），如图8-35所示。

图8-35

（11）将VAS6558/9-4和VAS6558/9-6连接在一起，测量VAS6558/9-6导线之间的电阻值。正常状态下正极和负极导线电阻在95~105kΩ之间，屏蔽线路之间电阻值应小于5Ω，如图8-36所示。

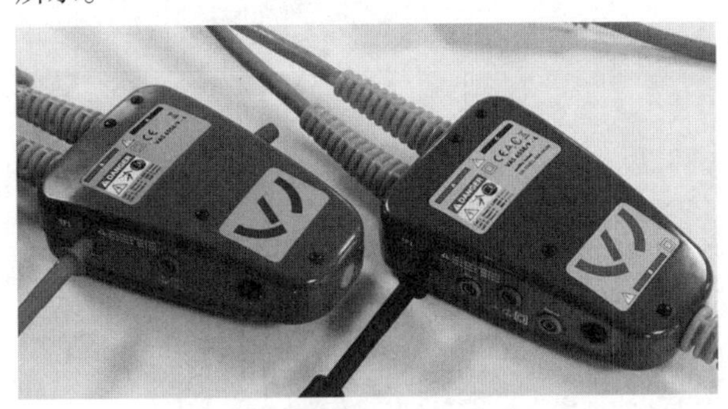

图8-36

（12）打开点火开关，取下12V充电器，测量12V车载电源电压值。注意：VAS6558A上的蓝色指示灯一直亮起不能闪烁，VAS6558A上的红色指示灯亮起。

（13）关闭点火开关，取下所有12V蓄电池的负极接地线并绝缘处理。

（14）等待5min以上让功率电子控制装置进行放电（正常情况放电时间为2 min）。

（15）拆下功率控制单元JX1上的高压插接器将VAS6558/9-6串入功率控制单元与高压电池AX1之间的高压线路中。

（16）在VAS6558/9-6的正、负极测量电压应在0.05V左右，且VAS6558/9-6蓝色指示灯常亮（如图8-37所示），指示灯亮绿色说明系统已切断高压电。

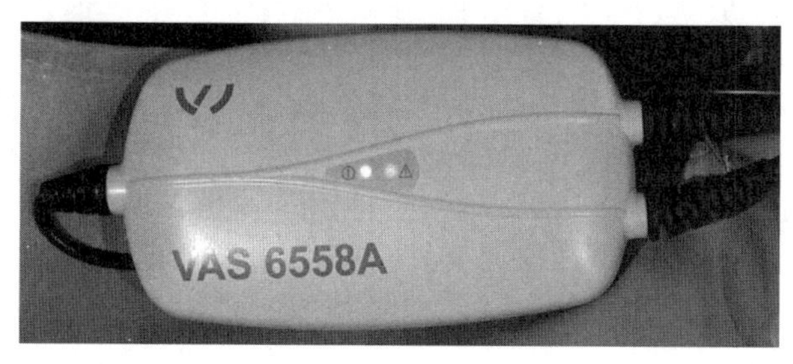

图8-37

（17）测量 VAS6558/9-6 的正、负极与屏蔽线之间电压在 2V 左右；测量屏蔽线与车身接地之间的电阻值为 0.02Ω。

（18）装回 12V 蓄电池接地线和 12V 充电器。

（19）打印断电记录状态，取下高压危险警示牌；将禁止合闸警示牌放置在车上，如图 8-38 所示。

（20）将 VAS6558/9-6 从功率控制单上取下，完成断电操作。

三、上电操作

（1）连接诊断仪采用“诊断”功能。

（2）选择 0051 电气驱动控制单元，右键选择引导性功能——高压电重新投入使用作为测试计划。

（3）连接 12V 充电器，要求充电电流大于 45A。

（4）打开点火开关。

（5）检查高压元件、导线、插接器、等电位线外观没有破损、虚接和腐蚀现象。

（6）上述项目检查均正常，根据诊断仪提示关闭点火开关。

（7）取下 T40262 高压系统保养插头锁，并闭合保养插头 TW。

图8-38

（8）打开点火开关，系统自动重新投入高压系统；根据系统提示需观察组合仪表是否显示未断电符号，此时在组合仪表上不得显示与断电相关的任何符号。

（9）取下 VAS6650 禁止合闸警示牌，放上高压危险警示牌 VAS6649。

（10）高压系统成功上电。

第九章　一汽大众车系

第一节　高压电安全

一、维修资质及作业范围

新能源技术认证等级分 3 级，从低到高分别是 EIP、HVT 和 HVE，如图 9-1 所示。

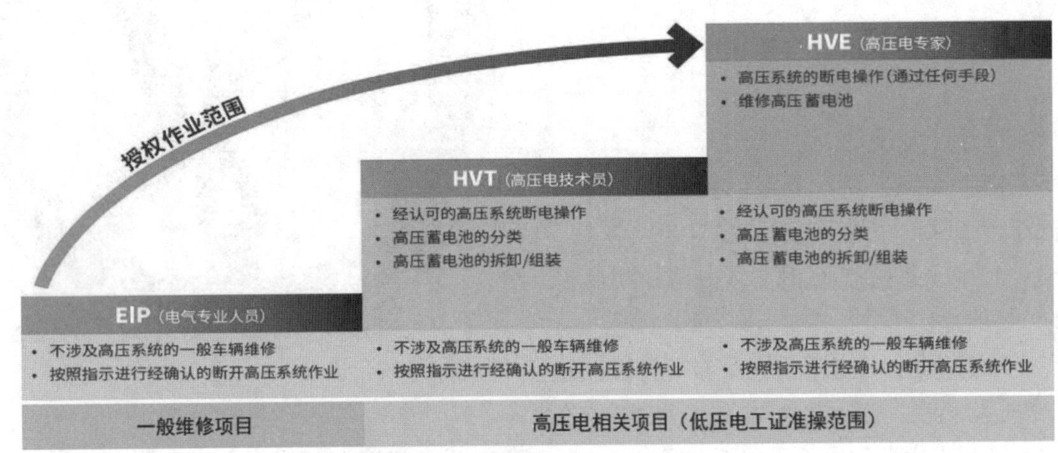

图9-1

二、特种作业操作证（低压电工作业）

这是从事新能源售后维修的必需证件，请提前考取，做一个有证的人！正面如图 9-2 所示。

背面如图 9-3 所示。发证单位：国家安全生产监督管理总局。复审时间：证书有效期为 6 年，每 3 年复审一次，超期或未按时复审为无效证件。

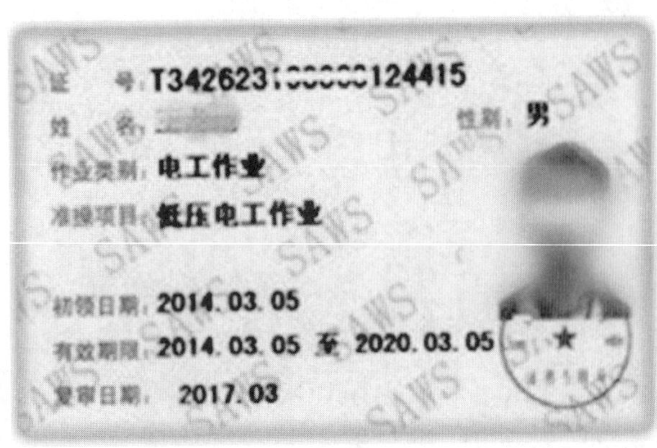

图9-2

图9-3

三、高压电安全知识

车辆上的安全标识随时提醒你这些是具有危险性的，作业时请千万留意，如图 9-4 和图 9-5 所示。

图9-4

图9-5

在新能源汽车上，研发阶段就设计了一整套高压电安全方案，我们通过多重的技术手段保证用户的用车安全，如图 9-6 所示。

绝缘电阻监控

警告

继电器（用于高压蓄电池与高压系统断开）

动力线路的绝缘措施

橙色（RAL 2003）

IPXXB = 组件接触保护

将高压系统从车辆接地断开

控制线路

维修插头

电位平衡线路

图9-6

四、高压电安全方案

对地绝缘的高压系统通过高压部件的金属壳体必须全部与车辆接地相连（电位平衡），能够防止在出现错误时，高压电部件之间存在危险的电压差，如图 9-7 所示。

无电位平衡的高压系统可能会因为内部故障导致用户触电，如图 9-8 所示。

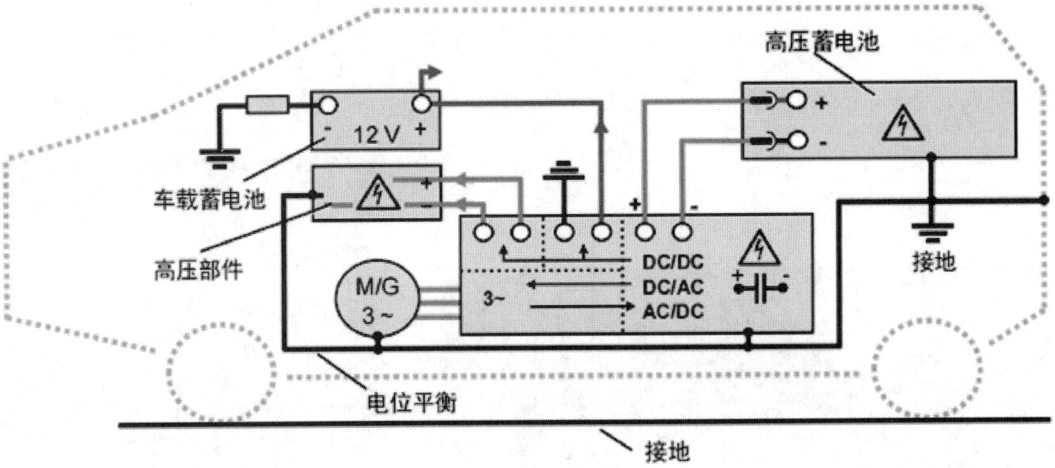

图9-7

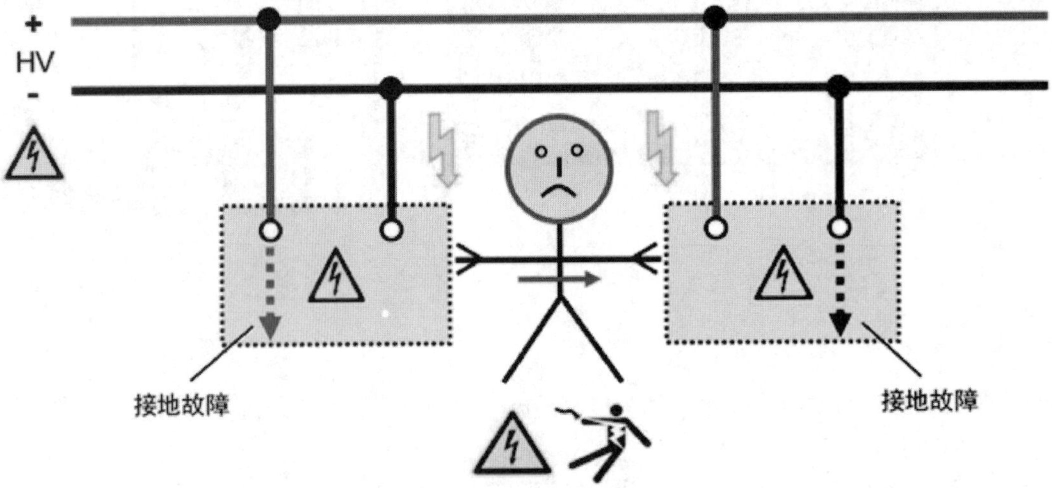

图9-8

带有电位平衡的高压系统通过高压部件外壳的接地实现电位平衡，即使在内部故障状态下，也能保障外壳电位平衡，不会触电，如图 9-9 所示。

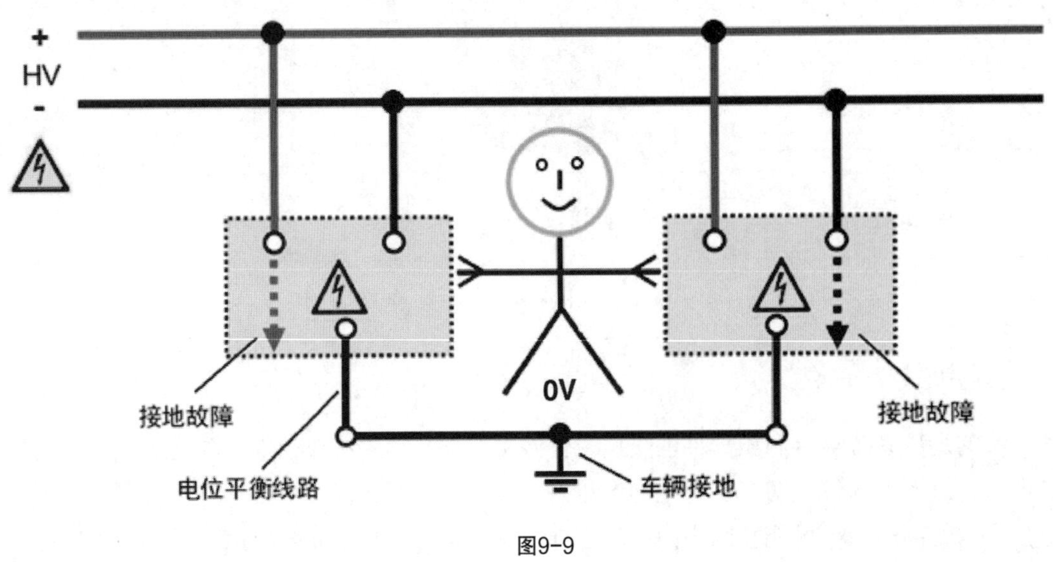

图9-9

高压系统中设计了低压的先导线路，只有先导线路导通，高压才能够接通，发生碰撞、断开维修插头等情况下，先导线路会断开，高压系统也随之断电，如图 9-10 所示。

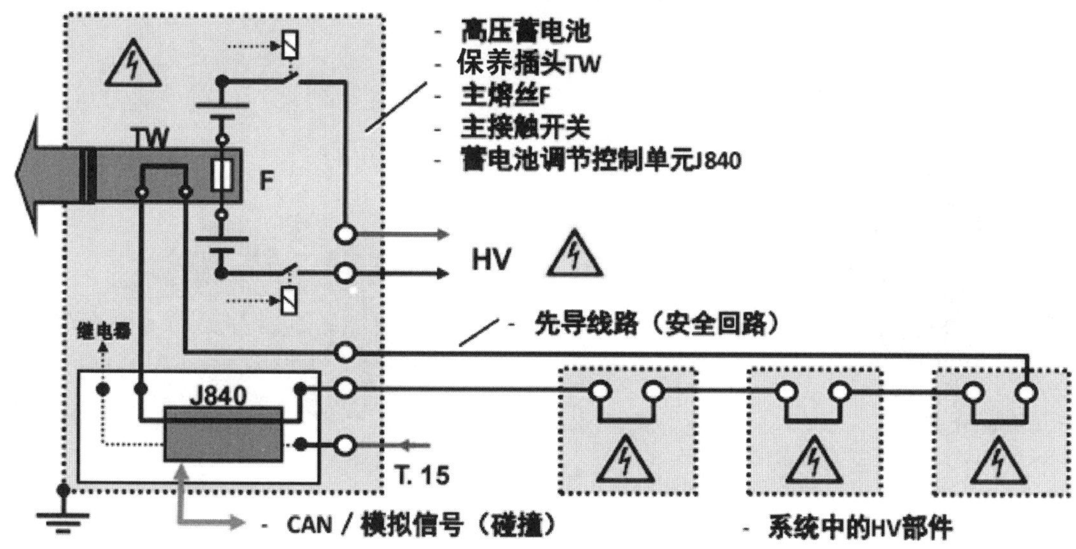

图9-10

通过绝缘测试能够及时发现高压蓄电池内是否有绝缘故障，如图 9-11 所示。

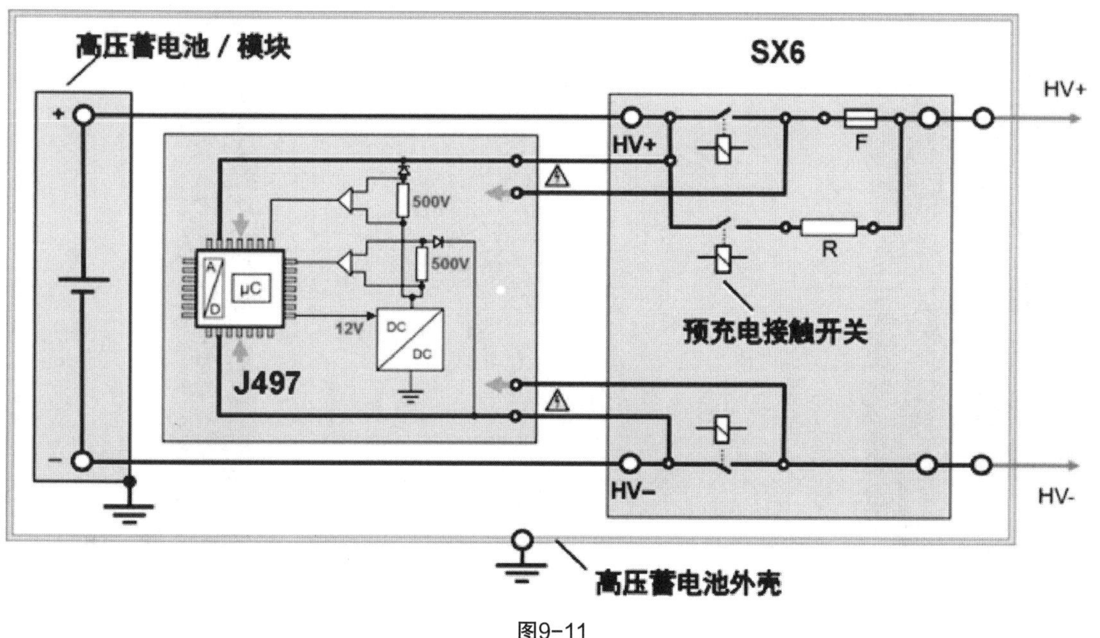

图9-11

五、安全防护及规范操作

1.个人防护装备

个人防护设备能够在维修作用过程中为我们提供安全防护，保证安全。

（1）安全帽，提供最高 1000V DC 的保护（带护目镜），如图 9-12 所示。

（2）防护服如图 9-13 所示。

（3）高电阻工作鞋如图 9-14 所示。

图9-12　图9-13　图9-14

（4）防护手套，防护电压最高为 1000V，如图 9-15 所示。

（5）内部手套，棉质，如图 9-16 所示。

（6）绝缘垫，AS6762 高压工具箱（50kV），如图 9-17 所示。

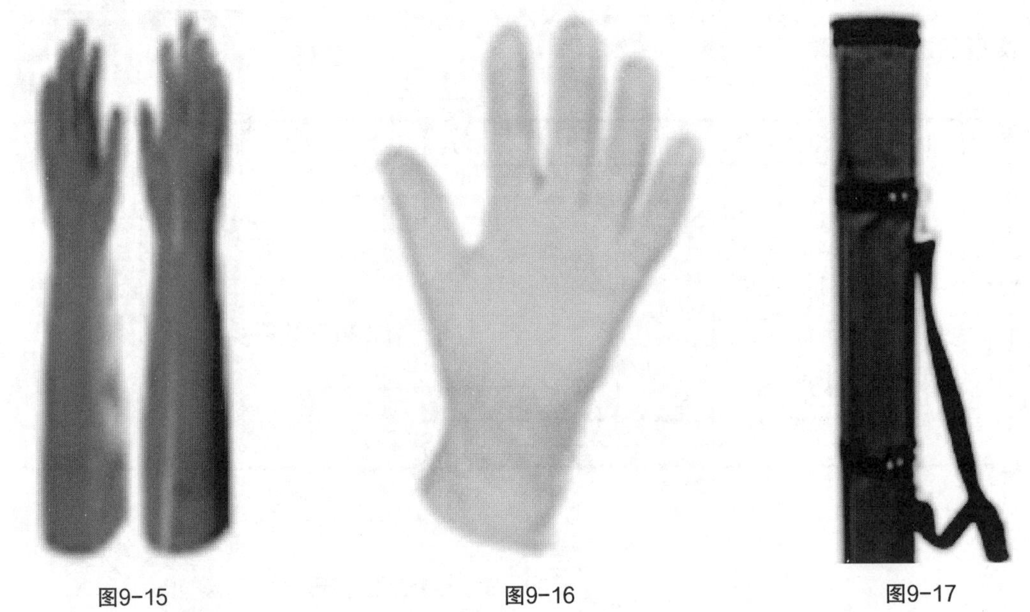

图9-15　图9-16　图9-17

在进行高压相关作业时，请遵照维修手册穿戴防护装备，每次作业前请检查装备状态。

2.警告标牌及禁止标志

警告标牌及禁止标志能够提醒其他人当前的危险状态以及禁止的操作。请在维修过程中规范使用。当然，我们在进行维修作业时，维修小组组员要相互监督和检查是否规范操作，一旦出现危险请及时制止，必要时要采取断电及急救措施。

（1）VAS 6871“禁止插入”如图 9-18 所示。

（2）VAS 6650A“禁止接通”，如图 9-19 所示。

（3）VAS 6881 “请勿接近”，如图 9-20 所示。

图9-18

图9-19

图9-20

（4）VAS 6882“禁止烟火”，如图 9-21 所示。
（5）VAS 6786“蓄电池的危险”，如图 9-22 所示。
（6）VAS 6649“高压电危险符号”，如图 9-23 所示。

图9-21

图9-22

图9-23

（7）VAS6884 警戒线，如图 9-24 所示。
（8）T40262/1 安全锁，如图 9-25 所示。

图9-24

图9-25

3.在带高压系统的汽车上操作

（1）接触高压会有生命危险。

高压系统处于高电压之下。由电击引起的死亡或重伤。体内或体表带有维持生命和健康的电子 /

医用装置时不允许进行高压系统方面的工作。维持生命和健康的装置指诸如内部镇痛泵、植入式去纤颤器、心脏起搏器、胰岛素泵和助听器等。由拥有相应资质的人员切断高压系统的电压。

（2）因发动机或电动机的意外启动导致的受伤危险。

在电动和混合动力汽车上，很难识别处于行驶待命状态。身体部位有可能被夹住或卷入。

①关闭点火开关。

②将点火钥匙放在汽车车厢之外。

（3）高压导线有损坏的危险。

处理不当可能会损坏高压导线或高压插头连接的绝缘层。

①切勿支撑在高电压导线和高电压插头连接上。

②切勿将工具放在高电压导线和高电压插头连接上。

③ 切勿严重弯曲或弯折高压导线。

④插接高压插头时要注意编码。

2.在高压组件附近作业时的安全措施

（1）接触高压会有生命危险。

高压系统处于高压之下。高压组件和高压导线损坏时，触电会造成死亡或重伤。

①目检高压组件和高压导线。

②切勿使用切割类、可导致变形或边缘锋利的工具。

③切勿焊接、钎焊、热胶或使用热风。

六、高压蓄电池状态

1.评估分类

使用“视觉/感知”“功能性/电气”或“热”评估标准对锂离子蓄电池可能损坏的电动车进行分类，如表9-1所示。

表9-1

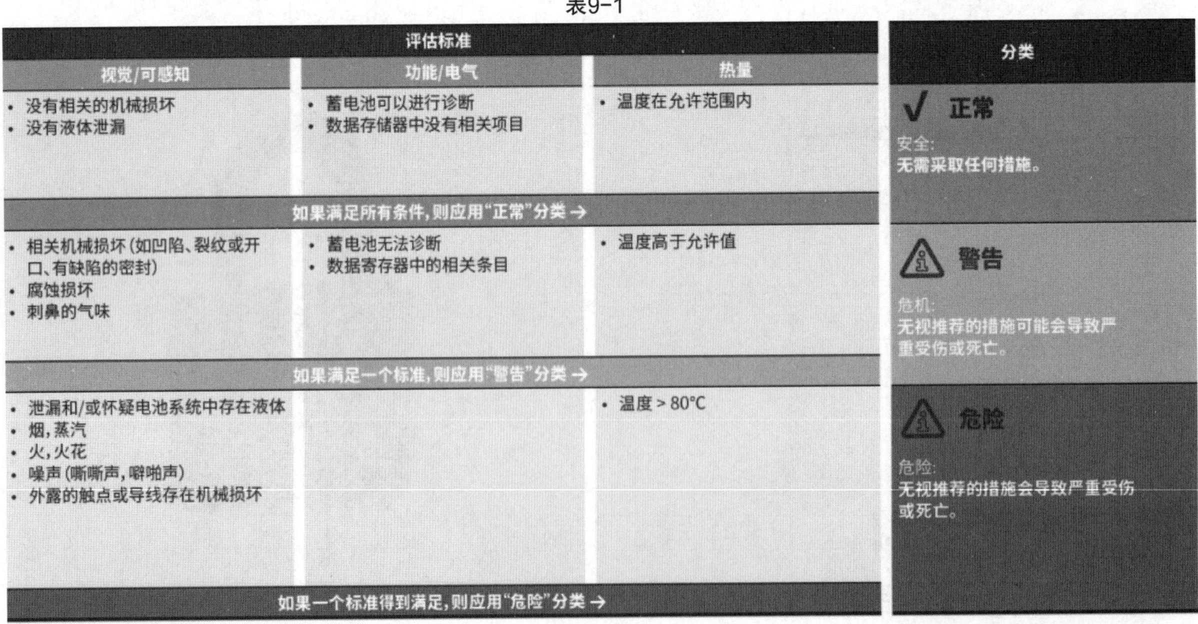

评估标准			分类
视觉/可感知	功能/电气	热量	
• 没有相关的机械损坏 • 没有液体泄漏	• 蓄电池可以进行诊断 • 数据存储器中没有相关项目	• 温度在允许范围内	√ 正常 安全: 无需采取任何措施。
如果满足所有条件，则应用“正常”分类 →			
• 相关机械损坏（如凹陷、裂纹或开口、有缺陷的密封） • 腐蚀损坏 • 刺鼻的气味	• 蓄电池无法诊断 • 数据寄存器中的相关条目	• 温度高于允许值	警告 危机: 无视推荐的措施可能会导致严重受伤或死亡。
如果满足一个标准，则应用“警告”分类 →			
• 泄漏和/或怀疑电池系统中存在液体 • 烟，蒸汽 • 火，火花 • 噪声（嘶嘶声，噼啪声） • 外露的触点或导线存在机械损坏		• 温度 > 80°C	危险 危险: 无视推荐的措施会导致严重受伤或死亡。
如果一个标准得到满足，则应用“危险”分类 →			

2.相关措施

如果锂离子高压蓄电池被评估为“正常”，则无须采取进一步措施。否则，必须对危险的高压蓄电池加以隔离，如表 9-2 所示。

表9-2

直接措施	进一步措施/程序		
	维修*	临时存储/隔离	包装和运输
• 没有必要	• 维修(如有必要)	临时存储： • 原始包装 • 在交通路外面 • 不堆积，地平面储存 • 储存于室内，或者有防水区的室外	• 原始包装
• 隔离 • 直接在户外，或在隔离区，或在隔离柜 • 根据需要使用个人防护装备(PPE)	恢复蓄电池到安全状态，可能进行维修 • 在无法维修的情况下进行报废处置	• 按照报告程序告知相关负责人 • 将车辆/蓄电池移至合适的外部存储空间 • 未装车的蓄电池(拆下来的)要采取防水保护	• 需要特殊运输箱(必要时拆除) • 包装工作只能由训练有素的人员完成
• 保持安全距离 • 必要时呼叫火警(例如发生火灾时) • 不吸入油烟 • 封锁广大区域，并告知负责人(如监事、负责的电工、进口商) • 在可能的情况下将物体移动到隔离区	• 不相关	如采取额外程序，应与高压电专家(HVE)进行协调 由训练有素的工作人员进行转换 • 隔离并在必要时呼叫火警 • 观察蓄电池	• 不包装 • 不运输

七、紧急情况处理

隔离：为了确保技术状况不确定（例如，撞毁车辆上）的高压蓄电池不构成直接危险，必须将蓄电池运至隔离区。

1.隔离适用于所有汽车和高压蓄电池

（1）危险或危急状态（如车辆发生了严重事故）。

（2）如果状态不确定（如尚未进行状态评估）。

2.隔离区和距离确定

必须将合适并做好标记的非公共户外开阔场地（大厅和车间外面）确定为隔离区，必须按照有关防火安全和财产保险的特定国家法规来定义与其他车辆、易燃物品和建筑的距离。注：消防水与火灾的影响与传统汽车相当。

（1）警告标牌及禁止标识。

（2）防潮，尤其防雨。

（3）防渗漏。

3.时长及检查

（1）根据具体情况，必要时需要数天。

（2）在隔离期间定期检查并重新评估高压蓄电池和高压电车辆。

八、高压蓄电池充电前注意事项

蓄电池充电过程不正确，忽视通用的安全防护规定，使用不合适的或损坏的插座和充电电缆，通过不合适的电气装置进行充电，以及高压蓄电池处置不当，都可能导致短路、触电、爆炸、着火、严重烧伤和伤害乃至死亡。可以立即或延时为高压蓄电池充电，但开始充电之前退出行驶准备就绪状态。

（1）务必遵守规定的操作步骤顺序，避免因电量存储器中的剩余电能而造成电击和严重伤害的风险！充电时切勿拔出电源插头。

（2）只能用充电电缆连接在防水、防潮及其他液体的插座上。

（3）只能通过按规定安装、检测且无损坏的插座，以及无故障的电气装置进行充电。定期由具有资质的专业人员检查插座和电气安装。

（4）不得使用损坏的插头和充电电缆。每次使用前都要检查充电插头和电缆是否损坏。

（5）只使用随附的充电电缆或充电站的电缆。如需要更换，建议只能使用大众汽车充电电缆。

（6）切勿改装或维修电气部件，尤其是高压系统。

（7）不得在易燃易爆地点充电。充电电缆的部件可能发出火花，从而将易燃的或爆炸性蒸气点燃。

（8）切勿将充电电缆连同延长电缆、电缆盘、接线板或适配器接头（如各国专用的适配接头或定时开关）一起使用。

（9）每次都要保护好插头连接，以避免水分、潮气和其他液体进入。

（10）为安全起见，在充电过程中，不得在车辆中或对车辆进行其他作业。

（11）在拔下电源插头前，务必先结束充电过程。否则充电电缆和电气系统也可能受损。

（12）在启动车辆前应始终去除充电电缆。插上护盖并关闭蓄电池充电盖。

（13）切勿在一个保险丝电路的插座上同时为多辆车充电。为其他车辆充电时请使用其他的安全回路。始终遵守所用保险丝电路的最大承载能力。必要时咨询具有资质的电气安装专业人员。

第二节　2022年一汽大众ID.4 CROZZ Pro

一、断开车辆高压电步骤

启动诊断仪，进入控制单元诊断界面。

选择“HBM-8C”，点击“鼠标右键”，选择“引导型功能”，点击按钮“实现高压断电”并执行。

1.前提条件

（1）将诊断接头连接到汽车上。

（2）将变速器换挡杆挂入挡位 P。

（3）打开点火开关。危险！如果散热器风扇运行，存在造成手受伤的危险。不要抓在散热器风扇内。提示：必要时拔下散热器风扇的保险丝。

（4）按下按钮“完成 / 继续”，以继续执行程序。检测描述：实现高压电断电。提示：为了能够执行断电，您需要启用 SFD（车辆诊断保护）。

（5）按下按钮“完成 / 继续”，以继续执行程序。

2.资格查询

危险：车辆的高压网络和高压蓄电池存在危险，可能引起燃烧、其他伤害和威胁生命的触电危险。

（1）只能由具有相关资质并受过培训的专业人员执行高压车载电网和直接受其影响的系统上的作业。

（2）若对高压技师、高压专家的概念或高压车载电网本身有任何疑问或不明之处，在操作之前请联系相关的进口商。

（3）维修工作应始终遵守现行的法律规定、其他法律条款、公认的规定和技术，必要时考虑事故预防规定在高压车载电网车辆上作业时的资质规定以及指导手册。

（4）在高压系统上操作时，需要具有相关资质的双人作业。一人负责操作，另一人负责安全提醒及紧急情况处理。

（5）提示：如果您不具备所需资质，则自动检测过程中止。您是否具备所需资质？

（6）点击按钮“是”。

3.检测报告

（1）检查通过售后服务 portlet 组件接通维修站模式。

（2）必要时通过售后服务 portlet 组件接通维修站模式。

（3）提示：已激活的维修站模式阻止了客户远程访问他的车辆，因此也阻止了通过遥控泊车辅助系统等功能激活高电压系统。如果售后服务 portlet 组件不可用，则确保客户不会远程访问他的车辆［例如通过在收音机导航系统的显示操作面板中借助隐私设置停用在线功能或通过拔下在线控制单元的连接插头（供电）紧急呼叫模块和通信单元控制单元 J949］。如果维修站模式未接通或远程访问未中断，则取消检测过程。

维修站模式是否接通或远程访问是否中断？

（4）维修站模式是否接通或远程访问是否中断？

（5）点击按钮“是”。

（6）手动还是自动填写检测报告“证明断电状态”？

（7）现在打印检测报告“证明断电状态”并手动填写。

（8）自动填写检测报告“证明断电状态”并在流程结束后进行打印。

（9）点击按钮“1”。

（10）确保已连接打印机。

（11）开启打印机。

（12）提示：接着将打印检测报告证明“断电状态”。

（13）按下按钮“完成 / 继续”，以继续执行程序。

（14）提示：如果未打印检测报告证明断电状态，则检测过程将中止。是否已打印检测报告？

（15）点击按钮“是”。

（16）将数据填入检测报告证明断电状态中。

① LFVJB9E65L*******。

② 2021-02-22。

③电话。

④姓名。

4.查询硬件/控制单元信息

（1）电动机控制单元 J623。

（2）数据总线诊断接口 J533。

（3）电驱动装置控制单元 J841。

（4）电子通信信息设备 1 控制单元 J794。

（5）蓄电池调节控制单元 J840。

（6）高压蓄电池充电器控制单元 J1050。

（7）变压器 A19。

（8）按下按钮“完成 / 继续”，以继续执行程序。

（9）警告：高电压有生命危险，电击造成死亡或重伤，在要执行的工作基础上，确保车辆用相应的型号激活！

（10）请选择：

· 执行诊断断电

· 执行手动断电

· 执行手动断电（已成功执行诊断断电）

· 结束断电过程

（11）按下按钮“2”，以继续执行程序。

（12）已选择手动断电。

（13）选择是否正确？

· 再次选择

· 选择正确

· 退出断电流程

（14）按下按钮“2”，以继续执行程序。

（15）将数据填入检测报告证明断电状态中。

（16）通过手动断电。提示：若未将断电类型填入检测报告“证明断电状态”中，检测过程将中止。

（17）断电类型是否填入检测报告“证明断电状态”中？

（18）按下按钮“是”，以继续执行程序。

（19）检测前提条件：12V 蓄电池已充足电。

（20）将 12V 蓄电池充电器连接到汽车上。

（21）按下按钮“完成 / 继续”，以继续执行程序。

（22）提示：用高压测量模块测量电阻时，只能用高压测量模块 VAS6558A。选择电阻测量工具：

①测量盒 VAS6356 以及万用表导线 VAS6356/2。

②高压测量模块 VAS6558A。

③退出检测程序。

（23）按下按钮“2”，以继续执行程序。

5.必备辅助工具

（1）高压危险 FVS 6649。

（2）不接通高压系统 FVS 6650A。

（3）禁止充电 FVS 6871。

（4）挂锁 T40262/1，如图 9-26 所示。

（5）高压测量模块 VAS6558A，如图 9-27 所示。

（6）鳄鱼夹 VAS1594/14A，如图 9-28 所示。

（7）高电压检测适配器 VAS6558A/32。

（8）高电压检测适配器 VAS6558A/33。

（9）高电压检测适配器 VAS6558A/35。

（10）高电压检测适配器 VAS6558A/36。

（11）打印机。

（12）提示：如果上述辅助工具不可用，则检测过程将中止。

（13）辅助工具是否可用?

（14）点击按钮“是”。

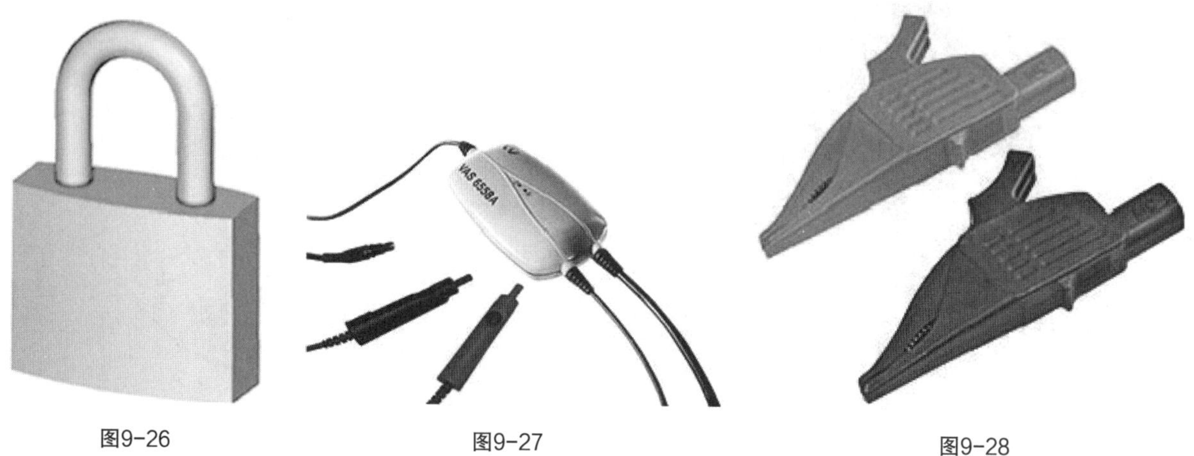

图9-26 图9-27 图9-28

6.关于VAS6558和VAS6558A的信息

（1）提示：测量仪与诊断仪连接后，LED 指示灯 1 必须一直亮蓝色（测量模块正常）并且不允许闪烁（测量模块不正常）。

（2）在加载电压 < 10V 时，LED 指示灯 2 亮绿色，电压 > 10V 时则亮红灯。

（3）按下按钮“完成 / 继续”，以继续执行程序。注意：在高压系统上作业时，必须遵守维修手册的清洁规定。

（4）按下按钮“完成 / 继续”，以继续执行程序。

（5）目检测量仪的测量导线是否可能损坏。提示：如果测量导线不正常，则检测过程将中止。

（6）测量导线是否正常?

（7）点击按钮“是”。

（8）按照测量工具上的检测标志或者检测手册来检查下列测量工具是否处于规定的检测周期内。

· 高压测量模块 VAS6558A 或高压测量模块 VAS6558

· 高电压检测适配器 VAS6558A/32

· 高电压检测适配器 VAS6558A/33

提示：只能使用未超出规定检测周期的测量工具。如果测量工具不在规定的检测循环内，则检测过程将终止。

（9）测量工具是否在规定的检测循环内?

（10）点击按钮“是”，以继续执行程序。

（11）将提示牌高压危险 FVS6649（如图 9-29 所示）和不接通高压系统 FVS6650A（如图 9-30 所示）放到车上显眼的位置。

（12）将提示牌禁止充电 FVS6871 放在充电插座的显眼位置上。提示：与您的进口商确认是否要在汽车上清晰可见地安放附加提示牌。

（13）按下按钮“完成 / 继续”，以继续执行程序。提示：在操作（包括重新启用）结束前，所有提示牌必须一直放在车上。如果提示牌未放在车上的显眼位置，则检测过程将终止。

（14）提示牌是否已放在车上的显眼位置?

（15）按下按钮“是”，以继续执行程序。

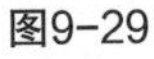

图9-29

图9-30

6.断电

（1）关闭点火开关。提示：如果点火开关（端子 15）未开闭，则检测过程将中止。

（2）点火开关（端子 15）是否已关闭?

（3）点击按钮“是”。提示：现在必须断开高压系统保养插头 TW（低压保养断开装置）。

（4）沿箭头（如图 9-31 中 A）方向按压卡槽（棕色）（如图 9-31 中 1），同时沿箭头（如图 9-31 中 B）拉动至限位。

（5）沿箭头（如图 9-31 中 C）方向按压卡槽（棕色）（如图 9-31 中 1），同时沿箭头（如图 9-31 中 D）拉内壳（如图 9-31 中 2），直至达到限位。

（6）按下按钮“完成 / 继续”，以继续执行程序。

7.防止重新打开

（1）将高压系统保养插头 TW 用挂锁 T40262/1 锁住，防止重新接通。

（2）妥善保管钥匙。提示：与维修站主管确定钥匙应妥善保管在何处。

（3）按下按钮“完成 / 继续”，以继续执行程序。

8.通路检测1a

（1）功能检测高压检测适配器 VAS6558A/32。提示：为避免检测适配器的连接插头损坏，还需要高压检测适配器 VAS6558A/35。随后共进行四项通路检测（电阻测量）。

（2）将高压检测适配器 VAS6558A/32 的插头 B 连接到高压检测适配器 VAS6558A/35 的插头 A 上。提示：高压检测适配器 VAS6558A/32 的插头 A 和高压检测适配器 VAS6558A/35 的插头 B 不得连接！

（3）按下按钮“完成 / 继续”，以继续执行程序。

（4）连接测量导线。

（5）高压测量模块测量探头（+）连接在高压

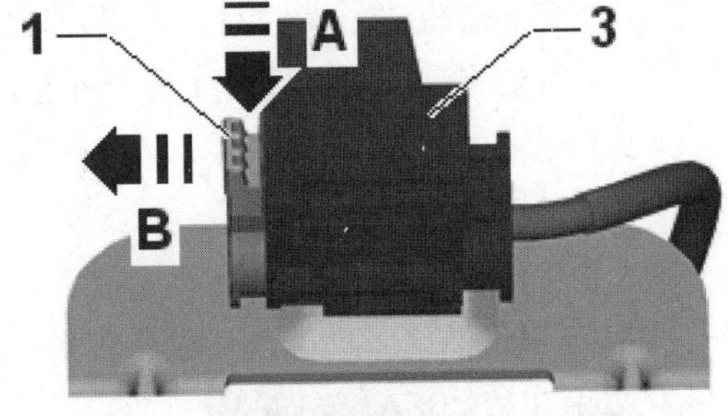

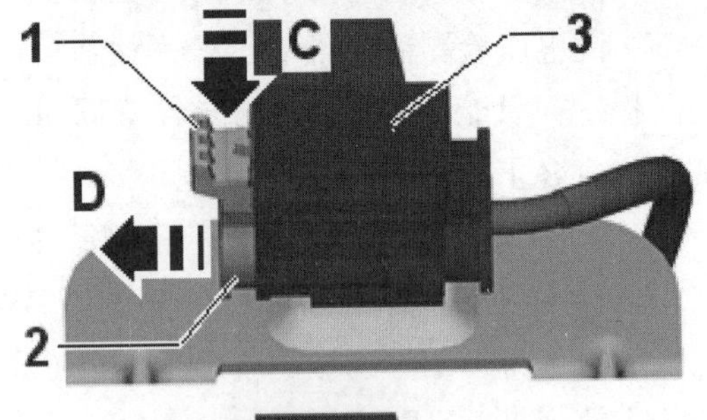

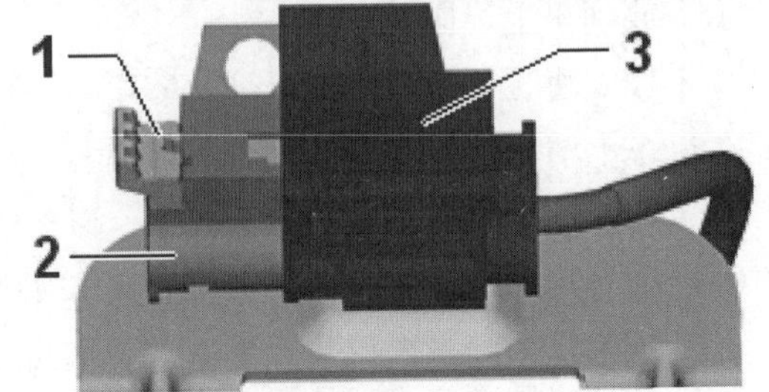

图9-31

检测适配器 VAS6558A/32-TP1 正极测量插口（+）。

（6）高压测量模块测量探头（-）连接在高压检测适配器 VAS6558A/35-TP1 正极测量插口（+）。

（7）测量通路检测 1a（正极导线）。提示：开始电阻测量前，先执行校准。

（8）按下按钮“完成 / 继续”，以继续执行程序。

（9）通路检测 1a（正极导线）的测量结果为 98.4kΩ，正常。

（10）将测量值填入检测报告证明断电状态中。

（11）接着执行通路检测 2a（负极导线）。

（12）按下按钮“完成 / 继续”，以继续执行程序。

9.通路检测2a

（1）高压检测适配器 VAS6558A/32 的插头 B 仍然插在高压检测适配器 VAS6558A/35 插头 A 上。提示：高压检测适配器 VAS6558A/32 的插头 A 和高压检测适配器 VAS6558A/35 的插头 B 不得连接！

（2）按下按钮“完成 / 继续”，以继续执行程序。

（3）连接测量导线。

（4）高压测量模块测量探头（+）连接在高压检测适配器 VAS6558A/32-TP1 负极测量插口（-）。

（5）高压测量模块测量探头（-）连接在高压检测适配器 VAS6558A/35-TP1 负极测量插口（-）。

（6）测量 1 通路检测 2a（负极导线）。

（7）通路检测 2a（负极导线）的测量结果为 97.9kΩ，正常。

（8）将测量值填入检测报告证明断电状态中。

（9）接着执行通路检测 1b（正极导线）。

（10）按下按钮“完成 / 继续”，以继续执行程序。

10.通路检测1b

（1）松开并拔下高压检测适配器 VAS6558A/32 的插头 B 上的高压检测适配器 VAS6558A/35 的插头 A。

（2）按下按钮“完成 / 继续”，以继续执行程序。

（3）将高压检测适配器 VAS6558A/32 的插头 A 连接到高压检测适配器 VAS6558A/35 的插头 B 上。提示：高压检测适配器 VAS6558A/32 的插头 B 和高压检测适配器 VAS 6558A/35 的插头 A 不得连接！

（4）按下按钮“完成 / 继续”，以继续执行程序。

（5）连接测量导线。

（6）高压测量模块测量探头（+）连接在高压检测适配器 VAS6558A/32-TP1 正极测量插口（+）。

（7）高压测量模块测量探头（-）连接在高压检测适配器 VAS6558A/35-TP1 正极测量插口（+）。

（8）测量 1 通路检测 1b（正极导线）。

（9）按下按钮“完成 / 继续”，以继续执行程序。

（10）通路检测 1b（正极导线）的测量结果为 98.5kΩ，正常。

（11）将测量值填入检测报告证明断电状态中。

（12）接着执行通路检测 2b（负极导线）。

（13）按下按钮“完成 / 继续”，以继续执行程序。

11.通路检测2b

（1）高压检测适配器 VAS6558A/32 的插头 A 仍然插在高压检测适配器 VAS6558A/35 插头 B 上。提示：高压检测适配器 VAS6558A/32 的插头 B 和高压检测适配器 VAS 6558A/35 的插头 A 不得连接！

（2）按下按钮“完成 / 继续”，以继续执行程序。

（3）连接测量导线。

（4）高压测量模块测量探头（+）连接在高压检测适配器 VAS6558A/32-TP1 负极测量插口（-）。

（5）高压测量模块测量探头（-）连接在高压检测适配器 VAS6558A/35-TP1 负极测量插口（-）。

（6）测量 1 通路检测 2b（负极导线）。

（7）按下按钮“完成 / 继续”，以继续执行程序。

（8）通路检测 2b（负极导线）的测量结果为 97.9kΩ，正常。

（9）将测量值填入检测报告证明断电状态中。

（10）按下按钮“完成 / 继续”，以继续执行程序。

（11）松开并拔下高压检测适配器 VAS6558A/32 的插头 A 上的高压检测适配器 VAS6558A/35 的插头 B。

12.通路检测1a

（1）功能检测高压检测适配器 VAS6558A/33。提示：为避免检测适配器的连接插头损坏，还需要高压检测适配器 VAS6558A/36。随后共进行四项通路检测（电阻测量）。

（2）将高压检测适配器 VAS6558A/33 的插头 B 连接到高电压检测适配器 VAS6558A/36 的插头 A 上。提示：高压检测适配器 VAS6558A/33 的插头 A 和高压检测适配器 VAS6558A/36 的插头 B 不得连接！

（3）按下按钮“完成 / 继续”，以继续执行程序。

（4）连接测量导线。

（5）高压测量模块测量探头（+）连接在高压检测适配器 VAS6558A/33-TP1 正极测量插口（+）。

（6）高压测量模块测量探头（-）连接在高压检测适配器 VAS6558A/36-TP1 正极测量插口（+）。

（7）测量通路检测 1a（正极导线）。

（8）按下按钮“完成 / 继续”，以继续执行程序。

（9）通路检测 1a（正极导线）的测量结果为 98.4kΩ，正常。

（10）将测量值填入检测报告证明断电状态中。

（11）接着执行通路检测 2a（负极导线）。

（12）按下按钮“完成 / 继续”，以继续执行程序。

13.通路检测2a

（1）高压检测适配器 VAS6558A/33 的插头 B 仍然插在高压检测适配器 VAS6558A/36 插头 A 上。提示：高压检测适配器 VAS6558A/33 的插头 A 和高压检测适配器 VAS6558A/36 的插头 B 不得连接！

（2）按下按钮“完成 / 继续”，以继续执行程序。

（3）连接测量导线。

（4）高压测量模块测量探头（+）连接在高压检测适配器 VAS 6558A/33-TP1 负极测量插口（-）。

（5）高压测量模块测量探头（-）连接在高压检测适配器 VAS 6558A/36-TP1 负极测量插口（-）。

（6）测量 1 通路检测 2a（负极导线）。

（7）通路检测 2a（负极导线）的测量结果为 97.9kΩ，正常。

（8）将测量值填入检测报告证明断电状态中。

（9）接着执行通路检测 1b（正极导线）。

（10）按下按钮“完成 / 继续”，以继续执行程序。

14.通路检测1b

（1）松开并拔下高压检测适配器 VAS6558A/33 的插头 B 上的高压检测适配器 VAS6558A/36 的插头 A。

（2）按下按钮“完成/继续”，以继续执行程序。

（3）将高压检测适配器 VAS6558A/33 的插头 A 接到高压检测适配器 VAS6558A/36 的插头 B 上。提示：高压检测适配器 VAS6558A/33 的插头 B 和高压检测适配器 VAS6558A/36 的插头 A 不得连接！

（4）按下按钮“完成/继续”，以继续执行程序。

（5）连接测量导线。

（6）高压测量模块测量探头（+）连接在高压检测适配器 VAS6558A/33-TP1 正极测量插口（+）。

（7）高压测量模块测量探头（-）连接在高压检测适配器 VAS 6558A/36- TP1 正极测量插口（+）。

（8）测量 1 通路检测 1b（正极导线）。

（9）按下按钮“完成/继续”，以继续执行程序。

（10）通路检测 1b（正极导线）的测量结果为 98.5kΩ，正常。

（11）将测量值填入检测报告证明断电状态中。

（12）接着执行通路检测 2b（负极导线）。

（13）按下按钮“完成/继续”，以继续执行程序。

15.通路检测2b

（1）高压检测适配器 VAS6558A/33 的插头 A 仍然插在高压检测适配器 VAS6558A/36 插头 B 上。提示：高压检测适配器 VAS6558A/33 的插头 B 和高压检测适配器 VAS6558A/36 的插头 A 不得连接！

（2）按下按钮“完成/继续”，以继续执行程序。

（3）连接测量导线。

（4）高压测量模块测量探头（+）连接在高压检测适配器 VAS 6558A/33-TP1 负极测量插口（-）。

（5）高压测量模块测量探头（-）连接在高压检测适配器 VAS6558A/36-TP1 负极测量插口（-）。

（6）测量 1 通路检测 2b（负极导线）。

（7）按下按钮“完成/继续”，以继续执行程序。

（8）通路检测 2b（负极导线）的测量结果为 97.9kΩ，正常。

（9）将测量值填入检测报告证明断电状态中。

（10）按下按钮“完成/继续”，以继续执行程序。

（11）将高压检测适配器 VAS6558A/33 的插头 A 从高压检测适配器 VAS6558A/36 的插头 B 上解锁并拔下。

（12）按下按钮“完成/继续”，以继续执行程序。

16.测量工具检查

提示：检测电压测量仪的功能。在电源上进行参考电压测量［蓄电池 A（12V）］。现在确定蓄电池调节控制单元 J840 的当前电压（接线端 30）。

（1）打开点火开关。小心：如果散热器风扇运行，存在造成手受伤的危险。不要抓在散热器风扇内。提示：必要时拔下散热器风扇的保险丝。

（2）按下按钮“完成/继续”，以继续执行程序。

（3）未能测得电压（接线端 30，蓄电池调节控制单元 J840）。

（4）控制单位应答。

（5）参考电压测量额定［蓄电池 A（12V）］11.0 ~ 15.5V。

（6）按下按钮“完成 / 继续”，以继续执行程序。

（7）关闭点火开关。

（8）按下按钮“完成 / 继续”，以继续执行程序。

17.接着执行参考电压测量

（1）按下按钮“完成 / 继续”，以继续执行程序。

（2）测量 1 电压检测正极 / 负极。

（3）以下测量期间必须检测 2 个 LED 指示灯。提示：LED 指示灯 1 必须一直亮蓝色（测量模块正常）并且不允许闪烁（测量模块不正常）。LED 指示灯 2 必须从绿色（<10V）变为红色（ > 10V），然后再重新变为绿色（ < 10V）。

（4）连接测量导线。

（5）测量电缆（+）连接到正极（+）。

（6）测量电缆（-）连接到负极（-）。

（7）测量电压（蓄电池 A（12V）。

（8）按下按钮“完成 / 继续”，以继续执行程序。

（9）请按下和按住检测按钮。

（10）脱开测量电缆。提示：在脱开测量电缆后，LED2 才从红色（ > 10V）切换至绿色（ < 10V）。

（11）按下按钮“完成 / 继续”，以继续执行程序。提示：LED 指示灯 1 必须一直亮蓝色（测量模块正常）并且不允许闪烁（测量模块不正常）。LED 指示灯 2 必须从绿色（<10V）变为红色（ > 10V），然后再重新变为绿色（ < 10V）。

（12）2 个 LED 指示灯在测量区间的表现是否如上所述?

（13）按下按钮“是”，以继续执行程序。

（14）测得的电压［蓄电池 A（12V）］为 13.37V，符合标准值（11.0~15.5V），电压正常。LED 指示灯的表现同样正常。

（15）将以下数据填入检测报告证明断电状态中：

① LED 的表现。

② 13.37V。

18.为确定无电压状态，使用测量工具

按下按钮“完成 / 继续”，以继续执行程序。

19.安装/拆卸

（1）升起车辆。

（2）按下按钮“完成 / 继续”，以继续执行程序。

（3）拆卸高压蓄电池 1 AX2 的底板饰板，能够到高压蓄电池 1 AX2 的高压插头连接。

（4）按下按钮“完成 / 继续”，继续执行程序。

（5）松开高压蓄电池 1 AX2 和电驱动装置的功率及控制电子系统 JX1 之间的连接插头并且将其拔下。

（6）按下按钮“完成 / 继续”，以继续执行程序。

（7）将高压检测适配器 VAS 6558A/32 连接在高压蓄电池 1 AX2 和电驱动装置的功率及控制电子系统 JX1 之间。

（8）按下按钮“完成 / 继续”，以继续执行程序。

（9）确定断电（高压蓄电池和动力总成）测量 A。

（10）测量 A。

①电压检测，高电压（+）/ 高电压（-）。

②以下测量期间必须检测 2 个 LED 指示灯。提示：LED 指示灯（如图 9-32 中 1）必须一直亮蓝色（测量模块正常）并且不允许闪烁（测量模块不正常）。LED 指示灯（如图 9-32 中 2）必须一直亮绿色（ < 10V）并且不允许亮红色（ > 10V）。

③连接测量电缆。

④ 测量电缆（+）连接到高压检测适配器 VAS6558A/32-TP1 测量插口正极（+）上。

⑤ 测量电缆（-）连接到高压检测适配器 VAS6558A/32-TP1 测量插口负极（-）上。

⑥ 按下按钮“完成 / 继续”，以继续执行程序。

⑦请按下和按住检测按钮！提示：LED 指示灯 1 必须一直亮蓝色（测量模块正常）并且不允许闪烁（测量模块不正常）。

⑧测量期间的标准性能：

· LED 指示灯 1 必须一直亮蓝色

· LED 指示灯 1 不允许闪烁

· LED 指示灯 1 在测量期间的表现是否如上所述

· 按下按钮“是”，以继续执行程序。提示：加载电压 < 10V 时，LED 指示灯 2 亮绿色，电压 > 10V 时，亮红色。

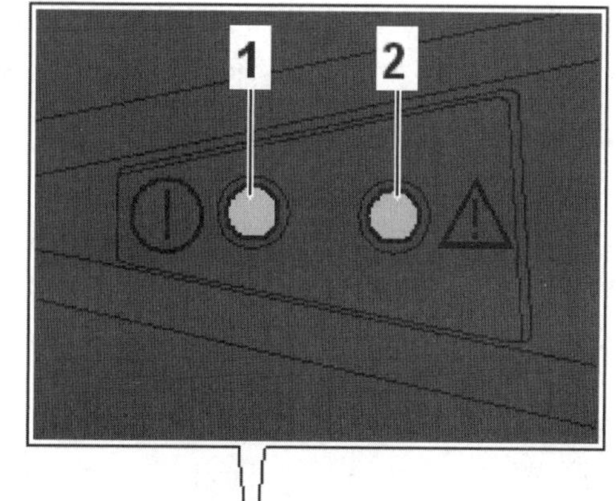

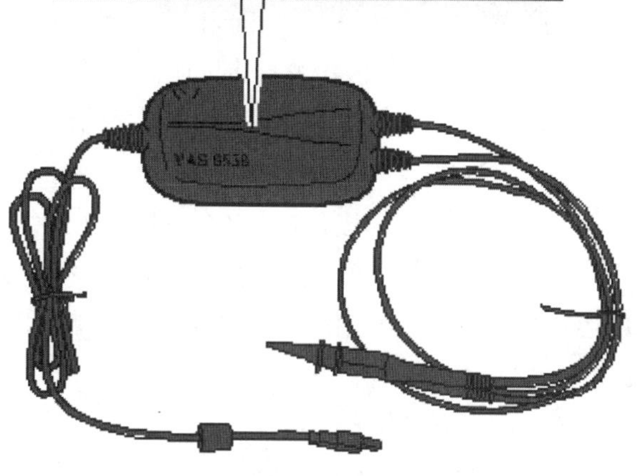

图9-32

⑨测量期间的标准性能：

· LED 指示灯 2 必须一直亮绿色（ < 10V）

· LED 指示灯 2 不允许亮红色（ > 10V）

· LED 指示灯 2 在测量期间是否亮红色

· 按下按钮“否”，以继续执行程序

· 测得的电压为 0.0V，因而小于 10.00V

· LED 指示灯的表现正常

· 将测量值和 LED 指示灯的表现填入检测报告证明断电状态中

· LED 的表现为 0.0V

· 按下按钮“完成 / 继续”，以继续执行程序

（11）测量 B。

①电压检测，高电压（+）/ 车身接地（接地端 31）。

②以下测量期间必须检测 4 个 LED 指示灯。提示：LED 指示灯 1 必须一直亮蓝色（测量模块正常）并且不允许闪烁（测量模块不正常）。LED 指示灯 2 必须一直亮绿色（<10V）并且不允许亮红色（>10V）。

③ 在以下测量位置测量电压：

·将测量电缆（+）连接到高压检测适配器 VAS6558A/32 测量插口正极（+）

·测量电缆（-）连接车身接地（接线端 31）

·按下按钮“完成 / 继续”，以继续执行程序

·请按下和按住检测按钮！提示：LED 指示灯 1 必须一直亮蓝色（测量模块正常）并且不允许闪烁（测量模块不正常）

④测量期间的标准性能：

·LED 指示灯 1 必须一直亮蓝色

·LED 指示灯 1 不允许闪烁

·LED 指示灯 1 在测量期间的表现是否如上所述

·按下按钮“是”，以继续执行程序。提示：加载电压 <10V 时，LED 指示灯 2 亮绿色，电压 >10V 时亮红色

⑤测量期间的标准性能：

·LED 指示灯 2 必须一直亮绿色（ < 10V）

·LED 指示灯 2 不允许亮红色（ > 10V）

·LED 指示灯 2 在测量期间是否亮红色

·按下按钮“否”，以继续执行程序

·测得的电压为 0.0V，属于正常（ < 10V）。LED 指示灯的表现同样正常

·将以下数据填入检测报告证明断电状态中：LED 的表现、0.0V

·按下按钮“完成 / 继续”，以继续执行程序

（12）测量 C。

①电压检测：高电压（-）/ 车身接地（接线端 31）。

②以下测量期间必须检测两个 LED 指示灯。提示：LED 指示灯 1 必须一直亮蓝色（测量模块正常）并且不允许闪烁（测量模块不正常）。LED 指示灯 2 必须一直亮绿色（ < 10V）并且不允许亮红色（ > 10V）。

③在以下测量位置测量电压：

·将测量电缆（+）连接到高压检测适配器 VAS6558A/32 测量插口负极（-）

·测量电缆（-）连接车身接地（接线端 31）

·按下按钮“完成 / 继续”，以继续执行程序。提示：LED 指示灯 1 必须一直亮蓝色（测量模块正常）并且不允许闪烁（测量模块不正常）

④测量期间的标准性能：

·LED 指示灯 1 必须一直亮蓝色

·LED 指示灯 1 不允许闪烁

·LED 指示灯 1 在测量期间的表现是否如上所述

·按下按钮“是”，以继续执行程序。提示：加载电压 < 10V 时，LED 指示灯 2 亮绿色，电压 > 10V 时亮红色

⑤测量期间的标准性能：

·LED 指示灯 2 必须一直亮绿色（ < 10V）

·LED 指示灯 2 不允许亮红色（ > 10V）

·LED 指示灯 2 在测量期间是否亮红色

·按下按钮“否”，以继续执行程序

·测得的电压为 0.0V，属于正常（ < 10V ）

·LED 指示灯的表现同样正常

·将以下数据填入检测报告证明断电状态中：LED 的表现、0.0V

·按下按钮“完成 / 继续”，以继续执行程序

（13）确认无电压状态（辅助装置总成）测量 D。

①将高压检测适配器 VAS6558A/32 从高压蓄电池 1 AX2 和电驱动装置的功率及控制电子系统 JX1 之间拔下。

②按下按钮“完成 / 继续”，以继续执行程序。

③松开高压蓄电池 1 AX2 和辅助装置总成之间的连接插头并且将其拔下。

④按下按钮“完成 / 继续”，以继续执行程序。

⑤将高压检测适配器 VAS6558A/33 连接在通往辅助装置总成的连接插头上。提示：VAS 6558A/33 的连接插头不允许连接在高压蓄电池 1 AX2 上！

⑥按下按钮“完成 / 继续”，以继续执行程序。

（14）测量 D。

①高压检测，高电压（+）/ 高电压（-）。

②以下测量期间必须检测两个 LED 指示灯。提示：LED 指示灯 1 必须一直亮蓝色（测量模块正常）并且不允许闪烁（测量模块不正常）。LED 指示灯 2 必须一直亮绿色（ < 10V ）并且不允许亮红色（ > 10V ）。

③在以下测量位置测量电压：

·将测量电缆（+）连接到 VAS6558A/33- 测量插口正极（+）

·将测量电缆（-）连接到 VAS6558A/33- 测量插口负极（-）

·按下按钮“完成 / 继续”，以继续执行程序

·请按下和按住检测按钮！提示：LED 指示灯 1 必须一直亮蓝色（测量模块正常）并且不允许闪烁（测量模块不正常）

④测量期间的标准性能：

·LED 指示灯 1 必须一直亮蓝色

·LED 指示灯 1 不允许闪烁

·LED 指示灯 1 在测量期间的表现是否如上所述

·按下按钮“是”，以继续执行程序。提示：加载电压 < 10V 时，LED 指示灯 2 亮绿色，电压 > 10V 时亮红色

⑤测量期间的标准性能：

·LED 指示灯 2 必须一直亮绿色（ < 10V ）

·LED 指示灯 2 不允许亮红色（ > 10V ）

·LED 指示灯 2 在测量期间是否亮红色

·按下按钮“否”，以继续执行程序

·测得的电压为 0.0V，属于正常（ < 10V ）。LED 指示灯的表现同样正常

·将以下数据填入检测报告证明断电状态中：LED 的表现、0.0V

·按下按钮“完成 / 继续”，以继续执行程序

（15）测量 E。

①电压检测：高电压（+）/ 车身接地（接线端 31）。

②以下测量期间必须检测 2 个 LED 指示灯。提示：LED 指示灯 1 必须一直亮蓝色（测量模块正常）并且不允许闪烁（测量模块不正常）。LED 指示灯 2 必须一直亮绿色（ < 10V）并且不允许亮红色（ > 10V）。

③在以下测量位置测量电压：

· 将测量电缆（+）连接到 VAS6558A/33 测量插口正极（+）

· 将测量电缆（-）连接到车身接地（接线端 31）

· 按下按钮“完成 / 继续”，以继续执行程序。提示：LED 指示灯 1 必须一直亮蓝色（测量模块正常）并且不允许闪烁（测量模块不正常）

④测量期间的标准性能：

· LED 指示灯 1 必须一直亮蓝色

· LED 指示灯 1 不允许闪烁

· LED 指示灯 1 在测量期间的表现是否如上所述

· 按下按钮“是”，以继续执行程序。提示：加载电压 < 10V 时，LED 指示灯 2 亮绿色，电压 > 10V 时亮红色

⑤测量期间的标准性能：

· LED 指示灯 2 必须一直亮绿色（ < 10V）

· LED 指示灯 2 不允许亮红色（ > 10V）

· LED 指示灯 2 在测量期间是否亮红色

· 按下按钮“否”，以继续执行程序

· 测得的电压为 0.3V，属于正常（ < 10V）。LED 指示灯的表现同样正常

· 将以下数据填入检测报告证明断电状态中：LED 的表现、0.3V

· 按下按钮“完成 / 继续”，以继续执行程序

（16）测量 F。

①电压检测：高电压（-）/ 车身接地（接线端 31）。

②以下测量期间必须检测两个 LED 指示灯。提示：LED 指示灯 1 必须一直亮蓝色（测量模块正常）并且不允许闪烁（测量模块不正常）。LED 指示灯 2 必须一直亮绿色（ < 10V）并且不允许亮红色（ > 10V）。

③在以下测量位置测量电压：

· 将测量电缆（+）连接到 VAS6558A/33 测量插口正极（-）

· 将测量电缆（-）连接车身接地（接线端 31）

· 按下按钮“完成 / 继续”，以继续执行程序。提示：LED 指示灯 1 必须一直亮蓝色（测量模块正常）并且不允许闪烁（测量模块不正常）

④测量期间的标准性能。

· LED 指示灯 1 必须一直亮蓝色

· LED 指示灯 1 不允许闪烁

· LED 指示灯 1 在测量期间的表现是否如上所述

· 按下按钮“是”，以继续执行程序。提示：加载电压 < 10V 时，LED 指示灯 2 亮绿色。电压

> 10V 时，亮红色

⑤测量期间的标准性能

·LED 指示灯 2 必须一直亮绿色（ < 10V ）

·LED 指示灯 2 不允许亮红色（ > 10V ）

·LED 指示灯 2 在测量期间是否亮红色

·按下按钮“否”，以继续执行程序

·测得的电压为 0.0V，属于正常（ < 10V ）

·LED 指示灯的表现同样正常

·将以下数据填入检测报告证明断电状态中：LED 的表现、0.0V

·按下按钮“完成 / 继续”，以继续执行程序。提示：如果未完整填写检测报告，则检测过程终止

·是否已完整填写检测报告

·按下按钮“是”，以继续执行程序

20.结束/结果

（1）在检测报告证明断电状态上签名，然后保存在任务文件夹中。

（2）确保已连接打印机。

（3）开启打印机。提示：接下来打印提示单高电压系统已关闭。

（4）按下按钮“完成 / 继续”，以继续执行程序。

（5）现在将以下数据填入打印出的提示单上。

·姓名

·电话

（6）将提示单高电压系统已关闭固定在车内醒目的地方。提示：与您的进口商确认是否要在汽车上清晰可见地安放附加提示牌。

（7）按下按钮“完成 / 继续”，以继续执行程序。提示：进行下一步诊断时只可使用引导型故障查询。所有维修都必须按照相应的维修手册进行。高压元件的所有维修都必须按照维修手册进行。警告：高压有生命危险，电击造成死亡或重伤。在要执行工作的基础上，确保车辆用相应的型号激活！维修手册。

（8）按下按钮“完成 / 继续”，以继续执行程序。

（9）已断开车辆高压电。

（10）按下按钮“完成 / 继续”，以继续执行程序。提示：在高压系统已断电后，如果打开点火开关（接线端 15），则大约 1min 以后将产生 24V 左右的内部诊断测量电压。原因在于电驱动装置的功率及控制电子系统 JX1 内有一个与车载电网进行电流隔离的诊段电路。该电压没有危险。

二、高压系统重新启动/给高压系统供电步骤

启动诊断仪，进入控制单元诊断界面。

选择“HBM-8C”，点击“鼠标右键”，选择“引导型功能”，点击按钮“重新启用高电压”并执行。

1.前提条件

（1）将诊断接口连接到汽车上。

（2）将变速器换挡杆挂入以下挡位 P。

（3）打开点火开关。小心：如果散热器风扇运行，存在造成手受伤的危险。不要抓在散热器风

扇内。

（4）必要时拔下散热器风扇保险丝。

（5）按下按钮“完成 / 继续”，以继续执行程序。

（6）检测描述：重新启用高压系统。提示：为能重新启用高压系统，需要激活 SFD（车辆诊断保护）。

（7）按下按钮“完成 / 继续”，以继续执行程序。

2.资格查询

危险：车辆的高压网络和高压蓄电池存在危险，可能引起燃烧、其他伤害和威胁生命的触电危险。

（1）只能由具有相关资质并受过培训的专业人员执行高压车载电网和直接受其影响的系统上的作业。

（2）若对高压技师、高压专家的概念或高压车载电网本身有任何疑问或不明之处，在操作之前请联系相关的进口商。

（3）维修工作应始终遵守现行的法律规定、其他法律条款、公认的规定和技术，必要时考虑事故预防规定在高压车载电网车辆上作业时的资质规定以及本指导手册。

（4）在高压系统上操作时，需要具有相关资质的双人作业。一人负责操作，另一人负责安全提醒及紧急情况处理。提示：如果您不具备所需资质，则检测流程中止。

（5）您是否具备所需资质?

（6）点击按钮“是”。

（7）检测到以下车辆诊断测试仪 VAS6150E。

（8）检测前提条件：12V 蓄电池已充足电。

（9）将 12V 蓄电池充电器连接到汽车上。

（10）按下按钮“完成 / 继续”，以继续执行程序。

3.必备辅助工具

（1）打印机。提示：如果上述辅助工具不可用，则检测过程将中止。

（2）辅助工具是否可用?

（3）点击按钮“是”。提示：在高压系统上操作时，应遵守维修手册的清洁规定。

（4）按下按钮“完成 / 继续”，以继续执行程序。

（5）从汽车中取出高压系统已关闭提示单。

（6）如果还放置了由进口商规定的额外提示牌，同样必须取出。提示：如果不将上述提示牌从汽车中取出，则检测流程将中止。

（7）是否已将所有提示牌从汽车中取出?

（8）点击按钮“是”。提示：重新启用期间严禁进行任何维修。

（9）关闭点火开关。

（10）按下按钮“完成 / 继续”，以继续执行程序。

（11）确保已连接打印机。

（12）开启打印机。提示：接着打印检测报告重新启用。

（13）按下按钮“完成 / 继续”，以继续执行程序。提示：如果未打印检测报告，则检测过程将中止。

（14）是否已打印检测报告?

（15）点击按钮“是”。

（16）现在将以下数据填写到打印出的检测报告上：电话、姓名。

（17）按下按钮“完成 / 继续”，以继续执行程序。

4.检测高压部件

（1）提示：如果在建立高压断电状态的过程中已拔下高压蓄电池上的插头（高压蓄电池 1 AX2）必须将其重新插回。提示：连接插头部密封。

（2）拆卸和安装时，确保中间的圆形密封件正确固定。

（3）必要时，将所有插头重新插回高压蓄电池上。

（4）按下按钮“完成 / 继续”，以继续执行程序。

（5）检查所有高压组件是否已正确连接。

（6）所有高压组件是否已正确连接?

（7）点击按钮“是”。提示：确保所有工具和辅助工具已从工作区域内移除。

（8）按下按钮“完成 / 继续”，以继续执行程序。

（9）额外执行下列附加目检。

目检以下部件的所有螺栓连接和插头连接：

①高压蓄电池 1 AX2。

②电驱动装置的功率及控制电子系统 JX1。

③交流驱动系统 VX54。

④变压器 A19。

⑤高压蓄电池充电装置 1AX4。

⑥高压加热装置（PTC）Z115。

⑦加热元件（PTC）3 Z132。

⑧电动空调压缩机 V470（高电压）。

（10）按下按钮“完成 / 继续”，以继续执行程序。

（11）检测所有高压导线是否损坏以及是否正确配置、连接和锁止。

（12）检测所有高压部件电位均衡接口的防腐蚀保护是否完好无损。

（13）按下按钮“完成 / 继续”，以继续执行程序。

（14）检查可见范围内的所有警告粘贴标签。提示：请注意警告粘贴标签必须未损坏、无脏污，并且在所有高压组件上都存在。

（15）必须更换高压组件上缺失的警告粘贴标签！

（16）按下按钮“完成 / 继续”，以继续执行程序。

（17）能否检测到故障?

（18）点击按钮“否”。

5.安装/拆卸

（1）提示：现在必须连接高压系统保养插头 TW（低压保养断开装置）。

（2）打开并取下高压系统保养插头 TW（低压切断服务）（如图 9-33 中 2）上的锁（如图 9-33 中 1）。

（3）按下按钮“完成 / 继续”，以继续执行程序。

（4）沿箭头（如图 9-33 中 A）方向按压棕色卡子（如图 9-33 中 1）。此时用合适的螺丝刀沿箭头（如图 9-33 中 C）方向按压卡槽（绿色）（如图 9-33 中 4），同时沿箭头（如图 9-33 中 B）方向推内壳（如图 9-33 中 2），直至达到限位。

（5）沿箭头（如图 9–33 中 D）方向按压卡槽（棕色）（如图 9–33 中 1），同时沿箭头（如图 9–33 中 E）方向按压直至达到限位。

（6）按下按钮“完成 / 继续”，以继续执行程序。

（7）打开点火开关。

（8）打开和关闭点火开关（接线端 15）两次。提示：在关闭高压系统的保养插头 TW（低压服务断开连接）后必须开关两次接线端 15，以便重新启动高压系统。小心：如果散热器风扇运行，存在造成手受伤的危险。不要抓在散热器风扇内。提示：必要时拔下散热器风扇的保险丝。

（9）按下按钮“完成 / 继续”，以继续执行程序。

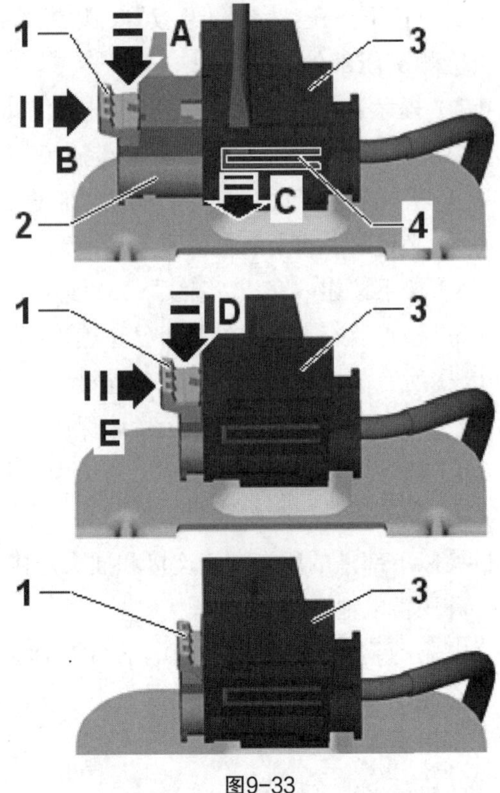

图9–33

6.复位显示，图标（识别校准数据）

（1）驾驶员信息系统控制及显示单元 J1254 中的符号（示意图）已关闭。（状态：OFF）

（2）按下按钮“完成 / 继续”，以继续执行程序。

（3）通信检查：如系统中仍然含有故障存储器记录，根据检测计划处理故障存储器记录。

（4）按下按钮“完成 / 继续”，以继续执行程序。

（5）排除故障后重复操作，重新启用高压系统。

7.启用

（1）车辆的高压系统成功重新启用！

（2）高压蓄电池的电量：69.6%。

（3）高压蓄电池绝缘电阻（–）10000kΩ。

（4）高压蓄电池绝缘电阻（+）10000kΩ。

（5）牵引供电绝缘电阻（–）10000kΩ。

（6）牵引供电绝缘电阻（+）10000kΩ。

（7）按下按钮“完成 / 继续”，以继续执行程序。

（8）在检测报告“重新启用”上签名并将其保存在任务文件夹中。

（9）按下按钮“完成 / 继续”，以继续执行程序。

（10）将所有提示牌高电压危险 FVS 6649、不接通高压系统 FVS 6650A 和禁止充电 FVS6871 从汽车中取出。

（11）按下按钮“完成 / 继续”，以继续执行程序。

第二节 2020—2021年一汽大众高尔夫纯电（e-golf）

一、高压断电/上电基础

1.断电情况

在电动汽车上进行检查及维修与高压系统相关工作时，须先由具有相应资质人员断开高压电，以确保人身安全，如图 9-34 所示。常见情况有以下几种：

（1）检查或更换高压组件。

（2）检查或更换高压线路。

（3）检查高压系统绝缘故障。

（4）拆卸安装高压蓄电池。

图9-34

2.专用工具

断电操作需用三种专用工具：VAS6558A（如图 9-35 所示）、VAS6558/9-4（如图 9-36 所示）和 VAS6558/9-6（如图 9-37 所示）。

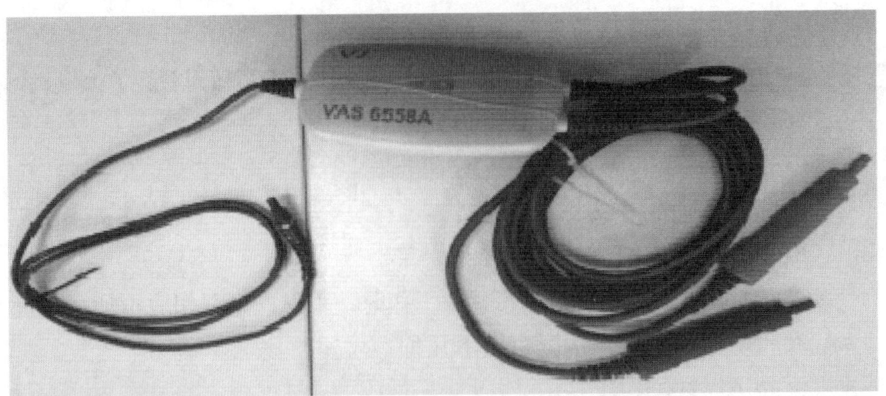

图9-35

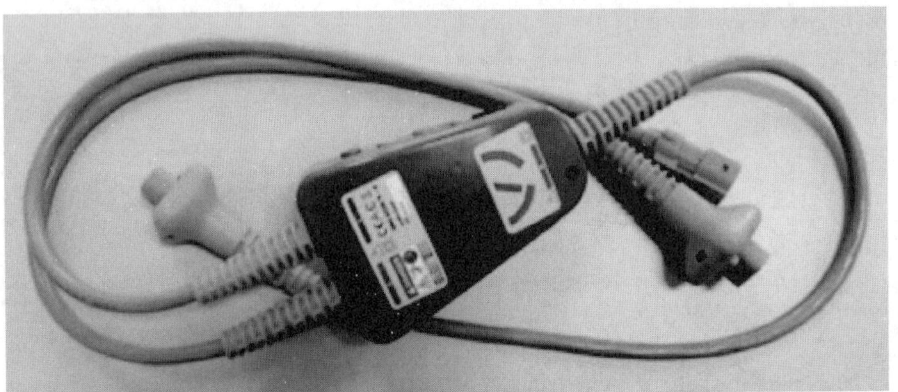

图9-36

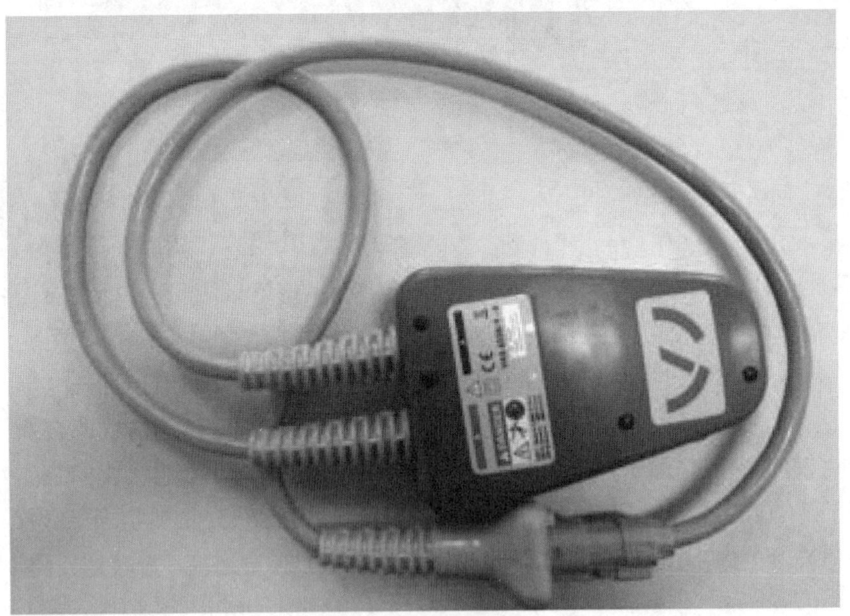

图9-37

二、断开车辆高压电

（一）所需要的专用工具和维修设备

（1）混合动力测量模块 VAS6558A，如图 9-38 所示。

（2）提示牌，高压危险 VAS6649，如图 9-39 所示。

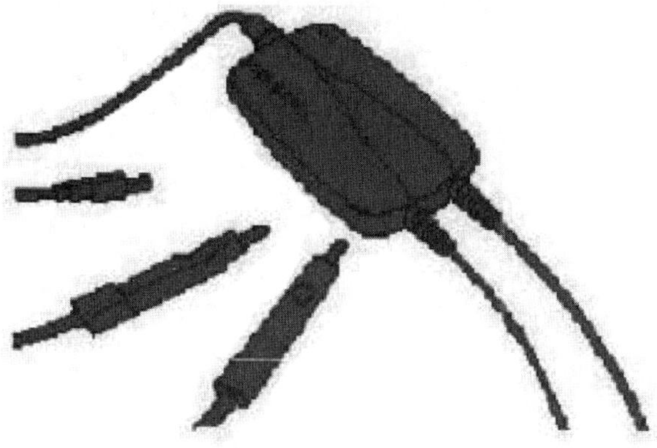

图9-38

图9-39

（3）提示牌，不接通高压系统 VAS6650A ，如图 9-40 所示。

（4）提示牌，禁止充电 VAS6871，如图 9-41 所示。

（5）挂锁 T40262/1，如图 9-42 所示。

（6）测量盒 VAS6356，如图 9-43 所示。

（7）抽头端子 V.A.G1594/14，如图 9-44 所示。

图9-40

图9-41

图9-42

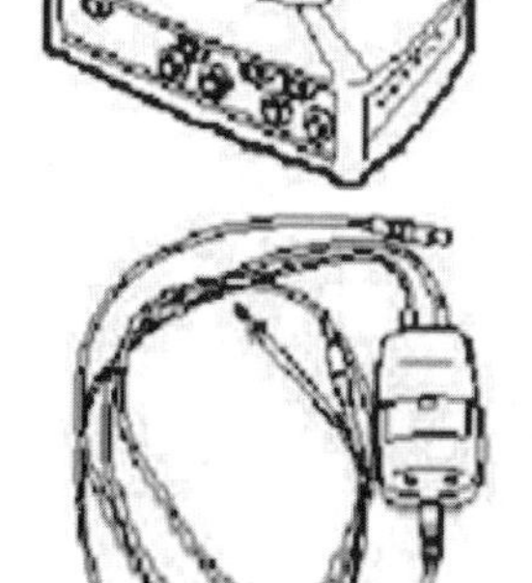

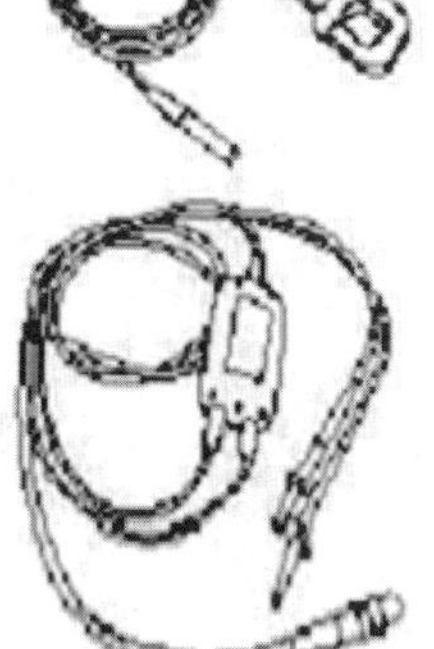

图9-43

图9-44

（二）工作步骤

危险：高压电会危及生命。由电击引起的死亡或重伤。由具备相应资质的人员切断高压车载电网的电压。

如果在个别步骤中出现断电问题，则通知高压专家。为了确保车辆安全，可以使用闭锁装置 VAS 6884。

（1）安全关闭车辆。

（2）准备检测报告。

（3）校准电压测试仪，包括适当的测量探针。

（4）准备提示牌和屏障。

（5）断开车辆高压电 →车辆诊断测试器。

（三）断开车辆高压电步骤

启动诊断仪，进入控制单元诊断界面。

选择“HBM-8C”，点击“鼠标右键”，选择“引导型功能”，点击按钮“实现高压断电”并执行。

1.前提条件

（1）将诊断接头连接到汽车上。

（2）将变速器挡杆挂入挡位 P。

（3）打开点火开关。

（4）危险：如果散热器风扇运行，存在造成手受伤的危险。不要抓在散热器风扇内。提示：必要时拔下散热器风扇的保险丝。

（5）按下按钮“完成 / 继续”，以继续执行程序。

（6）检测描述：实现高压断电。

（7）按下按钮“完成 / 继续”，以继续执行程序。

2.资格查询

危险：车辆的高压网络和高压蓄电池存在危险，可能引起燃烧、其他伤害和威胁生命的触电危险。只能由具有相关资质并受过培训的专业人员执行高压车载电网和直接受其影响的系统上的作业。若对高压技师、高压专家的概念或高压车载电网本身有任何疑问或不明之处，在操作之前请联系相关的进口商。维修工作应始终遵守现行的法律规定、其他法律条款、公认的规定和技术，必要时考虑事故预防规定在高压车载电网车辆上作业时的资质规定以及本指导手册。在高压系统上操作时，需要具有相关资质的双人作业。一人负责操作，另一人负责安全提醒及紧急情况处理。

提示：如果您不具备所需资质，则检测流程中止。

您是否具备所需资质。点击按钮“是”。

3.检测报告

（1）确保已连接打印机。

（2）开启打印机。

（3）提示：接着将打印检测报告证明断电状态。

（4）按下按钮“完成 / 继续”，以继续执行程序。

（5）提示：如果未打印检测报告证明断电状态，则检测过程将中止。是否已打印检测报告？

（6）点击按钮“是”。

（7）将以下数据填入检测报告证明断电状态中：

· LFVNB9AU55J5******

· 2018 年 02 月 03 日

· 电话

· 姓名

4.检测前提条件

（1）12V 蓄电池已充足电。

（2）将 12V 蓄电池充电器连接到汽车上。

（3）按下按钮“完成 / 继续”，以继续执行程序。

（4）提示：用高压测量模块测量电阻时，只能用版本高压测量模块 VAS6558A。选择电阻测量工具：

· 测量盒 VAS6356 以及万用表导线 VAS6356/2

· 高压测量模块 VAS6558A

· 退出检测程序

（5）按下按钮“1”，以继续执行程序。

（6）检测到以下车辆诊断系统：VAS6150C。提示：电压测量可利用高压测量模块 VAS6558 或 VAS6558A 执行。

5.必备辅助工具

（1）危险电压提示牌 VAS6649，如图 9-45 所示。

（2）禁止开关提示牌 VAS6650，如图 9-46 所示。

（3）禁止充电提示牌 VAS6871，如图 9-47 所示。

图9-45

图9-46

图9-47

（4）挂锁 T40262/1，如图 9-48 所示。

（5）混合动力测量模块 VAS6558A 或 VAS6558，如图 9-49 所示。

（6）测量盒 VAS6356 以及万用表导线 VAS6356/2，如图 9-50 所示。

（7）鳄鱼夹 VAS1594/14A，如图 9-51 所示。

（8）高压检测适配器 VAS6558/9-4，如图 9-52 所示。

（9）高压测量适配接头 VAS6558/9-6，如图 9-53 所示。

（10）打印机。

（11）提示：如果上述辅助工具不可用，则检测过程将中止。

（12）辅助工具是否可用？

（13）点击按钮“是”。

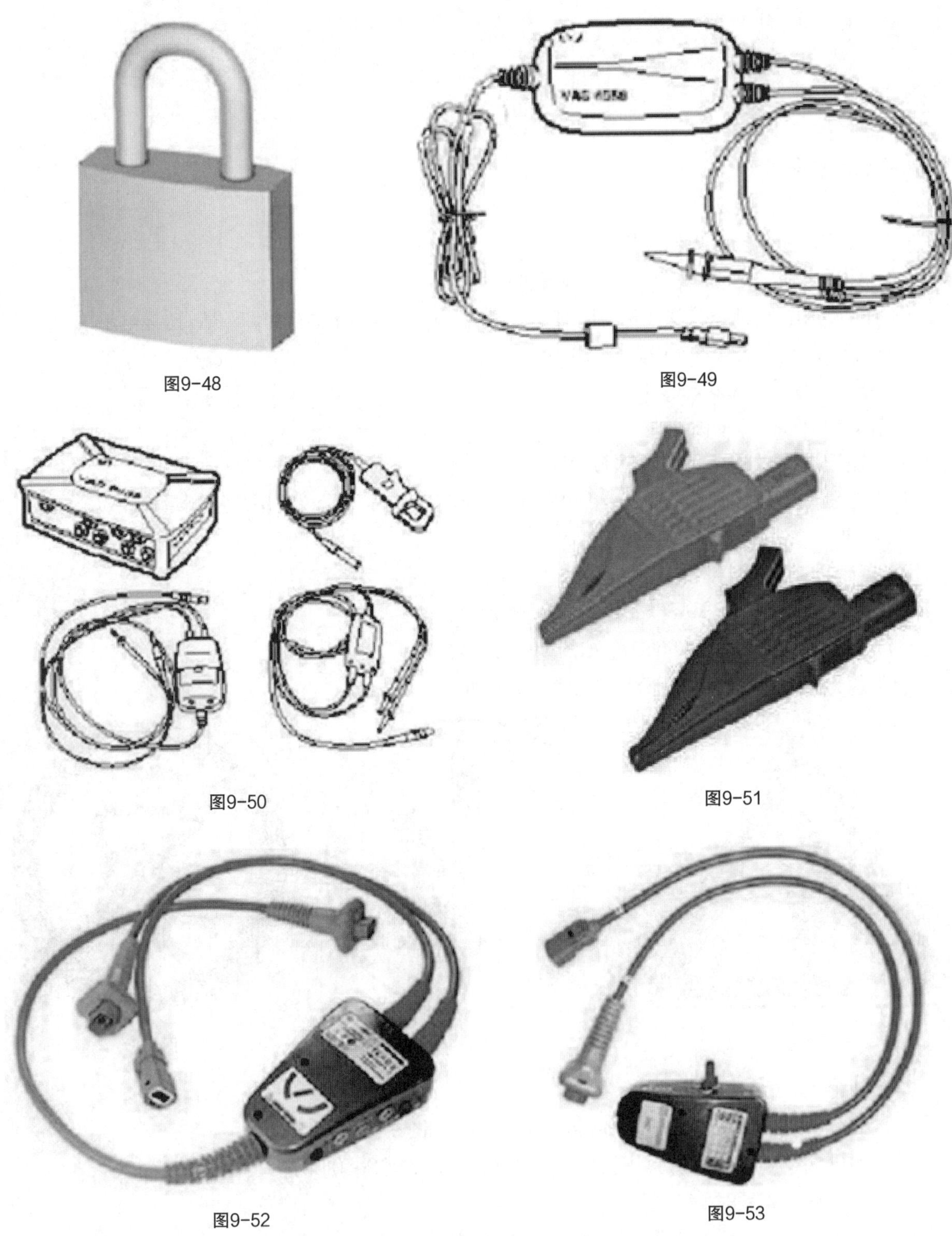

图9-48

图9-49

图9-50

图9-51

图9-52

图9-53

（14）在高压系统上作业时，必须遵守维修手册的清洁规定。

（15）按下按钮“完成/继续”，以继续执行程序。

（16）目检测量仪的测量导线是否可能损坏。提示：如果测量导线不正常，则检测过程将中止。

（17）测量导线是否正常?

（18）点击按钮“是”。

（19）按照测量工具上的检测标志或者检测手册来检查下列测量工具是否处于规定的检测周期内：

·混合动力测量模块 VAS6558A 或 VAS5558

·测量盒 VAS6356 以及万用表导线 VAS6356/2

·高电压测量适配接头 VAS655/9

（20）提示：只能使用未超出规定检测周期的测量工具。如果测量工具不在规定的检测循环内，则检测过程将终止。

（21）测量工具是否在规定的检测循环内？

（22）点击按钮“是”，以继续执行程序。

（23）将提示牌危险电压 VAS6649 和禁止开关 VAS6550 放到车上显眼的位置，如图 9-54 所示。

VAS6649

VAS6650

图9-54

（24）将提示牌禁止充电 VAS6871 放在充电插座的显眼位置上，如图 9-55 所示。提示：与您的进口商确认是否要在汽车上清晰可见地安放附加提示牌。

（25）按下按钮“完成 / 继续”，以继续执行程序。

（26）提示：在禁作（包括重新启用）结束前，所有提示牌必须一直放在车上。如果提示牌未放在车上的显眼位置，则检测过程将终止。

（27）提示牌是否已放在车上的显眼位置？

（28）按下按钮“是”，以继续执行程序。

图9-55

6.断电

（1）关闭点火开关。提示：如果点火开关（端子 5）未开闭，则检测过程将中止。

（2）点火开关（端子 15）是否已关闭？

（3）点击按钮“是”。提示：现在必须断开高压系统保养插头 TW（低压保养断开装置），如图 9-56 所示。

（4）沿箭头 A 方向按压卡槽（棕色）1，同时沿箭头 B 拉动至限位，如图 9-57 所示。沿箭头 C 方向按压卡槽（棕色）1，同时沿箭头 D 拉内壳 2，直至达到限位。按下按钮“继续 / 完成”，以继续执行程序。

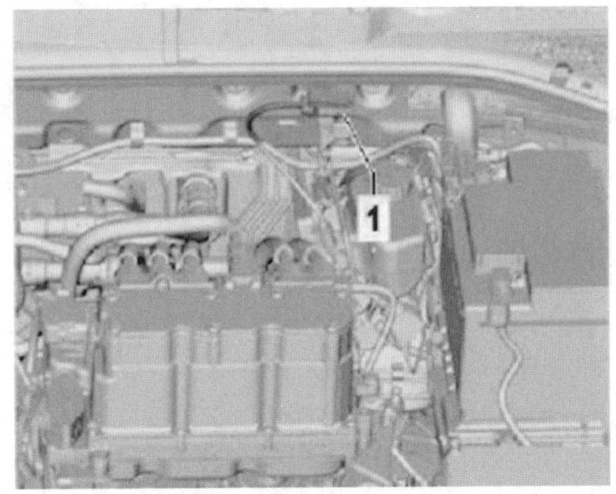

图9-56

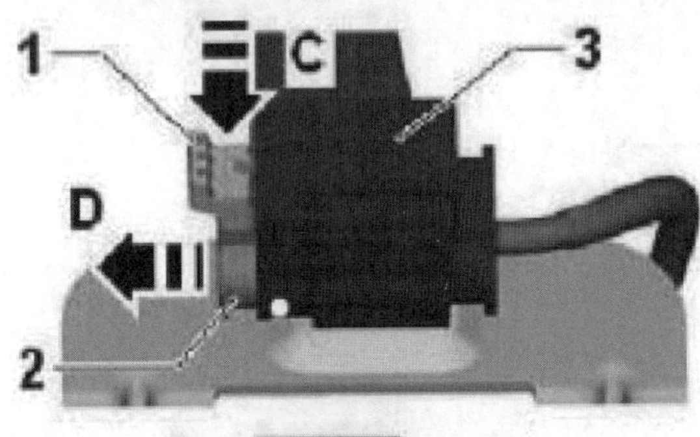

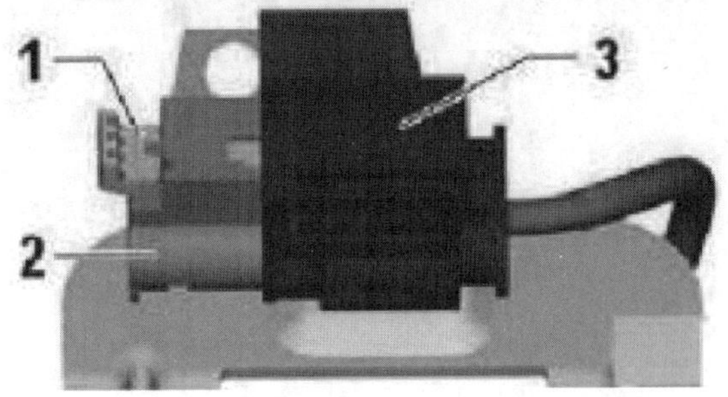

图9-57

7.防止重新打开

（1）将高压系统保养插头 TW（如图 9-58 中 2）用锁 T40262/1（如图 9-58 中 1）锁住，防止重新接通。

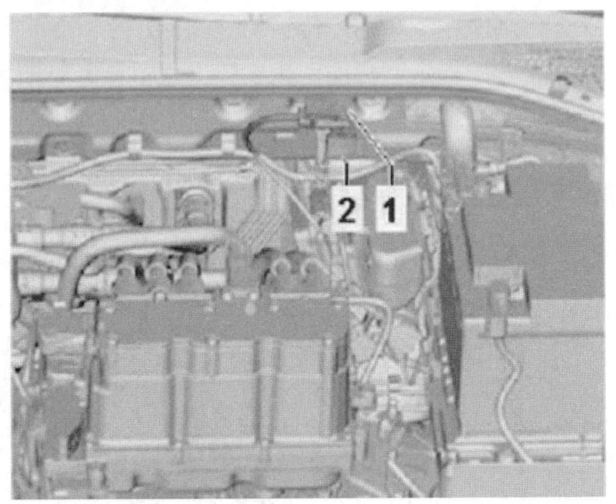

图9-58

（2）妥善保管钥匙。

（3）提示：与维修站主管确定钥匙应妥善保管在何处。

（4）按下按钮“继续 / 完成”，以继续执行程序。

8.安装/拆卸

（1）接着必须拔下功率电子装置（如图 9-59 中 1）的连接插头（如图 9-59 中 2）。

图9-59

（1）提示：为了不损坏连接插头，请按以下说明操作：沿箭头 A 方向拉动防松箍（浅绿色）2 直至其卡止，如图 9-60 所示。提示：防松箍（浅绿色）卡止时，卡子发出咔哒声。

（2）沿箭头 B 方向按压卡槽扣（深绿色）4，同时沿箭头 C 方向将连接插头 3 从插头支座 1 中拔出。

（3）按下按钮“完成 / 继续”，以继续执行程序。

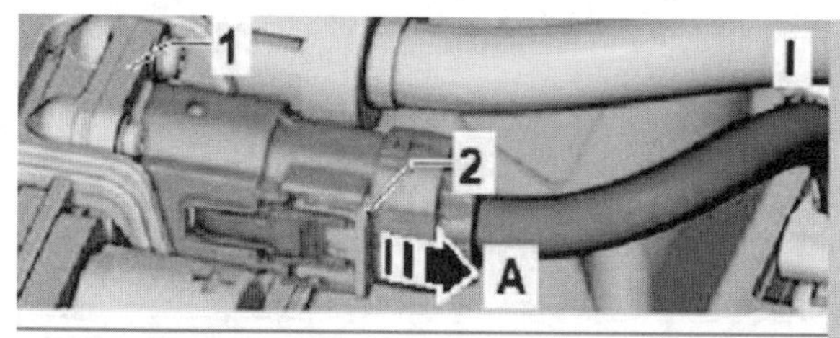

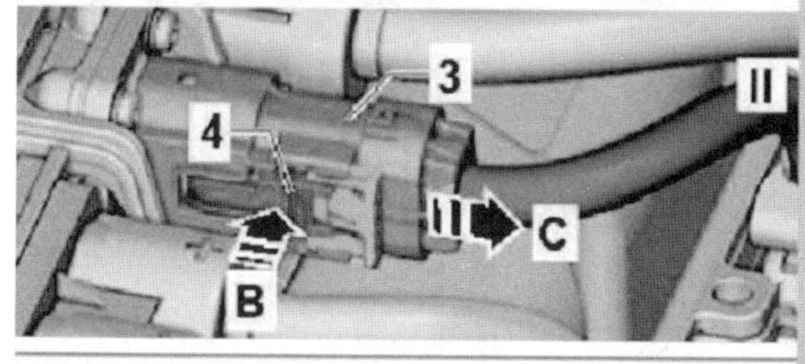

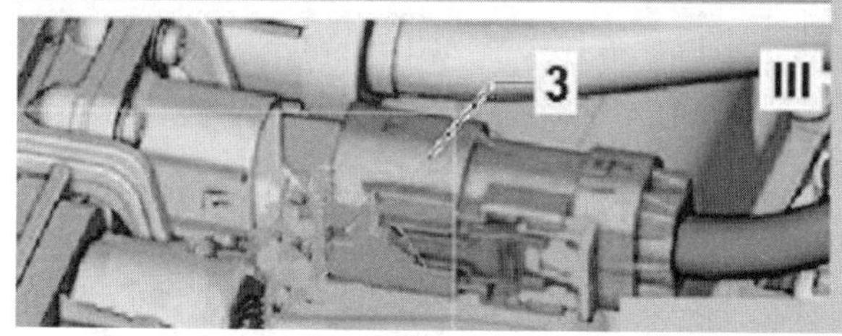

图9-60

9.通路检测1a

（1）现在检查检测适配器 VAS6558/9-6 的功能。提示：为避免检测适配器的连接插头损坏，还需要适配器 VAS6558/9-4。随后共进行 4 项通路检测（电阻测量）。

（2）将 VAS6558/9-6 的插头 B 连接到 VAS6558/9-4 的插头 A 上。提示：VAS6558/9-4 的插头 B 、插头 C 和 VAS 658/9-6 的插头 A 不得连接！

（3）按下按钮“完成 / 继续”，以继续执行程序。

（4）连接测量导线。

（5）已连接 U/R/D/ 测量导线（+）VAS6558/9-4-TP1 正极测量插口（+）。

（6）已连接 COM 测量导线（-）VAS6558/9-6-TP1 正极测量插口（+）。提示：执行通路检测时，只使用 VAS6356/2.URDI 测量导线。

（7）电阻测量。

（8）目标值正常 95000.0~105000.0Ω。提示：开始电阻测量前，先执行校准。

（9）如有必要，按下“确认”按钮就可以结束在额定范围（绿色）内的测量。

（10）按下“完成 / 继续”按钮，启动测量。

（11）测的电阻在正常值范围内。

（12）按下“确定”按钮继续。

（13）通路检测 1a（正极导线）的测量结果为 98.4kΩ，正常。

（14）将测量值填入检测报告证明断电状态中。

（15）接着执行通路检测 2a（负极导线）。

（16）按下按钮“完成 / 继续”，以继续执行程序。

10.通路检测2a

（1）VAS6558/9-4 的插头 A 仍然插在 VAS6558/9-6 插头 B 上。提示：VAS6558/9-4 的插头 B、插头 C 和 VAS6558 的插头不得连接！

（2）按下按钮“完成 / 继续”，以继续执行程序。

（3）连接测量导线。

（4）已连接 U/R/D/ 测量导线（+）VAS6558/9-4-TP1 负极测量插口（-）。

（5）已连接 COM 测量导线（-）VAS6558/9-6-TP1 负极测量插口（-）。提示：执行通路检测时，只使用 VAS6356/2-URDI 测量导线。

（6）测量 1 通路检测 2a（负极导线）。

（7）按下按钮“完成 / 继续”，以继续执行程序。

（8）电阻测量。

（9）目标值正常：95000.0~105000.0Ω。提示：如有必要，按下“确认”按钮就可以结束在额定范围（绿色）内的测量。

（10）按下“完成/继续”按钮，启动测量。

（11）测的电阻在正常值范围内。

（12）按下“确定”按钮继续。

（13）通路检测 2a（负极导线）的测量结果为 97.9kΩ，正常。

（14）将测量值填入检测报告证明断电状态中。

（15）接着执行通路检测 1b（正极导线）。

（16）按下按钮“完成/继续”，以继续执行程序。

11.通路检测1b

（1）松开并拔下 VAS6558/9-6 的插头 B 上的 VAS6558/9-4 的插头 A。

（2）沿箭头 A 方向拉拔红色卡子 3，如图 9-61 所示。沿箭头 B 方向按压橙色卡子 4，同时沿箭头 C 方向将连接插头 1 从插座 2 中拔出。提示：连接插头 1 可从插座 2 中拔出约 5mm。沿箭头 D 方向按压黑色卡子 5，同时沿箭头 C 方向将连接插头 1 从插座 2 中完全拔出。

（3）按下按钮“完成/继续”，以继续执行程序。

（4）将 VAS6558/9-4 的插头 B 连接到 VAS6558/9-6 的插头 A。提示：VAS6558/9-4 的插头 A、插头 C 和 VAS6556/9-6 的插头 B 不得连接！

（5）按下按钮“完成/继续”，以继续执行程序。

（6）连接测量导线。

（7）已连接 U/R/D/ 测量导线（+）VAS6558/9-4-TP1 正极测量插口（+）。

（8）已连接 COM 测量导线（-）VAS 6558/9-6-TP1 正极测量插口（+）。提示：执行通路检测时，只使用 VAS6356/2URD1 测量导线。

（9）测量 1 通路检测 1b（正极导线）。

（10）按下按钮“完成/继续”，以继续执行程序。

（11）电阻测量。

（12）目标值正常：95000.0~105000.0Ω。提示：开始测量前，先执行校准。

（13）如有必要，按下“确认”，按钮就可以结束在额定范围（绿色）内的测量。

（14）按下“完成/继续”按钮启动测量。

（15）测的电阻在正常值范围内。

（16）按下“确定”按钮继续。

（17）通路检测 1b（正极导线）的测量结果为 98.5kΩ，正常。

（18）将测量值填入检测报告证明断电状态中。

（19）接着执行通路检测 2b（负极导线）。

（20）按下按钮“完成/继续”，以继续执行程序。

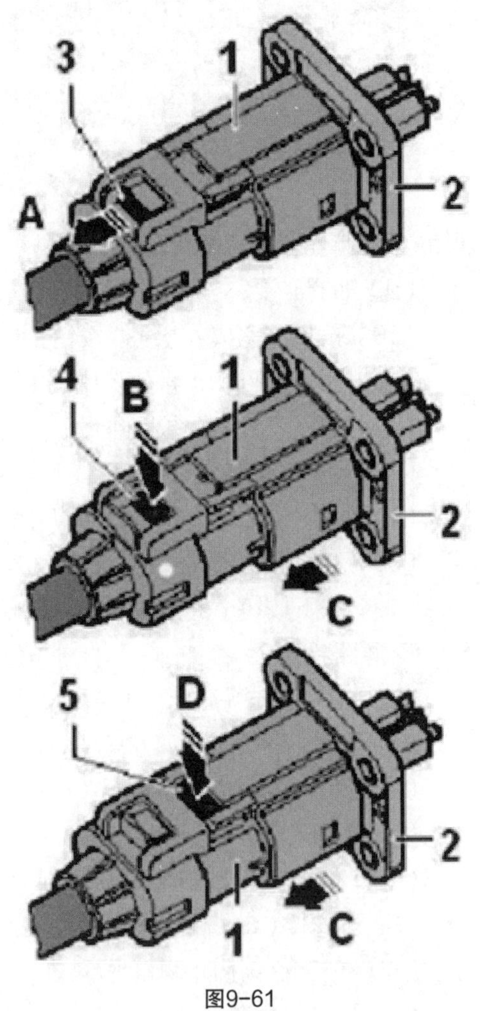

图9-61

12.通路检测2b

（1）VAS6558/9-4 的插头 B 仍然插在 VAS6558/9-6 插头 A 上。提示：VAS6558/9-4 的插头 A、插头 C 和 VAS655 的插头不得连接！

（2）按下按钮“完成 / 继续”，以继续执行程序。

（3）连接测量导线。

（4）已连接 U/R/D/ 测量导线（+）VAS6558/9-4-TP1 负极测量插口（-）。

（5）已连接 COM 测量导线（-）VAS 6558/9-6-TP1 负极测量插口（-）。提示：执行通路检测时，只使用 VAS6356/2-URDI 测量导线。

（6）测量 1 通路检测 2b（负极导线）。

（7）按下按钮“完成 / 继续”，以继续执行程序。

（8）电阻测量。

（9）目标值正常：95000.0~105000.0Ω。提示：如有必要，按下“确认”按钮就可以结束在额定范围（绿色）内的测量。

（10）按下“完成 / 继续”按钮启动测量。

（11）测的电阻在正常值范围内。

（12）按下“确定”按钮继续。

（13）通路检测 2b（负极导线）的测量结果为 97.9kΩ，因此正常。

（14）将测量值填入检测报告证明断电状态中。

（15）按下按钮“完成 / 继续”，以继续执行程序。

（16）松开并拔下 VAS6558/9-4 的插头 B 上的 VAS6558/9-6 的插头 A。

（17）沿箭头 A 方向拉拔红色卡子 3，如图 9-62 所示。沿箭头 B 方向按压橙色卡子 4，同时沿箭头 C 方向将连接插头 1 从插座 2 中拔出。提示：连接插头 1 可从插座 2 中拔出约 5mm。沿箭头 D 方向按压黑色卡子 5，同时沿箭头 C 方向将连接插头 1 从插座 2 中完全拔出。

（18）按下按钮“完成 / 继续”，以继续执行程序。

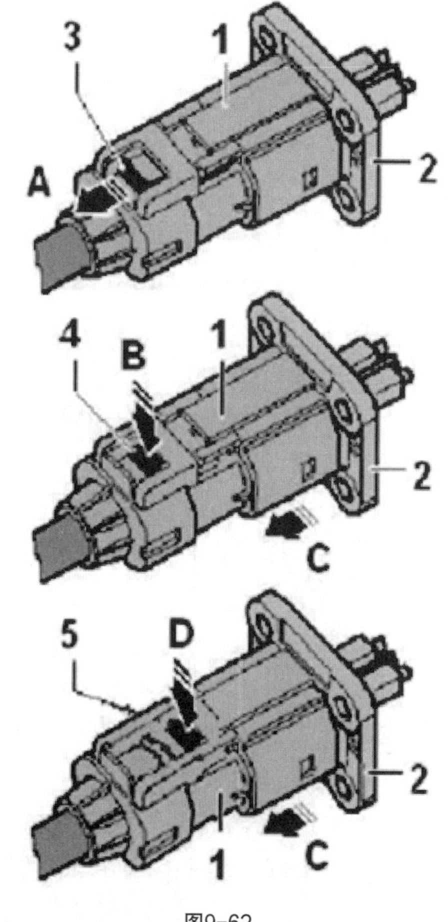

图9-62

13.测量工具检查

提示：检测电压测量仪的功能。在电源上进行参考电压测量［蓄电池 A（12V）］。现在确定蓄电池调节控制单元 J840 的当前电压（接线端 30）。

（1）打开点火开关。小心：如果散热器风扇运行，存在造成手受伤的危验。不要抓在散热器风扇内。提示：必要时拔下散热器风扇的保险丝。

（2）按下按钮“完成 / 继续”，以继续执行程序。

（3）测得的电压（接线端 30，蓄电池调节控制单元 J840）：11.9V。

（4）参考电压测量［蓄电池 A（12V）］的最小额定值为 10.7V。

（5）参考电压测量［蓄电池 A（12V）］的最小额定值为 13.1V。

（6）按下按钮“完成 / 继续”，以继续执行程序。

（7）关闭点火开关。

（8）按下按钮“完成 / 继续”，以继续执行程序。

（9）提示：此时需要连接混合动力测量模块 VAS6558A 来完成以下测量。

（10）测量 1 电压检测正极 / 负极。

（11）以下测量期间必须检测 2 个 LED 指示灯。提示：LED 指示灯 1 必须一直亮蓝色（测量模块正常）并且不允许闪烁（测量模块不正常），如图 9-63 所示。LED 指示灯 2 必须从绿色（ < 10V）变为红色（ > 10V），然后再重新变为绿色（ < 10V）。

（12）连接测量电缆。测量电缆（+）连接到正极（+）。测量电缆（-）连接到负极（-）。

（13）测量电压［蓄电池 A（12V）］。

（14）按下按钮“完成 / 继续”，以继续执行程序。

（15）请按下和按住“检测”按钮。

（16）脱开测量电缆。提示：在脱开测量电缆后，LED2 才从红色（ > 10）切换至绿色（ < 10V）。

（17）按下按钮“完成 / 继续”，以继续执行程序。提示：LED 指示灯 1 必须一直亮蓝色（测量模块正常）并且不允许闪烁（测量模块不正常）。LED 指示灯 2 必须从绿色（ < 10V）变为红色（ > 10V），然后再重新变为绿色（ < 10V）。

（18）2 个 LED 指示灯在测量区间的表现是否如上所述?

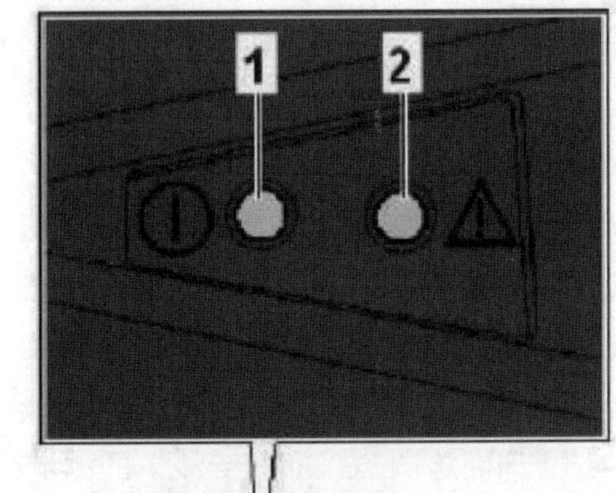

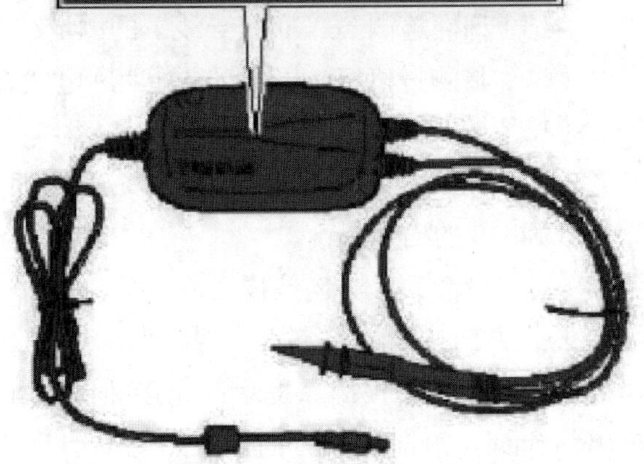

图9-63

（19）是。

（20）按下按钮“完成 / 继续”，以继续执行程序。

（21）测得的电压［蓄电池 A（12V）］为 12.11。符合标准值（10.7~13.1V），电压正常。LED 指示灯的表现同样正常。因此，使用测量工具进行断电。

（22）将以下数据填入检测报告证明断电状态中：

· LED 的表现

· 12.11V

（23）为确定无电压状态，使用测量工具。

（24）按下按钮“完成 / 继续”，以继续执行程序。

13.安装拆卸

（1）将 VAS6558/9-6（如图 9-64 中 3）的插头 A（如图 9-64 中 1）插到电驱动系统的功率及控制电子系统 JX1（如图 9-64 中 2）的接口上并卡止。提示：VAS6558/9-6 插头 B 未连接！

（2）按下按钮“完成 / 继续”，以继续执行程序。

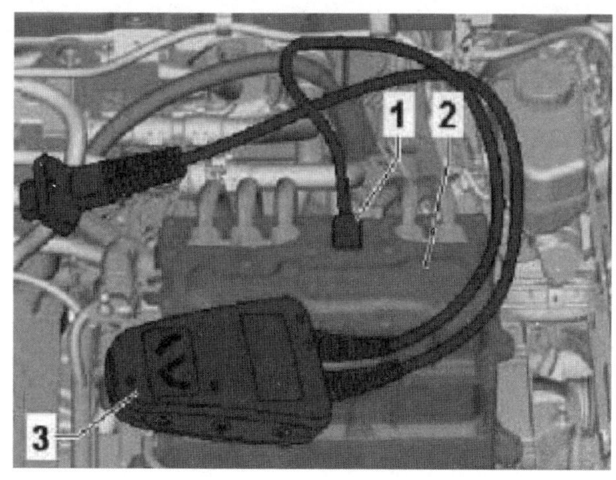

图9-64

（3）打开点火开关。小心：如果散热器风扇运行，存在造成手受伤的危险。不要抓在散热器风扇内。提示：必要时拔下散热器风扇的保险丝。

（4）按下按钮“完成 / 继续”，以继续执行程序。

14.保险丝可信度，电压测量

（1）以下测量期间必须检测 2 个 LED 指示灯，如图 9-65 所示。提示：LED 指示灯 1 必须一直亮蓝色（测量模块正常）并且不允许闪烁（测量模块不正常）。LED 指示灯 2 必须一直亮绿色（ < 10）并且不允许亮红色（ > 10V）。

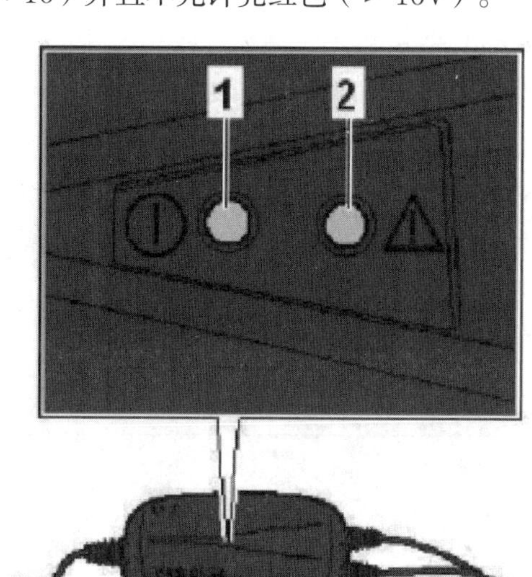

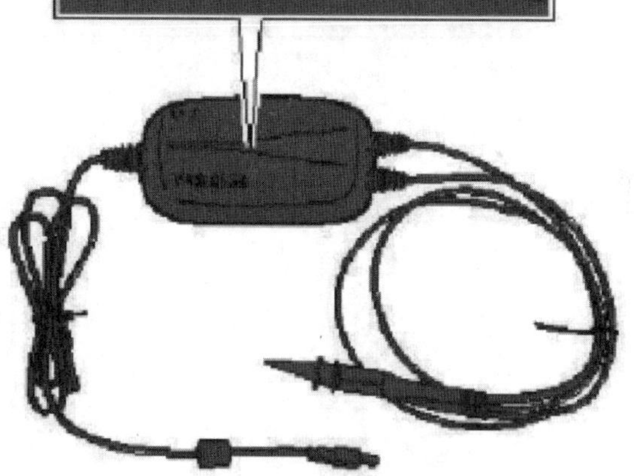

图9-65

（2）连接测量电缆。

（3）测量电缆（+）连接到 VAS6558/9-6-TP1 测量插口正极（+）上。

（4）测量电缆（-）连接到 VAS6558/9-6-TP1 测量插口负极（-）上，如图 9-66 所示。

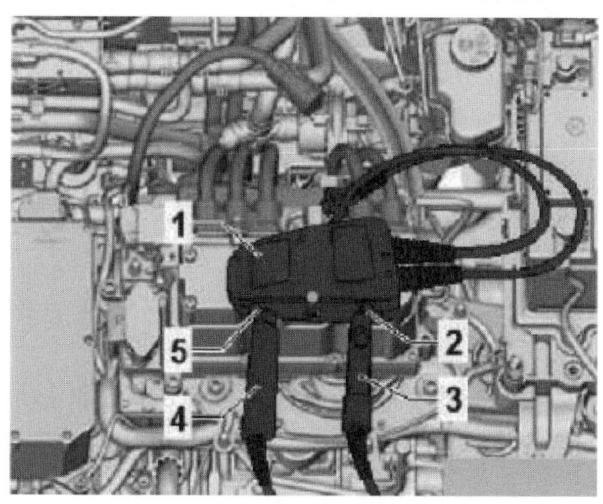

图9-66

（5）高电压（+）/ 高电压（-）。

（6）按下按钮“完成 / 继续”，以继续执行程序。

（7）请按下和按住检测按钮！提示：LED 指示灯 1 必须一直亮蓝色（测量模块正常）并且不允许闪烁（测量模块不正常）。

（8）测量期间的标准性能：

①LED 指示灯 1 必须一直亮蓝色。

②LED 指示灯 1 不允许闪烁。

③LED 指示灯 1 在测量期间的表现是否如上所述?

④按下按钮“是”，以继续执行程序。提示：加载电压 < 10V 时，LED 指示灯 2 亮绿色；电压 > 10V 时，亮红色。

（9）测量期间的标准性能：

①LED 指示灯 2 必须一直亮绿色（<10V）。

②LED 指示灯 2 不允许亮红色（>10V）。

③LED 指示灯 2 在测量期间是否亮红色？

④按下按钮“否”，以继续执行程序。

（10）测得的电压为 0.02V，因而小于 10.00V。

（11）LED 指示灯的表现正常。

（12）将测量值和 LED 指示灯的表现填入检测报告证明断电状态中。提示：为了能够使用高电压测量适配接头 VAS6558-6 确定电源断开，接下来必须执行电阻测量。需要进行该测量，以便检查电驱动装置的功率及控制电子系统 JX1 中的保险丝。

（13）按下按钮“完成 / 继续”，以继续执行程序。

（14）关闭点火开关。

（15）按下按钮“完成 / 继续”，以继续执行程序。

（16）拔下电驱动装置的功率及控制电子系统 JX1 上的 12V 连接插头。

（17）将插头锁止件（如图 9-67 中 1）沿箭头 A 方向解锁。

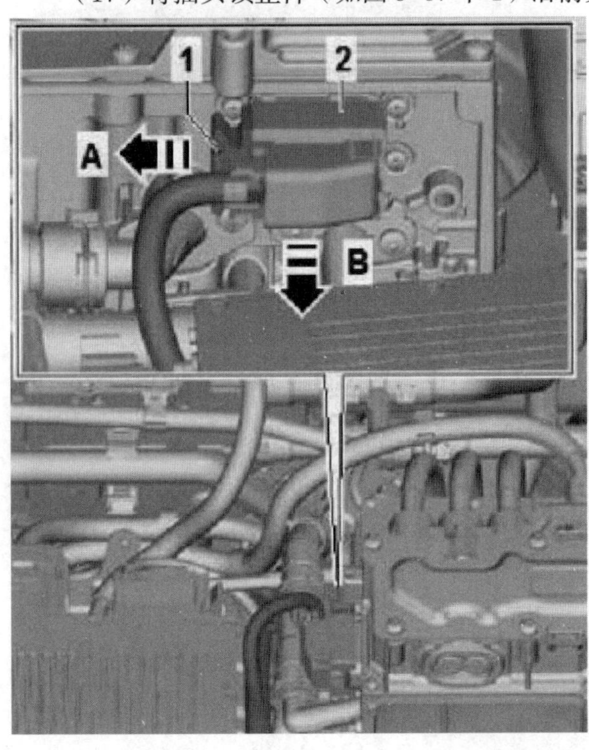

图9-67

（18）将插头（如图 9-67 中 2）沿箭头 B 方向拔出。

（19）按下按钮“完成 / 继续”，以继续执行程序。

（20）连接测量导线。已连接 U/R/D/ 测量导线（+）VAS 6558/9-6TP1 正极测量插口（+）。已连接 COM 测量导线（-）VAS 6558/9-6TP1 负极测量插口（-）。提示：执行通路检测时，只使用 VAS6356/2URD1 测量导线。

（21）测量 1 电阻测量。

（22）按下按钮“完成 / 继续”，以继续执行程序。

（23）电阻测量。

（24）目标值正常：200000.0~900000.0Ω。提示：在测量过程中给中间回路冷凝器 1C25 充电。因此显示的电阻值会随时间而变化。如有必要，按下确认按钮就可以结束在额定范围（绿色）内的测量。

（25）按下“完成 / 继续”按钮启动测量。

（26）电阻测量的测量结果为 283.6kΩ（200.0kΩ ≤标准值≤ 900.0kΩ）。

（27）保险丝正常。可以用高电压测量适配接头 VAS6558/9-6 确定电源断开。

（28）将测量值填入检测报告证明断电状态中。

（29）按下按钮“完成 / 继续”，以继续执行程序。

（30）将 8 个螺栓（如图 9-68 中 2）拧出。取下电驱动系统的功率及控制电子系统 JX1 盖板（如

图 9-68 中 1）。

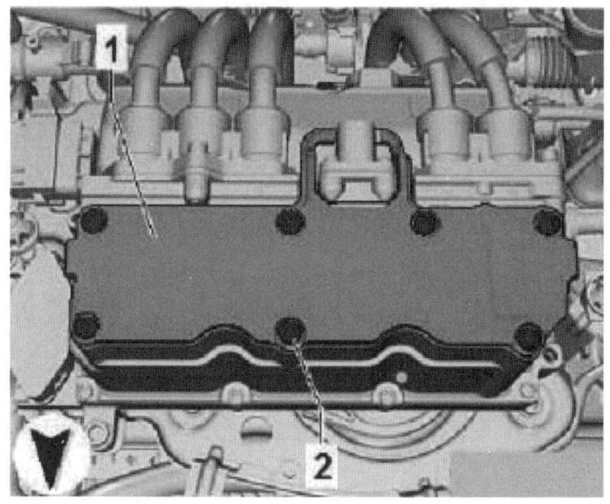

图9-68

（2）连接测量电缆。测量点 T+（高电压正极）的测量电缆（+），如图 9-70 所示。测量点 T-（高电压负极）的测量电缆（-）。

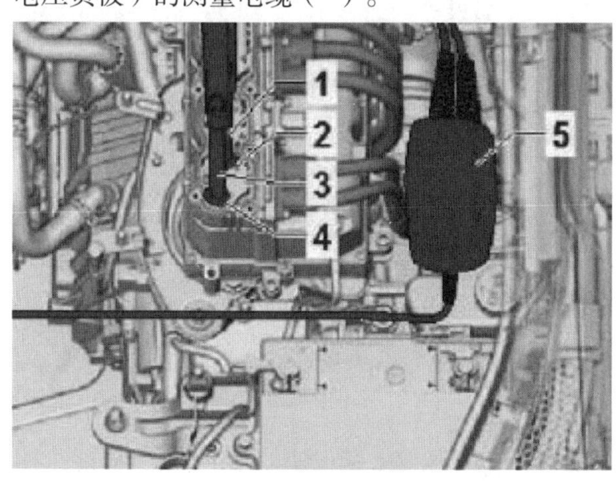

图9-70

15.确认无电压状态，测量A

（1）以下测量期间必须检测 2 个 LED 指示灯。LED 指示灯 1 必须一直亮蓝色（测量模块正常）并且不允许闪烁（测量模块不正常），如图 9-69 所示。LED 指示灯 2 必须一直亮绿色（ < 10V ）并且不允许亮红色（ > 10V ）。

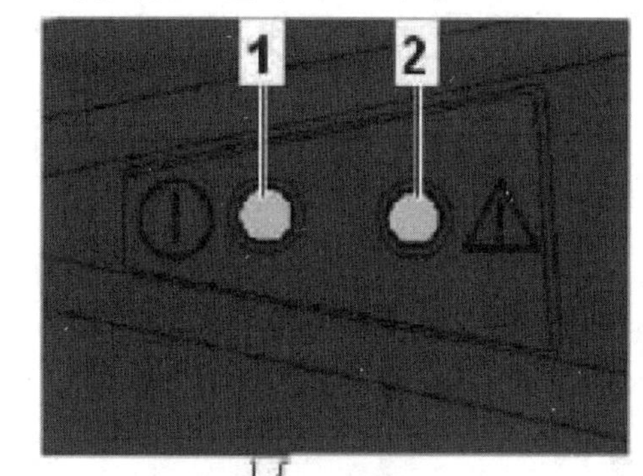

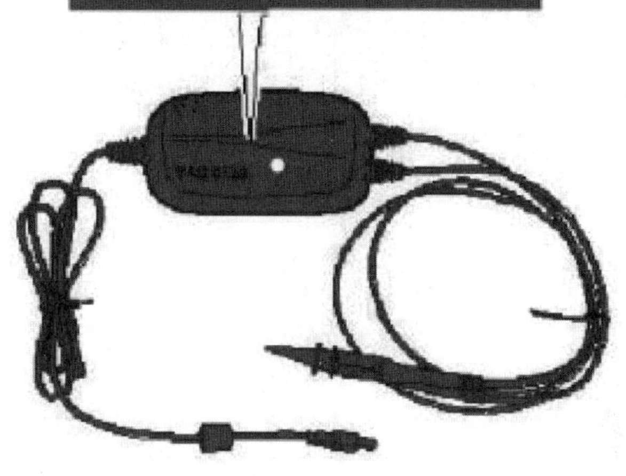

图9-69

（3）电压检测，高电压（+）高电压（-）。

（4）按下按钮完成继续，以继续执行程序。

（5）请按下和按住检测按钮！提示：LED 指示灯 1 必须一直亮蓝色（测量模块正常）并且不允许闪烁（测量模块不正常）。

（6）测量期间的标准性能：

① LED 指示灯 1 必须一直亮蓝色。

② LED 指示灯 1 不允许闪烁。

③ LED 指示灯 1 在测量期间的表现是否如上所述?

④按下按钮“是”，以继续执行程序。提示：加载电压 < 10V 时，LED 指示灯 2 亮绿色，电压 > 10V 时，亮红色。

（7）测量期间的标准性能：

① LED 指示灯 2 必须一直亮绿色（ < 10V ）。

② LED 指示灯 2 不允许亮红色（ > 10V ）。

③ LED 指示灯 2 在测量期间是否亮红色?

④按下按钮“否”，以继续执行程序。

（8）测得的电压为0.0V，属于正常（＜10V）。LED指示灯的表现同样正常。

（9）将以下数据填入检测报告证明断电状态中：

· LED的表现

· 0.0V

（10）按下按钮“完成/继续”，以继续执行程序。

16.确认无电压状态，测量B

（1）以下测量期间必须检测2个LED指示灯。提示：LED指示灯1必须一直亮蓝色（测量模块正常）并且不允许闪烁（测量模块不正常），如图9-71所示。LED指示灯2必须一直亮绿色（＜10V）并且不允许亮红色（＞10V）。

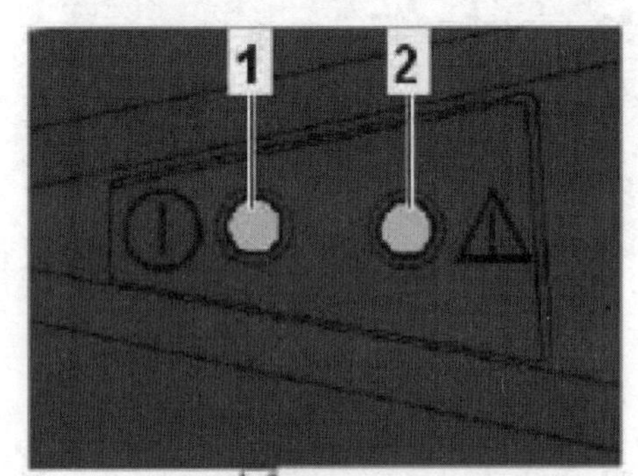

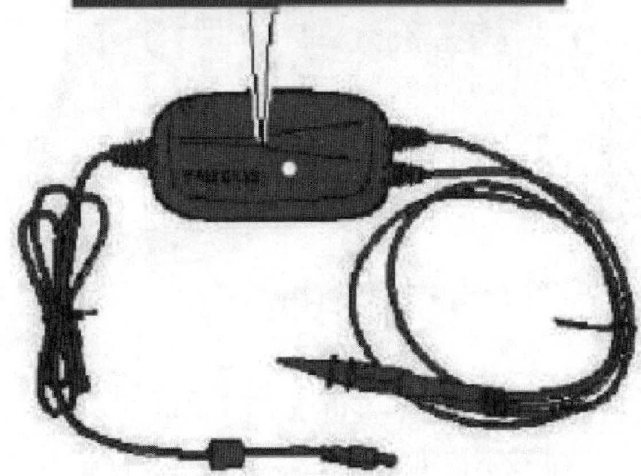

图9-71

（2）连接测量电缆。测量电缆（+）连接测量点T+（高电压正极），如图9-72所示。测量电缆（-）连接车身接地（接线端31）。

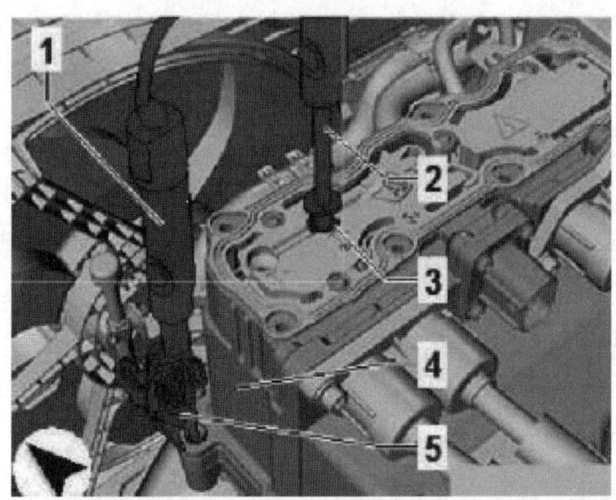

图9-72

（3）电压检测，高电压（+）/车身接地（接线端31）。提示：确定电源断开后，可以在高电压正极与车身接地之间测得大于60V的电压。

（4）如果不存在其他故障，那么测到电压的原因是通过内部绝缘电阻测量充电的抗干扰滤波器。

（5）充电的电容器所含的电能不构成更高的危险，必须通过接下来的电压测量给电容器放电。

（6）按下按钮“完成/继续”，以继续执行程序。提示：LED指示灯1必须一直亮蓝色（测量模块正常）并且不允许闪烁（测量模块不正常）。

（7）测量期间的标准性能：

①LED指示灯1必须一直亮蓝色。

②LED指示灯1不允许闪烁。

③LED指示灯1在测量期间的表现是否如上所述?

④按下按钮“是”，以继续执行程序。提示：加载电压＜10V时，LED指示灯2亮绿色，电压＞10V时，亮红色。

（8）测量期间的标准性能：

①LED 指示灯 2 必须一直亮绿色（< 10V）。

②LED 指示灯 2 不允许亮红色（> 10V）。

③LED 指示灯 2 在测量期间是否亮红色?

④按下按钮“否”，以继续执行程序。

（9）测得的电压为 2.3V，属于正常（< 10V）。LED 指示灯的表现同样正常。

（10）将以下数据填入检测报告证明断电状态中。

· LED 的表现

· 2.3V

（11）按下按钮“完成 / 继续”，以继续执行程序。

17.确认无电压状态，测量C

（1）以下测量期间必须检测 2 个 LED 指示灯。提示：LED 指示灯 1 必须一直亮蓝色（测量模块正常）并且不允许闪烁（测量模块不正常），如图 9-73 所示。LED 指示灯 2 必须一直亮绿色（< 10V）并且不允许亮红色（> 10V）。

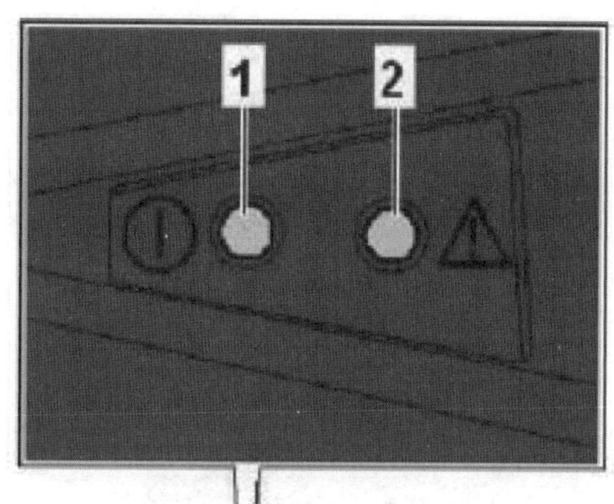

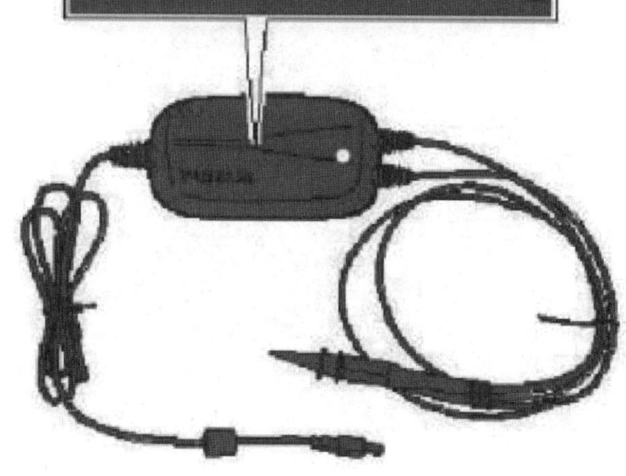

图9-73

（2）连接测量电缆。测量电缆（+）连接测量点 T-（高电压负极），如图 9-74 所示。测量电缆（-）连接车身接地（接线端 31）。

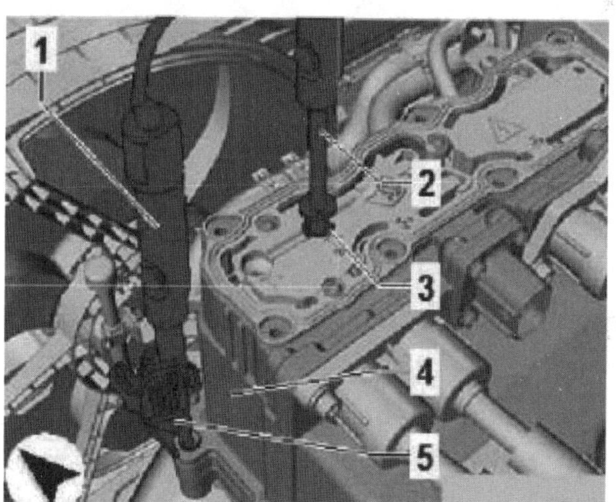

图9-74

（3）电压检测，高电压（-）/ 车身接地（接线端 31）。提示：确定电源断开后，可以在高压正极与车身接地之间测得大于 600V 的电压。如果不存在其他故障，那么测到电压的原因是通过内部绝缘电阻测量充电的抗干扰滤波器。

（4）充电的电容器所含的电能不构成更高的危险。必须通过接下来的电压测量给电容器放电。

（5）按下按钮“完成 / 继续”，以继续执行程序。提示：LED 指示灯 1 必须一直亮蓝色（测量模块正常）并且不允许闪烁（测量模块不正常）。

（6）测量期间的标准性能：

①LED 指示灯 1 必须一直亮蓝色。

②LED 指示灯 1 不允许闪烁。

③ LED 指示灯 1 在测量期间的表现是否如上所述?

④按下按钮“是”，以继续执行程序。提示：加载电压 < 10V 时，LED 指示灯 2 亮绿色。电压 > 10V 时，亮红色。

（7）测量期间的标准性能：

① LED 指示灯 2 必须一直亮绿色（ < 10V ）。

② LED 指示灯 2 不允许亮红色（ > 10V ）。

③ LED 指示灯 2 在测量期间是否亮红色?

④按下按钮“否”，以继续执行程序。

（8）测得的电压为 1.5V，属于正常（ < 10V ）。LED 指示灯的表现同样正常。

（9）将以下数据填入检测报告证明断电状态中：

· LED 的表现

· 1.5V

（10）按下按钮“完成 / 继续”，以继续执行程序。提示：如果未完整填写检测报告，则检测过程终止。

（11）是否已完整填写检测报告?

（12）按下按钮“是”，以继续执行程序。

（13）将 12V 连接插头连接在电驱动系统的功率及控制电子系统 JX1 上。

（14）按下按钮“完成 / 继续”，以继续执行程序。

（15）将 VAS65589-6 的插头 A（如图 9-75 中 1）在电驱动系统的功率及控制电子系统 JX1（如图 9-75 中 2）的接口上解锁并拔下。

（16）按下按钮“完成 / 继续”，以继续执行程序。

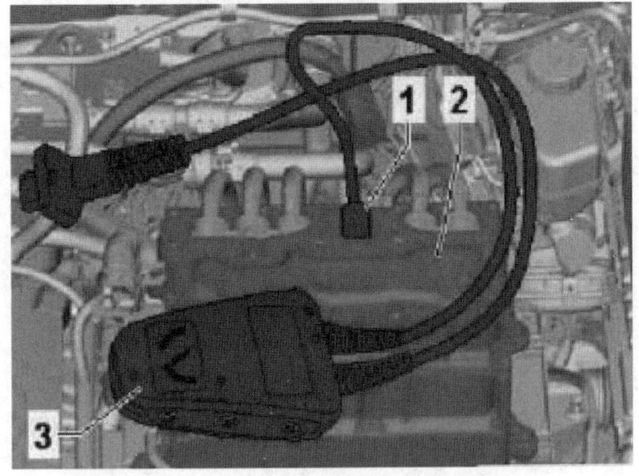

图9-75

18.结束/结果

（1）在检测报告证明断电状态上签名，然后保存在任务文件夹中。

（2）开启打印机。提示：接下来打印提示单高压系统已关闭。

（3）按下按钮“完成 / 继续”，以继续执行程序。

（4）现在将以下数据填入打印出的提示单高压系统已关闭：

① LFVNA90K2J6800041。

②姓名、电话。

（5）按下按钮“完成 / 继续”，以继续执行程序。

（6）将提示单高压系统已关闭固定在车内醒目的地方。

（7）按下按钮“完成 / 继续”，以继续执行程序。提示：进行下一步诊断时只可使用引导型故障查询。所有维修都必须按照相应的维修手册进行。高压元件的所有维修都必须按照维修手册进行。警告：高压有生命危险，电击造成死亡或重伤。在要执行工作的基础上，确保车辆用相应的型号激活！

（8）按下按钮“完成 / 继续”，以继续执行程序。

19.已切断高压系统的电压

（1）按下按钮“完成 / 继续”，以继续执行程序。提示：在高压系统已断电后，如果打开点开关（接线端 5），则大约 1min 以后将产生 24V 左右的内部诊断测量电压。原因在于电驱动装置功率和控制电子系统 JX1 内有一个与车载电网进行电流隔离的诊断电路。该电压没有危险。

（2）按下按钮“完成 / 继续”，以继续执行程序。提示：为避免异物进入功率电子电驱动装置功率和控制电子系统 JX1，切断高压系统的电压后，需安装电驱动装置功率和控制电子系统 JX1 的盖板和高压电缆。

三、给高压系统供电步骤

启动诊断仪，进入控制单元诊断界面。

选择“HBM-8C”，点击“鼠标右键”，选择“引导型功能”，点击按钮“重新启用高电压”并执行。

1.前提条件

（1）重新启用高压系统。

（2）按下按钮“完成 / 继续”，以继续执行程序。

2.资格查询

危险：车辆的高压网络和高压蓄电池存在危险，可能引起燃烧、其他伤害和威胁生命的触电危险。只能由具有相关资质并受过培训的专业人员执行高压车载电网和直接受其影响的系统上的作业。若对高压技师、高压专家的概念或高压车载电网本身有任何疑问或不明之处，在操作之前请联系相关的进口商。维修工作应始终遵守现行的法律规定、其他法律条款。公认的规定和技术，必要时考虑事故，预防规定在高压车载电网车辆上作业时的资质规定以及本指导手册。在高压系统上操作时，需要具有相关资质的双人作业。一人负责操作，另一人负责安全提醒及紧急情况处理。提示：如果您不具备所需资质，则检测流程中止。

您是否具备所需资质：

（1）点击按钮“是”。

（2）检测到以下车辆诊断系统：VAS6150C。

（3）检测前提条件：

① 12V 蓄电池已充足电。

②将 12V 蓄电池充电器连接到汽车上。

③按下按钮“完成 / 继续”，以继续执行程序。

3.必备辅助工具

（1）打印机。

（2）密封套件 12E998152A（密封件，8 个螺栓）。提示：每次打开功率电子装置后，都必须更换密封件和螺栓［密封套件 12E 998 152A（密封件，8 个螺栓）］。如果上述辅助工具不可用，则检测过程将中止。

（3）辅助工具是否可用？

（4）点击按钮“是”。提示：在高压系统上操作时，应遵守维修手册的清洁规定。

（5）按下按钮“完成 / 继续”，以继续执行程序。

（6）从汽车中取出高压系统已关闭提示单。

（7）如果还放置了由进口商规定的额外提示牌，同样必须取出。提示：如果不将上述提示牌从汽车中取出，则检测流程将中止。

（8）是否已将所有提示牌从汽车中取出？

（9）点击按钮“是”。提示：重新启用期间严禁进行任何维修。

（10）关闭点火开关。

（11）按下按钮“完成/继续”，以继续执行程序。

（12）确保已连接打印机。

（13）开启打印机。提示：接着打印检测报告重新启用。

（14）按下按钮“完成/继续”，以继续执行程序。提示：如果未打印检测报告，则检测过程将中止。

（15）是否已打印检测报告？

（16）点击按钮“是”。

（17）现在将以下数据填写到打印出的检测报告重新启用上：

① LFVNA90K2J6******。

② 2018-02-05。

③电话。

④姓名。

（18）按下按钮“完成/继续”，以继续执行程序。

4.检测高压部件

（1）提示：功率电子装置必在打开和测量后重新组装维修手册。每次打开功率电子装置后，都必须更换密封件和螺栓。

（2）是否更换了功率电子装置的密封件和螺栓？

（3）是否已打开功率电子装置？提示：功率电子装置必须在打开和测量后重新组装维修手册。每次打开功率电子装置后，都必须更换密封件和螺栓［密封套件：12E998152A（密封件，8个螺栓）］。

（4）是否更换了功率电子装置的密封件和螺栓？

（5）点击按钮“是”。

（6）重新锁止功率电子装置的连接插头。

（7）将连接插头（如图9-76中1）沿箭头A方向按到插座（如图9-76中2）上。提示：插上连接插头（如图9-76中1）时，两个卡子会发出咔嚓声。

（8）沿箭头B方向按压红色卡子（如图9-76中3）。

（9）按下按钮“完成/继续”，以继续执行程序。

（10）必要时，重新连接汽车底下的高压蓄电池插头和直流充电插头。

（11）按下按钮“完成/继续”，以继续执行程序。

（12）首先检查所有高压组件是否已正确连接。

（13）所有高压组件是否已正确连接？

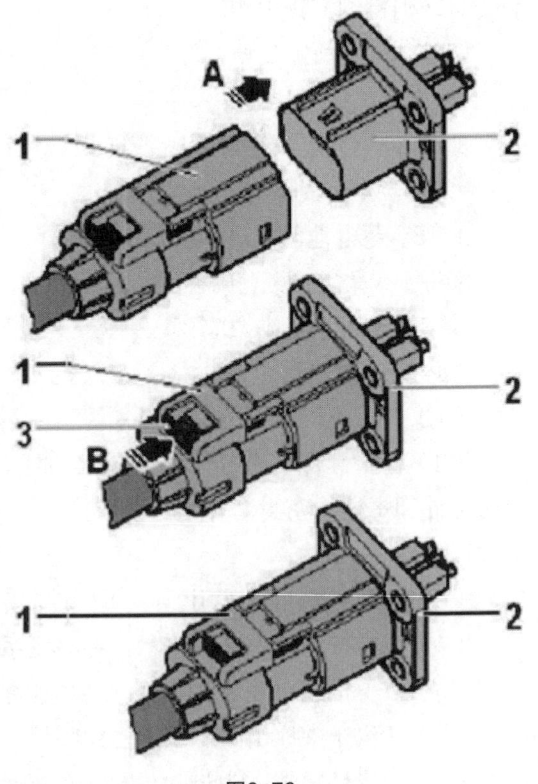

图9-76

（14）点击按钮“是”。提示：确保所有工具和辅助工具已从工作区域内拆下。

（15）按下按钮“完成 / 继续”，以继续执行程序。

（16）执行附加目检。

①目检高压部件（高压蓄电池、功率电子装置、电机、充电器、高电压 PTC 加热装置和空调压缩机）的所有螺栓和插头连接。

②维修手册。

③按下按钮“完成 / 继续”，以继续执行程序。

④检测所有高压导线是否损坏以及是否正确配置、连接和锁止。

⑤维修手册。

⑥检测所有高压部件电位均衡接口的防腐蚀保护是否完好无损。

⑦ 维修手册。

⑧ 按下按钮“完成 / 继续”，以继续执行程序。

⑨ 检查可见范围内的所有警告粘贴标签。

⑩《保养手册》提示：请注意警告粘贴标签必须未损坏、无脏污，并且在所有高压组件上都存在。必须更换高压组件上缺失的警告粘贴标签！

（17）按下按钮“完成 / 继续”，以继续执行程序。

（18）能否检测到故障？

（19）点击按钮“否”。

5.安装/拆卸

（1）提示：现在必须连接高压系统保养插头 TW（低压保养断开装置）。打开并取下高压系统保养插头 TW（低电压切断服务）（如图 9-77 中 2）上的锁（如图 9-78 中 1）。

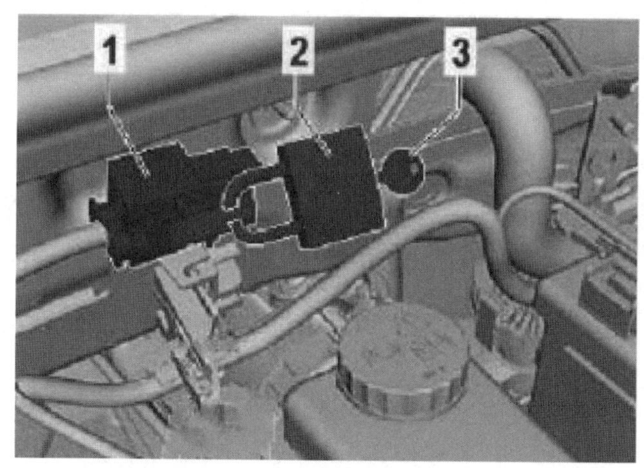

图9-77

（2）按下按钮“完成 / 继续”，以继续执行程序。

（3）沿箭头 A 方向按压棕色卡子（如图 9-78 中 1）。此时用合适的螺丝刀沿箭头 C 方向按压卡槽（绿色）（如图 9-78 中 4），同时沿箭头 B 方向推内壳（如图 9-78 中 2），直至达到限位。沿箭头 D 方向按压卡槽（棕色）（如图 9-78 中 1），同时沿箭头 E 方向按压直至达到限位。

（4）按下按钮“完成 / 继续”，以继续执行程序。

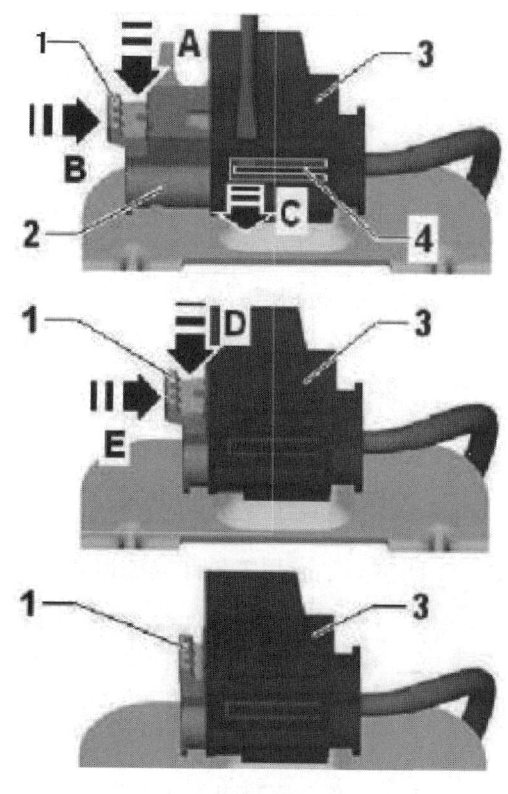

图9-78

（5）打开点火开关。

（6）打开和关闭点火开关（接线端 15）两次。提示：在关闭高压系统的保养插头 TW（低压服务断开连接）后，必须开关两次接线端 15，以便重新启动高压系统。小心：如果散热器风扇运行，存在造成手受伤的危险。不要抓在散热器风扇内。提示：必要时拔下散热器风扇的保险丝。

（7）按下按钮“完成 / 继续”，以继续执行程序。

6.复位显示，图标（识别校准数据）

（1）已关闭组合仪表 J285 中的显示（图标），如图 9–79 所示。

A. 为切断电压 B. 已切断电压 C. 无显示

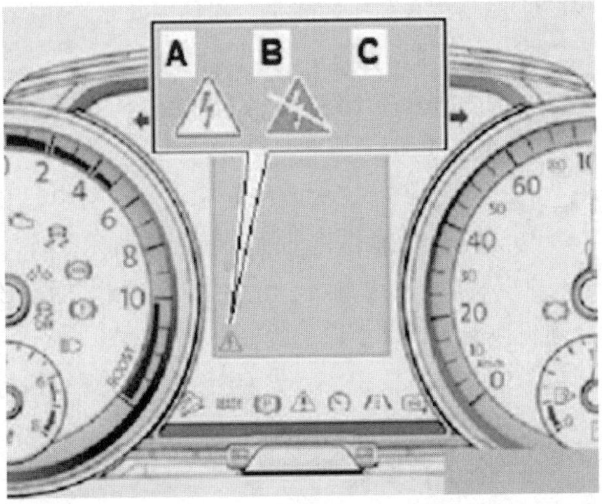

（2）按下按钮“完成 / 继续”，以继续执行程序。

（3）通信检查。

①如系统中仍然含有故障存储器记录。

②根据检测计划处理故障存储器记录。

③按下按钮“完成 / 继续”，以继续执行程序。

④按排除故障后重复操作，重新启用高压系统。

图9–79

（4）启用

①车辆的高压系统成功重新启用！

②高压蓄电池的电量：69.6%。

③高压蓄电池绝缘电阻（–）10000kΩ。

④高压蓄电池绝缘电阻（+）10000kΩ。

⑤牵引供电绝缘电阻（–）10000kΩ。

⑥牵引供电绝缘电阻（+）10000kΩ。

（5）按下按钮“完成 / 继续”，以继续执行程序。

（6）在检测报告“重新启用”上签名并将其保存在任务文件夹中。

（7）按下按钮“完成 / 继续”，以继续执行程序。

（8）将所有提示牌 VAS6649 危险电压、VAS 6550 禁止开关和 VAS 6871 禁止充电从汽车中取出。

（9）按下按钮“完成 / 继续”，以继续执行程序。

第四节　2020—2021年一汽大众宝来纯电（e-Bora）

一、切断高压系统的电压

1.所需要的专用工具和维修设备

（1）绿色警示牌（高压断电状态牌），如图 9–80 所示。

（2）普通锁，如图 9–81 所示。

（3）高压诊断适配器 SVW6558/9–6 或 VAS6558/9–6，如图 9–82 所示。

（4）混合动力测量模块 VAS6558 A，如图 9–83 所示。

（5）高压诊断适配器 SVW6558/9–4 或 VAS6558/9–4，如图 9–84 所示。

图9-80

图9-81

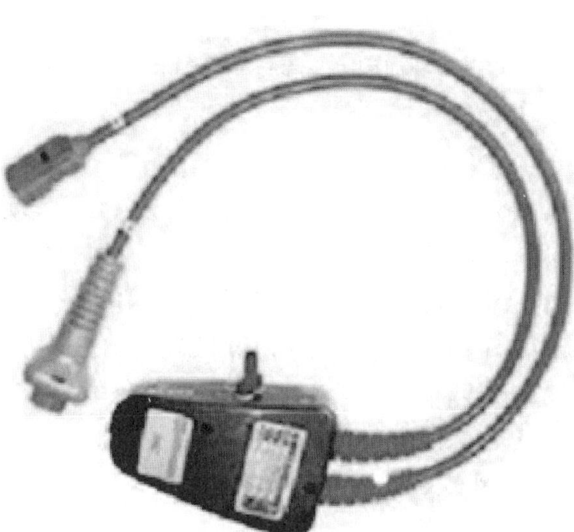

图9-82

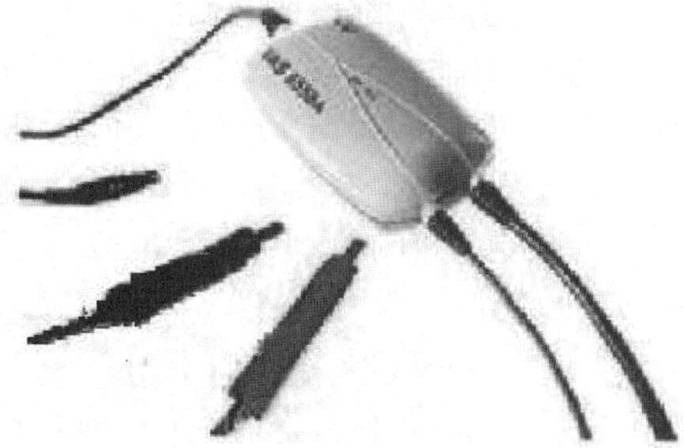

图9-83

图9-84

（6）警示隔离带 SVW6884 或 VAS6884。

危险：高压会危及生命。电击可能造成死亡或严重的身体损伤。务必由具备相应资质的人员进行断电。注意：请注意查阅高压系统的危险分级，以了解拆卸相关部件前的断电要求以及工作的最低资质要求。如果在断电操作过程中遇到问题，请及时通知高压专家 HVE。

2.工作步骤

（1）挂入 P 挡，拉上电子手制动。提示：上汽大众在服务流程手册中已下发新能源车状态警示牌使用规范，共有红、黄和绿三种警示牌，请打印制作并使用。红色警示牌表示新能源车辆高压系统处于故障状态。绿色警示牌表示新能源车辆高压系统已断开。黄色警示牌表示正常的新能源车辆。新能源成功执行断电，并确认已经断电后需在挡风玻璃处放置绿色警示牌（高压断电状态牌）。

（2）准备绿色警示牌和警示隔离带。

（3）按以下方式进入高压系统断电程序：

①检测计划。

②选择自己的检测计划。

③高压系统，综合服务。

④高压电断电。

⑤加入检测计划。

（4）请严格遵从诊断仪提示一步步进行操作，在此过程中会要求断开保养插头 TW。

（5）具有资质的人员（高压技师 HVT 以上）确认断电后并用普通锁锁止保养插头 TW 以确保高压系统不会被重新接通。而后妥善保管车辆钥匙和普通锁的钥匙。

（6）具有资质的人员（高压技师 HVT 以上）成功执行断电，并确认已经断电后，请在挡风玻璃处放置绿色警示牌（高压断电状态牌）以表明车辆已经断电。

二、高压系统重新上电

1.所需要的专用工具和维修设备

黄色警示牌（新能源车辆示意牌），如图 9-85 所示。警告：高压电会危及生命。由电击引起的死亡或重伤。由拥有相应资质的人员试运行高压系统。

图9-85

2.工作步骤

提示：上汽大众在服务流程手册中已下发新能源车状态警示牌使用规范，共有红、黄和绿三种警示牌，请打印制作并使用。红色警示牌表示新能源车辆高压系统处于故障状态。绿色警示牌表示新能源车辆高压系统已断开。黄色警示牌表示正常的新能源车辆。新能源成功执行上电后，请在挡风玻璃处放置黄色警示牌（新能源车示意牌）。

（1）按以下方式进入高压系统上电程序：

①连接车辆诊断仪 VAS6150 系列。

②检测计划。

③选择自己的检测计划。

④高压系统，综合服务。

⑤重新启用高电压。

⑥加入检测计划。

（2）请严格遵从诊断仪提示一步步进行操作，在此过程中会要求重新连接保养插头 TW。

（3）成功执行上电后，请在挡风玻璃处放置黄色警示牌（新能源车辆示意牌）。

第十章　上汽大众车系

第一节　2019—2020年上汽大众朗逸（e-Lavida）

一、切断高压系统的电压

1.所需要的专用工具和维修设备

（1）绿色警示牌（高压断电状态牌），如图 10-1 所示。

图10-1

（2）普通锁，如图 10-2 所示。

（3）高压诊断适配器 SVW6558/9-6 或 VAS6558/9-6，如图 10-3 所示。

（4）混合动力测量模块 VAS6558 A，如图 10-4 所示。

（5）高压诊断适配器 SVW6558/9-4 或 VAS6558/9-4，如图 10-5 所示。

（6）警示隔离带 SVW6884 或 VAS6884。

危险：高压电会危及生命。电击可能造成死亡或严重的身体损伤。务必由具备相应资质的人员进行断电。注意：请注意查阅高压系统的危险分级，以了解拆卸相关部件前的断电要求以及工作的最低资质要求。如果在断电操作过程中遇到问题，请及时通知高压电专家 HVE。

图10-2

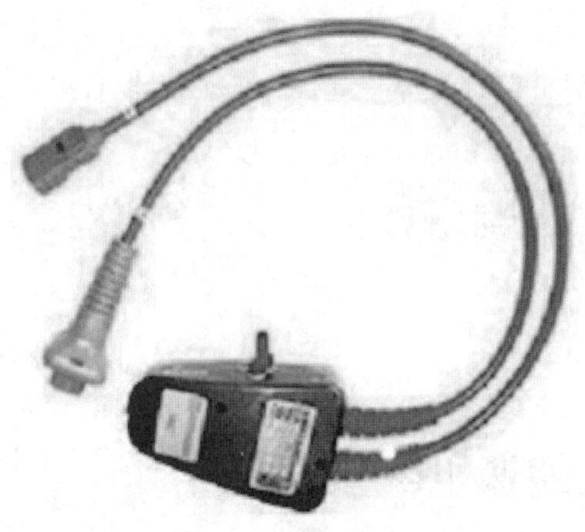

图10-3

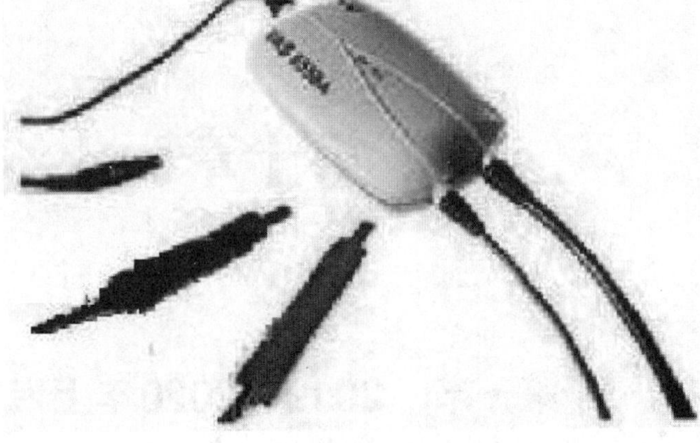

图10-4

2.工作步骤

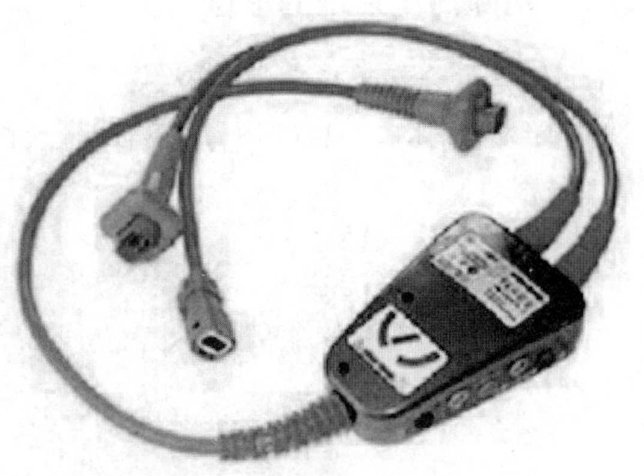

图10-5

（1）挂入P挡，拉上电子手制动。提示：上汽大众在服务流程手册中已下发新能源车状态警示牌使用规范，共有红色、黄色和绿色三种警示牌，请打印制作并使用。红色警示牌表示新能源车辆高压系统处于故障状态。绿色警示牌表示新能源车辆高压系统已断开。黄色警示牌表示正常的新能源车辆。新能源成功执行断电，并确认已经断电后需在挡风玻璃处放置绿色警示牌（高压断电状态牌）。

（2）准备绿色警示牌和警示隔离带。

（3）按以下方式进入高压系统断电程序：

①检测计划。

②选择自已的检测计划。

③高压系统，综合服务。

④高压电断电。

⑤加入检测计划。

（4）请严格遵从诊断仪提示一步步进行操作，在此过程中会要求断开保养插头 TW。

（5）具有资质的人员（高压技师 HVT 以上）确认断电后并用普通锁锁止保养插头 TW 以确保高压系统不会被重新接通。而后妥善保管车辆钥匙和普通锁的钥匙。

（6）具有资质的人员（高压技师 HVT 以上）成功执行断电，并确认已经断电后请在挡风玻璃处放置绿色警示牌（高压断电状态牌）以表明车辆已经断电。

二、高压系统重新上电

1.所需要的专用工具和维修设备

（1）黄色警示牌（新能源车辆示意牌），如图 10-6 所示。

警告：高压电会危及生命。由电击引起的死亡或重伤。由拥有相应资质的人员试运行高压系统。

图10-6

2.工作步骤

（1）提示：上汽大众在服务流程手册中已下发新能源车状态警示牌使用规范，共有红色、黄色和绿色三种警示牌，请打印制作并使用。红色警示牌表示新能源车辆高压系统处于故障状态。绿色警示牌表示新能源车辆高压系统已断开。黄色警示牌表示正常的新能源车辆。新能源成功执行上电后请在挡风玻璃处放置黄色警示牌（新能源车示意牌）。

（2）按以下方式进入高压系统上电程序：

①连接车辆诊断仪 VAS6150 系列。

②检测计划。

③选择自己的检测计划。

④高压系统，综合服务。

⑤重新启用高电压。

⑥加入检测计划。

（3）请严格遵从诊断仪提示一步步进行操作，在此过程中会要求重新连接保养插头 TW。

（4）成功执行上电后，请在挡风玻璃处放置黄色警示牌（新能源车辆示意牌）。

第十一章　沃尔沃车系

第一节　沃尔沃XC40新能源

一、电动车的安全信息

1.维修信息

警告！只有受过专门训练的技术人员方可进行高压系统作业。确保遵守与电力工程相关的当地法规和规章。直流电压超过60V或是交流电压超过30V都具有极高的危险性。执行相关作业时如需断开高压蓄电池或倘若当直流电压超过60V，在整个维修期间都必须用塑料系带和柱子封锁车辆/作业区。原则上，若经由珠宝或金属工具等发生短路，所有的蓄电池都有可能导致严重的伤害。禁止在工作或修理期间将车辆充电。除非VIDA内已提供说明，否则不可拆解与高压有关的零组件。进行高压系统之安全测试所采用的工具都必须具备完整的功能，并且不能出现任何明显的损坏情况。小心！在执行所有的作业之前必须先做风险评估/风险分析。所有从事电动车作业的人员都应完成CPR（心肺复苏术）的训练。

（1）在施工区周围的三侧应放置明显的警告标志，如图11-1所示。

（2）在施工区周围的三侧应放置明显的警告标志，如图11-2所示。切断高压蓄电池时应使用安全设备。

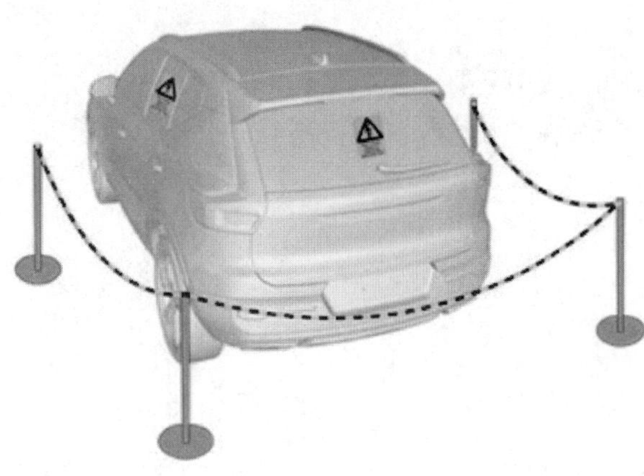

图11-1

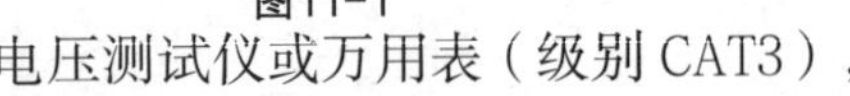

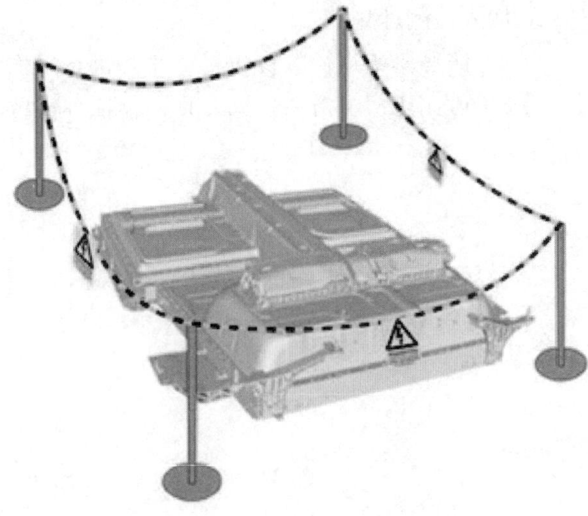

图11-2

（3）电压测试仪或万用表（级别CAT3），如图11-3所示。

（4）防护遮帽。电弧保护用的完全遮脸遮帽，如图11-4所示。

（5）ICV级别1000V的橡胶手套（使用前，手套必须进行泄漏测试），如图11-5所示。

图11-3　　图11-4　　图11-5

（6）警告标志：必须明显地施用于工作区周围的三面，如图 11-6 所示。

（7）禁止标志：“作业进行中，切勿操作”，如图 11-7 所示。必须将该标志安装或悬挂在车上可明显看到的位置，并且须详细说明负责人员的联系信息。

图11-6　　图11-7

（8）封锁用的塑料系带，黄黑色柱 / 锥体，如图 11-8 所示。

（9）紧急钩，如图 11-9 所示。

图11-8

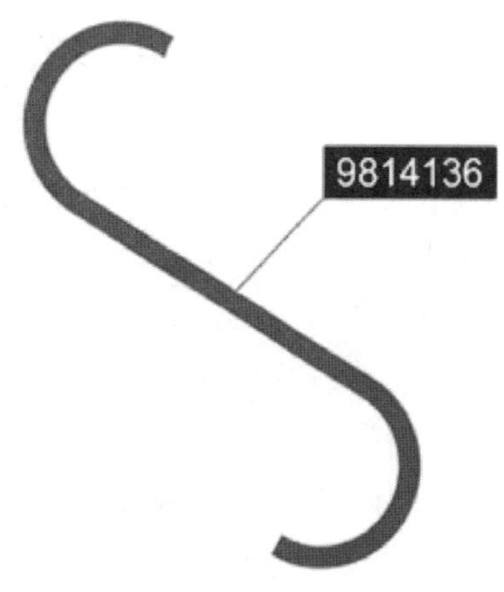

图11-9

二、断开和连接蓄电池

1.断开蓄电池

（1）注意！方位视图，如图 11–10 所示。

（2）显示零组件在拆除之前的背面图，如图 11–11 所示。

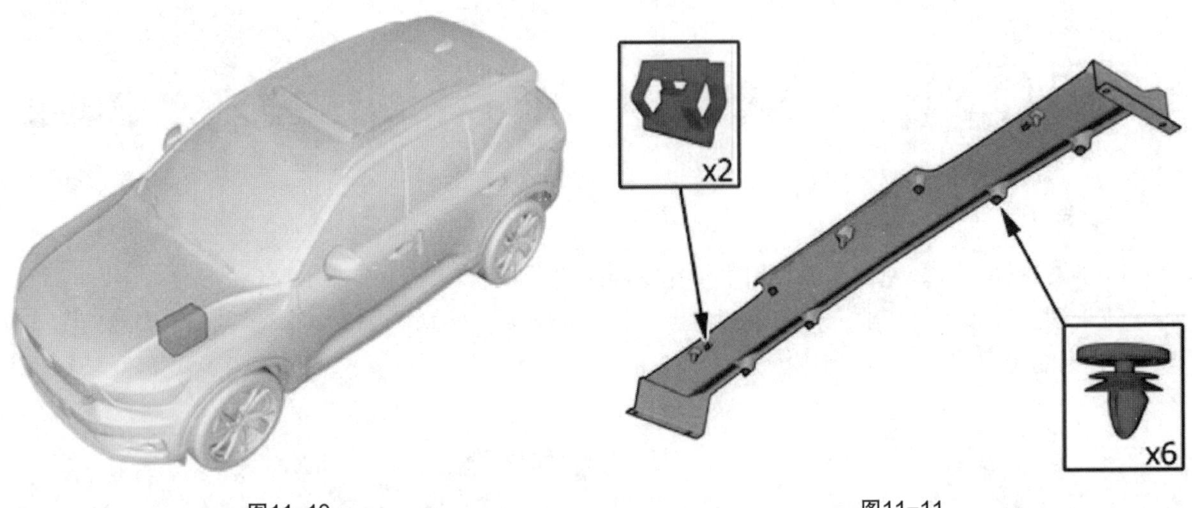

图11–10　　图11–11

（3）松开固定件。拆下已标示的部分，如图 11–12 所示。

（4）松开螺帽，如图 11–13 所示。拆下已标示的部分。蓄电池的蓄电池电缆，扭紧力矩 6N · m。

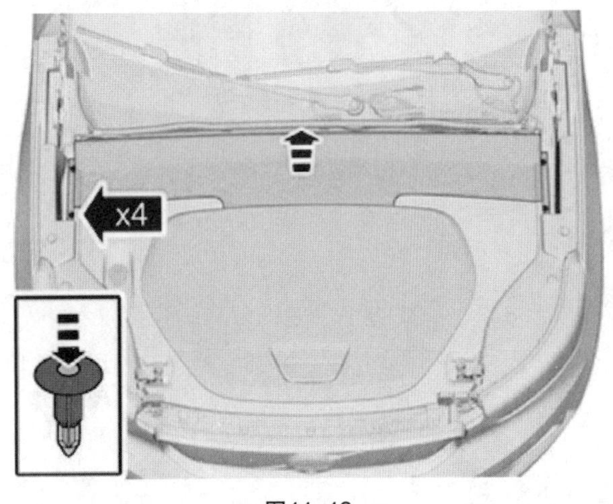

图11–12

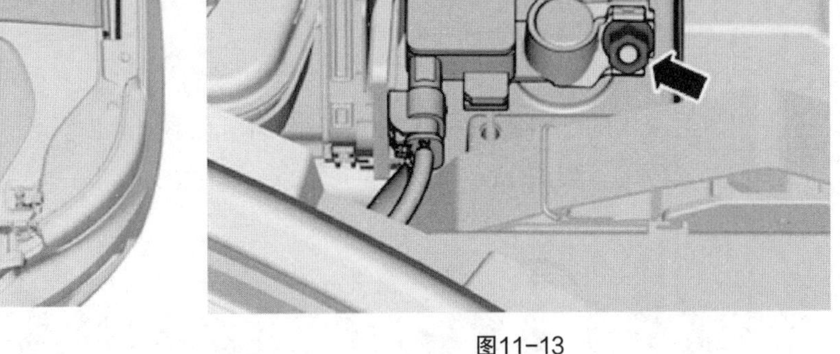

图11–13

（5）警告！确保车辆电气系统充分断电且没有连接其他电源，如图 11–14 所示。适用于配备车载通信与互联天线模块（TCAM）的车辆。小心！若 12V 蓄电池断开超过 15min，也必须断开车载通信与互联天线模块（TCAM）的备用电池。

（6）注意！按如图 11–15 和图 11–16 所示视图操作车辆。

（7）按如图 11–17 所示拆下已标示的部分。

（8）按如图 11–18 所示拆下已标示的部分。

（9）拆开接头，如图 11–19 所示。

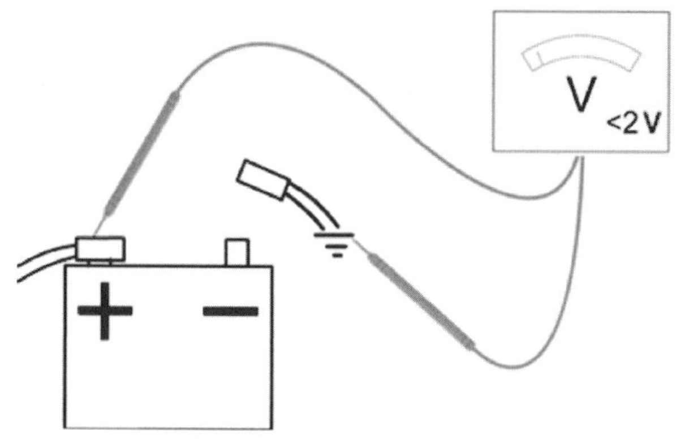

图11-14

图11-15

图11-16

图11-17

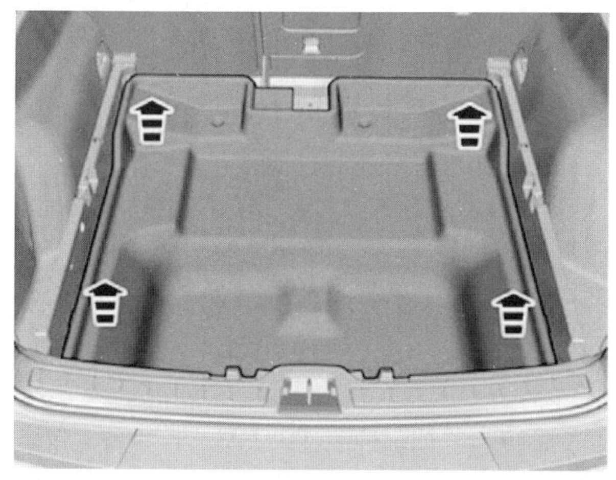

图11-18

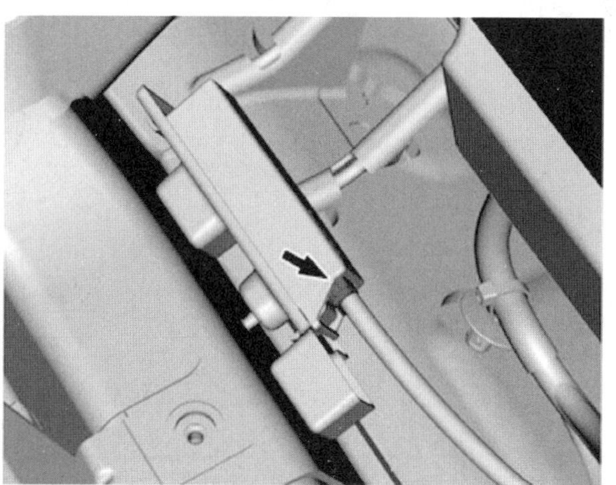

图11-19

2.连接电池

以相反的顺序重新装回拆下的零件。

在完成测试或操作后重新去设定车辆的设定值。

三、高压蓄电池断开及连接

1.专用工具

（1）951-0060 多用电表（数位），如图 11-20 所示。

（2）951 3210 MSD 适配器，如图 11-21 所示。

（3）981 4135 手套，如图 11-22 所示。

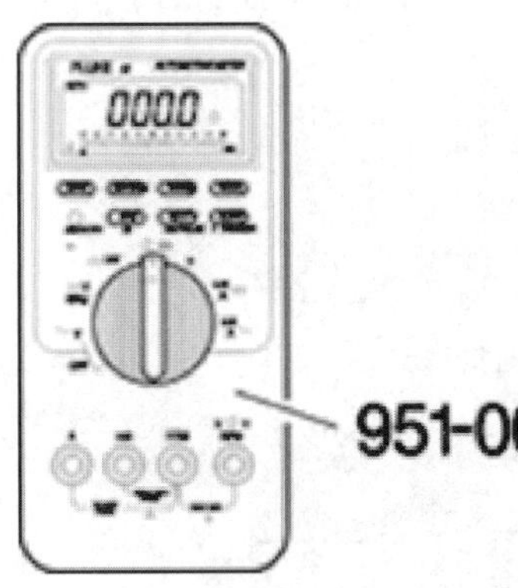

图11-20

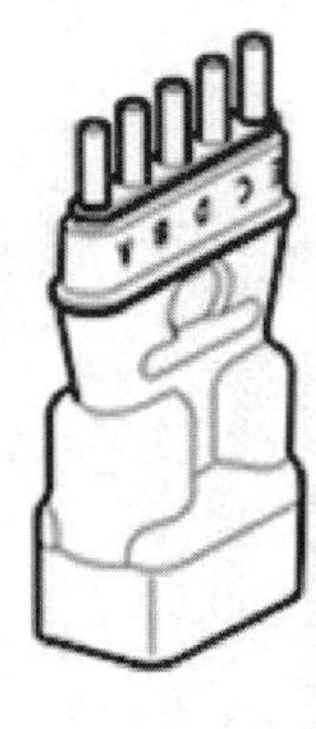

图11-21

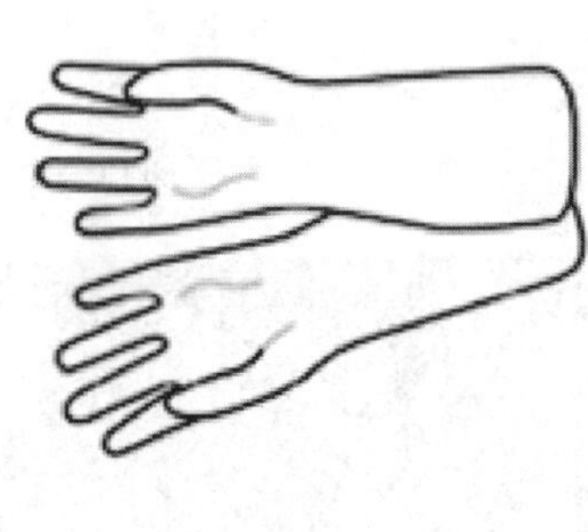

图11-22

（4）981 5250 面罩，如图 11-23 所示。

（5）951 3038 绝缘测试器，如图 11-24 所示。

（6）951 3199 警告标志，如图 11-25 所示。

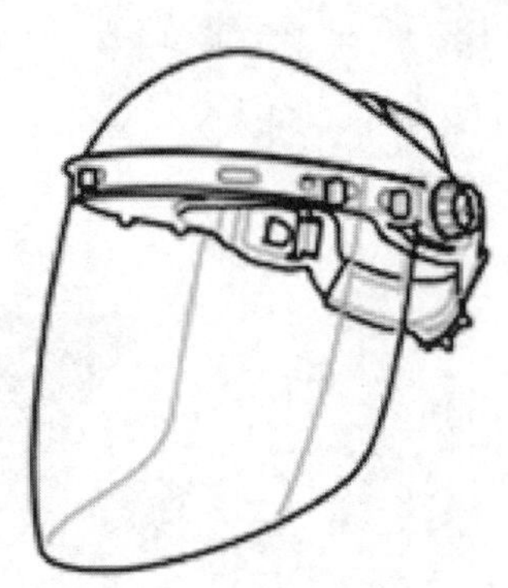

图11-23

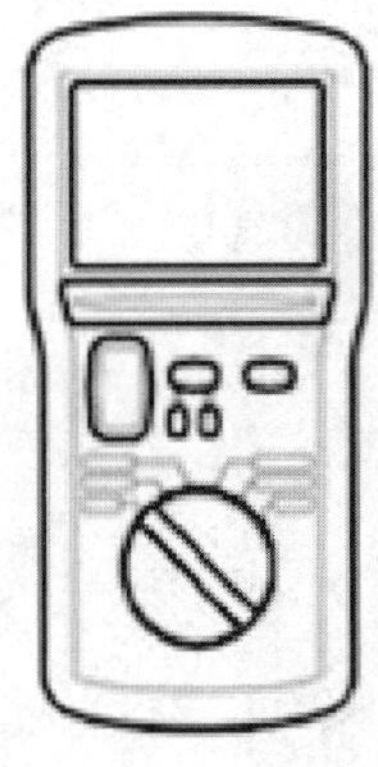

图11-24

图11-25

2.断电

（1）警告！只有受过专门训练的技术人员方可进行高压系统作业。高压警告指示如图 11-26 所示。

（2）小心！装载零组件之前应等候一段指定的时间。注意！从断开 12V 蓄电池的那一刻起开始计算时间，如图 11-27 所示。

（3）注意！方位视图，如图 11-28 所示。

（4）拆下已标示的部分，如图 11-29 所示。

（5）将有标记部分折叠到一侧，如图 11-30 和图 11-31 所示。

（6）拆下已标示的部分，如图 11-32 和图 11-33 所示。

图11-26

图11-27

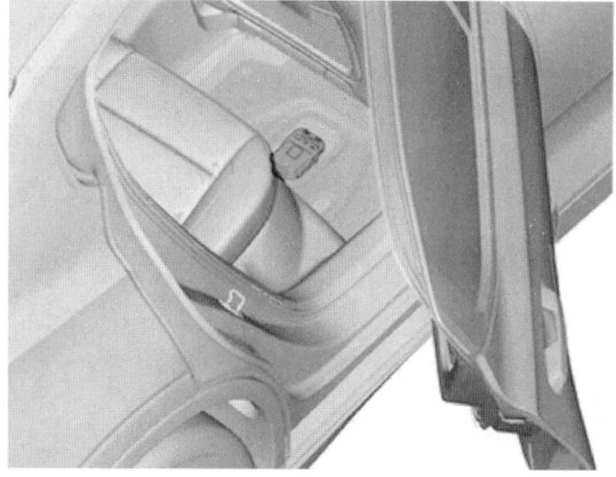
图11-28

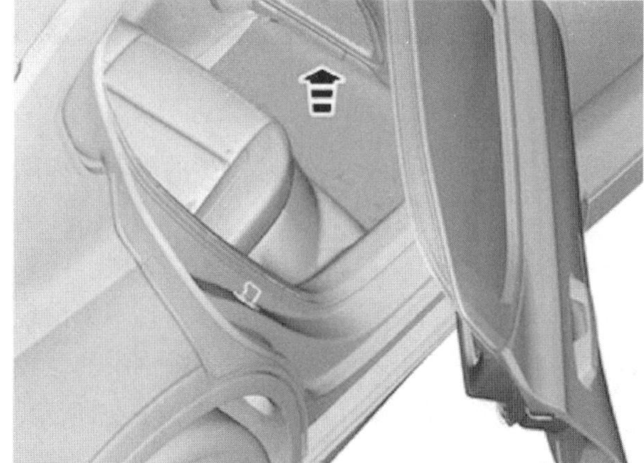
图11-29

图11-30

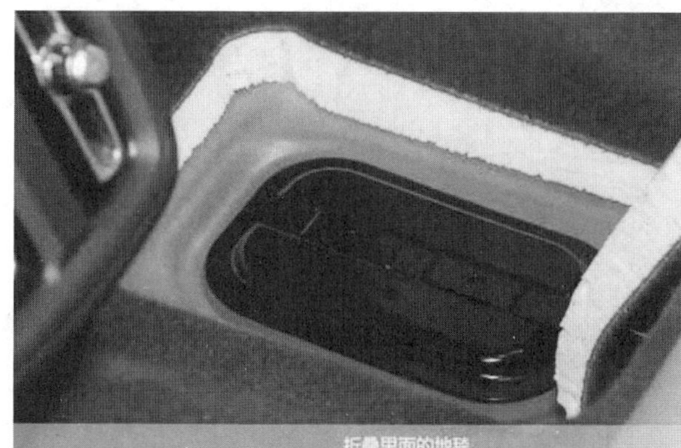

图11-31

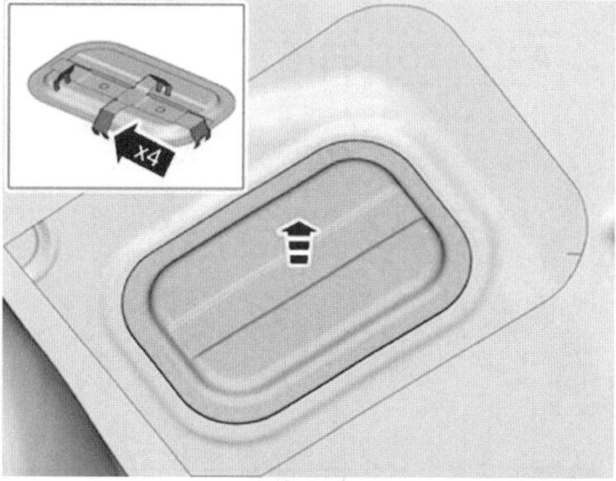

图11-32

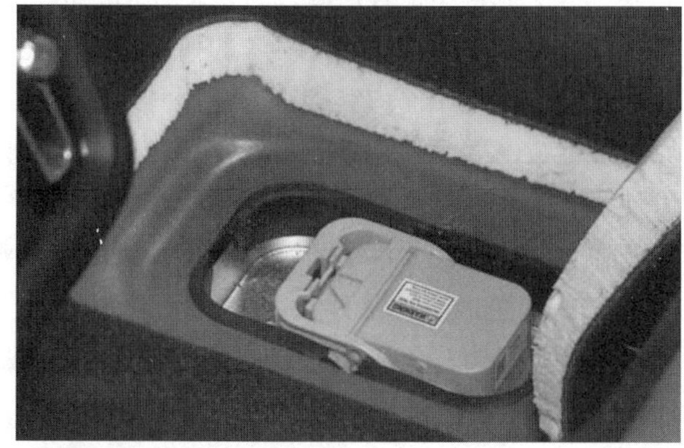
图11-33

（7）检查 MSD 适配器，确保测量设备正常，如图 11-34 和图 11-35 所示。

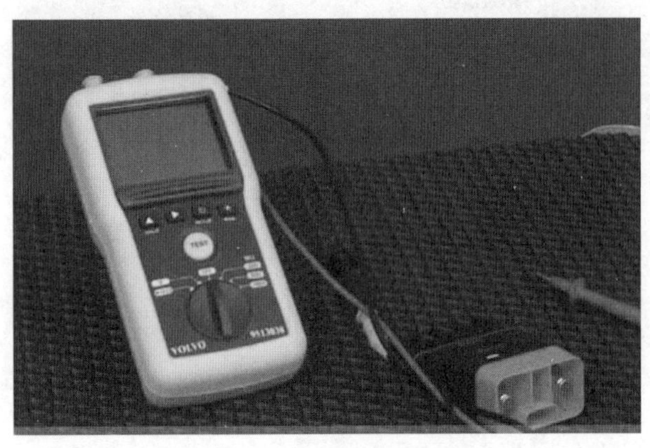

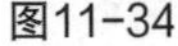

图11-34

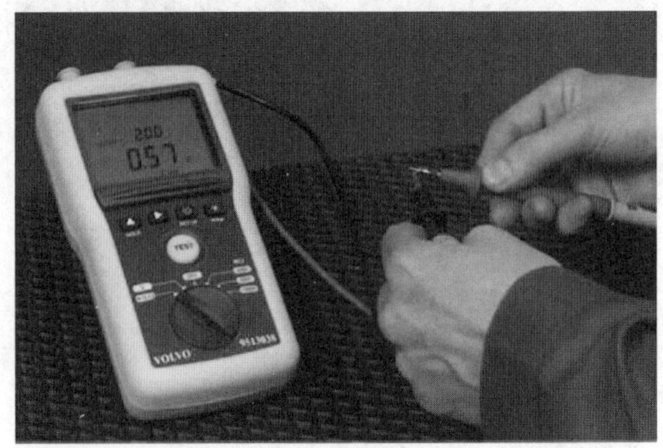

图11-35

（8）根据 VIDA 检查所有接头之间的电阻是否低于 3Ω，按顺序测量 A-A 到 E-E 的阻值，如图 11-36 所示。

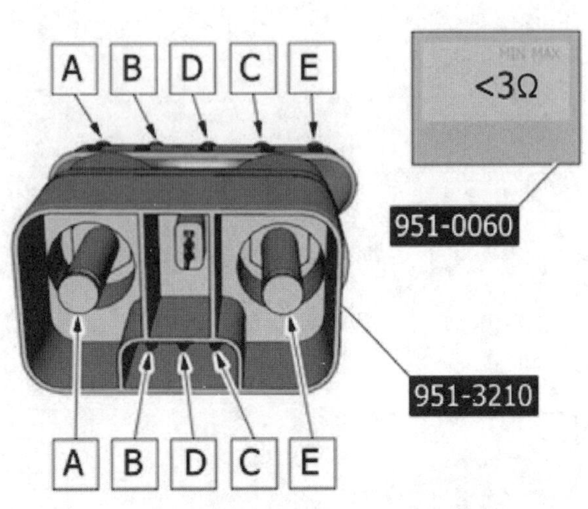

图11-36

（9）警告！进行高压系统之安全测试所采用的工具都必须具备完整的功能，并且不能出现任何明显的损坏情况。小心！根据图例中的位置进行电阻测量。使用专门工具，如图 11-37 所示。

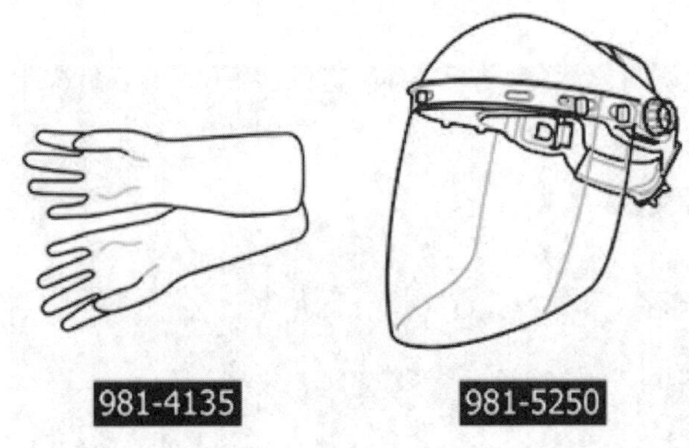

图11-37

（10）警告！请务必使用指定之设备。使用专门工具，如图 11-38 所示。

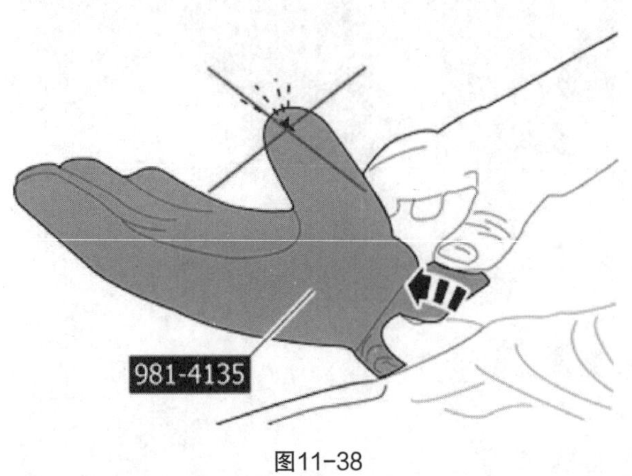

图11-38

（11）警告！检查泄漏。每次使用前，进行目视检查并检查手套是否漏气。任何穿刺或穿孔会让手套无法使用而应废弃。未使用时以密封的原包装存放。并无使用期限，检查后状况良好即可使用。手套上的日期为制造日期。技术信息请参阅原包装。使用专门工具，拆除手动维修断电器 MSD，如图 11-39 和图 11-40 所示。

（12）警告！等到指定的时间（如图 11-41 所示），然后再继续下一步。

（13）警告！检查电压测试器之测量功能，

如图 11-42 所示。使用专门工具：安装 MSD 测试适配器。

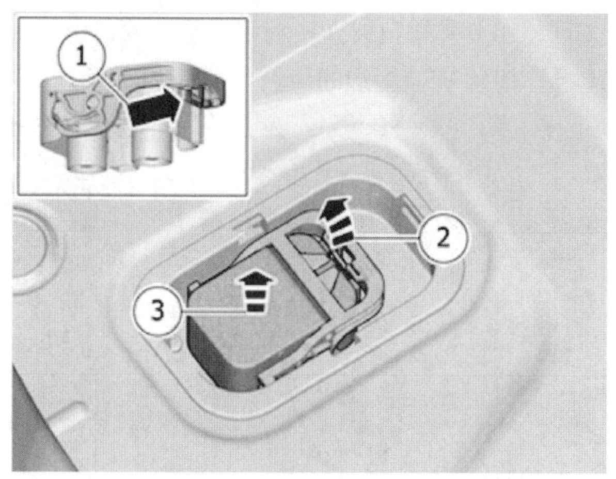

图11-39

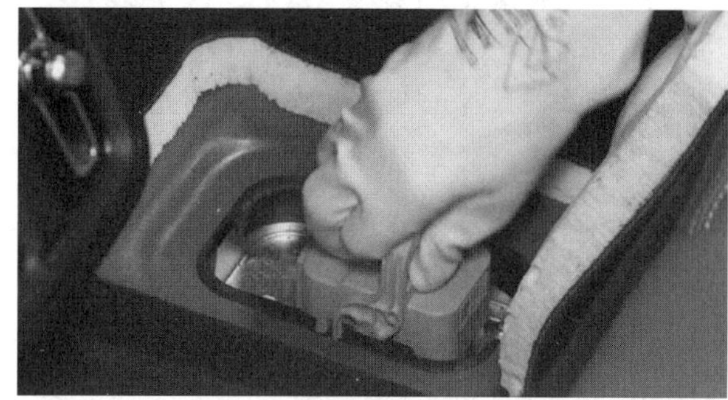

图11-40

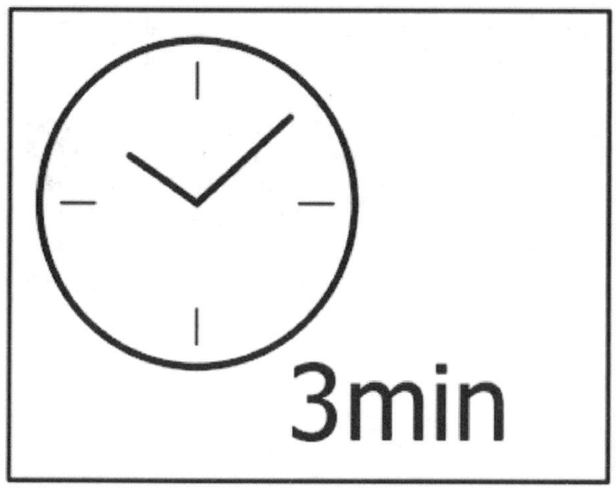

图11-41

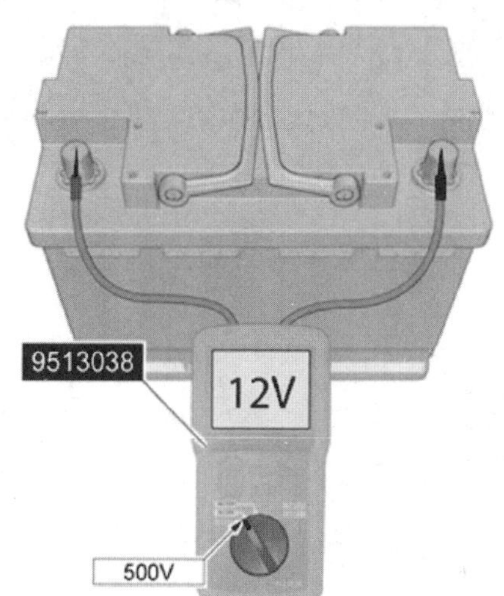

图11-42

（14）小心！根据图例中的位置进行电压测量，如图 11-43 所示。务必确保电压位准应低于规定的标准。使用专门工具：将负极测试线连接到 B，正极测试线连接到 D，确保电压低于 60V，如图 11-44 所示。

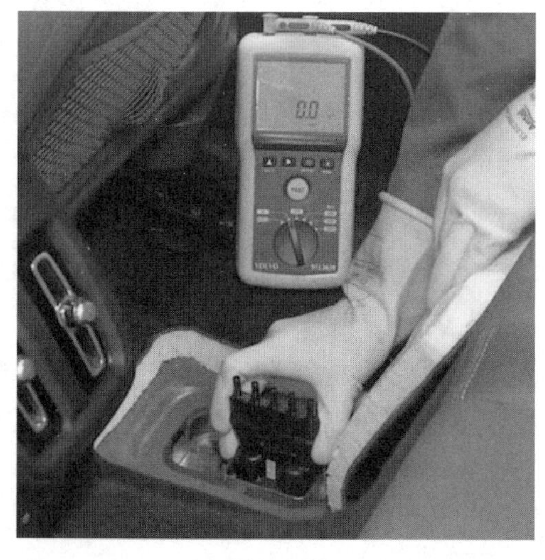

图11-43

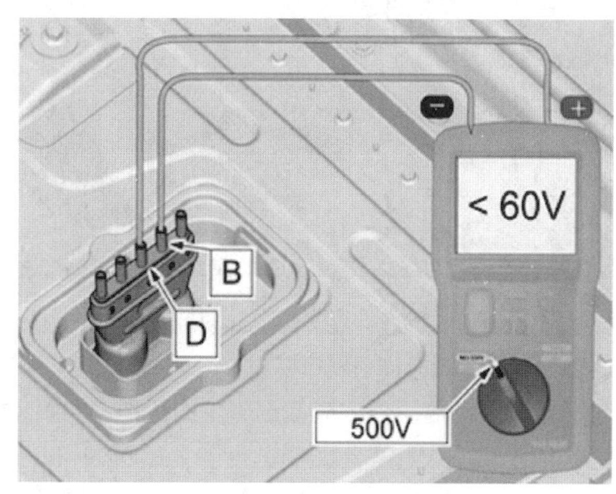

图11-44

（15）现在 0V 是可以的，检查 A 和 B，如图 11-45 所示。

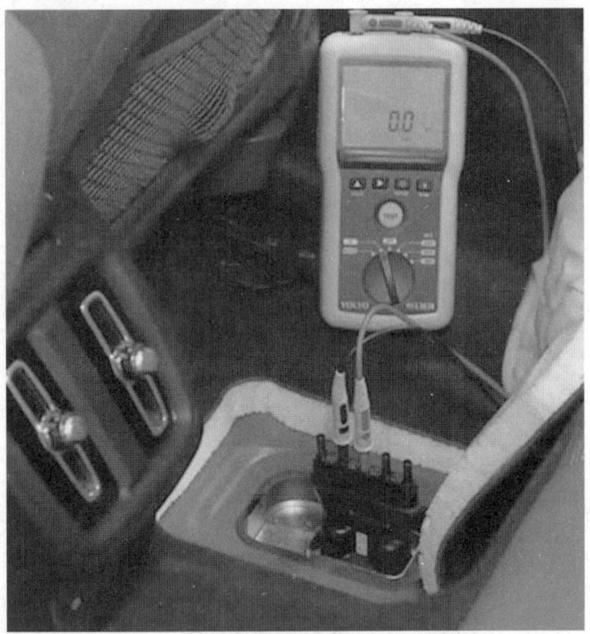

图11-45

（16）将鳄鱼夹连接到测量装置的负极导线上再连接到MSD旁边的地板上，如图 11-46 所示。

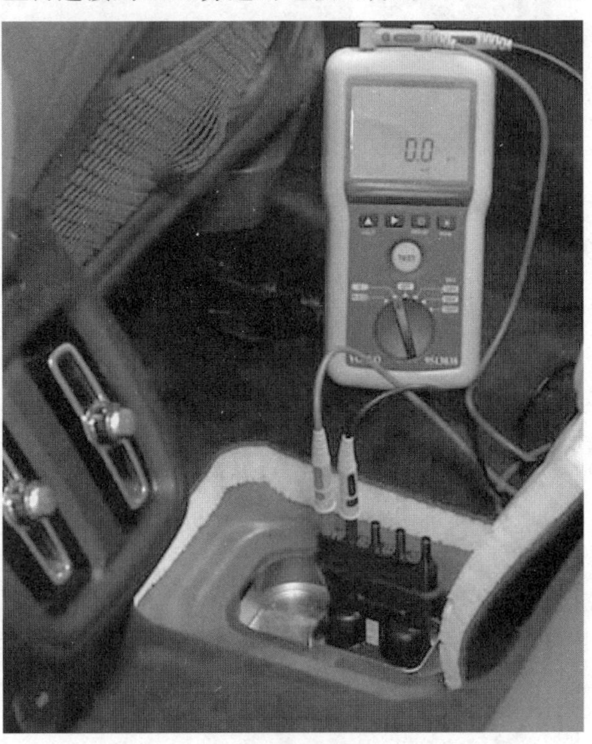

图11-46

（17）检查所有端子是否是低电压，如图 11-47 所示。

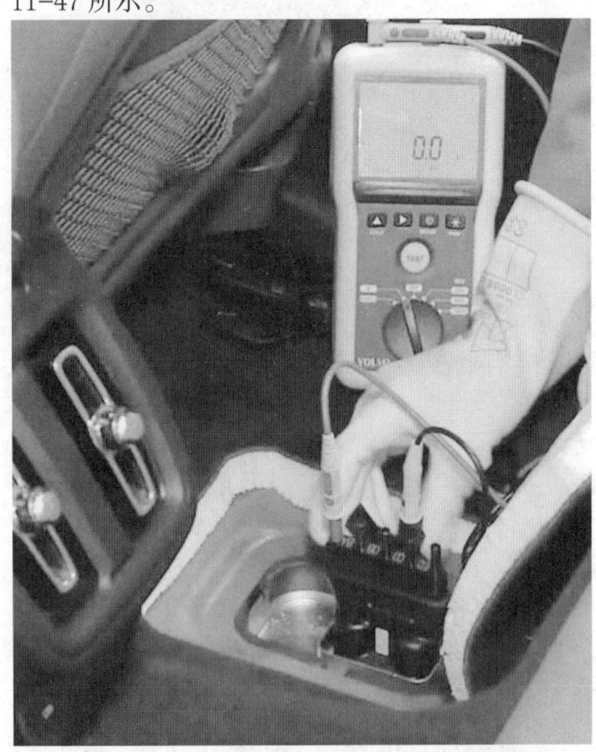

图11-47

（18）小心！根据图例中的位置进行电压测量。小心！务必确保电压位准应低于规定的标准，如图 11-48 所示。

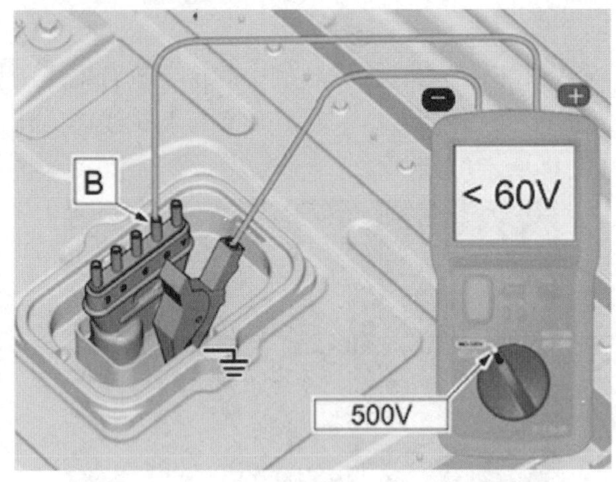

图11-48

（19）小心！根据图例中的位置进行电压测量。务必确保电压位准应低于规定的标准，如图 11-49 所示。使用专门工具：拆下 MSD 测试适配器，再次用已知电源检查你的测试设备，如图 11-50 所示。

（20）现在可以在这辆车上安全地工作了。倘若没有特别的指示，执行下列操作步骤则不需要橡胶手套。

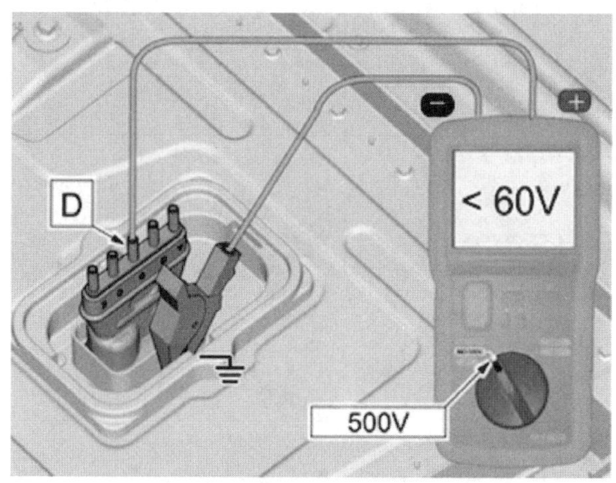

图11-49

（21）安装已标示的零部件，如图 11-51 所示。

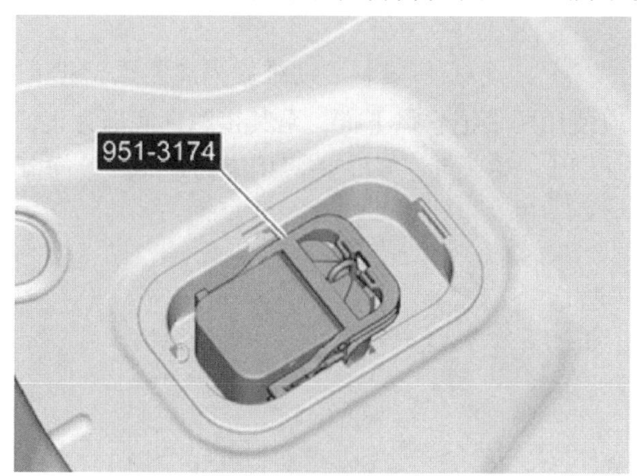

图11-51

（23）使用专门工具：拆下充电口盖，如图 11-53 所示。

图11-53

（25）保存好钥匙。注意！高压蓄电池目前已断开，现在便可依照 VIDA 去执行进一步的作业。

3.车辆恢复供电

（1）折叠地毯并拆下挂锁和 MSD 盖，如图 11-55 所示。

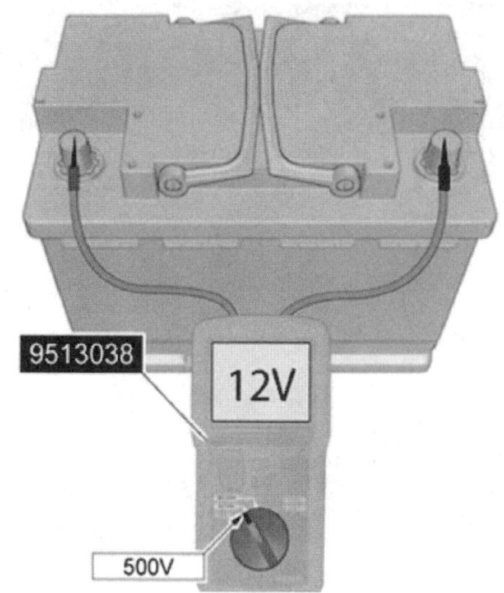

图11-50

（22）安装已标示的零部件。将钥匙放在安全的地方，比如自己的口袋中，如图 11-52 所示。

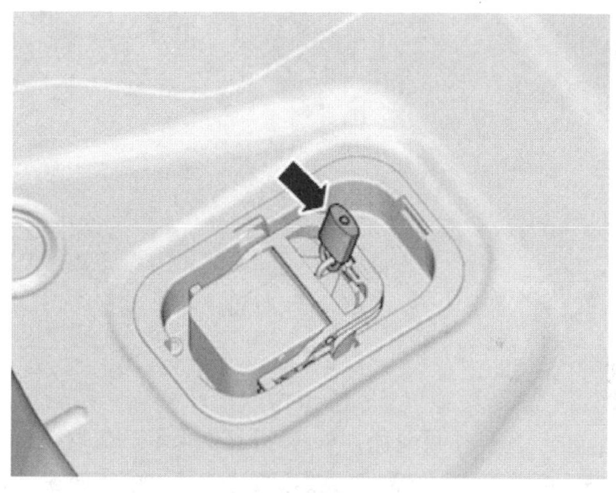

图11-52

（24）安装锁盖，如图 11-54 所示。

图11-54

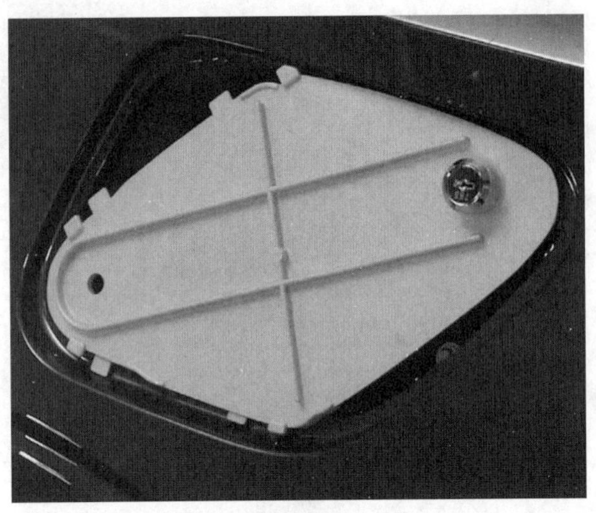

图11-55

（2）拆下已标示的部分，如图 11-56 所示。

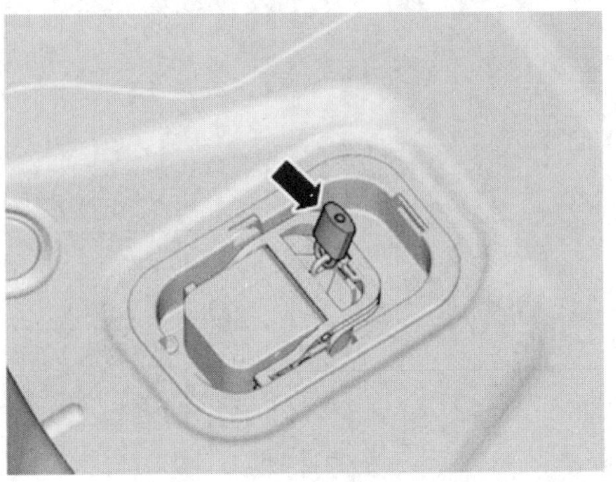

图11-56

（3）拆除特殊工具，如图 11-57 所示。

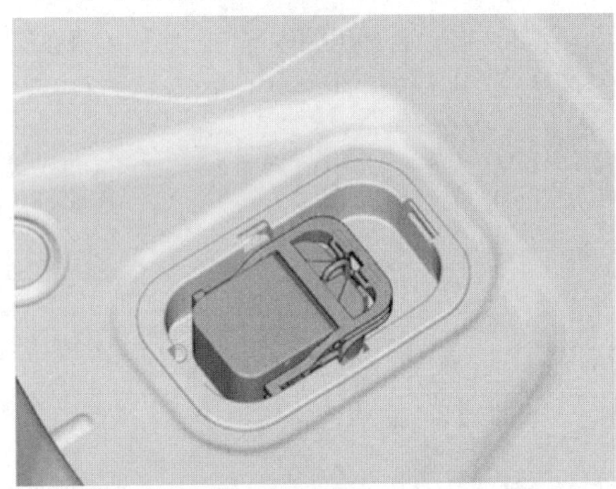

图11-57

（4）小心！安装手动维修隔离装置 MSD 时应使用两手把它往下推，至其接触到底部为止，如图 11-58 所示。钩应该只用来锁定 MSD。重新安装盖板。

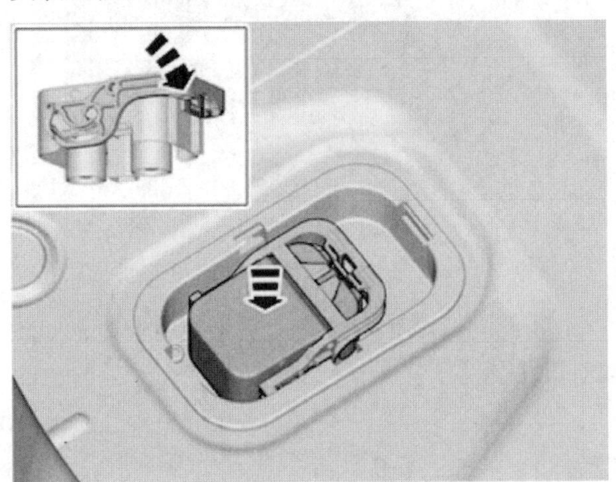

图11-58

（5）放回地毯，如图 11-59 所示。

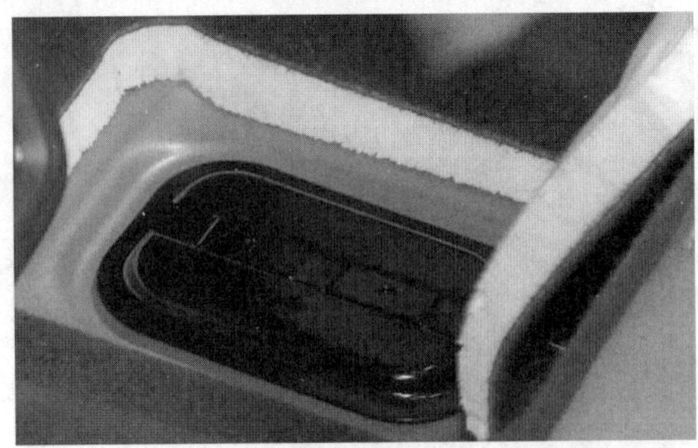

图11-59

（6）拆除特殊工具，如图 11-60 所示。

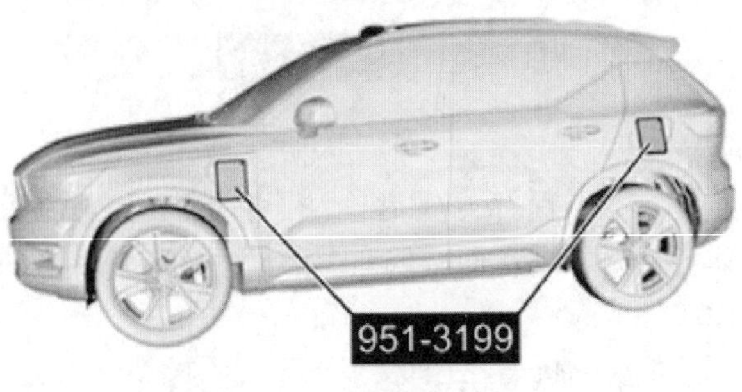

图11-60

（7）重新安装充电输入插座端口，重新安装 12V 蓄电池负极端子。通过在 VIDA 中运行诊断序列来执行自动绝缘测量，如图 11-61 所示。

（8）当接触器断开和闭合时会听到来自高压蓄电池的咔哒声，这是正常的，然后用手动程序执行绝缘测量，如图 11-62 所示。

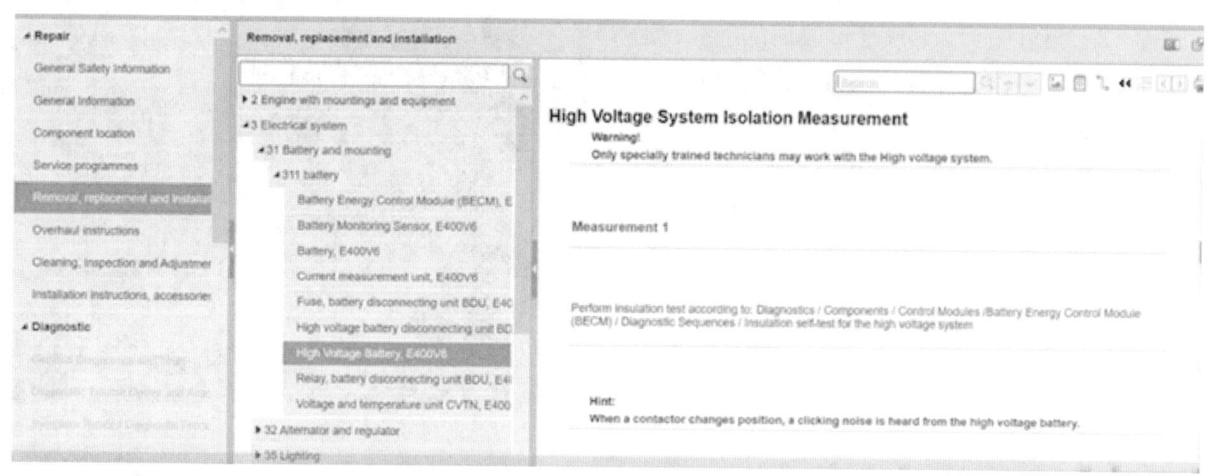

图11-61

（9）首先用9513048绝缘测试器检查OBC电阻，确保读数与VIDA中所叙述的一致，如图11-63所示。

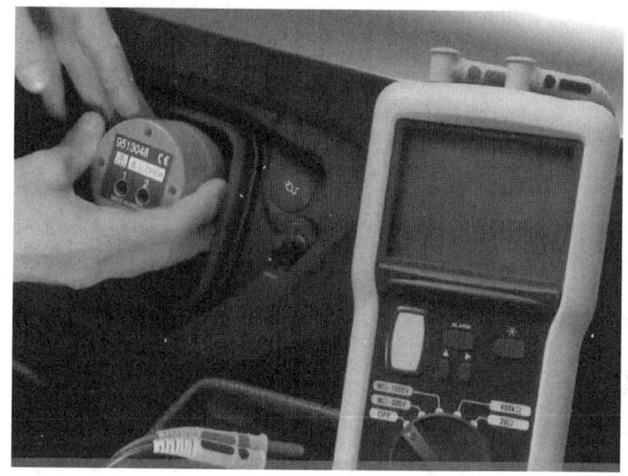

图11-62

图11-63

（10）现在测量为千欧范围内，你的951308可能缺少千欧功能，如果这样的话，请使用万用表执行此步骤。用9513047测试适配器检查绝缘，如图11-64所示。

（11）通过按住测量装置上的黄色按钮，你将通过向测量装置施加500V电压来测试绝缘。你要在测量设备上看到足够的电阻值，确保读数符合VIDA要求。具体编号以VIDA为准，如图11-65所示。

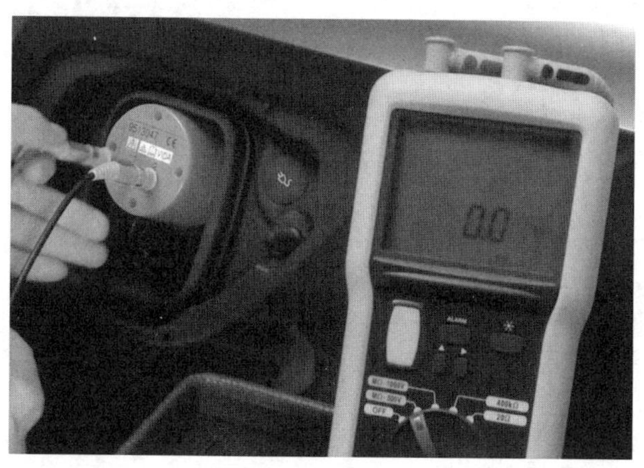

图11-64

图11-65

（12）测量端子 1 和端子 2 之间的绝缘，通过按住绝缘测试器上的黄色按钮，你将向测试装置施加500V的电压来测试绝缘，如图 11-66 所示。你将在测试设备上看到足够的电阻值，确保读数符合 VIDA 要求，拆下适配器，关闭盖子车辆恢复供电完成。

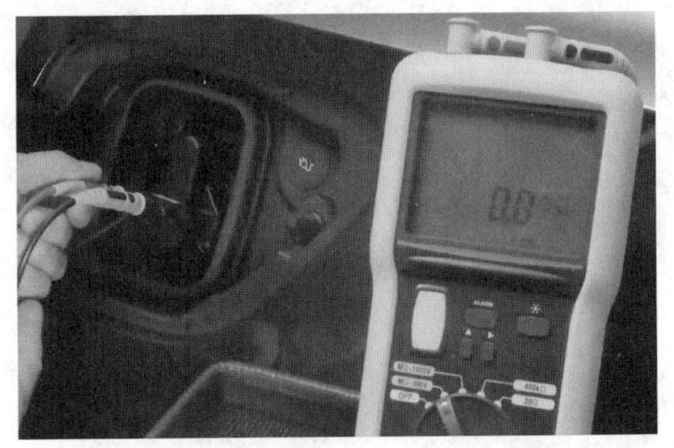

图11-66

四、蓄电池和充电安全信息

警告！蓄电池会产生爆炸性氢气。在蓄电池附近不得有明火、燃烧的材料或火星。蓄电池内有硫酸，避免与皮肤、眼睛或衣物接触。在蓄电池附近作业时，请佩戴护目镜，防止可能溅上酸液。给蓄电池充电时，保护面部和佩戴护目镜。确保充分通风。如果摄入酸液，用足量水清洗口腔，然后饮用大量水或牛奶。请勿诱导呕吐，并即刻就医。原则上，小心！使用过大的电流或超过 16V 的电压加速充电会导致蓄电池受损。

（一）高压系统隔离测量

1.专用工具。

（1）9513038 绝缘测试器，如图 11-67 所示。

（2）9513097 测试转接器，如图 11-68 所示。

（3）9513096 测试转接器，如图 11-69 所示。

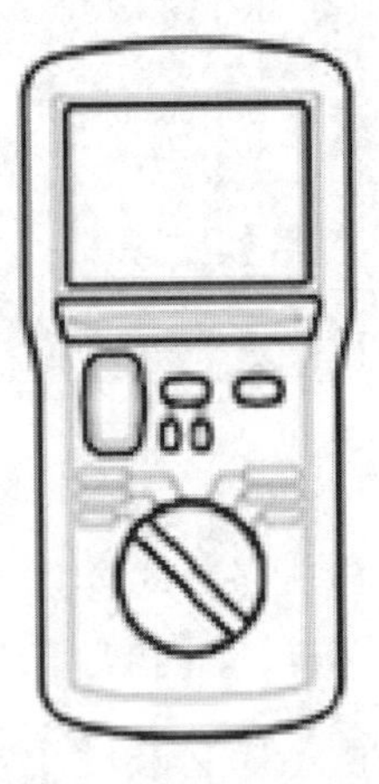

图11-67

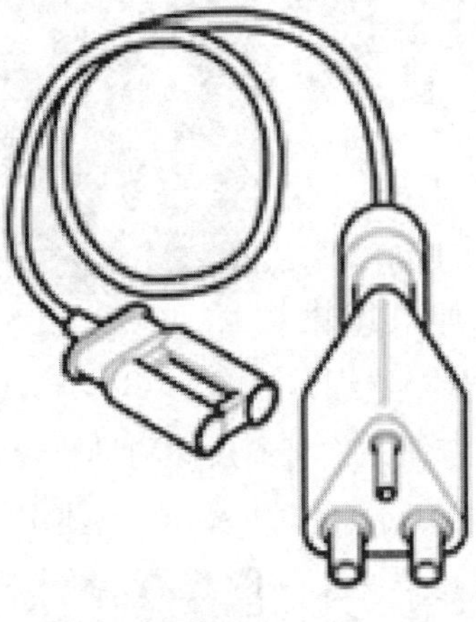

图11-68

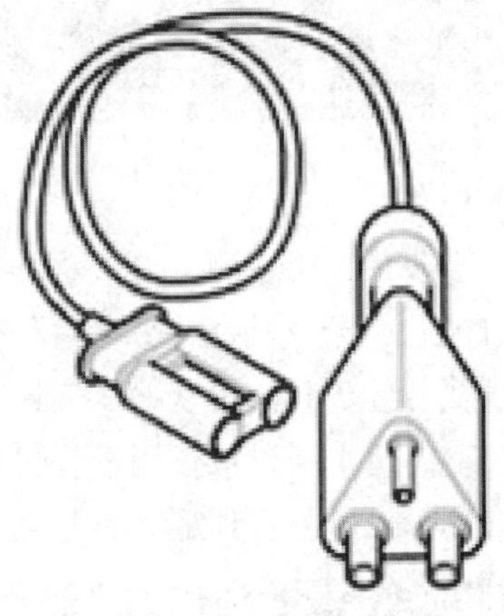

图11-69

（4）9513169 美国适配器，如图 11-70 所示。

（5）9513048 测试转接器，如图 11-71 所示。

（6）9513047 测试转接器，如图 11-72 所示。

（7）9513167 欧洲适配器，如图 11-73 所示。

（8）9513094 测试转接器，如图 11-74 所示。

（9）9513093 测试转接器，如图 11-75 所示。

（10）9513168 中国适配器，如图 11-76 所示。

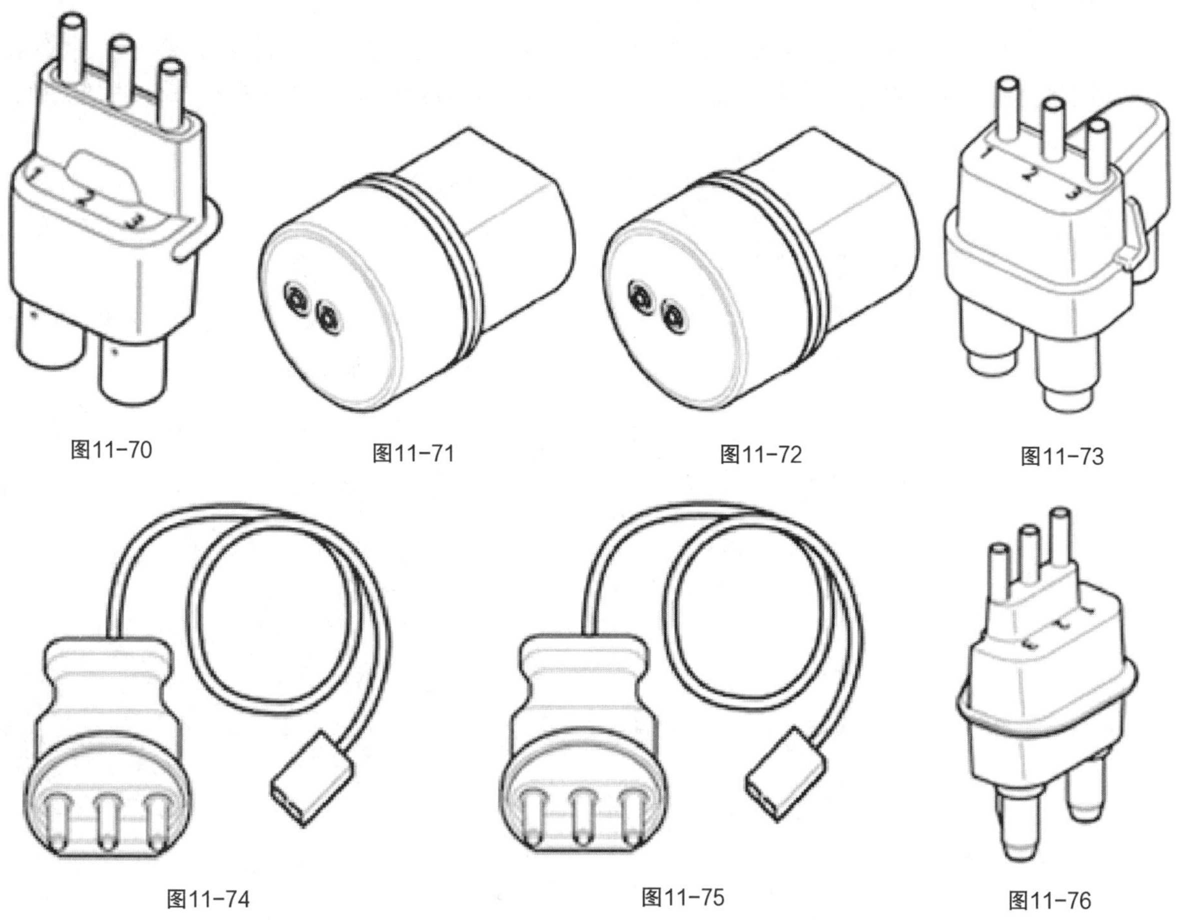

图11-70　图11-71　图11-72　图11-73

图11-74　图11-75　图11-76

2.绝缘测量

警告！只有受过专门训练的技术人员方可进行高压系统作业，警告指示如图 11-77 所示。

（1）第 1 型充电接口，如图 11-78 所示。

图11-77

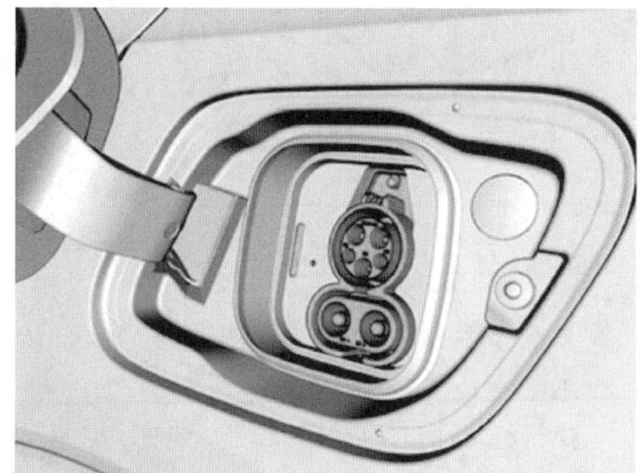

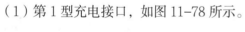

图11-78

①测量 1。

执行绝缘测试之路径为：诊断 / 组件 / 控制模块 / 蓄电池能量控制模块（BECM）/ 诊断程序 / 高压系统之绝缘自行检测。提示：当接触器改变位置时，高压蓄电池会发出咔嚓的噪音。

②测量 2。

注意！您的 9513038 可能丧失欧姆表功能。若发生这种现象，此步骤请使用万用电表。根据图像选择测量范围。根据图像连接测量仪器。使用专门工具：测量端子 1 及端子 2 之间的电阻，如图 11-79 所示。

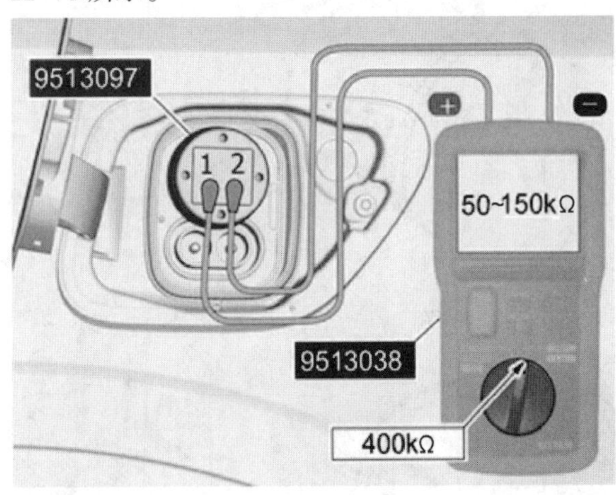

图7-79

③测量 3。

小心！以 500V 测量绝缘体。进行绝缘测量时，按钮至少应按压 5s 以便使测量值保持稳定。使用专门工具：测量端子 1 及端子 2 之间的绝缘体，如图 11-80 所示。

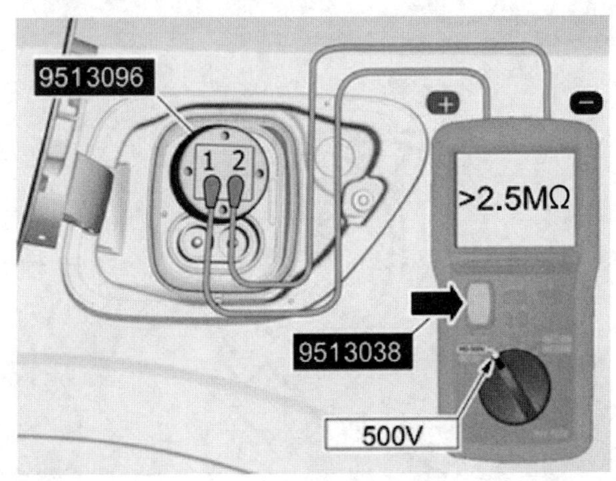

图11-80

④测量 4。

小心！以 500V 测量绝缘体。进行绝缘测量时，按钮至少应按压 5s 以便使测量值保持稳定。使用专门工具：测量端子 1 及端子 2 之间的绝缘体，如图 11-81 所示。

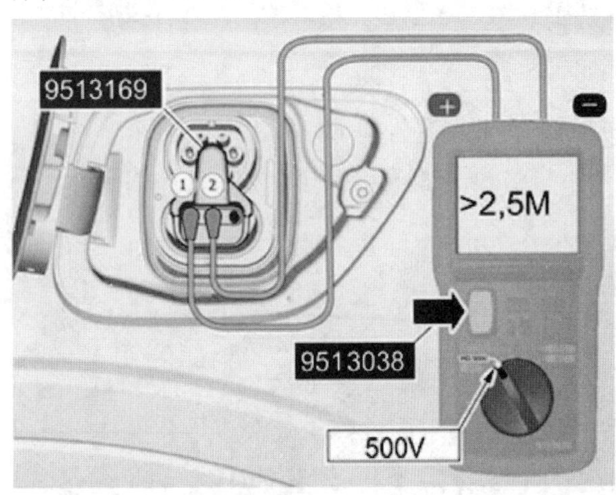

图11-81

⑤测量 5。

小心！以 500V 测量绝缘体。进行绝缘测量时，按钮至少应按压 5s 以便使测量值保持稳定。使用专门工具：测量端子 2 及端子 3 之间的绝缘值，如图 11-82 所示。

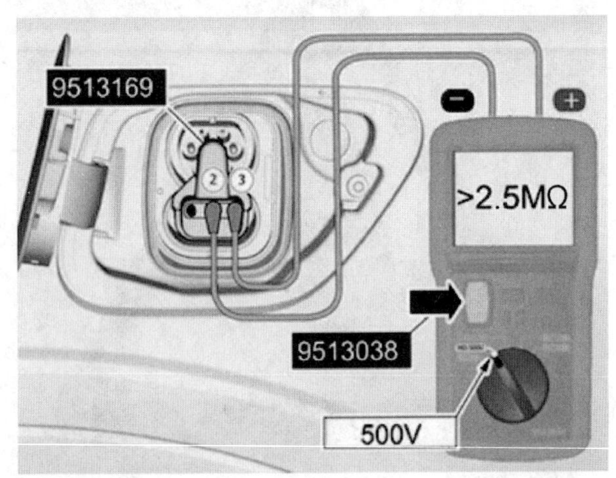

图11-82

（2）第 2 型充电接口，如图 11-83 所示。

①测量 1。

执行绝缘测试之路径为诊断 / 组件 / 控制模块 / 蓄电池能量控制模块（BECM）/ 诊断程序 / 高压系统之绝缘自行检测。提示：当接触器改变位置时，高压蓄电池会发出咔嚓的噪音。

②测量 2。

注意！您的 9513038 可能丧失欧姆表功能。若发生这种现象，此步骤请使用万用电表。

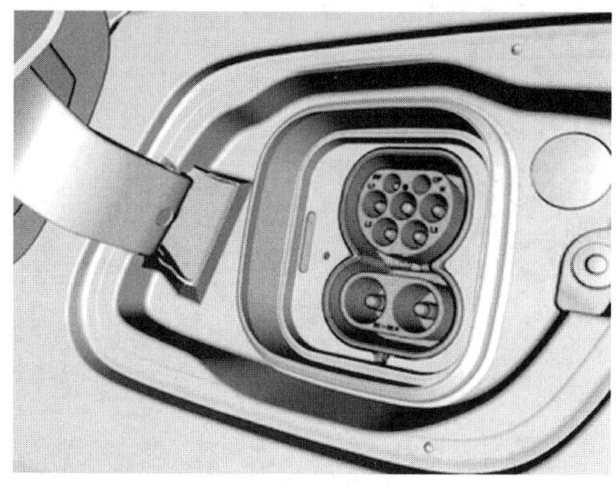

图11-83

③测量 3。

以 500V 测量绝缘体。小心！进行绝缘测量时，按钮至少应按压 5s 以便使测量值保持稳定。使用专门工具：测量端子 1 及端子 2 之间的绝缘体，如图 11-85 所示。

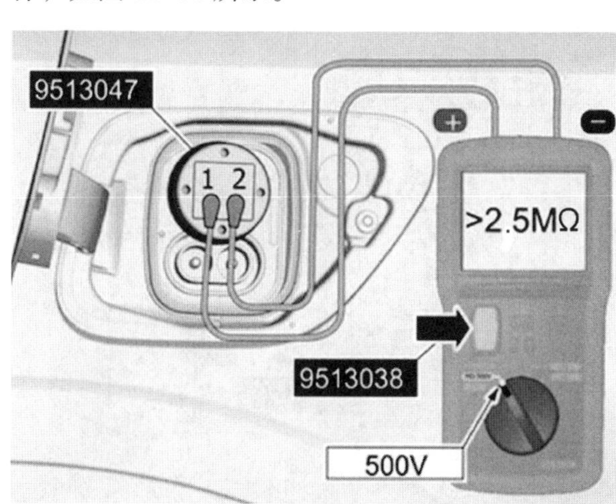

图11-85

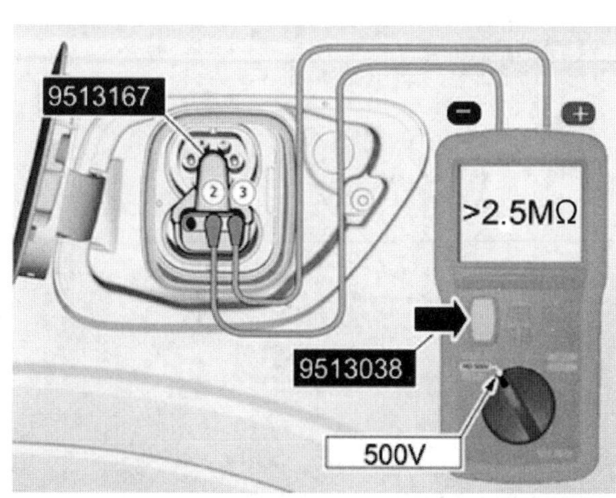

图11-87

注意！根据图像选择测量范围。根据图像连接测量仪器。

使用专门工具：测量端子 1 及端子 2 之间的电阻，如图 11-84 所示。

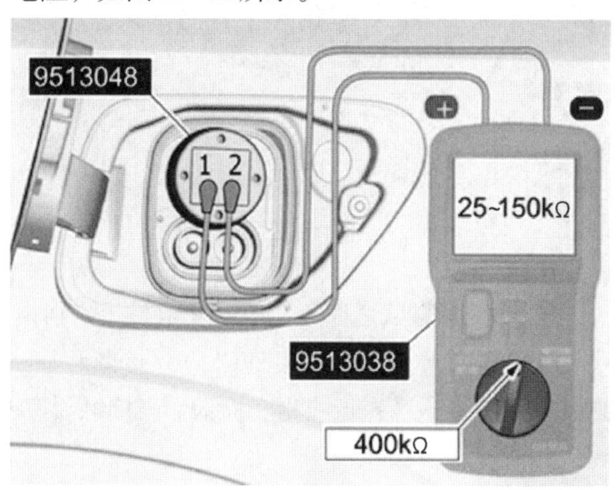

图11-84

④测量 4。

小心！以 500V 测量绝缘体。进行绝缘测量时，按钮至少应按压 5s 以便使测量值保持稳定。使用专门工具：测量端子 1 及端子 2 之间的绝缘体，如图 11-86 所示。

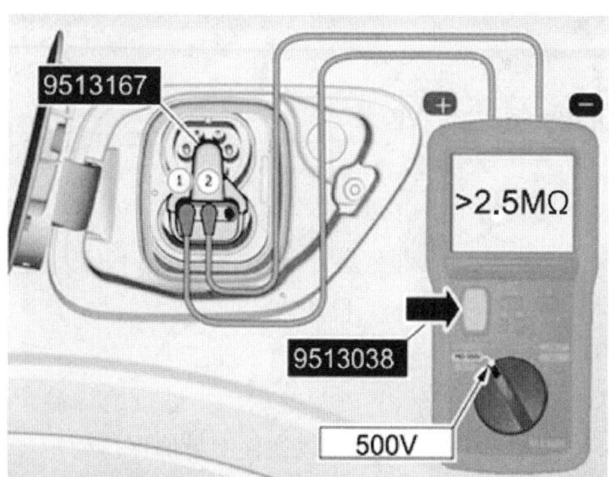

图11-86

⑤测量 5。

小心！以 500V 测量绝缘体。进行绝缘测量时，按钮至少应按压 5s 以便使测量值保持稳定。使用专门工具：测量端子 2 及端子 3 之间的绝缘值，如图 11-87 所示。

（3）第 3 型充电接口，如图 11-88 和图 11-89 所示。

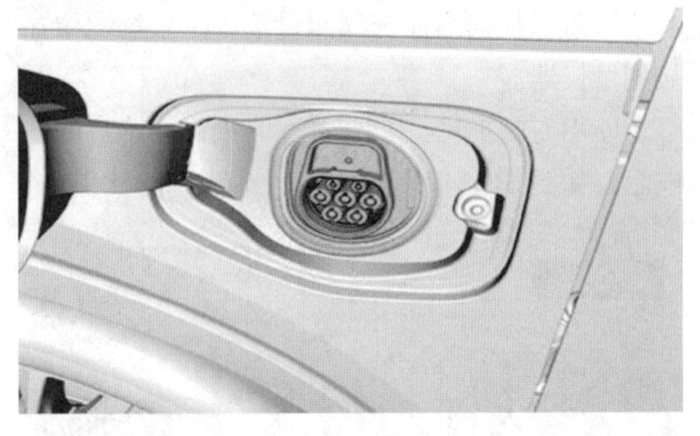

图11-88

图11-89

①测量 1。

执行绝缘测试之路径为诊断 / 组件 / 控制模块 / 蓄电池能量控制模块（BECM）/ 诊断程序 / 高电压系统之绝缘自行检测。提示：当接触器改变位置时，高压蓄电池会发出咔嚓的噪音。

②测量 2。

注意！您的 9513038 可能丧失欧姆表功能。若发生这种现象，此步骤请使用万用电表。注意！根据图像选择测量范围。根据图像连接测量仪器。使用专门工具：测量端子 1 及端子 2 之间的电阻，如图 11-90 和图 11-91 所示。

图11-90

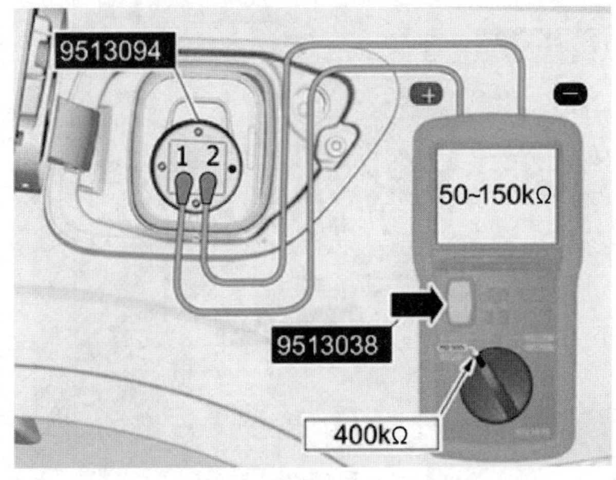

图11-91

③测量 3。

小心！以 500V 测量绝缘体。进行绝缘测量时，按钮至少应按压 5s 以便使测量值保持稳定。使用专门工具：测量端子 1 及端子 2 之间的绝缘体，如图 11-92 所示。

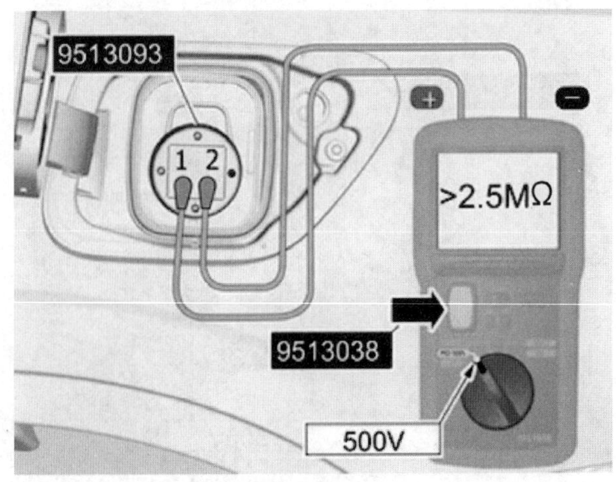

图11-92

④测量 4。

小心！以 500V 测量绝缘体。进行绝缘测量时，按钮至少应按压 5s 以便使测量值保持稳定。测量端子 1 及端子 2 之间的绝缘体，如图 11-93 和图 11-94 所示。使用专门工具。

图11-93

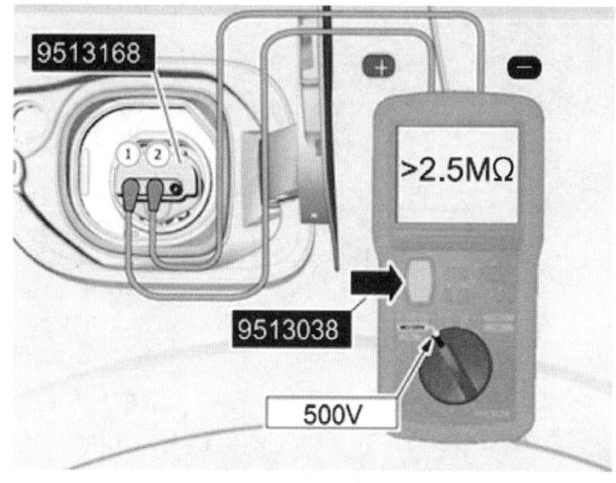

图11-94

⑤测量 5。

小心！以 500V 测量绝缘体。进行绝缘测量时，按钮至少应按压 5s 以便使测量值保持稳定。测量端子 2 及端子 3 之间的绝缘值，如图 11-95 所示。使用专门工具。

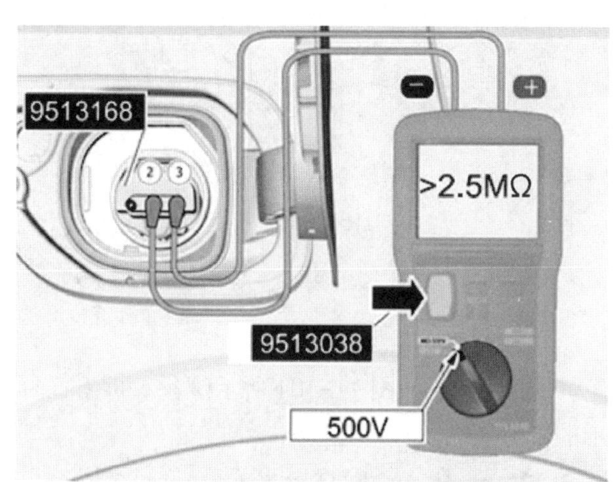

图11-95

（2）9513192 转接器，如图 11-97 所示。

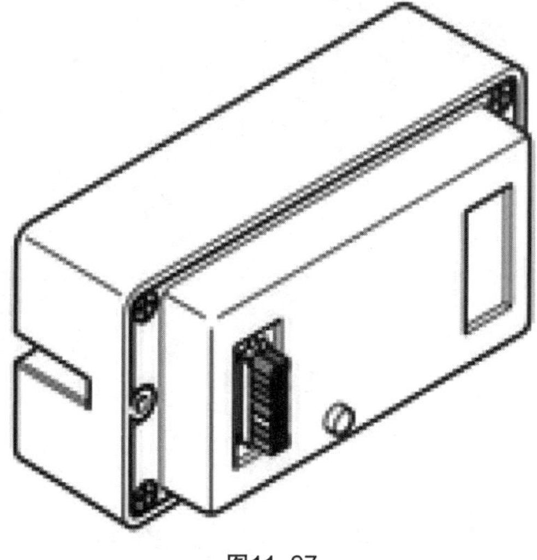
图11-97

五、电池模块充电

1.专用工具

（1）9814249 蓄电池充电器，如图 11-96 所示。

图11-96

（3）9513165 CATL 适配器，如图 11-98 所示。

（4）9513189 CATL 适配器，镜像，如图 11-99 所示。

（5）9989908 充电电缆，如图 11-100 所示。

（6）9513178 螺钉，如图 11-101 所示。

（7）9513164 LG 适配器，如图 11-102 所示。

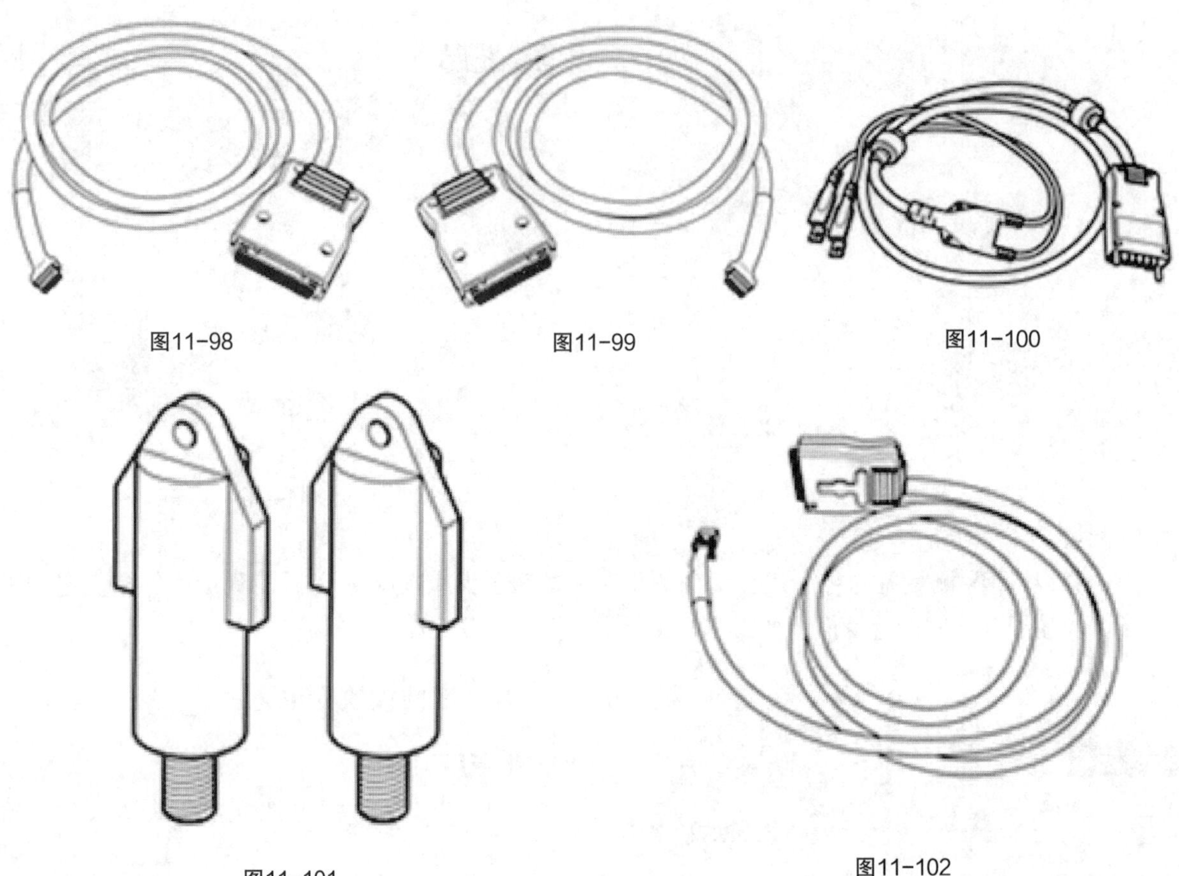

图11-98　图11-99　图11-100

图11-101　图11-102

2.充电

（1）使用专门工具，如图 11-103 所示。

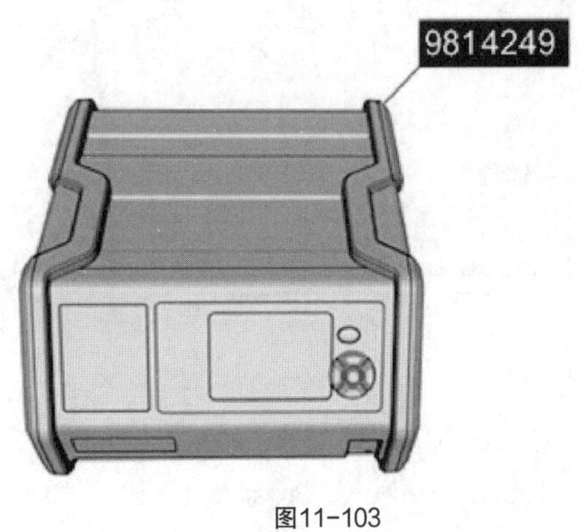

图11-103

（2）拆下如图 11-104 所示螺丝。拆下已标示的部分。

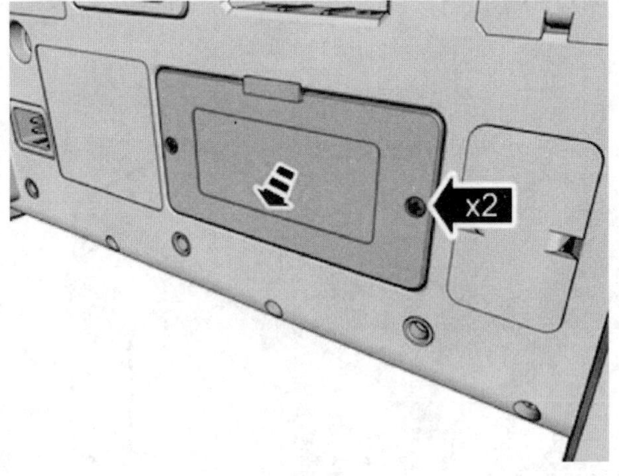

图11-104

（3）使用专门工具，安装如图 11-105 所示螺丝。

（4）小心！只可使用指定的特殊工具，如图 11-106 所示。适用于有型号代码 CK06 的车辆。

（5）使用专门工具，如图 11-107 所示。

（6）使用专门工具，如图 11-108 所示。

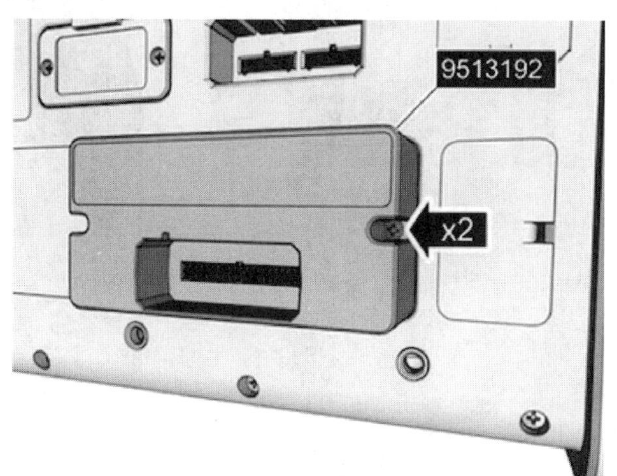

图11-105

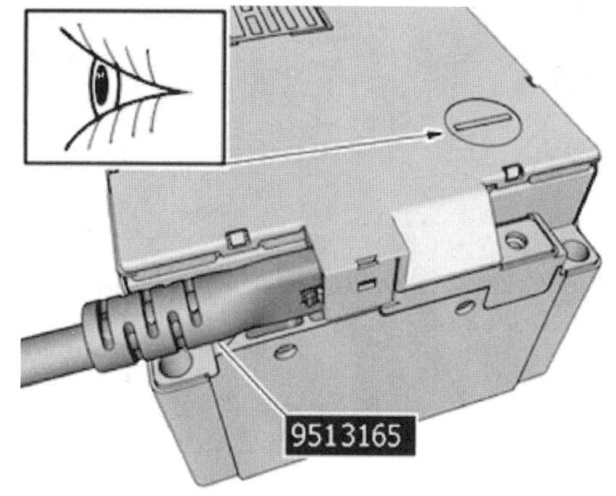

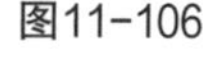

图11-106

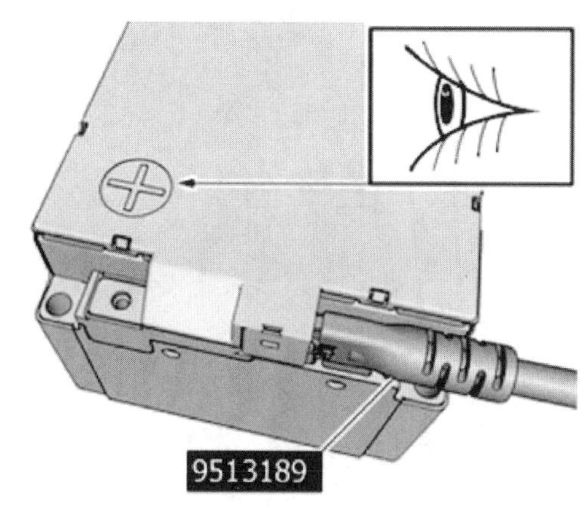

图11-107

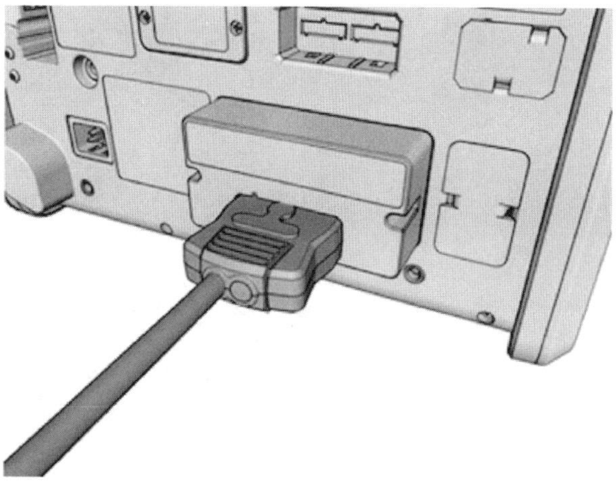

图11-108

（7）使用专门工具，如图 11-109 所示。适用于有型号代码 CK07 的车辆。

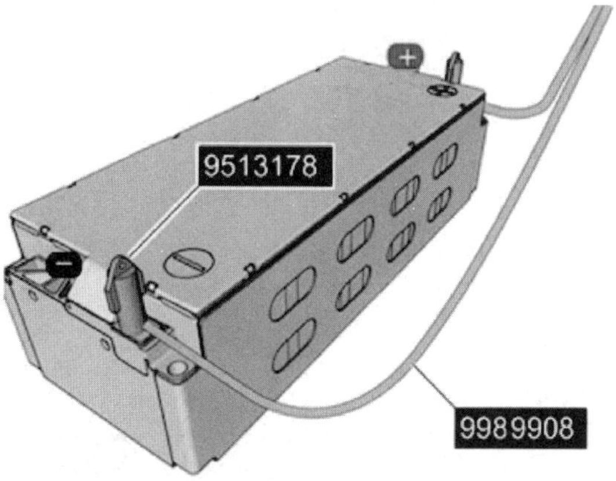

图11-109

（8）使用专门工具，如图 11-110 所示。

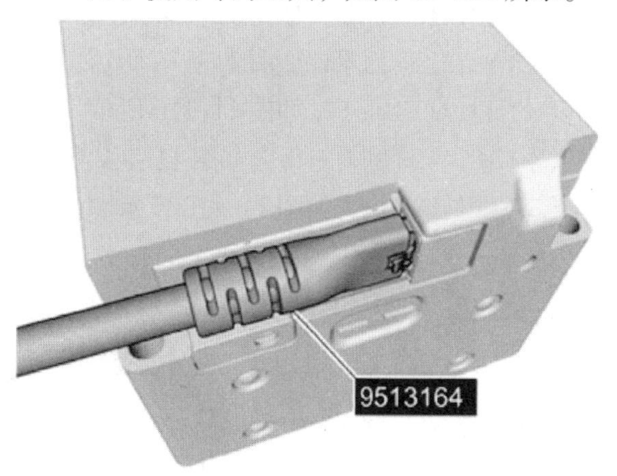

图11-110

（9）使用专门工具，如图 11-111 和图 11-112 所示，适合所有车辆。

（10）遵循显示幕上的说明，如图 11-113 所示。更多信息，请访问沃尔沃专用工具网站。

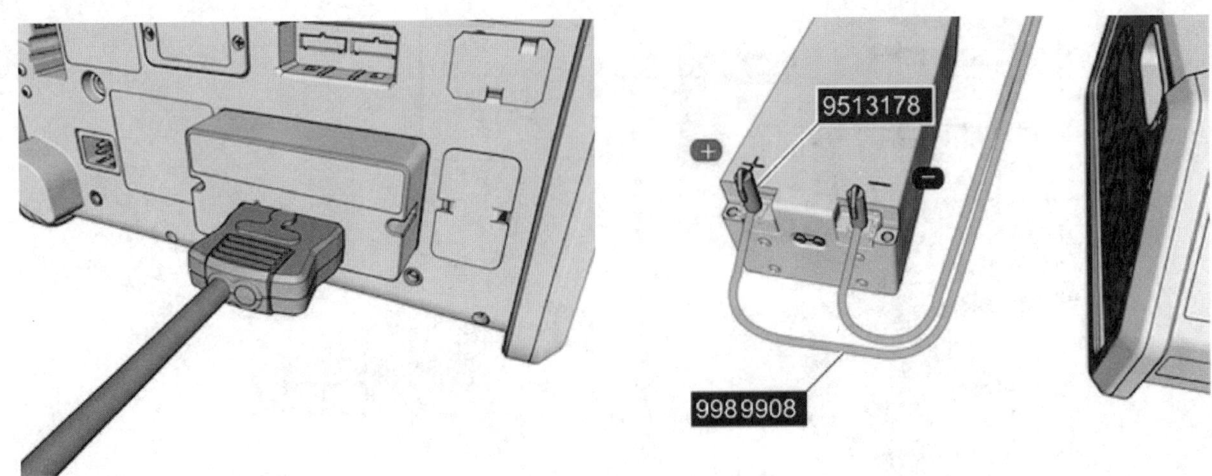

图11-111

图11-112

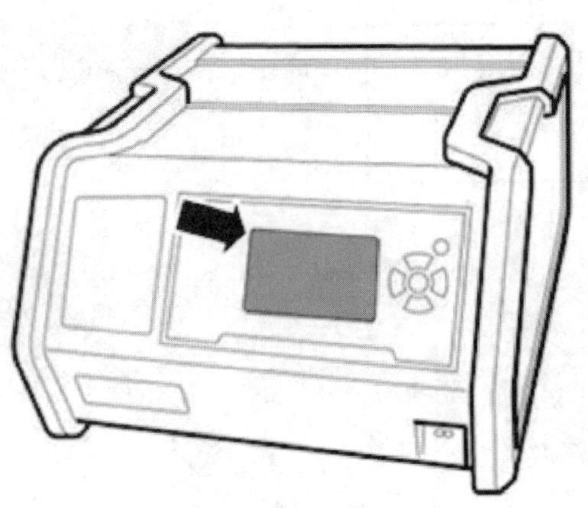

图11-113

六、高压蓄电池拆卸

1.专用工具

（1）9814135 手套，如图 11-114 所示。

（2）9815250 面罩，如图 11-115 所示。

（3）9513176 塞子，如图 11-116 所示。

（4）9814133 刮刀组件，如图 11-117 所示。

（5）9814288 枪，如图 11-118 所示。

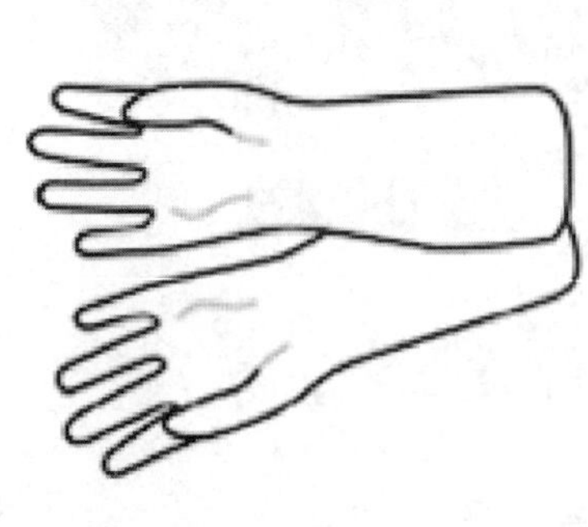

图11-114

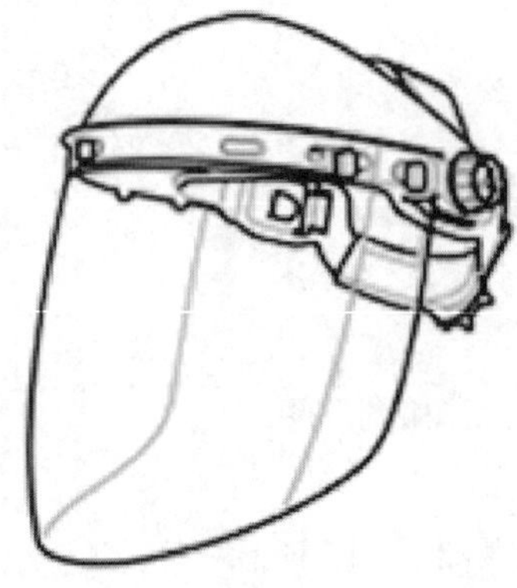

图11-115

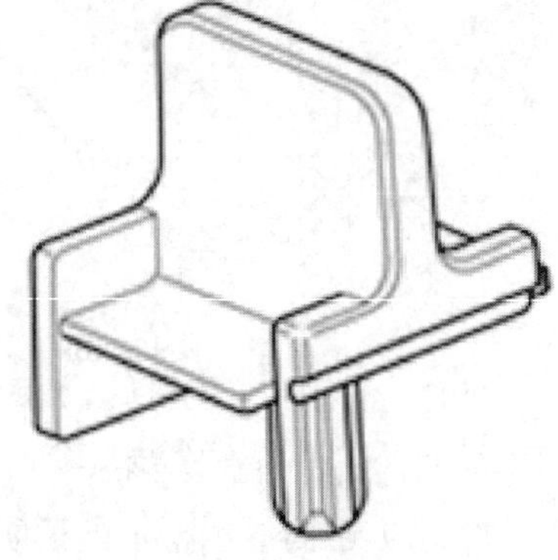

图11-116

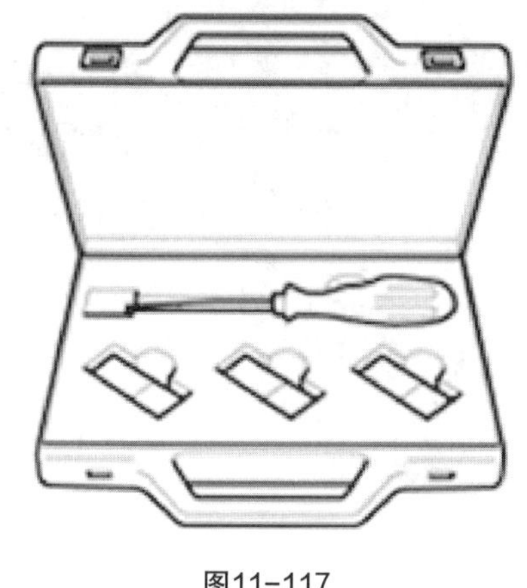

图11-117

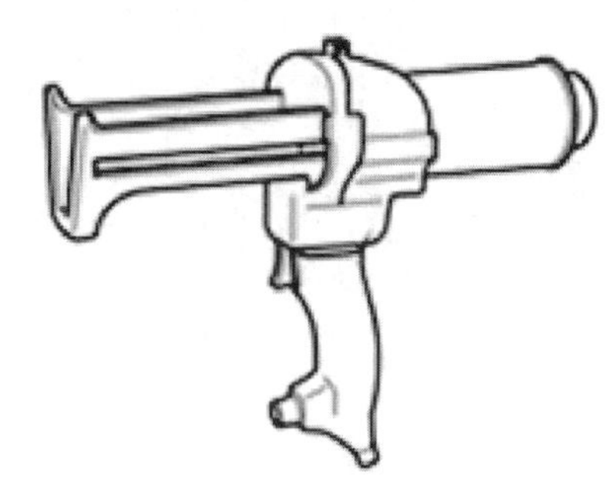

图11-118

2.拆卸

（1）警告！确保零组件已置于正确的作业高度，如图 11-119 所示。提示：在开始拆卸之前，务必确保从各处都可接触得到零组件。拆卸高压蓄电池的蓄电池断开单元 BDU。

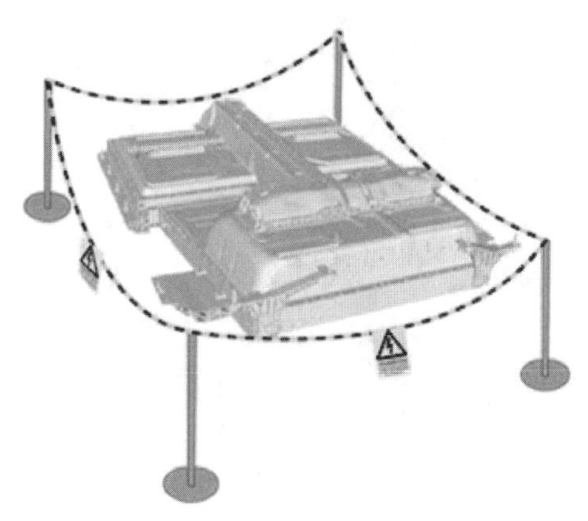

图11-119

（2）拆下如图 11-120 所示螺丝。

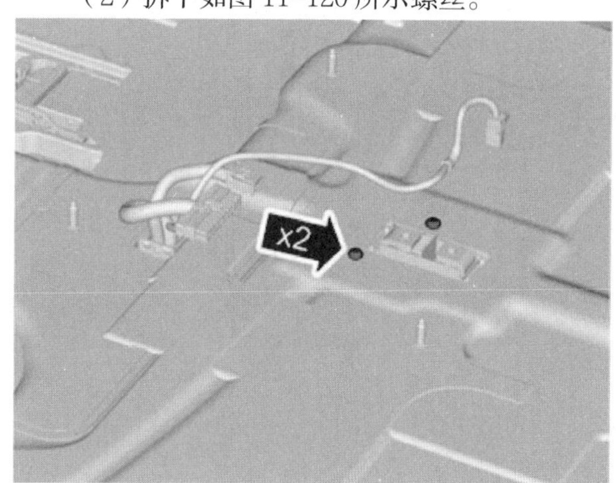

图11-120

（3）适用于两侧。拆下如图 11-121 所示螺丝。拆下已标示的部分。

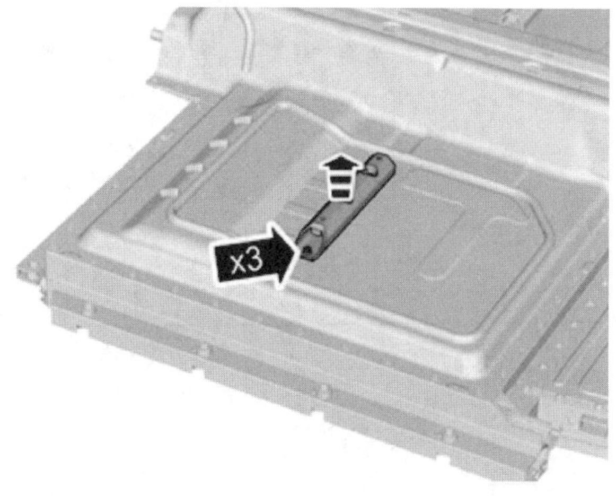

图11-121

（4）拆下已标示的部分，如图 11-122 所示。

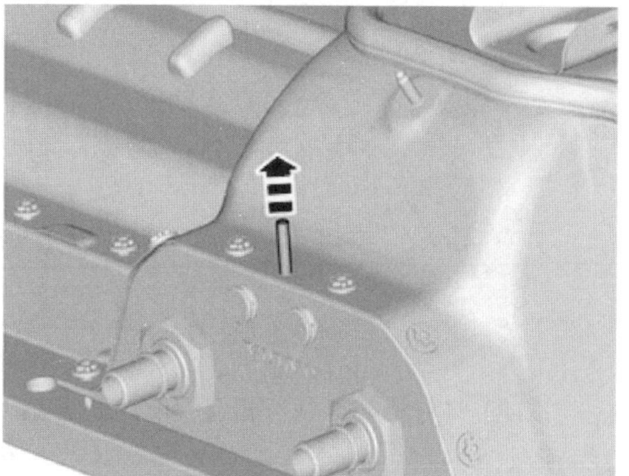

图11-122

（5）拆下如图 11-123 所示螺丝。

（6）将有标记部分折叠到一侧，如图 11-124 所示。

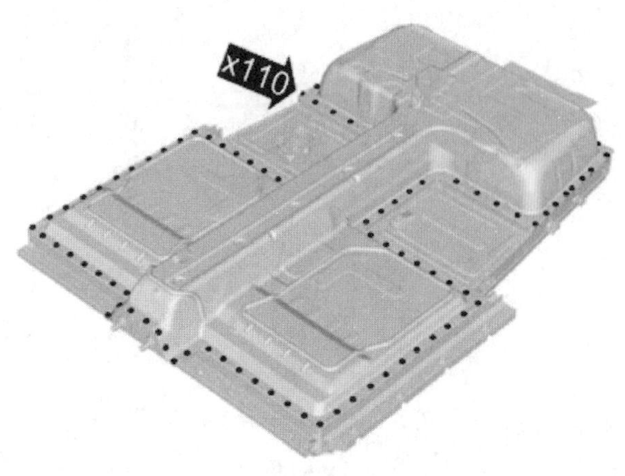

图11-123

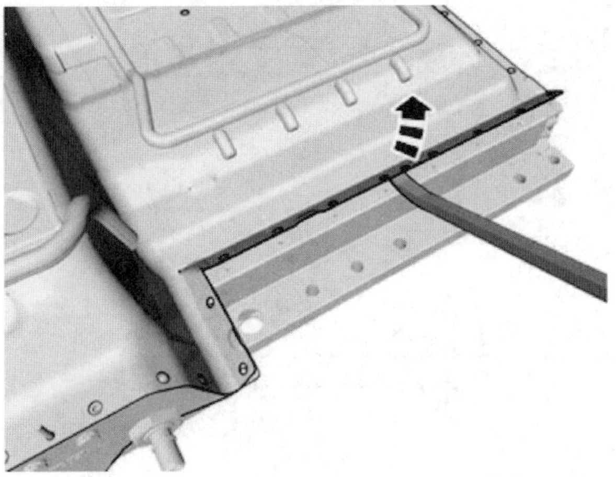

图11-124

（7）将有标记部分折叠到一侧，如图 11-125 所示。

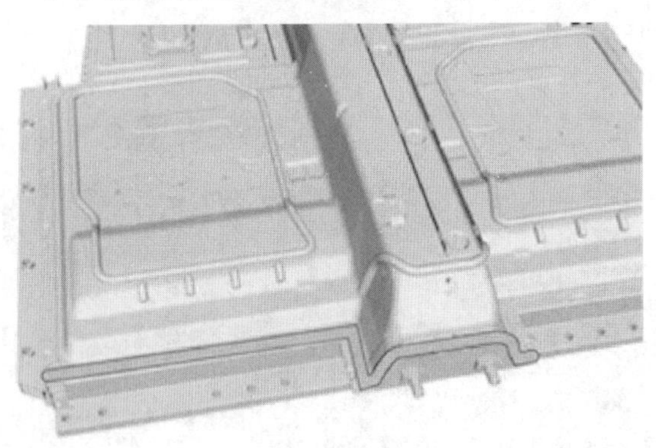

图11-125

（8）将有标记部分折叠到一侧，如图 11-126 所示。

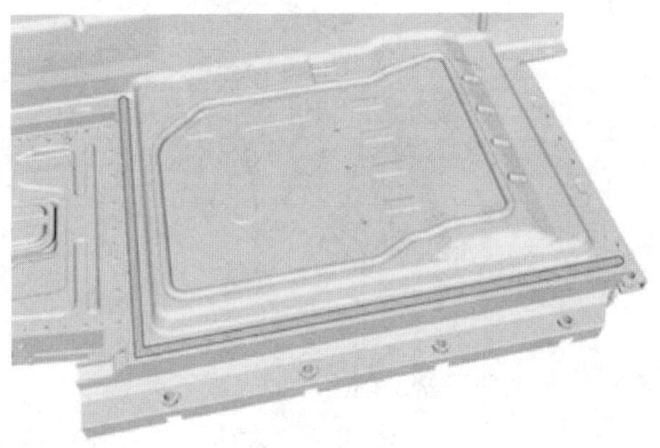

图11-126

（9）将有标记部分折叠到一侧，如图 11-127 所示。

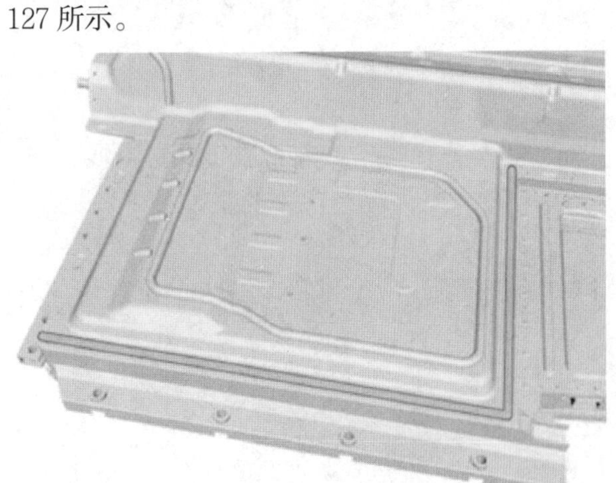

图11-127

（10）将有标记部分折叠到一侧，如图 11-128 所示。

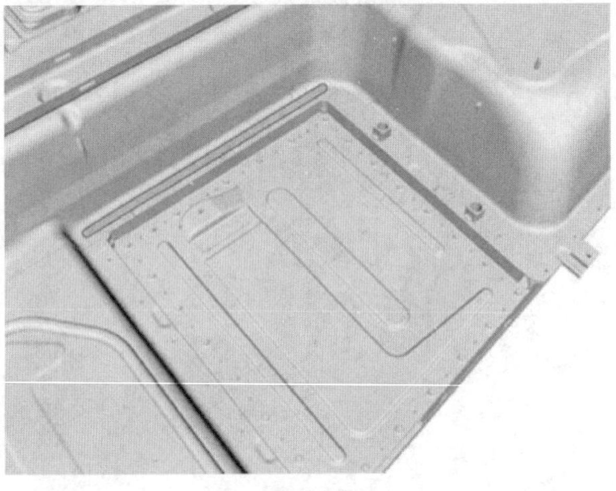

图11-128

（11）将有标记部分折叠到一侧，如图 11-129 所示。

（12）将有标记部分折叠到一侧，如图 11-130 所示。

（13）将有标记部分折叠到一侧，如图 11-131 所示。

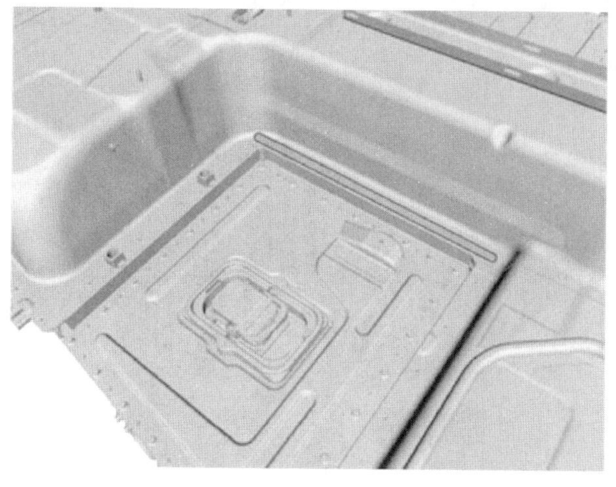
图11-129

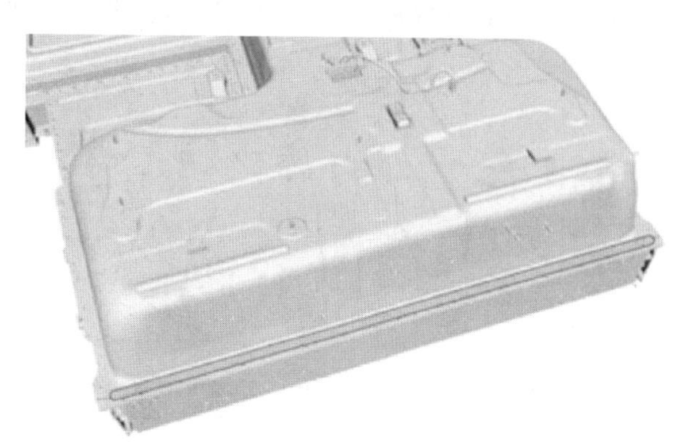
图11-130

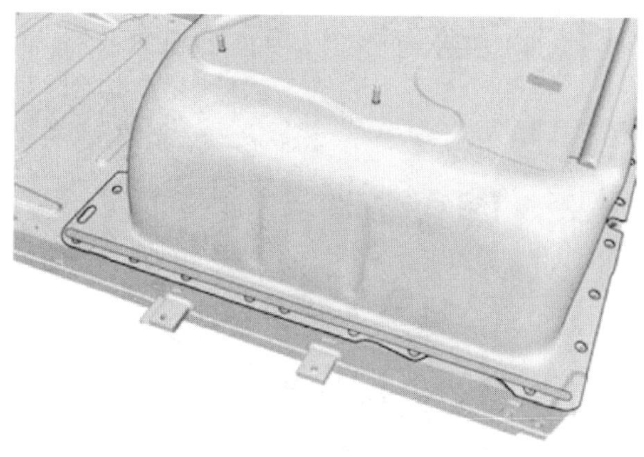
图11-131

（14）将有标记部分折叠到一侧，如图 11-132 所示。

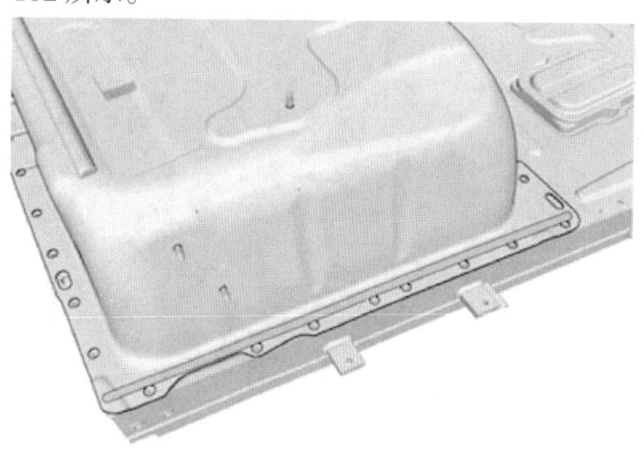
图11-132

（15）将有标记部分折叠到一侧，如图 11-133 所示。

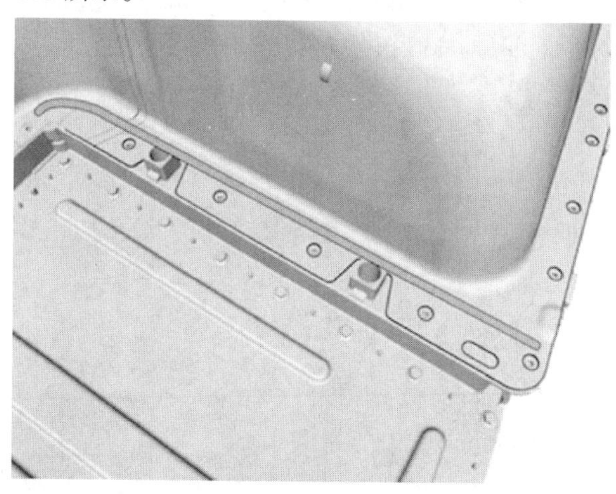
图11-133

（16）注意！这一步骤要求另一位技师的协助。拆下已标示的部分，如图 11-134 所示。

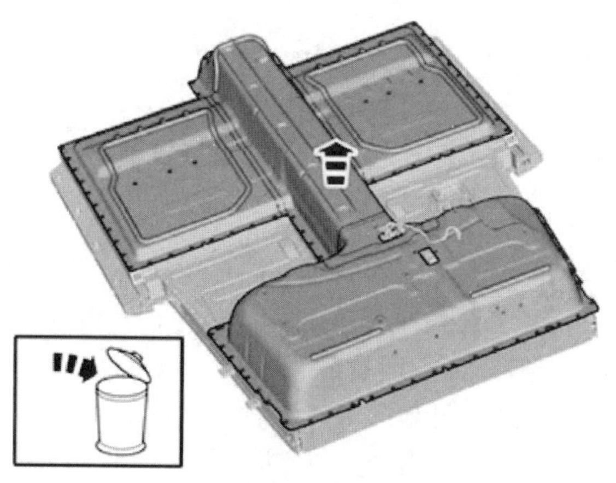
图11-134

（17）警告！请务必使用指定之设备。使用专门工具，如图 11-135 所示。

（18）警告！检查泄漏。使用专门工具，如图 11-136 所示 。每次使用前，进行目视检查并检查手套是否漏气。任何穿刺或穿孔会让手套无法使用而应废弃。未使用时以密封的原包装存放。并无使用期限，检查后状况良好即可使用。手套上的日期为制造日期。

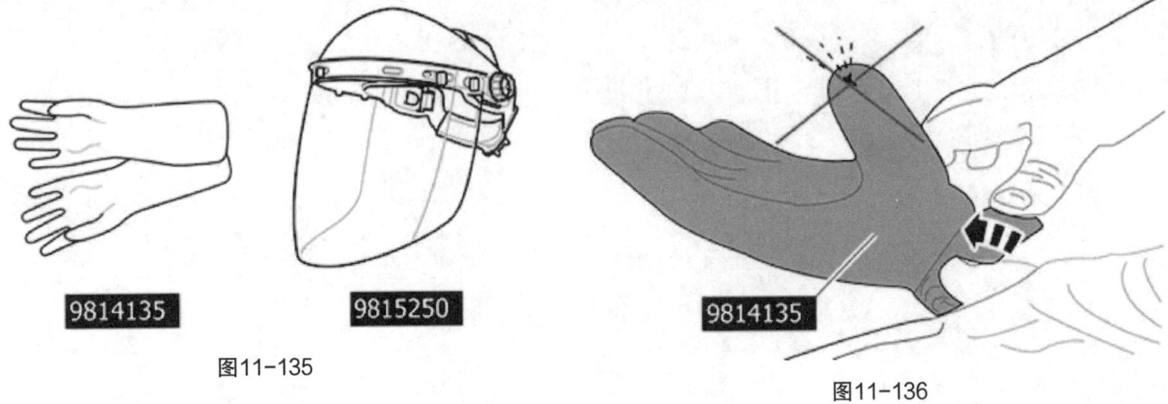

图11-135

图11-136

（19）使用专门工具松开如图 11-137 所示螺钉。

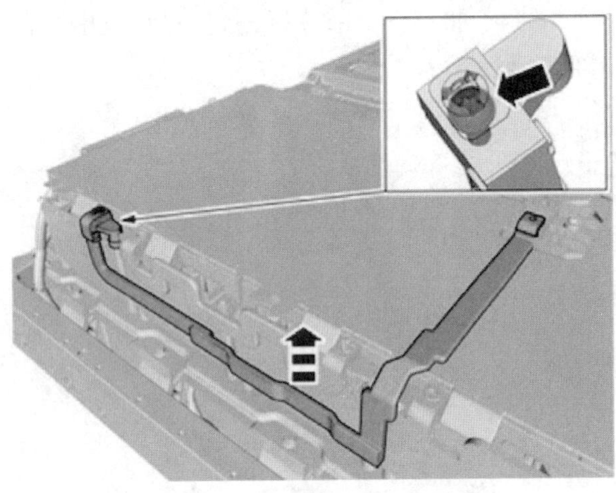

图11-137

（20）使用专门工具，如图 11-138 所示。

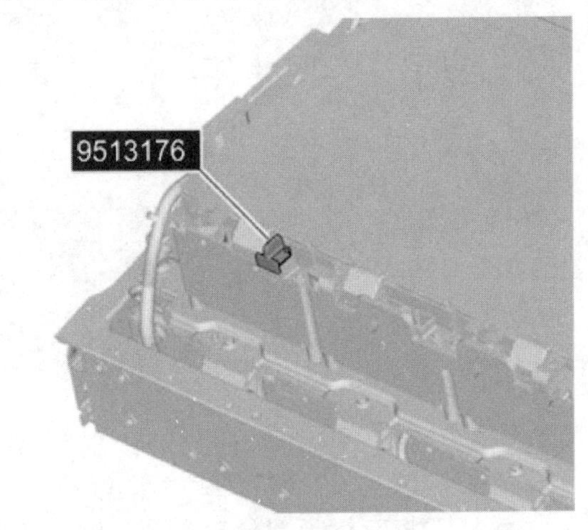

图11-138

（21）拆下已标示的部分，如图 11-139 所示。

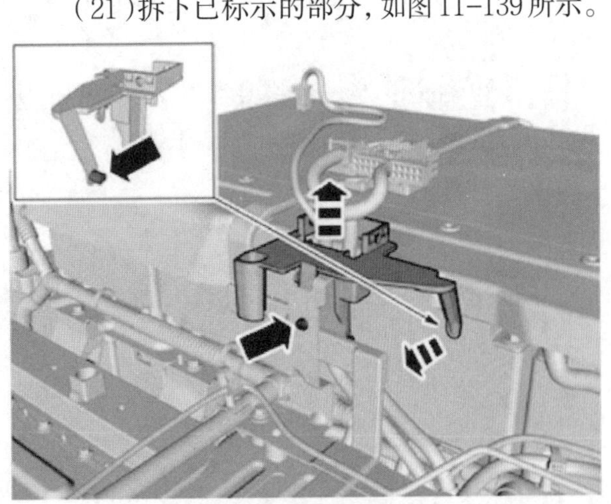

图11-139

（22）拆下如图 11-140 所示螺丝。拆下已标示的部分。M5 扭紧力矩 5N · m。

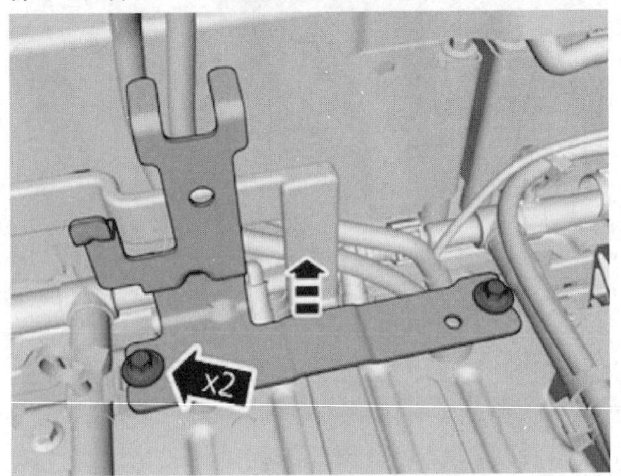

图11-140

（23）松开如图 11-141 所示螺钉。

（24）松开各个卡夹。拆下已标示的部分。使用专门工具，如图 11-142 所示。

（25）使用专门工具，如图 11-143 所示。拆下已标示的部分。倘若没有特别的指示，执行下列操作步骤则不需要橡胶手套。

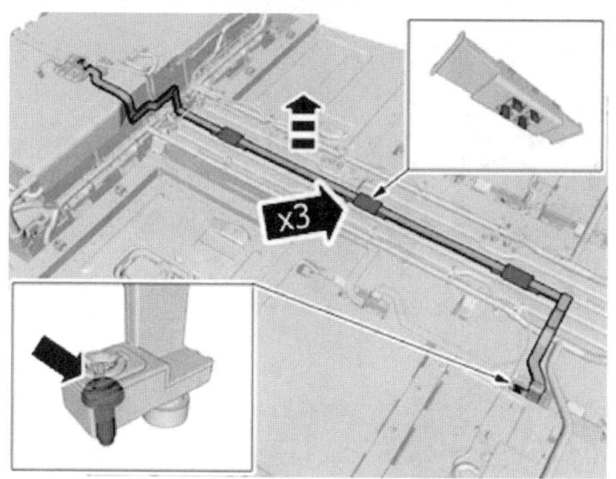

图11-141

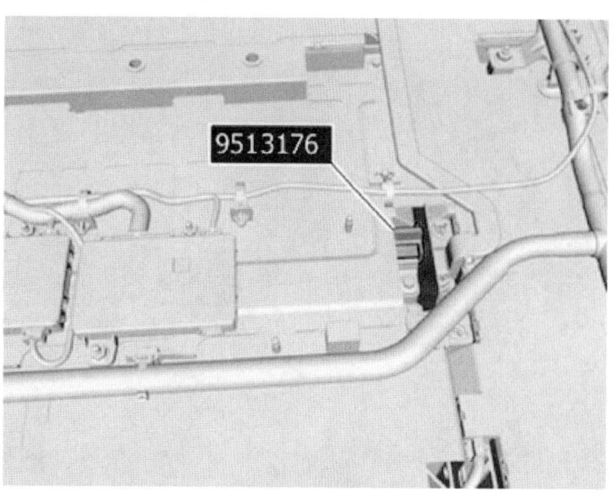

图11-142

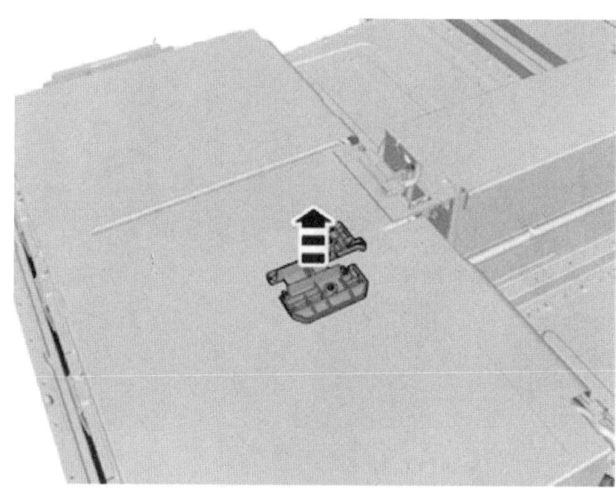

图11-143

3.安装

（1）清洁表面，如图 11-144 所示。

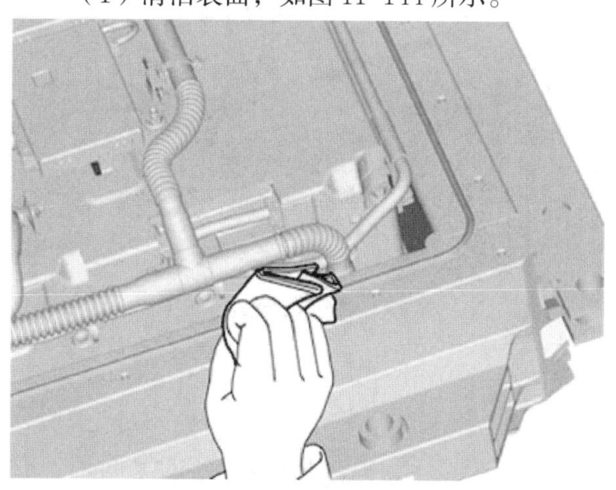

图11-144

（2）使用专门工具，如图 11-145 所示。

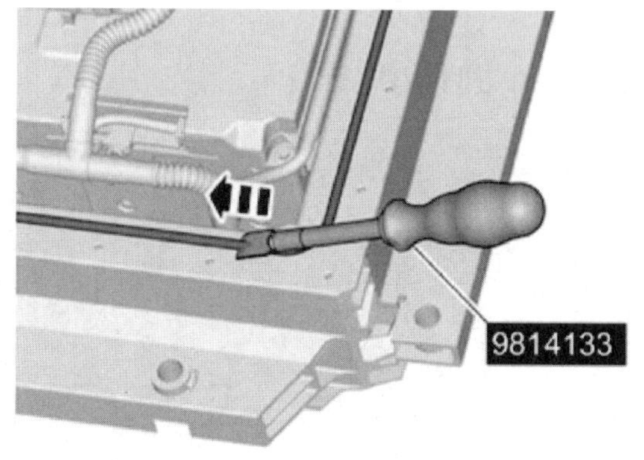

图11-145

（3）注意！确保组件干净且无异物。使用真空清洁器清扫，如图 11-146 所示。

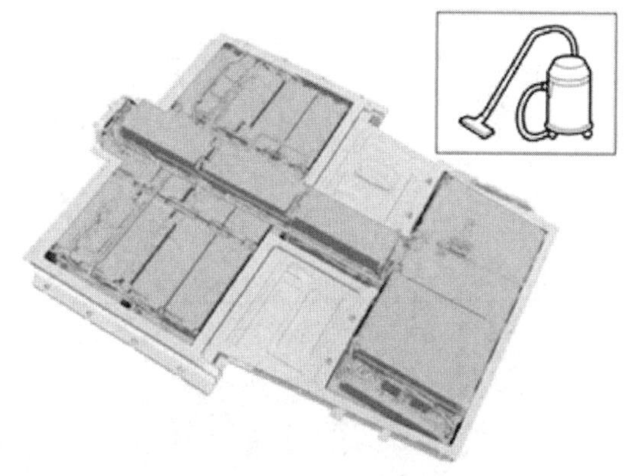

图11-146

（4）切勿造成表面受损。若损坏，请更换盖罩，如图 11-147 所示。

（5）清洁表面，如图 11-148 所示。

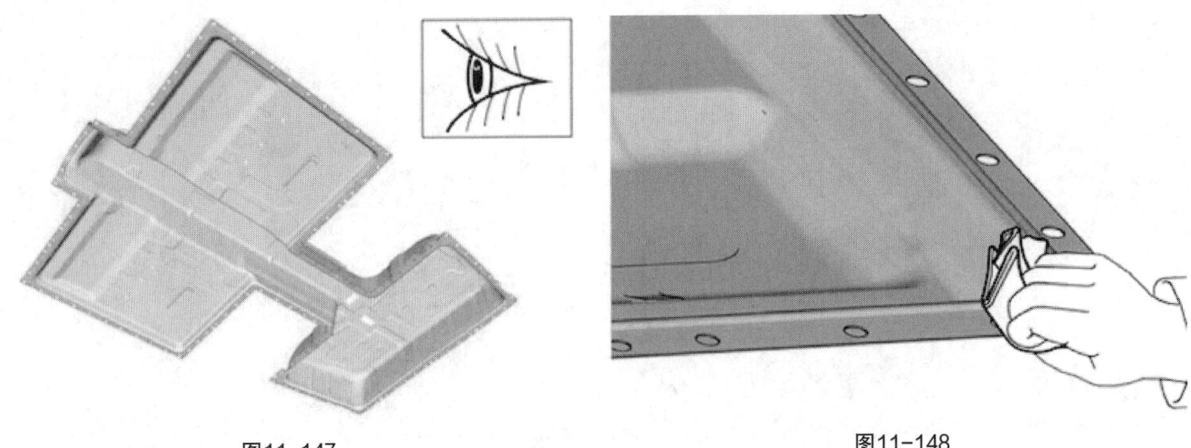

图11-147　　图11-148

（6）使用专门工具执行高压蓄电池冷却液回路检查，如图 11-149 所示。

（7）使用专门工具拆除特殊工具，如图 11-150 所示。

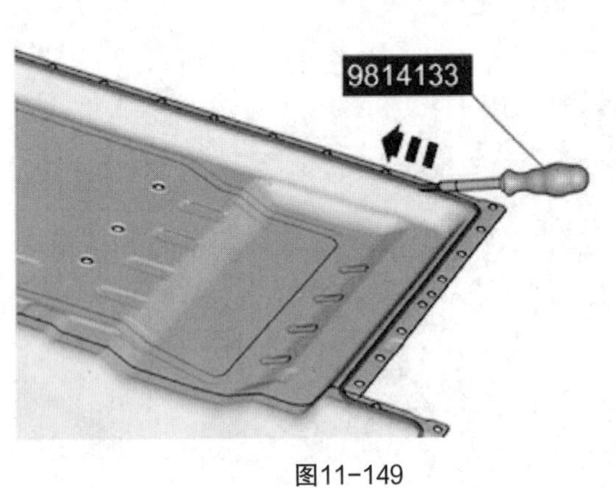

图11-149

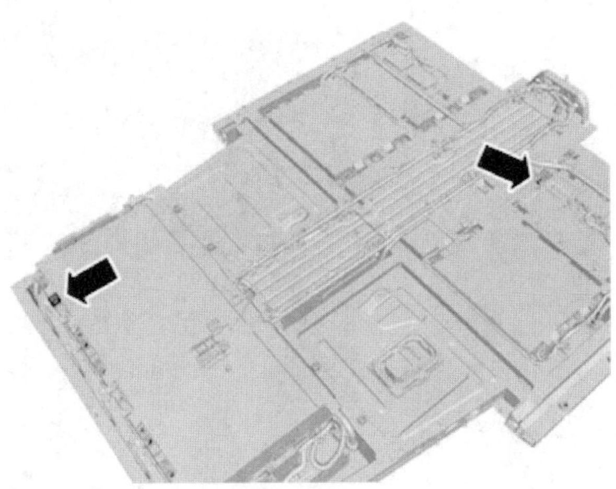

图11-150

（8）安装前先检查紧固件是否并未受损。如已受损则必须将它们更换成新的紧固件。安装标记的部件。安装螺丝，如图 11-151 所示。仅能用手上紧螺丝。高压母线装到电池端，扭紧力矩 13N · m。

（9）安装已标示的零部件，如图 11-152 所示。安装螺丝 M5，扭紧力矩 5N · m。

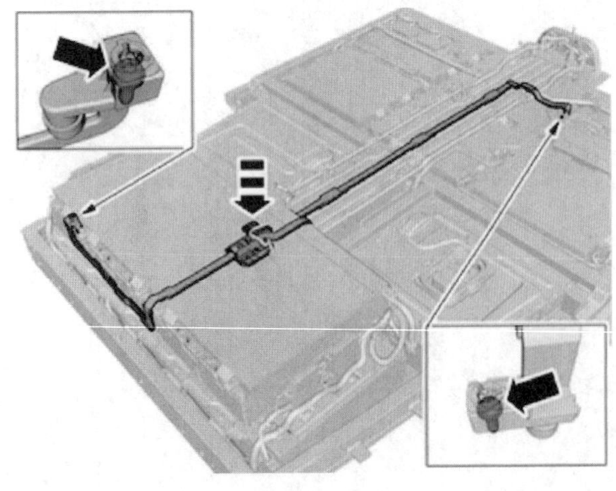

图11-151

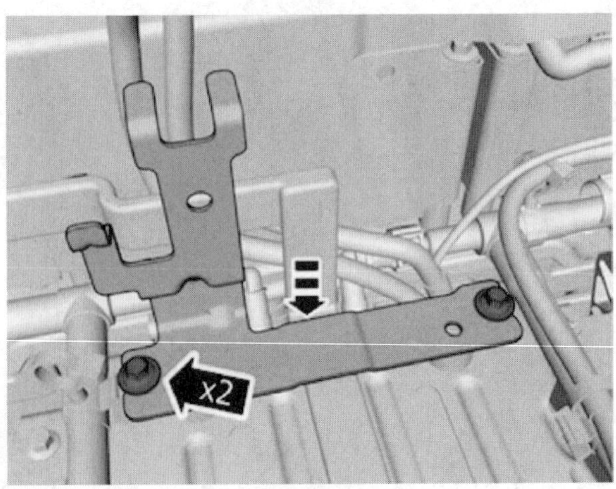

图11-152

（10）安装已标示的零部件，如图 11-153 所示。

（11）小心！接触黏着剂表面将损害重新黏着的效果。清洁表面。使用活化剂，如图 11-154 所示。

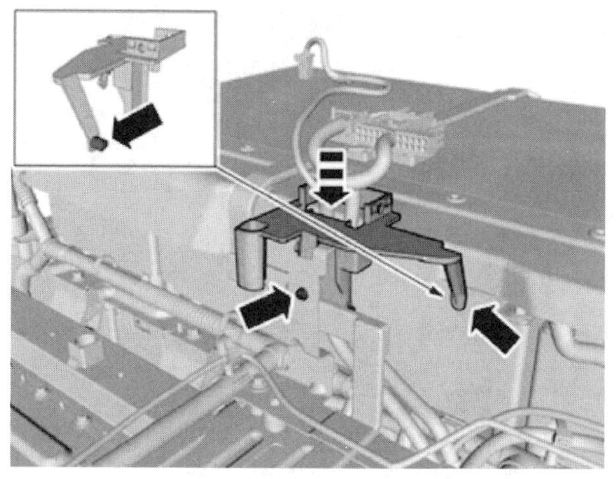

图11-153

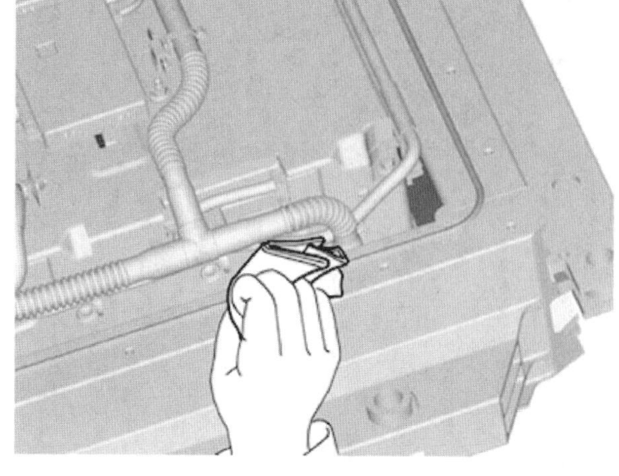

图11-154

（12）小心！接触黏着剂表面将损害重新黏着的效果。清洁表面。使用活化剂，切勿造成表面受损，如图 11-155 所示。

（13）注意！方位视图，新密封，如图 11-156 所示。

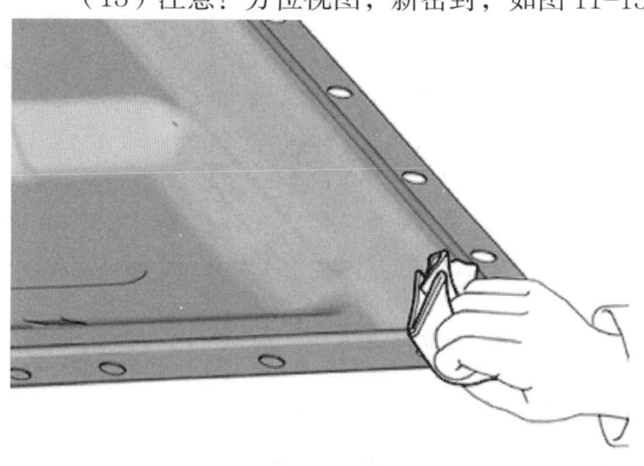

图11-155

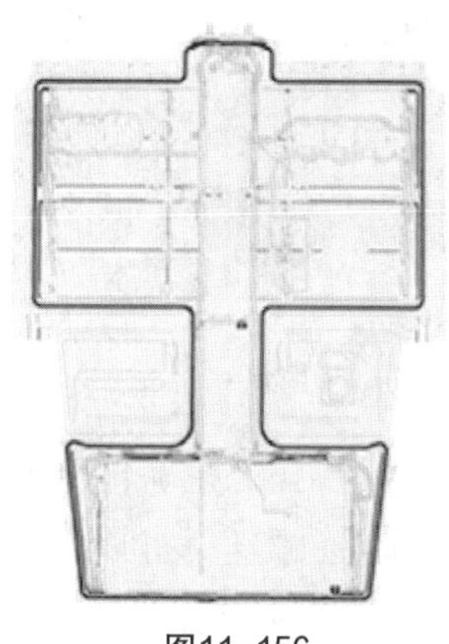

图11-156

（14）使用专门工具打胶，如图 11-157 所示。

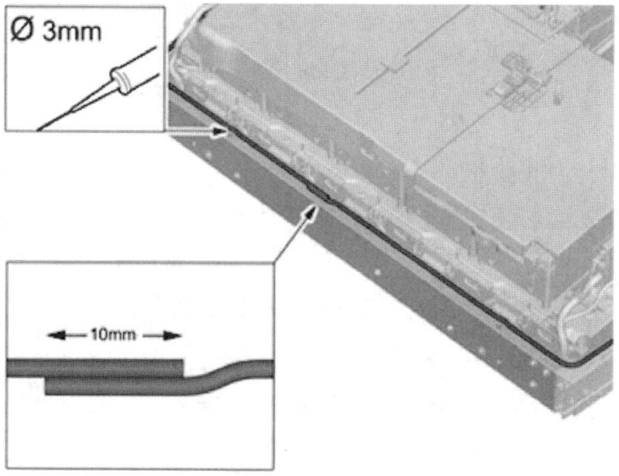

图11-157

（15）使用专门工具如图 11-158 所示操作。

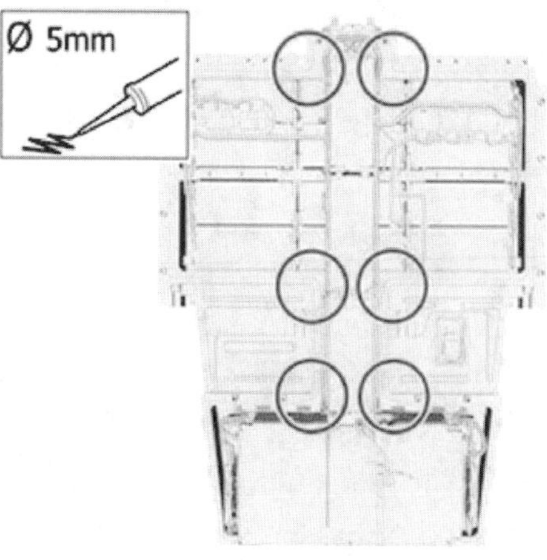

图11-158

（16）安装已标示的零组件，如图 11-159 所示。

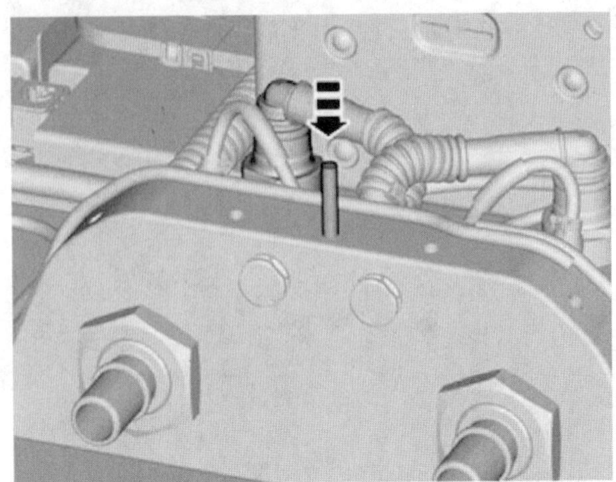

图11-159

（17）注意！组件必须在涂上密封剂后的 5min 内安装。注意！确保使用新的组件。提示：此步骤可能需要另一名技师的协助。线路穿越。把零部件放在图 11-160 中所示的位置。安装已标示的零组件。

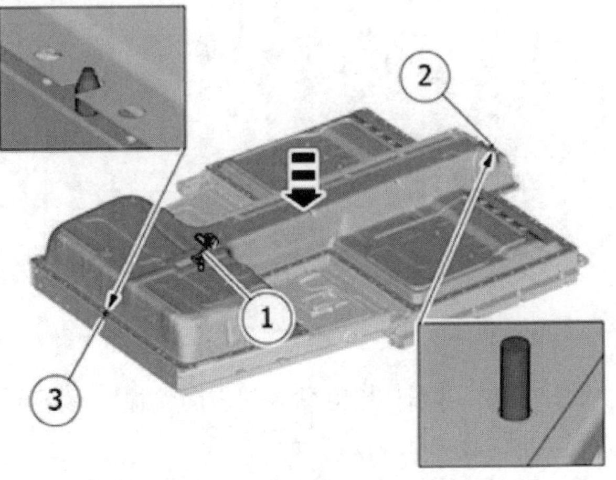

图11-160

（18）仅能用手安装如图 11-161 所示螺丝。

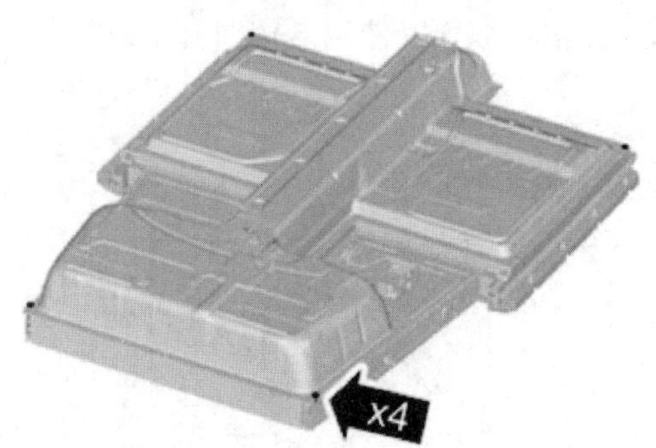

图11-161

（19）仅能用手安装如图 11-162 所示螺丝。

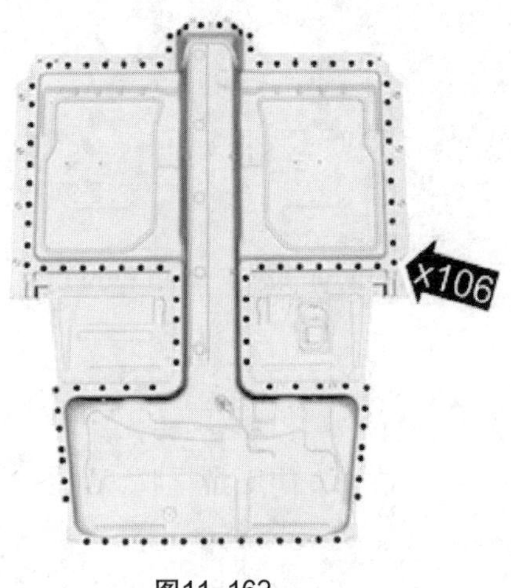

图11-162

（20）如图 11-163 所示上紧螺丝。所有车辆高压蓄电池的盖（螺丝）扭紧力矩 3.5 N・m。

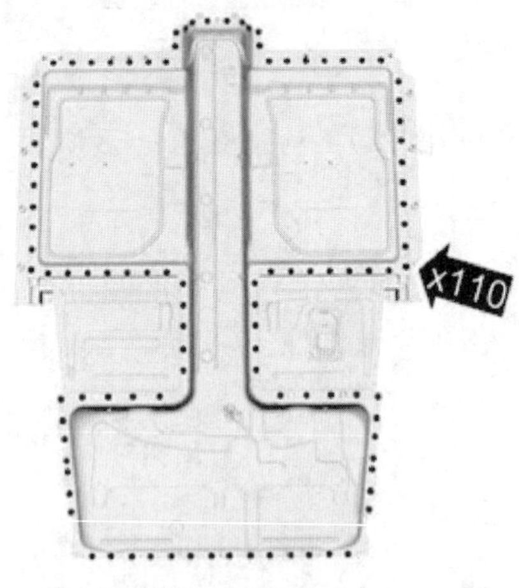

图11-163

（21）小心！擦去任何多余的密封剂，如图 11-164 所示。

（22）安装如图 11-165 所示螺丝。M5 扭紧力矩 5N・m。

（23）适用于两侧。安装如图 11-166 已标示的零部件。安装螺丝，M8 扭紧力矩 24 N・m。

（24）安装蓄电池断开单元 BDU、高压蓄电池。执行高压蓄电池密封性检查。

（25）安装高压蓄电池。

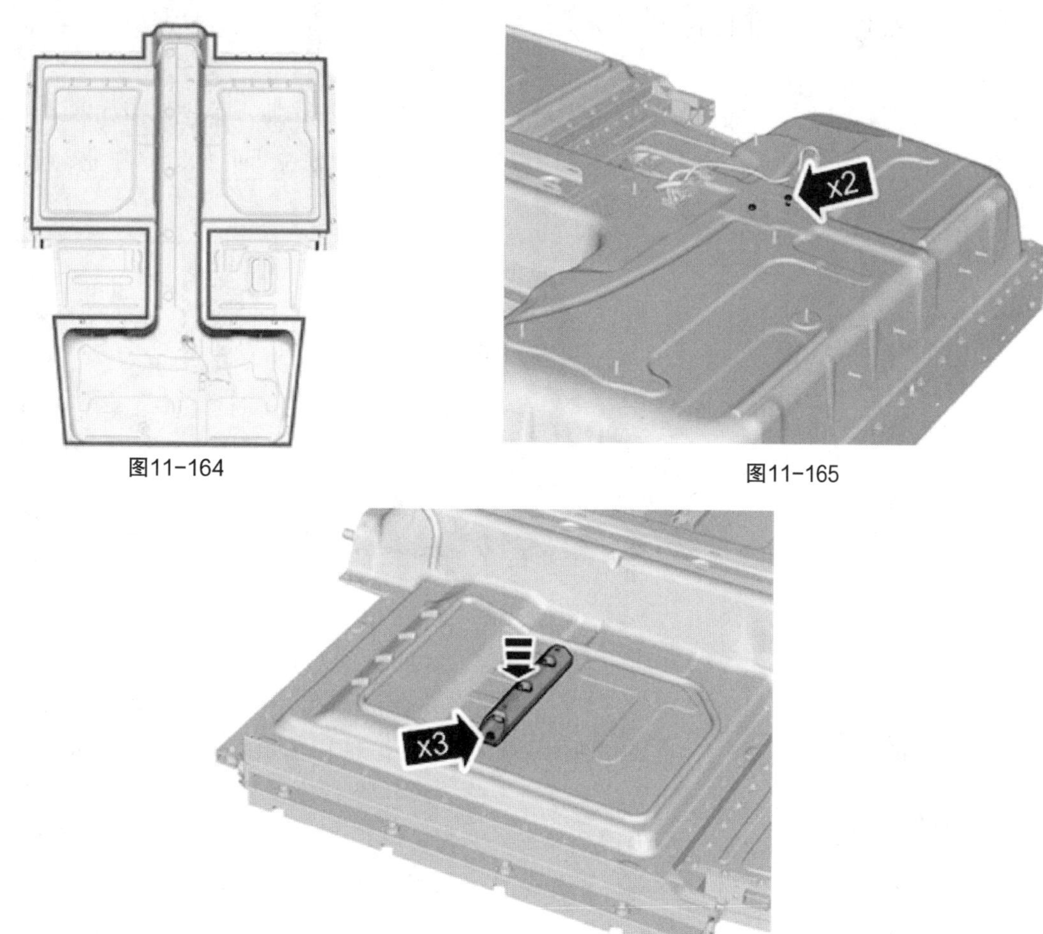

图11-164

图11-165

图11-166

七、当车辆碰撞后检查高压蓄电池

1.专用工具

（1）9814137 警告标志，如图 11-167 所示。

（2）9814138 警告标志，如图 11-168 所示。

（3）9814135 手套，如图 11-169 所示。

图11-167

图11-168

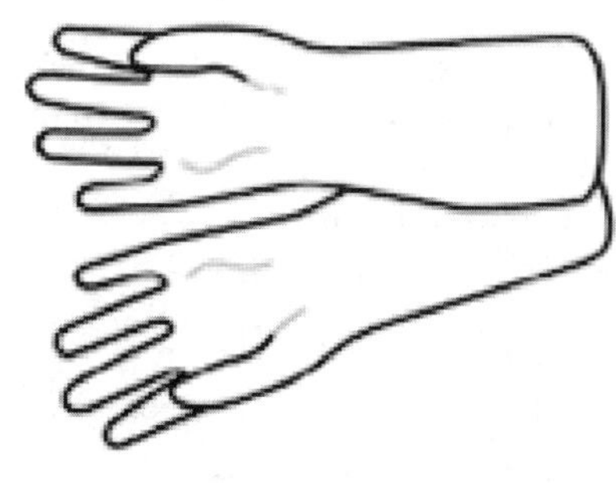

图11-169

（4）9815250 面罩，如图 11-170 所示。

2.检查

（1）警告！只有受过专门训练的技术人员方可进行高压系统作业。警告标识如图 11-171 所示。

（2）警告！切勿打开点火装置，如图 11-172 所示！倘若无法立即开始维修作业，应将车辆置于户外的防火区。车辆与任何可燃物之间都应保持 15m 的安全距离。

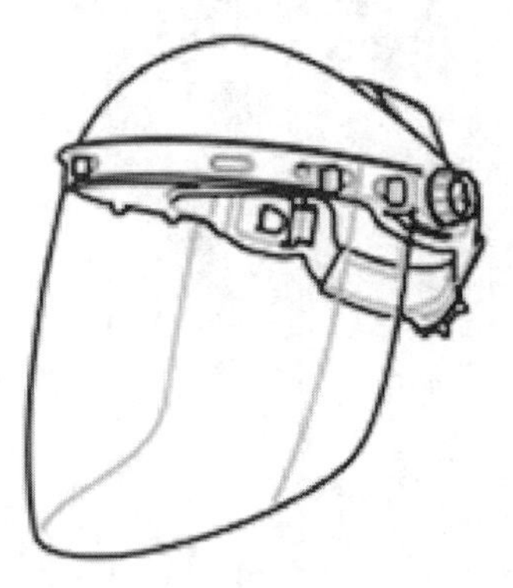

图11-170

图11-171

图11-172

（3）小心！使用专门工具标记车辆以警告其他人，如图 11-173 所示。

图11-173

（4）小心！在 500mm 长度上量到最大 8mm 深的凹洞。使用直尺和使用深度尺，如图 11-174 所示。小心！车辆的作业开始前，必须将车拖进维修厂内并置于靠近出口的位置。不得让车辆在维修厂内留到隔日。警告！倘若高压蓄电池冒烟、发热或发出噪音，应立即停止作业并将车辆拖到指定的户外场所，与易燃物品明确保持 15m 的距离。小心！如果发生事故且起火，在您发现烟雾且闻到刺激性气味时应该：

①救援和警告其他人！

②启动火灾警报和疏散警报！

③呼叫紧急服务并告知蓄电池的位置！

④疏散现场！置身于安全之处，避开烟雾暴露，保持距离！

警告！从车上所拆下的受损高压蓄电池必须放置在户外的指定区域，与易燃物品清楚地保持 15m 的距离。它必须由经核准的电池包装予以保护或是存放在适当的罩子底下。该区域应出示适当的警告标志。确认高压蓄电池未造成任何物理性损坏。以目测的方式检查高压系统与高压蓄电池的外部是否发生任何损坏。同时检查连接装置与配线并且特别注意冷却剂是否出现任何泄漏的痕迹。

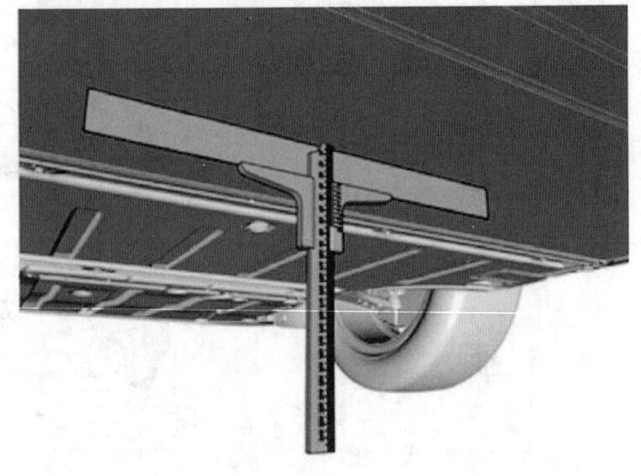

图11-174

（5）小心！板的外层不得出现孔洞，如图 11-175 所示。检查无诊断故障码（DTC）被储存。执行绝缘测试之路径为诊断 / 组件 / 控制模块 / 蓄电池能量控制模块（BECM）/ 诊断程序 / 高压系统之绝缘自行检测。在电力传动系冷却系统上执行压力测试。倘若压力下降已超过指定的范围，并倘若这是由于内部泄漏的缘故，必须拆下车上的蓄电池。

图11-175

（6）拆下高压蓄电池。警告！从车上拆下高压蓄电池后应将其放置在户外的指定区域。倘若蓄电池未提供包装则盖住蓄电池至取得适当的包装为止，存放处应维持畅通并与可燃物品保持15m 的距离。该区域应出示适当的警告标志。小心！确保天气防护，避免阳光直晒和雨淋。警告！确认高压蓄电池未造成任何物理性损坏。小心！标记高压蓄电池以警告其他人。

（7）如果车辆燃烧，小心！如果车辆燃烧并且 MSD 插头与插座熔化，请使用防护设备继续作业。使用专门工具，如图 11-176 所示。排放电动动力传动系统冷却系统，排放、加注和放气。警告！倘若导线束或连接器出现受损的痕迹，必须使用橡胶手套让零组件保持绝缘。每次使用前，进行目视检查并检查手套充气。任何穿刺或穿孔会让手套无法使用而应废弃。未使用时以密封的原包装存放。并无使用期限，检查后状况良好即可使用。手套上的日期为制造日期。

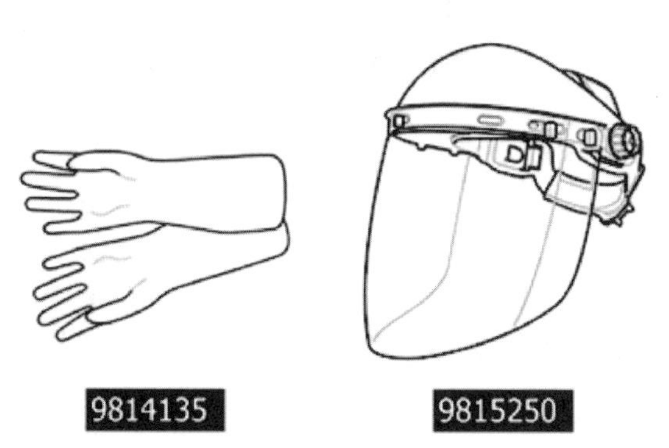

图11-176

（8）泄放。注意！倘若高压蓄电池已受损，则务必排出蓄电池冷却液。排放电动动力传动系统冷却系统。

3.拆卸

（1）拆下高压蓄电池。警告！如果高压连接器无法从蓄电池上断开，请使用电缆钳剪断电缆。剪断电缆时注意短路风险。操作时使用专门工具，如图 11-177 所示。

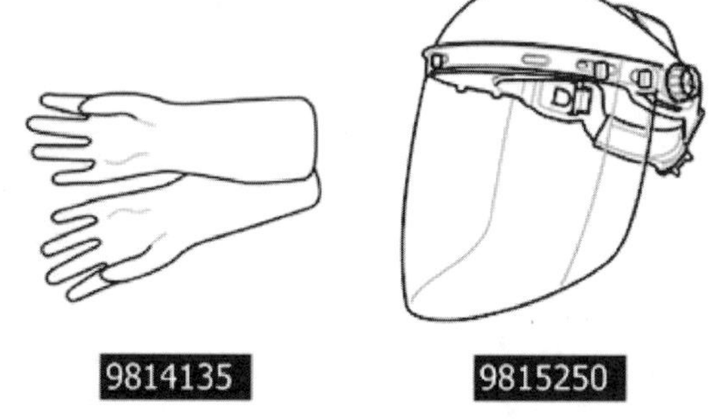

图11-177

（2）警告！单体电池已变形的变形模块以及遭受高温和冷却液泄漏的模块，应存放在室外进行销毁，再进行后续运输。

注意！倘若测量与检查的结果为正常值，高压系统即可被视为安全。但车辆的其他系统则必须进行检查与维修。

4.安装

安装时请遵照与拆卸时相反的顺序。

注意，只有经过认证的技术人员才能操作高压系统，如图 11-178 所示。

应始终遵循 VIDA 的安全规定和电动车辆说明，如图 11-179 所示。

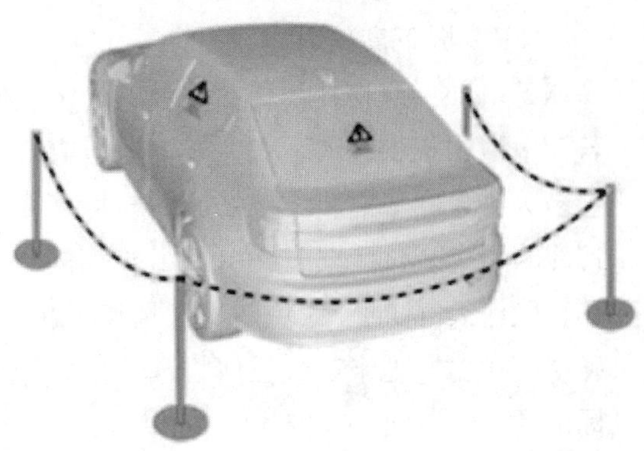
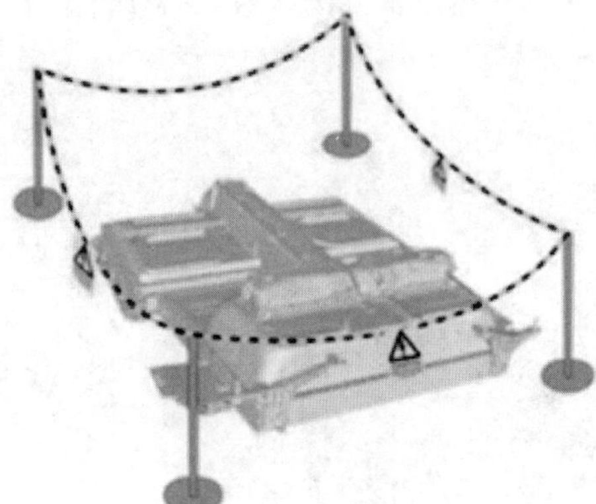

图11-178

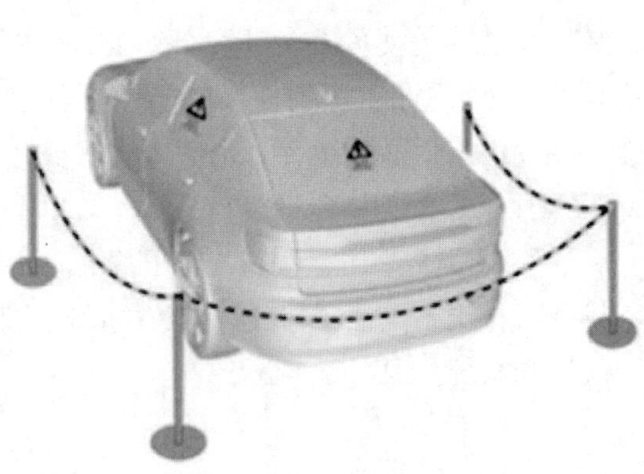
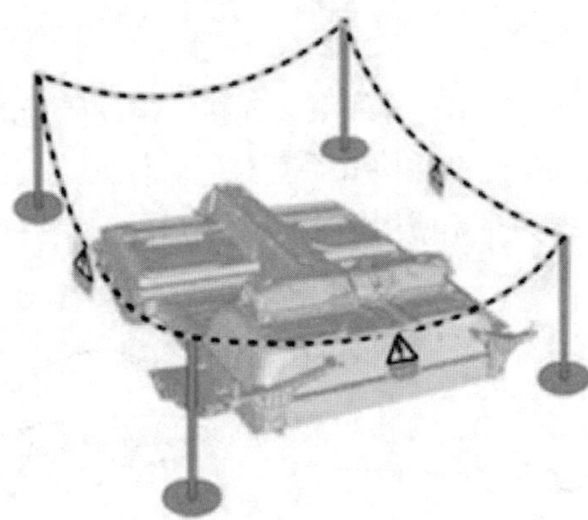

图11-179

第十二章 保时捷车系

第一节 保时捷Taycan

一、高压系统维修安全规范

新能源车涉及高压的部分：橙色线束、高压蓄电池、OBC、高压转换器、电机总成、DC/DC、高压空调压缩机、PTC 等。为确保检修人员人身安全，避免违规操作引起安全事故，在进行高压电器检修时，请严格按要求及规范执行。

（一）安全防护要求

作业期间车辆检修人员必须使用合适的 PPE（个人防护装备）和适当的工具，如图 12-1 所示。而且必须根据作业类型、电压水平（交流电压最高 1000V，直流电压最高 1500V）、电流通过人体的风险或可能产生的飞弧（防护等级 630kJ）以及环境条件进行适当调整。

图12-1

PPE（个人防护装备）（如图 12-2 所示）由以下部分组成：

（1）手部防护：绝缘防护手套、经过耐电弧故障测试的防护手套、棉布或橡胶手套。

（2）身体防护：头盔、外套、夹克、裤子、安全鞋。

（3）脸部防护：面部防护兜帽、帽檐、紧身护目镜。

（4）务必要进行目视检查，而且必须定期更换。

（5）PPE（个人防护装备）的使用取决于具体情况，可通过以下方式进行组合：

①手部保护：例如，经过耐电弧故障测试的防护橡胶手套。

②例如，使用带外壳和 / 或带外壳的长裤的旅行衣。

③例如，使用面罩可改善保护效果，并可防止某些情况下的热损伤。

④务必详细了解并严格遵守有关 PPE（个人防护装备）的国家 / 地区要求和法规。

使用前必须检查绝缘手套、绝缘鞋是否有破损、破洞或裂纹等，应完好无损，确保安全。使用前必须检查绝缘手套、绝缘鞋等防护用品，不能带水进行操作，必须保证内外表面洁净、干燥，确保安全。使用前必须检查检测用仪表功能及附件均工作正常，绝缘操作工具应提前检查确认绝缘层无破损。

车辆进行高压检修时，必须进行检修前确认，具体如下：

（1）车辆停放、使用工具、防护用品佩戴、高压检修警示牌等是否符合要求。

（2）检查车辆高压维修开关是否断开。

（3）车辆检修人员必须具备国家认可的电工证。同时经过公司纯电动车型培训，并培训合格，严禁无证人员进行车辆检修。

严禁未经培训的人员进行高压部分检修，禁止一切带有侥幸心理的危险操作，避免发生安全事故。

图12-2

（二）安全检修操作注意事项

1.操作高压线

（1）请勿使高压线及其部件承受您身体或工具的重量。

（2）禁止在高压部件和高压线路附近执行使用金属切削、变形和锐边工具的操作。

（3）禁止在高压部件和高压线路附近执行使用焊接、锡焊、热空气和热黏合等热源的操作。

（4）不得过度弯曲或扭结高压线。

2.对高压系统进行维修

（1）对高压系统执行操作时，不得将高压充电器连接到车辆。

（2）对高压系统执行操作时，不得将 12V 充电器连接到车辆。

（3）对高压系统执行操作时，必须关闭所有充电器。

（4）对高压系统执行操作时，不得将充电器连接到车辆。

3.高压系统断电

（1）只能由具备相应资格的人员（高压技师或高压专家）执行高压系统与电源绝缘的操作。

（2）高压技师确认系统已断电，并采取保护措施以防系统重新启用。

（3）断开控制线路接头并用挂锁锁住系统，以防系统重新启用。 高压技师必须将挂锁的钥匙存放在安全的地方。

（4）高压技师通过粘贴相应的标牌来指示车辆已断电。

（5）对配备高压系统的车辆进行的所有操作（例如维修、更换轮胎、舒适性电子装置）只能由受过电气操作培训的人员（Eip） 执行。必须在高压技师的指导下完成操作。

（6）在对高压系统进行操作及对车身进行任何维修工作之前，必须先由高压技师或高压专家关闭系统的电源。

（7）如果无法将高压系统与电源绝缘，则只能由高压专家执行后续维修工作。

（8）携带医疗设备的人员不得对配备高压系统的车辆执行任何操作。 此处所述的医疗设备包括体内镇痛泵、植入型除颤器、心脏起搏器、胰岛素泵和助听器。

（三）BEV 车辆维修之前电源绝缘

1.与电源隔离的过程

Taycan 可以通过两种不同方式断电。通过自动验证与电源安全隔离（AFES） 以及手动验证。大电气安全规则的前 3 条规则适用。

（1）与电源隔离。

①必须对所有高压部件执行目视检查。

②必须使用 PIWIS 检测仪读出所有高压相关控制单元。

③必须先关闭车辆，然后才能卸下 12V 检修断路器。

（2）防止重新启动。

必须使用指定的挂锁锁定检修断路器以防止重新启动。

（3）验证与电源隔离。

①自动验证与电源安全隔离。

②手动验证与电源安全隔离。

2.高压部件作业

如表 12-1 所示的故障症状与未增加安全等级的故障相关（例如，传感器故障、管路破裂、电池老化、软件故障、PCB 故障）。需进行断电、隔离。

表12-1

对下列部件执行操作时	开始工作之前，是否让HVT执行了高压系统与电源绝缘的操作？	
	是	否
12V维修断路器	×	×
电机，前部	×	
脉冲逆变器，前部	×	
电机，后部	×	
脉冲逆变器，后部	×	
高压蓄电池	×	
高压蓄电池的电控箱	×	
高压蓄电池控制单元	×	
高压转换器	×	
高压分电器	×	
充电插座，左侧和右侧	×	
电动空调压缩机	×	
乘客舱电加热器	×	
高压充电器	×	
高压线路	×	
等电位连接线路	×	
测量绝缘电阻	×	
控制管路处的测量（高压互锁装置）	×	
对具有高压部件的冷却系统进行作业	×	
电动空调压缩机上的空调管路	×	

3.高压部件附件作业

以下工作项目需要进行断电、隔离，如表 12-2 所示。

表12-2

对下列部件执行操作时	开始工作之前，是否让HVT执行了高压系统与电源绝缘的操作？	
	是	否
12V蓄电池/车辆电气系统	×	
12V控制单元或12V部件		×
制动助力器（电动制动助力器）		×
车底护板		×
如果必须从高压部件上断开高压线路，请在车底进行操作	×	
拆卸和安装前部ePDCC的控制单元		×
带前部ePDCC的防侧倾杆		×
前桥托架和加强件	×	
前桥	×	
拆卸和安装后部ePDCC的控制单元		×
带后部ePDCC的防侧倾杆		×
后桥	×	
如果必须断开高压线路，请在前部或后部的电机区域中执行此操作	×	
吸出、排空和加注制冷剂		×
排空和加注工作液（冷却液等）	×	
高压蓄电池（必须断开）外部的高压部件上的冷却液管路	×	

4.常规操作

常规操作如表12-3所示。

表12-3

对下列部件执行操作时	开始工作之前，是否让HVT执行了高压系统与电源绝缘的操作？	
	是	否
车身修理作业（装配及消除凹痕的操作）	×	
车身修理作业（使用桥直工作台）		×
使用切割、变形和锐边工具或热源（如焊接、锡焊、热空气和热黏合）在高压部件和高压线路附近进行作业		×
焊接作业（遮盖高压部件，然后进行目视检查）		×
车辆外围装备中的空调管路（并非直接在空调压缩机上执行且无须打开制冷剂回路的操作，如松开和固定制冷剂管路）	×	
空调性能测试（检查压力传递器，使用空调维修装置）		×
带后部ePDCC的防侧倾杆		×

二、高压架构

高压部件通过高压电缆相互连接，如图12-3所示。

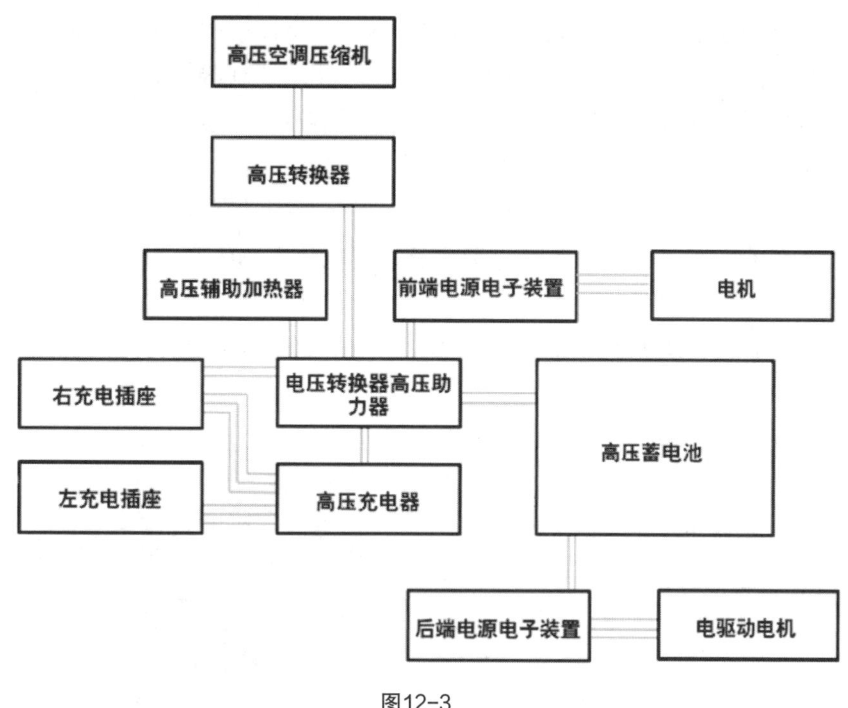

图12-3

（二）高压蓄电池

Taycan Turbo 和 Taycan Turbo S 中的锂离子高压蓄电池作为承重元件通过螺栓固定在车辆下方的中央，如图 12-4 所示。高压蓄电池包括总共 396 个袋式电池，它们以 198s2p 配置安装在 33 个模块中。高压蓄电池包括总共 396 个袋式电池，它们以 198s2p 配置安装在 33 个电池模块中。33 个电池模块分两层放置。底层包含 30 个电池模块，顶层包含另外 3 个电池模块。800A 保险丝串联在模块 18 和 19 之间。在发生短路电流的情况下，这可能会中断高压蓄电池的供电。

1.蓄电池壳体，底部　2.蓄电池壳体，顶部　3.顶盖　4.底盖　5.冷却液入口　6.冷却液出口　7.石子冲击涂层　8.传热板　9.电池模块　10.母线　11.电控箱　12.高压蓄电池控制单元　13.前部高压连接　14.后部高压连接　15.底部停放缺口

图12-4

蓄电池壳体通过等电位连接线与车身进行导电连接。带有高压蓄电池的集成控制单元的电控箱安装在蓄电池上。蓄电池模块的控制单元［即所谓的单电池模块控制器（CMC）］安装在模块的侧面。蓄电池上下部盖板的框架由阴极浸入式涂层的挤压铝型材制成，并通过结构黏合剂永久性地连接到盖板上。盖板还通过自攻螺钉与框架连接，该螺钉提供导电连接。为了补偿蓄电池壳体中的任何压力差，整个蓄电池系统配备了压力补偿元件。Taycan Turbo 和 Turbo S 中的高压蓄电池是地板下的电池，完全密封以防潮湿，符合 IP6k7/IP6k9k 防护等级要求。蓄电池壳体的底部通过可单独更换的冲击保护层来保护，以防止外部影响作用于车辆底部。注意：如果车辆长时间停放，高压蓄电池的充电状态会降低，因为 12V 蓄电池会自动充电。如果高压蓄电池的电量低于约 10%，则 12V 蓄电池不再充电。

1.电池模块

1 个电池模块由 12 个单电池组成。每个单电池的标称电压为 3.65V，容量为 66 Ah，如图 12-5 所示。在并联的情况下增加单电池的容量，在串联的情况下增加电压。在电池模块的 6s2p（6 个串联，2 个并联）配置中，这会导致标称电池模块电压为 22V，电池模块容量为 132 Ah。除了增加容量以外，还有其他优点。在功率需求特别高的情况下，通过各个单电池的电流在并联时减半。特别是在低温下，这与 6s1p 配置相比将带来性能优势。

1.袋式电池　2.CMC 接口

图12-5

电池模块编号：电池模块的编号从 1 到 33。编号从负极端子开始，因此正极端子的编号为 33，即从负电势到正电势编号，电池模块连接和下层编号如图 12-6 所示。第二级包含电池模块 18、19 和 20 以及高压蓄电池保险丝，电池模块连接和上层电池模块编号如图 12-7 所示。

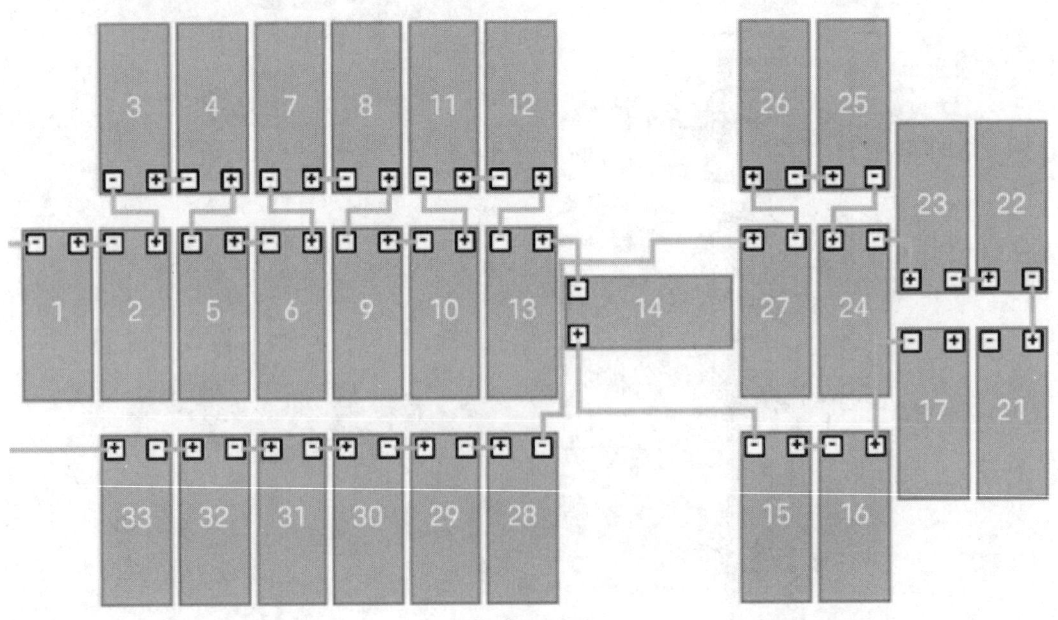

图12-6

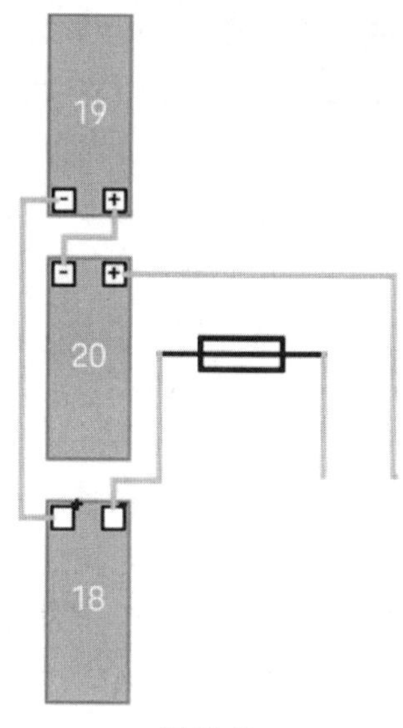

图12-7

模块通信：这些电池模块通过 TPL 两线总线与高压蓄电池的控制单元通信。因此，从控制单元到高压蓄电池的 4 条 TPL 线到达所有 33 个电池模块。TPL 总线上的链中最多可以连接 9 个用户。 1×9＋3× 8＝33 CMC。为了增强保护以防止高压蓄电池的高压端和低压端之间发生串扰，这条 TLP 通信线路的两个控制单元均设有电隔离装置。因此，双电流隔离增强了两个电压水平之间的保护。单电池模块控制单元（CMC）安装在电池模块的短边上。CMC 由电池模块电压供电。CMC 是电池模块的控制单元，并构成与高压蓄电池控制单元通信以及与车辆通信的基础，如图 12-8 和图 12-9 所示。

CMC 的最重要任务：

◆ 6 节单电池的电压测量

◆ 从两个电池模块温度传感器和一个板载温度传感器读入

◆ 被动平衡，最大 100mA

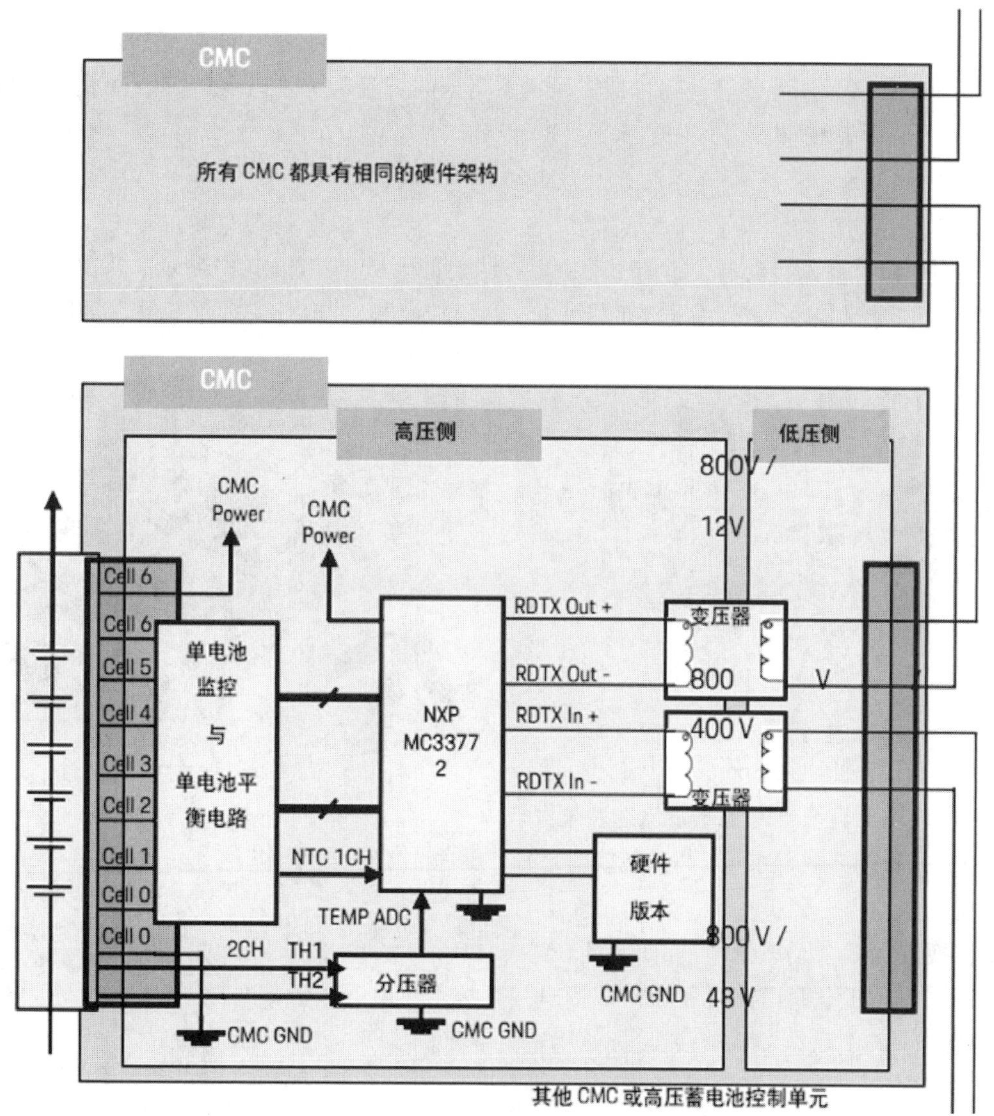

图12-8

图12-9

单电池平衡：高压蓄电池中的独立单电池在特定充电状态（SoC）范围内持续充电和放电。如果单电池容量出现偏差，则整个工作范围将受到偏差最大的单电池的限制。为了实现最高效率，各个单电池的容量必须几乎相同。单电池平衡就是用于实现此目的，并且如果单电池在充电时达到SoC限制，或者车辆处于静止状态一段时间，单电池平衡则会启用。单电池平衡是被动进行的。换言之，能量通过电阻器以热量形式散发。单电池平衡由高压蓄电池的控制单元控制和监视。仅可通过独立单电池放电实现单电池平衡。车辆停放60min后，一旦单电池的容量差异约为2%（120mAh），就会开始单电池平衡过程。只要高压蓄电池的SoC超过30%，就会进行唤醒并每60min检查一次平衡参数。

（三）高压转换器

高压转换器将一个电压水平的直流电压转换为另一电压水平的直流电压。在Taycan Turbo/Turbo S（2020年）中，需要使用电压转换器来提供高压蓄电池的直流电压（约800V），所需的电压水平：

◆ 对于高压空调压缩机，为400V

◆对于“PDCC Sport”（PSM运动），为48V

◆ 对于低压网络，为12V

在车辆中的位置高压转换器位于前驱动桥上方的前部区域，如图12-10所示。“PDCC Sport”（PSM运动）（可选）的控制单元位于高压转换器上方，高压转换器（带PDCC选装配置）如图12-11所示。

图12-10

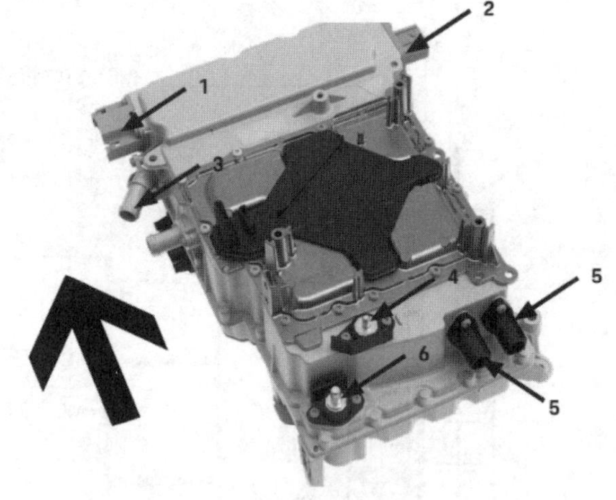

1.连接高压空调压缩机的高压输出线路　2.来自电压转换器高压助力器的高压馈线　3.冷却介质接头　4.48V负极　5.48V正极（前桥和后桥）　6.12V+

图12-11

如果选择不带“PDCC Sport”（PSM运动）的车辆，则安装高压转换器时也不带该选装配置。连接不存在，并且能够减轻重量，高压转换器（不带48V系统）如图12-12所示。

高压转换器为3个子系统［“PDCC Sport”（PSM运动）、高压空调压缩机和12V车辆电气系统］供电。电源来自高压蓄电池。所涉及功能之间的相应通信对于确保这些功能正常发挥作用至关重要。

图12-12

1.800V至12V

高压转换器将诸如电流、电压、转换器电流和温度之类的数据发送到高压能量管理(HVEM)和低压能量管理（LVEM）。从800V转换到12V时，因为开关的频率更高，由于晶体管电路的工作原理会产生废热。

2.800V至48V

中压能量管理系统（MVEM）和中压协调器（MVC）负责为PDCC Plus（PDCC升级）供电的48V系统。一般而言，MVC发出启用信号以支持48V车辆电气系统。MVEM将数据（如所需的设定值和最小电压）发送到高压转换器。48V系统的高压转换器不需要额外的缓冲蓄电池。系统自动执行所需的调整。它还可以将运动侧倾力再生为最大3.5kW的电能。

3.800V至400V

从800V到400V的转换也由高压转换器和HVEM控制。能量管理系统和高压转换器的所有功能都位于网关中。在以下情况下，始终会命令高压转换器进入降压模式：

（1）建立了操作就绪状态。

（2）车辆正在充电。

（3）需要对12V蓄电池进行充电（至多达到高压蓄电池的SoC保护阈值）。

有关高压转换器的设定点的信息如表12-4所示。

表12-4

	输入电压	输出电压	持续输出电流	峰值输出电流	标称功率
高压转换器（不带PDCC）					
800V至12V	420~870V	9~16V	240A	290A	3.5kW
800V至400V	420~870V	430V	13A	16A	5.3kW
高压转换器（带PDCC）					
800V至48V	420~870V	44V	73A	73A	3.5kW
能量回收					

（四）高压助力器

高压助力器一方面用作电源分配器；另一方面，它也可用于将直流电压从400V提升到800V。例如，如果要在可用电压为400V的公共充电站进行充电，则这是必需的。提供50kW（标准）额定功率和150kW（可选）额定功率的版本。几个高压部件连接到高压助力器，因此它也可以用作电源分配器。以下部件连接到高压助力器：

◆高压充电器

◆ 高压加热器

◆高压转换器

◆ 高压蓄电池

◆电机的电源电子装置

高压助力器位于高压转换器下方，并且位于前驱动桥上方的电源电子装置上方，如图12-13所示。

图12-13

高压助力器和连接，如图12-14所示。

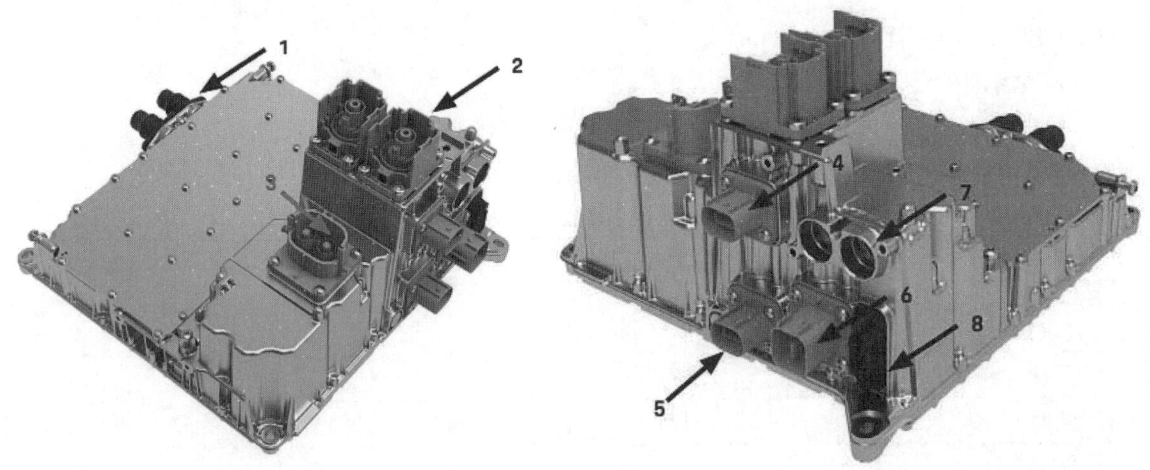

1.冷却液连接　2.DC充电接口　3.高压蓄电池　4.高压辅助加热器　5.高压转换器　6.高压充电器　7.前端电源电子装置　8.12V通信接口

图12-14

1.从400V升至800V

充电泵的原理用于将电压从400V升至800V。优点是不需要线圈或磁铁。在此，重要的是电压转换器只能使直流电压翻倍。换句话说，充电站被相应地告知一半的电压值，但电流被相应地调整。如图12-15所示显示了一个示例充电泵。输出电压是输入电压的两倍减去二极管两端的压降。首先，将大电路中的开关闭合，为C1和C2充电。现在开关闭合，并且电容器C1与电压源串联。结果，C1中的电压加倍。这一时钟频率大约为60Hz。

众所周知，如果直流充电站能够提供400V的电压，则高压助力器将用作能量分配器，并在必要时用作倍压器。高压助力器的运行基于充电站、高压充电管理系统以及自然还有高压蓄电池的参数，如图12-16所示。相应的电压由指定的电流设置。

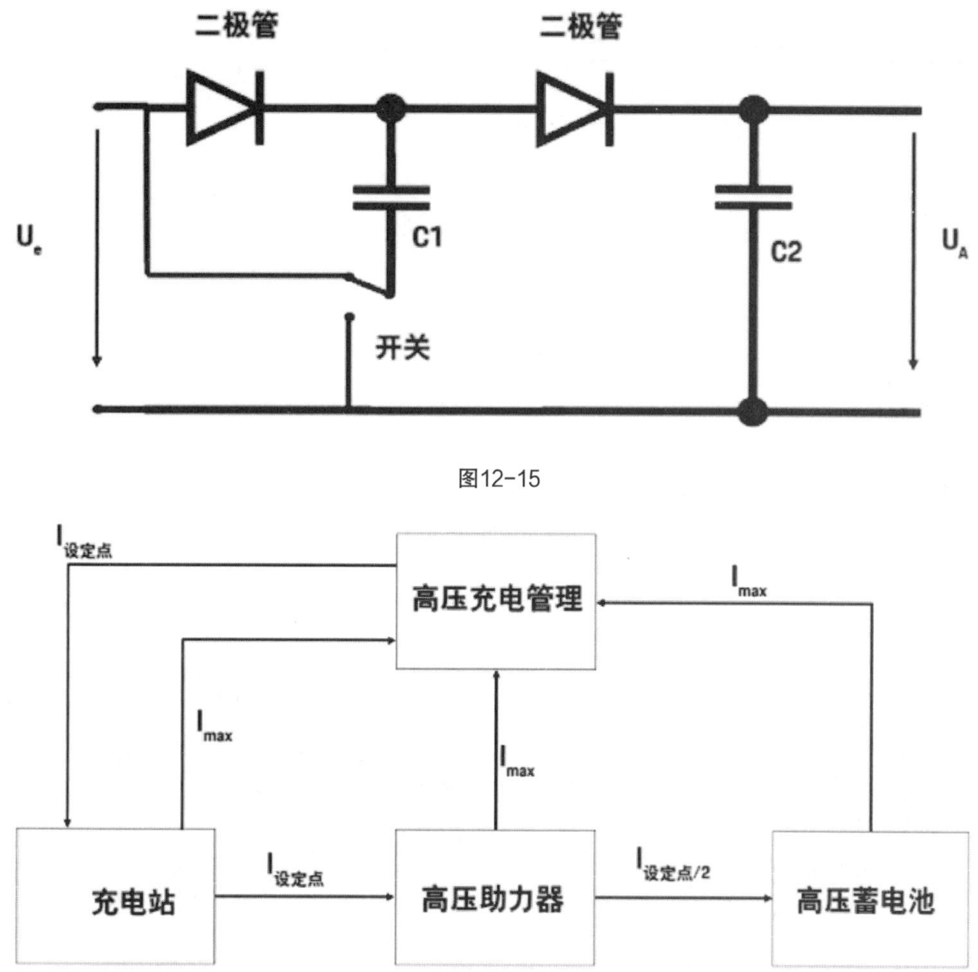

图12-15

图12-16

（五）电源电子装置

电源电子装置以三相交流电压的形式为电机提供能量。它将高压蓄电池的直流电压转换为交流电压。在能量回收的情况下，将电机的交流电压转换为高压蓄电池的直流电压。电机同时安装在 Taycan Turbo/Turbo S 的前后桥上，因此每个电机都有一个电源电子装置单元，如图 12-17 所示。

图12-17

技术数据如表 12-5 所示。

表12-5

	PE300A（Turbo）	PE600A（Turbo/Turbo s）
重量	约7.4kg	约10.5kg
IP分类	IP6k6k，IP6k9k	
工作温度	-40~85℃	
输入工作电压DC	450~850V	
AC持续电流	195A	380A

Taycan Turbo S 在前后桥上配备了 600A 电源电子装置单元。相比之下，Turbo 在前桥上有 300A 的电源电子装置单元，在后桥上也有 600A 的电源电子装置单元。

1.电源电子装置机械部件和连接

电源电子装置连接到不同的部件，如图 12-18 所示。它连接到高压蓄电池上进行供电，连接到电机上进行推进，并连接到冷却系统上进行冷却。电源电子装置也连接至 FlexRay 和 CAN 总线上进行通信。

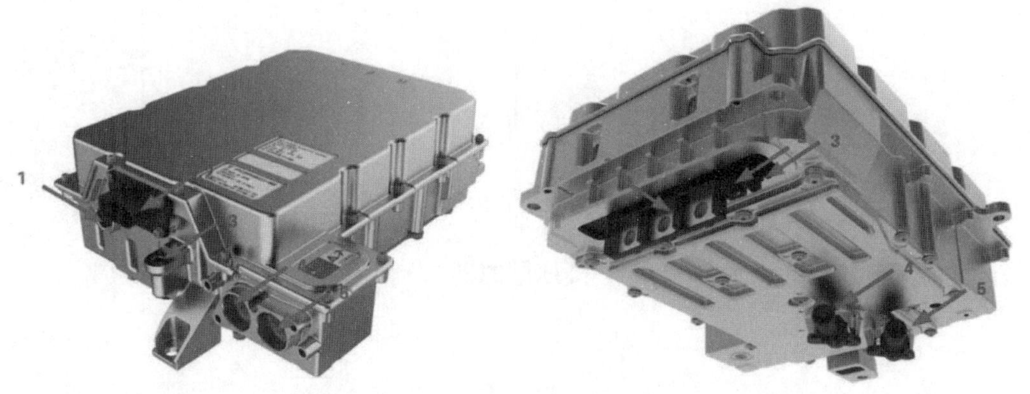

1.压力补偿　2.12V通信接口　3.等电位连接　4.来自高压蓄电池的DC+连接　5.来自高压蓄电池的DC-连接

图12-18

1.电源电子装置母线（从左到右为 W、V、U）　2.桥母线

图12-19

电源电子装置和电机之间的连接通过桥接器实现。这对于前后桥有所不同。桥接器由带有挠性元件的母线组成，以补偿相对运动并确保遵守装配公差链。前桥电源电子装置（600A）如图 12-19 所示。后桥电源电子装置（600A）如图 12-20 所示。

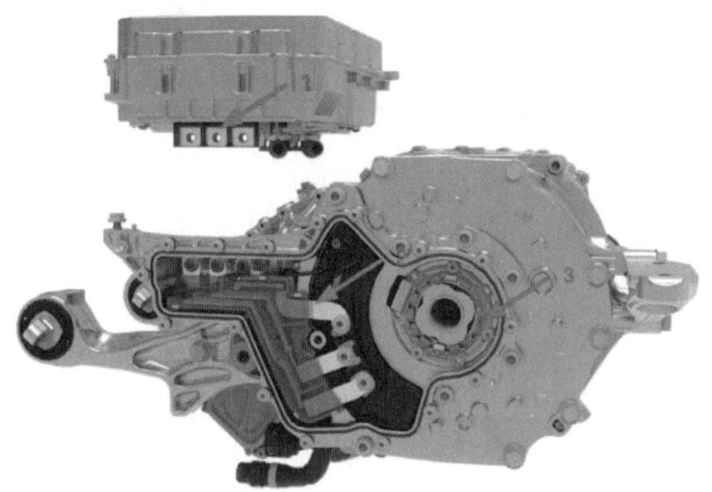

1.后桥的电源电子装置母线（从左到右为 W、V、U）　2.带有挠性元件的桥　3.电机分解器

图12-20

2.电源电子装置的工作原理

电源电子装置将直流电压转换为三相交流电压，从而通过电机和变速器将驾驶员的扭矩要求转换为推进力。直流电压到交流电压的转换是通过几个绝缘栅双极晶体管（IGBT）执行的。这些可以调制电压幅度和频率，从而将高压蓄电池的直流电压转换为交流电压。电源电子装置单元有 600A 和 300A 版本，如图 12-21 所示示例显示了 300A 版本电源电子装置的内部安装部件。高压蓄电池（DC）的能量通过 DC 连接器触点提供给电源电子装置。与 EMC 滤波器一起，已安装的 EMC 内核可确保没有来自电源电子装置的干扰信号作用于整个系统。电流传感器测量输入的电流。直流链位于下游。直流链由几个直流链电容器组成。需要直流链以使能量均匀地提供给 IGBT。IGBT 以约 100kHz 进行切换，因此需要直流链来进行平滑处理。车辆关闭后，直流链仍保持充电状态。为避免这种情况，已安装了主动放电功能，该功能可在关闭运行就绪状态或发生事故时，在 5s 内为直流链放电。

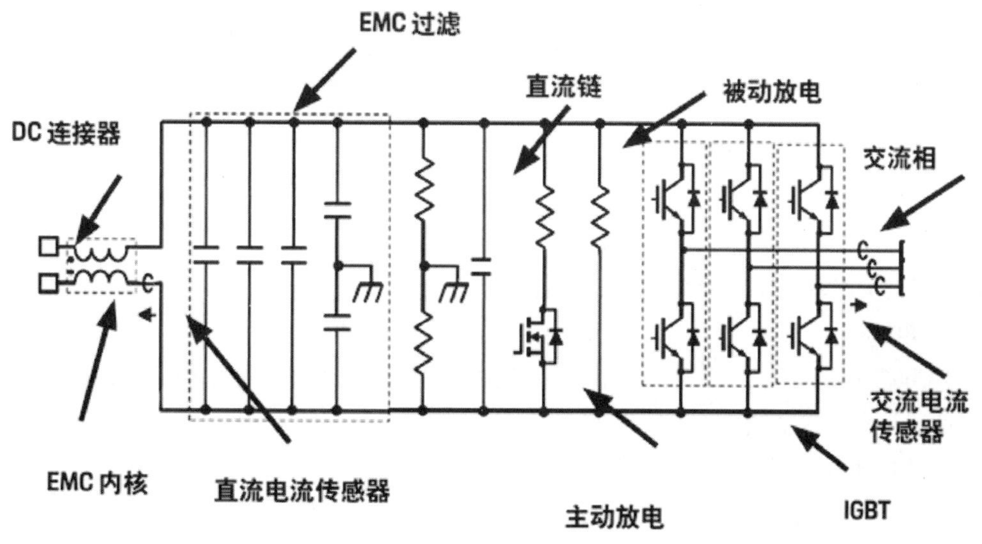

图12-21

除了主动放电之外，还始终发生被动放电。为此，安装了另一个高电阻的电阻器，该电阻器在5min内使直流链路被动放电。600A电源电子装置本质上具有相同的工作原理（如图12-22所示），由于需要更高的承载电流能力，因此内部设计有所不同。

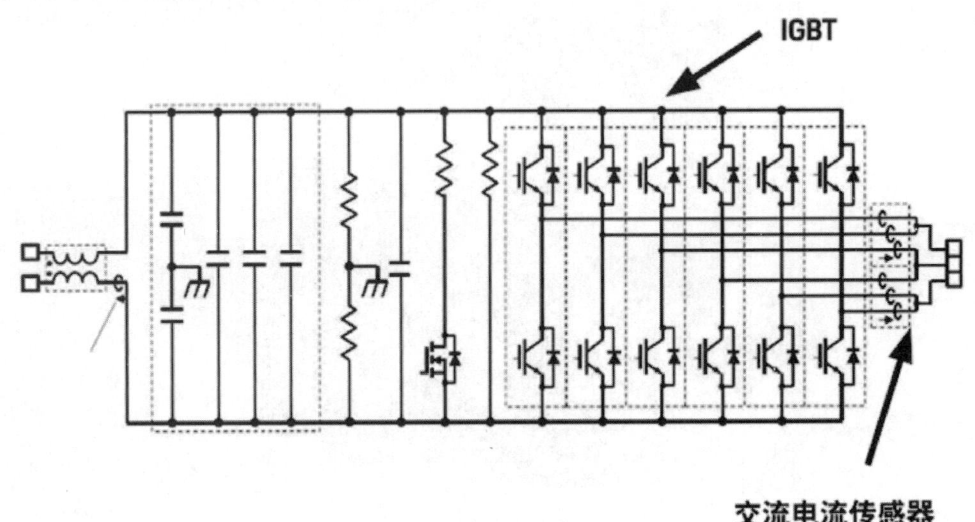

图12-22

3.直流到交流的转换

直流到交流的转换由IGBT执行。如图12-23显示了工作原理。IGBT插头由脉冲宽度调制信号激活。电压幅度和频率可以根据负载要求进行转换。由于较高的时钟速率，电压增加。

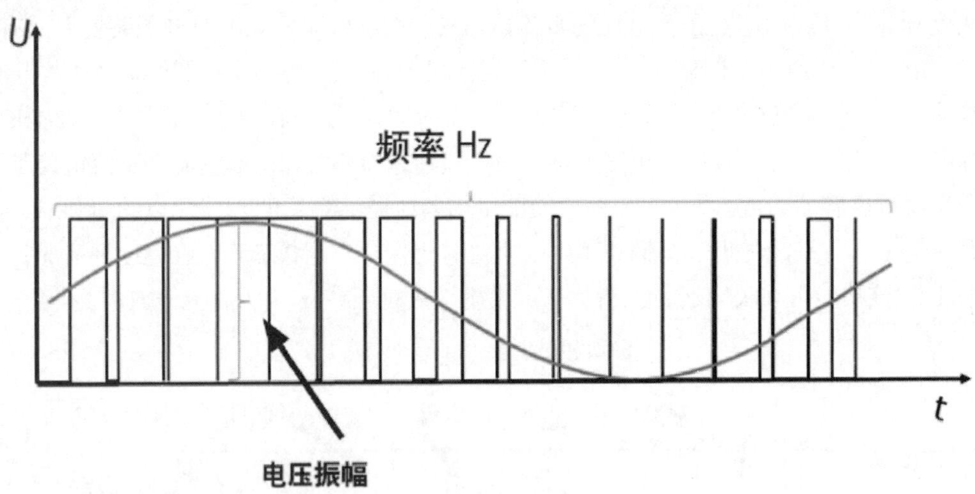

图12-23

电源电子装置是免维护的。严禁打开此部件。

（六）驱动电机

Taycan Turbo/Turbo S由两台高性能永磁同步电机提供动力。电机不是单独安装的，而是与电源电子装置和变速器组合在一个紧凑型装置中的。

1.后桥上的电驱动电机（如图12-24所示）

（1）后桥电驱动电机的定子。除了用于产生电磁场的叠片和绕组外，电机的定子还容纳所谓的“冷却液套”。这是定子的冷却系统。冷却介质在定子周围流动并从系统吸收热量。

（2）后桥电驱动电机的转子

电驱动电机的转子容纳有埋入式永久磁铁，这些埋入式永久磁铁由定子绕组的电磁场激活，并将电能转换为动能，如图 12-25 所示。磁体包括铁氧体磁体。它们在制造过程中被人为永久磁化。这导致使用寿命非常长且磁场很强。

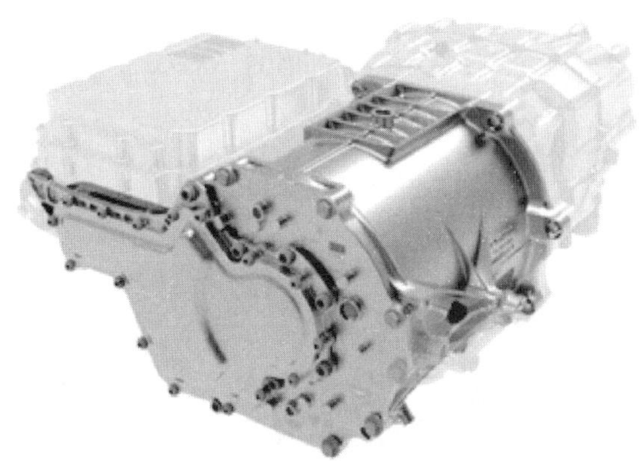

图12-24

图12-25

图12-26

（3）前桥驱动模块（电机）

前桥上的电机与后桥上的电机基本上采用相同的技术。电机包括转子和定子，后者还容纳用于冷却定子的冷却液套，如图 12-26 所示。

（七）高压拓扑结构

高压拓扑结构如图 12-27 所示。

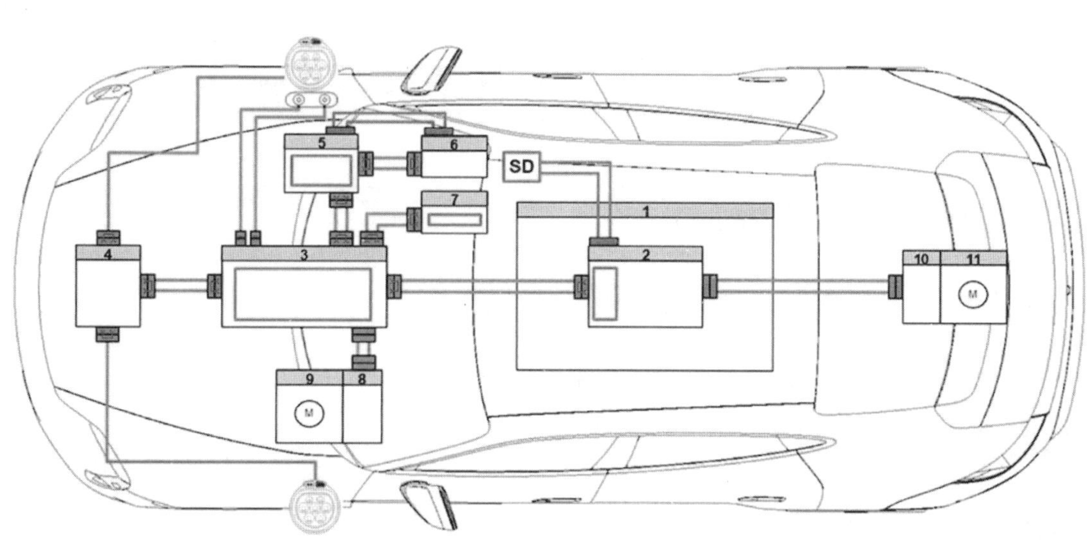

1.高压蓄电池　2.电控箱　3.高压配电器　4.高压充电器　5.电压转换器　6.空调压缩机　7.车内加热器　8.前部电源电子装置　9.电驱动电机　10.后部电源电子装置　11.电机　SD.维修断路器

图12-27

三、高压下电、上电操作

（一）高压的下电操作

对高压系统执行操作时，不得将车辆连接到高压充电部件。

（1）拆卸通风腔挡板盖，如图 12-28 所示。

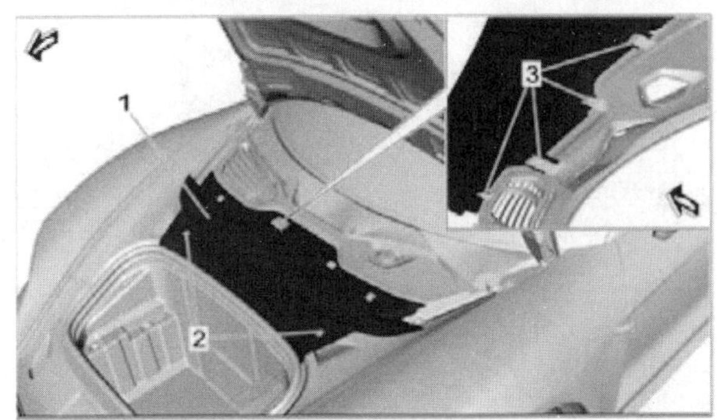

图12-28

（2）将检测仪连接到车辆并启动。在车辆上建立操作就绪。

（3）将原装遥控器（手持式发射器）放在紧急启动托盘中，如图 12-29 所示。

图12-29

（4）在需要时选择车型。

（5）在“Overview”（概图）中，按 F7 切换至“Additional menu”（附加菜单），如图 12-30 所示。

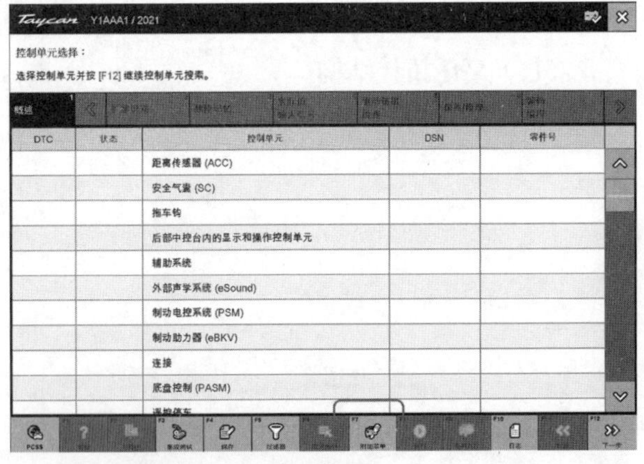

图12-30

（6）必须选择“AutomaticVerification of absence of electric charge”（自动验证不存在电荷）。按 F12 继续，如图 12-31 所示。

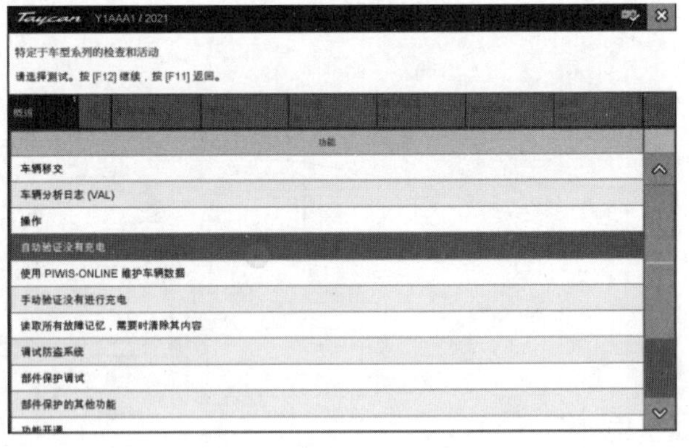

图12-31

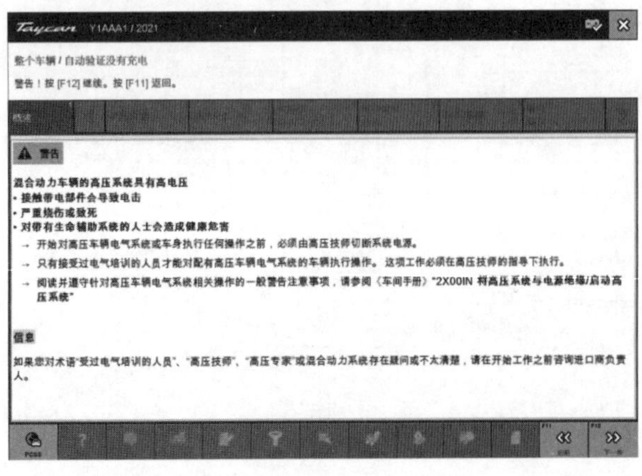

图12-32

（7）阅读检测仪上所显示的警告，如图 12-32 和图 12-33 所示。

（8）按照菜单的引导，执行操作步骤。查看并按照检测仪上的信息和说明进行操作。

①检查故障码，必须车辆没有故障，如图

12-34 所示。

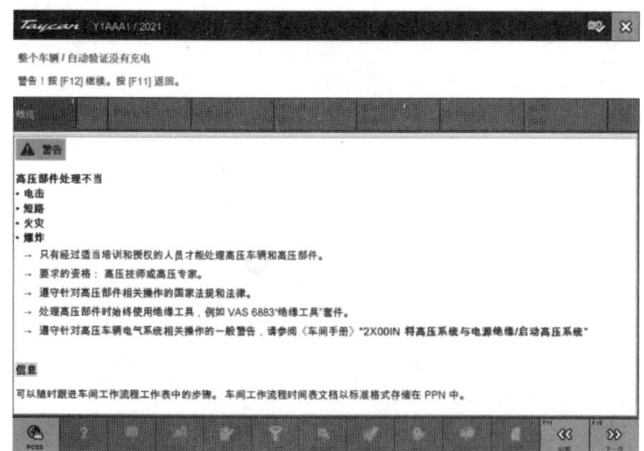

图12-33

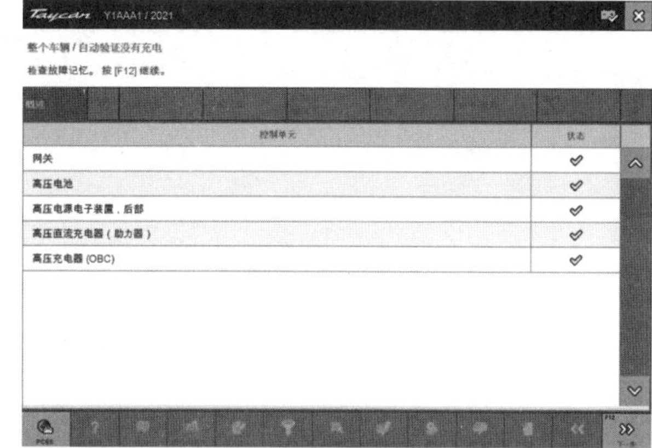

图12-34

②读取车辆电压，如图 12-35 所示。

③检查高压充电器充电插槽控制，如图 12-36 所示。

图12-35

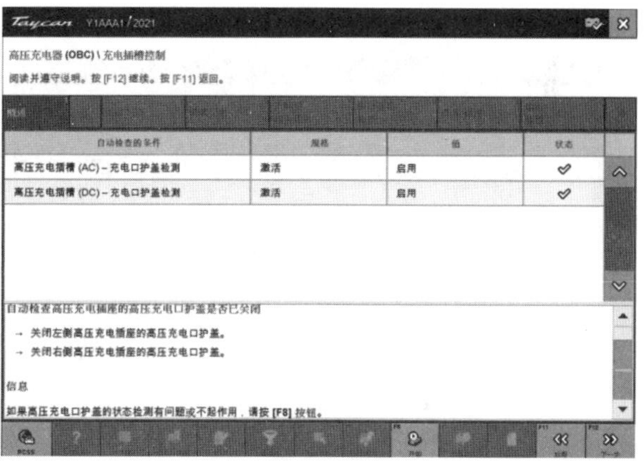

图12-36

④关闭点火开关，如图 12-37 所示。

⑤拆下控制线路接头，并使用锁，以防止再次打开，如图 12-38 所示。

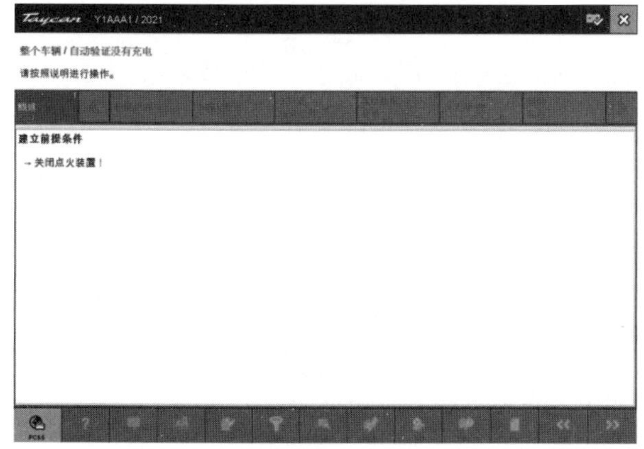

图12-37

Taycan Y1AAA1 / 2021
整个车辆 / 自动验证没有充电
阅读并遵守说明。按 [F12] 继续。按 [F11] 返回。
概述
控制线路接头
→ 拆下控制线路接头。
→ 固定控制线路接头，方法是使用 锁止盖 (T40262/2) 和 锁 (T40262/1) 以防止再次打开。
→ 请参阅 PIWIS 信息系统中的以下文档：2X00IN 将高压系统与电源绝缘/启动高压系统
PCSS

图12-38

⑥打开点火开关，如图 12-39 所示。

⑦仪表提示“高压系统已禁用”，长按停车锁至少 1s，如图 12-40 所示。

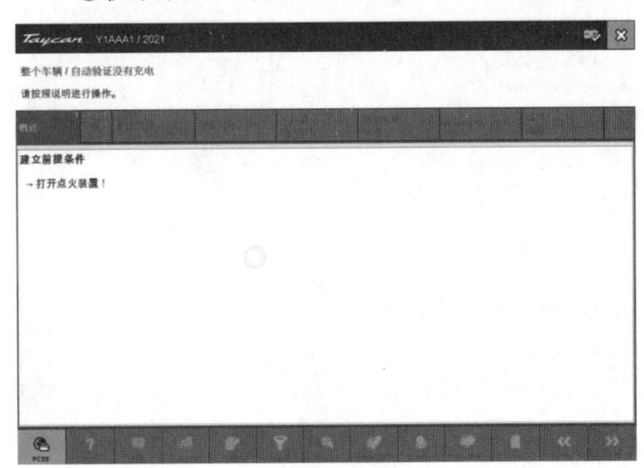

图12-39

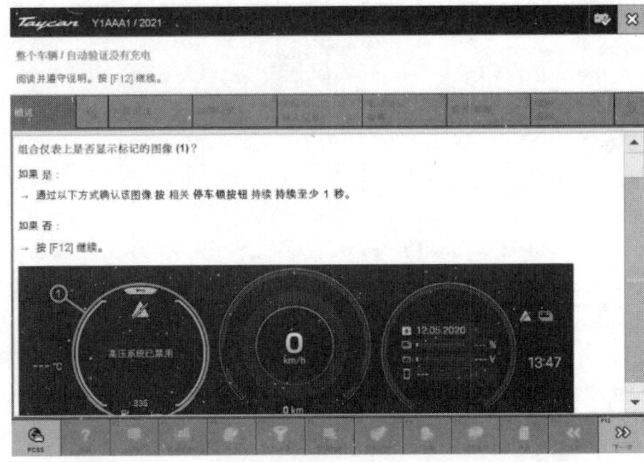

图12-40

⑧提示已成功自动验证无电荷后。必须在 30s 内关闭点火开关，如不关闭会造成高压转换器的二级报警，如图 12-41 所示。

⑨读取车辆高压系统电压，如图 12-42 所示。以确定断电。

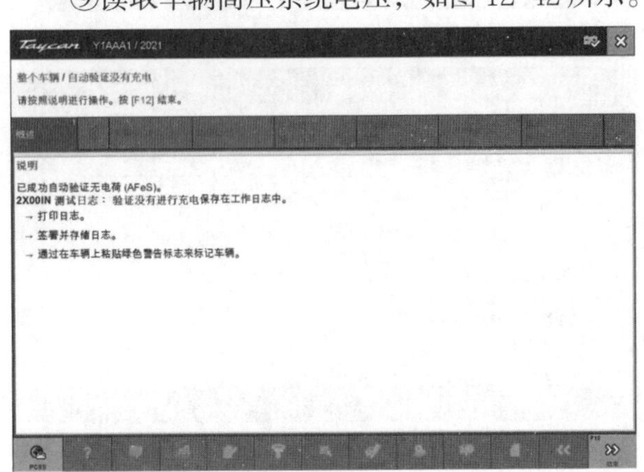

图12-41

测量值	规格	值	单元	状态
高压蓄电池控制单元 - 前桥高压的电压	< 20	5.0	V	✓
高压 DC 充电器（助力器）- 高压（800 V 一侧）	< 20	4.50	V	✓
高压 DC 充电器（助力器）- 电压（400 V 一侧）	< 20	3.50	V	✓
高压 DC 充电器（助力器）- 高压充电组的电压	< 20	0.50	V	✓
高压充电器 (OBC) – 高压侧电压	< 20	7	V	✓
高压蓄电池控制单元 - 后桥高压的电压	< 20	3.8	V	✓
后桥上高压电源电子装置 - 高压侧的电压	< 20	3	V	✓

图12-42

（9）如未成功下电，请执行手动断电。

①确认车辆外部没有连接交直流充电器。

②关闭点火开关，拿出车钥匙并使它至少离车辆 2m 远，必须拆下车辆的所有外部电源。

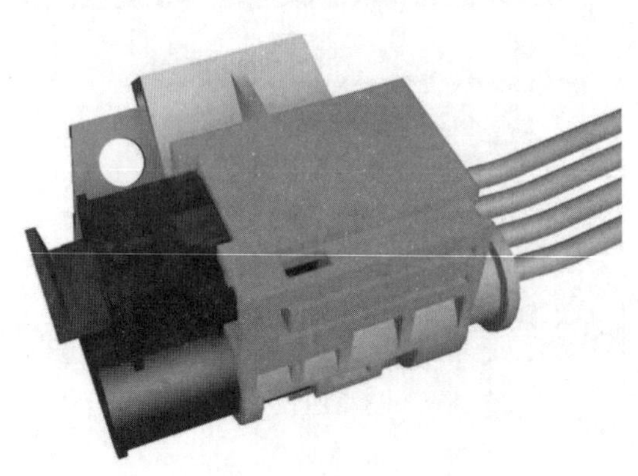

图12-43

③断开维修开关，并对其实施保护以防再次开启（上锁），把钥匙放在自己口袋里，如图 12-43 所示。

④打开前盖，拆下通风腔挡板盖，如图 12-44 所示。

⑤松开高压助力器处到高压加热器的高压线路并断开它，将高压助力器和高压线路之间的高压测试转换器 VAS6558/9-6（HVA280）连接到高压加热器，如图 12-45 所示。

⑥分别测量高压电池正极和负极电缆（如图

12-46 所示），必须处于禁用状态，电压在 10V 以下。

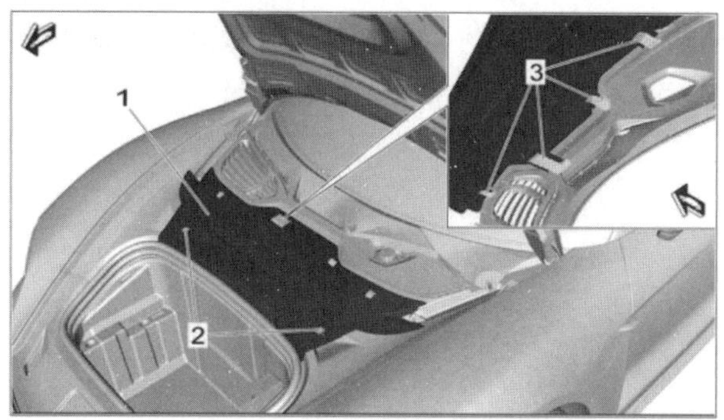

图12-44

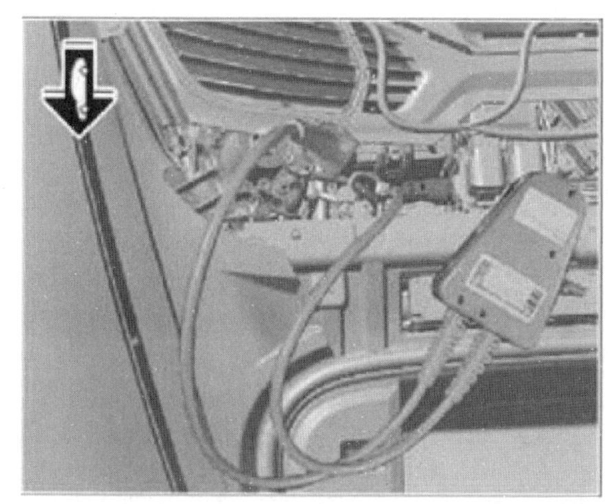

图12-45

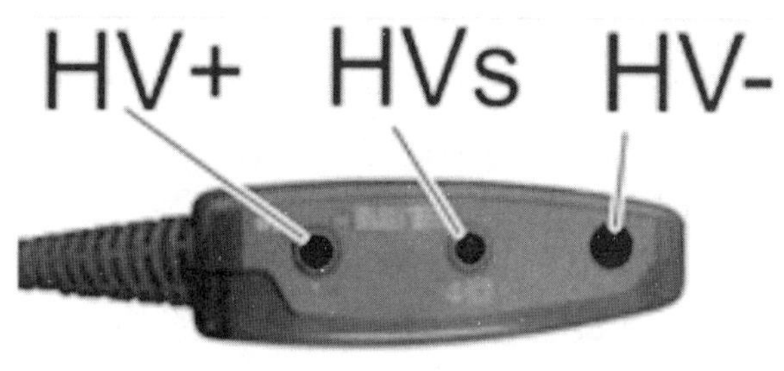

图12-46

（二）高压的上电操作

（1）必须对高压部件（蓄电池、电源电子设备、电动机和空调压缩机）上的所有螺纹连接进行目视检查。请务必遵守规定的扭紧力矩。

1）如果已松开或拆下高压部件并安装，请继续执行步骤（3）。

2）如果未松开或拆下高压部件并安装，请继续执行步骤（5）。

3）如果已松开或拆下高压部件并重新安装，则必须在每个已松开或拆下并安装的高压部件上通过执行电位均衡测量（4 线测量），来确保正确的电位均衡。

（2）执行电位均衡测量。

（3）执行绝缘测量。

1）如果更换了 400V 电路中的高压部件（空调压缩机和从空调压缩机到电压转换器的高压线路），请继续执行步骤①。

2）如果更换了 800V 电路的高压部件，请继续执行步骤③。

①由于在车辆装配后无法再接触到测量点，因此必须在安装 400V 电路的高压部件时执行绝缘测量。

②在交流充电插座处执行绝缘测量 a。

a. 在测量范围内，输入直流 500V 的测试电压。

b. 将充电插座测试转接器 VAS6558/10－1（交流）连接到左侧充电插座，如图 12-47 所示。测试转接器的专用工具号可能因国家 / 地区而不同。

图12-47

c. 测试 L1 接地。

d. 测试 L2 接地。

e. 测试 L3 接地。

③对 800V 电路的高压部件执行绝缘测量。

a. 在测量范围内，输入直流 1000V 的测试电压。

b. 高压测试转接器将 VAS6558/9-6A 高压测试转接器连接在高压分电器和高压线路（从高压分电器到乘客舱加热器）之间，如图 12-48 所示。

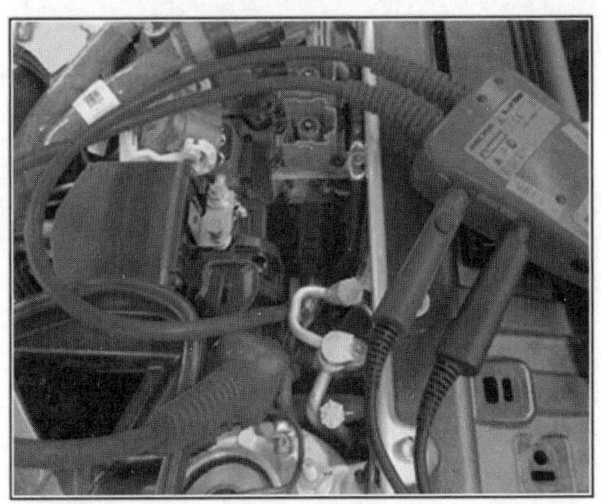

图12-48

a. 测试 HV+ 接地。

b. 测试 HV- 接地。

c. 测试 HV+ 接地。

d. 测试 HV- 接地。

e. 该测量可能必须重复数次，直至电压释放。

4）在直流充电插座处执行绝缘测量。

5）将充电插座测试转接器 VAS6558/10－2（直流）连接到左侧充电插座，如图 12-49 所示。测试转接器的专用工具号可能因国家/地区而不同。（VAS6558/10－2、VAS6558/18A、VAS6558/13A 或 VAS6558/22）。

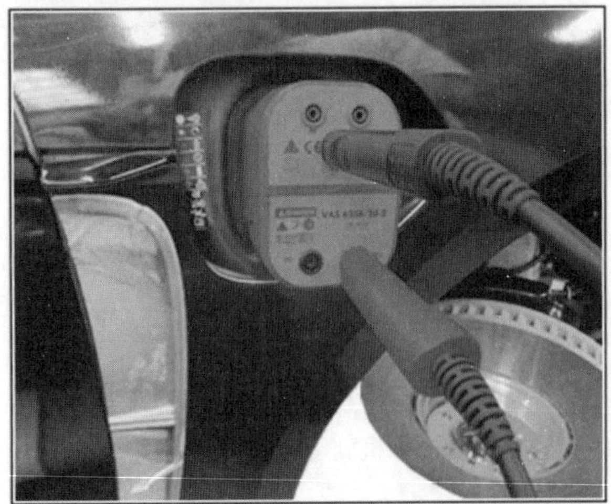

图12-49

（4）挂锁打开并拆下，连接并锁定维修接头，如图 12-50 所示。

图12-50

（5）安装通风腔挡板罩板。

（6）停放已锁止车辆并等待 10min。

（7）将蓄电池充电器连接至跨接启动端子并启动充电器。

（8）将检测仪连接到车辆并启动。创建操作就绪。

（9）必要时选择车型。

（10）在“Overview”（概览）中，按 F7 切换至“Additional menu”（附加菜单）。

（11）读取所有故障记忆。如果高压系统存在故障，请根据故障查找引导方案予以纠正，然后删除故障记忆。

（12）返回到“Overview”（概览）。

（13）在“Overview”（概览）中选择 “high-voltage charger”（高压充电器）控制单元。

（14）选择“Drive links/checks”（驱动链接 / 检查）菜单。

（15）选择高压充电插座 - 激活充电盖锁止。按 F12 继续。

（16）须选中“ Unlock activation ”（解锁激活）。按 F8 开始。

（17）退出诊断应用程序。在车辆上终止操作就绪。将检测仪从车辆上断开。

（18）上电完成。

第十三章　赛力斯华为智选SF5

一、高压系统下电

注意事项：在操作高压电部件时必须穿戴个人防护装备，拆卸的手动维修开关必须妥善保存。工具：场地安全装备、人员安全防护装备，常用绝缘工具，通用工具。设备：举升机一台。车辆：赛力斯华为智选 SF5 车辆。

1.下电前准备

（1）隔离操作场地。

（2）在显眼位置摆放警示牌。

（3）已熟悉所有高压安全流程及操作规范要求。

2.高压下电操作步骤

（1）通过中央触摸屏控制高压系统断电。在中央触摸屏上点击“设置→安全与维护→正常关闭电源”，如图 13-1 所示。

图13-1

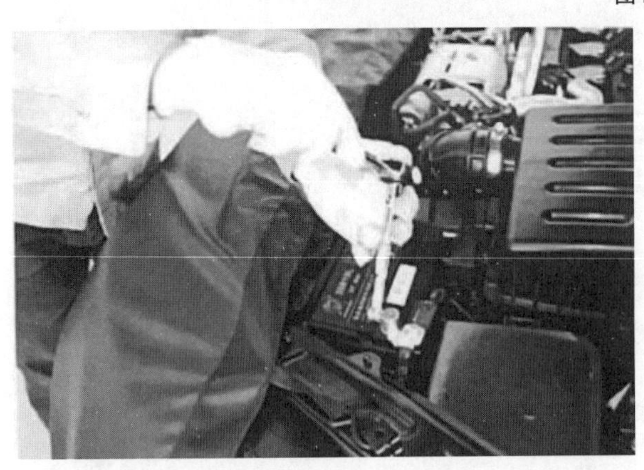

图13-2

（2）断开蓄电池负极接线端。断开蓄电池负极接线柱与线缆的连接，并对线缆做好绝缘防护，如图 13-2 所示。

（3）断开车载充电器总成上低压直流正极输出线缆。打开后备箱，在后备箱内找到车载充电器总成上低压直流正极输出接线端，拆下接线端并对线端进行绝缘隔离，如图 13-3 所示。

（4）拆卸手动维修开关。举升车辆并锁止，穿戴好个人安全防护装备，拆卸下手动维修开关，将手动维修开关放入可靠的储物箱并锁好，如图

13-4 所示。

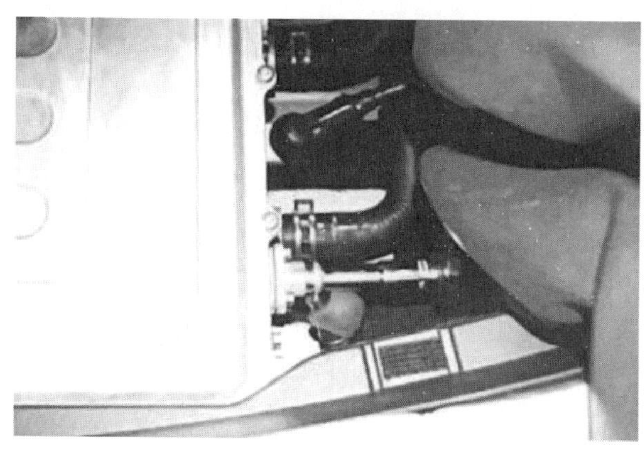

图13-3

图13-4

（5）将警示牌换为红色警示牌，等待 5min，如图 13-5 所示。提醒：必须等待 5min 后才可以进行后续操作。

图13-5

（6）高阻抗两极式电压测试仪校验。用两极式电压测试仪测量已知电源电压，检查两极式电压测试仪状态正常，如图 13-6 所示。

（7）高压电输出验证。断开动力电池包高压输出插接器，用两极式电压测试仪测量动力电池输出端正极、负极分别对地电压，然后再测量线缆端正极、负极之间的电压及对地电压，并记录在高压断开记录表，如图 13-7 所示。做好高压插座及接头的防护。

（8）高阻抗两极式电压测试仪校验。再用两极式电压测试仪测量已知电源电压，检验两极式电压测试仪状态保持正常。

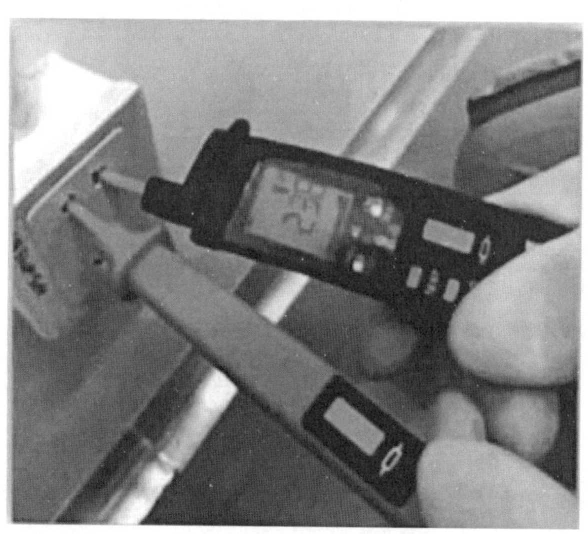

图13-6

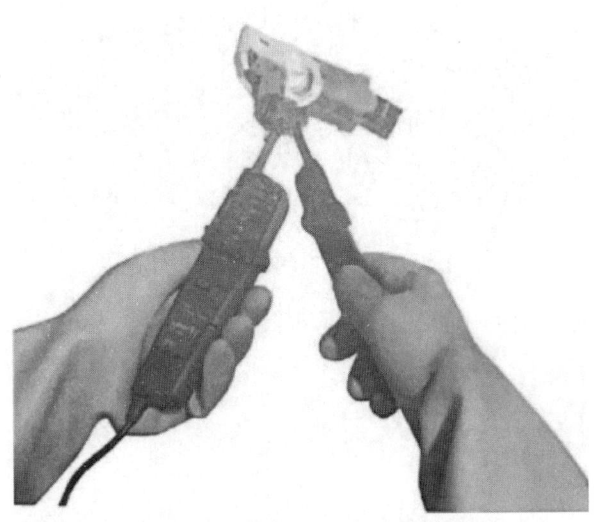

图13-7

（9）在下电记录表单上签字确认，将红色警示牌换为绿色警示牌，下电结束，如图 13-8 所示。

（10）小结：下电过程中不推荐使用万用表检验输出电压。高压下电中验电不推荐使用万用表，原因是测量电压时，设备并联在测量回路中，理论上需要测量设备阻值无限大，否则测量回路的阻值变化会影响测量精度，因此需要高阻抗设备，万用表不具备高阻抗特性，两极式电压测试仪是高阻抗设备。

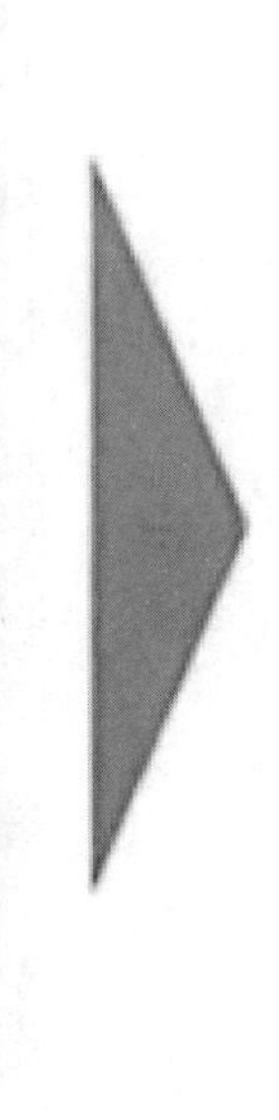

图13-8

二、高压上电操作

1.上电准备

警告：当进行任何包含高压部件或系统的保养时，技师在车上进行高压相关保养时，必须验证系统高压已下电。必须严格执行高压系统断电流程，以确保车辆正确断电。在整个维修过程中，技师要确保知道手动维修开关的位置。在维修进行时，技师必须确保动力电池线缆插头及通信线插头不能重新连接。当技师离开车辆重新开始维修前后，技师必须重新检查手动维修开关状态及高压线缆没有被连接。

工作区域准备：操作人员必须熟悉所有高压安全流程相关的规范要求，对维修纯电动车辆个人安全及车辆安全需要有足够的重视。安装安全护栏，划分作业区域，安全护栏设置在车辆四周，并与车辆各点至少保持 1m 距离。在醒目位置安放橙色警示标牌，如图 13-9 所示。

图13-9

维修人员必须穿戴防护装置，如图 13-10 所示。

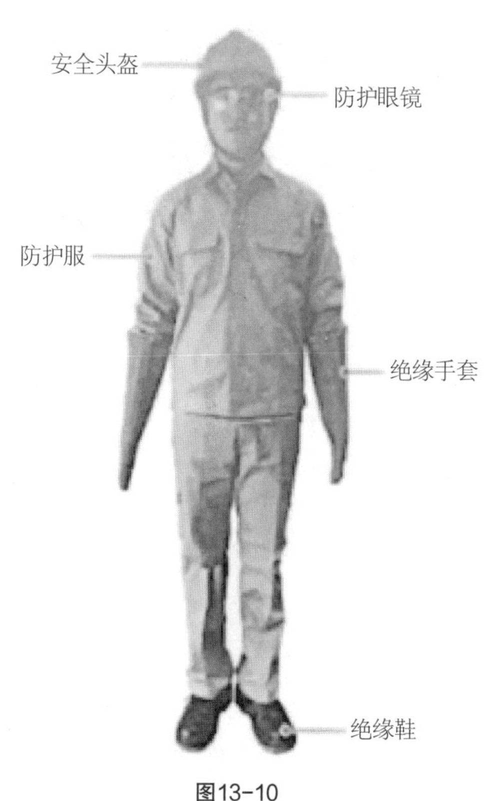

图13-10

仔细阅读所有橙色高压警示标签及带有高压损伤的高压部件图签信息。

2.高压上电操作步骤

（1）恢复所有高压线缆连接。恢复所有高压线缆连接，并确保线缆连接可靠。

（2）安装维修开关。举升车辆并锁止，取出储物箱内的手动维修开关，检查手动维修开关是否完好，操作人员做好高压电安装操作防护准备，按规范安装手动维修开关并确保锁扣锁止，如图 13-11 所示。

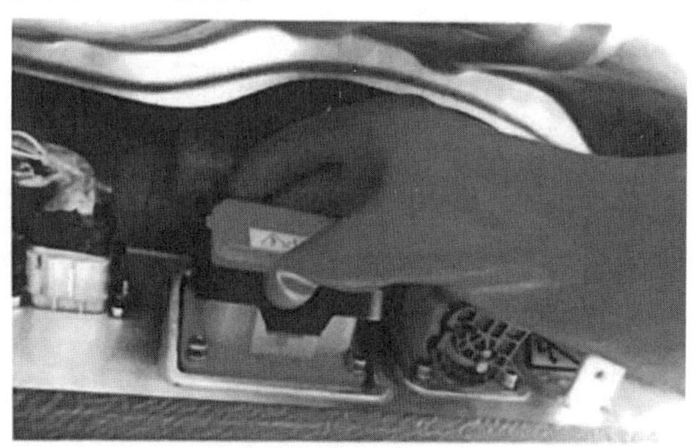

图13-11

（3）安装车载充电器上直流正极输出线缆。在后备箱内找到车载充电器总成上直流正极输出接线端，将其与车载充电器输出端连接并紧固，如图 13-12 所示。扭紧力矩：10 ± 1N · m。

（4）安装前舱低压 12V 蓄电池搭铁线。清洁蓄电池负极接线柱及负极线缆接头，将负极线缆固定在蓄电池负极接线柱上，拧紧固定螺栓如图 13-13 所示。扭紧力矩：10 ± 1N · m。

（5）验证高压接通。遥控解锁车辆，验证车辆恢复供电。用诊断仪清除由于断电造成的故障码，操作车辆，确保“Ready”指示灯点亮，如图 13-14 所示。

（6）取下已下电警示牌，放置车辆已上电警示牌将绿色警示牌换为橙色警示牌，如图 13-15 所示。

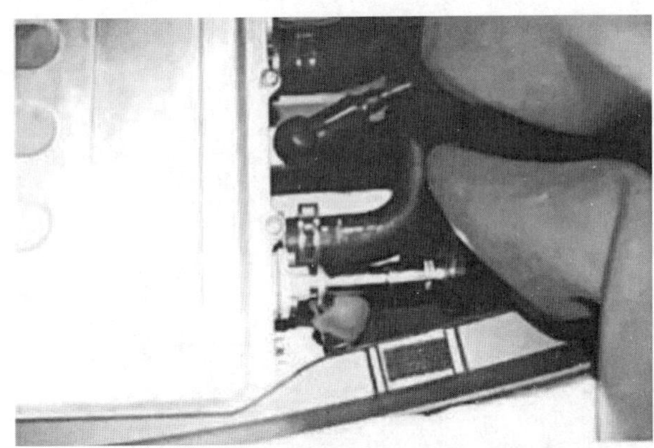

图13-12

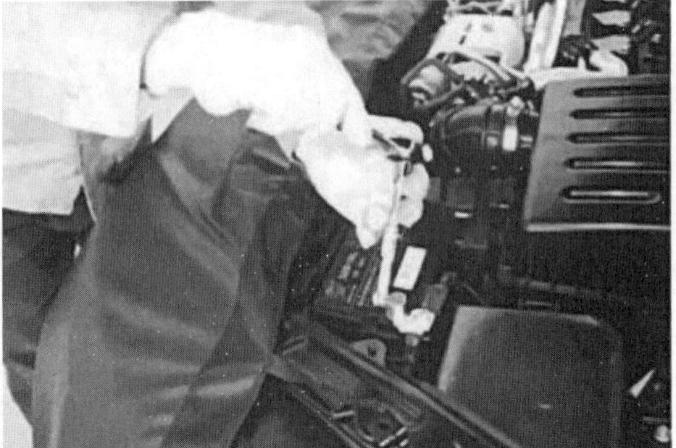

图 13-13

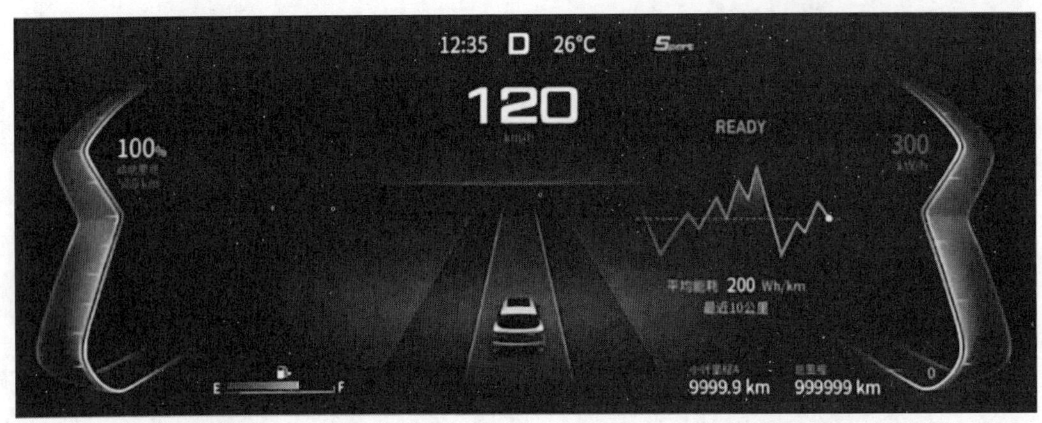

图13-14

图13-15

第十四章　雷克萨斯UX300e

检查或维修高压系统前，确保遵守所有安全措施。警告：将电源开关转至“OFF”位置，并将钥匙带离上车和启动系统的内部检测区域。高压电路断电方法：

（1）断开辅助蓄电池负极（-）端子电缆，位于电动机室内如图 14-1 所示。采用 EN（LN0）型辅助蓄电池。

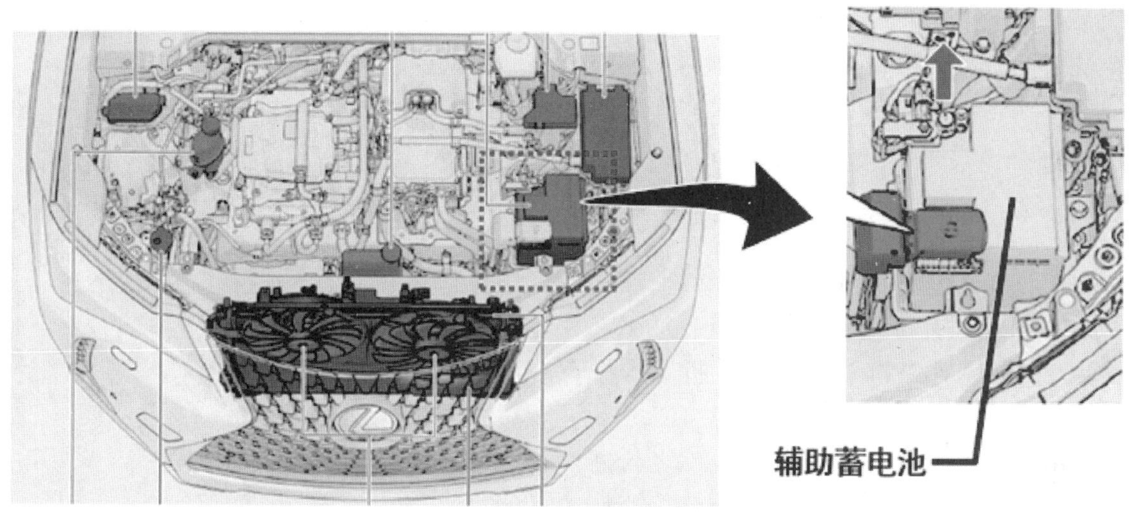

图14-1

（2）检查绝缘手套。使用绝缘手套前，确保检查其是否存在裂纹、破裂和其他类型的损坏，如图 14-2 所示。

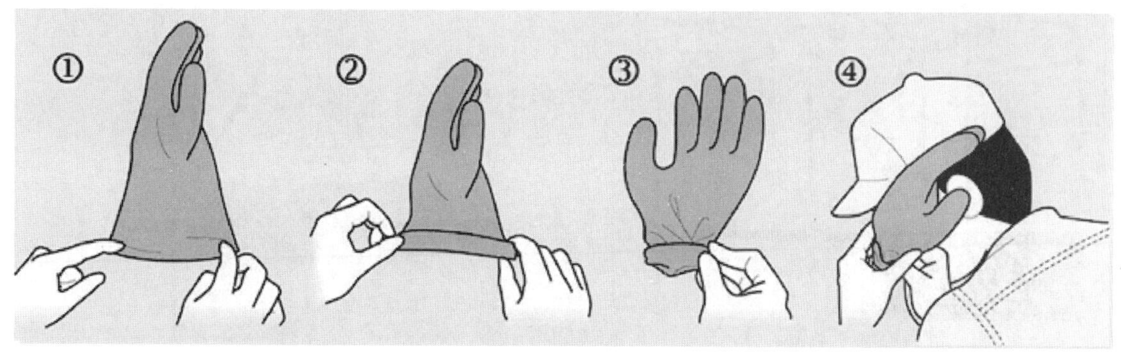

图14-2

①将手套侧放。

②向上卷开口 2 或 3 次。

③对折开口以将其封死。

④确保没有漏气。

（3）拆下维修塞把手，并将拆下的维修塞把手放到口袋中。维修塞把手（牵引用蓄电池设备插头）位于后排座椅脚部区域，如图 14-3 所示。按图 14-4 所示方法进行拆下。注意：将拆下的维修塞把手放到口袋中，防止其他技师在您维修高压零部件时意外将其重新连接。

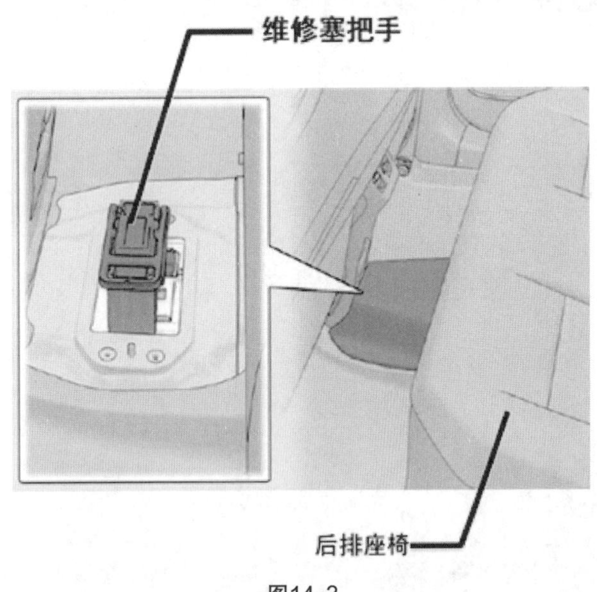

图14-3

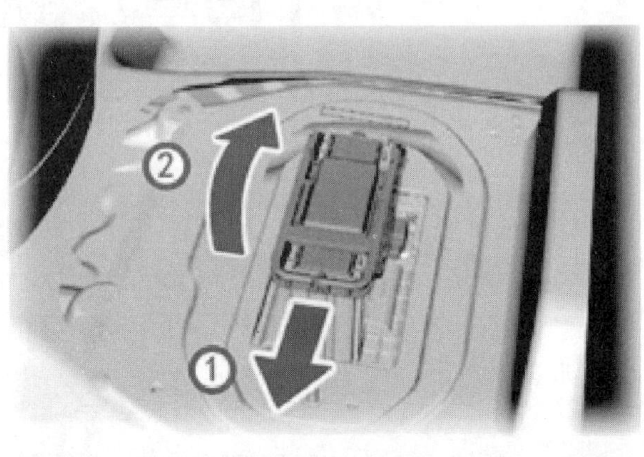

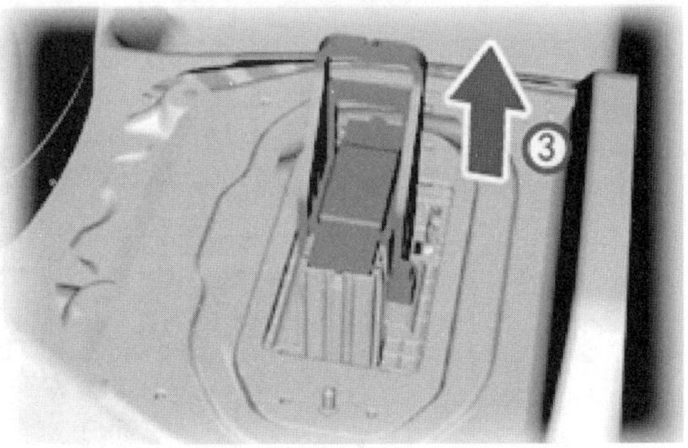

图14-4

（4）等待至少 10min 以使带转换器的逆变器总成内的高压电容器放电，如图 14-5 所示。与 COROLLA PHV/LEVIN PHV 类似，拆下维修塞把手后至少等待 10min。

（5）确保高压电容器端子电压为 0V（检测仪量程：750V 或更高），如图 14-6 所示。备注：0V 检查后，暂时安装连接器盖。

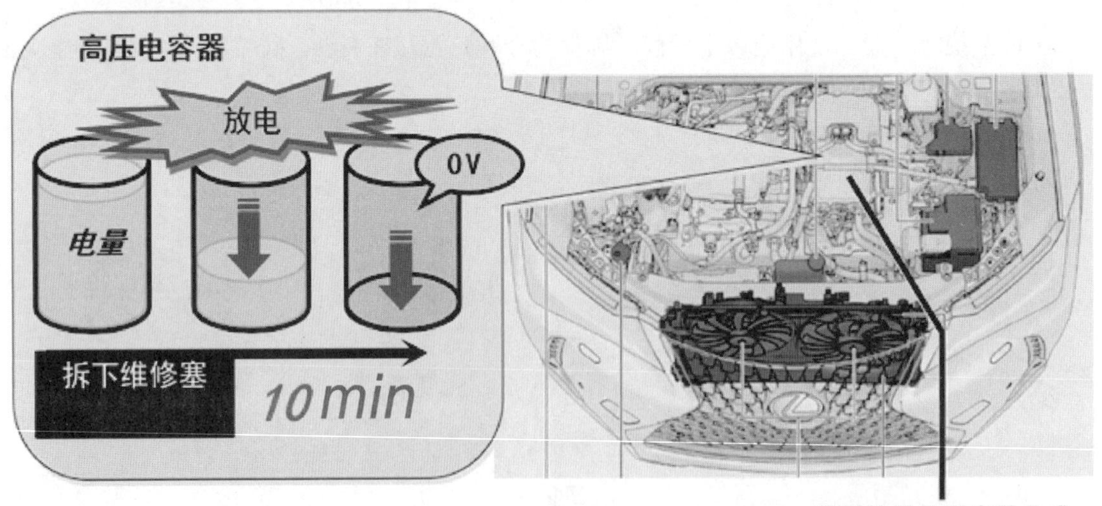

图14-5

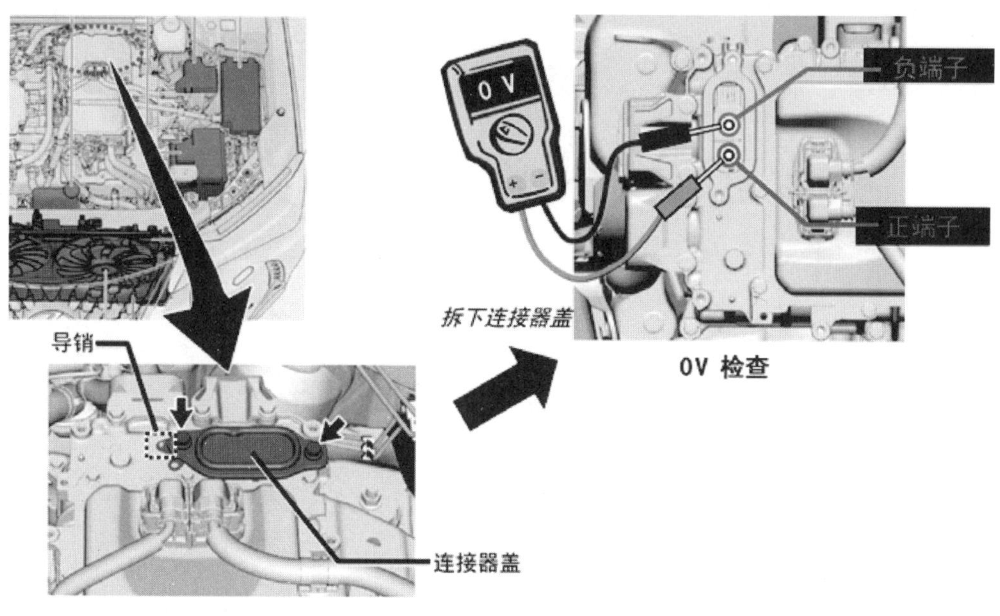

图14-6

（6）用乙烯绝缘带绝缘断开的高压连接器，如图 14-7 所示。

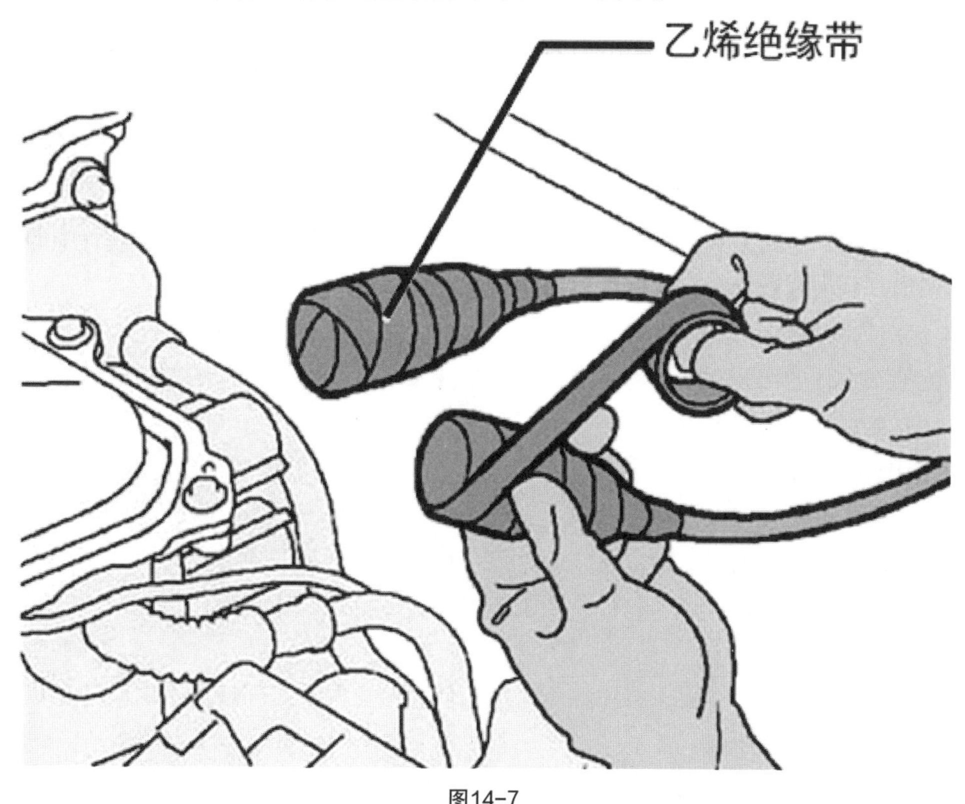

图14-7

（7）与其他 HV 车型相似，高压线束和连接器用橙色标记。高压电路的安全措施与其他 HV 车型相同。

第十五章　上汽通用别克车系

第一节　高压与安全警示

一、高压与警示标示

1.高压与伤害

混合动力汽车和纯电动汽车具有高压，主要表现在配置有高压的高压电池和运行的高压部件及其连接导线具有高压。

（1）高压与低压。

根据新能源汽车的人员触电防护要求国家标准，其电压有高压与低压之分，对应的电压分别为低压：DC（直流），$0V < U \leqslant 60V$；50 ~ 150Hz AC（交流），$0V < U \leqslant 25V$。高压：DC（直流），$60V < U \leqslant 1000V$；50 ~ 150Hz AC（交流），$25V < U \leqslant 660V$。

（2）高压伤害原因。

高压之所以危险，是因为它可以在人体中形成电流。人体的肌肉、皮肤以及血管中的血液都可以导电；当高压加载到人体后，会在人体内形成电流。

（3）电流对人体的伤害程度。

不同电流值对人体的伤害程度并不一样，超过 70mA 就可能产生严重伤害，同样的电流值，一定频率的交流比直流伤害更大。

（4）高压的伤害形式。

高压对人体产生的伤害主要有两种形式：

①直接伤害（电流通过人体）：电击效应，热与化学效应，神经损害。

②间接伤害（电流未通过人体）：短路产生的热伤害，电弧及光辐射伤害。

（5）避免高压伤害。

为避免高压伤害，在工作中应该避免电流流经人体，避免两手之间或单手之间的直接触电，避免两手之间或单手之间的间接触电。

（6）触电紧急流程。

当发现有人触及高压后，建议按如图 15-1 所示流程进行应急处理。（警示！任何情况下务必确保自身的安全！）首要前提是确保自身安全的情况下，将被触电者脱离电源。

2.高压位置与标识

（1）识别高压车辆。

高压安全防护的首要前提是识别哪些车辆具有高压。当前，上汽通用在旗下 3 个品牌均推出具有高压的混合动力汽车。

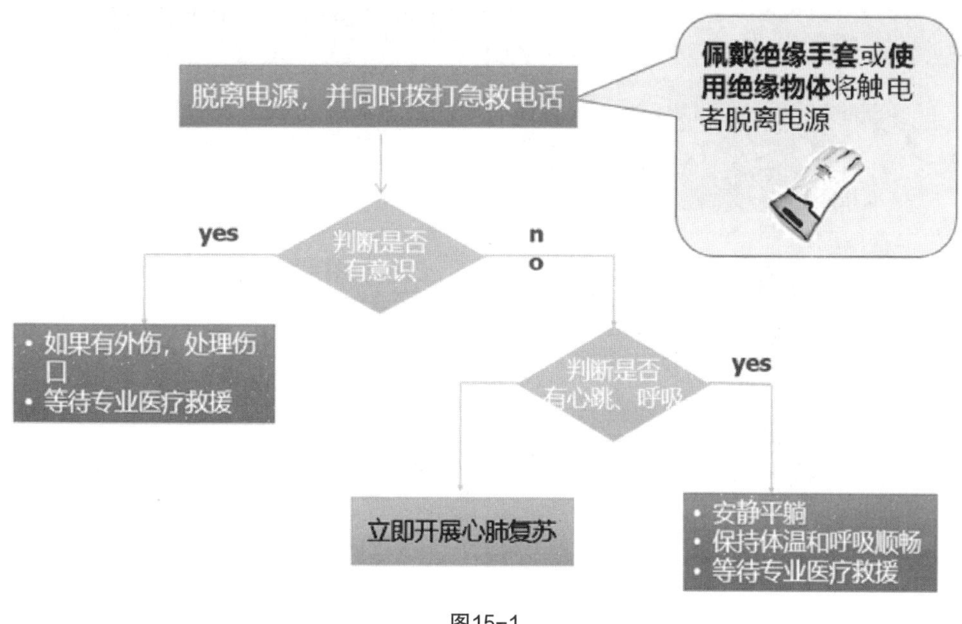

图15-1

（2）高压部件位置。

高压部件主要分布在高压电池、高压空调压缩机和加热器、PIM 驱动电机逆变器、14V 电源模块、充电系统及连接的高压导线。

（3）高压特征。

高压车型上一般会同时具有直流和交流两种形式的高压。直流高压分布在高压电池、导线等。交流高压一般集中在模块与驱动电机之间。

（4）高压警示标识。

高压车辆都会对高压部件进行标识，以警示维修技术人员在未采取正确的防护设备前提下，不得随意触碰这些部件。包括警示颜色、警示标签，如图 15-2 所示。

图15-2

（5）警示颜色。

高压车辆的高压传输导线、连接器的绝缘层均设计为橙色。电压车辆上通常有三种用于警示的标签，如图 15-3 所示。

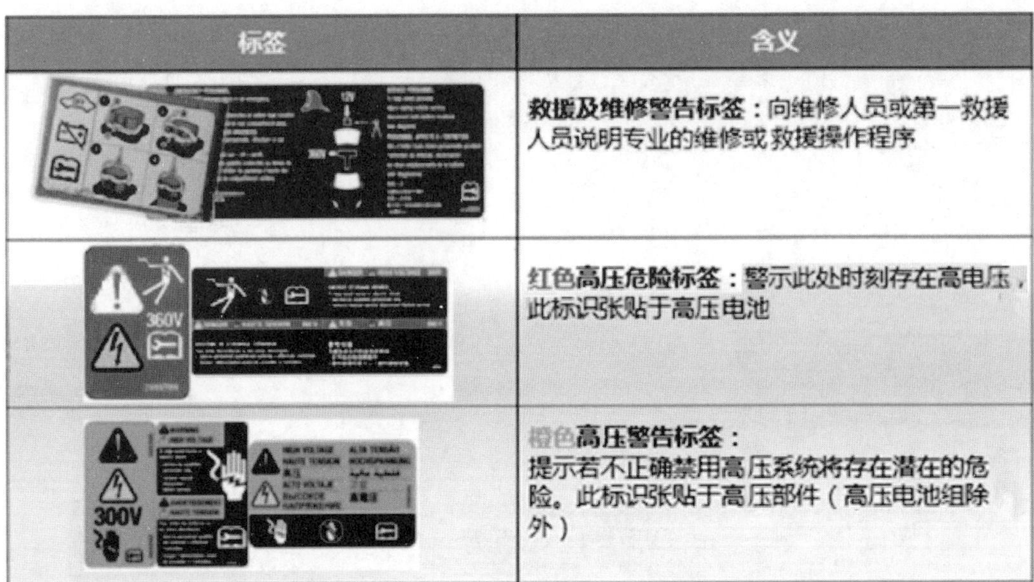

标签	含义
	救援及维修警告标签：向维修人员或第一救援人员说明专业的维修或救援操作程序
	红色**高压危险标签**：警示此处时刻存在高电压，此标识张贴于高压电池
	橙色**高压警告标签**： 提示若不正确禁用高压系统将存在潜在的危险。此标识张贴于高压部件（高压电池组除外）

图15-3

（6）紧急切断高压标识。

上汽通用使用黄色标识，以提示救援时紧急切断车辆高压的操作。此标识通常位于 12V 蓄电池附近，如图 15-4 所示。

图15-4

二、安全防护与操作

1.个人防护

（1）自身安全防护要求。

只有获得电工作业证且参加新车技术培训并通过考核的技师才可以实施车辆的维修和保养。维修高压车辆时，需要佩戴以下个人安全防护设备：带侧防护的安全眼镜、非化纤材质的工作服、带绝缘功能的工作鞋、有防割保护的高压绝缘手套，如图 15-5 所示。

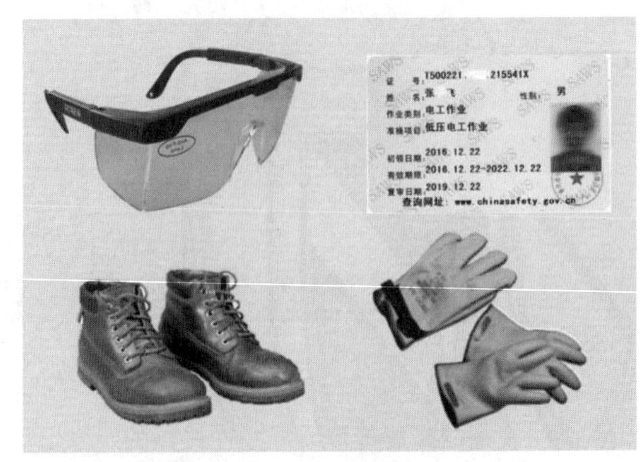

图15-5

（2）高压绝缘手套。

高压绝缘手套是一种防护品，由外层皮革手套和内层橡胶手套组成。内层橡胶手套与电流绝缘，外层的皮革手套保护橡胶绝缘层以免破损。高压绝缘手套能抵抗最高 1000V 的电压，操作高压电时一定要佩戴高压绝缘手套。如果不使用，可能导致重伤或死亡。

（3）高压绝缘手套使用前的检查。

在使用高压绝缘手套前必须执行安全检查，首先，将橡胶手套外层的皮革保护层拿掉，然后收紧开口将手套充满空气，将空气密封在手套中，避免漏气。增加手套内压力并检查是否有如下情况：针孔、漏气、陈旧、破损或磨损。除了检查手套外，还要检查它上面标注的合格日期是否过期。

（4）安全防护眼镜。

安全防护眼镜必须带有安全边框，也是 PPE 用品。它能够防止高压火花对眼镜的伤害，并具有侧面的防护设计能够避免侧面物体对眼镜的伤害。维修高压车辆期间，必须佩戴安全防护眼镜。

（5）绝缘鞋。

在高压环境工作时，应穿具有绝缘功能的工作鞋。绝缘鞋不导电，能够将人体与地面隔开。

（6）非化纤工作服。

在维修高压车辆时，建议穿非化纤布料的衣服，如棉布材料的衣服。因为化纤材料在高温下是会融化的，容易导致烧伤皮肤。

（7）其他注意事项。

在维修高压车辆时，还应该去除身上佩戴的所有金属物品，包括手表、首饰，并取出覆盖衣服上的金属物品等，这些物品都有可能从身上滑落而导致电路的短接或火花的产生。

2.安全操作

（1）售后维修车间有高压安全风险，建议以下方面执行安全防护，杜绝高压安全事故的发生。

符合高压安全要求的维修工位、使用绝缘功能的工具及设备、做好个人高压安全防护、严格遵守安全操作规范和流程。

（2）维修工位安全。

高压车辆维修工位建议使用专用的维修工位，并确保维修工位明亮、清洁、干燥、通风良好。同时，配有明显的高压远离警示标志，如安全锥、安全警示牌、水基型灭火器等。

（3）使用绝缘工具与仪表。

维修高压车辆时，工具或设备应符合 CATIII（1000V 以上绝缘）的要求。

（4）维修前准备。

带有高压的车辆，在进入售后维修车间以后，应该驶入专用的或符合安全要求的维修工位。维修技师应该在执行车辆检查前，先设置好高压安全警示锥等警示标志。

（5）其他要求。

执行高压中止操作后，建议将钥匙与 MSD 交由安全观察员或直接锁入专用盒内，以防止维修中他人擅动导致车辆高压接通，发生事故。

（6）合理的维修流程。

在维修高压车辆时，按照步骤做好安全防护措施。包括布置工位、维修前的安全准备、维修中的规范维修和维修后的恢复工位。

① 布置工位。

车间主管负责判断是否属于高压系统维修，安排两名具有高压维修资质技师和协调车辆驶入专用维修工位。两名维修技师分别负责设置安全锥警示标志和执行车辆的初步检查与诊断。

②维修前的安全准备。

车间主管负责监督维修技师规范操作，并警示他人未经允许不得进入维修区域。维修技师负责检查个人安全防护设备，并相互监督是否正确使用及符合安全要求。

③维修过程中。

车间主管负责监督维修技师规范操作，并警示他人未经允许不得进入维修区域。其中，一名维修技师负责主修车辆，另一名维修技师负责辅助及作为安全观察员。

④维修结束后。

车间主管负责检查车辆是否安全修复，并监督维修工位及设备归还良好，损坏的需要技师替换。负责维修车辆的维修技师检查车辆，并接通高压系统。观察员辅助撤除高压安全锥及其他警示标志。

第二节　高压架构（纯电动车型）

一、微蓝6车型（410km版本）

1.高压电池

（1）概述。

高压电池（也称动力电池，简称为 RESS），用于存贮电能并向驱动系统提供所需要的能量，高压电池总成不仅包括能源储存电池本身，还包括 BMS 模块（用于电池包的监测、控制和诊断功能）。电池布置在车辆底部，主要特点：

①升级成大容量的三元锂离子电池包（EGZ）；

②采用高能量密度的镍钴锰三元材料；

③全新装配主动热管理系统；

④具备严密的电池能量管理和高压安全监控。

高压电池呈方正的长方体，通过螺栓紧固在车辆的底部；下部使用 4 块护板进行防护，前方安装有防撞杆用于保护电池免受机械撞击；电池的前部定位有高压连接器、低压连接器、冷却水管和 MSD 手动维修开关等部件，如图 15-6 所示。

图15-6

（2）电池模块。

高压电池共 24 个模块，系统额定直流电压为 350V。蓄电池能量控制模块位于高压电动车辆电池组内，实现绝缘电阻检测、高压互锁检测、碰撞检测功能，具备故障检测管理及处理机制。蓄电池能量控制模块将确定故障状况何时存在。诊断和系统状态在蓄电池能量控制模块至混合动力控制模块 2 通过串行数据进行通信。混合动力总成控制模块 2 是蓄电池能量控制模块 DTC 信息的主控制器。

（3）高压控制。

电动车辆电池包括 4 个高压接触器和 1 个固态继电器（晶体管）。高压接触器和晶体管能够使高压直流电池连接到车辆，或在混合动力 / 电动车辆电池总成中容纳高压直流电。4 个高压接触器包括一个主正极高压接触器、一个主负极高压接触器、一个充电正极高压接触器和一个预充电负极高压接触器。实现车载和非车载充电器的连接线检测，控制整车的充电状态和充电连接状态灯的指示。

（4）高压电池性能参数。

液冷式高压电池由 24 个电池模块组成，其主要性能参数如表 15-1 所示。

表15-1

电池性能参数	
参数	性能
额定能量	52.5kW·h
标称电压	350V
内模组个数	24
电池10s最大功率	120kW
冷却方式	液冷（主动热管理）
充电方式	快充+慢充
防护等级	IP67
额定容量	150Ah
最高/低电压	421.8V/268.8V

（5）高压电池主动热管理系统。

通过冷却液在系统中循环流动主动调节冷却液温度以达到控制电池温度的目的，从而让电池一直处于最佳的工作状态。电池温控模块、冷却液冷却器（连有制冷剂管路）、冷却液加热器、冷却液泵等，如图 15-7 所示。

①冷却液储液罐。

冷却液储液罐位于前舱前护板下方，它是电池冷却液管路上的膨胀壶，储液罐上有刻度线用于检查液位。注意：在检查液位前需要拆下前护板，才可以接近此储液罐。

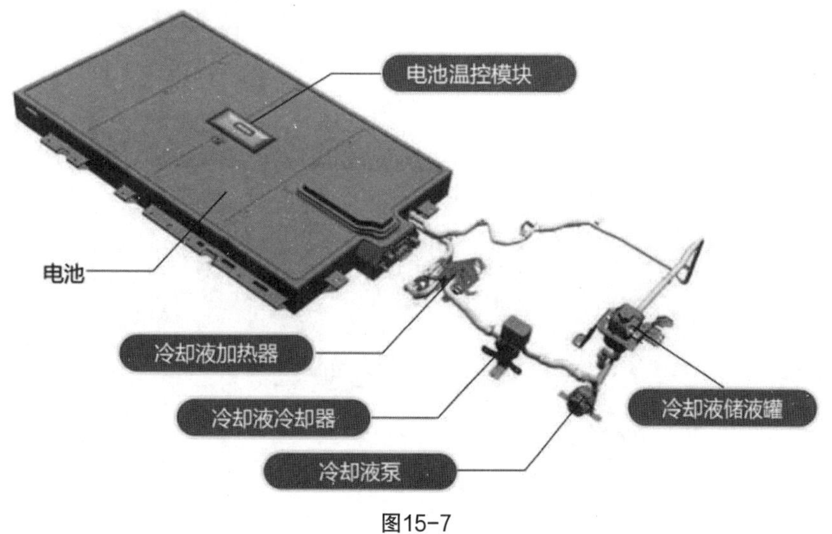

图15-7

②电池冷却液加热器。

电池冷却液加热器位于前舱防火墙的下部；利用电池的高压电能对冷却液进行加热，以升高电池的内部温度；是一个高压电器部件，拆装时必须进行高压禁用；冷却液加热器有一个低压连接器且连接在高速网络上。

③电池冷却液泵。

电池冷却液泵位于驱动电机的前方；利用 12V 电源驱动电池冷却液在系统管路中循环流动；由电池（管理模块 BMS）控制继电器提供电源，并通过脉宽调制信号控制冷却液泵的转速；当点火开关置于“ON（打开）”位置或在电池充电时，冷却液泵就会启用。全车总共有3个水泵，除电池冷却液泵之外，还有暖风加热系统和高压冷却系统的2个水泵。

④电池冷却液冷却器。

冷却液冷却器位于高压配电盒下方的横梁上；是一个机械装置，同时连接在电池冷却液管路和空调制冷剂的管路中，作为一个热交换器；高温的电池冷却液将热量经过散热片传递给空调制冷剂；确保电池在充电或高负荷时都处于最佳的工作温度范围。

⑤电池温控模块。

电池温控模块（HPC）是一个低压控制模块（位置图如图15-8所示），连接在车身网络上；主要功能是控制压缩机和两个位于空调制冷剂管路上的电磁阀运行；当乘客舱有制冷请求时可以启用压缩机并按制冷目标调节压缩机转速；当电池有制冷请求时，向冷却器引入适量的制冷剂，从而精确控制电池的温度。

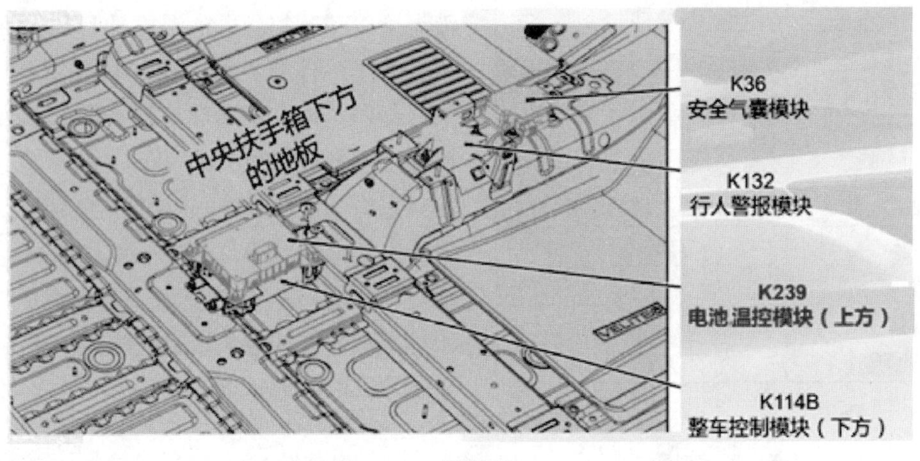

图15-8

⑥主动热管理系统冷却液路径。

电池通过冷却液热交换来控制其内部温度，电池的冷却液使用一个独立的循环管路，此循环管路经过高压电池、加热器和冷却器等部件，主动热管理系统冷却液流经路径如图15-9所示。

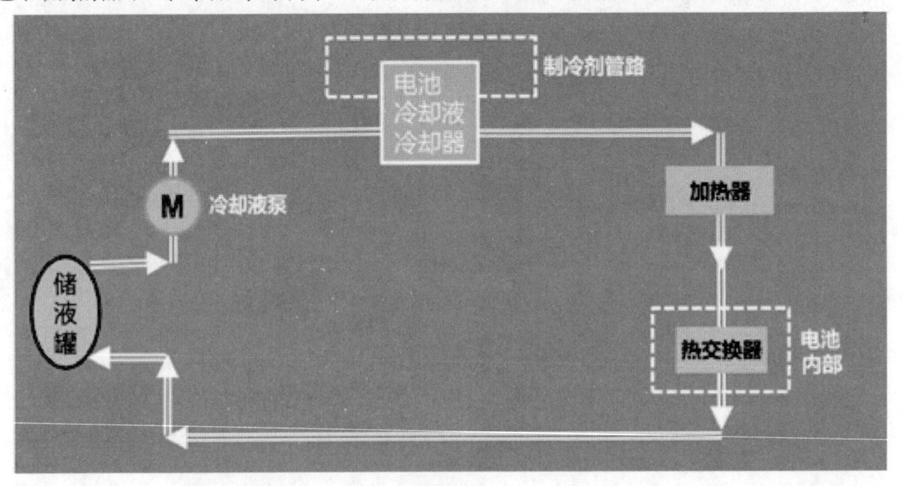

图15-9

⑦空调制冷剂路径。

电池冷却液冷却器除了连接在冷却液管路中外，同时还连接在空调制冷剂管路中，使用制冷剂的蒸发来降低冷却液的温度。空调制冷剂流经的路径如图15-10所示。

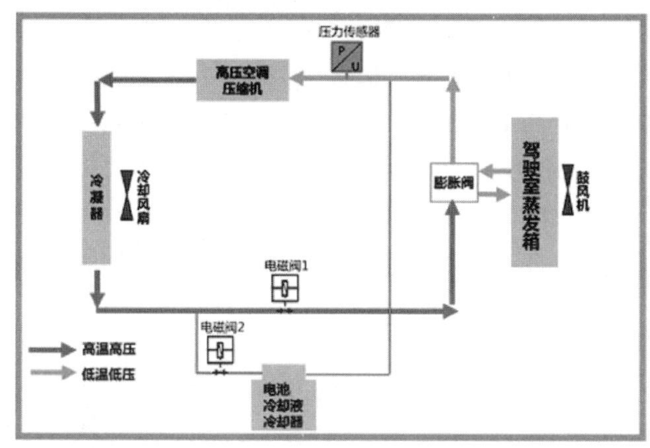

图15-10

⑧主动热管理系统电气控制路径。

电池（BMS）监测高压电池中的冷却液温度，并向电池温控模块发送网络信号。在电池需要降温时，电池温控模块通过网络指令让压缩机运行，并通过空调管路上的两个电磁阀来控制流经冷却器的制动剂流量，以降低电池的温度。在电池需要加热升温时，冷却液加热器接收网络指令使用电池的电能对冷却液进行加热，以快速提高其内部温度。

⑨电池冷却液更换。

按手册要求定期更换电池冷却液，电池的冷却液型号是 DEX - COOL®（与去离子水 50/50 预混合），约 4.7L。更换电池冷却液前应按标准流程执行高压禁用操作。

更换 VELITE 6 电池冷却液的主要步骤：

· 执行全面的高压禁用
· 拆下前舱前护板，打开电池储液罐盖
· 举升车辆，放置冷却液收集器
· 拆卸电池出水管卡箍，排放电池冷却液
· 等冷却液排放完成后，安装水管卡箍并移出收集器
· 降下车辆，连接冷却液专用加注机与高压电池储液罐
· 高压电池冷却系统抽真空，并执行保压测试
· 打开加注阀门，加注适量冷却液后，关闭加注
· 使用 RDS 进入电池控制模块选择
· 驱动冷却液泵工作约 5min，同时保持系统有一定的真空
· 拆除加注机并检查调整液位

⑩电池总成拆卸注意事项。

通过诊断并与 TAC 等相关部门确定需要拆卸电池总成时，为确保人身安全和车辆安全，还应注意以下事项：

首先应按标准流程执行全面的高压禁用；需要提前分离高压、低压连接器，并移到安全位置；拆卸前必须断开水管、排放电池内的冷却液；需要提前拆下电池搭铁线缆（等电位线）；必须使用专用的举升台架来支撑电池（提前拆下中间的两个螺栓），如图 15-11 所示。

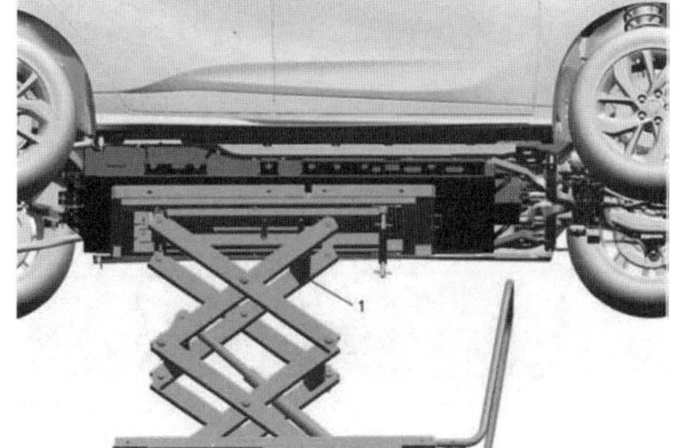

图15-11

2.高压电驱单元

（1）高压电驱单元概述。

高压电驱单元（简称为 EDU，RPO 为 MHL）是车辆的核心动力部件，位于车辆前机舱内，高压电驱单元总成主要包含驱动电机、电机控制模块（简称 PEB）和变速器 3 个部件，如图 15-12 所示。

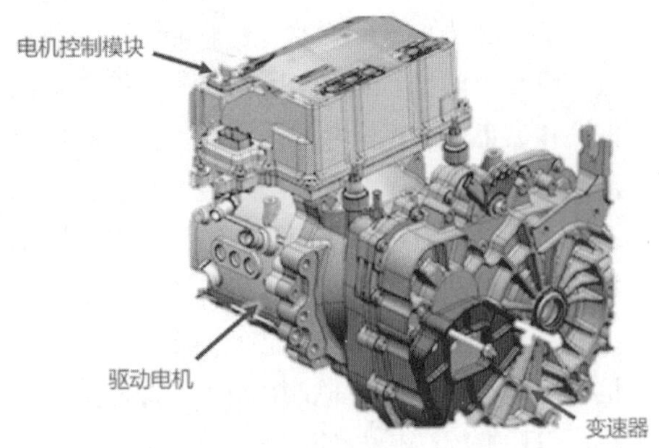

图15-12

（2）驱动电机。

驱动电机为三相交流永磁同步电动机，外壳为铸铝件，内部设计有专用的水套，由高压冷却系统的冷却液进行冷却。驱动电机受电机控制模块的控制，为车辆提供驱动动力，新一代驱动电机的峰值功率和转矩都有较大提升，铭牌如图15-13所示，更详细的性能参数如表15-2所示。

图15-13

表15-2

电机性能参数	
参数	性能
峰值功率	105kW
峰值转矩	350N·m
额定功率	50kW
额定转矩	158N·m
最大转速	10000r/min
绝缘等级	H级
防护等级	IP67
重量	50kg
冷却形式	水冷

（3）电机控制模块。

主要将高压直流电转换为三相交流电控制驱动电机工作，是动力系统运行的主控制器；当处于再生制动模式时，可以将三相交流电转换为高压直流电回馈到电池；内部还集成有14V电源辅助模块（APM），可将电池的高压直流电转换成14V直流电向12V蓄电池充电（如图15-14所示）；外壳为铸铝件，内部设计有专用的水套，由高压冷却系统的冷却液进行冷却。

图15-14

（4）变速器。

高压电驱单元的变速器是一个机械传动部件，通过减速和差速机构将动力传递给车轮，如图15-15所示。变速器的内部只有1个挡位的减速齿轮，还设计有机械式P挡锁止机构（配有挡位模式传感器）。变速器通过减速增扭降低电机功率需求且新一代的变速器经过性能优化，可以与驱动电机完美匹配，驾驶更加平顺且输出扭矩更大。其主要参数如表15-3所示。

（5）高压电驱单元维修策略。

电机控制模块内部集成有14V辅助电源模块，是一个整体不可分解维修（但RDS内仍由单独的模块选项）；电机控制模块与驱动电机之间采用可拆卸的高压连接器连接，可以分开单独更换；变速器可以单独更换或分解维修，更多具体维修信息参见维修手册；更换电机控制模块除了编程外，还需要做防盗以及驱动电机角度学习。

图15-15

表15-3

参数	数值
所匹配的驱动电机额定功率	60kW
最大输入扭矩	350N·m
最高输入转速	10000r/min
质量（不含油）	75±0.5kg
总速比	7.047

（6）变速器油位检查要点；

变速器内加注有约1.15L的齿轮油，型号为Castrol BOT351LV。在检查变速器油位时，要注意一下所列要点。

①举升并顶起车辆，确保车辆水平；

②清洁加油螺栓周围并拆下此加油螺塞（报废加油螺塞垫片）；

③使用直径约为2mm的钢丝自制一个测量工具；

④使用自制工具已加油螺塞孔的底部为基准平面检查液位；

⑤标准液位是油液距加油螺塞孔的底部约22mm。

3.高压电控单元

（1）介绍。

高压控制系统是在整车层面协调、监控高压各系统配合工作，以实现充放电、电驱动、高压安全和诊断检测等全方位功能。高压控制系统其核心模块主要有整车控制模块、电池（BMS）和电机控制模块，全车所有高压部件和整车控制模块如图15-16所示。

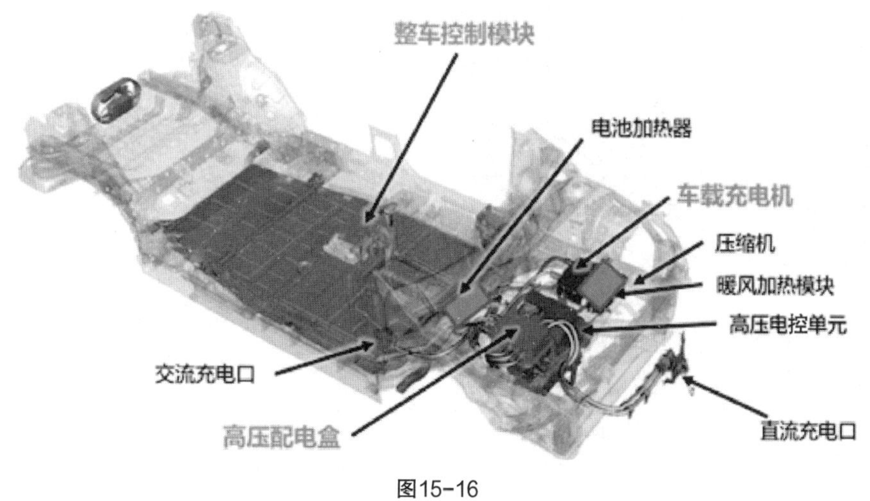

图15-16

（2）整车控制模块。

整车控制模块是高压控制系统的核心模块之一，它是一个低压电气模块，位于中央扶手箱下方的地板上且连接多个通信网络，如图15-17所示。其主要功能如下：启动功能及低压供电管理；驾驶模式选择；制动能量回收；车辆巡航控制；高压部件的热管理；仪表及挡位显示；高压电相关的信息显示等。

中央扶手箱正下方地板上（上方有电池温控模块）

图15-17

（3）车载充电机。

车载充电机只连接交流充电接口和电池，能够将交流充电口接入的220V交流电能转换成350V的高压直流电并输给电池，如图15-18所示。车载充电机连接在通信网络上，可通过网络与其他模块进行信息交互；在充电时可以通过高压冷却系统进行冷却。

车辆前舱左前侧
（高压暖风加热模块下方）

图15-18

（4）高压配电盒。

高压配电盒位于车辆前舱右前侧，它是一个高压部件的电气中心，通过高压线缆与大多数的高压部件相连，如图15-19所示。其主要功能如下：

在驱动模式下，将电池的电能传递给以下部件：电池加热器、高压暖风加热模块、高压空调压缩机、电机控制模块。在直流快充模式下，将直流电传递给电池，对电池进行充电。

图15-19

（5）高压配电盒。

高压配电盒总共有10个高压连接器和1个用于高压互锁的低压连接器。仅在拆除MSD手动维修开关执行高压禁用时，在佩戴绝缘手套的情况下才可以拆开高压配电盒盖，如图15-20所示。

高压线缆总图如图15-21所示。

（6）高压互锁回路监测。

高压互锁回路是一个低压封闭回路，由电池控制模块（BMS）发送电信号，以监测互锁回路的状态，如图15-22所示。高压互锁回路经过以下部件：电池、电机控制模块、驱动电机、空调压缩机、电池加热器、暖风加热模块、高压配电盒（独立的连接器）、手动维修开关（MSD）。

（7）高压绝缘监测。

高压系统与车身、底盘和低压电气系统完全隔离，是一个独立的电路系统。绝缘耗损对于360V的高压电来说，非常危险。控制模块通过时刻监测高压回路之间，以及与车身、低压系统之间的电阻，判断是否存在高压绝缘失效，如图15-23所示。一旦高压绝缘监测发现绝缘失效将立即切断高压电输出，并设置故障码，防止人员触电伤亡。

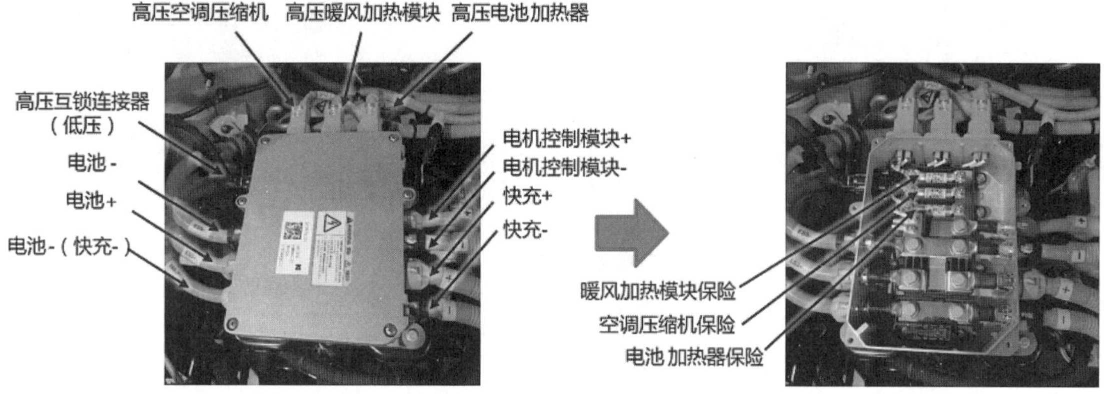

图15-20

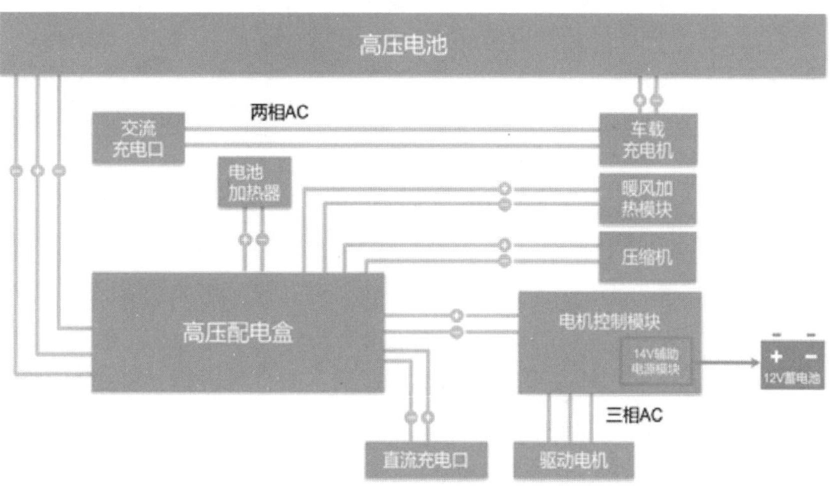

图15-21

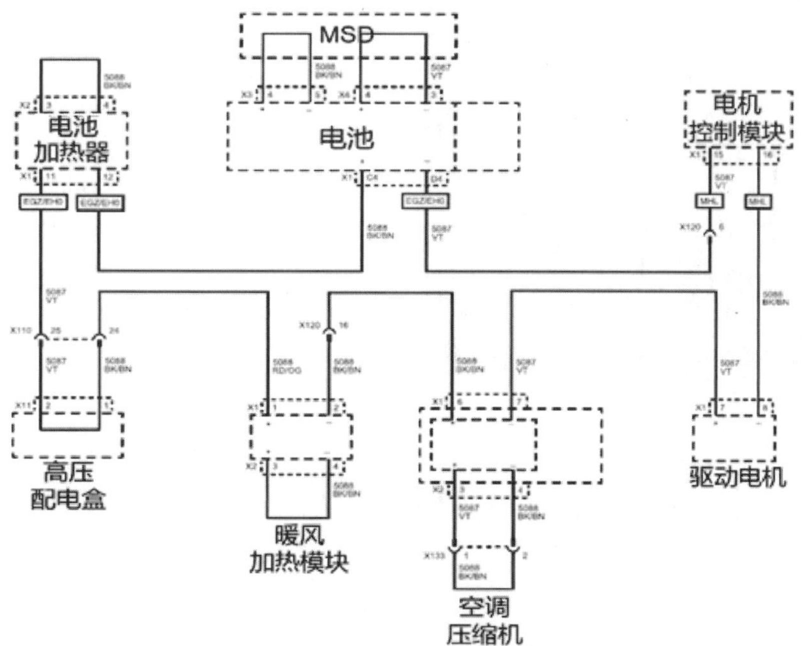

图15-22

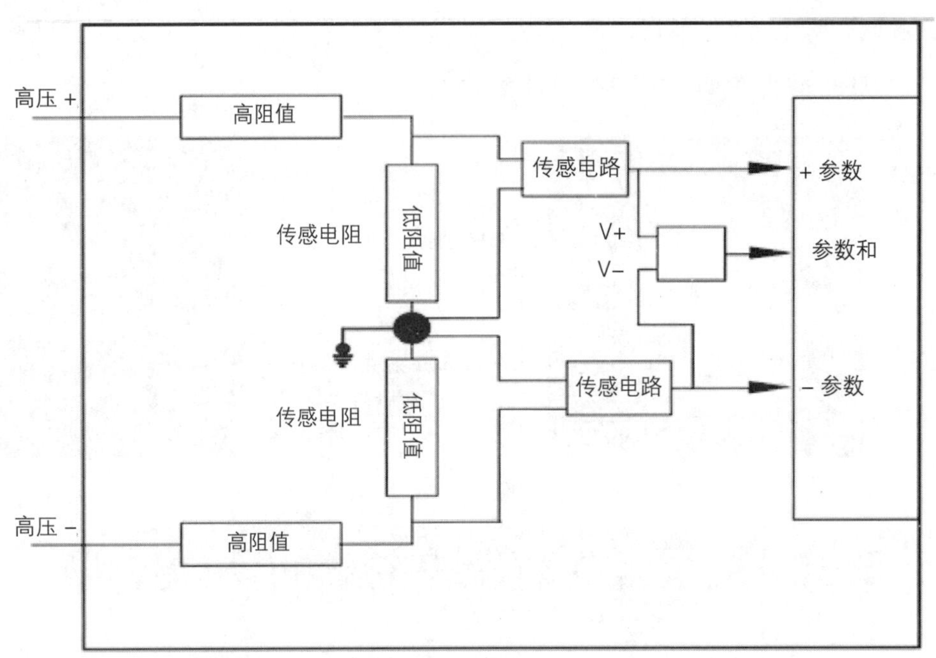

图15-23

4.充电

（1）直流快速充电。

支持 GB/T 27930—2011 和 GB/T 27930—2015 两种国标的快充桩，不支持其他企业标准或国外标准的快充桩。车辆停止后，挂 P 挡，插入快充枪（如图 15-24 所示），充电连接灯亮起，完成快充桩设置，电池管理系统开始与快充桩进行连接确认、通信、闭合继电器，充电桩开始向车辆充电，充电指示灯亮起，充电呼吸灯亮起。充电完成后，充电桩显示充电结束，充电呼吸灯、充电指示灯熄灭，然后拔下快充枪，充电连接灯熄灭。在充电过程中，若想终止充电，请先在快充桩上进行操作，终止充电，确保快充桩显示充电电流降到 0，充电结束后，再拔枪，以免发生危险。

图15-24

先确认充电接口是否适配、充电线缆必须短于 10m。按以下步骤为车辆进行直流充电：

①换入 P 挡，启用电子驻车制动，关闭车辆；

②打开直流充电口门（天冷时可能结冰）；

③取下直流充电接口的防尘盖；

④插入直流充电插头，确保连接牢固；

⑤按照充电桩的步骤为车辆充电；

⑥确认仪表顶部的充电指示灯点亮，并发出提示音。

（2）交流慢速充电。

高压蓄电池慢充电系统由 4 个主要部件组成：

①车下充电设备：蓄电池充电器电缆，通常称为旅行线组件；可选永久 220V 充电站，如图 15-25 所示；

②混合动力 / 电动汽车蓄电池充电器插座，通常称为蓄电池充电器插座；

③蓄电池充电器，通常称为蓄电池充电器；

④混合动力 / 电动汽车蓄电池组。

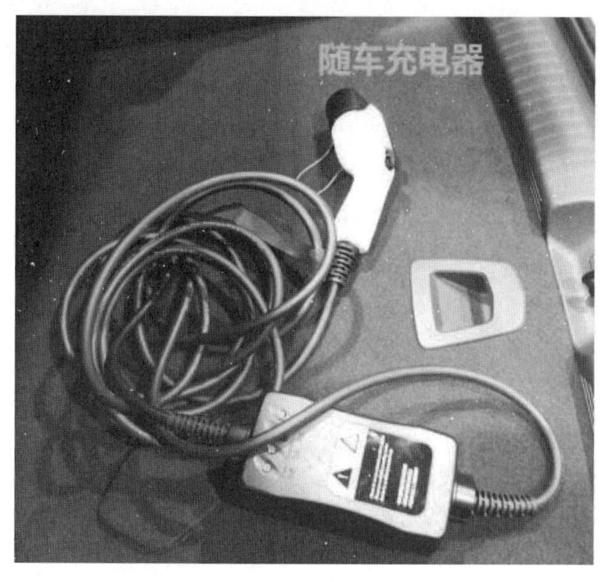

图15-25

先确认充电接口、线缆是否适配、良好。按以下步骤进行交流充电：

①挂 P 挡，启用驻车制动，关闭车辆，选择充电电流。

②打开车辆右侧前方交流充电口门。

③打开行李箱门，掀开载物地毯并取出充电器。

④将充电器插头插入电气插座（不得使用延长线）。

⑤将充电器插入充电口中。确认充电灯点亮且有提示音。

⑥用遥控钥匙为车辆上锁，同时启用充电器锁止机构。

充电结束后需用遥控钥匙解锁车辆以解除充电器锁止机构。

（3）车辆充电状态指示灯。

车辆充电状态指示灯位于仪表顶部中央（如图 15-26 所示），当车辆在自动控制模式下进行充电时，该指示灯将短暂闪烁绿色。蓄电池充电时，闪烁速度从 1 次增加到 4 次。如果充电延迟并在稍后开始，指示灯将长时间闪烁绿色。充电完成时，指示灯将常亮绿色。指示灯常亮黄色表示车辆无法充电。如果指示灯未亮起，则表示蓄电池充电器电缆无法正常工作或未连接。

图15-26

注意：即使高压电池电量充足，如果当环境温度低于 0℃或高于 32℃时，请将车辆连接至电源进行充电，这样能够最大限度地延长高压电池的使用寿命。

二、微蓝 6车型（518km）

（该车型技术内容与 410km 版类似，部分章节内容略）

1.三电系统性能提升

新别克微蓝 6 的三电系统在原有技术上，通过电池、电机和电控的协调配合，实现了更省能耗、更大功率和更快提速等性能提升，技术参数对比如表 15-4 所示。

表15-4

项目	410km版本（NEDC）	518km版本（CLTC）
电池容量	52.5kW·h	61.1kW·h
电机最大功率	110kW	130kW
百公里电耗	13.8kW·h（NEDC）	12.6kW·h（CLTC）

2.电池

本车采用高性能三元锂电池，并配备了智能主动的热管理系统，以确保电池一直处于最佳的工作温度，如图 15-27 所示。

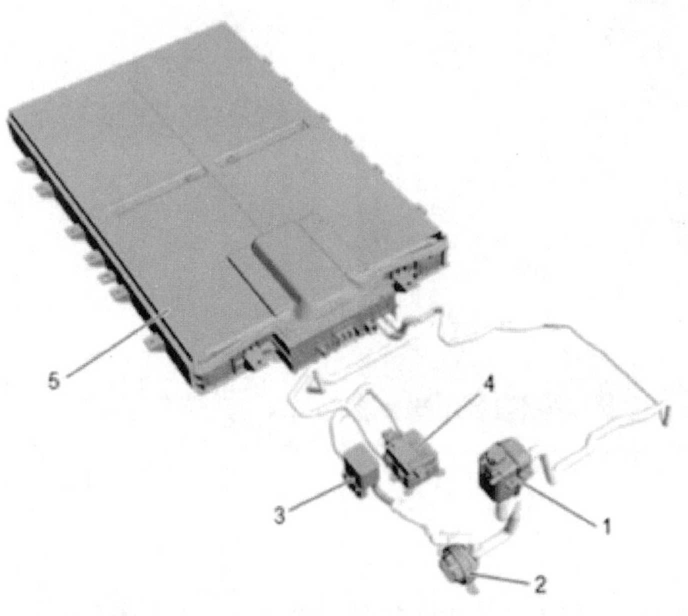

1.冷却液储液罐　2.冷却液泵　3.冷却液冷却器　4.冷却液加热器　5.电池

图15-27

3.电驱单元

（1）电驱单元组成和特点。

电驱单元主要分为逆变器、电机和减速器三部分，如图 15-28 所示。其中电机采用高性能永磁同步电机（后部端盖内设有解角器，以监测电机的转速和位置）：

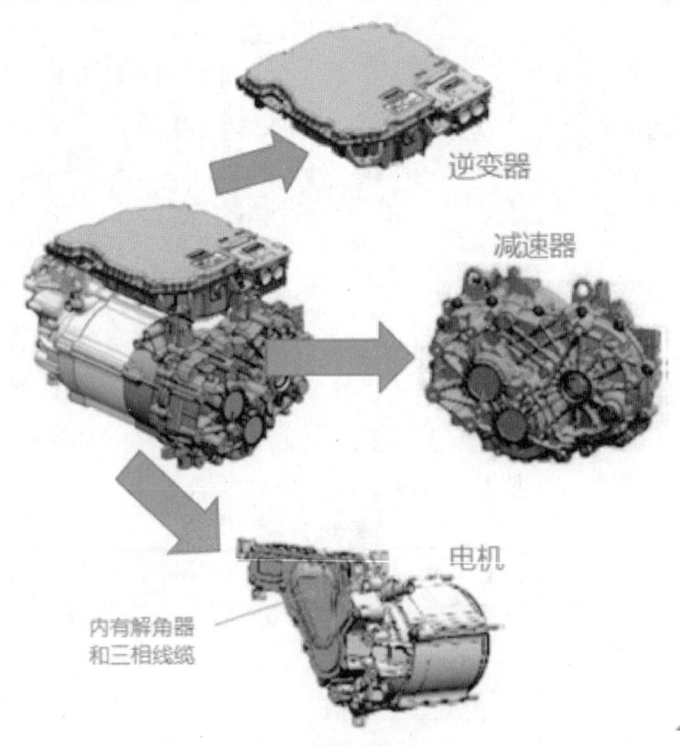

图15-28

①最大功率比上一代提升 20kW；

②拥有出色的起步加速性能；

③适当降低电机转矩（将至 265N·m），进一步降低能耗，同时又不影响动力性能。

（2）电驱单元维修。

电驱单元是一个高压部件，在总成拆卸前必须执行高压解除操作。电驱单元的逆变器、电机和减速器可单独更换。其他维修信息如下：

①逆变器不可进行分解维修，应总成更换；

②电机可以更换后端盖、解角器（换后需学习）及绝缘密封件等外围附件；

③减速器是一个机械部件，需要定期保养换油，油封可以单独更换，还可以进行内部分解维修。

4.减速器

电驱单元中的减速器主要由壳体、齿轮机构及其他细小部件组成，如图 15-29 所示。减速器主要特点：

（1）承接电机产生的扭矩；

（2）只有一个挡位的减速齿轮组，实现减速增扭；

（3）带有机械式 P 挡锁止机构。

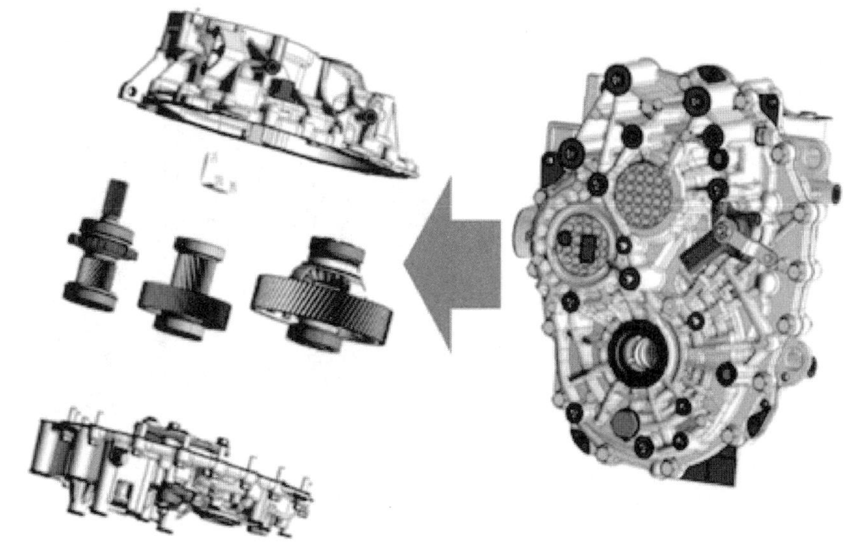

图15-29

5.电控单元

采用高精度电控系统，对电池、电驱单元、充电等系统，实现更加智能的能量控制和安全监控。主要特点：

（1）输出电流精度达到 0.5%；

（2）电量计算精度达到 3%，精度远超国标；

（3）实现更远的 518km 的续航里程；

（4）采用高度集成的充电装置；

（5）具有安全可靠的高压监控系统。

6.车载充电机（交流）

将车载充电机（OBCM）和电源辅助模块（DC/DC 或 APM）集成一体，是一个总成件，如图 15-30 所示。车载充电机：将 220V 交流电转为高压直流电，为车载电池充电。在对电池执行高压充电，或对蓄电池进行低压充电时车载充电机都会产生大量热量，因此需要冷却液进行主动冷却。电源辅助模块：将电池内的高压直流电转化为低压直流电，给整车低压负载供电，并给 12V 蓄电池充电。

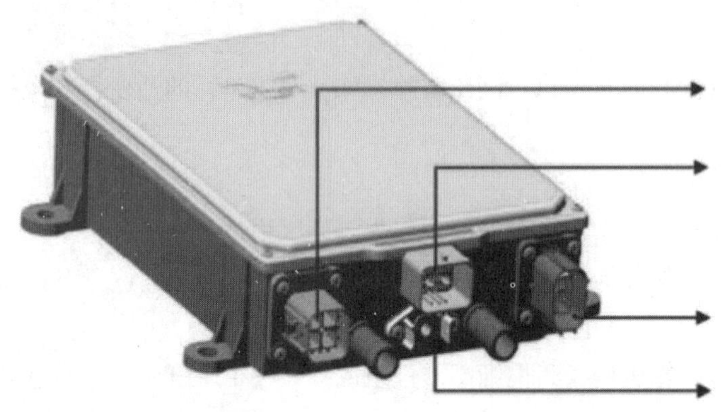

图15-30

7.冷却液系统

共配有 3 套独立的冷却液管路系统，分别是电池热管理系统、高压部件冷却系统和暖风加热系统。这 3 套系统均存在高压部件，因此更换冷却液前必须执行高压解除。并且此 3 套系统都采用了 DEX-COOL 型去离子水（50/50 预混合）的冷却液，如图 15-31 所示。

8.减速器维修保养

（1）减速器维修保养——润滑油排放。

减速器内部有润滑油液，应该手册要求定期更换油液。关键步骤及要点：

①在车底减速器处放置一个接油盘；

②拧下减速器后盖下方的放油塞，排除减速器内残油，报废放油塞的垫圈；

③待排空润滑油后，安装拧紧放油塞和新垫圈（拧紧扭矩：35 ± 5N · m）。

注意事项：避免杂质混入减速器内部；长时间运行的减速器油温较高，存在烫伤风险，建议放油前车辆是常温静止状态。

图15-31

（2）减速器维修保养——润滑油加注。

排放完润滑油后，加注润滑油的关键步骤、要点：

①拧松、拆下加油塞，报废垫圈；

②通过加注口，使用合适、干净的漏斗或油泵将 0.54L 油液加到减速器中；

③安装新垫圈，然后拧紧加油塞（拧紧扭矩：35 ± 5N · m）。

注意事项：加注容器无刻度等情况时应使用称重方法确定加油量；维修完成后，对维修部位进行清洁，以减少对油液渗漏问题的误判。

（3）减速器壳体上有差速器油封、换挡轴油封等，这些油封漏油时可单独更换。更换的关键步骤、要点：

①使用一字螺丝刀将油封从壳体撬出，废弃旧油封，不要重复使用；

②使用新的油封，在唇口处涂润滑油脂，用油封安装工具，安装油封；

③油封安装到位后，监测油封端面是否安装平齐。

注意事项：拆卸油封时，不能破坏油封与壳体结合面；不同油封安装工具的尺寸不同。

（4）减速器维修保养——分解维修。

减速器可以分解维修且以模块化维修更换为主，这可提升维修质量，也可降低用户的维修成本。主要分为前壳体、后壳体、输入轴、中间轴和差速器，共 5 大组件，如图 15-32 所示。

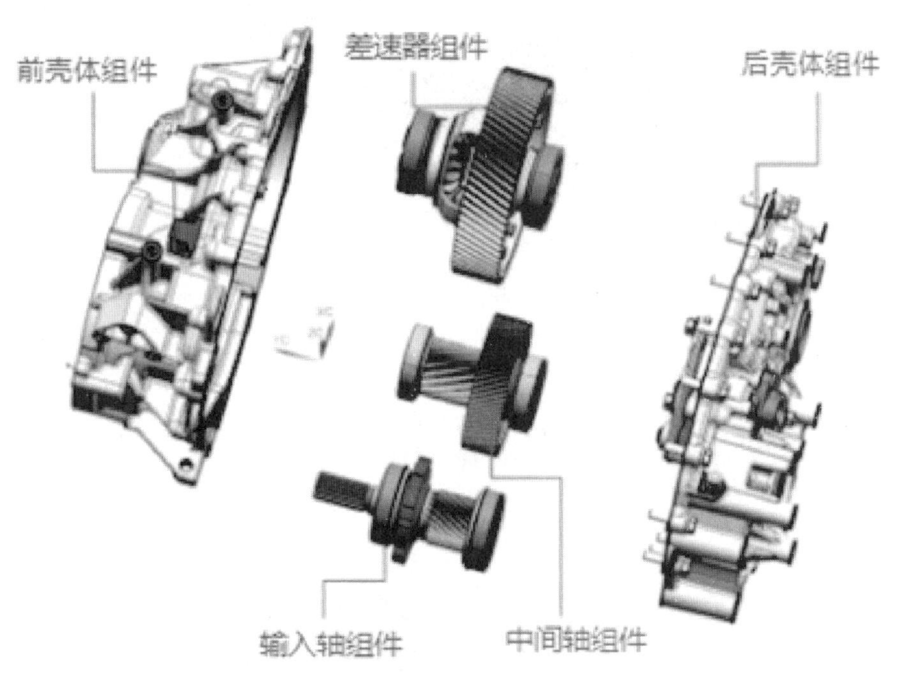

图15-32

三、微兰7车型（518km）

1.高压电池

（1）部件组成。

高压混合动力 / 电动车辆蓄电池包括 288 个独立的锂离子电池。3 个电池并联焊接在一起，并称为电池组。混合动力 / 电动车辆蓄电池总成中一共有 96 个电池组。这些电池组以电气连接方式串联连接。每个电池组的额定电压为 3.65V，系统标称直流电压为 350V 直流。电池组是通过电气方式连接在一起的以形成 10 个不同的电池模块。有 8 个由 10 个电池组组成的电池模块和 2 个由 8 个电池组组成的电池模块。2 个电池单格模块通过物理方式安装在一起以形成单元 / 排。第 1 和 3 单元 / 排可以互换，而第 2、4 和 5 单元 / 排的位置是唯一的。除第 5 单元 / 排外，两个电池单格模块均没有通过电气方式连接到它们各自的单元/排中。混合动力/电动车辆电池组总共包含6个蓄电池温度传感器，它们安装在某些电池单格模块上。混合动力 / 电动车辆电池组还包含一个冷却液进口温度传感器。高压电池如图 15-33 所示。

（2）壳体。

壳体包括上、下壳体和密封圈。上壳体采用工程塑料，下壳体采用带加强筋的钢质材料，并设计有漏液检查孔。

（3）模组。

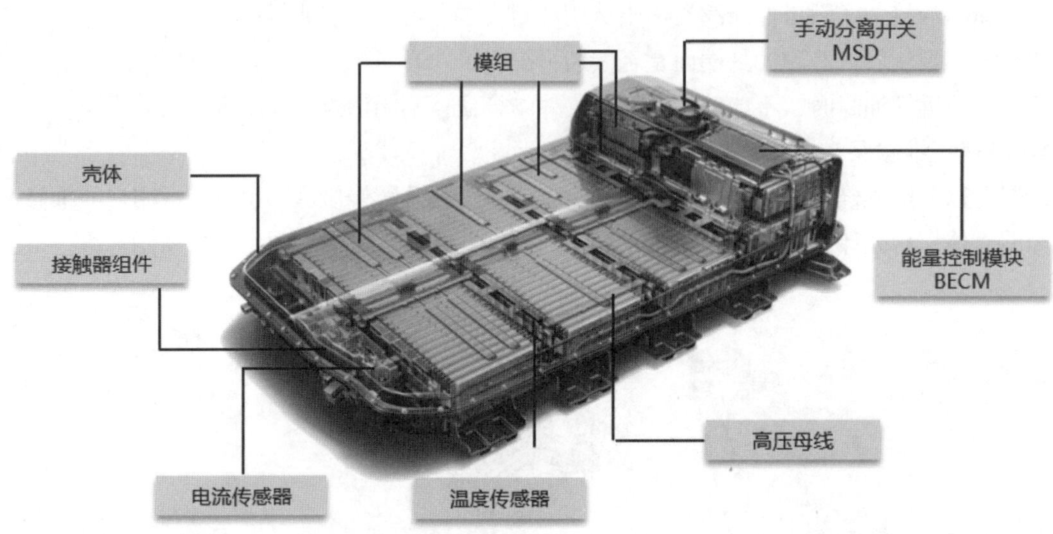

图15-33

存储高压电能，是电池的核心部件。共有5个模组，每个模组包含2个模块，如图15-34所示。注意：电池分解维修时，模组是最小的可拆装单元，不得分解模组。除模组5外，其他模组内的2个模块之间没有直接连接，是按如图15-34所示的方式顺序串联。模块5和模块6之间的高压电路经过手动分离开关MSD。

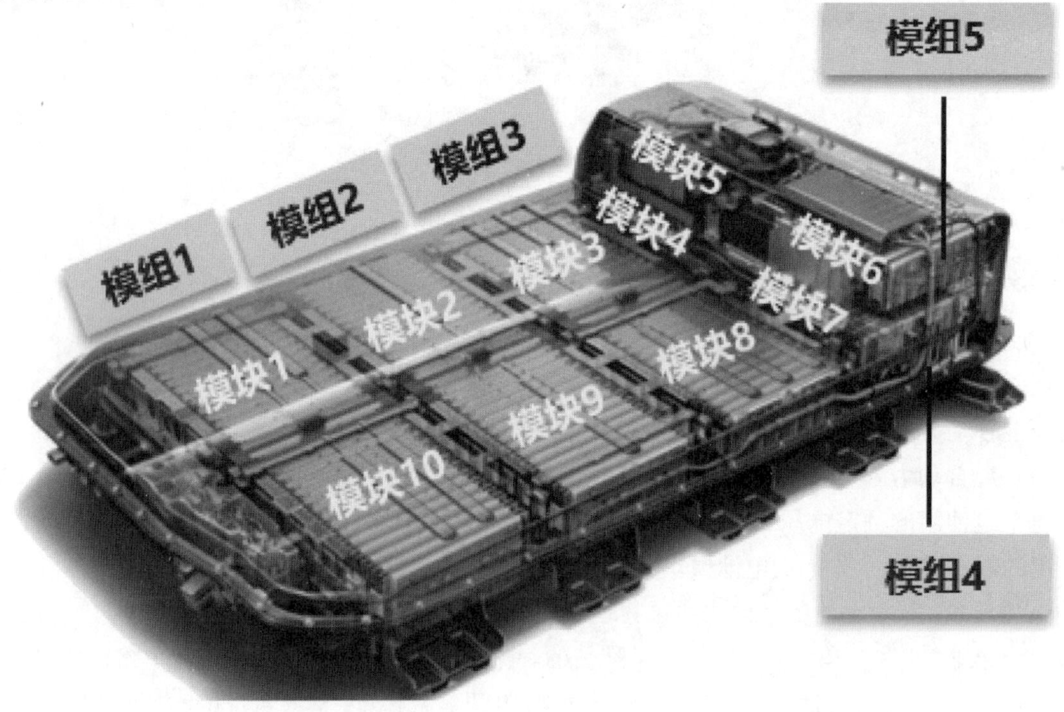

图15-34

单体电芯是构成模组的最基本单元，共有288个单体电芯，其额定电压为3.65V。3个单体电芯并联形成1个电芯组，共有96个电芯组。8个或10个电芯组串联形成1个模块，共有10个模块。2个模块通过长螺杆和框架安装在一起形成1个模组。

（4）电池能量控制模块（BECM）。

位于电池内部，在模块6上方，如图15-35所示。收集电池温度、电压和电流等信息；执行电量平衡。

注意：如需断开和重新连接各连接器，则必须按照特定的顺序进行操作，这是为了防止可能的峰值电压对模块造成损坏。

图15-35

（5）接触器组件。

位于电池内部，在模组 1 前方，如图 15-36 所示。类似于一个常开继电器，包括电磁线圈和常开触点。触点上经过的是高压电流，电磁线圈仍然采用 12V 的低电压进行控制。作用：接通或切断电池与外部高压电器及充电系统的工作回路。部件包括主正极接触器、主负极接触器、充电正极接触器、预充电负极接触器、预充电电阻和保险丝。

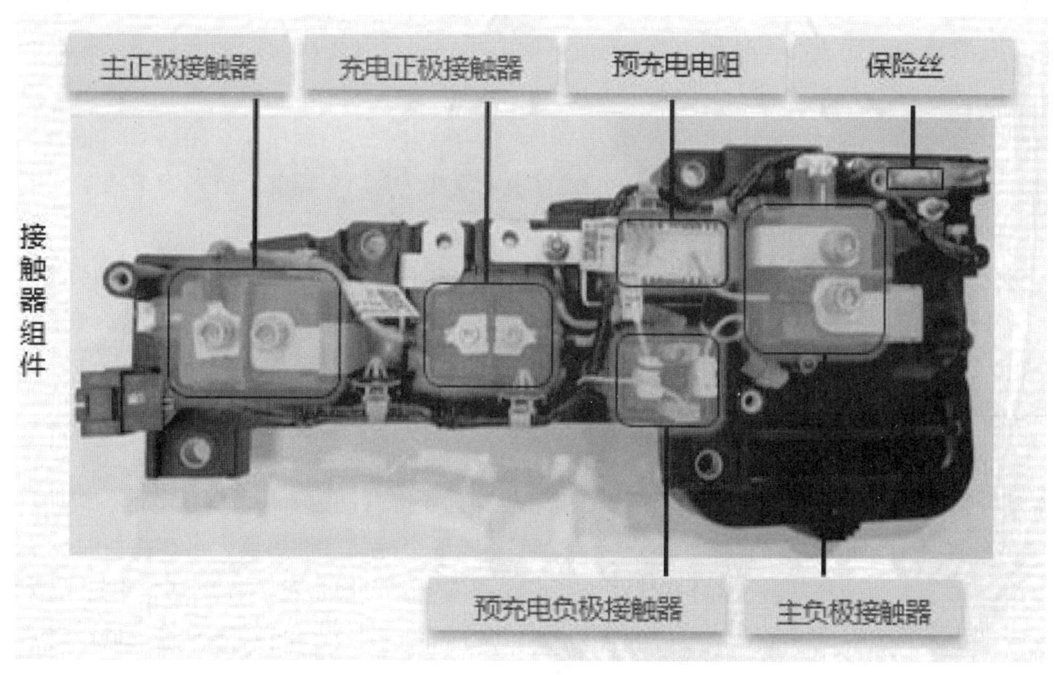

图15-36

（6）混合动力冷却系统。

此车辆配备三个完全独立的冷却系统，分别为：

①混合动力/电动车辆电子装置冷却系统专用于冷却动力电子装置部件；

②混合动力/电动车辆电池组冷却系统专用于冷却和加热高压混合动力/电动车辆电池；

③乘客舱加热器系统专用于为乘客舱提供加热。

混合动力电子装置冷却系统的说明如图15-37所示。

1. K1 14V电源模块 2.T18蓄电池充电器 3.电子装置冷却液储液罐 4.T12自动变速器总成冷却液进口和出口 5. G35混合动力/电动车辆电子装置冷却液泵 6.动力电子装置冷却液散热器 7.T6电源逆变器模块

图15-37

混合动力/电动车辆电子装置冷却回路的主要用途是冷却T6电源逆变器模块、T18电池充电器和K1 14V电源模块和变速器。混合动力/电动车辆电子装置冷却系统使用混合动力/电动车辆电子装置散热器、发动机控制模块输入、散热器风扇和12V G35混合动力/电动车辆电子装置冷却液泵来使冷却液在系统中循环流动。K114B混合动力/电动车辆动力总成控制模块2激活G35混合动力/电动车辆电子装置冷却液泵，并监测散热器内的B202混合动力/电动车辆电子装置冷却液温度传感器。在车辆启动和充电期间，冷却液泵将激活。

混合动力/电动车辆电子装置冷却系统循环预混合的DEX-COOL®，这是50/50的DEX-COOL®和去离子水的混合溶液。去离子水用于高压隔离并防止腐蚀以免影响散热片性能。始终在混合动力/电动车辆电子装置冷却液系统中使用预先混合的冷却液，切勿使用自来水。

混合动力/电动车辆蓄电池组冷却系统如图15-38所示。

混合动力/电动车辆蓄电池组冷却系统使用12V G37混合动力/电动车辆蓄电池组冷却液泵、制冷剂/冷却液换热器（深冷机）和G1空调压缩机来冷却高压混合动力/电动车辆电池。混合动力/电动车辆电池外部还有一个E54高压混合动力/电动车辆电池组冷却液加热器，可在需要时加热进入混合动力/电动车辆电池的冷却液。K114B混合动力/电动车辆动力总成控制模块2监测B204A混合动力/电动车辆电池冷却液温度传感器1、混合动力/电动车辆电池单元温度传感器、制冷剂温度、制冷剂压力和B258混合动力/电动车辆电池冷却液液位开关。K114B混合动力/电动车辆动力总成控制模块 2 确定混合动力 / 电动车辆电池所需的制冷或加热程度，并打开 G37 混合动力 / 电动车辆电池组冷却液泵。根据要求，它将操作散热器风扇并请求空调压缩机模块打开高压空调压缩机，或打开 E54 高压混合动力 / 电动车辆电池组冷却液加热器。当车辆正在运行、充电过程中或当车辆熄火并保持混合动力 / 电动车辆电池组温度时，混合动力 / 电动车辆电池组冷却系统可能被激活。

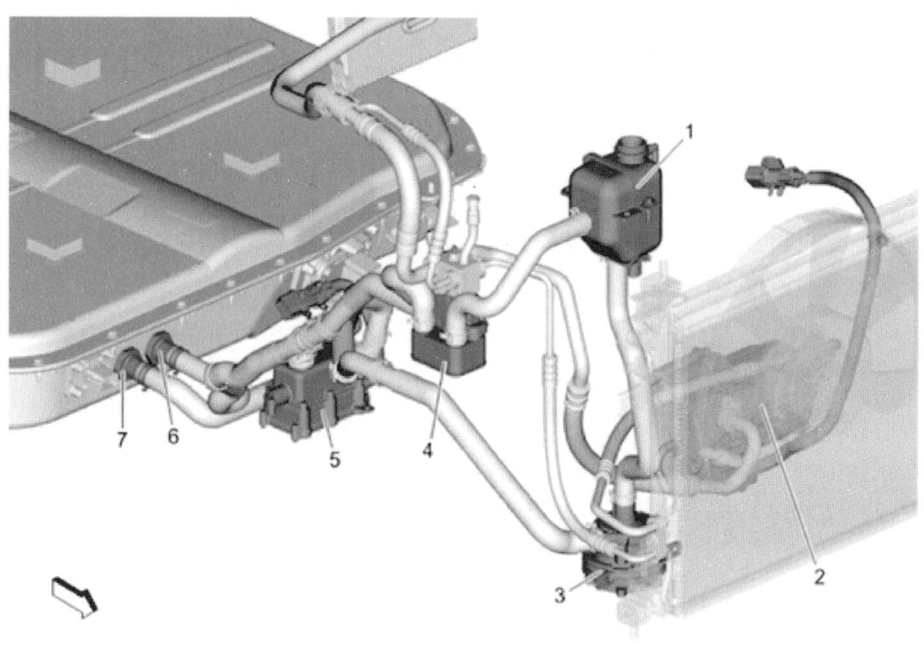

1.冷却液储液罐　2.G1空调压缩机　3.G37混合动力/电动车辆电池组冷却液泵　4. 制冷剂/冷却液换热器或深冷机　5.E54混合动力/电动车辆电池组冷却液加热器　6. 混合动力/电动车辆电池组冷却液出口　7. 混合动力/电动车辆电池组冷却液进口

图15-38

B258 混合动力 / 电动车辆电池组冷却液液位开关连接至冷却液储液罐。液位传感器是一个 2 状态开关，可在储液罐中液位偏低时改变状态。K114B 混合动力 / 电动车辆动力总成控制模块 2 使用冷却液液位开关可确定是否因冷却液流失而需要禁用混合动力 / 电动车辆电池组充电操作。

混合动力 / 电动车辆电池组冷却系统循环预混合的 DEX-COOL®，这是 50/50 的 DEX-COOL® 和去离子水的混合溶液。去离子水用于高压隔离并防止腐蚀以免影响散热片性能。始终在电池冷却液系统中使用预先混合的冷却液，切勿使用自来水。

客舱加热器系统如图 15-39 所示。

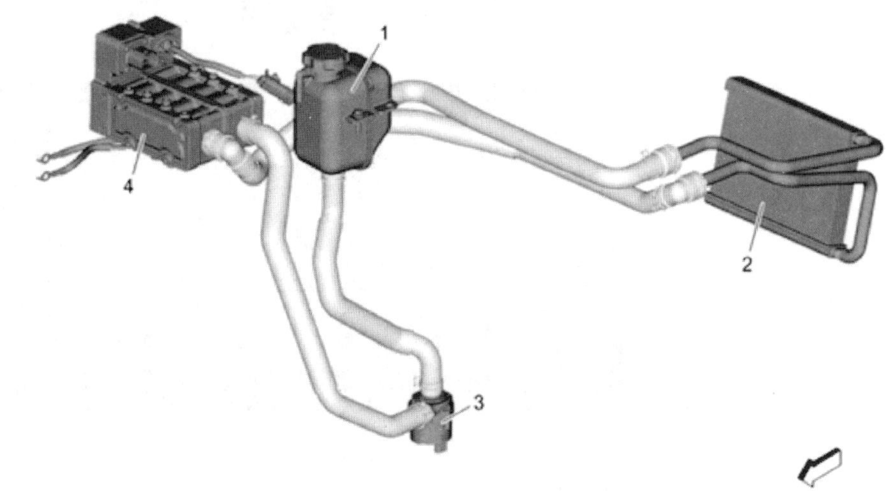

1.冷却液储液罐　2.加热器芯　3. G17加热器冷却液泵　4.K10冷却液加热器控制模块

图15-39

乘客舱加热器系统使用 G17 12V 加热器冷却液泵、K10 高压冷却液加热器控制模块和加热器芯。K33 HVAC 控制模块监测乘客舱和冷却液回路中的温度传感器，以确定是否需要操作 K10 高压冷却液加热器控制模块和 G17 加热器冷却液泵。乘客舱加热通过空气流经加热器芯来实现。乘客舱加热器冷却系统循环 50/50 的 DEX-COOL® 和去离子水的混合溶液。

（7）维修信息。

1）电量平衡。

在更换电池的模组后，应执行电量平衡以使新模组与已有模组之间完成电压水平匹配。

主要步骤：

①连接工具组件。

a. 将橙色高压电缆连接至保险丝盒。

b. 将绿色 / 黑色 / 红色插头座电缆连接至保险丝盒。

c. 将黑色低压电缆通过接口模块连接至电池低压连接器。

②连接主机电源。

③连接需要平衡的模块。

a. 开启 EL-50332 工具电源，从功能菜单选择需要平衡的模块。

b. 将绿色 / 黑色 / 红色插头座电缆分别连接至电池壳体搭铁、模块负极和模块正极。

④启用电量平衡程序：按下“下一步”按钮，EL-50332 工具将基于目标电压，通过充电或放电来平衡选定的模块。

注意：每次电量平衡只针对模组中的 1 个模块（模组 5 除外），在模组更换后需要分别完成 2 个模块的电量平衡，如图 15-40 所示。

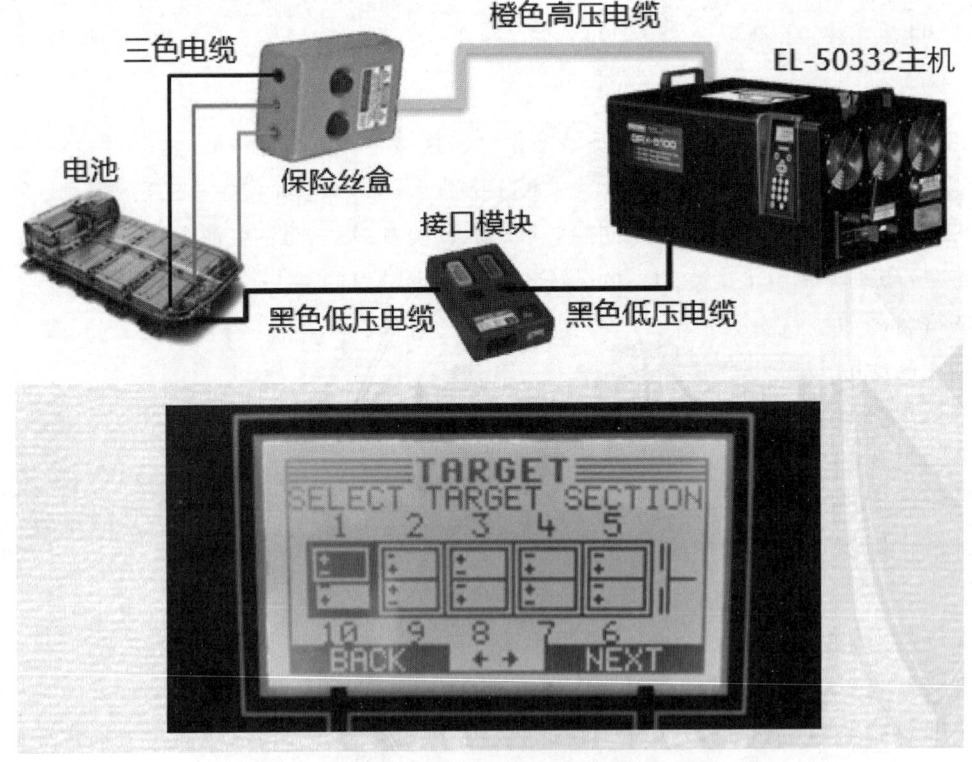

图15-40

2）内部系统检验。

在完成电池内部维修安装壳体之前，通过 EL-50332 工具读取电池数据可帮助确认电池内的电路系统的完整性，如图 15-41 所示。

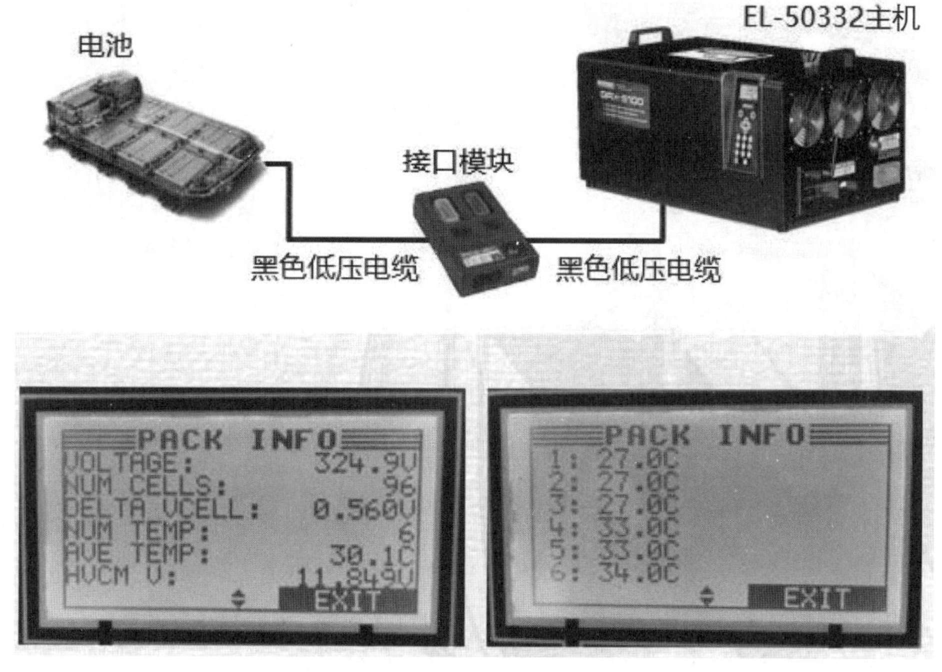

图15-41

主要步骤：

①连接工具组件：将黑色低压电缆通过接口模块连接至电池包低压连接器。

②连接主机电源。

③连在“PACK INFO”菜单下读取“DELTA VCELL（电池电压增量）”数据：等于或大于 0.1V，则确认执行的所有维修已完成并且所有连接；若小于 0.1V，则执行下一步。

④在“PACK INFO”菜单下读取所有温度传感器数据：

a. 若温度差值等于或大于 6℃，则确认执行的所有维修已完成并且所有连接。

b. 若温度差值小于 6℃，则执行下一步。

⑤电池正常。

3）容量快速读入。

在更换 HPCM2 模块、任一电池模组或电池总成后，可在 HPCM2 中激活电池容量快速读入程序，以使车辆显示准确的续航里程。

主要操作步骤：

①车辆处于维修模式。

②连接诊断仪到车辆。

③在 HPCM2 模块的“配置 / 重置功能”中选择“混合动力 / 电动汽车电池组容量读入”，并按诊断仪提示完成操作。

④为车辆充满电后交付用户并告知注意事项：容量读入程序尚未完成，尽可能长距离行驶将有助于该程序尽快完成。读入程序执行期间，续航里程显示可能不准确。

2.纯电电驱单元

（1）简介。

微蓝 7 的纯电电驱单元（以下简称电驱单元），用以驱动车辆行驶并能在车辆减速或制动过程中实现能量回收。电驱单元主要包括了电源逆变器模块、电机和变速器，其中电机与变速器采用了共用壳体式的集成化设计，是一个总成部件，如图 15-42 所示。

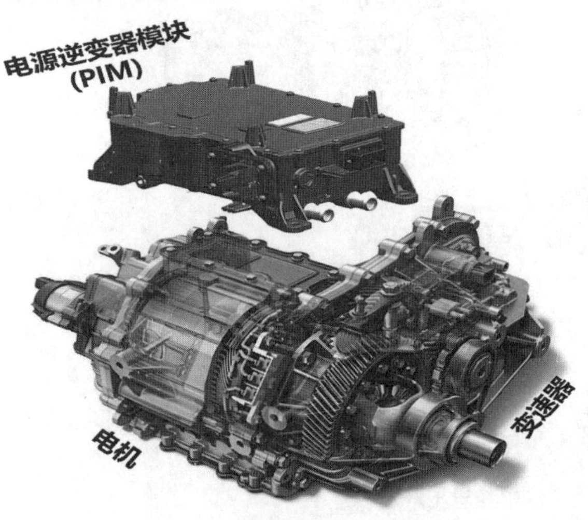

图15-42

（2）电机与变速器。

1）介绍。

电机用于向车辆提供驱动力或在制动能量回收时进行发电，变速器则用于在电机和驱动轮之间传递动力。主要性能参数如表 15-5 所示。

表15-5

参数	性能
电机类型	三相交流永磁同步电机
峰值转速	8800r/min
峰值转矩	360N · m
峰值功率	130kW
额定转矩	100N · m
额定功率	41.8kW
变速器总速比	7.05
防护等级	IP67
冷却方式	油-水热交换
重量（含油）	约74kg

电机与变速器组成部件：

机械部件：壳体、传动齿轮组、P 挡锁止机构、输出轴、滤清器。

电气部件：定子 / 转子、解角器、油温传感器、挡位模式传感器、电子油泵。

2）机械部件介绍。

壳体：由上盖板、电机壳体盖、中间壳体、变速器壳体盖和下盖板组成。特点：中间壳体是电机和变速器各部件的主要载体，两端再安装壳体盖形成了电机和变速器总成。

传动齿轮组：在电机和传动轴之间传递动力。由主动齿轮、主轴主动齿轮、主轴、主轴从动齿轮和主减速齿轮 / 差速器组成。特点：传动齿轮组与电机刚性连接；通过主轴的主动和从动齿轮实现一挡减速；主减速齿轮 / 差速器与电机同心布置，结构紧凑。

P 挡锁止机构：机械锁止驱动轮以形成驻车挡。由换挡轴、驻车棘爪执行器、驻车棘爪和驻车齿轮组成。特点：由电子换挡执行器驱动实现锁止和解锁。

输出轴：在变速器和车轮之间传递动力。由包括左输出轴（长）和右输出轴（短）组成。特点：左输出轴穿过电机转子连接差速器；右输出轴直接连接差速器；两根输出轴上都带有防尘护罩，提高了总成的密封性。

图15-43

滤清器：过滤变速器油中的微小杂质。特点：长效型滤芯，无须定期保养更换。

3）电气部件。

定子：由扁铜条式三相绕组（Y 形连接）和定子铁芯组成，如图 15-43 所示。作用：驱动时，接通三相交流电以产生滚动磁场；能量回收时，通过切割磁力线产生三相交流电。

转子：由复合永磁体、转子轴、轴承和主动齿轮组成，如图 15-44 所示。作用：驱动时，跟随定子滚动磁场同步转动以提供驱动力；能量回收时，被车轮驱动向定子提供变化的磁场。

图15-44

解角器：由 1 组主动线圈、2 组信号线圈和 1 个不规则金属信号组成，如图 15-45 所示。监测电机转子的旋转角度、速度和方向。特点：电磁感应型传感器，信号传递到电源逆变器模块。原理：电源逆变器模块向主动线圈提供励磁信号用以建立磁场；不规则的金属信号轮转动使 2 组信号线圈分别产生感应信号；电源逆变器模块通过比较 2 组感应信号以确定电机的角度、速度和方向。

油温传感器：监测电机附近的变速器油温度以反映电机温度状态。特点：负温度系数热敏电阻，信号传递到电源逆变器模块。

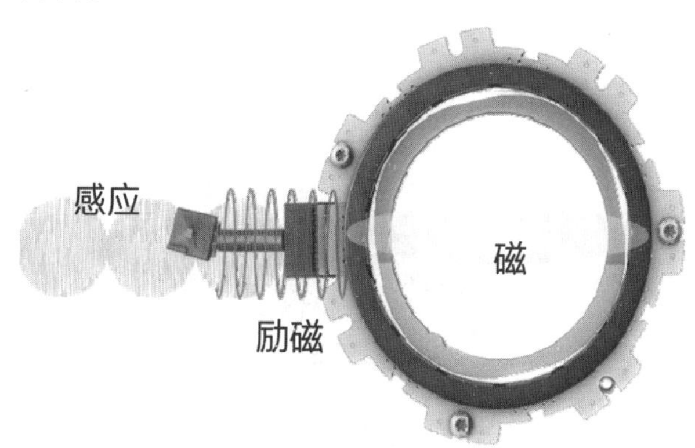

图15-45

挡位模式传感器：由 5 个霍耳效应开关传感器组成。监测换挡轴位置。特点：随换挡轴转动，向电源逆变器模块输出 5 个高、低不同的电压信号；电源逆变器模块基于 5 个电压信号的逻辑组合以判断换挡轴位置。

电子油泵：由机械转子泵和 12V 直流电机组成。驱动变速器油进行循环。特点：通常在车辆行驶时运行，由电源逆变器模块以 PWM 信号控制其转速。

（3）电源逆变器模块。

电源逆变器模块（PIM）主要用于将高压直流电逆变为三相交流电以控制电机驱动运行，或将来自电机的三相交流电整流为高压直流电回馈到电池，如图 15-46 所示。主要性能参数如表 15-6 所示。

图15-46

表15-6

参数	性能
工作电压（DC）	240~391V
额定电压（DC）	334V
持续工作电流（AC）	150A
最大工作电流（AC）	400A
重量	9.1kg
冷却方式	液冷
防护等级	IP67
通信方式	GM LAN

结构与功能：

HPCM1 是电驱单元运行和故障监测的主控制器，与 HPCM2 联合工作，控制高压电路启用或禁用，如图 15-47 所示。它是通过 GMLAN 网络与其他模块通信。油泵电机控制模块。控制电子油泵的运行（12V）。电机控制模块。基于 HPCM1 的指令控制电机的转速、方向和输出扭矩。内部冷却通道。为电源逆变器模块提供冷却。

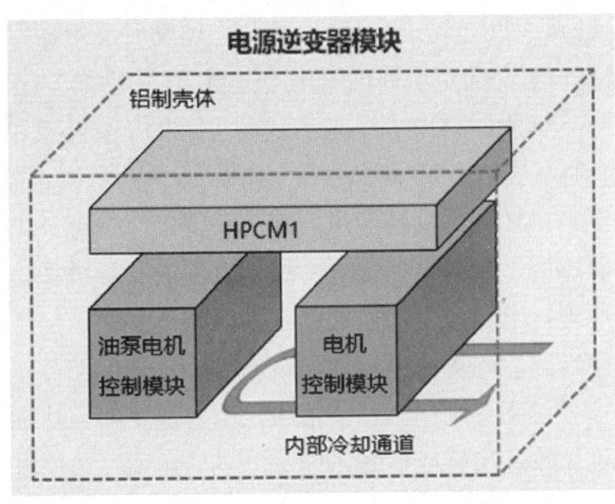

图15-47

（4）变速器油更换。

①使用诊断仪确认变速器油温在 15~35℃范围内；

②变速器置于 P 挡，关闭点火开关；

③拆下排放螺塞（2 个），如图 15-48 所示，排放变速器油；

④拆下加注螺塞，加注规定型号和容量的变速器油；

⑤将车辆置于维修模式，使用诊断仪指令电子油泵运转 1min 以循环变速器油；

⑥拆下检查螺塞检查变速器油位，油液应能从检查孔缓慢滴落。注意：如果变速器油加注过量，可能导致大量泡沫或油液从通风管喷出。

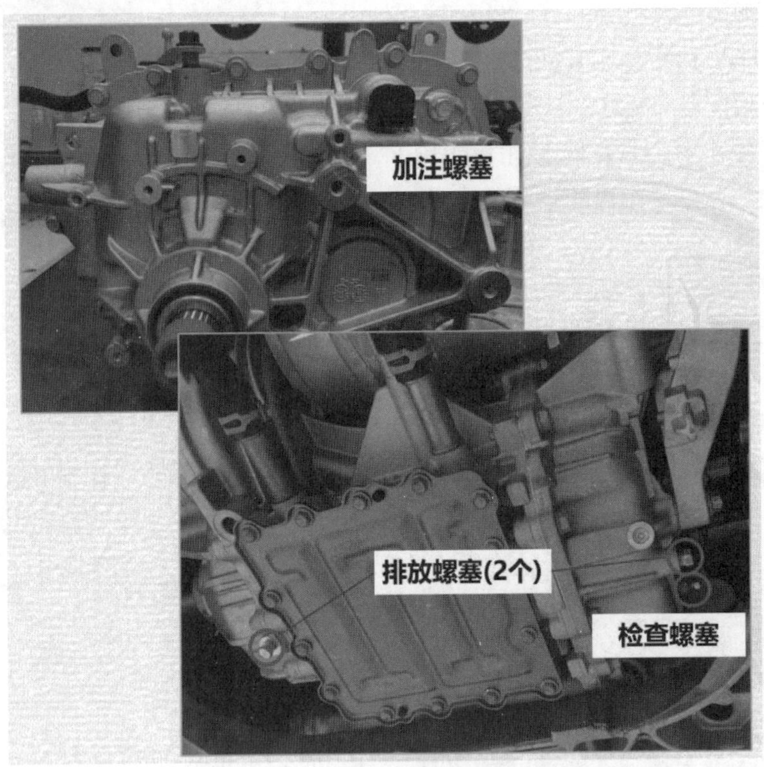

图15-48

3.高压电控单元

（1）高压系统主控模块。

微蓝 7 车辆上用于控制高压系统电器部件协调运行、监测高压系统安全和分配整车高压电路的重要控制模块主要有 HPCM2、ECM、电源逆变器模块和高压配电模块，如图 15-49 所示。

1）主控模块介绍。

① HPCM2。

HPCM2 的工作任务主要与电池、充电系统和热管理系统有关。作用：接触器控制、电池能量管理、交流和直流充电控制、主动与被动绝缘检测、电池与高压部件热管理。

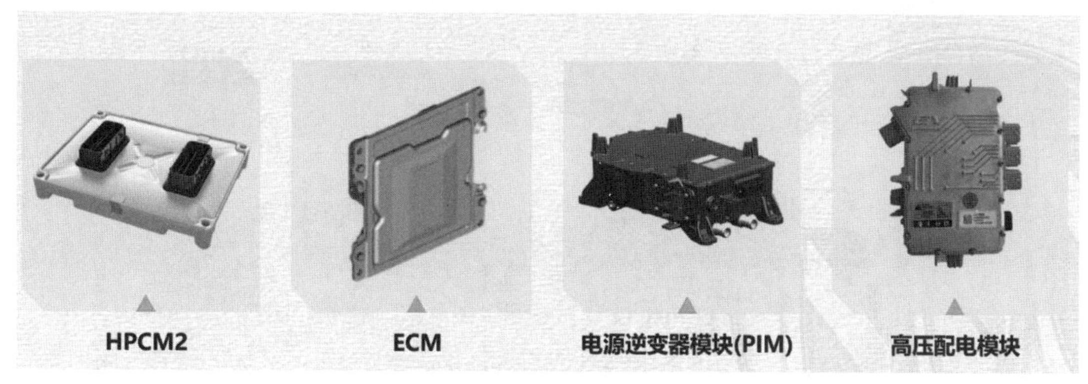

图15-49

② ECM。

ECM 通过 GMLAN 网络与很多高压系统部件和控制模块进行通信，以监测它们的性能状态，还能对重要的动力系统控制指令进行协调和仲裁。作用：加速踏板和制动踏板信号采集、车辆启动控制、最高限速控制、常规巡航控制、低压充电控制、前机舱冷却风扇控制。

③高压配电模块。

高压配电模块是整车高压系统电路的分配枢纽，如图 15-50 所示。有高压配电母线、保险丝、接触器和互锁回路等组成，共有 8 个高压连接器和 1 个低压连接器，内部安装有 3 个保险丝。作用：母线和保险丝用于为各高压部件搭建分配电路并提供过载保护；接触器用于控制直流充电电路和电池加热器电路的通断。

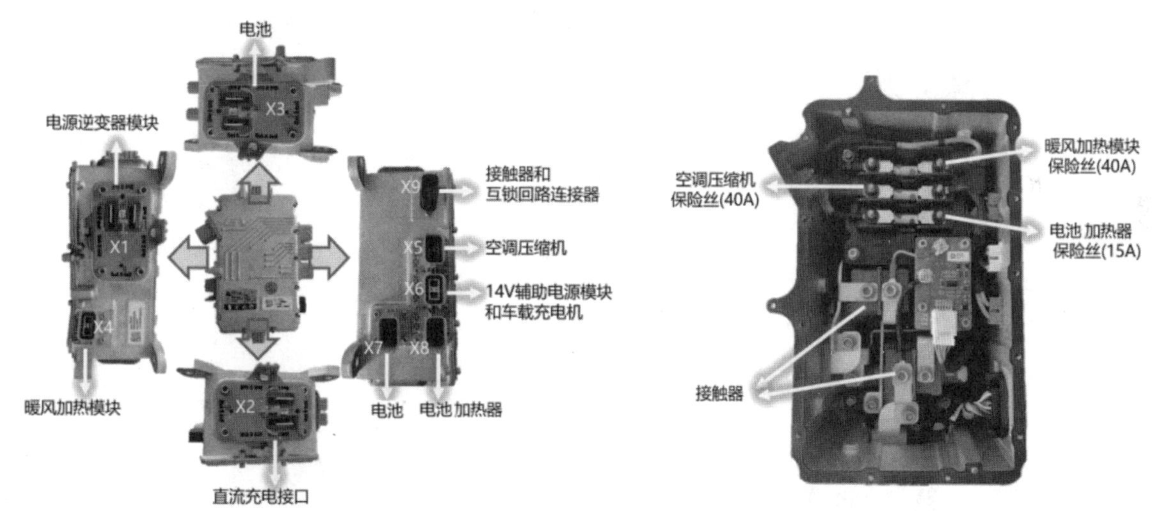

图15-50

2）高压部件组成如图 15-1 所示。

3）高压电缆。

高压电缆采用多层防护设计，具备抗电磁干扰、阻燃、耐磨损和高绝缘性等特点。部分电缆的连接器内带有互锁回路，如图 15-52 所示。

（2）高压系统控制。

高压系统控制的主要任务是对高压电能在各高压部件之间的传递过程进行管理和安全监测，以保障高压系统协调、高效且安全地运行。微蓝 7 高压系统主要的能量传递出现在以下工况时：驱动运行、能量回收、交流充电、直流充电。驱动与能量回收控制（部门）如图 15-53 所示。

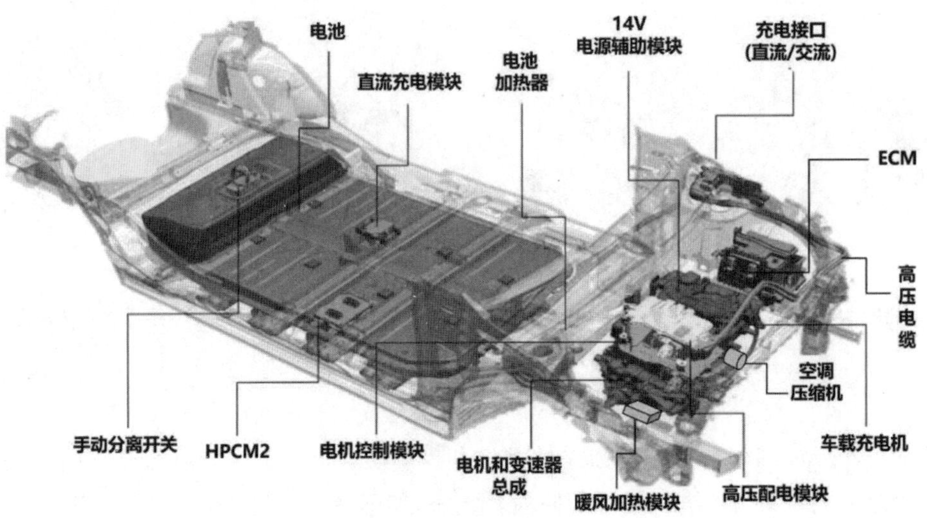

图15-51

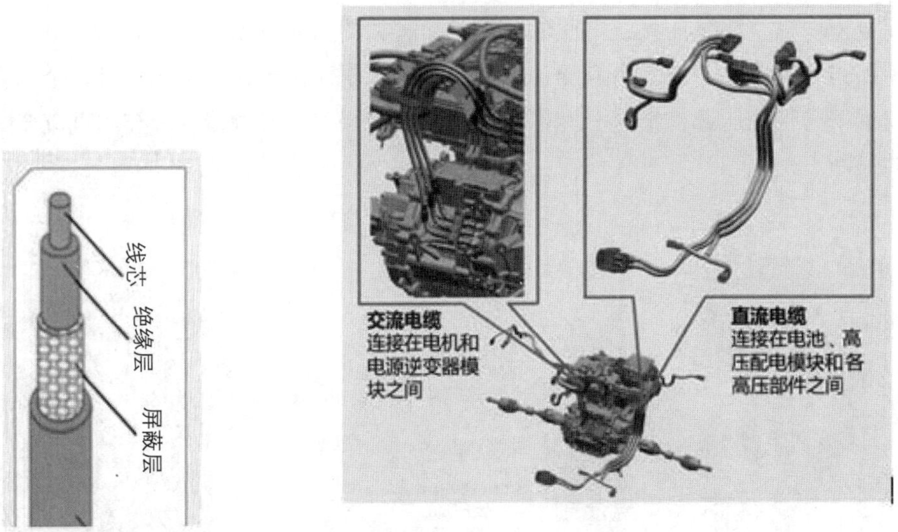

图15-52

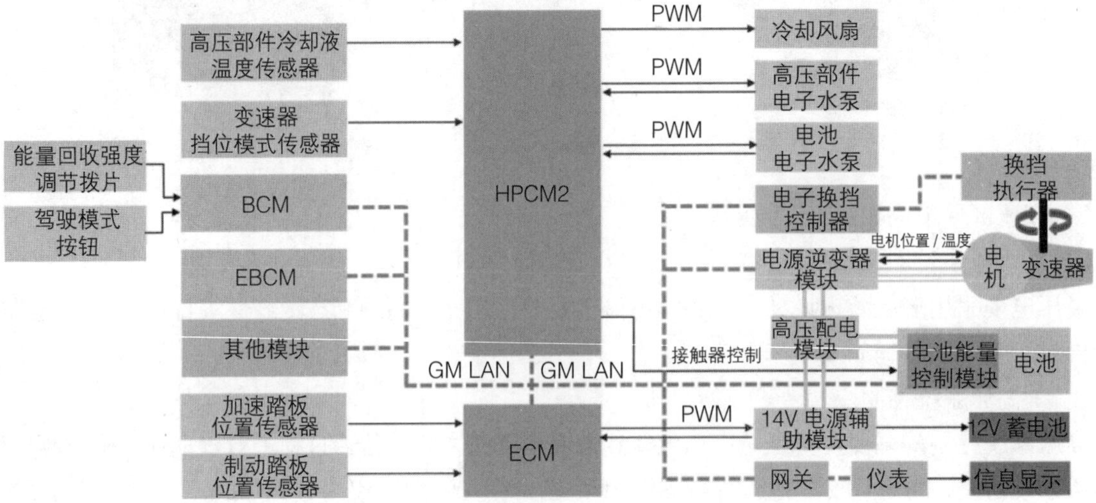

图15-53

（3）高压监测系统。

混合动力 / 电动车辆系统监测若干高压部件是否被尝试访问。此外，在混合动力 / 电动车辆蓄电池正负电极和车辆底盘之间，始终保持一个最小的绝缘电阻。电源逆变器模块（通常称为驱动电机发电机电源逆变器模块）内部的微处理器和混合动力 / 电动车辆动力总成控制模块2 监测混合动力 / 电动车辆系统的访问情况以及绝缘损耗。

1）高压互锁电路。

高压互锁电路是一种通过特定高压部件的线路回路，如图 15-54 所示。高压互锁电路用于确定高压部件是否正在被尝试访问。这些高压部件断开会导致高压互锁电路开路。混合动力 / 电动车辆系统可能通过断开高压接触器继电器并对高压电容器充电，对高压互锁电路导通性的损耗做出反应。高压互锁电路信号由混合动力 / 电动车辆动力总成控制模块2 产生。高压互锁电路状态由混合动力 / 电动车辆动力总成控制模块2、混合动力 / 电动车辆动力总成控制模块1 和各驱动电机控制模块进行监测。

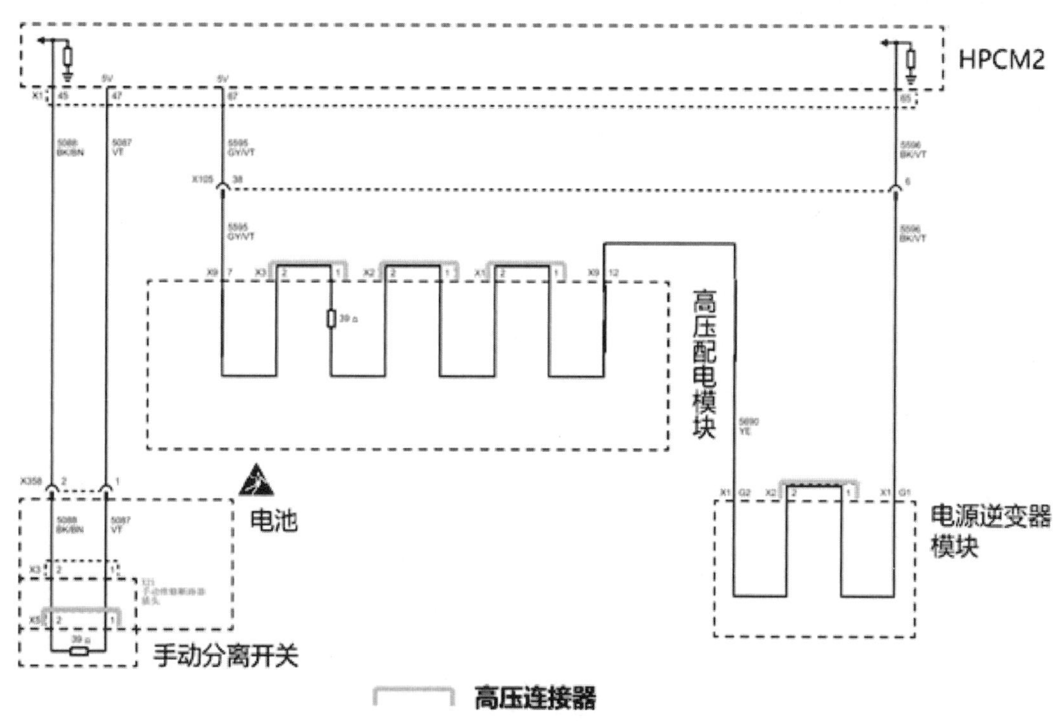

图15-54

2）高电压直流底盘绝缘。

混合动力 / 电动车辆系统监测各高压总线和车辆底盘之间的电势。高电压应始终通过一定量的电阻与车辆底盘绝缘，以免产生危害生命安全的电流。如果发现高压泄漏到车辆底盘，混合动力 / 电动车辆系统将设置一个故障诊断码（DTC）。高压直流底盘绝缘由驱动电机控制模块和混合动力 / 电动车辆动力总成控制模块2 监测。绝缘损耗的测试需要特殊工具和步骤。由于混合动力 / 电动车辆系统中存在高电压，因此如果绝缘击穿，可能发生绝缘损耗。一般仅当出现高压和 / 或电流时才会发生绝缘击穿。由于数字式万用表不使用高电压测量电阻，因此绝缘击穿等情况无法使用一般数字式万用表进行诊断。

4.充电系统

（1）简介。

微蓝 7 车辆上有两个电能存储装置：电池和 12V 蓄电池，充电系统用于对两个储能装置进行充电并监控充电进程，如图 15-55 所示。电池充电可通过交流和直流充电系统来实现，12V 蓄电池充电则是通过车辆上的 12V 低压充电系统来实现的。

（2）直流快速充电。

图15-55

直流高功率快速充电系统（常规选装件 CBT）由固定式外接直流快速充电站、直流组合插头、混合动力 / 电动车辆蓄电池充电器插座、T24 蓄电池直流充电器和混合动力 / 电动车辆电池组组成，如图 15-56 所示。高压直流电流通过 T24 蓄电池直流充电器直接提供给混合动力 / 电动车辆电池组，从而绕过 T18 蓄电池充电器（通常称为驱动电机电池充电器）。插座具有锁止机构，该锁止机构会在电源输送到混合动力 / 电动车辆电池组时锁止直流组合插头。机械锁是由混合动力 / 电动车辆动力总成控制模块 2 控制的安全系统。充电过程完成或终止后，该锁止机构将会分离，并且直流组合插头处的高压直流电会降低到安全的电压水平。

混合动力 / 电动车辆动力总成控制模块 2 在能够开始充电过程之前监测并确认以下情况：固定式充电站能够为混合动力 / 电动车辆电池组提供高压直流电源；可将混合动力 / 电动车辆电池组温度保持在正常工作范围内；不存在高压电气安全故障；插座锁止机构工作正常；车辆防盗成功，如装备。如果这些条件中的任何一个在充电过程中失败，则充电过程将终止。

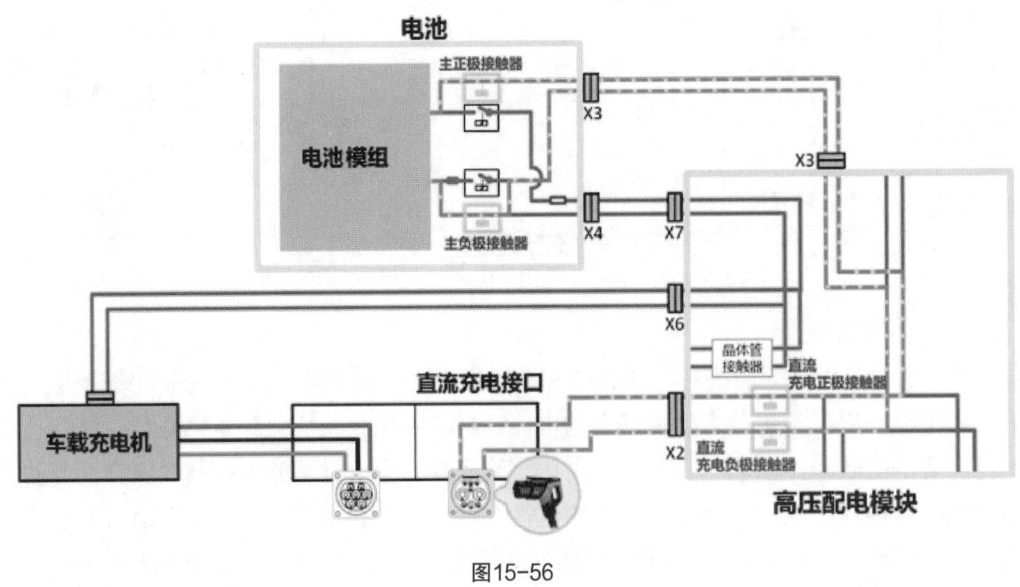

图15-56

（3）交流慢速充电。

高压电池充电系统由 5 个主要部件组成（如图 15-57 所示）：

①外接充电设备：驱动电机电池充电器电缆，通常称为旅行充电线组件；选装件，固定 220~240V 充电站。

②混合动力 / 电动车辆电池充电器插座，通常称为驱动电机电池充电器插座。

③ T18 电池充电器，通常称为驱动电机电池充电器。

④ T24 电池直流充电器。

⑤混合动力 / 电动车辆电池组。

随车提供的驱动电机电池充电器电缆一端采用标准家用电器接头设计，可以与另一端的车辆混合动力 / 电动车辆电池充电器插座配合。驱动电机电池充电器电缆具有带交流电源的充电电流中断设备和故障指示灯，储存在车辆的行李区内。对于想要减少充电所需时间的客户，可以使用选装充电站。选装充电站（如可用）通过硬线连接至 220~240V 电源且必须永久安装在客户的住所处。选装充电站的车辆端采用与驱动电机电池充电器电缆相同的插头。

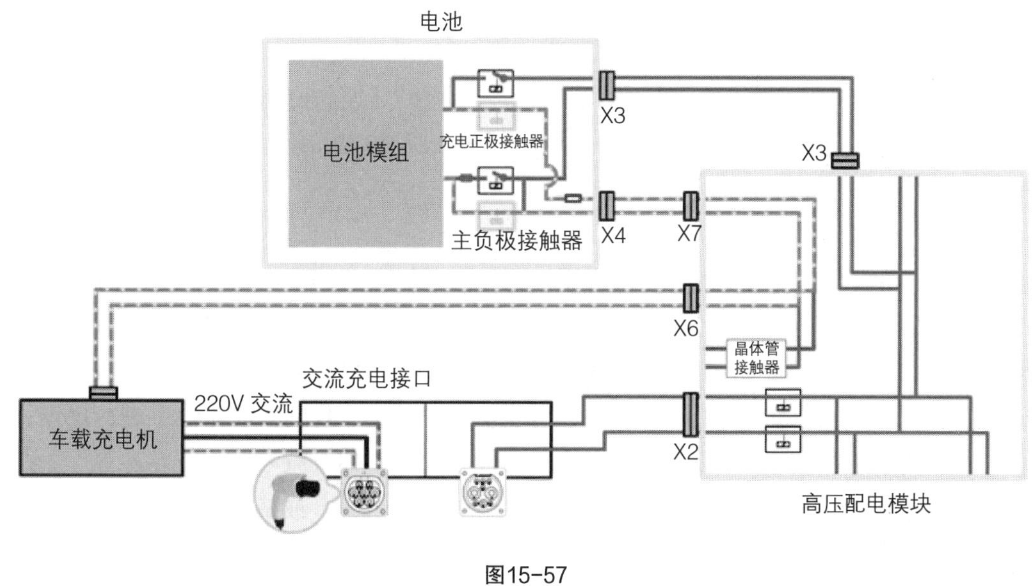

图15-57

（4）车辆充电状态指示灯。

外接电池充电设备由混合动力 / 电动车辆动力总成控制模块 2 监视并控制。混合动力 / 电动车辆动力总成控制模块 2 为主控制器且所有故障码将设置在该模块中，即使某些诊断实际在电池充电器中运行。充电事件可以根据电费率和出发时间延迟。充电事件（包括延迟）的状态通过视觉提示、仪表安装式充电状态指示灯和提示音传达给用户。当车辆在自动控制下充电时，位于仪表顶部中间的车辆充电状态指示灯将短时呈绿色闪烁。随着电池充电，闪烁频率从 1 增加到 4。如果充电延迟至以后开始，指示灯将呈绿色长时间闪烁。当充电完成时，指示灯呈绿色常亮。指示灯呈黄色常亮表示车辆无法接受充电。如果没有指示灯，则驱动电机电池充电器电缆未正常工作或未连接。

第三节　高压解除和启用操作

一、高压安全

1.一般高电压危险

危险 1：在维修高电压部件或接线前，务必执行高电压系统停用程序。必须使用人身安全设备（PPE），并遵循正确的程序。

高压解除程序包括以下步骤：确定如何解除高压、确定如何测试是否存在高压、确定高压始终存在的情况且必须使用人身安全设备（PPE）遵循正确的程序。

在进行任何高压系统的工作前，确保穿戴了以下人身安全设备：无论在室内还是在室外，距离车辆 15m 内，应佩戴带侧护套的安全眼镜、经认证的最新的 0 级绝缘手套，额定电压为 1000V，具有皮革保护层，使用手套前需进行目视检查和功能检查。

在高压蓄电池总成处进行工作时，要始终佩戴具有皮革保护层的绝缘手套，无论该系统通电与否。如不遵循这些程序将可能导致严重伤害甚至死亡。

危险 2：高压电路只可用数字式万用表（DMM）和至少一根 CAT III 规格的测试引线（如 J 39200-A 数字式万用表）进行测试。如不遵循这些程序将可能导致严重伤害甚至死亡。

注意：对于欧洲地区，可能要求使用专用电压检测仪，例如 EL-52229。禁止使用可测量电流的万用表。

危险 3：车辆配备的高压蓄电池是与底盘搭铁完全绝缘的。切勿使用交流通电测试设备探测高压系统。高压系统经电力设备进行搭铁，则可能导致严重的人身伤害、死亡和部件损坏。如不遵循这些程序将可能导致严重伤害甚至死亡。

2.执行维修或检查时的注意事项

在高压部件、导线、电缆或线束处以及周围进行维修前，务必确认高压已解除。摘下所有金属物品，如戒指、手表等。将安全锥放置在车辆周围以提醒其他技术人员您正在维修高压系统。将所有无钥匙进入发射器和手动维修断开装置拿出车辆，放在车外某处。检查或测试任何高压线束和部件时，要始终佩戴经过认证和测试的高压绝缘手套。尽可能使用“单手”规则：使用单手进行操作；将另一只手放在背后。切勿携带任何可能掉落并造成短路的金属物体（如机械用铅笔或卷尺等）。在拆下环形端子式高压电线后，立即使用 EL-50209 高压端子盖和列出的 UL® 或最低额定电压为 600V 的同等绝缘胶带保护并绝缘端子端。始终紧固高压端子紧固件至规定扭矩。扭矩不足或扭矩过大将导致故障或损坏。在完成高压系统维修后且在重新安装高压手动断开杆之前，检查以下内容：确认高压系统的完好性以及所有连接器均已安装；确认所有工具或松动部件已被取下。

3.部件、线束和连接器的标签

高压电路的线束和电缆装在橙色盖内。此外，将高压部件（例如储能系统和高压电缆）贴上“高压”红色危险标签和橙色警报标签。

4.高压绝缘手套检查程序

绝缘手套的目视和功能检查程序用于对高压系统进行维修时使用。在执行任何需使用额定电压为 1000V 的 0 级绝缘手套的程序之前，应先执行此检查程序。

（1）从皮革保护装置中取出手套。

（2）将空气留在手套和密封件开口中。将手套开口夹紧或卷起，以防漏气，如图 15-58 所示。

（3）按压手套使压力增大。

（4）检查是否存在以下情况：针孔、漏气、磨损、材料潮湿、已过期的认证。如果满足以上任何条件，切勿使用手套。

（5）如果未满足以上任何条件，手套正常，

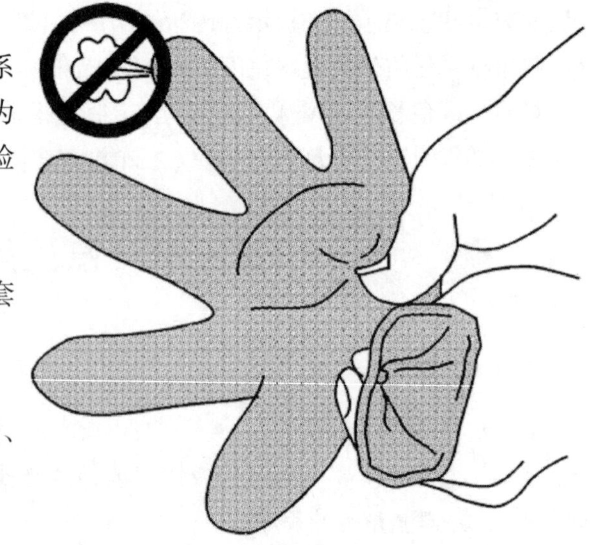

图15-58

可继续使用。

二、高压解除和高压启用

1.微蓝 7高压解除和高压启用

（1）高压解除方法。

高压解除步骤利用两种可能的方法解除高压（注意：无论哪种方法，高压解除程序仅分离高压电路以及混合动力 / 电动车辆蓄电池组以外的部件，混合动力 / 电动车辆蓄电池组内始终存在危险电压水平）。

①故障诊断仪方法：用 GDS2 故障诊断仪启用车上控制模块软件，解除并释放混合动力 / 电动车辆电池组以外的高压。

②数字式万用表方法：如果 GDS2 故障诊断仪方法未完成或无法实施，在特定高压连接器处执行基于数字式万用表（DMM）的物理测量方法。

（2）成功的 GDS2 故障诊断仪高压解除程序。

①通过确认特定 DTC 已运行并通过诊断仪来执行车辆状况的分析。

②计算车辆底盘的高压隔离电阻。

③设置碰撞事件锁闭，断开高压接触器继电器并释放高压系统的电力。当达到此阶段后，必须执行清除安全的高压故障诊断码程序以再次启用系统。

④锁定维修锁止状况以防止意外地启用高压系统。

⑤指示您拆下手动维修断开装置的时间。

⑥以下情况表示已成功完成高压解除：故障诊断仪上显示“PROCEDURE COMPLETE（程序完成）”信息；故障诊断仪上显示“CHECK VEHICLE’S HIGH VOLTAGE STATUS（检查车辆的高压状态）”信息，要求您确认：

车辆显示组合仪表驾驶员信息中心信息；

车辆发出来自车辆行人警报的持续音频响应；

故障诊断仪上的“High Voltage Inverter Voltage（高压逆变器电压）”参数指示系统高压已降至安全水平。

（3）故障诊断仪方法解除高压流程。

1）查阅高压安全信息。注意：在继续之前确保 12V 蓄电池完全充电并进行测试。

2）断开并拆下所有 12V 蓄电池充电器，并从 X98 混合动力电池充电器插座上断开并拆下充电线。注意：如果车辆状况不允许使用 GDS2 故障诊断仪，则转至“数字式万用表方法”。

3）访问位于混合动力控制模块 2（HPCM2）控制功能下的 GDS2 故障诊断仪高压解除程序。

4）根据 GDS2 故障诊断仪程序内的规定执行操作。注意：如果任何时间 GDS2 故障诊断仪显示“PROCEDURE UNSUCCESSFUL（程序不成功）”警告信息或失去通信，则停止 GDS2 程序并执行的“数字式万用表方法”。

5）当被 GDS2 程序指示时，拆下 S15 手动维修断开装置。将 S15 手动维修断开装置放置到车辆外部的安全位置。将暴露的高压开口使用 UL 认证的或同等的最小额定电压为 600V 的绝缘胶带进行封盖。

6）观察 GDS2 故障诊断仪“PROCEDURE COMPLETE（程序完成）”信息后显示“CHECK VEHICLE’S HIGH VOLTAGE STATUS（检查车辆高压状态）”信息，确认 GDS2 故障诊断仪程序已

成功完成。确认这些信息符合所有以下条件：

①行人警报系统的持续音频车辆响应。

②驾驶员信息中心信息。

③故障诊断仪上的“High Voltage Inverter Voltage（高压逆变器电压）”参数指示系统高压低于10V。

如果程序不成功，则执行的“数字式万用表方法”。

如果程序已成功完成，则继续执行下一步。

7）将车辆电源模式置于“OFF（关闭）”。

注意：断开12V蓄电池是停用音频车辆响应的唯一方法。如果在拆下S15手动维修断开装置时重新连接12V蓄电池，车辆音频响应将会持续数分钟。

8）断开12V蓄电池。

注意：您将需要执行清除安全的高压故障诊断码GDS2故障诊断仪程序，以在所需车辆维修完成后立即重新启用高压系统。

9）高压电路以及混合动力/电动车辆电池组以外的部件现已禁用/放电。

（3）高压解除确认表。

必要时打印高压解除确认表，如表15-7所示。回顾已完成的步骤以确认被禁用的部件。只有在“GDS2故障诊断仪程序不成功”时，确认以下完成的步骤。

表15-7

您想要解除的高压部件	必须完成的“GDS2故障诊断仪程序不成功”步骤
·高压部件周围或附近但不直接在高压部件上执行的一般车辆维修 ·T6电源逆变器模块和连接器 ·T12变速器和连接器 ·A4混合动力/电动车辆电池组-外部 ·300V电缆A4混合动力/电动车辆电池组至T24蓄电池直流充电器	步骤1-19
K1 14V电源模块	步骤1-24*
T18 蓄电池充电器	步骤1-24*
300V电缆-T24蓄电池直流充电器至K1 14V电源模块和T18蓄电池充电器	步骤1-24*
K10 加热器	步骤1-24*
300V电缆-T24蓄电池直流充电器至K10加热器	步骤1-24*
G1 空调压缩机	步骤1-24*
300V 电缆-T24蓄电池直流充电器至G1空调压缩机	步骤1-24*
E54加热器	步骤1-24*
300V电缆-T24蓄电池直流充电器至E54加热器	步骤1-24*
T24蓄电池直流充电器	步骤1-24*
*：适合时，在各个部件处执行测试。	

（4）数字式万用表方法解除高压。

注意：如果GDS2故障诊断仪程序不成功，适合时遵循下列步骤。

①将所有无钥匙进入发射器拿出车辆，放在车外某处。

②尝试使用点火模式开关启动车辆。如果车辆进入“推进系统激活”模式或发动机启动，从车辆

上找到所有无钥匙进入发射器并将其取出，然后返回“GDS2 故障诊断仪程序不成功”步骤的开始。

如果车辆未进入“驱动系统激活”模式并且发动机未启动，则继续执行下一步。

注意：必须将 12V 蓄电池断开，以保证测试结果正确。

注意：在断开 12V 蓄电池前，必须确保未启用蓄电池维护模式。

③断开 12V 蓄电池。

④拆下 S15 手动维修断开装置。将 S15 手动维修断开装置放置到车辆外部的安全位置。将暴露的高压开口使用 UL® 认证的或同等的最小额定电压为 600V 的绝缘胶带进行封盖。

注意：拆下任何高压连接器之前，必须等待 5min。在此等待时间内，允许拆下非高压部件。

⑤继续之前等待 5min，以使高压电容器放电。注意：9V 直流蓄电池或车辆 12V 蓄电池可用于测试数字式万用表（DMM）。

⑥通过测量已知良好的 9~12V 蓄电池确认测试数字式万用表（DMM）的功能。

如果数字式万用表（DMM）不能准确测量测试蓄电池，修理或更换数字式万用表（DMM），并重复所有电压测试。

如果数字式万用表（DMM）能准确测量测试蓄电池，则继续执行下一步。

注意：佩戴高压绝缘手套直至您确定接触高压的风险不再存在；检查高压直流连接密封件是否变形或损坏。检查高压直流连接器是否有密封件残留或碎屑。始终使用防刮伤的工具更换损坏的密封件并从连接器上清除密封件残留物。

⑦断开 T6 电源逆变器模块处的 T24 蓄电池直流充电器高压线束连接器（如图 15-59 中 2）。

注意：自拆下 S15 手动维修断开装置后必须等待 5min，然后再继续，以使高压电容器放电并确保正确的测试结果。

⑧确认 T6 电源逆变器模块连接器（如图 15-59 中 1）在以下点上的电压测量值低于 3V：高压直流（-360V）负极端子 B 至车辆底盘搭铁；高压直流（+360V）正极端子 A 至车辆底盘搭铁；高压直流（+360V）正极端子 A 和高压直流（-360V）负极端子 B。

如果等于或高于 3V。保持数字式万用表（DMM）与端子的连接状态，直至电压降至低于 3V，以使高压电容器放电。一旦电压低于 3V 或如果低于 3V，则继续执行下一步。

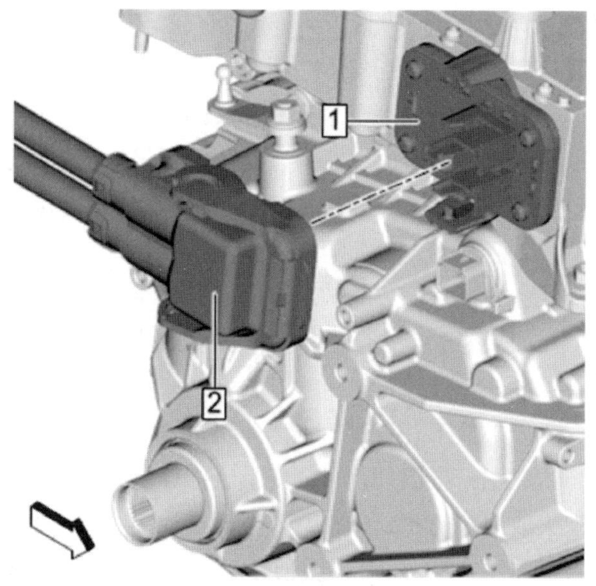

图15-59

⑨确认 T6 电源逆变器模块的高压直流线束连接器（如图 15-59 中 2）在以下点处的电压测量值小于 3V：高压直流（-360V）负极端子 B 至车辆底盘搭铁；高压直流（+360V）正极端子 A 至车辆底盘搭铁；高压直流（+360V）正极端子 A 和高压直流（-360V）负极端子 B。

如果等于或高于 3V，有一个接触器卡滞在闭合位置并且 A4 混合动力 / 电动车辆蓄电池组内发生绝缘损耗。如果低于 3V，则继续执行下一步。

⑩举升车辆并拆下车身底部前空气导流器。

⑪断开 A4 混合动力 / 电动车辆电池组处的低压线束连接器（如图 15-60 中 1 和 2）。

⑫ 断开 A4 混合动力 / 电动车辆电池组处的 T18 蓄电池充电器线束连接器（如图 15-60 中 6）。

⑬ 确认 A4 混合动力 / 电动车辆电池组连接器（如图 15-60 中 5）在以下点上的电压测量值低于 3V：高压直流（-360V）负极端子 B 至车辆底盘搭铁；高压直流（+360V）正极端子 A 至车辆底盘搭铁；高压直流（+360V）正极端子 A 和高压直流（-360V）负极端子 B。

如果等于或高于 3V，有一个接触器卡滞在闭合位置并且 A4 混合动力 / 电动车辆电池组内发生绝缘损耗。如果低于 3V，则继续执行下一步。

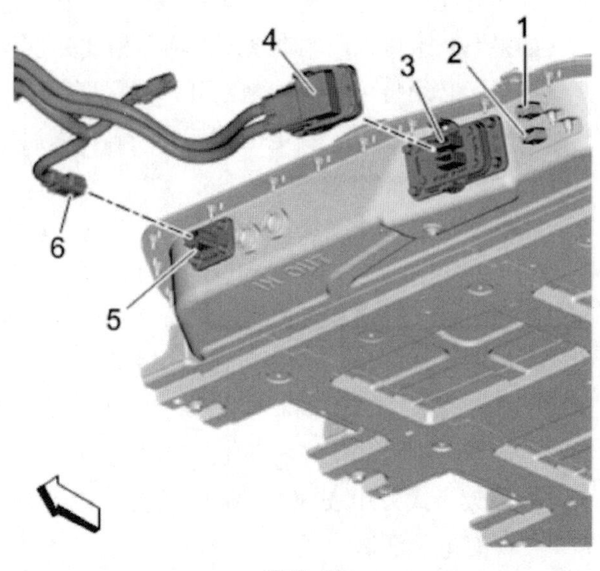

图15-60

⑭ 确认 T18 蓄电池充电器线束连接器（如图 15-60 中 6）在以下点处的电压测量值低于 3V：高压直流（-360V）负极端子 B 至车辆底盘搭铁；高压直流（+360V）正极端子 A 至车辆底盘搭铁；高压直流（+360V）正极端子 A 和高压直流（-360V）负极端子 B。

如果等于或高于 3V，保持数字式万用表（DMM）与端子的连接状态，直至电压降至低于 3V，以使高压电容器放电。一旦电压低于 3V 或如果低于 3V，则继续执行下一步。

⑮ 断开 A4 混合动力 / 电动车辆电池组处的 T24 蓄电池直流充电器连接器（如图 15-60 中 4）。

⑯ 确认 T24 蓄电池直流充电器线束连接器（如图 15-60 中 4）在以下点处的电压测量值小于 3V：高压直流（-360V）负极端子 B 至车辆底盘搭铁；高压直流（+360V）正极端子 A 至车辆底盘搭铁；高压直流（+360V）正极端子 A 和高压直流（-360V）负极端子 B。

如果等于或高于 3V，保持数字式万用表（DMM）与端子的连接状态，直至电压降至低于 3V，以使高压电容器放电。一旦电压低于 3V 或如果低于 3V，则继续执行下一步。

⑰ 确认 A4 混合动力 / 电动车辆电池组连接器（如图 15-60 中 3）在以下点上的电压测量值低于 3V：高压直流（-360V）负极端子 B 至车辆底盘搭铁；高压直流（+360V）正极端子 A 至车辆底盘搭铁；高压直流（+360V）正极端子 A 和高压直流（-360V）负极端子 B。

如果等于或高于 3V，有一个接触器卡滞在闭合位置并且 A4 混合动力 / 电动车辆电池组内发生绝缘损耗。

如果低于 3V，则继续执行下一步。

注意：报废任何可能变形或损坏的 300V 蓄电池正极和负极电缆连接器密封件。更换任何变形、缺失或损坏的密封件。

注意：9V 直流蓄电池或车辆 12V 蓄电池可用于测试数字式万用表（DMM）。

⑱ 通过测量已知良好的 9 ~12V 蓄电池确认测试数字式万用表（DMM）的功能。

如果数字式万用表（DMM）不能准确测量测试蓄电池，修理或更换数字式万用表（DMM），并重复所有电压测试。

如果数字式万用表（DMM）能准确测量测试蓄电池，则继续执行下一步。

⑲A4 混合动力 / 电动车辆电池组的高压连接器现已放电。此时，您可以执行 A4 混合动力 / 电动车辆电池组的拆卸并退出高压解除程序，但是，如果需要其他高压部件维修，则必须继续执行高压解

除程序。

如果您不需要执行其他高压部件维修，T6 电源逆变器模块、T12 变速器和 A4 混合动力电池组的高压解除已完成。

如果您需要执行其他高压部件维修，则继续执行下一步。

⑳ 断开要维修的部件处的高压连接器。

㉑ 确认模块侧连接器在以下点上的电压测量值低于 3V：高压直流（-360V）负极端子 B 至车辆底盘搭铁；高压直流（+360V）正极端子 A 至车辆底盘搭铁；高压直流（+360V）正极端子 A 和高压直流（-360V）负极端子 B。

如果等于或高于 3V，保持数字式万用表（DMM）与端子的连接状态，直至电压降至低于 3V，以使高压电容器放电。一旦电压低于 3V 或如果低于 3V，则继续执行下一步。

㉒ 如果有任何其他高压部件需要维修，在所有高压模块连接器上重复之前的步骤。

㉓ 通过测量已知良好的 9~12V 蓄电池确认测试数字式万用表（DMM）的功能。

如果数字式万用表（DMM）不能准确测量测试蓄电池，修理或更换数字式万用表（DMM），并重复所有电压测试。

如果数字式万用表（DMM）能准确测量测试蓄电池，则继续执行下一步。

㉔ 所有已测试的模块上的高压已解除 / 放电。

（5）高压启用。

①在执行“高压启用”程序之前，查阅高压安全信息。

②确保 12V 蓄电池已断开。注意：始终紧固高压紧固件至规定扭矩。扭矩不足或扭矩过大将导致故障或损坏；连接已断开的高压连接器时不需要采用特殊顺序。

③完成高压系统维修后，在安装 S15 手动维修断开装置之前，检查是否存在以下情况：确认所有工具或松动部件已被取下；检查任何断开的 300V 蓄电池正极和负极电缆密封件是否变形、缺失或损坏。更换任何变形、缺失或损坏的密封件；确认高压系统的完好性以及所有连接器均已安装；确认安装了所有高压互锁电路连接器和盖；安装所有诊断时拆下或更换的部件或连接器。

④安装 S15 手动维修断开装置（1）。

⑤连接 12V 蓄电池。

⑥将车辆置于维修模式。

⑦确认 A4 混合动力 / 电动车辆电池组或 K16 蓄电池能量控制模块是否已更换。

如果 A4 混合动力 / 电动车辆电池组或 K16 蓄电池能量控制模块已更换，对 K16 蓄电池能量控制模块编程。一旦编程已完成，则继续执行下一步。

如果 A4 混合动力 / 电动车辆电池组或 K16 蓄电池能量控制模块尚未更换，则继续执行下一步。

⑧使用 GDS2 故障诊断仪方法执行车辆维修之前，确认是否已执行高压解除程序。

如果 GDS2 故障诊断仪高压解除程序已执行，高压接触器继电器处于锁止状态。执行清除安全的高电压故障诊断码程序并返回至下一步。

如果数字式万用表（DMM）方法高压解除程序已执行，则继续执行下一步。

⑨将车辆置于维修模式，执行驾驶员车窗快速读入并使用故障诊断仪清除所有 DTC 信息。

⑩将车辆熄火，并关闭所有车辆系统。所有车辆系统断电可能需要 5min。

⑪ 将车辆置于维修模式。

⑫ 使用故障诊断仪确认未设置 DTC。

如果设置了任何 DTC，检修任何相关的 DTC。

如果未设置 DTC，则继续执行下一步。

⑬ 车辆启动“READY”模式。

⑭ 将车辆熄火并等待 5min。

⑮ 将车辆置于维修模式。使用故障诊断仪混合动力 / 电动车辆动力总成控制模块和 K114B 混合动力 / 电动车辆动力总成控制模块 2 DTC 信息确认自从代码清除后以下 DTC 已运行并且未设置：电机位置传感器读入 DTC P0C17；接触器 DTC P0AD9、P0ADD、P0D0A 和 P1EBD；放电和预充电 DTC P0C76、P0C78、P0AFB 和 P3061；高压绝缘损耗 DTC P0AA6、P1AE6 和 P1AF0。

如果设置了任何 DTC，检修任何相关的 DTC。

如果 DTC 自从代码清除后未运行，则继续执行下一步。

⑯ 根据相应的“运行 DTC 的条件”查看并操作车辆，确保 DTC 运行并通过。

⑰ 使用故障诊断仪混合动力 / 电动车辆动力总成控制模块和 K114B 混合动力 / 电动车辆动力总成控制模块 2 DTC 信息确认自从代码清除后指定 DTC 已运行并且未设置：如果设置了任何 DTC，检修任何相关的 DTC。

如果 DTC 已运行并已通过，则继续执行下一步。

⑱ 路试车辆并确认未设置 DTC，则继续执行下一步。

⑲ 高压启用流程完成。

2.微蓝（410km版本）高压解除和高压启用

（1）高压解除确认表。

必要时打印高压解除确认表如表 15-8 所示。回顾已完成的步骤以确认被禁用的部件。

表15-8

想要解除的高压部件	必须完成测试步骤
·高压部件周围或附近但不直接在高压部件上执行的一般车辆维修 ·T6电源逆变器模块和连接器	步骤1~11
·A4混合动力/电动车辆电池组-外部 ·300V电缆-A4混合动力/电动汽车电池组至T6电源逆变器模块	步骤1~17
K1 14V电源模块	步骤1~20*
T18 蓄电池充电器	步骤1~20*
300V电缆-A4混合动力/电动汽车电池组至K1 14V电源模块和T18蓄电池充电器	步骤1~20*
K10 加热器	步骤1~20*
300V电缆-A4混合动力/电动汽车电池组至K10加热器	步骤1~20*
G1 空调压缩机	步骤1~20*
300V 电缆-A4混合动力/电动汽车电池组至G1空调压缩机	步骤1~20*
*：适合时，在各个部件处执行测试。	

（2）高压解除步骤。

必须通过用数字式万用表（DMM）测量合适的连接器是否为安全电压水平来确认高压解除。注意：高压解除程序仅分离高压电路以及混合动力 / 电动车辆蓄电池组以外的部件，混合动力 / 电动车辆蓄电池组内始终存在危险电压水平。

（3）危险警告。

在进行任何高压系统的工作前，确保穿戴了以下“人身安全设备”：

①无论在室内还是在室外，距离车辆 15m 内，应佩戴带侧护套的安全眼镜。

②经认证的最新的“0”级绝缘手套，额定电压为 1000V，具有皮革保护层。

③使用手套前需进行目视检查和功能检查。

④在高压蓄电池总成处进行工作时，要始终佩戴绝缘手套，无论该系统通电与否。

（4）高压解除确认步骤。

①将车辆外部充电设备全部断开。

注意：正常情况下，在点火开关关闭后，高压系统还存在高压电，这是因为电力电子箱中高压电容的存在造成的。需要经过一段时间的等待，高压电容中的电能才能完全释放。

②将车辆电源模式转为“OFF（关闭）”。将所有无钥匙进入发射器拿出车辆，放在车外某处。车辆静置 5min 以上。注意：必须将 12V 蓄电池断开，以保证测试结果正确。

③断开 12V 蓄电池。

④拆下 S15 手动维修断开装置。将 S15 手动维修断开装置放置到车辆外部的安全位置。使用 U® 认证的或同等的最小额定电压为 600V 的绝缘胶带封盖暴露的高压开口（EGX）。将 S15 手动维修断开装置放置到车辆外部的安全位置，并禁止其他人员在未告知维修人员的情况下重新插入（EGZ）。注意：拆下任何高压连接器之前，必须等待 5min。在此等待时间内，允许拆下非高压部件。

⑤继续之前等待 5 min，以使高压电容器放电。

注意：可使用 9V 直流电池或车辆 12V 蓄电池来测试数字式万用表（DMM）。

⑥通过测量已知良好的 9~12V 蓄电池确认测试数字式万用表（DMM）的功能。

如果数字式万用表（DMM）不能正确测量测试蓄电池，修理或更换数字式万用表（DMM），并重复所有的电压测量。如果数字式万用表（DMM）能正确测量测试蓄电池，继续执行下一步。

注意：佩戴高压绝缘手套直到您确定接触高压的风险不再存在；检查高压直流连接密封件是否变形或损坏。检查高压直流连接器是否有密封件残留物或碎屑。始终使用防刮伤的工具更换损坏的密封件并从连接器上清除密封件残留物。

⑦断开连接至 T6 电源逆变器模块的高压配电单元 X7 和 X8 高压线束连接器，如图 15-61 所示。

注意：自拆下 S15 手动维修断开装置后必须等待 5min，然后再继续，以使高压电容器放电并确保正确的测试结果。

⑧确认高压配电单元的高压直流线束连接器在以下点上的电压测量值小于 3V：高压直流（-360V）负极端子 X8 1 至车辆底盘搭铁、高压直流（+360V）正极端子 X7 1 至车辆底盘搭铁、高压直流（+360V）正极端子 X7 1 和高压直流（-360 V）负极端子 X8 1。

如果等于或大于 3V，保持数字式万用表（DMM）与端子的连接状态，直到电压降至低于 3V，以使高压电容器放电。一旦电压低于 3V，或如果小于 3V，则继续执行下一步。

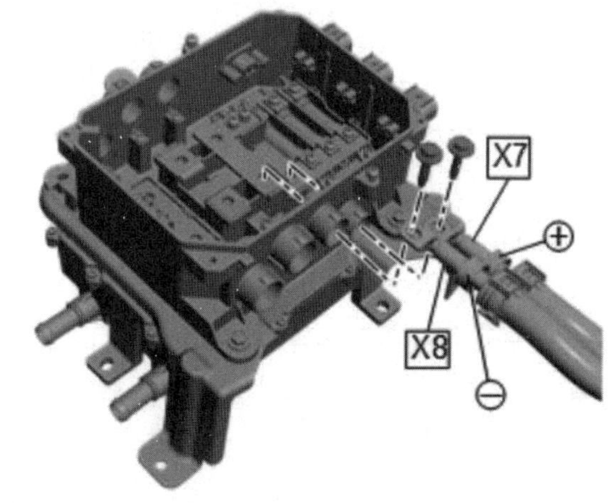

图15-61

⑨确认高压配电单元侧在以下点上的电压测量值小于 3V：高压直流（-360V）负极端子 X8 1 至

车辆底盘搭铁、高压直流（+360V）正极端子 X7 1 至车辆底盘搭铁、高压直流（+360V）正极端子 X7 1 和高压直流（-360V）负极端子 X8 1。

如果等于或大于 3V，有一个接触器卡滞在闭合位置并且 A4 混合动力 / 电动汽车电池组内发生绝缘损耗。如果小于 3V，继续执行下一步。

⑩通过测量已知良好的 9~12V 蓄电池确认测试数字式万用表（DMM）的功能。

如果数字式万用表（DMM）不能正确测量测试蓄电池，修理或更换数字式万用表（DMM），并重复所有的电压测量。如果数字式万用表（DMM）能正确测量测试蓄电池，继续执行下一步。

⑪T6 电源逆变器模块现已放电。此时，可以执行 T6 电源逆变器模块或一般车辆维修并退出高压解除程序，但是，如果需要其他高压部件维修，则必须继续执行高压解除程序。

T6 电源逆变器模块的高压解除已完成，如果需要执行其他的高压部件维修，则继续执行下一步。

⑫ 断开 A4 混合动力 / 电动汽车电池组 X3 处的高压配电单元线束连接器，如图 15-62 所示。

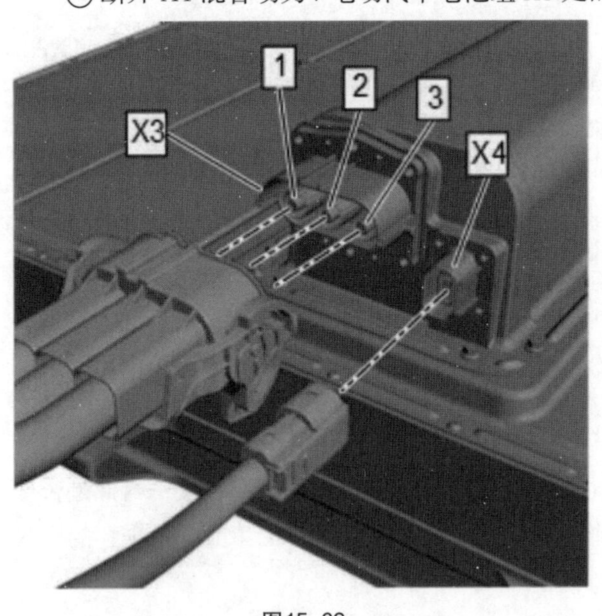

图15-62

⑬ 确认 A4 混合动力 / 电动汽车电池组连接器 X3 在以下点上的电压测量值小于 3V：高压直流（-360V）负极端子（如图 15-62 中 3）至车辆底盘搭铁、高压直流（+360V）正极端子（如图 15-62 中 1）至车辆底盘搭铁、高压直流（+360V）正极端子（如图 15-62 中 1）和高压直流（-360V）负极端子（如图 15-62 中 3）。

如果等于或大于 3V，有一个接触器卡滞在闭合位置并且 A4 混合动力 / 电动汽车电池组内发生绝缘损耗。如果小于 3V，则继续执行下一步。

⑭ 确认高压配电单元侧的 A4 混合动力 / 电动汽车电池组连接器 X3 在以下点上的电压测量值小于 3V：高压直流（-360V）负极端子（如图 15-62 中 3）至车辆底盘搭铁、高压直流（+360V）正极端子（如图 15-62 中 1）至车辆底盘搭铁、高压直流（+360V）正极端子（如图 15-62 中 1）和高压直流（-360V）负极端子（如图 15-62 中 3）。

如果等于或大于 3V，保持数字式万用表（DMM）与端子的连接状态，直到电压降至低于 3V，以使高压电容器放电。一旦电压低于 3V 或如果小于 3V，则继续执行下一步。

⑮ 断开 A4 混合动力 / 电动汽车电池组 X4 处的 T18 蓄电池充电器线束连接器。

⑯ 确认 A4 混合动力 / 电动汽车电池组线束连接器 X4 在以下点上的电压测量值小于 3 V：高压直流（-360V）负极端子（如图 15-62 中 2）至车辆底盘搭铁、高压直流（+360V）正极端子（如图 15-62 中 1）至车辆底盘搭铁、高压直流（+360V）正极端子（如图 15-62 中 1）和高压直流（-360V）负极端子（如图 15-62 中 2）。

如果等于或大于 3V，有一个接触器卡滞在闭合位置并且 A4 混合动力 / 电动汽车电池组内发生绝缘损耗。如果小于 3V，则继续执行下一步。

⑰ 确认 A4 混合动力 / 电动汽车电池组线束连接器 X3 在 T18 蓄电池充电器线束侧以下点上的电压测量值小于 3V：高压直流（-360V）负极端子（如图 15-62 中 2）至车辆底盘搭铁、高压直流（+360V）正极端子（如图 15-62 中 1）至车辆底盘搭铁、高压直流（+360V）正极端子（如图 15-62 中 1）和

高压直流（-360V）负极端子（如图 15-62 中 2）。

如果等于或大于 3V，保持数字式万用表（DMM）与端子的连接状态，直到电压降至低于 3V，以使高压电容器放电。一旦电压低于 3V 或如果小于 3V，则继续执行下一步。

⑱ 如果有任何其他高压部件需要维修，在所有高压模块连接器上重复之前的步骤。

⑲ 通过测量已知良好的 9~12V 蓄电池确认测试数字式万用表（DMM）的功能。

如果数字式万用表（DMM）不能正确测量测试蓄电池，修理或更换数字式万用表（DMM），并重复所有的电压测量。如果数字式万用表（DMM）能正确测量测试蓄电池，则继续执行下一步。

⑳ 所有已测试的模块上的高压已解除 / 放电。

（5）高压启用。

1）危险警告。

在进行任何高压系统的工作前，确保穿戴了以下“人身安全设备”：

①无论在室内还是在室外，距离车辆 15m 内，应佩戴带侧护套的安全眼镜。

②经认证的最新的“0”级绝缘手套，额定电压为 1000V，具有皮革保护层。

③使用手套前需进行目视检查和功能检查。

④在高压蓄电池总成处进行工作时，要始终佩戴绝缘手套，无论该系统通电与否。

2）高压启用流程。

①在执行“高压启用”程序之前，需查阅高压安全信息。

②确保 12V 蓄电池已断开。参见蓄电池负极电缆的断开和连接。

注意：始终紧固高压紧固件至规定扭矩，扭矩不足或扭矩过大将导致故障或损坏；连接已断开的高压连接器时不需要采用特殊顺序。

③完成高压系统维修后，在安装 S15 手动维修断开装置之前，检查以下内容：确认所有工具或松动部件已被取下；检查任何断开的 300V 蓄电池正极和负极电缆密封件是否变形、缺失或损坏，更换任何变形、缺失或损坏的密封件；确认高压系统的完好性以及所有连接器均已安装；确认安装了所有高压互锁电路连接器和盖；安装所有诊断时拆下或更换的部件或连接器。

④安装 S15 手动维修断开装置。

⑤连接 12V 蓄电池。

⑥车辆处于维修模式。

⑦确认 A4 混合动力 / 电动车辆电池组或 K16 蓄电池能量控制模块是否已更换。

如果更换了 A4 混合动力 / 电动车辆电池组或 K16 蓄电池能量控制模块，对 K16 蓄电池能量控制模块编程。一旦编程完成，则继续执行下一步。

⑧如果未更换 A4 混合动力 / 电动车辆电池组或 K16 蓄电池能量控制模块，将车辆置于维修模式，执行驾驶员侧车窗快速读入并用故障诊断仪清除所有 DTC 信息。

⑨将车辆熄火并关闭所有车辆系统。所有车辆系统断电可能需要 5min 时间。

⑩车辆处于维修模式。

⑪ 使用故障诊断仪确认未设置 DTC。

如果设置了任何 DTC，按照维修流程检查。

如果未设置 DTC，则继续执行下一步。

⑫ 将车辆置于“READY”模式 2min。

⑬ 将车辆点火开关置于 OFF 并等待 5min。

⑭ 车辆处于维修模式，使用故障诊断仪确认未设置 DTC。

如果设置了任何 DTC，按照维修流程检查。

如果未设置 DTC，则继续执行下一步。

⑮ 进行车辆路试并确认无 DTC 设置。

⑯ 高压启用流程完成。

3.微蓝6（518km版本）高压解除和高压启用

（1）高压解除确认表。

必要时打印高压解除确认表，如表 15-9 所示。回顾已完成的步骤以确认被禁用的部件。

表15-9

想要解除的高压部件	必须完成测试步骤
·高压部件周围或附近但不直接在高压部件上执行的一般车辆维修 ·T6电源逆变器模块和连接器	步骤1~11
·A4混合动力/电动车辆电池组-外部 ·300V电缆-A4混合动力/电动汽车电池组至K238蓄电池断路器模块	步骤1~17
K57蓄电池充电器控制模块	步骤1~20*
K10 加热器	步骤1~20*
G1 空调压缩机	步骤1~20*
K159混合动力/电动车辆电池组冷却液加热器模块	步骤1~20*
*：适合时，在各个部件处执行测试。	

（2）高压解除步骤。

①将车辆外部充电设备全部断开。

注意：正常情况下，在点火开关关闭后，高压系统还存在高压电，这是因为电力电子箱中高压电容的存在造成的。需要经过一段时间的等待，高压电容中的电能才能完全释放。

②将车辆电源模式转为“OFF（关闭）”。将所有无钥匙进入发射器拿出车辆，放在车外某处。车辆静置 5min 以上。注意：必须将 12V 蓄电池断开，以保证测试结果正确。

③断开 12V 蓄电池。参见蓄电池负极电缆的断开和连接。

④拆下 S15 手动维修断开装置。将 S15 手动维修断开装置放置到车辆外部的安全位置。并禁止其他人员在未告知维修人员的情况下重新插入。注意：拆下任何高压连接器之前，必须等待 5min。在此等待时间内，允许拆下非高压部件。

⑤继续之前等待 5min，以使高压电容器放电。注意：可使用 9V 直流电池或车辆 12V 蓄电池来测试数字式万用表（DMM）。

⑥通过测量已知良好的 9~12V 蓄电池确认测试数字式万用表（DMM）的功能。

如果数字式万用表（DMM）不能正确测量测试蓄电池，修理或更换数字式万用表（DMM），并重复所有的电压测量。

如果数字式万用表（DMM）能正确测量测试蓄电池，则继续执行下一步。

注意：佩戴高压绝缘手套直到您确定接触高压的风险不再存在；检查高压直流连接密封件是否变形或损坏。检查高压直流连接器是否有密封件残留物或碎屑。始终使用防刮伤的工具更换损坏的密封件并从连接器上清除密封件残留物。

⑦断开连接至 T6 电源逆变器模块的蓄电池断路器模块 X8 和 X9 高压线束连接器，如图 15-63

所示。

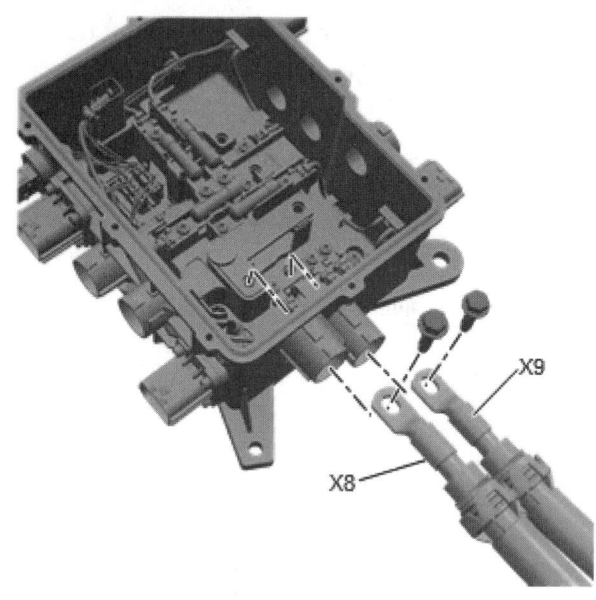

图15-63

注意：自拆下 S15 手动维修断开装置后必须等待 5min，然后再继续，以使高压电容器放电并确保正确的测试结果。

⑧确认高压配电单元的高压直流线束连接器在以下点上的电压测量值小于 3V：高压直流（-360V）负极端子 X8 1 至车辆底盘搭铁；高压直流（+360V）正极端子 X9 1 至车辆底盘搭铁；高压直流（+360V）正极端子 X8 1 和高压直流（-360V）负极端子 X9 1。

如果等于或大于 3V，保持数字式万用表（DMM）与端子的连接状态，直到电压降至低于 3V，以使高压电容器放电。一旦电压低于 3V 或如果小于 3V，则继续执行下一步。

⑨确认蓄电池断路器模块侧在以下点上的电压测量值小于 3V：高压直流（-360V）负极端子 X8 1 至车辆底盘搭铁；高压直流（+360 V）正极端子 X9 1 至车辆底盘搭铁；高压直流（+360V）正极端子 X8 1 和高压直流（-360V）负极端子 X9 1。

如果等于或大于 3V，有一个接触器卡滞在闭合位置并且 A4 混合动力 / 电动汽车电池组内发生绝缘损耗。

如果小于 3V，则继续执行下一步。

⑩通过测量已知良好的 9~12V 蓄电池确认测试数字式万用表（DMM）的功能。

如果数字式万用表（DMM）不能正确测量测试蓄电池，修理或更换数字式万用表（DMM），并重复所有的电压测量。

如果数字式万用表（DMM）能正确测量测试蓄电池，则继续执行下一步。

⑪T6 电源逆变器模块现已放电。此时，可以执行 T6 电源逆变器模块或一般车辆维修并退出高压解除程序，但是，如果需要其他高压部件维修，则必须继续执行高压解除程序。

如果不需要执行其他高压部件维修，T6 电源逆变器模块的高压解除已完成。

如果需要执行其他的高压部件维修，则继续执行下一步。

⑫断开 A4 混合动力 / 电动汽车电池组 X3 处的高压配电单元线束连接器，如图 15-64 所示。

⑬确认 A4 混合动力 / 电动汽车电池组侧 X3 在以下点上的电压测量值小于 3V：高压直流（-360V）负极端子 3 至车辆底盘搭铁；高压直流（+360V）正极端子 1 至车辆底盘搭铁；高压直流（+360V）正极端子 1 和高压直流（-360V）负极端子 3。

如果等于或大于 3V，有一个接触器卡滞在

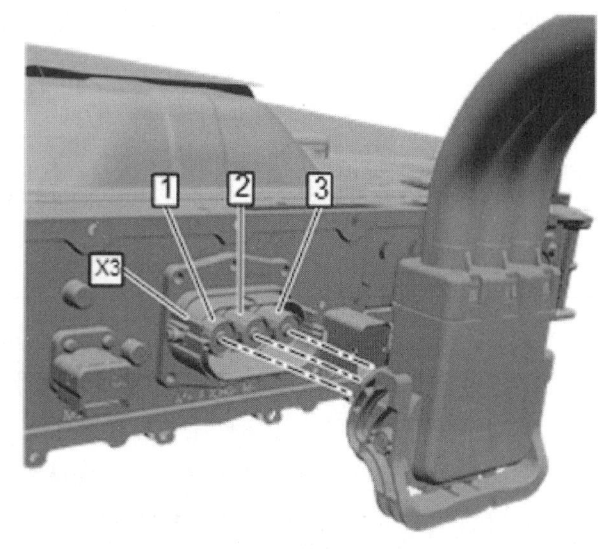

图15-64

闭合位置并且 A4 混合动力 / 电动汽车电池组内发生绝缘损耗。如果小于 3V，则继续执行下一步。

⑭ 确认 A4 混合动力 / 电动汽车电池组 X3 连接器侧在以下点上的电压测量值小于 3V：高压直流（-360 V）负极端子 3 至车辆底盘搭铁；高压直流（+360V）正极端子 1 至车辆底盘搭铁；高压直流（+360V）正极端子 1 和高压直流（-360V）负极端子 3。

如果等于或大于 3V，保持数字式万用表（DMM）与端子的连接状态，直到电压降至低于 3V，以使高压电容器放电。一旦电压低于 3V，则继续执行下一步。

⑮ 确认 A4 混合动力 / 电动汽车电池组侧 X3 在以下点上的电压测量值小于 3V：高压直流（-360V）负极端子 2 至车辆底盘搭铁；高压直流（+360V）正极端子 1 至车辆底盘搭铁；高压直流（+360V）正极端子 1 和高压直流（-360V）负极端子 2。

如果等于或大于 3V，有一个接触器卡滞在闭合位置并且 A4 混合动力 / 电动汽车电池组内发生绝缘损耗。如果小于 3V，则继续执行下一步。

⑯ 确认 A4 混合动力 / 电动汽车电池组 X3 线束连接器侧点上的电压测量值小于 3V：高压直流（-360V）负极端子 2 至车辆底盘搭铁；高压直流（+360V）正极端子 1 至车辆底盘搭铁；高压直流（+360V）正极端子 1 和高压直流（-360V）负极端子 2。

如果等于或大于 3V，保持数字式万用表（DMM）与端子的连接状态，直到电压降至低于 3V，以使高压电容器放电。一旦电压低于 3V 或如果小于 3V，则继续执行下一步。

注意：报废任何可能变形或损坏的 300V 蓄电池正极和负极电缆连接器密封件。更换任何变形、缺失或损坏的密封件。

注意：9V 直流蓄电池或车辆 12V 蓄电池可用于测试数字式万用表（DMM）。

⑰ 通过测量已知良好的 9~12V 蓄电池确认测试数字式万用表（DMM）的功能。

如果数字式万用表（DMM）不能准确测量测试蓄电池，修理或更换数字式万用表（DMM），并重复所有电压测试。

如果数字式万用表（DMM）能准确测量测试蓄电池，则继续执行下一步。

⑱A4 混合动力 / 电动车辆电池组的高压连接器现已放电。此时，您可以执行 A4 混合动力 / 电动车辆电池组的拆卸并退出高压解除程序，但是，如果需要其他高压部件维修，则必须继续执行高压解除程序。

如果您不需要执行其他高压部件维修，T6 电源逆变器模块和 A4 混合动力蓄电池组的高压解除已完成。

如果您需要执行其他高压部件维修，则继续执行下一步。

⑲ 断开要维修的部件处的高压连接器。

⑳ 确认模块侧连接器在以下点上的电压测量值低于 3V：高压直流（-360V）负极端子 B 至车辆底盘搭铁；高压直流（+360V）正极端子 A 至车辆底盘搭铁；高压直流（+360V）正极端子 A 和高压直流（-360V）负极端子 B。

如果等于或高于 3V，保持数字式万用表（DMM）与端子的连接状态，直至电压降至低于 3V，以使高压电容器放电。一旦电压低于 3V 或如果低于 3V，则继续执行下一步。

㉑ 如果有任何其他高压部件需要维修，在所有高压模块连接器上重复之前的步骤。

㉒ 通过测量已知良好的 9~12V 蓄电池确认测试数字式万用表（DMM）的功能。

如果数字式万用表（DMM）不能准确测量测试蓄电池，修理或更换数字式万用表（DMM），并重复所有电压测试。

如果数字式万用表（DMM）能准确测量测试蓄电池，则继续执行下一步。

㉓ 所有已测试的模块上的高压已解除 / 放电。

（3）高压启用步骤。

①在执行“高压启用”程序之前，查阅高压安全信息。

②确保 12V 蓄电池已断开。参见蓄电池负极电缆的断开和连接。

注意：始终紧固高压紧固件至规定扭矩。扭矩不足或扭矩过大将导致故障或损坏；连接已断开的高压连接器时不需要采用特殊顺序。

③完成高压系统维修后，在安装 S15 手动维修断开装置之前，检查以下内容：确认所有工具或松动部件已被取下；检查任何断开的 300 V 蓄电池正极和负极电缆密封件是否变形、缺失或损坏。更换任何变形、缺失或损坏的密封件；确认高压系统的完好性以及所有连接器均已安装；确认安装了所有高压互锁电路连接器和盖；安装所有诊断时拆下或更换的部件或连接器。

④安装 S15 手动维修断开装置（1）。

⑤连接 12V 蓄电池。

⑥车辆处于维修模式。

⑦确认 A4 混合动力 / 电动车辆电池组或 K16 蓄电池能量控制模块是否已更换。

如果更换了 A4 混合动力 / 电动车辆电池组或 K16 蓄电池能量控制模块，对 K16 蓄电池能量控制模块编程。一旦编程完成或如果未更换 A4 混合动力 / 电动车辆电池组或 K16 蓄电池能量控制模块，则继续执行下一步。

⑧将车辆置于维修模式，执行驾驶员侧车窗快速读入并用故障诊断仪清除所有 DTC 信息。

⑨将车辆熄火并关闭所有车辆系统。所有车辆系统断电可能需要 5min 时间。

⑩车辆处于维修模式。

⑪ 使用故障诊断仪确认未设置 DTC。如果设置了任何 DTC，检修相关 DTC。

如果未设置 DTC，则继续执行下一步。

⑫ 将车辆置于“READY”模式 2min。

⑬ 将点火开关置于“OFF”位置等待 5 min。

⑭ 车辆处于维修模式，使用故障诊断仪确认未设置 DTC。

如果设置了任何 DTC，检修相关 DTC。如果未设置 DTC，则继续执行下一步。

⑮ 进行车辆路试并确认无 DTC 设置。

⑯ 高压启用流程完成。

第十六章　欧拉车系

第一节　新能源高压安全

说明：此章节不重点讲解原理，重点在实操。

一、高压系统安全操作

1.安全用电常识1

（1）电的由来如图 16-1 所示。

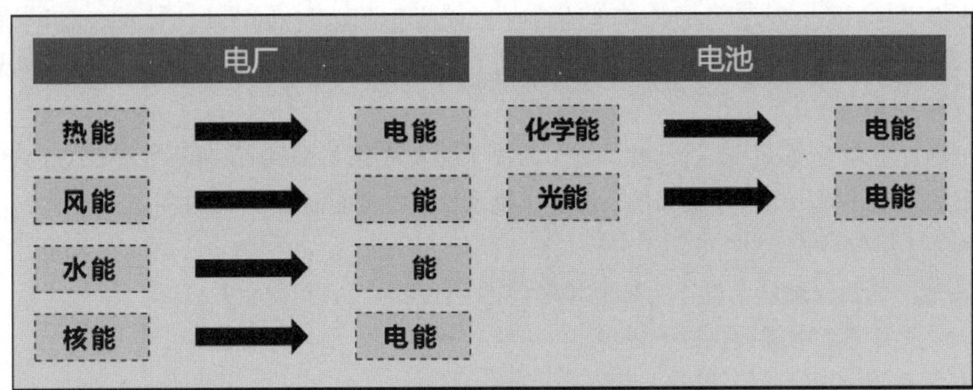

图16-1

（2）电的输送如图 16-2 所示。

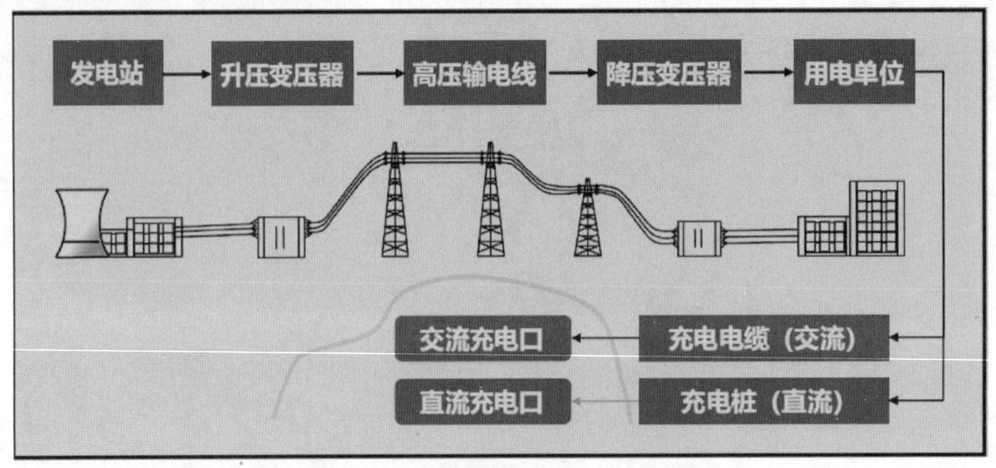

图16-2

（3）工业用电中交流电压与直流电压的标准如图 16-3 所示。

工业用电电压标准（交流电压等级）				
低压电	高压电			
低压	中压	高压	超高压	特高压
1kV 及以下	1~20kV（含）	20~330kV（不含）	330~1000kV（不含）	1000kV以上

工业用电电压标准（直流电压等级）	
高压	特高压
±800kV以下	±800kV及以上

（4）电动汽车储存电能的方式（高压电），如图 16-4 所示。

图16-3

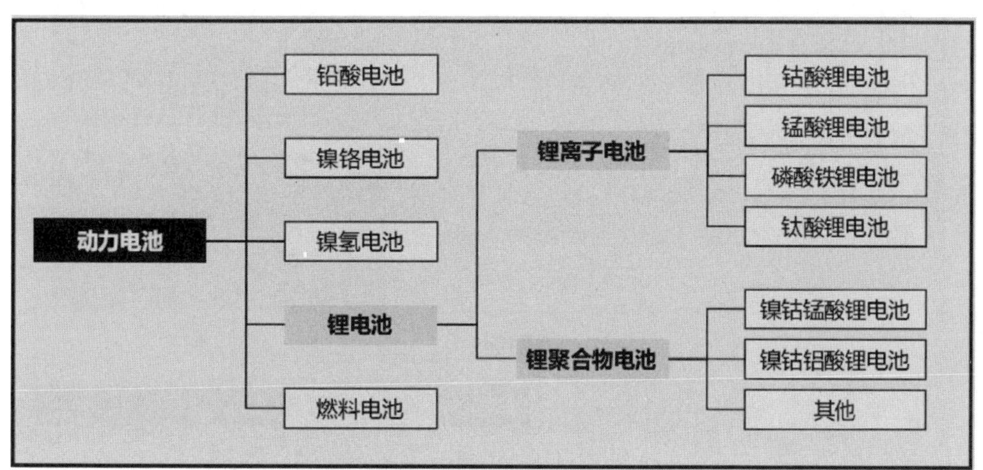

图16-4

（5）电动汽车所使用的交流电压与直流电压的标准。根据最大工作电压 U，将电气元件或电路分为以下等级如图 16-5 所示。

电动汽车的工作电压等级划分		
电压等级	最大工作电压（V）	
	直流	交流
A	$0<U\leq 60$	$0<U\leq 30$
B	$60<U\leq 1500$	$30<U\leq 1000$
中华人民共和国国家标准GB/T 18384.3—2015 电动汽车安全要求第三部分：人员触电防护		

图16-5

2.高压触电事故和作业潜在危险

（1）实施电动汽车检修工作时的触电事故如图 16-6 所示。

（2）不同性质的触电伤害，如图 16-7 所示。

（3）触电事故造成人体受到伤害的根本因素，如图 16-8 所示。高电压之所以危险，是因为人体的肌肉、皮肤以及血管中的血液都可以导电，当高电压加载到人体后，在人体内会形成电流。

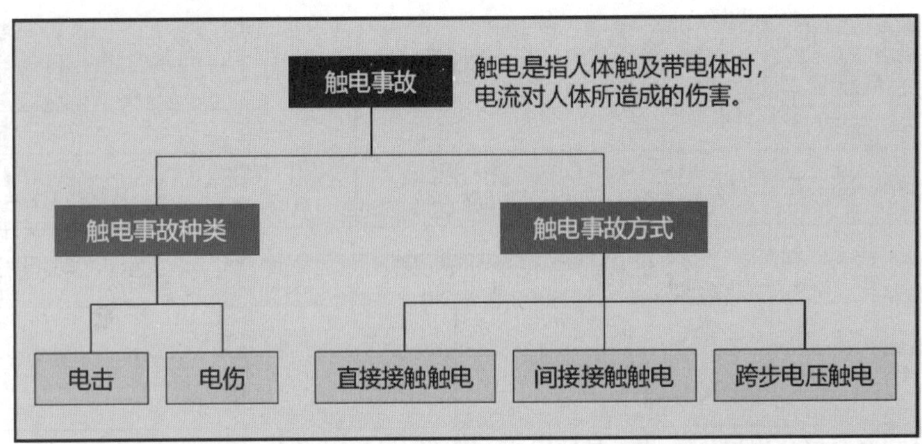

图16-6

- **电伤**是指由于电流的热效应、化学效应和机械效应对人体的外表造成的局部伤害。
- 例如电灼伤、电烙印和皮肤金属化等。

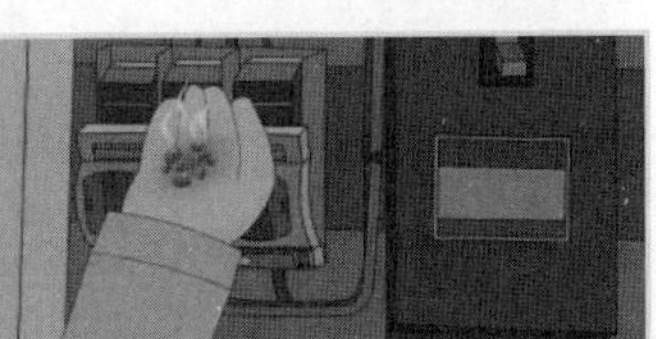

- **电击**是指电流流过人体内部造成人体内部器官的伤害。

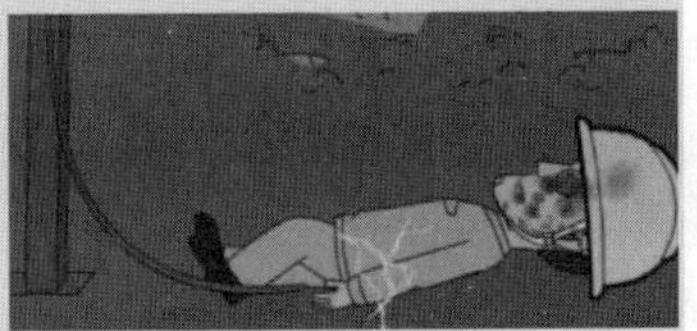

图16-7

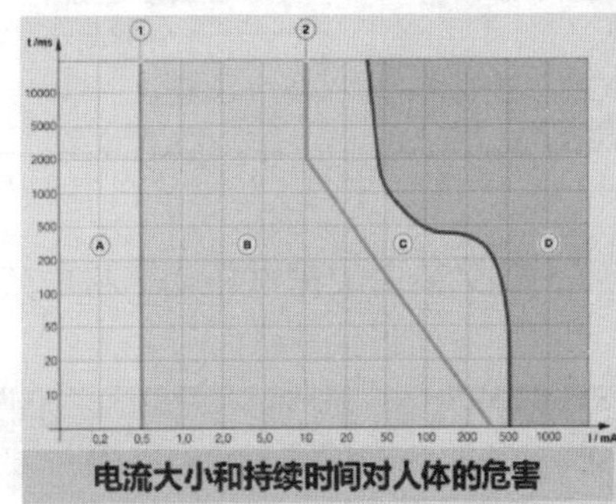

编号	名称
1	感觉限值
2	松开限值
A	作用无感觉
B	作用有感觉，直至肌肉收缩（0.5～2mA: 有感觉，3～5mA: 疼痛，10～20mA:麻木）
C	肌肉收缩，呼吸困难，心率不齐
D	心室颤动，呼吸停止，心脏停止跳动

图16-8

（4）影响人体触电电流的因素，如图 16-9 所示。

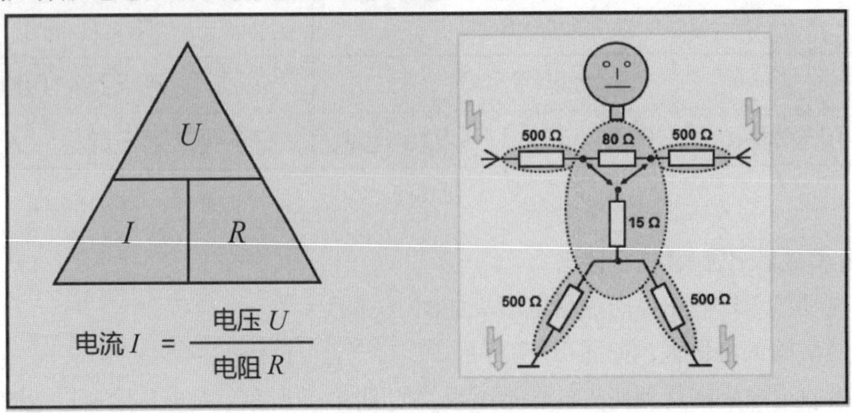

图16-9

（5）对人体电阻值产生影响的因素，如图 16-10 所示。

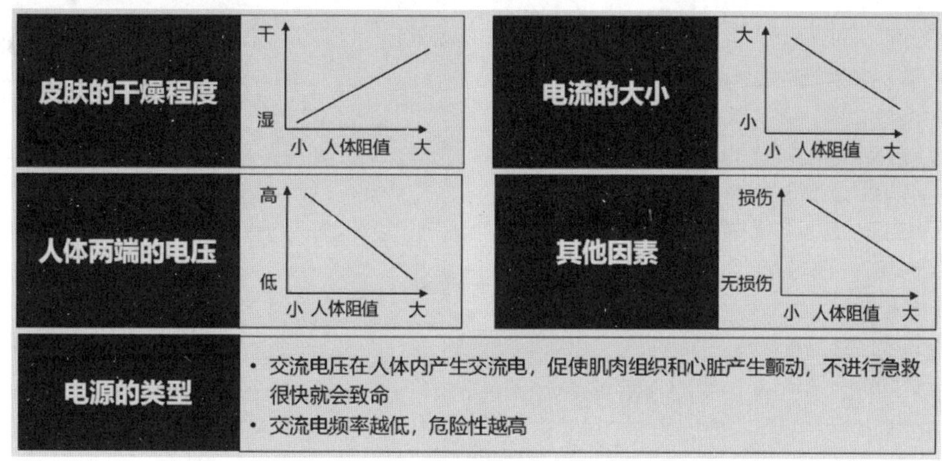

图16-10

（6）安全电压，如图 16-11 所示。

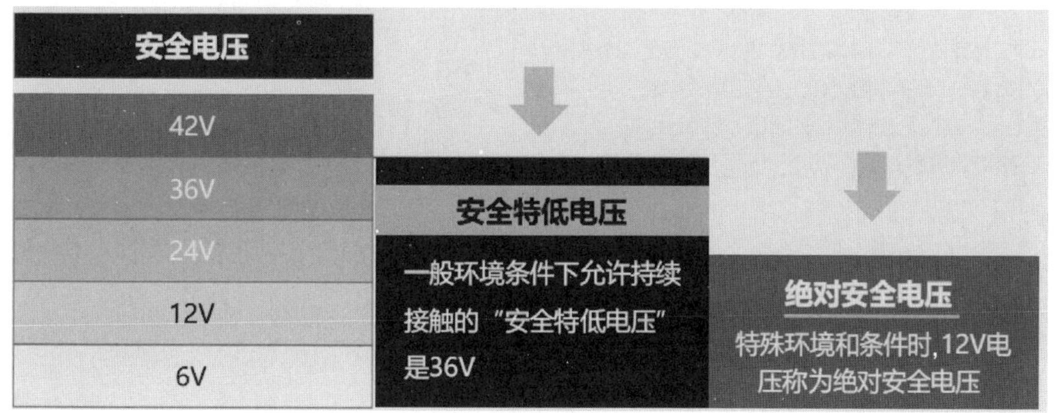

图16-11

（7）新能源电动汽车作业过程中造成高压触电危险的因素，如图 16-12 所示。

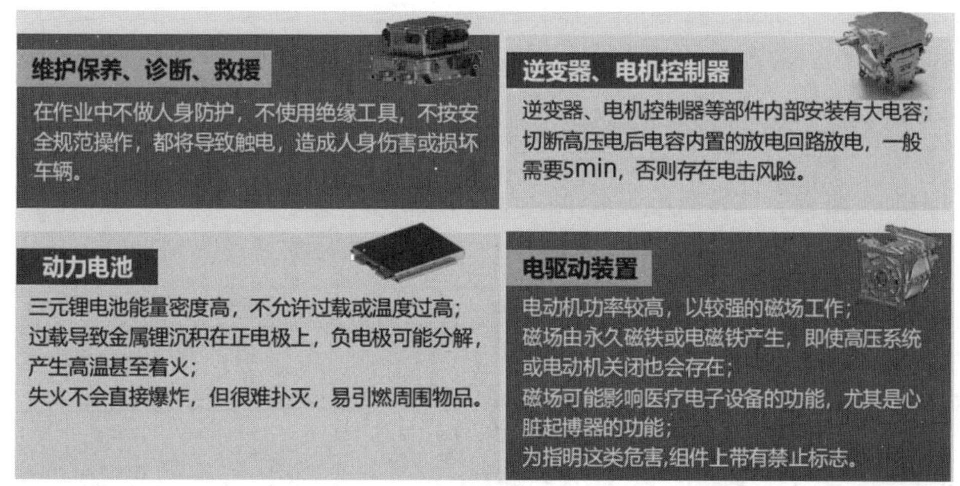

图16-12

3.急救措施

（1）发生触电事故后的紧急处理方式如图 16-13 所示。

（2）对于触电人员出现不同伤情时所采取的救护措施如图 16-14 所示。

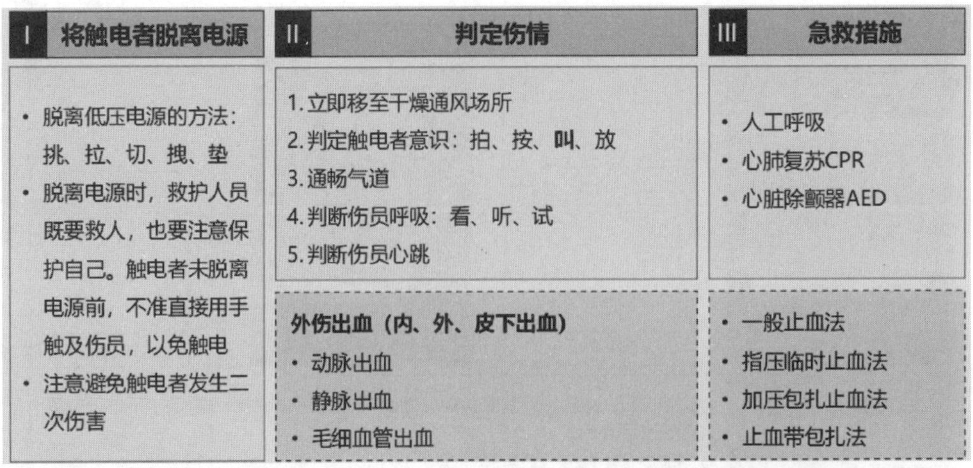

Ⅰ 将触电者脱离电源	Ⅱ 判定伤情	Ⅲ 急救措施
• 脱离低压电源的方法：挑、拉、切、拽、垫 • 脱离电源时，救护人员既要救人，也要注意保护自己。触电者未脱离电源前，不准直接用手触及伤员，以免触电 • 注意避免触电者发生二次伤害	1. 立即移至干燥通风场所 2. 判定触电者意识：拍、按、叫、放 3. 通畅气道 4. 判断伤员呼吸：看、听、试 5. 判断伤员心跳	• 人工呼吸 • 心肺复苏CPR • 心脏除颤器AED
	外伤出血（内、外、皮下出血） • 动脉出血 • 静脉出血 • 毛细血管出血	• 一般止血法 • 指压临时止血法 • 加压包扎止血法 • 止血带包扎法

图16-13

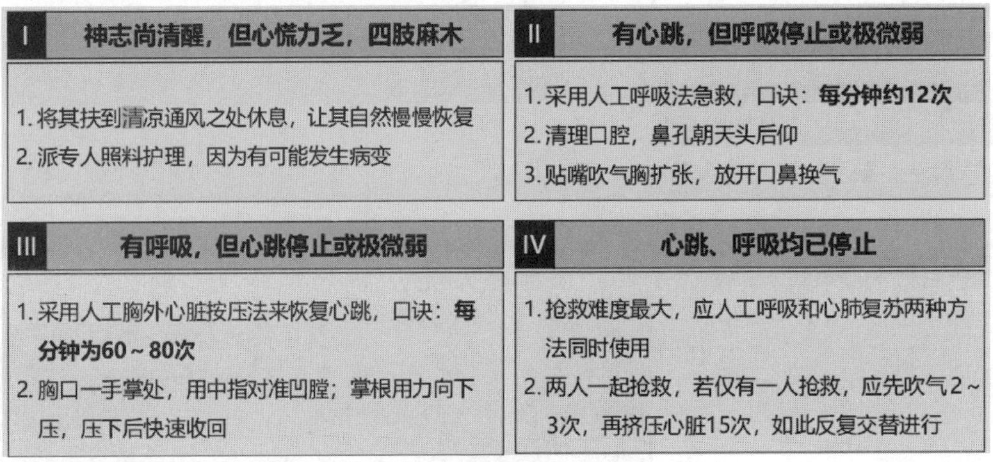

Ⅰ 神志尚清醒，但心慌力乏，四肢麻木	Ⅱ 有心跳，但呼吸停止或极微弱
1. 将其扶到清凉通风之处休息，让其自然慢慢恢复 2. 派专人照料护理，因为有可能发生病变	1. 采用人工呼吸法急救，口诀：**每分钟约12次** 2. 清理口腔，鼻孔朝天头后仰 3. 贴嘴吹气胸扩张，放开口鼻换气
Ⅲ 有呼吸，但心跳停止或极微弱	**Ⅳ 心跳、呼吸均已停止**
1. 采用人工胸外心脏按压法来恢复心跳，口诀：**每分钟为60～80次** 2. 胸口一手掌处，用中指对准凹膛；掌根用力向下压，压下后快速收回	1. 抢救难度最大，应人工呼吸和心肺复苏两种方法同时使用 2. 两人一起抢救，若仅有一人抢救，应先吹气2～3次，再挤压心脏15次，如此反复交替进行

图16-14

（3）触电急救时需要遵循的原则如图16-15所示。

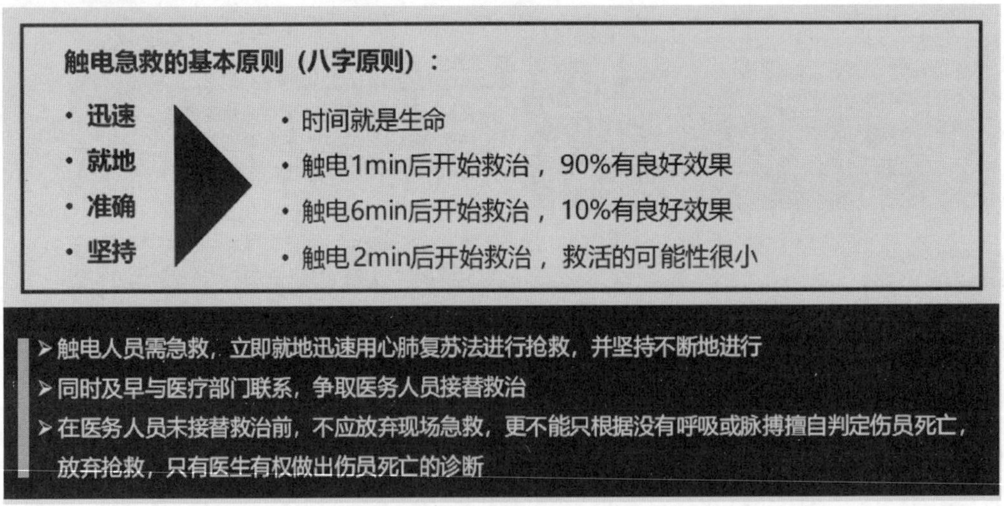

触电急救的基本原则（八字原则）：

- **迅速**
- **就地**
- **准确**
- **坚持**

- 时间就是生命
- 触电1min后开始救治，90%有良好效果
- 触电6min后开始救治，10%有良好效果
- 触电2min后开始救治，救活的可能性很小

➢ 触电人员需急救，立即就地迅速用心肺复苏法进行抢救，并坚持不断地进行
➢ 同时及早与医疗部门联系，争取医务人员接替救治
➢ 在医务人员未接替救治前，不应放弃现场急救，更不能只根据没有呼吸或脉搏擅自判定伤员死亡，放弃抢救，只有医生有权做出伤员死亡的诊断

图16-15

（4）可能引起车辆起火事故的原因，如图16-16所示。

（5）车辆发生起火事故时的处理方式，如图16-17所示。

图16-16

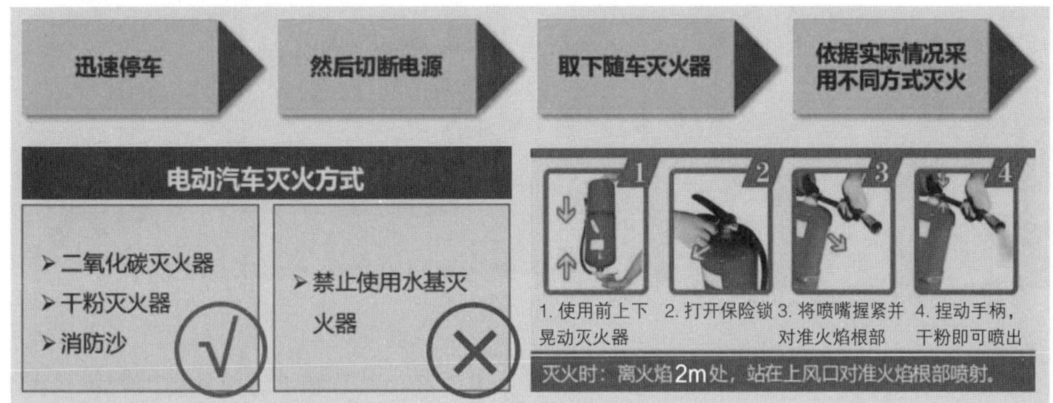

图16-17

4.作业人员要求及个人防护措施

（1）新能源汽车作业所需穿戴的安全防护用品

①绝缘安全帽，如图 16-18 所示。

图16-18

· 在车下进行电动车维修作业时，佩戴绝缘安全帽，可防止头部磕撞并具有绝缘效果

· 执行标准：IEC 60903—2002，符合 GB/T 17622—2008 标准

· 绝缘等级≥ 1000V

②护目镜，如图 16-19 所示。

· 在维修动力电池的作业中，为防止电池液的飞溅，要求佩戴护目镜

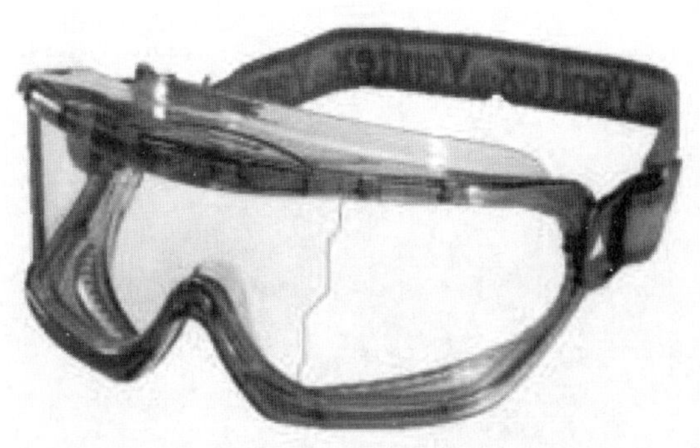

图16-19

· 高压电车辆维修用的护目镜应该具有侧面防护功能，防止维修过程中产生的电火花对眼睛的伤害

③非化纤材质的衣服，如图 16-20 所示。

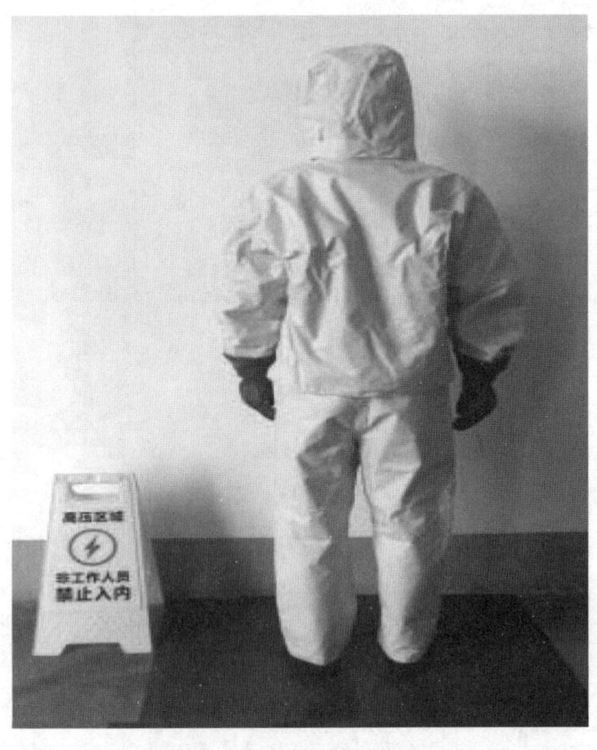

图16-20

· 维修高电压系统时，必须穿非化纤类的工作服

· 化纤类的工作服会产生静电，并且当发生火灾事故时，化纤会在高温环境下粘连人体皮肤，导致维护人员产生严重的二次伤害

④绝缘手套，如图 16-21 所示。

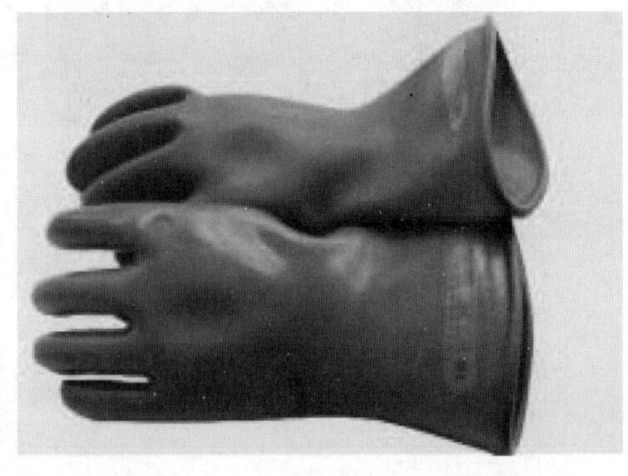

图16-21

绝缘性能：操作任何有关高压组件或线路时都需要使用橡胶电工绝缘手套，耐压 1000V 以上。抗碱性能：若接触动力电池组的钾氢氧化物等化学物质，可防止人身伤害。

⑤绝缘鞋，如图 16-22 所示。

图16-22

· 绝缘安全鞋（靴）防止电流通过人体与大地构成通路，造成电击伤害，把触电时的危险降低到最小程度

· 触电电流通过人体流入地面的，所以不仅要戴绝缘手套，还要穿绝缘鞋

· 根据 GB 21146—2007 标准进行生产，电阻值范围为 100kΩ ～ 1000MΩ

⑥绝缘胶垫，如图 16-23 所示。

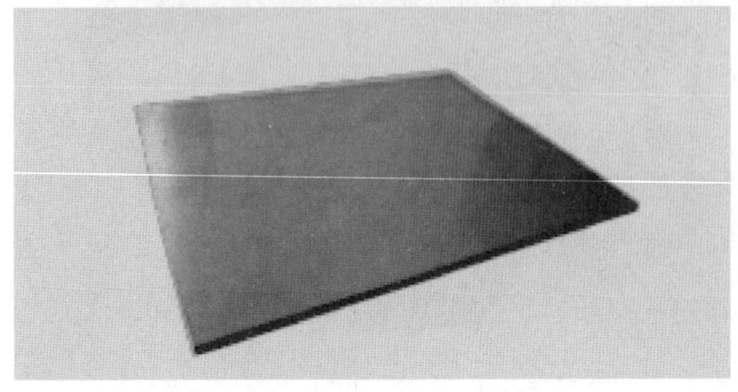

图16-23

· 低压选 5mm 厚 500V 以下，工频耐压实验 3500V，1min 不击穿；工频耐压实验 10000V，20s 不击穿

· 不允许有裂纹，选择干燥地铺设

· 每平方米面积内大于 1cm^2 的气泡不超过 5 个，任意两个气泡间距离不小于 40mm

（2）新能源汽车维修对使用安全防护用品的要求，如图 16-24 所示。

耐压等级

• 安全防护用品包括防高压电工手套、防电池电解液酸碱性手套、绝缘胶鞋、绝缘胶垫和防护眼镜等，其耐压等级必须大于需要测量的最高电压

状态完好

• 使用前必须检查绝缘手套、绝缘胶鞋等安全防护用品是否有破损、破洞或裂纹等，应使用完好无损的安全防护用品，确保人身安全

清洁干燥

• 使用前必须确认绝缘手套、绝缘胶鞋等安全防护用品内外表面洁净、干燥，不能带水进行操作，确保安全

图16-24

5.维修场地安全要求

（1）新能源汽车维修工位布置要求，如图 16-25 所示。

隔离警示

• 在维修作业前请采用安全隔离措施(使用警戒栏隔离)，并树立高压警示牌，以警示相关人员，避免发生安全事故

通风整洁

• 维修场地应通风良好，无易燃易爆物品，地面平整，场地较开阔

消防设备

• 维修场地必须配备适当型号的灭火器或消防设备

图16-25

（2）维修作业工位应设置的安全隔离警示，如图 16-26 所示。

图16-26

（3）维修高压系统时使用的绝缘工具，如图 16-27 所示。

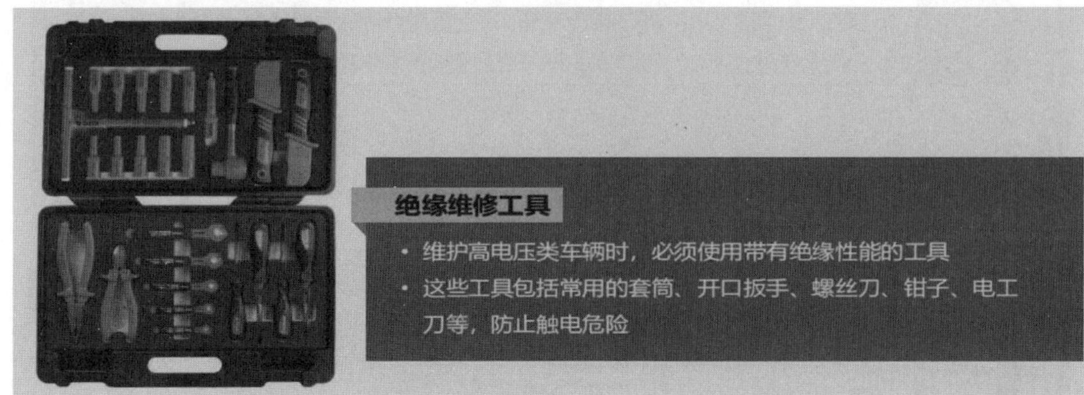

图16-27

（4）维修过程中车辆高压系统状态的警示标志。

当工位上有高压车辆进行维修时，要求在工位周围必须布置有明显的警示标志，并隔离维修区域，避免他人未经允许进入高压工位而发生危险，在操作过程中高压电警示牌共有 3 种，在不同的情况下放置相应的警示牌，如图 16-28 所示。

图16-28

第二节　高压上、下电安全操作

一、断电情况和注意事项

1.需要对高压系统进行断电的情况

（1）调试低压系统前必须断开电池安全开关。

（2）调试高压系统时，必须由专职监护人指挥连接电池安全开关。

2.调试说明

必须先调试好低压系统，然后调试高压系统，便于判断动力电池是否有漏电的情况，如有漏电情况应及时检查，不能进行高压系统调试。

3.高压系统断电的注意事项

（1）进行高电压系统线束、零件的维修保养操作前，务必先断开电池安全开关以切断高压电路。

（2）在断开电池安全开关 5min 后，检查高压系统前应使用万用表测量整车高压回路，确保无电。

（3）断开电池安全开关挂锁的钥匙务必由专职监护人员保管，并禁止在维修保养操作过程中连接电池安全开关。

（4）在高压系统维修保养作业前，务必穿戴好绝缘防护用品。

（5）在车辆上电前，注意确认是否还有人员在进行高压维修操作，避免发生危险。

4.工具

高压系统断电操作所需的工具和设备，如图 16-29 所示。

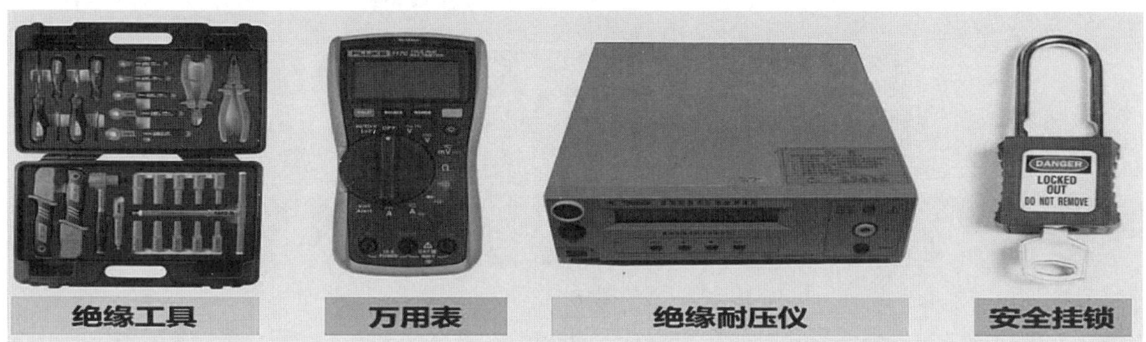

图16-29

二、高压下电流程

（1）高压系统安全下电需执行的安全操作，如图 16-30 所示。

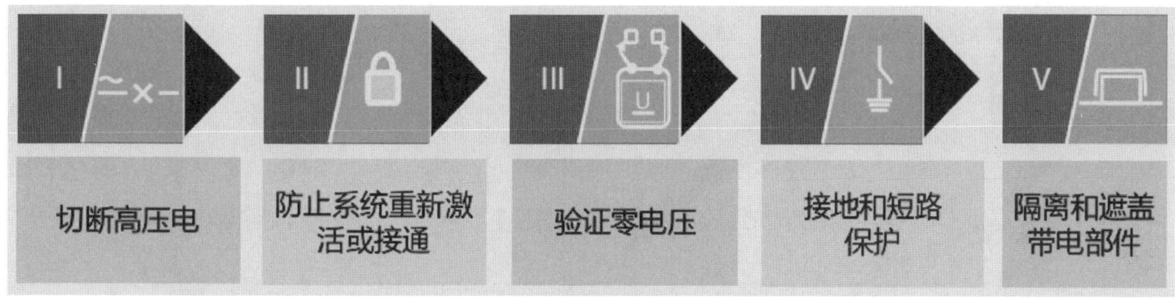

图16-30

（2）高压系统切断前摆放的警告标志，如图 16-31 所示。

图16-31

（3）高压系统下电操作方法，如图 16-32 所示。

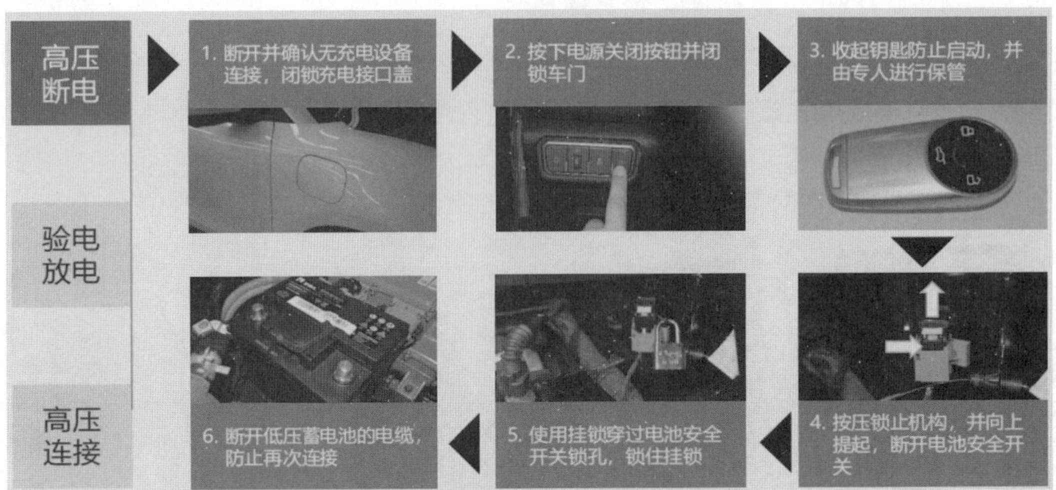

图16-32

（4）执行高压系统验电操作时的注意事项，如图 16-33 所示。

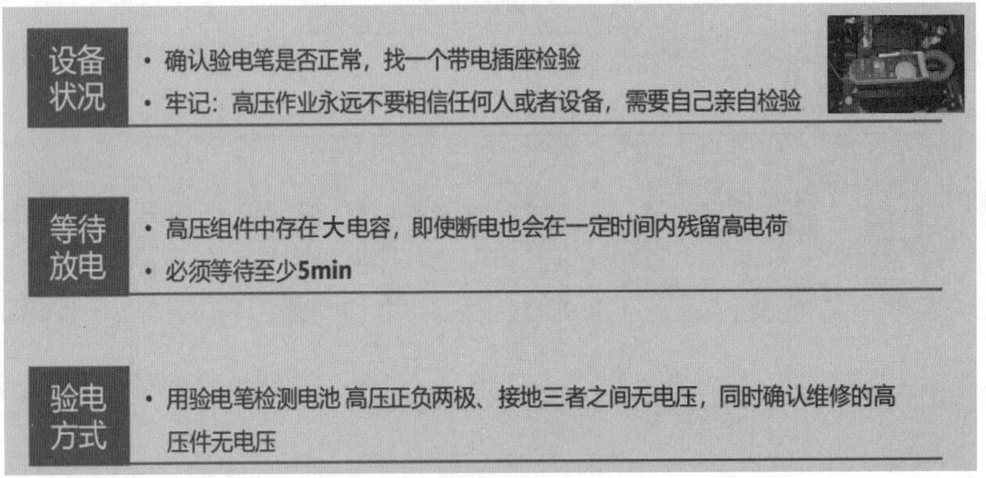

图16-33

（5）高压系统验电操作方法，如图 16-34 所示。

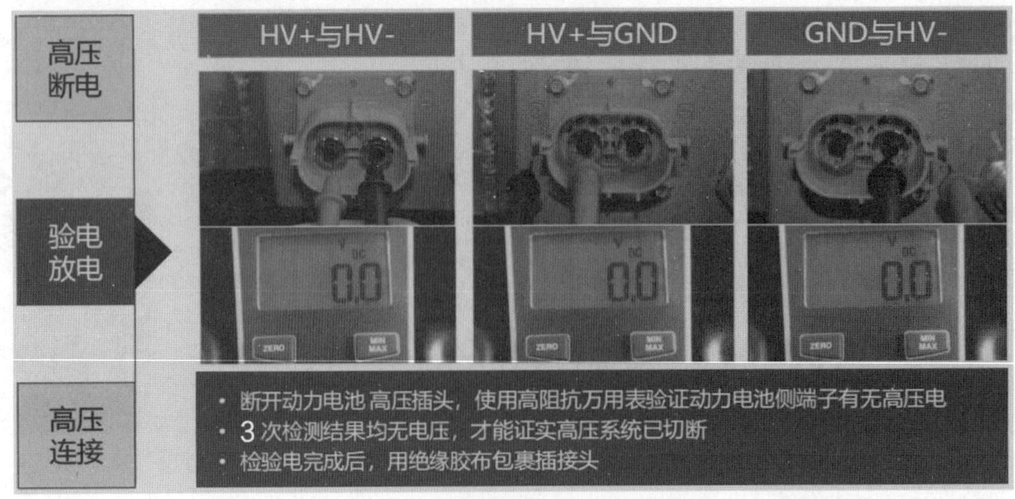

图16-34

（6）高压系统验电操作方法，如图 16-35 所示。

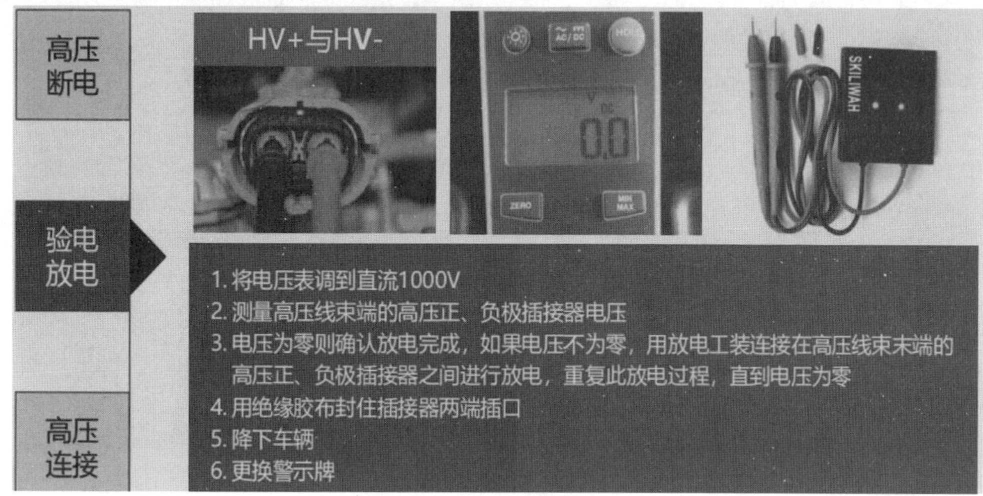

图16-35

（7）高压系统切断并且验电合格应摆放的警告标，如图 16-36 所示。

图16-36

三、高压上电流程

（1）断电状态的高压系统恢复连接前需要满足的，如图 16-37 所示。

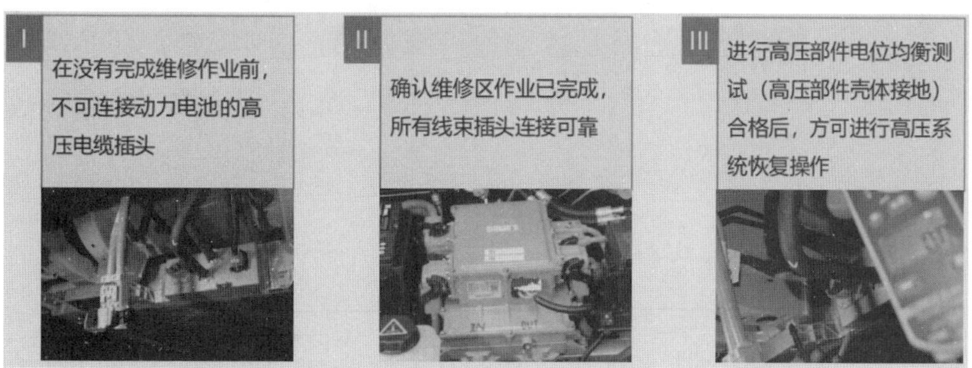

图16-37

（2）高压系统恢复高压连接的操作方法，如图 16-38 所示。

（3）连接电池安全开关后的操作，如图 16-39 所示。

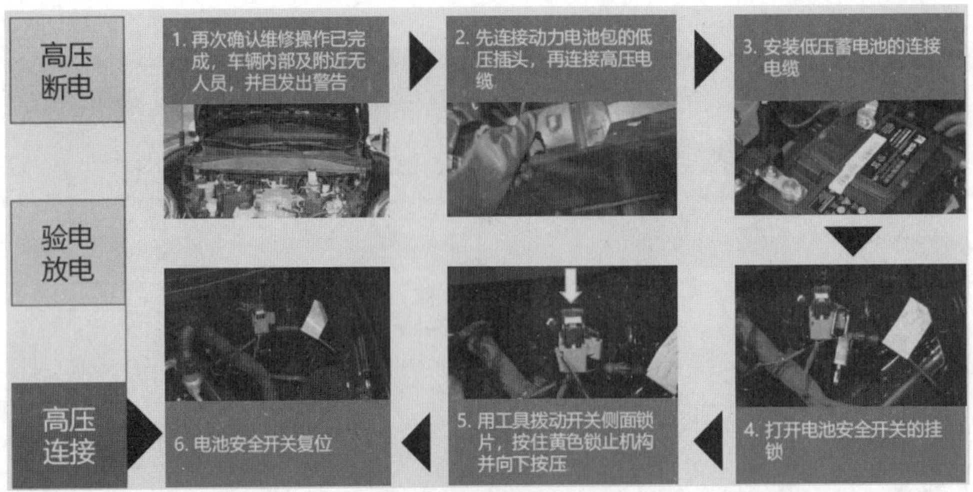
高压
断电
验电
放电
高压
连接
1. 再次确认维修操作已完成，车辆内部及附近无人员，并且发出警告
2. 先连接动力电池包的低压插头，再连接高压电缆
3. 安装低压蓄电池的连接电缆
4. 打开电池安全开关的挂锁
5. 用工具拨动开关侧面锁片，按住黄色锁止机构并向下按压
6. 电池安全开关复位

图16-38

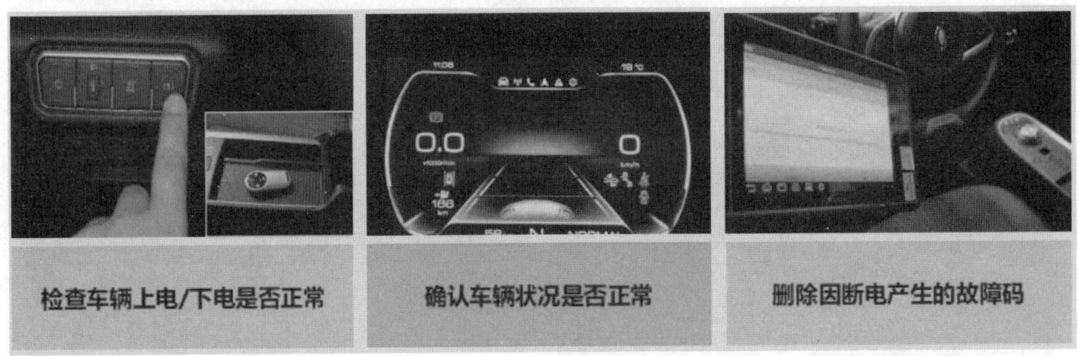
检查车辆上电/下电是否正常
确认车辆状况是否正常
删除因断电产生的故障码

图16-39

第十七章　奇瑞冰淇淋

一、整车维修断电流程

1.第一步：安全驻车

（1）车辆停放在高压电车型专用维修工位（铺设绝缘地胶工位）。

（2）挡杆切换到 P 挡（如果没办法切换到 P 挡，使用驻车挡块防止车辆移动）。

（3）设置驻车制动，如图 17-1 所示。

图17-1

（2）断开 12V 蓄电池负极并等待 5min。警告！车辆电源切断后，高压系统的电源最长保持数分钟。为防止严重灼伤或触电而造成严重伤害甚至死亡，此时切勿触摸、切断或损坏任何橙色高压电缆或高压部件。

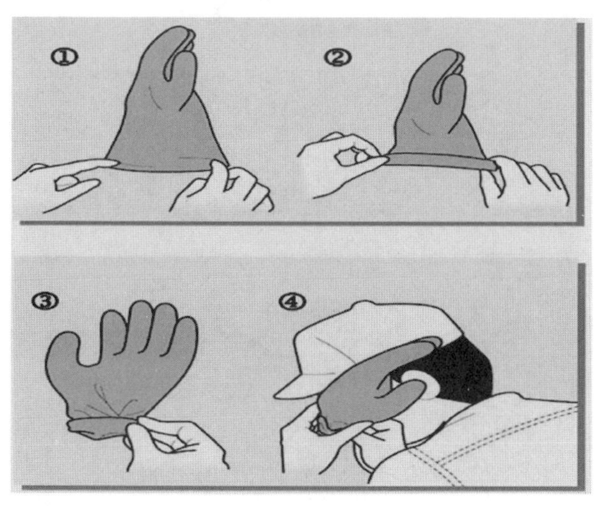

图17-3

2.第二步：关闭低压电源

（1）将一键启动开关置于 OFF 挡，等待 1min。注意：一般通过仪表上 READY 指示灯的状态、相应的电压指示或上下电状态指示等来确认车辆的电源是否被切断，如图 17-2 所示。

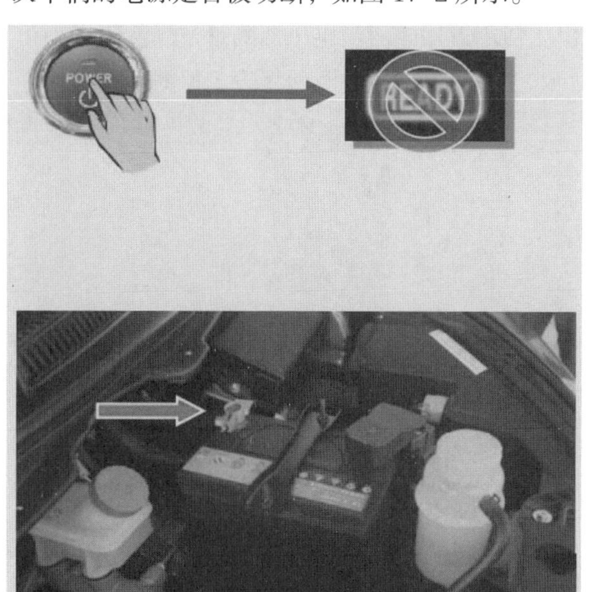

图17-2

3.第三步：断开动力电池高压输出电缆

（1）检查绝缘手套是否损坏，确保手套绝缘性能，如图 17-3 所示。注意！后续步骤由于接触到高压部件，同时尚未确定整车已经下电，需要带上绝缘手套操作。

（2）举升车辆，断开动力电池侧高压母线输出电缆（如相关维修操作不会接触到母线电缆，可以不举升车辆，直接断开电机控制器侧母线电缆）。

（3）断开动力电池侧快充接口电缆（如相关维修操作不会接触到快充接口及相关线缆的情况下，可以省略此步骤），如图 17-4 所示。

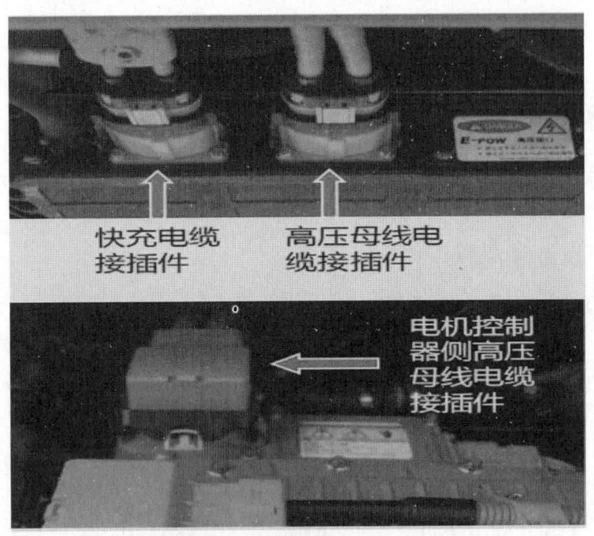

图17-4

注意：需了解相关线缆接插件锁定装置结构，在正确解锁状态下拔出接插件。确保维修过程中不可能接触到带电高压部件为执行原则。

4.第四步：断电确认检测

（1）在开始进行车辆检修前还需等待 5min。

（2）测量动力电池高压母线接口正负极间电压，确保接口无电压输出（使用万用表直流电压挡测量，测量值应小于 5V）。

（3）测量动力电池侧快充接口正负极间电压，确保接口无电压输出（使用万用表直流电压档测量，测量值应小于 5V）。

（4）测量高压母线电缆正负极间电压，确保电机控制器等负载内电容放电完毕，无电压输出（使用万用表直流电压挡测量，测量值应小于 5V），如图 17-5 所示。

注意：测试时注意勿将表笔裸露部分与接地金属部分接触（同理可测试各处高压电缆正负极，均应为 5V 电压以下）。

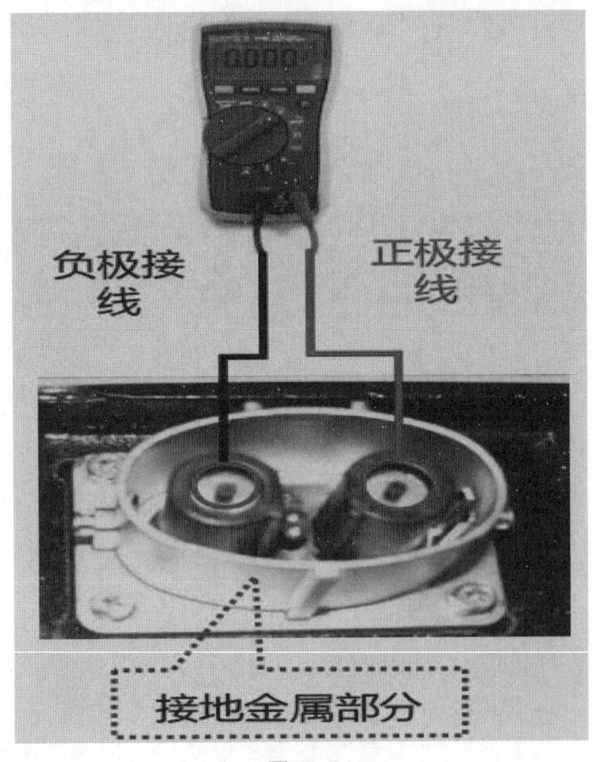

图17-5

5.第五步：设置高压维修警告标签

（1）设置警示标签，警示被检修的车是电动力车并且该车有些裸露的高压零件，如图 17-6 所示。

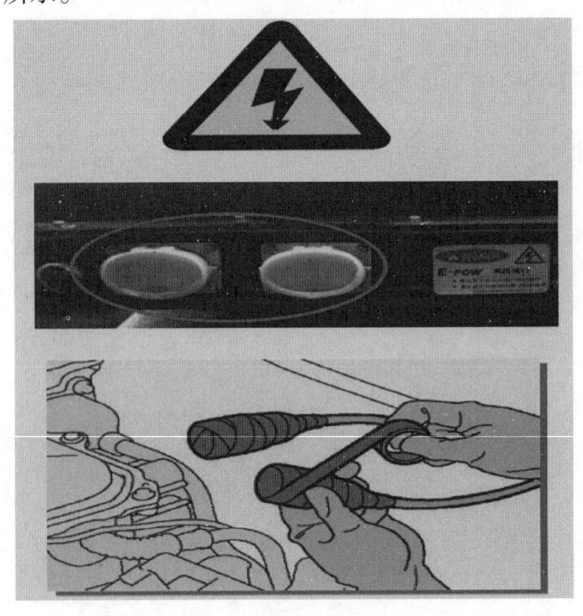

图17-6

（2）此时整车断电流程完成。

注意：以上五步为高压系统标准断电流程，

操作过程中必须严格按顺序、按标准操作。确保完成断电流程后可对车辆进行相应救援、维修检测工作。检修过程中需要对相应高压线束插头、接口等进行隔离保护。

二、整车维修上电流程

1.第一步：车辆安装检查正常确认

（1）维修完高压系统，确信将工具都放回工具箱或相应位置。

（2）检查拆卸或更换过的零件，确保正确安装且车辆其他部件安装也没有任何异常，防止车辆上电后出现安全隐患。

（3）确保所有线路连接螺栓或螺钉都上紧（若是松动的，当电流流过时会引起高温），确定所有连接器都连接到位，尤其注意高压部件的连接器，必须正确安装锁紧，如图 17-7 所示。

图17-7

2.第二步：低压上电检查

（1）重新安装 12V 电池负极接线柱，如图 17-8 所示。

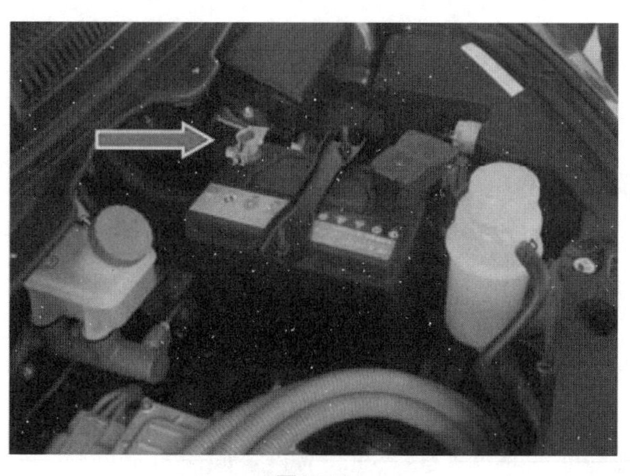

图17-8

（2）确认车辆没有异常，仪表指示正常。

3.第三步：最终车辆检查

（1）再次确认车辆没有异常后，打开车辆电源，对车辆进行上电操作，进行最终检查。

（2）无异常车辆维修结束。

（3）此时整车上电流程完成，如图 17-9 所示。

注意：以上三步为高压系统标准上电流程，操作过程中必须严格按顺序、按标准操作。

总结：通过不同车型上下电安全操作可知，不同品牌在设计上有一定的不同之处，比如动力电池安全开关（手动维修开关）（如图 17-10 和图 17-11 所示），有的是在机舱低压线束中，有的是外置于电池包壳体上，可实现高压和互锁同时切断。但是流程一样，在断电时，要先断开安全开关。也有一些续航比较短的车型不带安全开关。安全防护一定做到位。

高压系统的维修需要注重流程，断电后一定要等 5min 左右，本人曾经历拆装动力电池模组时，未按照流程操作，导致模组之间连接的铜牌瞬间消融。

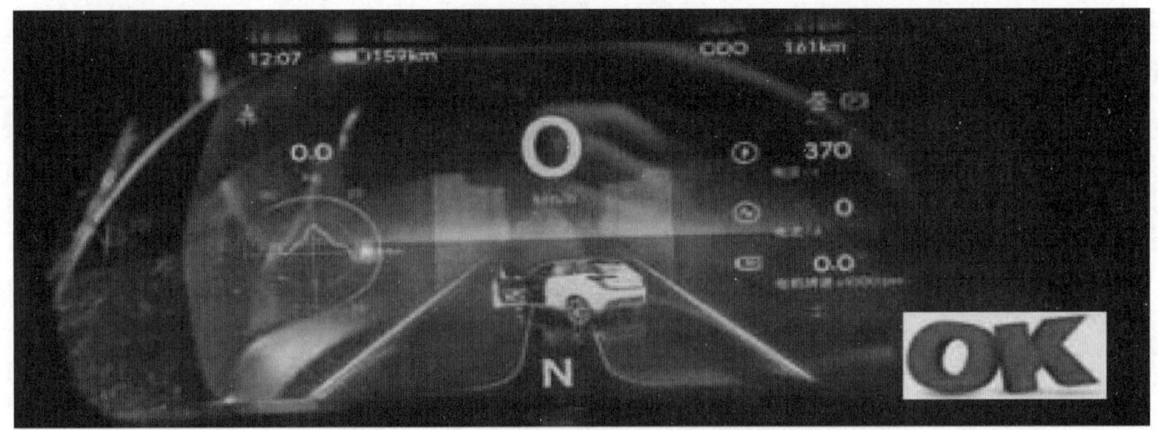

图17-9

图17-10

图17-11

第十八章　东风标致e2008

第一节　高压使用常识介绍

一、发动机舱操作

打开发动机舱盖前务必确保点火开关已经关闭（READY 指示灯熄灭）。您车辆电动系统的电动机由动力电池驱动。如果您的车辆点火开关未关闭，则电动机在任何时候都有重启的风险。

二、高压部件

高压部件上贴有橙色高压警告标签，请注意警告标签上的内容要求，如图 18-1 所示。为了避免触电伤害，禁止触碰高压部件、高压电缆（橙色）及其连接头。如果车上的橙色高压电缆裸露或破损，禁止触碰，以防触电。

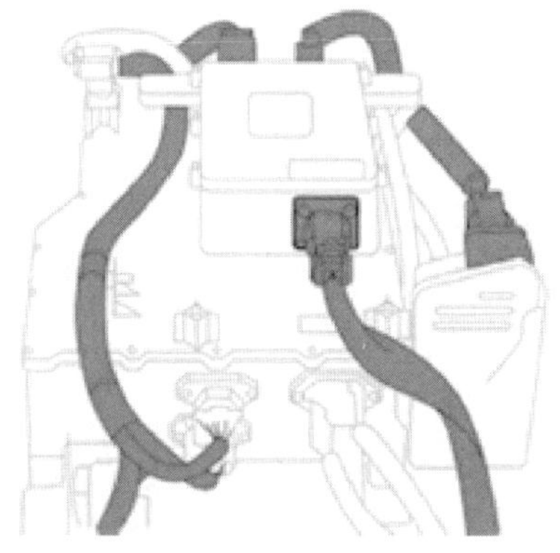

图18-1

电动系统的电路通过橙色电缆来识别；电动系统使用 390V 的电压。断电期间或之后该系统可能会发热。遵守车辆上所贴标签上写的警报信息，尤其是充电口盖上的。由于有可能导致死亡的严重的烧伤或者电击的风险，所以严禁对车辆的电子系统（电池、连接器、橙色电缆和从内部或者外部看得见的部件）进行任何修理或更改。如有问题，请联系东风标致授权服务商或有资质的服务站。此标签仅供应对车辆事故救援的消防员和维修技术人员使用。

图18-2

三、高压电解除方法

（1）将钥匙置于 OFF 关闭挡，打开发动机舱盖。

（2）向上拉动开关，断开发动机舱内高压部件附近的 E-service plug 高压系统开关，如图 18-2 和图 18-3 所示。

图18-3

（3）高压电解除完成。

四、故障与事故

车辆发生故障时，确保车辆的挡位处于P挡，施加电子驻车制动，关闭启动开关，离开车辆并与东风标致授权服务商联系。若时间允许，请保持车辆的挡位处于P挡，关闭车上的电器设备，施加电子驻车制动，关闭启动开关，并及时逃离车辆；若时间不允许，请立即关闭启动开关，并逃离车辆。

五、车辆发生火灾

车辆发生火灾时，对该电动车应该使用二氧化碳灭火器或磷酸铵盐类干粉灭火器，禁止用水灭火。

六、车辆涉水

当不知水深时，严禁涉水行驶。车辆部分或全部浸没水中时：若时间允许，请保持车辆的挡位处于P挡，关闭车上的电器设备，施加电子驻车制动，关闭启动开关，并及时逃离车辆；若时间不允许，请立即关闭启动开关，并逃离车辆；在车辆打捞前必须等待水面无气泡和滋滋声产生，电量耗尽后才能进行打捞作业，以防触电。

七、清洗车辆

在对车辆进行任何清洗之前，要检查充电口盖是否关好。洗车后充电之前先用干抹布擦净充电口盖周围的水，再连接充电枪。严禁对发动机舱和底盘下面使用高压清洗。严禁用水冲洗车辆高压部件及线束。

八、动力电池

动力电池是锂离子类型，安装在座舱地板下面。动力电池的续航里程随着驾驶类型、行驶路线的类型、舒适性加热设备的使用及其零部件的老化而变化。

1.电池处理

高压动力电池只能由具有资质的专业机构或维修点来处理。电池处理不当可能会带来灼伤，甚至是电击或威胁生命安全！

2.紧急切断

在发生紧急事故时，车辆的安全系统会自动切断高压部件和燃油供应。电动系统将不再启用。请联系东风标致授权服务商或有资质的服务站。在动力电池损坏的情况下，严禁自行在车上修理动力电池。不要接触从动力电池中流出的液体，在身体接触到这些产品的情况下，用大量的水冲洗，并尽快咨询医生。

3.电池回收

为避免破坏环境，高压动力电池需要以合适的方式回收处理。废旧的动力电池应交与具有国家法律法规规定的相关资质的企业进行集中回收处理，不能随意丢弃、存放，以免造成环境污染和带来安全隐患。东风标致已持续建立废旧动力电池回收服务网点，客户可通过拨打东风标致客服电话确认您所在区域回收服务网点信息。

九、人体安全

请选择在安全的环境（防潮、防高温的环境）下充电。充电前请确保车辆充电口和充电枪内没有水或异物，金属端子没有生锈或者腐蚀。若存在这些情况，不要进行充电操作。在充电口遭到碰撞，即使是轻微碰撞的情况下，也禁止充电。因为不正常的端子连接可能导致短路或电击，威胁生命安全。充电过程中，如果车辆或充电桩发生明火、异常气味或冒烟等突发情况，请立即按下充电桩上的红色“急停开关”，停止充电并及时与授权商联系。

为了避免造成人身伤害，车辆在充电时，要有以下防护意识：

（1）不要接触车上的充电口或者枪内的金属端子；

（2）当遇到雷电天气情况时，不要给车辆充电或触摸车辆，被雷电击中可能导致车辆的充电装置损坏，甚至造成人身伤害。

充电结束后关闭充电口盖，不要让充电枪连接在充电口上。

十、低器材安全

为了避免对充电设备造成损坏，注意以下几点：

（1）不要用力拉或者扭转充电电缆；

（2）不要撞击充电设备；

（3）不要让充电电缆靠近加热器或其他热源的地方。

充电时，充电枪将被锁止，此时不要用力去拔充电枪，以免损坏交流充电口。禁止改装或者拆卸充电口或充电设备，否则可能导致充电故障，甚至引发火灾。充电前请确认充电桩是否正常，是否满足国标充电插口标准。在充电站充电时请离开充电车辆，并严格按照充电站的要求进行充电。在充电期间不要在发动机舱进行维修作业。在车辆充电时，建议不要开启空调设备，这样会加速动力电池损耗和无法充满电。当动力电池电量充满后，系统会自动停止充电。当环境温度低于 0℃时，充电效能降低，所以充电时间比正常时间要长。如果外部温度低于 -10℃，建议一有可能就接通车辆的充电电源，因为充电时间可能会延长很多。

在极低温度（-20℃）下，车辆无法充电。

十一、低温充放电（寒冷地区）

为了避免低温对动力电池损伤，尽量在车库或地下室充电。在充电之前，先开启暖风，以加速动力电池升温，然后再进行充电。在行驶之前，先开启暖风，以加速电机驱动系统及动力电池升温。建议处于低温环境下的车辆，在行驶结束后立即进行充电，以避免低温充电预加热时间和资源的浪费。充电口位于车辆左侧后方的充电口盖板下。充电方式有以下几种，用户可以根据不同环境而选择最佳充电方式，如图 18-4 所示。

十二、充电口盖

充电口位于车辆左侧后方充电口盖板内。请在图 18-5 所示处按压充电口盖板，以便能更轻松地打开 / 关闭交流充电口盖板。取下充电口罩 A 并放置好，如图 18-6 和图 18-7 所示。

当电量表进入警示区域时，表明动力电池电量已不足，此时请尽快充电。车辆使用过程中，每个月至少进行一次满充电的使用维护。车辆长期不用时，每 3 个月至少进行一次充、放电。具体方法如下：

充电方式	充电端口	充电电缆	电源	充电说明	充电时间
方式 1 充电桩交流充电		模式 3 电缆		在 220V 公共交流充电桩上充电	电量（SoC）从 10%~100%（车载充电机：6.6 kW）充电所需时间约为 8h
方式 2 家用交流充电		模式 2 电缆		在家用 220v 50Hz16A 三级专用插座上充电	电量（SoC）从 10%~100% 充电所需时间约为 16h
方式 3 充电站直流充电（快充）		模式 4 电缆		在公共充电站（输出功率 35 kW 以上）快速充电（应急充电方法，不建议频繁使用）	电量（SoC）从 10%~100% 充电所需时间约为 30min（环境温度 25℃左右）

图18-4

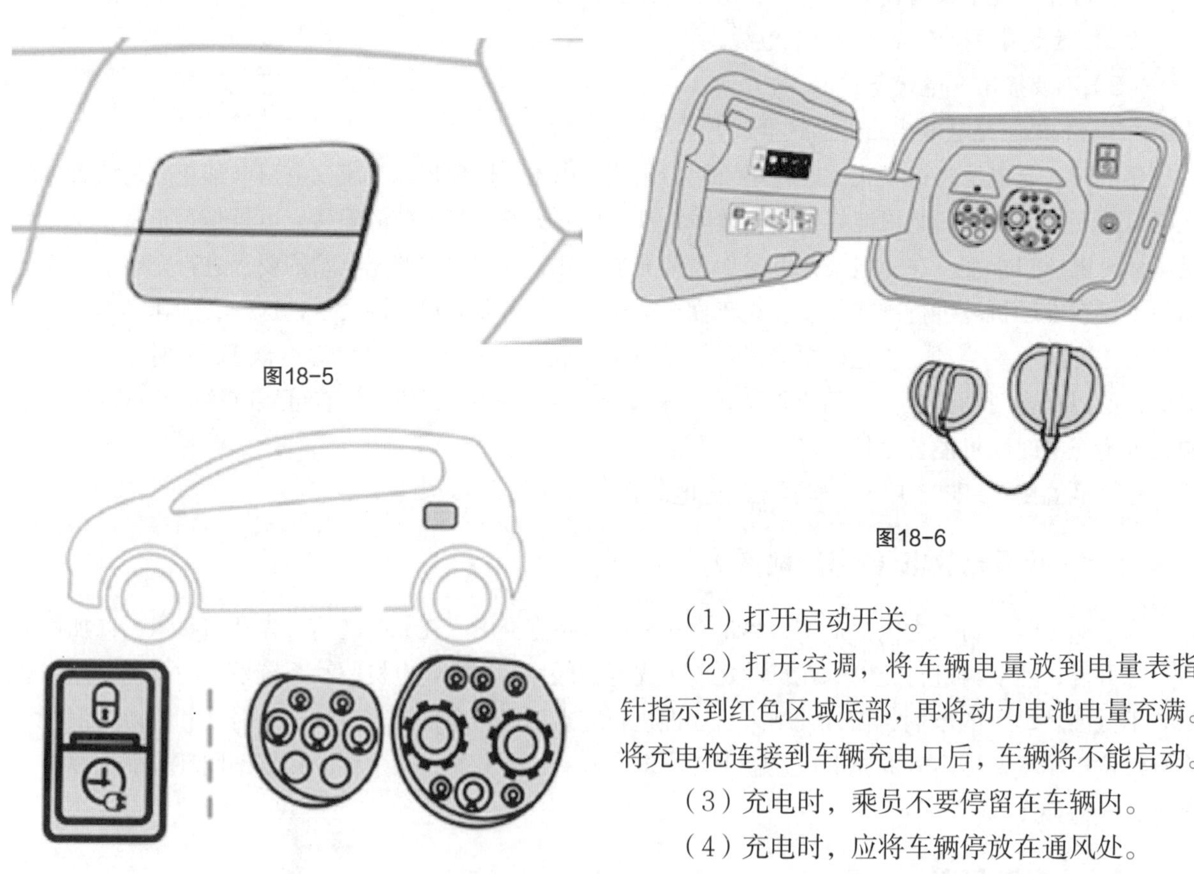

图18-5

图18-6

图18-7

（1）打开启动开关。

（2）打开空调，将车辆电量放到电量表指针指示到红色区域底部，再将动力电池电量充满。将充电枪连接到车辆充电口后，车辆将不能启动。

（3）充电时，乘员不要停留在车辆内。

（4）充电时，应将车辆停放在通风处。

十三、交流充电口手动应急解锁

交流充电口手动应急解锁拉索位于车底左后方圆形盖板内，如图 18-8 所示。按箭头所指方向旋转盖板，然后将盖板取下。

向下拉动拉索以手动应急解锁交流充电口，如图 18-9 所示。

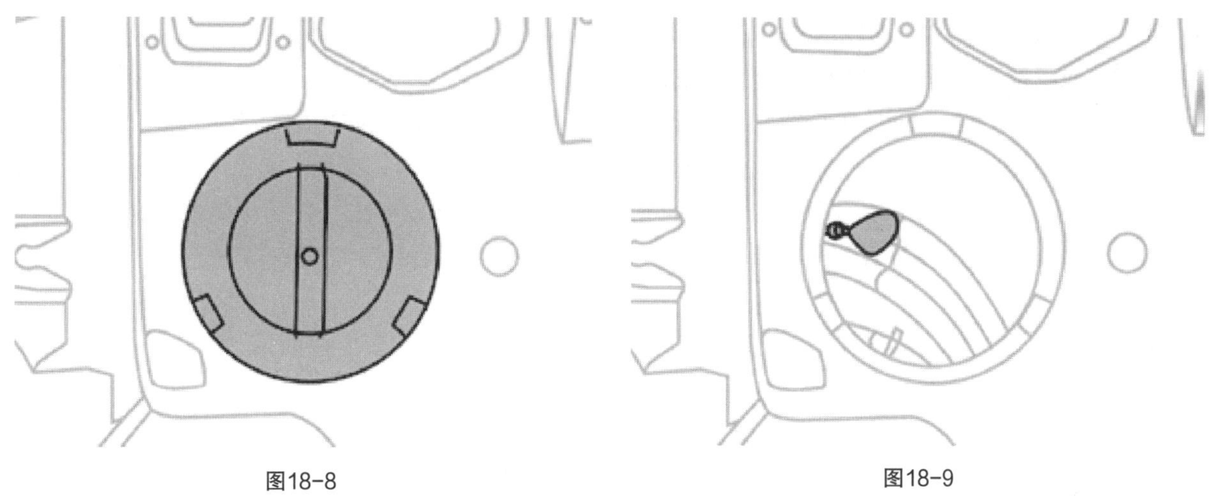

图18-8　　图18-9

十四、充电桩交流充电方法（模式3 电缆）

（1）将挡位置于“P”挡，施加电子驻车制动。

（2）将启动开关转至“OFF”位置。

（3）打开充电口盖板，取下充电口罩，充电指示灯点亮，且为白色，如图18-10所示。

（4）按下充电枪上的防脱按钮取下防护罩。

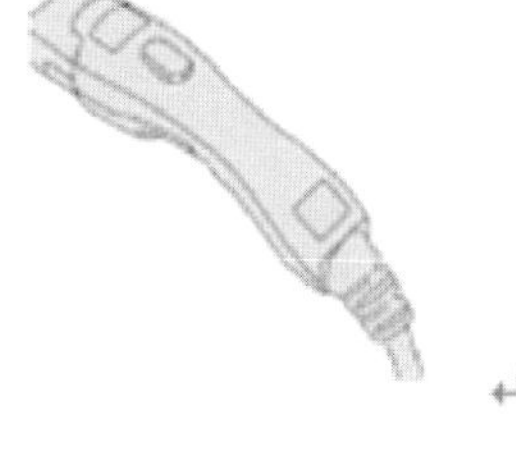

（5）将交流充电桩上的充电枪对准并完全插入交流充电口中，锁止车辆并听到“咔”的响声，确认充电枪被锁止，红色充电枪锁止指示灯常亮。

（6）按照充电桩使用要求，开始充电，充电指示灯变绿灯闪烁。当充电枪连接到车辆交流充电口后，锁止车辆，连接器将被锁止。

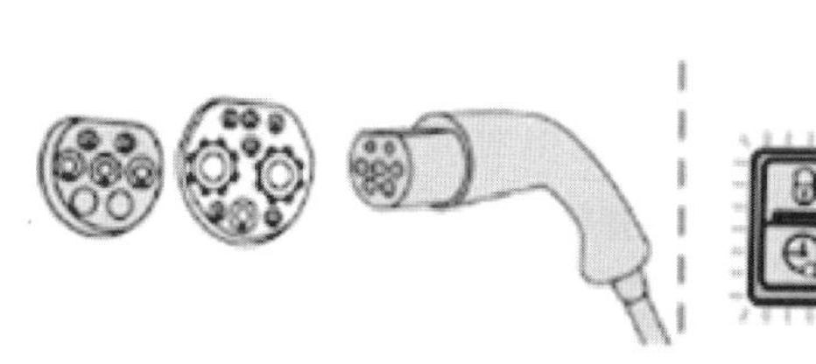

图18-10

（7）充电开始，仪表上的“充电电缆连接指示灯”点亮，充电进度在组合仪表上显示。组合仪表休眠后，在车辆解锁或者打开车门的时候可重新显示这些信息。充电指示灯变为绿色常亮，表明充电完成；充电完成后，需要再次充电必须重新操作充电桩。动力电池充电完成所需时间受电网质量、充电方法、动力电池的剩余电量、实时温度、使用时间和外界温度等影响，实际充电所需时间与本手册里给出的数据会有差别。禁止拔正在充电的充电枪；正确的拔枪方法是先用车钥匙解锁断充，再脱开充电枪，如图18-11所示。非P挡时，车辆无法充电。

（8）如果充电时车门处于解锁状态，需要把车门关上并上锁，然后再按车钥匙上的解锁键，这样充电会停止并解锁充电枪（解锁时连接器接口会有“咔”的声音）。如果充电时车门处于锁闭状态，这时只需要按车钥匙上的

图18-11

解锁键，充电就会停止并解锁充电枪（解锁时连接器接口会有“咔”的声音）。

（9）充电枪锁止指示灯熄灭确认充电连接器已解锁。

（10）按下充电枪上的防脱按钮，脱开充电抢并罩上防护罩，放在固定的存放位置。

（11）关好充电口罩及充电口盖板。

（12）交流充电结束。禁止拔正在充电的充电枪；正确的拔枪方法是先用车钥匙解锁断充，再脱开充电枪。如因误操作导致充电枪卡住，请重新锁车再解锁车辆。

十五、家用交流充电方法（模式2 电缆）

家用交流充电电缆放置在行李箱地毯上（如配有）。

（1）将挡位置于P挡，施加电子驻车制动。

（2）将启动开关转至OFF位置。

（3）打开充电口盖板，取下充电口罩，充电指示灯点亮且为白色，如图18-12所示。

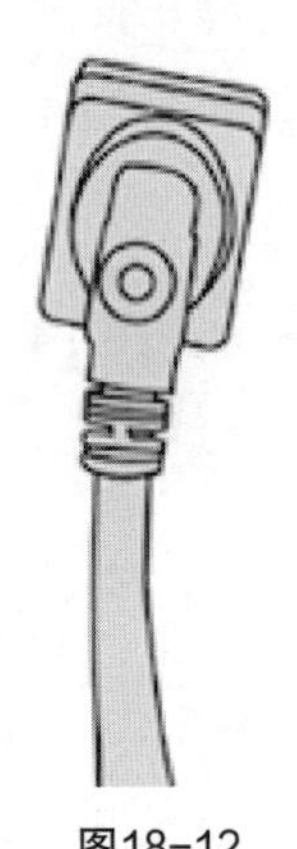

图18-12

（4）将充电电缆三脚插头接到220V电源插座上，检查、确认“电源”指示灯为绿色常亮，如图18-13所示；注意：家用电路一般为220V 50Hz 10A，在没有专用电路供给充电的情况下，用户禁止自行购买10A插座转16A插座的转接头进行充电，避免充电时的大功率用电导致线路跳闸及线路损坏而影响线路上其他设备的使用。请联系专业电工来安装专用线路。

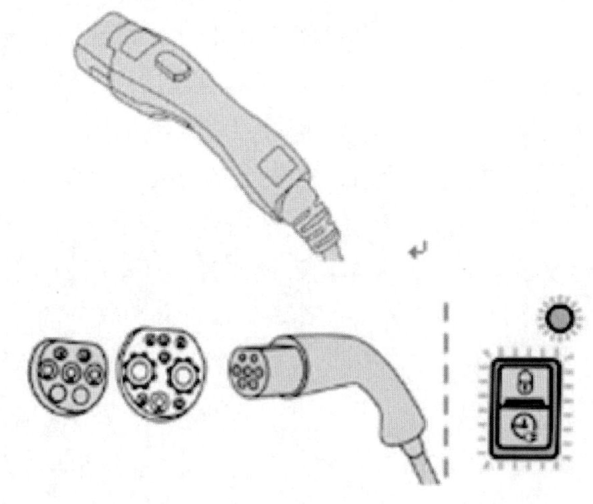

图18-13

（5）按下充电枪上的防脱按钮，取下防护罩。

（6）将充电枪对准并完全插入交流充电口中，锁止车辆并听到“咔”的响声，确认充电枪被锁止，红色充电枪锁止指示灯常亮。通过充电指示灯变绿灯闪烁以及充电电缆控制盒上指示灯的绿灯闪烁，确认充电开始。如果不是这个情况，检查所有的连接是否正确然后重新开始充电程序。家用电路一般为220V 50Hz 10A，在没有专用电路供给充电的情况下，用户禁止自行购买10A插座转16A插座的转接头进行充电，避免充电时的大功率用电导致线路跳闸及线路损坏而影响线路上其他设备的使用。请联系专业电工来安装专用线路。当充电枪连接到车辆交流充电口后，锁止车辆，充电枪将被锁止。

（7）充电开始，仪表上的“充电电缆连接指示灯”点亮，充电进度在组合仪表上显示。组合仪表休眠后，在车辆解锁或者打开车门的时候可重新显示这些信息；充电电缆控制盒上的指示灯一直亮着以及充电指示灯变为绿色常亮，表明充电完成。

（8）如果充电时车门处于解锁状态，需要把车门关上并上锁，然后再按车钥匙上的解锁键，这样充电会停止并解锁充电枪（解锁时连接器接口会有“咔”的声音）。如果充电时车门处于锁闭状态，这时只需要按车钥匙上的解锁键，充电就会停止并解锁充电枪（解锁时连接器接口会有“咔”的声音）。

（9）充电枪锁止指示灯熄灭确认充电连接器已解锁。

（10）按下充电枪上的防脱按钮，脱开充电枪并罩上防护罩，放在固定的存放位置。

（11）关好充电口罩及充电口盖板。

（12）交流充电结束。

十六、家用交流充电控制盒指示灯定义

把充电电缆三脚插头连接到家用插座上，控制盒上所有的指示灯会亮一会。如果没有任何指示灯亮，检查家用插座的断路开关是否有问题：

（1）如果断路开关断电了，请联系专业电工来检查你的充电设施的兼容性并维修。

（2）如果断路开关没有断电，请联系东风标致授权服务商检查处理。

关于家用交流充电电缆使用建议（如图 18-14 所示）：

指示灯		状态说明
	电源状态灯（正面从上到下第1个）	绿灯常亮 ——进线电源连接正常
	连接状态灯（正面从上到下第2个）	绿灯常亮 ——充电枪与车辆交流充电口连接正常
	充电状态灯（正面从上到下第3个）	黄灯闪烁 ——设备正在为电池充电
		黄灯常亮 ——电池充满电状态
	故障状态灯（正面从上到下第4个）	红色，常亮/闪烁，异常不允许充电或者立即停止充电。检查连接电路是否正确以及电路系统是否问题

图18-14

（1）使用前请查阅使用指南。

（2）没有正确地使用充电电缆可能会导致火灾、设备损坏，严重的烧伤或者触电身亡。

（3）充电插座要正确地与地线相连接，并用一个 30mA 的漏电开关来保护插座。

（4）充电插座与充电电流强度相适配，并用一个断路开关来保护插座。

（5）充电插座、电插头和电缆都不能承受充电控制盒的重量。

（6）如果充电电缆损坏或者有任何破损，禁止使用。

（7）禁止尝试维修或者打开这个充电枪和控制盒。

（8）禁止把充电电缆浸泡在水中。

（9）禁止把该充电电缆与接线板、多用插座、转换器或者已损坏的插座一起使用。

（10）禁止采用拔掉电插头来停止充电。

（11）严禁强行断开在车辆上已锁住的充电枪。

（12）如果发现充电电缆或者墙上的插座发烫，通过车辆钥匙锁止然后解锁来立即停止充电。

（13）该充电电缆包含有可能产生电弧或者火花的零部件：不要暴露在易燃易爆环境中。

（14）充电电缆仅用于本车辆。

（15）严禁用湿手来连接或断开墙上的插头。

十七、充电桩直流充电方法（模式4电缆）

（1）将挡位置于 P 挡，施加电子驻车制动。

（2）将启动开关转至 OFF 位置。

（3）打开充电口盖板，取下充电口罩，充电指示灯点亮，且为白色，如图 18–15 所示。

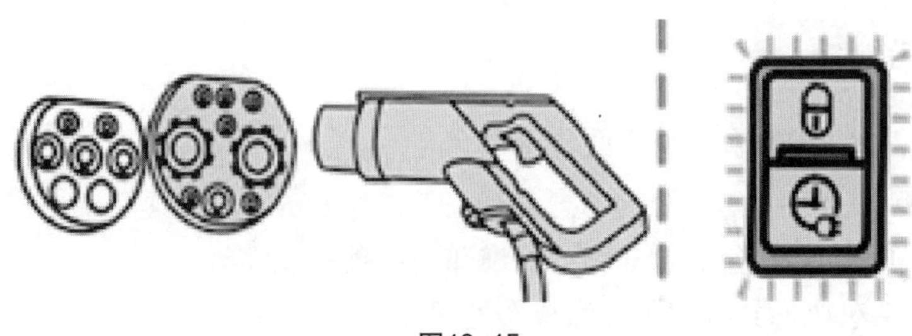

图18–15

（4）将直流充电桩上的充电枪对准并完全插入直流充电口中。

（5）按照充电桩使用要求，开始充电，此时充电枪被锁止，充电指示灯变绿灯闪烁。

（6）充电开始，仪表上的“充电电缆连接指示灯”点亮，充电进度在组合仪表上显示。组合仪表休眠后，在车辆解锁或者打开车门的时候可重新显示这些信息。

（7）充电指示灯变为绿色常亮，表明充电完成；充电完成后，需要再次充电必须重新操作充电桩。在充电桩上结束充电。按下充电枪上的防脱按钮，脱开充电抢并罩上防护罩，放在固定的存放位置。

（8）关好充电口罩及充电口盖板。

（9）直流充电结束。

十八、预约充电

默认情况下，车辆在插入充电接头后立即开始充电。该系统可以设置预约充电。

十九、时间设置

（1）在电能菜单界面，选择充电选项，如图 18–16 所示。

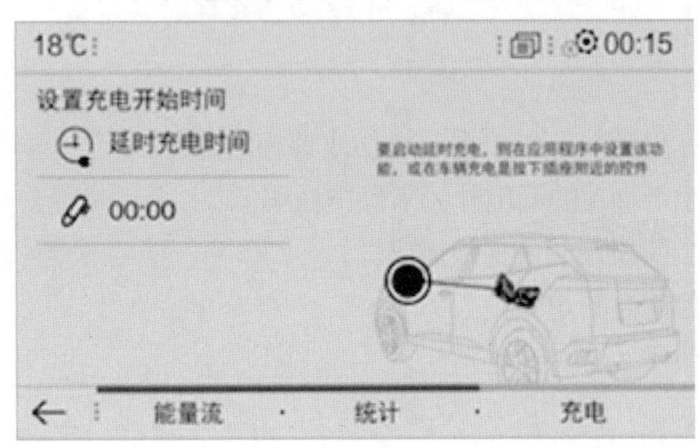

图18–16

（2）设置充电开始时间。

（3）点击 OK 确认，保存系统设置。

预约充电的时间设置还可以通过东风标致智行应用程序用智能手机来设置。预约充电功能跟公共充电桩是不兼容的。

二十、激活

（1）将挡位置于 P 挡，施加电子驻车制动。

（2）将启动开关转至 OFF 位置。

（3）打开充电口盖板，取下充电口罩，充电指示灯点亮，且为白色。

（4）将车辆连接到所需的充电设备上，充电开始，充电指示灯变绿灯闪烁，如图 18–17 所示。

图18–17

（5）在 20s 内，按下预约充电按钮激活系统，此时充电停止，充电指示灯变为蓝色。

（6）到设定的充电时间时，车辆会自动开始充电（中途从车上脱开充电枪将干扰预约充电）。预约充电功能跟公共充电桩是不兼容的。在如下情况下，按预约充电按钮将停止充电：

①车未上锁。

②已锁车，并开始充电时间少于 20s。

在如下情况下，按预约充电按钮仍继续保持充电：已锁车，并开始充电时间大于 20s。

第二节　关闭电源电压（下电）操作

注意：遵守清洁和安全指示。所有在可充电电动或混合动力汽车上工作的人员必须接受关于电动汽车的专门培训，并拥有在这些汽车上操作的资质（请遵守相关国家的现行法规）。

一、工具及设备

1.专用工具

（1）电压缺失验证器，如图 18-18 所示。

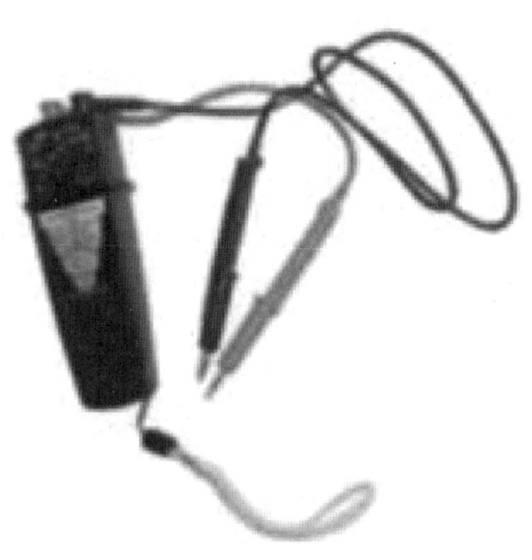

图18-18

（2）探针，如图 18-19 所示。

图18-19

2.设备

（1）绝缘衬块。

（2）绝缘袋。

（3）警告告示（车辆和工作位置）。

（4）锁止盘。

（5）胶带（橙色）。

（6）安全挂锁。

（7）高压线束（零件编号 YL01555680 ）。

3.保护设备

（1）绝缘手套（天然胶乳）。

（2）带护目镜的安全帽。

二、准备

切割尺寸 15cm × 15cm 的绝缘垫（如图 18-20 中 1）。备注 ： 此操作仅需要进行一次：绝缘垫可以用于其他车辆（取决于其状况）。

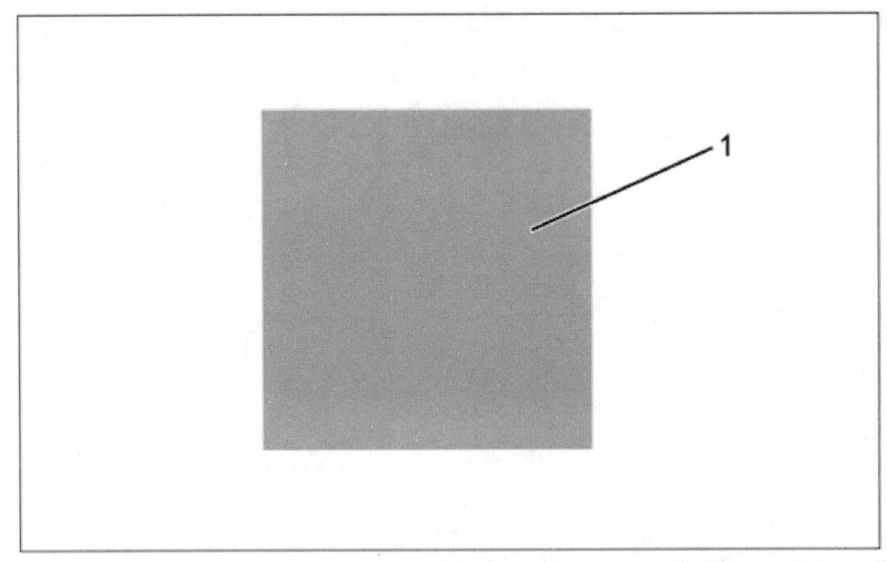

图18-20

三、关闭

1.步骤1：车辆标志

警告：确保车辆确实与工单对应。

（1）将车辆置于电动车辆的专用工作区域。备注：必须用链条或屏障分隔开工作区域（在如图 18-21 中 c 处）。

（2）将车辆放在 2 柱举升机上。备注：无 2 柱举升机时，将车辆放在 4 柱举升机上。在前轮和后轮上支撑车辆，使用车间垫片。

（3）填写工单并将其放在车辆挡风玻璃上（在如图 18-21 中 b 处）。在车辆上安装警告标志（在如图 18-21 中 a 处）。

（4）开启。

· 车门窗（驾驶员侧）

· 发动机罩

· 尾门

（5）将变速杆放置在位置 P 上。

（6）拉紧手刹。

（7）切断点火装置。

（8）拆下车身下部的保护装置。

警告：检查并确认车轮不能转动。关闭点火开关后，等待 5min（允许 ECU 转入休眠状态）。

（9）贴上一张贴纸，以确保充电插座盖板保持在关闭位置（在如图 18-22 中 d 处）。

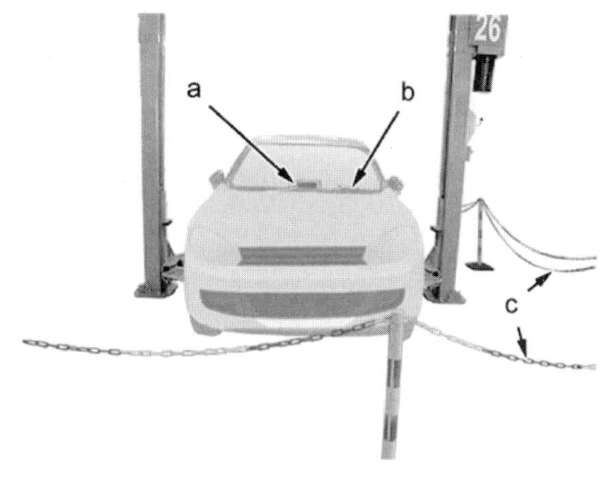

图18-21

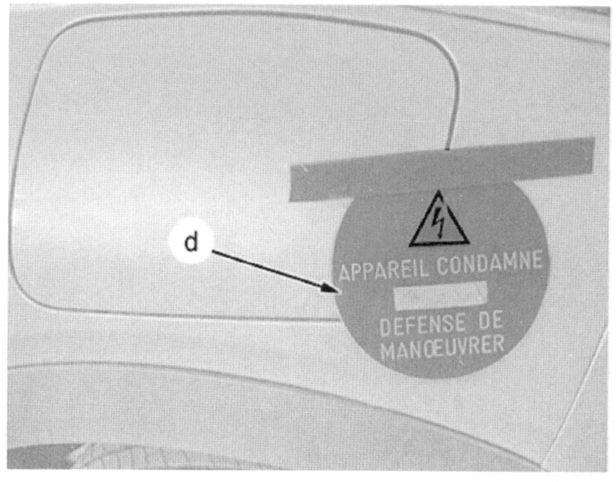

图18-22

2.步骤2：电气分离和锁止

（1）禁用断路器（如图 18-23 中 1）（在如图 18-23 中 e 处）（按照箭头指示）。使用安全挂锁，确保断路器（如图 18-23 中 1）保持在打开位置（在如图 18-23 中 f 处）。强制：使用车辆外的车钥匙存储断路器挂锁密钥。

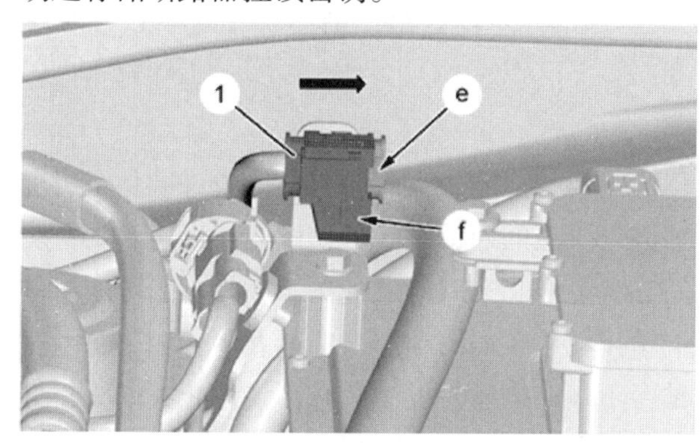

图18-23

（2）强制：戴上绝缘手套及带护目镜的安全帽（护目镜降低）。断开附件蓄电池（如图 18-24 中 2）的正极端子（如图 18-24 中 3）。警告：等待 2min 以便让所有网络电容器放电（12V）。检查电压缺失检测器（遵守制造商说明）。

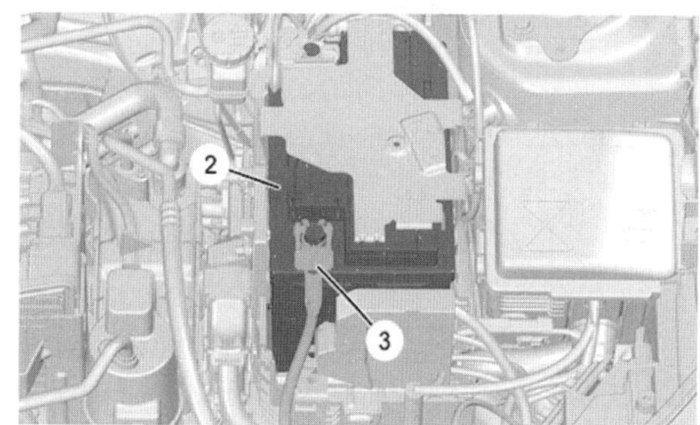

图18-24

（3）使用工具（VAT1）检查已从附件蓄电池上断开的正极如图 18-25 中 h 电缆与车身接地之间是否没有电压（在如图 18-25 中 g 处）。警告：

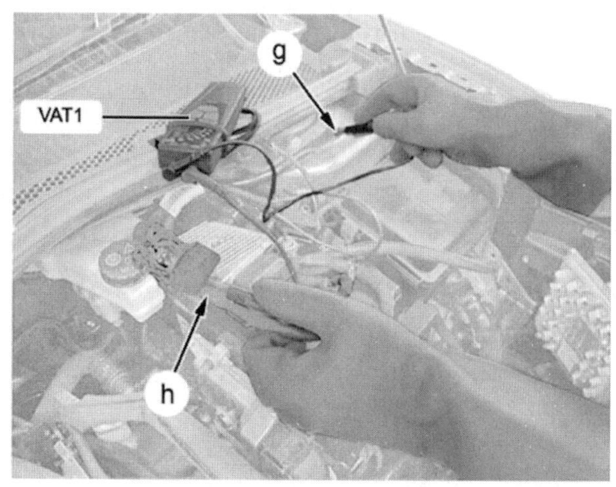

图18-25

检查电压缺失检测器（遵守制造商说明）。强制：如果在检查是否不存在电压时发生故障，请停止关闭程序并将问题提交给工作人员。

（4）将附件蓄电池正极端子置于绝缘袋中（在如图 18-26 中 j 处）（使用工具或蓄电池针脚以免与您的双手发生任何意外接触）。

（5）安装锁止盘（在如图 18-26 中 k 处）。

（6）使用斜面提升车辆。

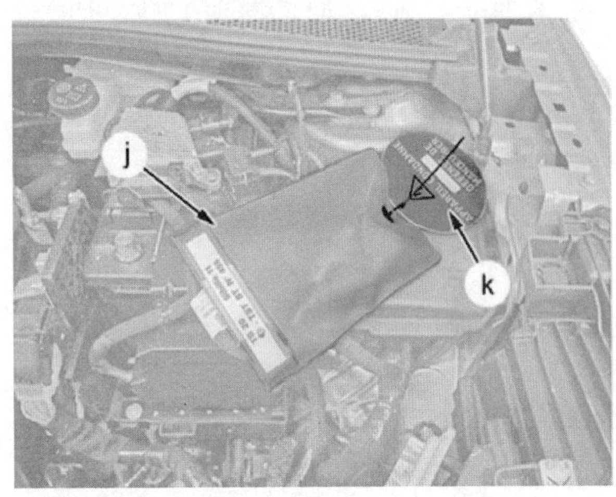

图18-26

（7）解锁牵引蓄电池接头（在如图 18-27 中 l 处）。断开牵引蓄电池连接器。强制：用绝缘袋（如图 18-27 中 l）和绝缘胶带锁定底座。

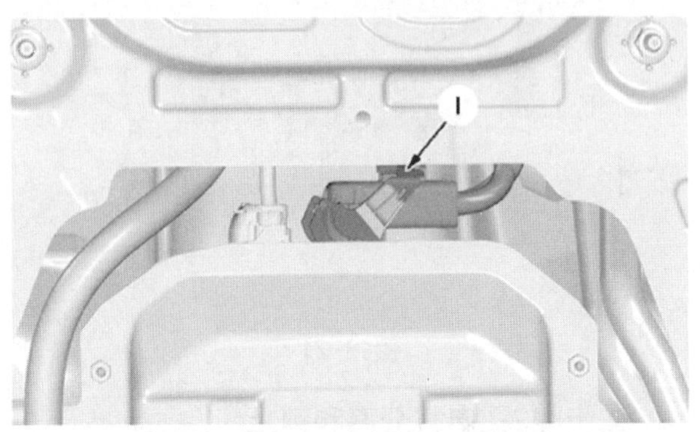

图18-27

（8）解锁牵引蓄电池快速充电接头（在如图 18-28 中 m 处）。断开牵引蓄电池快速充电接头。强制：用绝缘袋（如图 18-28 中 1）和绝缘胶带锁定底座。

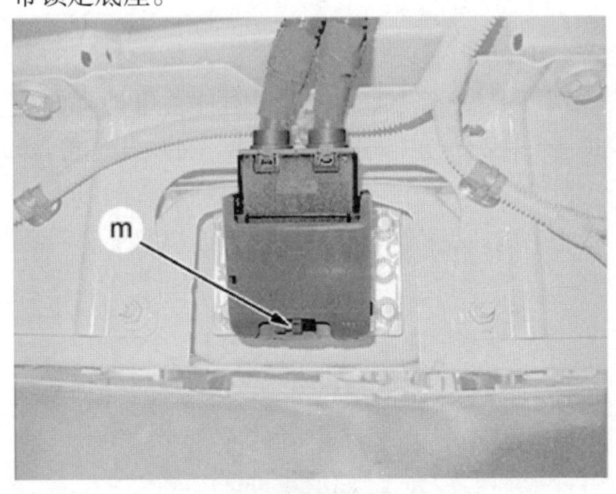

图18-28

（2）使用工具（VAT1）检查并确认牵引蓄电池快速充电接头的2个端子（如图18-30中p处）之间没有电压。强制：设备探针必须与插座中央的端子接触（在如图 18-30 中 p 处）。强制：如果在检查是否不存在电压时发生故障，请停止关闭程序并将问题提交给工作人员。将车辆放下，由车轮支撑。

（3）断开电动空调压缩机接头（在如图 18-31 中 q 处）。

3.步骤3：检查电压缺失

警告：检查电压缺失检测器（遵守制造商说明）。

（1）使用工具（VAT1）检查并确认牵引电路电气线束的两个端子（如图 18-29 中 n 处）之间没有电压。强制：设备探针必须与插座中央的端子接触（在如图 18-29 中 n 处）。如果在检查是否不存在电压时发生故障，请停止关闭程序并将问题提交给工作人员。

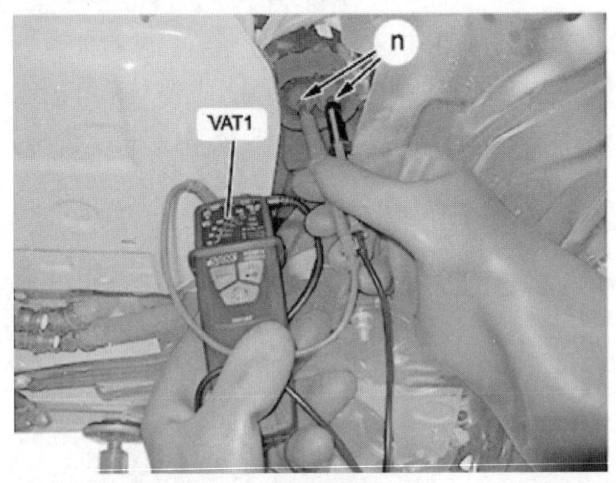

图18-29

（4）使用工具（VAT1）检查并确认空调压缩机接头的各个端子（如图18-32中r处）之间没有电压。强制：设备探针必须与插座中央的端子接触（在如图 18-32 中 r 处）。如果在检查是否不存在电压时发生故障，请停止关闭程序并将问题提交给工作人员。

（5）断开电动冷却液加热器接头（在如图 18-32 中 s 处）。

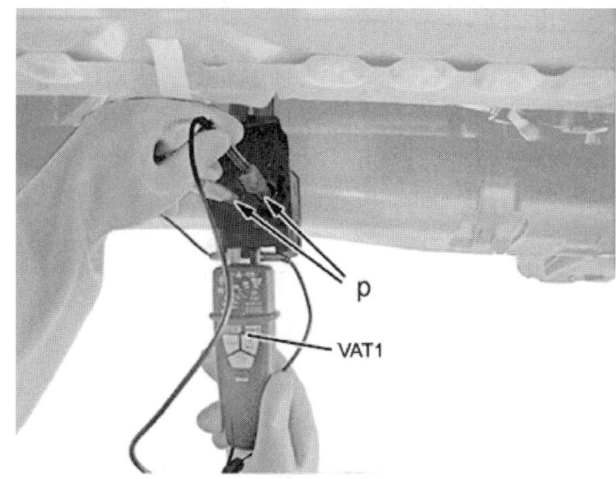

图18-30

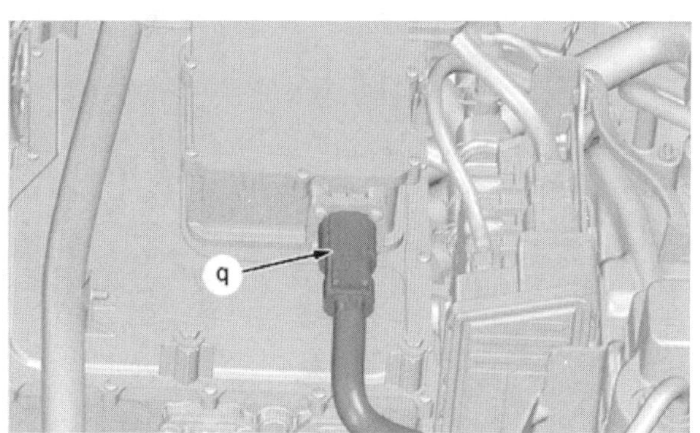

图18-31

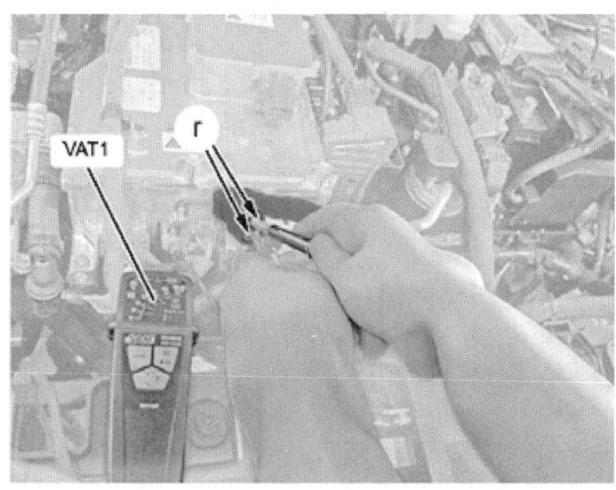

图18-32

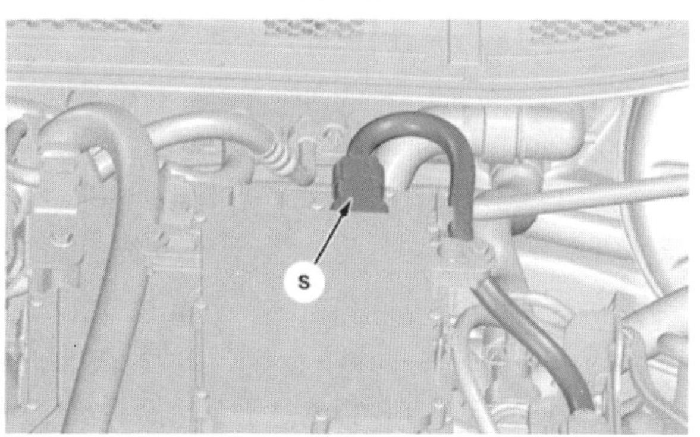

图18-32

（6）使用工具（VAT1）检查并确认电动冷却液加热器接头的各个端子（如图 18-33 中 t 处）之间没有电压。强制：设备探针必须与插座中央的端子接触（在如图 18-33 中 t 处）。如果在检查是否不存在电压时发生故障，请停止关闭程序并将问题提交给工作人员。

（7）断开车载充电器 / 直流变压器总成接头（在如图 18-34 中 u 处）。

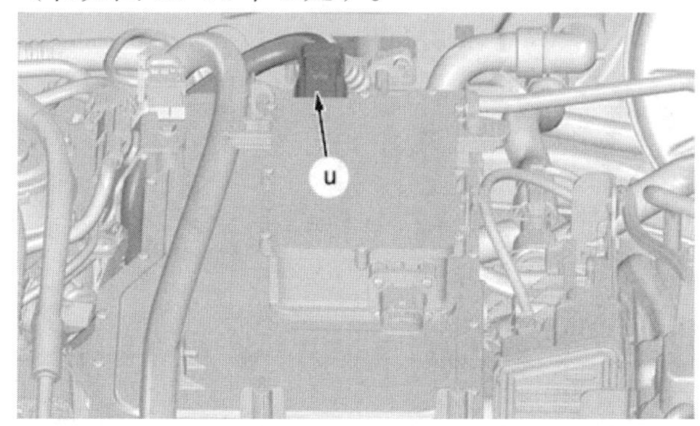

图18-34

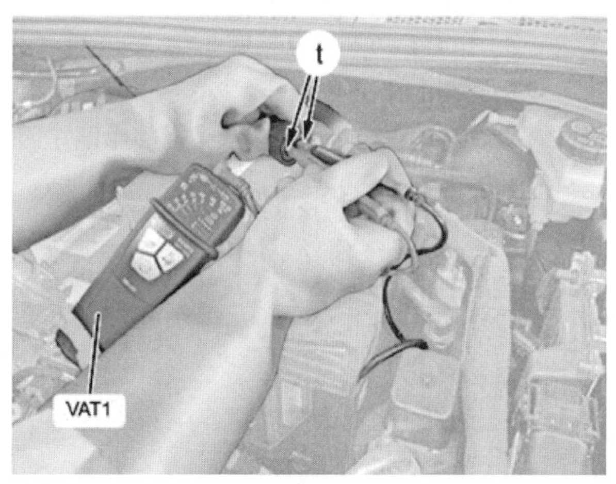

图18-33

（8）将高压线束（零部件号 YL01555680）连接至车载充电器（在如图 18-35 中 v 处）。使用工具（VAT1）和（12117）检查并确认电动机电气线束的各个端子之间没有电压（在如图 18-35 中 w 处）。强制：设备探针必须与插座中央的端子接触（在如图 18-35 中 w 处）。如果在检查是否不存在电压时发生故障，请停止关闭程序并将问题提交给工作人员。从车载充电器 / 直流电压变压器总成上断开高电压线束（零件号 YL01555680）。

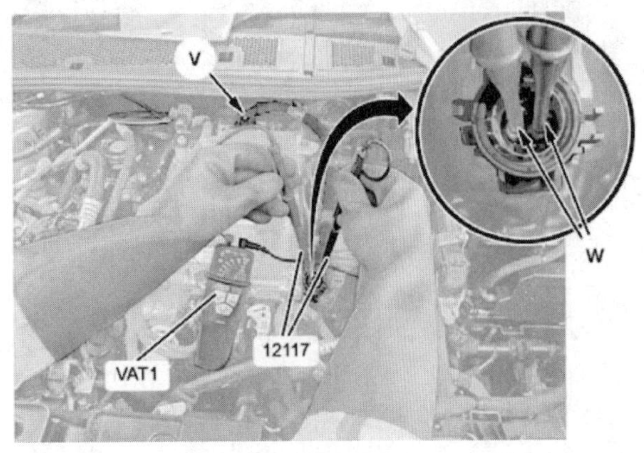

图18-35

（9）将高电压线束（零件号 YL01555680）连接至牵引蓄电池（在如图 18-36 中 x 处）。使用工具（VAT1）和（12117）检查牵引蓄电池电气线束端子之间是否无电压（在如图 18-36 中 y 处）。强制：设备探针必须与插座中央的端子接触（在如图 18-36 中 y 处）。强制：如果在检查是否不存在电压时发生故障，请停止关闭程序并将问题提交给工作人员。从牵引蓄电池断开高电压线束（零件号 YL01555680）。警告：摘下带护目镜的安全帽，脱掉绝缘手套，然后填写挡风玻璃上的工作表。

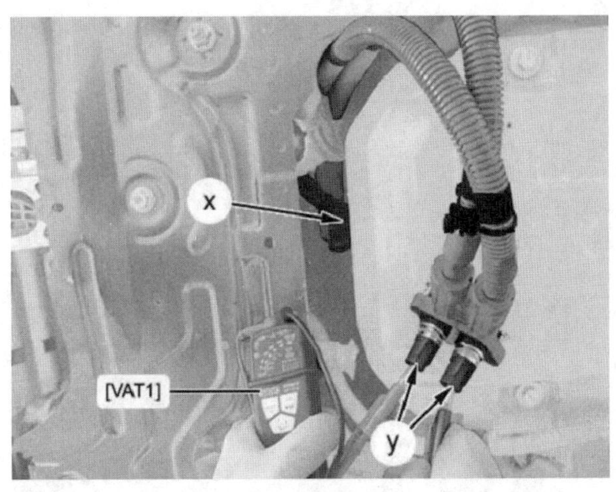

图18-36

第三节　接通电源电压（上电）操作

一、注意事项

（1）遵守清洁和安全指示。

（2）所有在可充电电动或混合动力汽车上工作的人员必须接受关于电动汽车的专门培训，并拥有在这些汽车上操作的资质（请遵守相关国家的现行法规）。警告：仅允许执行断电的人员执行通电阶段。警告：确保已执行工单上指定的操作并且传动系未显示任何外观缺陷。

二、使用的设备及工具

1.专用工具

绝缘检测器如图 18-37 所示。

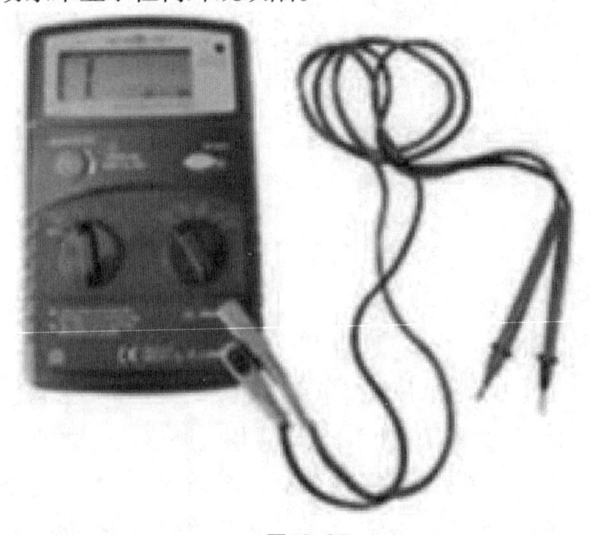

图18-37

2.保护设备

（1）绝缘手套（天然胶乳）。

（2）带护目镜的安全帽。

三、接通电源电压

1.重新连接接线盒接头

强制：戴上绝缘手套及带护目镜的安全帽（护目镜降低）。

（1）重新连接电动机电源电路接头（在如图 18-38 中 a 处）。

（2）重新连接加热回路电动冷却液加热器电源电路接头（在如图 18-39 中 b 处）。

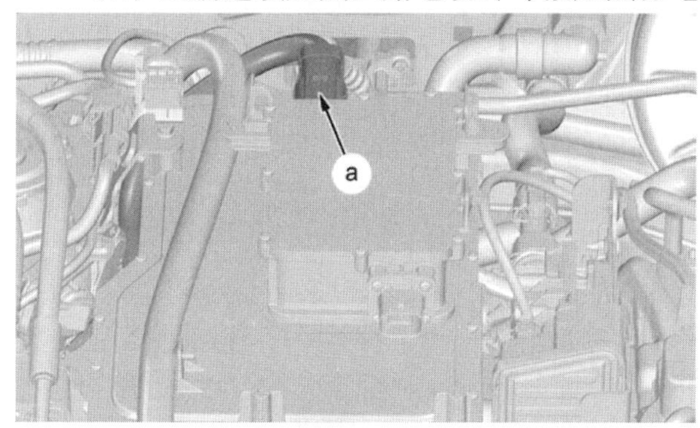

图18-38

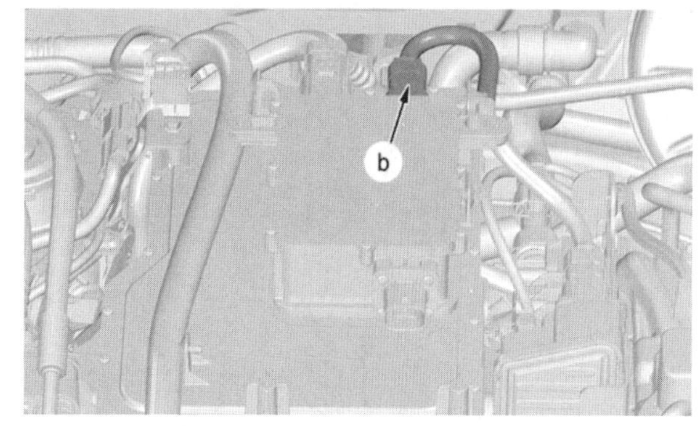

图18-39

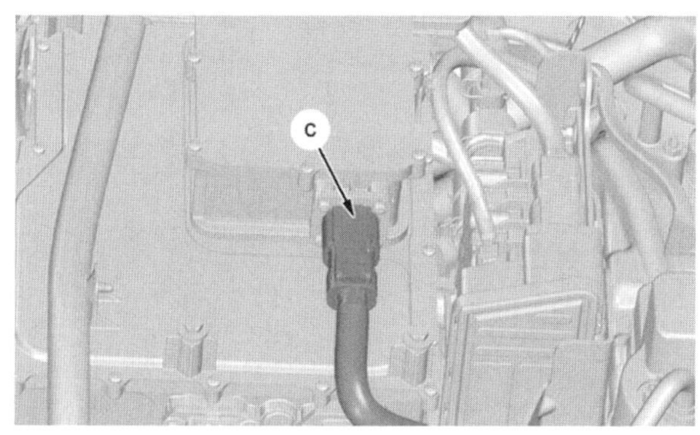

图18-40

（3）重新连接电动空调压缩机电源电路接头（在如图 18-40 中 c 处）。

2.电动机电源电路绝缘检查

（1）将车辆放置在举升机上。强制：检查绝缘测试仪（CTRL-ISOL / EL-50774）（遵守制造商说明）。警告：测量绝缘性，使用校准至 500V 的绝缘测试仪（专用工具号：CTRL-ISOL / EL-50774）。

（2）电动机电源电路接头绝缘性检查方法。

· 将正极探针放在电源电路接头的针脚（如图 18-41 中 d 处）上

· 将负极探针放在电源电路接头的接地（如图 18-41 中 e 处）上

· 检查电阻值是否高于 2MΩ

强制：检查到的电阻值必须超过 2MΩ。在出现故障的情况下，停止该程序并将此问题提交给技术主管进行跟进。

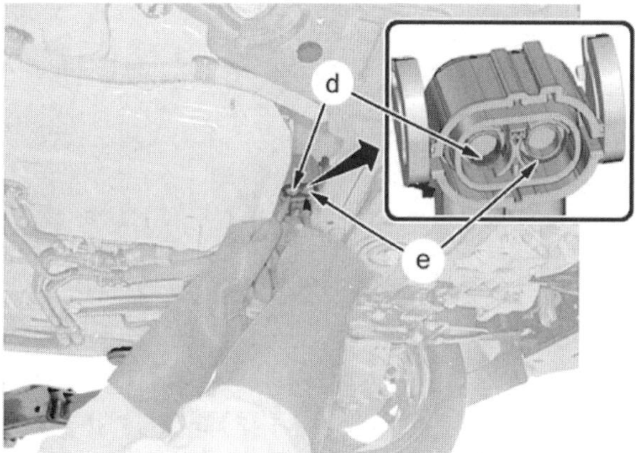

图18-41

（3）电动机电源电路接头绝缘性检查方法。

· 将正极探针放在电源电路接头的针脚（如图 18-42 中 f 处）上

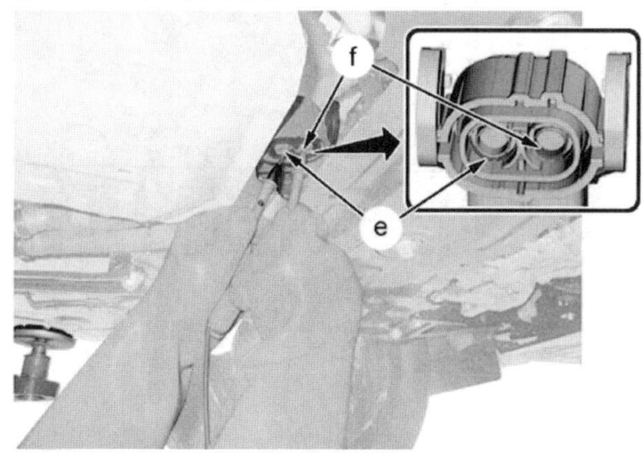

图18-42

· 将负极探针放在电源电路接头的接地（如图 18-42 中 e 处）上

· 检查电阻值是否高于 2MΩ

强制：电阻值必须超过 2MΩ。在出现故障的情况下，停止该程序并将此问题提交给主管。

3.重新连接牵引蓄电池接头

备注：从牵引蓄电池快速充电电源电路接头

的基座上拆下绝缘垫。重新连接牵引蓄电池快速充电电源电路接头（在如图 18-43 中 h 处）。锁定牵引蓄电池快速充电电源电路接头（在如图 18-43 中 g 处）。

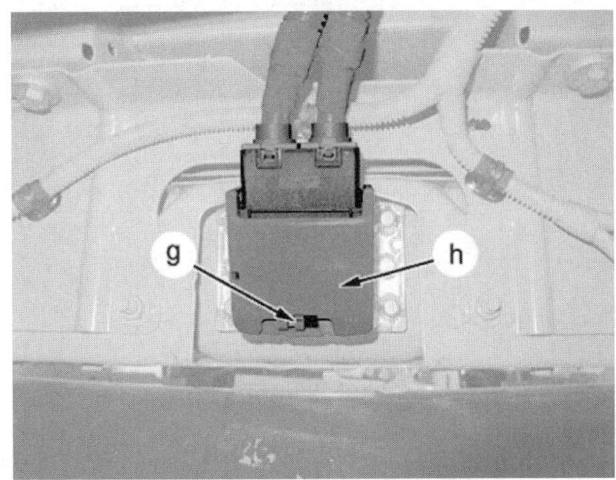

图18-43

备注：从牵引蓄电池电源开关接头的基座上拆下绝缘垫。重新连接牵引蓄电池电源电路接头（在如图 18-44 中 k 处）。锁定牵引蓄电池电源电路接头（在如图 18-44 中 j 处）。

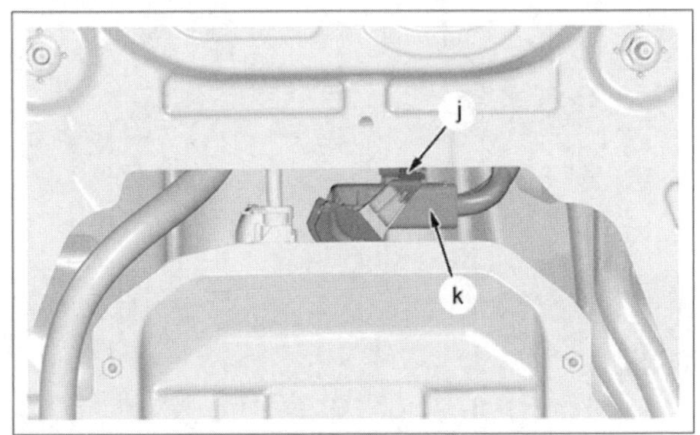

图18-44

4.附件蓄电池

（1）将车辆放下，由车轮支撑。

（2）从附件蓄电池的正极端子上拆下绝缘袋。

（3）重新连接附件蓄电池（如图 18-45 中 1）的正极端子（如图 18-45 中 2）。备注：取下绝缘手套和带护目镜的安全帽。警告：重新连接附件蓄电池之后做该操作。

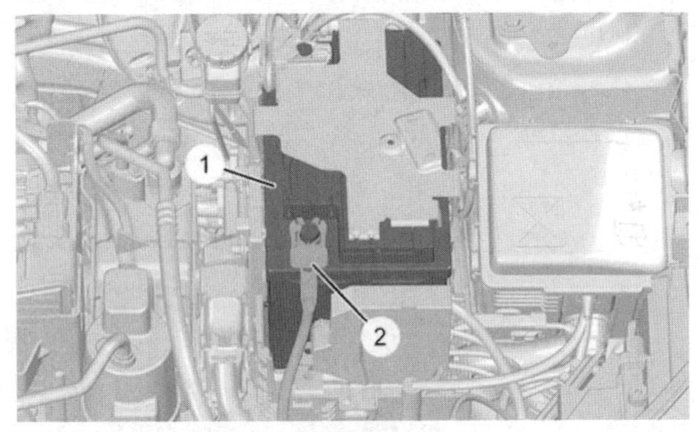

图18-45

（4）拆卸。

· 锁止盘

· 挂锁

（5）断路器接头锁定程序（E- 服务插座）。

· 使用平头螺丝刀提起断路器（如图 18-46 中 l）凸舌（如图 18-46 中 3 处）。

· 同时按下凸舌（如图 18-46 中 n 处）并且推动锁定零部件（如图 18-46 中 m 处）（按照箭头指示）

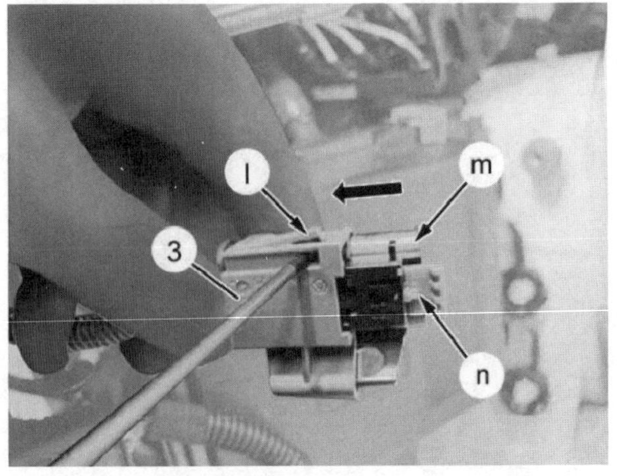

图18-46

（四）检查

（1）将顺序换档杆置于 N 位置（空挡）。

（2）操作点火开关至位置“READY”。

（3）检查并确认仪表板内的警告灯“READY”点亮。警告：所有的高压连接器必须正确锁上：小心混合动力控制 ECU 出现故障代码。警告：使用诊断仪检查是否存在故障。

（4）将车辆放下，由车轮支撑。

（5）取下车辆的警告标志。

（6）进行车辆路试。

第十九章　合众车系

第一节　2020年合众汽车哪吒N01

一、高压维修注意事项

警告：由于电动汽车含有高压动力电池，不正确的操作可能会发生漏电、触电或类似事故，从而威胁人身安全。在检修高压系统前，务必按照“断开动电池电源”步骤拆卸维修开关。明确高压系统维修工作人员，维修时防止其他无关工作人员触摸车辆。若高压系统维修不能在短时间内完成，不维修时需在高压系统部件上粘贴“高压危险”标签。如果车辆严重受损，如动力电池变形破损或裂开，未穿戴绝缘防护装备不能触碰车辆。注意：检修高压系统前，确保车辆充电接口已和外部高压电源连接断开。检修高压系统前，必须穿戴由绝缘防护设备组成的手套、鞋、护目镜等。高压电线束和插头的颜色都是“橙色”。车辆维修工作时，不能随意触碰这些橙色部件。断开高压部件后，立即用电工胶带或堵盖封堵线束连接器端口和高压部件端口。

二、断开整车动力电源

注意：在维修高压动力系统前，务必按照如下步骤断开动力电池电源。

（1）确保一键启动开关处于关闭状态后，断开 12V 蓄电池负极电缆。

（2）拆卸后排座椅坐垫，断开维修开关，并把维修开关从车辆上拔出。提示：维修开关位于后排座椅坐垫下部。警告：断开高压设备后，立即用电工胶带或堵盖封堵线束连接器端口和高压部件端口。拆卸维修开关后需妥善保管，防止在工作过程中他人误将维修开关连接。

（3）断开维修开关约 10min 后，开始维修高压部件。

第二节　2020年合众汽车哪吒U

一、高压维修注意事项

由于此车配备了高压电系统，为了您和他人及车辆安全，请您在进行任何作业前仔细阅读下面的安全信息并按相关流程进行放电，确保高压系统已从车辆断开和隔离后，方可进行作业。即便您已经是个经验丰富的维修人员也不例外。注意：表示如果没有按要求作业，可能会对人身有一定的损伤。危险：表示如果不按要求做，有可能危及生命。

（1）用干净的布或塑料罩盖住所有的涂漆面和座椅，以免落上灰尘和被刮擦。

（2）注意作业安全，同时还应专注于您的工作。当抬起前轮或后轮时，应将其余车轮稳定牢固住。

工作要由两名或更多工作人员完成时，尽可能经常相互沟通。

（3）拆卸或分解零件前，必须对它们进行仔细检查，以查出需要维修的原因。遵守所有安全说明和注意事项。

（4）对拆卸的所有零件做标记，或将它们按顺序放在零件架中，以便可将它们重新装配到原来的位置。

（5）如果规定要使用专用工具，则必须使用。

（6）零件必须按照既定的维修标准，进行装配。当拧紧一组螺栓或螺母时。从中心或大直径螺栓开始，分两步或更多步以交叉方式来拧紧它们。

（7）重新装配零件时，必须使用新垫片、衬垫、O 形圈和开口销。

（8）使用纯正的零件和润滑剂。要重复使用零件时，必须认真检查这些零件，确保它们没有损坏或品质下降且使用状况良好。

（9）按照规定，在零件上涂抹或填加指定的润滑脂。拆解后用溶剂清洗所有拆卸的零件。

（10）为系统加注制动液时，要特别注意防止灰尘和污物进入系统。注意：不要再次使用排出的制动液。勿混用不同品牌的制动液，因为它们可能不相容。因为制动液会损坏油漆或树脂表面，所以小心不要把它溅到此类材料上。如果意外溅到，迅速用水或温水将制动液从油漆面和树脂表面冲洗掉。

（11）断开制动软管或管路后，确保开口处于密封状态，以免制动液流失，仅在清洁的制动液中清洗所有拆卸的零件，用压缩空气吹通所有的孔和通道。

（12）避免将润滑油或润滑脂落到橡胶件和管路上。

（13）装配后，检查每个零件的安装和工作情况是否正确。危险：不要用汽油、柴油、稀释剂、溶剂清洗皮肤，这些化学品有害健康。对废旧油液，要正确处置，不要造成污染。与所在地区的哪吒汽车城市合伙人或政府机构联系，获知当地回收废旧油液的地点。

二、必备防护措施及工具

（1）警示牌，如图 19-1 所示。

作用是在地面或车辆附近明显位置放置。

（2）绝缘手套（绝缘等级为 1000V/300A 以上），如图 19-2 所示。

作用是拆除及安装高压部件使用。

（3）皮手套，如图 19-3 所示。

图19-1

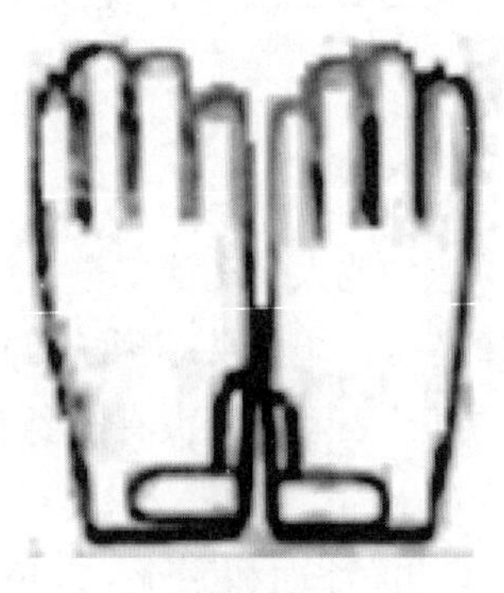

图19-2

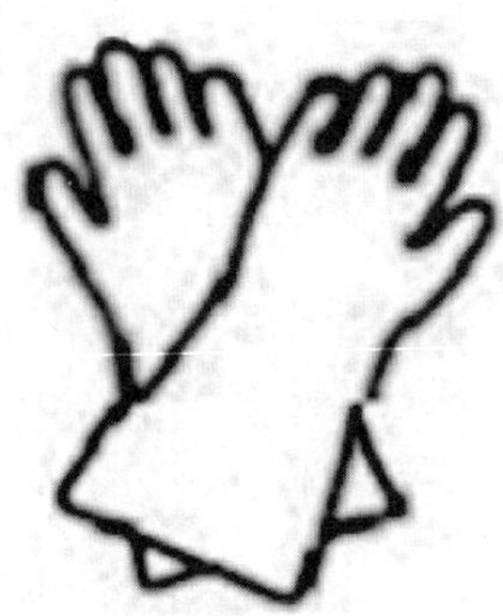

图19-3

作用是拆除及安装高压部件使用（保护绝缘手套）。

（4）绝缘鞋，如图 19-4 所示。

作用是拆除及安装高压部件使用。

（5）防护眼睛，如图 19-5 所示。

作用是拆除及安装高压部件使用。

（6）绝缘帽，如图 19-6 所示。

图19-4

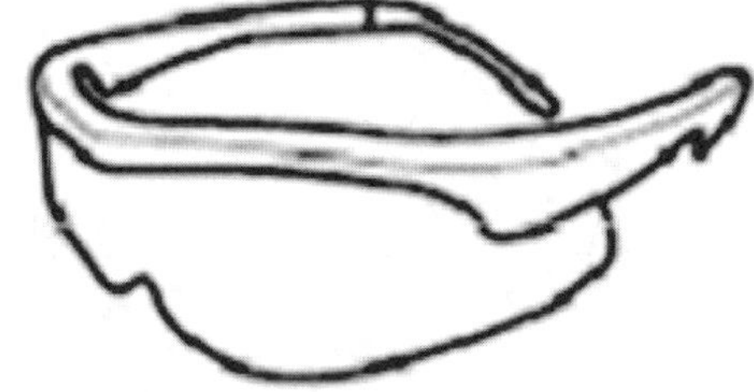

图19-5

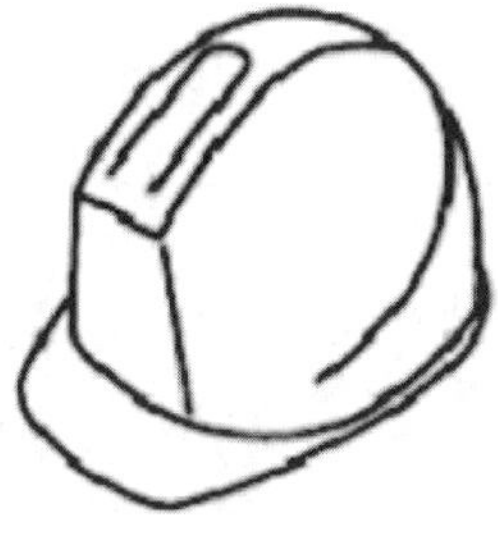

图19-6

作用是拆除及安装高压部件使用。

（7）绝缘表，如图 19-7 所示。

作用是测试高压部件绝缘阻值。

（8）绝缘工具，如图 19-8 所示。

作用是拆除及安装高压部件使用。

图19-7

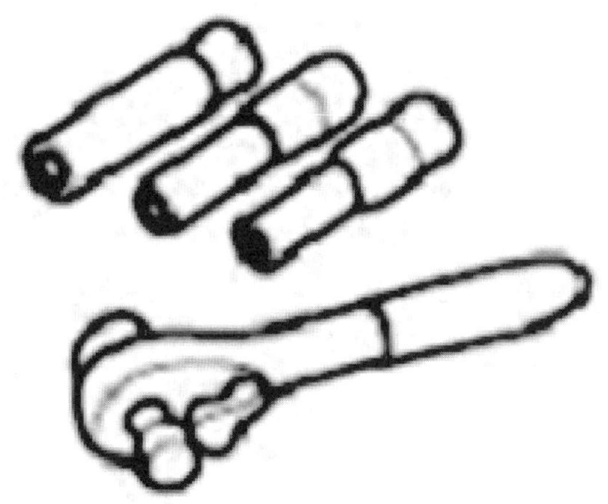

图19-8

三、放电维修操作

危险：在放电结束前请佩戴上所有的绝缘装备，并将场地隔离开来。否则将有可能遭遇电击。危及生命！佩戴好绝缘帽、绝缘鞋、绝缘手套、护目眼镜等个人防护用品。在醒目处放置警示牌，并将作业场地用安全警示带隔离开来，防止无关人员进入。对高压部件进行作业前，必须确认启动停止按钮处于 OFF 挡，12V 蓄电池负极已经断开，OBC 低压插件已经断开。使用绝缘工具断开空调压缩机 OBC 端的高压插件，使用放电工装对其进行放电，直至放电工装显示灯熄灭为止，然后使用万用表对其电压进行测量，确保直流电压在 36V 以下，方可确认放电结束。

（1）关闭启动停止按钮及所有用电器。

（2）拆卸蓄电池盖板，如图 19-9 所示。

（3）拆卸固定螺母，断开蓄电池负极电缆，如图 19-10 所示。

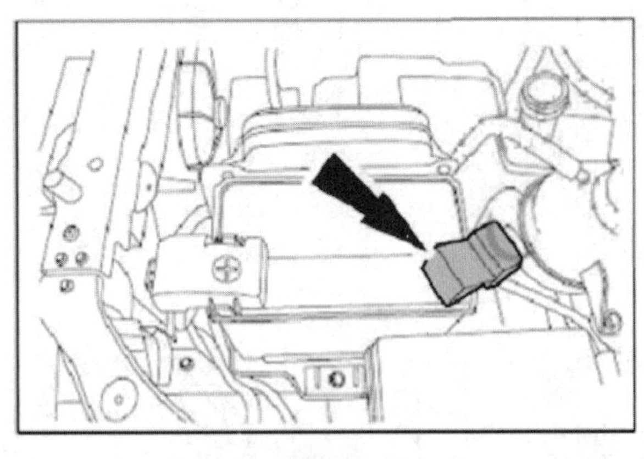

图19-9

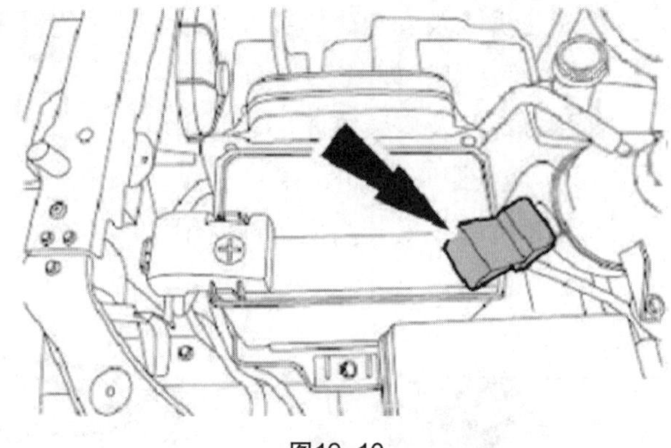

图19-10

（4）使用专用万用表对所维修部位进行电压测量，如所测值大于0V时应使用专用放电工装对该部件进行放电，当电压完全消失后方可进行下一步。

（5）戴好专用防高压手套，再进行相应的实施作业。注意：在维修作业时对高压部件母端应使用绝缘胶带缠绕，防止高压触电或短路。维修作业前必须佩戴高压绝缘手套。禁止带电作业。

第二节　2021年合众汽车哪吒V

一、高压维修注意事项

（1）用干净的布或塑料罩盖住所有的涂漆面和座椅，以免落上灰尘和被刮擦。

（2）注意作业安全，同时还应专注于您的工作。当抬起前轮或后轮时，应将其余车轮稳定牢固住。工作要由两名或更多工作人员完成时，尽可能经常相互沟通。

（3）拆卸或分解零件前，必须对它们进行仔细检查，以查出需要维修的原因。遵守所有安全说明和注意事项，并遵循本手册中介绍的相应步骤。

（4）对拆卸的所有零件做标记，或将它们按顺序放在零件架中，以便可将它们重新装配到原来的位置。

（5）如果规定要使用专用工具，则必须使用。

（6）零件必须按照既定的维修标准，以适当的扭矩进行装配。当拧紧一组螺栓或螺母时，从中心或大直径螺栓开始，分两步或更多步以交叉方式来拧紧它们。

（7）重新装配零件时，必须使用新垫片、衬垫、O形圈和开口销。

（8）使用纯正的零件和润滑剂。要重复使用零件时，必须认真检查这些零件，确保它们没有损坏或品质下降且使用状况良好。

（9）按照规定，在零件上涂抹或填加指定的润滑脂。拆解后用溶剂清洗所有拆卸的零件。

（10）为系统注制动液时，要特别注意防止灰尘和污物进入系统。注意：不要再次使用排的制动液。勿混用不同品牌的制动液，因为它们可能不相容。因为制动液会损坏油漆或树脂表面，所以小心不要把它溅到此类材料上。如果意外溅到，迅速用水或温水将制动液从油漆面和树脂表面冲洗掉。

（11）断开制动软管或管路后，确保开口处于密封状态以免制动液流失，仅在清洁的制动液中清洗所有拆卸的零件，用压缩空气吹通所有的孔和通道。

（12）避免将润滑油或润滑脂落到橡胶件和路上。

（13）装配后，检查每个零件的安装和工作情况是否正确。危险：不要用汽油、柴油、稀释剂、溶剂清洗皮肤，这些化学品有害健康。对废旧油液，要正确处置，不要造成污染。与所在地区的哪吒汽车城市合伙人或政府机构联系，获知当地回收废旧油液的地点。

二、必备防护措施及工具

（1）警示牌，如图 19-11 所示。

作用是在地面或车辆附近明显位置放置。

（2）绝缘手套（绝缘等级为 1000V/300A 以上），如图 19-12 所示。

作用是拆除及安装高压部件使用。

（3）皮手套，如图 19-13 所示。

作用是拆除及安装高压部件使用（保护绝缘手套）。

图19-11

图19-12

图19-13

（4）绝缘鞋，如图 19-14 所示。

作用为拆除及安装高压部件使用。

（5）防护眼睛，如图 19-15 所示。

作用是拆除及安装高压部件使用。

（6）绝缘帽，如图 19-16 所示。

图19-14

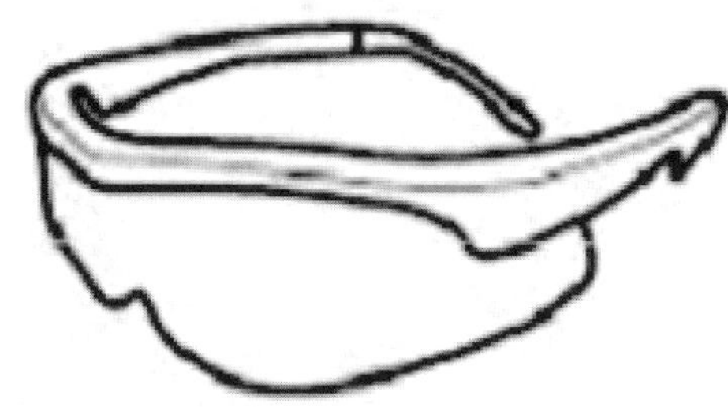

图19-15

图19-16

作用是拆除及安装高压部件使用。

（7）绝缘表，如图 19-17 所示。

作用是测试高压部件绝缘阻值。

（8）绝缘工具，如图 19-18 所示。

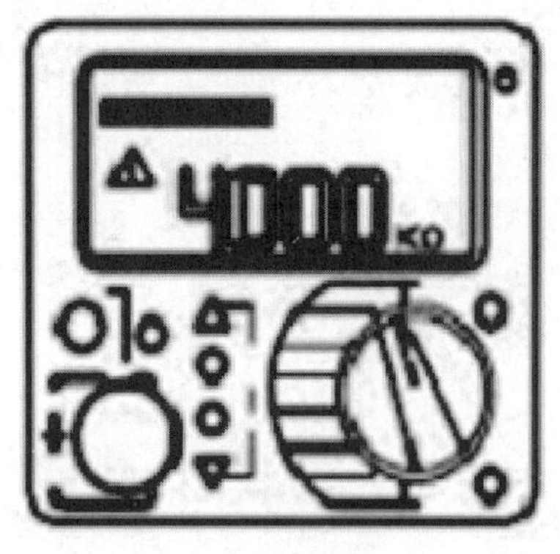

图19-17

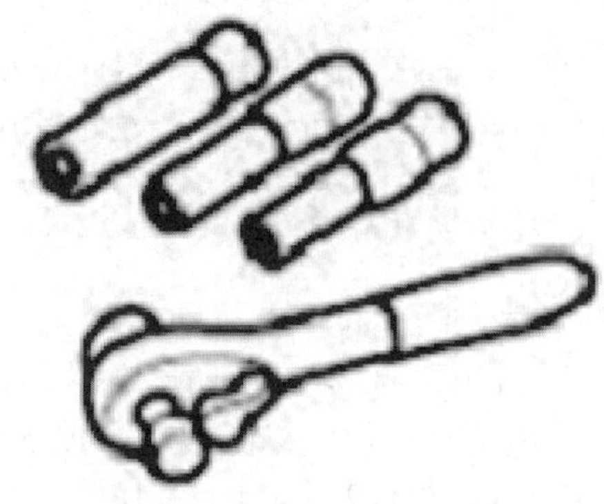

图19-18

作用是拆除及安装高压部件使用。

二、放电维修操作

危险：在放电结束前请佩戴上所有的绝缘装备，并将场地隔离开来。否则将有可能遭遇电击，危及生命！佩戴好绝缘帽、绝缘鞋、绝缘手套、护目眼镜等个人防护用品。在醒目处放置警示牌，并将作业场地用安全警示带隔离开来，防止无关人员进入。对高压部件进行作业前，必须确认车辆关闭电源，12V 蓄电池负极已经断开，OBC 低压插件已经断开。使用绝缘工具断开空调压缩机 OBC 端的高压插件，使用放电工装对其进行放电，直至放电工装显示灯熄灭为止，然后使用万用表对其电压进行测量，确保直流电压在 36V 以下，方可确认放电结束。

（1）车辆关闭电源。

（2）拆卸固定螺母，断开蓄电池负极电缆，如图 19-19 所示。

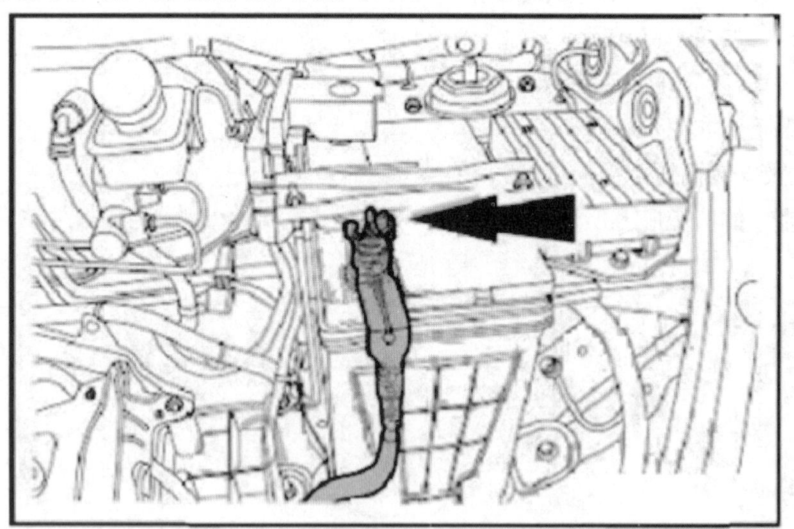

图19-19

（3）使用专用万用表对所维修部位进行电压测量，如所测值大于 0V 时应使用专用放电工装对该部件进行放电，当电压完全消失后方可进行下一步。戴好专用防高压手套，再进行相应的实施作业。注意：在维修作业时对高压部件母端应使用绝缘胶带缠绕，防止高压触电或短路。维修作业前必须佩戴高压绝缘手套。禁止带电作业。

第二十章　北京现代车系

第一节　2019—2020年北京现代昂希诺EV

一、维护高压系统时的预防措施

危险：由于电动车辆包括高压蓄电池，如果系统或车辆操纵不当，会导致严重事故，如电路短路、电击等。因此，执行系统作业前，一定要遵守下列事项。警告：检查或维修高压系统前，一定要分离安全插头，切断高压。应由负责作业的人员保管分离的安全插头以免其他人误连。金属物品会引发人身伤害或车辆损坏等重大事故。在执行高压系统作业期间，禁止佩戴金属物品（金属物品：手表、戒指及其他金属物品）。执行高压系统作业前，佩戴个人防护装备，以免发生安全相关事故。负责作业的人员佩戴防护装备，一定不要让负责作业的人员之外的人接触高压相关部件。因此，用绝缘罩盖住与作业无关的高压系统。执行高压系统作业时，一定要使用绝缘工具。在绝缘垫上整理和存放拆下的高压部件，以免发生短路。确保高压端子之间的电压低于30V。信息：所有高压线束和连接器为橙色。高压部件上粘贴有“高压警告”标签。

高压系统部件包括：

高压蓄电池、电源继电器总成（PRA）、高压接线盒总成、电机、电源线、BMS ECU、逆变器、LDC、车载充电器（OBC）、主继电器、预充电继电器、预充电电阻器、蓄电池电流传感器、安全插头、主保险丝、蓄电池温度传感器、汇流条（BUSBAR、充电口、电动压缩机、集成充电器及转换器模块（ICCU）、高压加热器、高压加热器继电器等。

注意：维修高压部件时，如图20-1所示粘贴“高压车辆警告”标志，以警告他人。

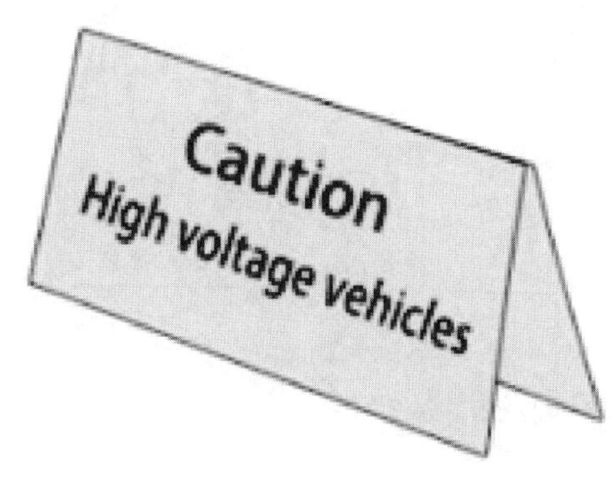

图20-1

1.个人防护装备

（1）绝缘手套如图20-2所示。

图20-2

主要用途是检查高压部件和执行相关工作用（绝缘性能：1000V/300A或以上）。

（2）绝缘靴如图 20-3 所示。

主要用途是检查高压部件和执行相关工作用。

（3）绝缘套装如图 20-4 所示。

（4）绝缘安全头盔如图 20-5 所示。

图20-3

图20-4

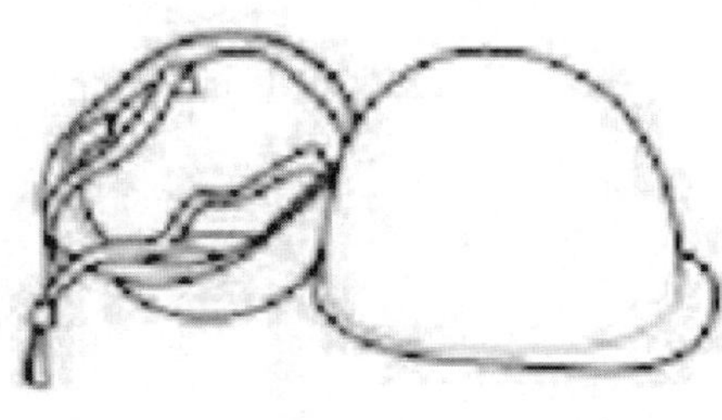

图20-5

（5）护目镜如图 20-6 所示。

（6）面部保护如图 20-7 所示。

（7）绝缘垫如图 20-8 所示。

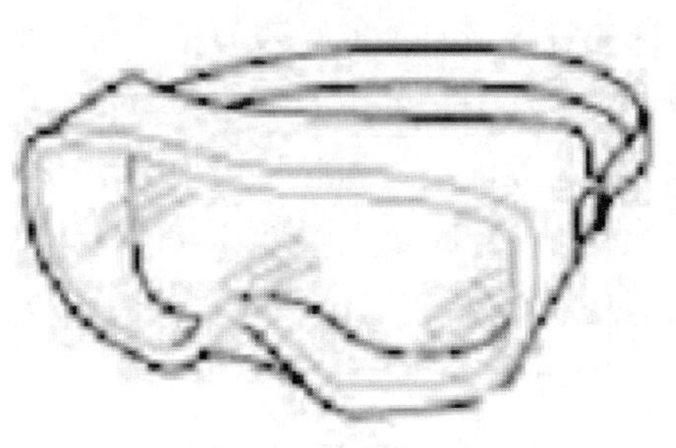

图20-6

图20-7

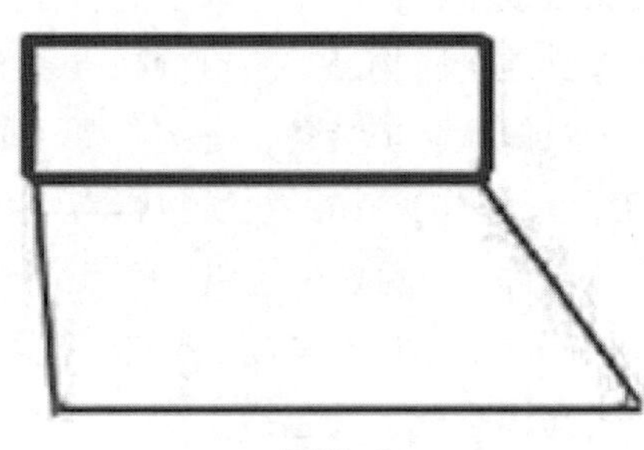

图20-8

主要用途是在绝缘垫上整理和存放拆下的高压部件，以免发生电击事故。

（8）绝缘罩如图 20-9 所示。

主要用途是用绝缘罩盖住高压部件，以免没有佩戴防护装备的人员发生安全相关事故。

（9）警示带如图 20-10 所示。

图20-9

图20-10

主要用途是环绕车辆设置，以阻碍无关人员靠近，防止作业期间发生安全事故。

2.个人防护装备检查

（1）确定绝缘靴、绝缘套装、绝缘头盔和防护装置没有撕裂或损坏。

（2）确定绝缘手套没有撕裂或损坏。

（3）佩戴前确定绝缘手套干燥。

（4）信息。

①如图 20-11 所示折叠绝缘手套。

②折叠 3~4 次以免漏气。

③检查有无撕裂或损坏部分。

图20-11

3.操作电源线时的预防措施

（1）重新连接端子后，立即采取高电压端子的绝缘措施（使用绝缘胶带）。

（2）按规定扭矩拧紧高电压端子固定螺钉。

（3）连接或拆卸电源线和汇流条时，小心谨慎确保（+）端子与（-）端子不互相接触。

4.操作高电压电源线时的预防措施

（1）将启动按钮置于 OFF。保持智能钥匙至少距离车辆 2m 之外，以免发动机意外启动。

（2）在起火初期快速关闭安全插头。

（3）如果发生车内起火，此区域应通风，以便释放氢气。如果能熄灭火灾，使用二氧化碳灭火器进行灭火。如果没有二氧化碳灭火器，使用大量水或其他类型灭火器。由于二氧化碳有极好的防电绝缘性，适用于电流引起的火灾（C 级）。如果不能灭火，疏散到安全地方，并联系消防队报警说明电动车辆发生了火灾。在火灾完全熄灭前，不要靠近车辆。

（4）如果车辆因被淹或发生碰撞事故停止，尽快将车辆点火开关置于 OFF 并转移到室外。

5.高电压蓄电池气体或电解液泄漏时的注意事项

（1）将启动按钮置于 OFF。保持智能钥匙至少距离车辆 2m 之外，以免发动机意外启动。

（2）在起火初期快速关闭安全插头。

二、高压切断程序

警告：执行高电压系统作业时，一定要熟悉并遵守“安全预防措施、注意和警告”。如果不遵守说明，会由于电击或漏电导致严重事故。执行高压系统作业时，首先一定要根据“高电压切断程序”切断高压。如果不遵守说明，会由于电击或漏电导致严重事故。

信息：高压系统部件包括高压蓄电池、电源继电器总成（PRA）、高压接线盒总成、电机、电源线、BMS ECU、逆变器、LDC、车载充电器（OBC）、主继电器、预充电继电器、预充电电阻器、盛电池电流传感器、安全插头、主保险丝、蓄电池温度传感器、汇流条（BUSBAR）、充电口、电动压缩机、集成充电器及转换器模块（ICCU）、高压加热器、高压加热器继电器等。

（1）点火开关 OFF，并分离辅助蓄电池（12V）的负极（-）端子。

（2）拆卸行李箱盖板。

（3）拆卸后座椅。

（4）拆卸安全插头维修盖（如图 20-12 中 A）。

（5）拆卸安全插头（如图 20-13 中 A）。

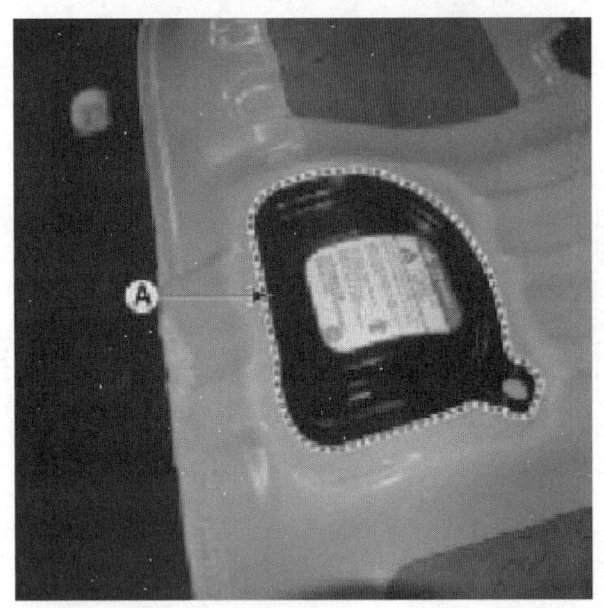

图20-12

图20-13

信息：按下面顺序拆卸安全插头，如图 20-14 所示。

图20-14

（6）拆卸安全插头后，一定要等待 5min 以上，以便逆变器内的电容器完全放电。

（7）测量逆变器端子之间的电压，确定逆变器电容器是否完全放电。

①举升车辆。

②拆卸前底盖（如图 20-15 中 A）。

③拆卸后底盖（如图 20-16 中 B）。

④分离高压导线（如图 20-17 中 A）。

⑤测量高压端子之间的电压，确定逆变器电容器完全放电，如图 20-18 和图 20-19 所示。30V 或以下：高压电路正常切断；30V 以上：高

图20-15

压电路故障。

图20-16

图20-17

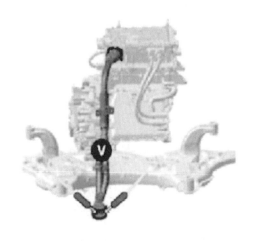

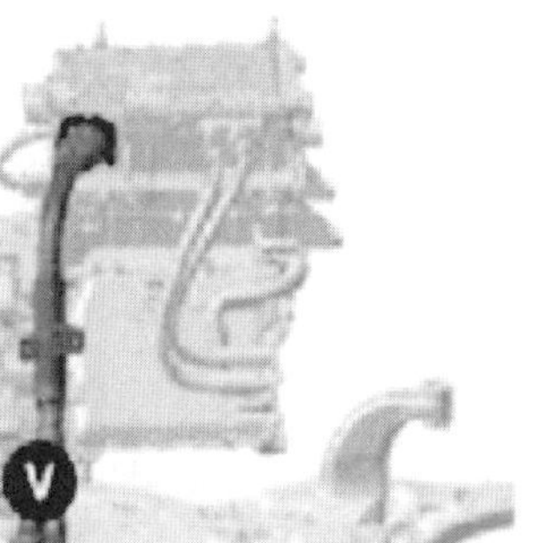

图20-18

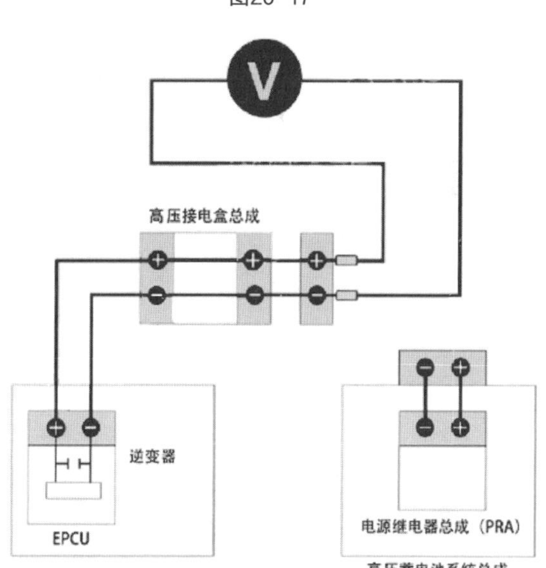

图20-19

警告：如果电压读数大于或等于30V，检查安全插头拆卸状态，如果拆下安全插头后，电压读数大于或等于30V，则高压电路可能存在严重故障。发生此类情况时，首先执行故障码故障检修程序。禁止碰触高压系统的任何部件。

第二节　2020年北京现代菲斯塔EV

一、电气系统预防措施

1.维护高压系统时的预防措施

危险：由于电动车辆包括高压蓄电池，如果系统或车辆操纵不当，会导致严重事故，如电路短路、电击等。因此，执行系统作业前，一定要遵守下列事项。

警告：检查或维修高压系统前，一定要分离维修插头，切断高压。应由负责作业的人员保管分离的维修插头，以免其他人误连。金属物品会引发人身伤害或车辆损坏等重大事故。在执行高压系统作业期间，禁止佩戴金属物品（金属物品：手表、戒指及其他金属物品）。执行高压系统作业前，佩戴个人防护装备，以免发生安全相关事故。负责作业的人员佩戴防护装备，一定不要让负责作业的人员之外的人接触高压相关部件。因此，用绝缘罩盖住与作业无关的高压系统。执行高压系统作业时一定要使用绝缘工具。在绝缘垫上整理和存放拆下的高压部件，以免发生短路。确保高压端子之间的电压低于30V。

信息：

所有高压线束和连接器为橙色。高压部件上粘贴有“高压警告”标签。高压系统部件包括高压蓄电池、电源继电器总成（PRA）、高压接线盒总成、电机、电源线、BMS ECU、逆变器、LDC、车载充电器（OBC）、主继电器、预充电继电器、预充电电阻器、蓄电池电流传感器、维修插头、主保险丝、蓄电池温度传感器、汇流条（BUSBAR）、充电口、电动压缩机、集成充电器及转换器模块（ICCU）、高压加热器、高压加热器继电器等。

注意：维修高压部件时，如图20-20所示粘贴“高压车辆警告”标志，以警告他人。

2.个人防护装备

（1）绝缘手套如图20-21所示。

主要用途是检查高压部件和执行相关工作用（绝缘性能：1000V/300A或以上）。

（2）绝缘靴如图20-22所示。

图20-20　　图20-21　　图20-22

主要用途是检查高压部件和执行相关工作用。

（3）绝缘套装如图20-23所示。

（4）绝缘安全头盔如图20-24所示。

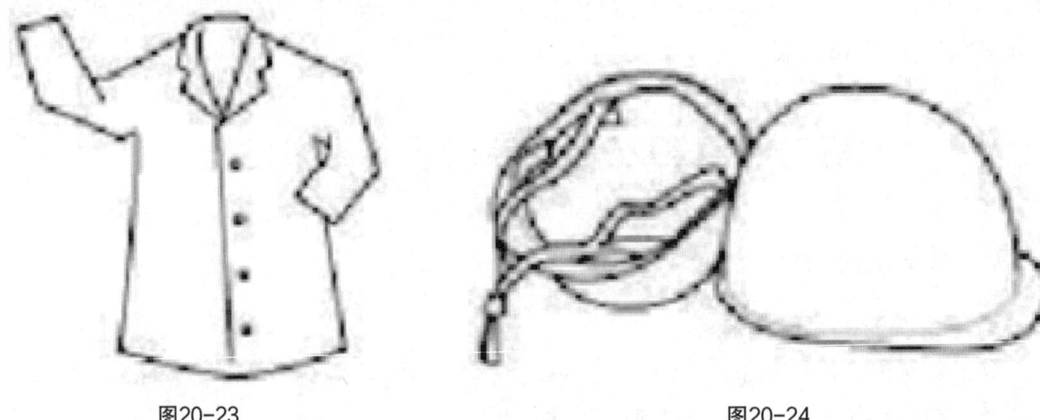

图20-23　　图20-24

（5）护目镜如图20-25所示。

（6）面部保护如图20-26所示。

（7）绝缘垫如图20-27所示。

图20-25　　图20-26　　图20-27

主要用途是在绝缘垫上整理和存放拆下的高压部件，以免发生电击事故。

（8）绝缘罩如图 20-28 所示。

主要用途是用绝缘罩盖住高压部件，以免没有佩戴防护装备的人员发生安全相关事故。

（9）警示带如图 20-29 所示。

图20-28　　图20-29

主要用途是环绕车辆设置，以阻碍无关人员靠近，防止作业期间发生安全事故。

3.个人防护装备检查

确定绝缘靴、绝缘套装、绝缘头盔和防护装置没有撕裂或损坏。确定绝缘手套没有撕裂或损坏。佩戴前确定绝缘手套干燥。

信息：

（1）如图 20-30 所示折叠绝缘手套。

（2）折叠 3~4 次以免漏气。

（3）检查有无撕裂或损坏部分。

图20-30

4.操作电源线时的预防措施

（1）重新连接端子后，立即采取高压端子的绝缘措施（使用绝缘胶带）。

（2）按规定扭矩拧紧高压端子固定螺钉。

（3）连接或拆卸电源线和汇流条时，小心谨慎确保（+）端子与（-）端子不互相接触。

5.高压蓄电池系统发生火灾时的注意事项

（1）将启动按钮置于 OFF。保持智能钥匙至少距离车辆 2m 之外，以免发动机意外起启动。

（2）在起火初期快速关闭安全插头。

（3）如果发生车内起火，此区域应通风，以便释放氢气。

（4）如果能熄灭火灾，使用二氧化碳灭火器进行灭火。如果没有二氧化碳灭火器，使用大量水或其他类型灭火器。

（5）由于二氧化碳有极好的防电绝缘性，适用于电流引起的火灾（C 级）。

（6）如果不能灭火，疏散到安全地方，并联系消防队报警说明电动车辆发生了火灾。在火灾完全熄灭前，不要靠近车辆。

（7）如果车辆因被淹或发生碰撞事故停止，尽快将车辆点火开关置于 OFF 并转移到室外。

6.高压蓄电池气体或电解液泄漏时的注意事项

（1）将启动按钮置于 OFF。保持智能钥匙至少距离车辆 2m 之外，以免发动机意外启动。

（2）在起火初期快速关闭安全插头。

（3）气体是氢气和碱性蒸气。如果在室内发生泄漏，立即给该区域通风，并转移到安全地方。

（4）如果泄漏的液体接触皮肤。立即用硼酸溶液中和接触部位，然后用自来水或盐溶液进行清洗。

（5）如果泄漏的蒸气或液体接触眼睛，立即用大量水冲洗受影响的眼部后及时就医。

（6）如果因高温泄漏气体，在蓄电池完全冷却至室温之前，不要使用高压蓄电池。

7.事故后操纵车辆时的预防措施

（1）一定要佩戴绝缘手套（或橡皮手套）、护目镜、绝缘套装和绝缘靴。

（2）在任何情况下都禁止接触裸电缆。

（3）如果车辆着火而且能进行灭火，使用二氧化碳灭火器。如果没有二氧化碳灭火器，使用大量水或其他类型灭火器。

（4）如果车辆中等淹水，不要接近维修指头或其他高压相关部件。如果必须接近这些部件，只能在将车辆移至安全位置后采取行动。

（5）气体是氢气和碱性蒸气。如果在室内发生泄漏，立即给该区域通风，并转移到安全地方。

（6）如果泄漏的液体接触皮肤，立即用硼酸溶液中和接触部位，然后用自来水或盐溶液进行清洗。

（7）要切断高电压。

8.维修事故车辆时的准备

（1）绝缘手套（或橡皮手套）、护目镜、绝缘套装和绝缘靴。

（2）硼酸粉末或溶液。

（3）二氧化碳灭火器或其他灭火器。

（4）清洁电解液的擦布。

（5）乙烯基绝缘带（绝缘端子）。

（6）兆欧表（检查高压绝缘电阻）。

9.电动车辆长时间驻车时的预防措施

（1）将启动按钮置于 OFF。保持智能钥匙至少距离车辆 2m 之外，以免发动机意外启动（避免暗电流等导致高压蓄电池过度放电）。

（2）如果高压蓄电池 SoC（充电状态）在 30% 或以下，禁止长期处于驻车状态。

（3）如果长时间处于驻车状态，应每 3 个月以正常速度给蓄电池充电到满电状态，以免高电压蓄电池 SoC 到达 0。

（4）检查或更换辅助蓄电池时，检查高压蓄电池 SoC 复位相关故障。

10.回收/填充电动车辆制冷剂时的预防措施

（1）电动车辆使用高电压，电动车辆的电动压缩机使用高绝缘性能 POE 润滑油。

（2）使用独立的电动车辆保养设备（制冷剂回收/填充设备），以免在制冷剂的回收/填充操作时，混入普通车辆的 PAG 润滑油。警告：只能使用电动压缩机专用的制冷剂回收/填充设备填充规定制冷剂（R-134a、R-1234yf）和压缩机润滑油（POE）。如果填充普通车辆压缩机润滑油（PAG），可能会损坏压缩机或引发安全事故。

二、高压切断程序

警告：在操作高压系统时，确保您熟悉并遵守“安全预防措施、注意和警告”。如果不遵守说明，会由于电击或漏电导致严重事故。执行高压系统作业时，首先一定要根据“高压切断程序”切断高压。如果不遵守说明，会由于电击或漏电导致严重事故。

信息：高压系统部件包括高压蓄电池、电源继电器总成（PRA）、高压接线盒总成、电机、电源线、BMS ECU、逆变器、LDC、车载充电器（OBC）、主继电器、预充电继电器、预充电电阻器、蓄电池电流传感器、维修插头、主保险丝、蓄电池温度传感器、汇流条（BUSBAR）、充电口、电动压缩机、电源控制模块（EPCU）、高压加热器、高压加热器继电器等。

（1）点火开关 OFF，并分离辅助蓄电池（12V）的负极（-）端子（如图 20-31 中 A）。规定扭矩：7.8~9.8N·m。

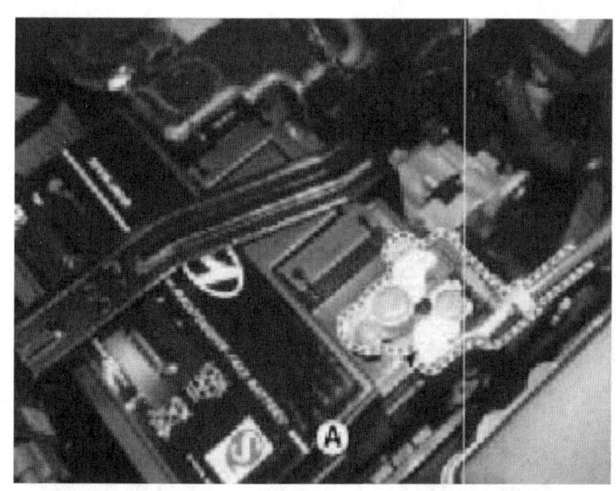

图20-31

（2）拆卸后座椅。

（3）拆卸维修插头维修盖（如图 20-32 中 A）。

图20-32

（4）拆卸维修插头（如图 20-33 中 A）。

信息：按下面顺序拆卸维修插头，如图 20-34 所示。

（5）拆卸维修插头后，一定要等待 5min 以上，以便逆变器内的电容器完全放电。

（6）测量逆变器端子之间的电压，确定逆变器电容器是否完全放电。

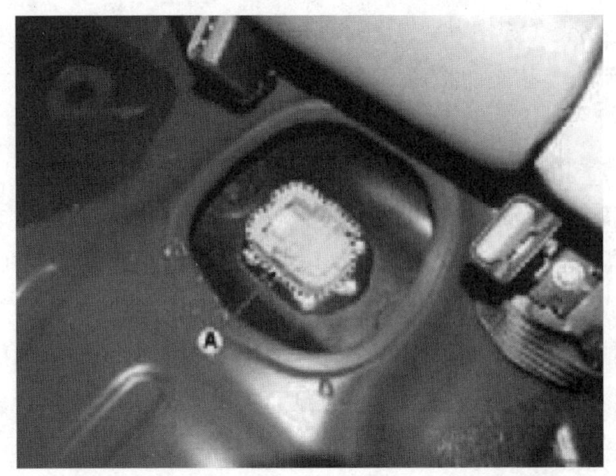

图20-33

图20-34

①举升车辆。

②拆卸高压蓄电池底盖（如图 20-35 中 A）。

图20-35

③分离高压导线（如图 20-36 中 A）。

图20-36

④测量高压端子之间的电压，确定逆变器电容器完全放电，如图 20-37 所示。30V 或以下：高压电路正常切断。30V 以上：高压电路故障。

警告：如果电压读数大于或等于 30V，检查维修插头拆卸状态。如果拆下维修插头后，电压读数大于或等于 30V，则高压电路可能存在严重故障。发生此类情况时，首先执行故障码故障检修程序。禁止碰触高压系统的任何部件。

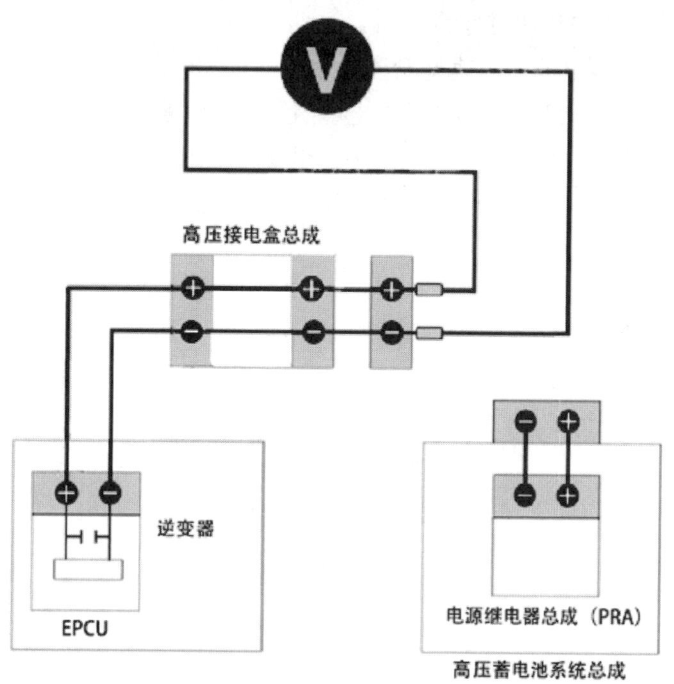

图20-37

第三节　2017—2018年北京现代伊兰特EV

一、一般安全信息和注意事项

1.安全预防措施

危险：电动车辆配置有高压蓄电池，如果高压系统或车辆处理不当，会导致严重的触电或漏电事故的发生。

警告：

（1）检查或维修高压系统前，一定要拆卸安全插头，切断高压。

（2）由负责任的操作人员保管好拆卸下来的安全插头以防误连接。

（3）操作高压系统时，不要佩戴任何金属物件（手表、指环等），否则会导致发生严重意外，例如触电。

（4）开始高压系统作业前，工作人员应佩戴个人防护装备，以免发生安全事故。

（5）禁止未佩戴个人防护装备的操作人员碰触高压系统。应使用绝缘片覆盖高压部件，防止发生意外事故。

（6）喷漆时不要超过 70℃ /30min 或 80℃ /20min。防止高压蓄电池暴露于酷热环境中，否则会导致早期恶化。

（7）操作高压系统时使用绝缘工具。

（8）将拆卸下来的高压部件放置在绝缘垫上。

（9）拆卸安全插头，检查高压端子电压是否小于 30V。

信息：

（1）所有高压导线和连接器的颜色均为橙色。

（2）在高压部件上附着高压注意标签。

（3）高压部件：高压蓄电池、快速充电继电器、电机、电源线、BMS、逆变器、LDC、车载充电器（OBC）、主继电器、预充电继电器、预充电电阻器、蓄电池电流传感器、安全插头、主保险丝、蓄电池温度传感器、汇流条、充电口、空调压缩机、电能控制模块（EPCU）等。

注意：如图 20-38 所示，在车辆上放置“注意高压”标志，以警告其他人员注意高压危险。

2. 个人防护设备

（1）绝缘手套如图 20-39 所示。

主要用途是检查高压部件和执行相关工作用（绝缘性能：1000V/300A 或以上）。

（2）绝缘靴如图 20-40 所示。

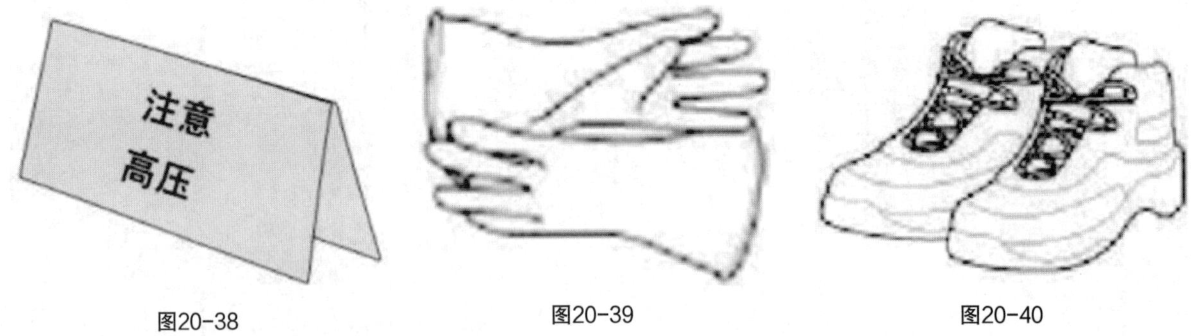

图20-38　图20-39　图20-40

主要用途是检查或操作高压部件时使用。

（3）绝缘套装如图 20-41 所示。

（4）绝缘安全头盔如图 20-42 所示。

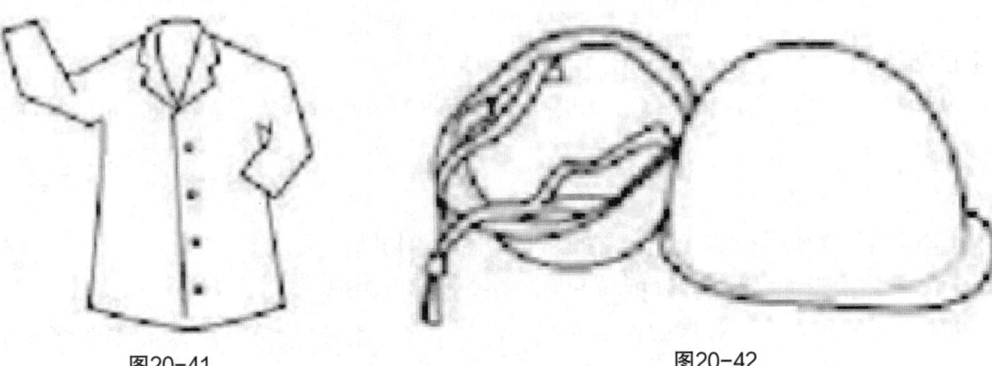

图20-41　图20-42

（5）护目镜如图 20-43 所示。

（6）面部保护如图 20-44 所示。

（7）绝缘垫如图 20-45 所示。

图20-43　图20-44　图20-45

主要用途是将拆卸下来的高压部件放置在绝缘垫上，以防止发生安全事故。

（8）绝缘罩如图 20-46 所示。

主要用途是绝缘片用于包裹高压部件以防止未佩戴个人防护装备的人员发生安全事故。

（9）警示带如图 20-47 所示。

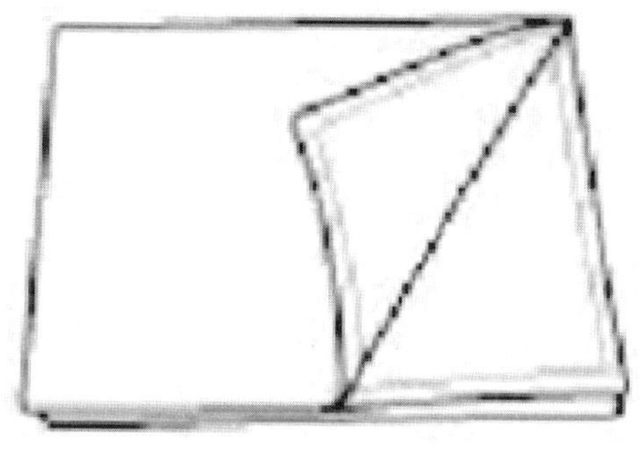

图20-46

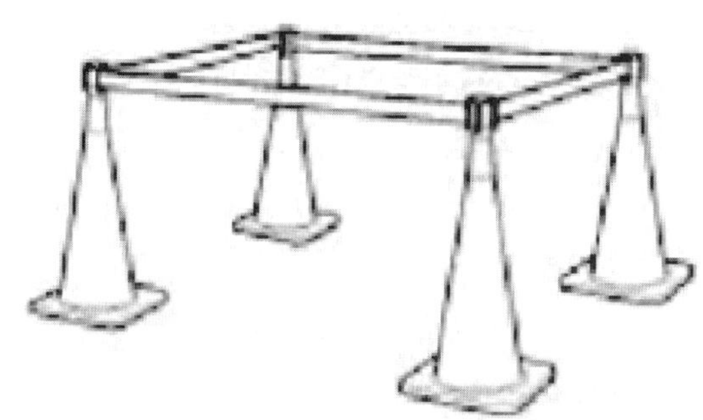

图20-47

主要用途是用于警告进入警示带内侧很危险。

3.个人防护装备检查

（1）确定个人防护装备没有损坏。

（2）确定绝缘手套没有破裂或损坏。

（3）绝缘手套要清除湿气后戴上。

1）如图 20-48 所示折叠绝缘手套。

2）再次折叠 3~4 次使其密封。

3）挤压膨胀的手套，查看手套是否破裂或损坏。

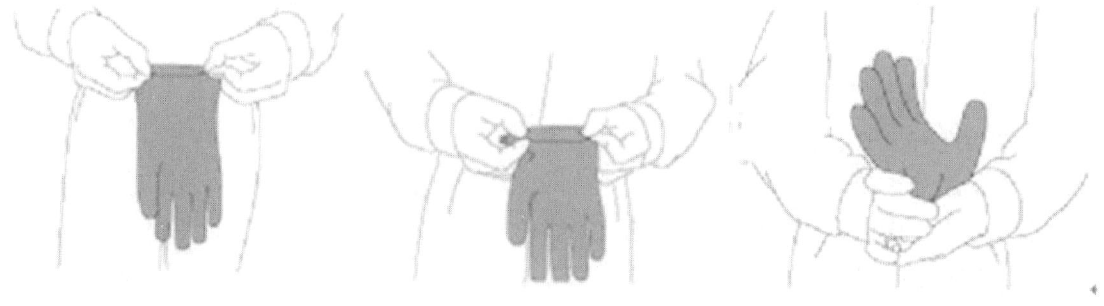

图20-48

4.谨慎拆卸电源导线

（1）安装高压端子后，使用绝缘胶带给高压端子采取绝缘措施。

（2）按规定扭矩紧固高压端子。

（3）要注意禁止正极（+）端子与负极（-）端子相互接触。

5.高压蓄电池系统起火时的预防措施

（1）启动停止按钮置于 OFF 位置，并保持智能钥匙至少距离车辆 2m 之外，以免车辆意外启动。

（2）如果火灾在初期阶段，迅速关闭安全插头。

（3）如果发生室内起火，给该区域通风，以便释放氢气。

（4）如果能灭火，使用二氧化碳灭火器灭火。如果没有二氧化碳灭火器，使用大量水或其他类型灭火器。

（5）CO_2 对电力具有高绝缘特性，因此适合于电气（C 级）相关火灾的灭火。

(6)如果不能扑灭火灾,疏散到安全地点。然后,联系消防部门。不要靠近车辆,直到大火已经扑灭。

（7）车辆淹没 / 碰撞时，拔出车辆点火钥匙，然后尽快离开车辆。

6.高压蓄电池气体或电解液泄漏时的预防措施

（1）启动停止按钮置于 OFF 位置，并保持智能钥匙至少距离车辆 2m 之外，以免车辆意外启动。

（2）如果火灾在初期阶段，迅速关闭安全插头。

（3）气体是氢气和碱性蒸气。如果火灾发生在室内，立即给该区域通风，并疏散到安全地方。

（4）如果泄漏液体接触皮肤，立即用硼酸溶液中和受影响区域，然后用自来水或盐溶液清洁。

（5）如果泄漏的蒸气或液体接触眼睛，立即用水冲洗受影响的部位并及时就医。

（6）如果气体泄漏是由高温导致的，则不要使用蓄电池，直到高压蓄电池完全冷却到室温为止。

7.事故后处理车辆时的预防措施

（1）一定要佩戴绝缘手套（或橡胶手套）、护目镜、绝缘套件、绝缘鞋。

（2）绝缘包皮已被破坏时，请勿触摸裸电缆。

（3）如果车辆起火并能灭火，使用二氧化碳灭火器灭火。如果没有二氧化碳灭火器，使用大量水或其他类型灭火器。

（4）如果车辆浸水一半以上高度，不要接近安全开关或其他高压相关部件。如果必须使用这些部件，处理部件前必须首先将车辆移至安全地方。

（5）如果火灾发生在室内，立即给该区域通风并疏散到安全地方，避开氢气和碱性气体。

（6）如果泄漏液体接触皮肤，立即用硼酸溶液中和受影响区域，然后用自来水或盐溶液清洁。

（7）如果需要切断高压，处理相关部件时请参考“高压切断程序”。

8.维修事故车辆前的准备事项

（1）要佩戴绝缘手套（或橡胶手套）、护目镜、绝缘套件、绝缘鞋。

（2）硼酸粉末或溶液。

（3）CO_2 灭火器或其他灭火器。

（4）清洁电解液的毛巾。

（5）乙烯基绝缘带（绝缘端子用）。

（6）兆欧表（用于检查高电压绝缘电阻）。

9.电动汽车长期停放时的预防措施

（1）将启动按钮置于 OFF。保持智能钥匙至少距离车辆 2m 以外，以免车辆意外启动。（这是为了防止高压蓄电池快速过度放电）。

（2）如果高压蓄电池充电状态（SoC）低于 30%，禁止继续使车辆处于停放状态。

（3）如果车辆长期停放，蓄电池要每 3 个月充电一次，以防止高压蓄电池完全放电。

（4）当检查辅助蓄电池放电状态或者更换辅助蓄电池，检查高压蓄电池 SoC 初始化相关问题。

10.混合动力车辆制冷剂的回收/填充预防措施

（1）由于电动压缩机使用高压，您应使用有高体积电阻率的 POE 润滑油。

（2）禁止使用与常规皮带驱动压缩机相同的空调回收 / 填充设备。

（3）警告：如果系统内的润滑油由 POE 润滑油和 PAG 润滑油混合而成，由于体积电阻率下降，会造成介质击穿，导致空调压缩机不能运转。

二、高压切断程序

警告：执行高压系统相关操作前，阅读并遵循下面的“一般安全信息和预防措施”。如果不遵循安全指示，会导致严重的电击事故。

信息：高压部件：高压蓄电池、快速充电继电器、电机、电源线、BMS、逆变器、LDC、车载充电器（OBC）、主继电器、预充电继电器、预充电电阻器、蓄电池电流传感器、安全插头、主保险丝、蓄电池温度传感器、汇流条、充电口、空调压缩机、电能控制模块（EPCU）等。

（1）将点火开关转至 OFF 位置，并分离辅助蓄电池负极（-）端子。

（2）拆卸后坐垫。

（3）拆卸维护盖（如图 20-49 中 A）。

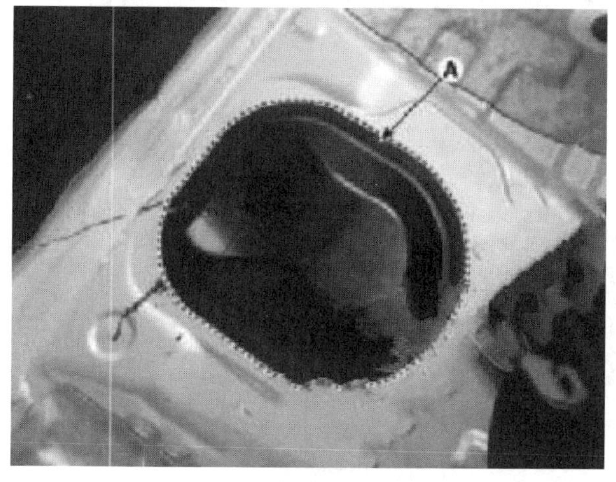

图20-49

（4）拆卸安全插头（如图 20-50 中 A）。

图20-50

信息：按以下顺序拆卸安全插头，如图 20-51 所示。

图20-51

（5）等待 5min 以上，以便高压系统内的电容器完全放电。

（6）测量逆变器端子之间的电压，检查逆变器内电容器是否完全放电。

①举升车辆。

②拧下固定螺栓，并拆卸高压蓄电池组下盖（如图 20-52 中 A）。高压蓄电池组下盖固定螺栓：29.4~39.2N·m。

③拆卸高压导线（如图 20~53 中 A）。

④测量逆变器端子之间的电压，如图 20-54 和图 20-55 所示。低于 30V：高压电路正常切断。超

过30V：高压电路故障。

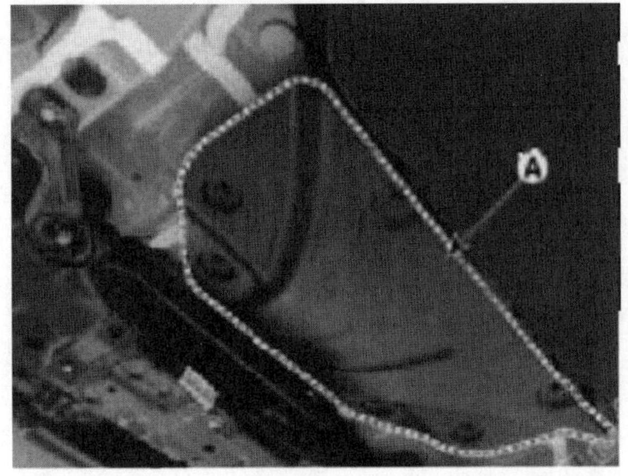

图20-52

图20-53

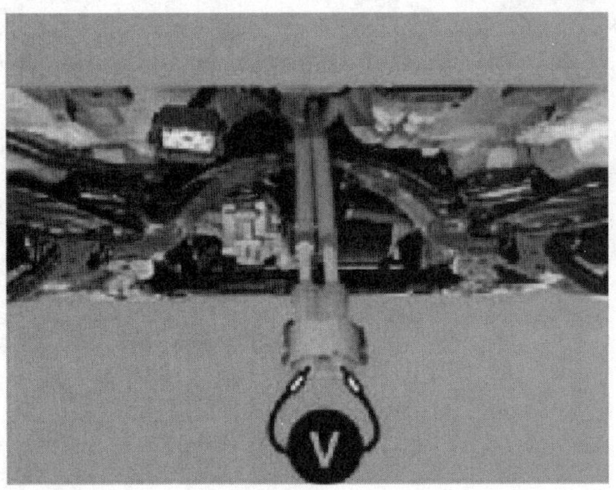

图20-54

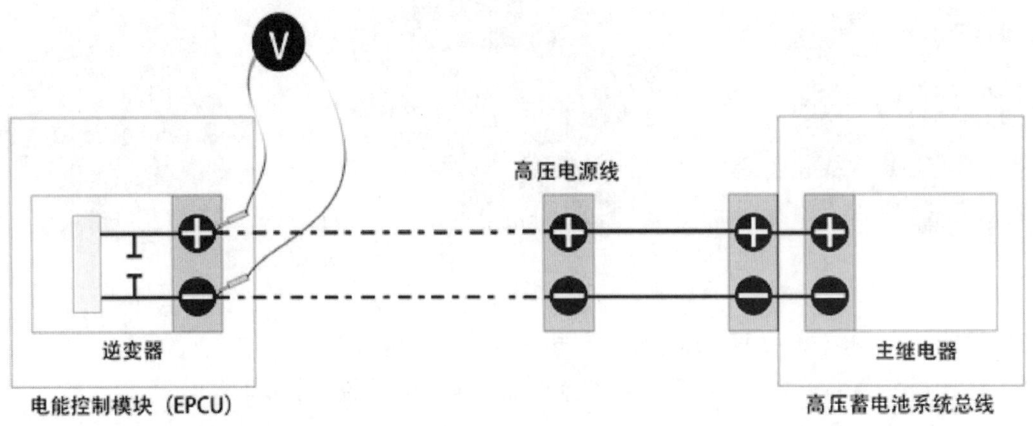

图20-55

警告：如果测量的电压值超过30V，即使安全插头正常被拔出，高压电路可能存在严重的问题。此时，检查故障码且禁止碰触高压系统。

第二十一章　东风悦达起亚车系

第一节　2018—2019年东风悦达起亚KX3EV

一、一般安全信息和注意事项

1.安全预防措施

危险：电动车辆配置有高压蓄电池，如果高压系统或车辆处理不当，会导致严重的触电或漏电事故的发生。

警告：

（1）检查或维修高压系统前，必须拆卸安全插头，切断高压。

（2）应由执行维修工作的人员保管拆卸的安全插头，以免误连接。

（3）操作高压系统时不要佩戴任何金属物件（手表、指环等），否则会导致发生严重意外，例如触电。

（4）开始高压系统作业前，工作人员应佩戴个人防护装备，以免发生安全事故。

（5）禁止未佩戴个人防护装备的操作人员碰触高压系统，应使用绝缘片覆盖高压部件，防止发生意外事故。

（6）喷漆时不要超过70℃/30min或80℃/20min。防止高压蓄电池暴露于酷热环境，否则会导致早期恶化。

（7）操作高压系统时使用绝缘工具。

（8）将拆卸下来的高压部件放置在绝缘垫上。

（9）拆卸安全插头后，确定高压端子之间电压小于30V。

信息：

（1）所有高压导线和连接器的颜色均为橙色。

（2）在高压部件上附着高压注意标签。

（3）高压部件：高压蓄电池、快速充电继电器、电机电源线、BMS ECU、逆变器、LDC、车载充电器（OBC）、主继电器、预充电继电器、预充电电阻器、蓄电池电流传感器、安全插头、主保险丝、蓄电池温度传感器、汇流条、充电端口、空调压缩机、电能控制模块（EPCU）等。

注意：如图21-1所示在车辆上放置“注意高压”标志，以警告其他人员注意高压危险。

2.个人防护装备

（1）绝缘手套如图21-2所示。

主要用途是检查或操作高压部件时使用（绝缘性能：1000V/300A或以上）。

（2）绝缘靴如图21-3所示。

主要用途是检查或操作高压部件时使用。

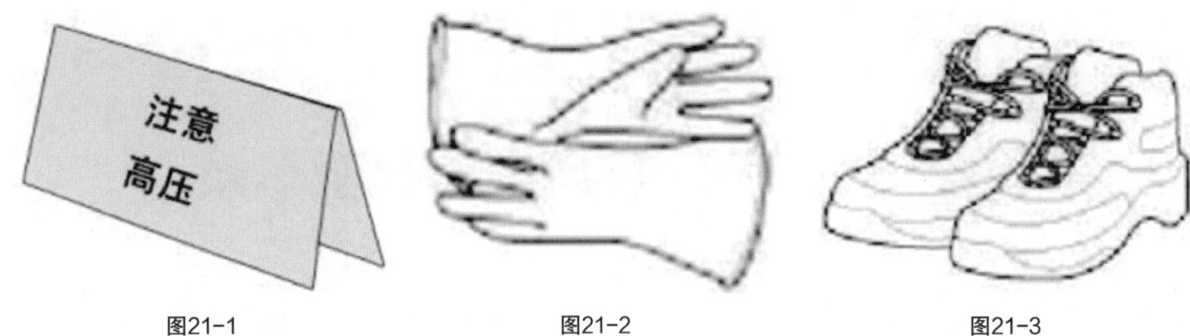

图21-1　　图21-2　　图21-3

（3）绝缘套装如图 21-4 所示。

（4）绝缘安全头盔如图 21-5 所示。

图21-4

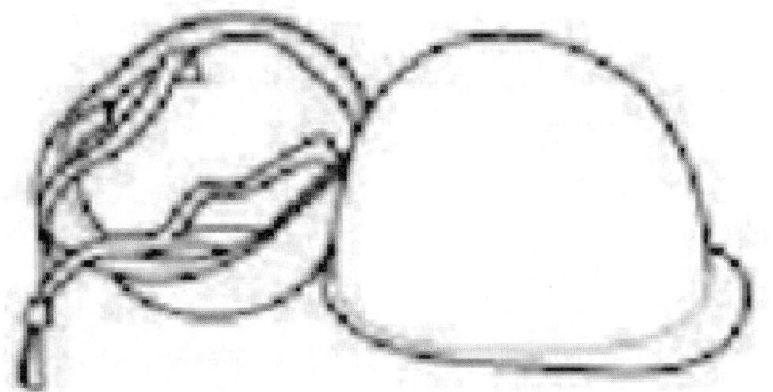

图21-5

（5）护目镜如图 21-6 所示。

（6）面部保护如图 21-7 所示。

（7）绝缘垫如图 21-8 所示。

图21-6

图21-7

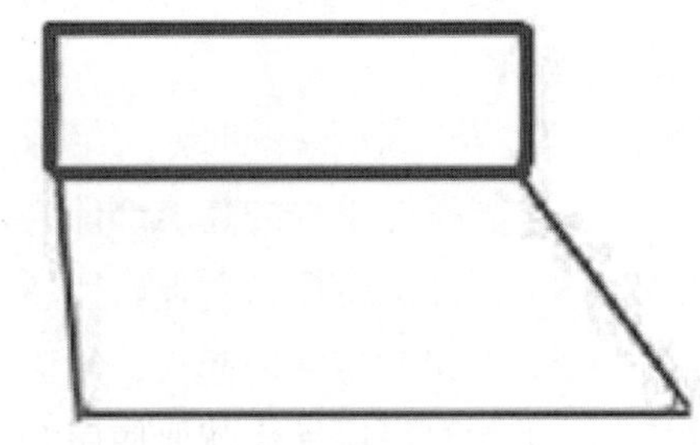

图21-8

主要用途是将拆卸下来的高压部件放置在绝缘垫上，以防止发生安全事故。

（8）绝缘罩如图 21-9 所示。

主要用途是绝缘片用于包裹高压部件，以防止未佩戴个人防护装备的人员发生安全事故。

（9）警示带如图 21-10 所示。

主要用途是用于警告进入警示带内侧很危险。

3.个人防护装备检查

（1）确定个人防护装备没有损坏。

（2）确定绝缘手套没有破裂或损坏。

（3）绝缘手套要清除湿气后戴上。

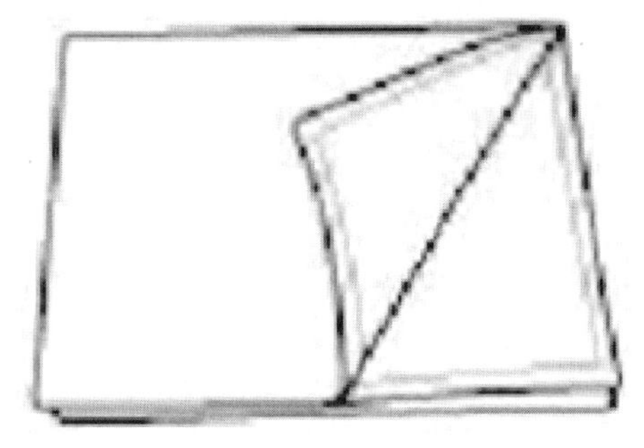

图21-9

图21-10

信息：

（1）如图 21-11 所示折叠绝缘手套。

（2）再次折叠 3~4 次使其密封。

（3）挤压膨胀的手套，查看手套是否破裂或损坏。

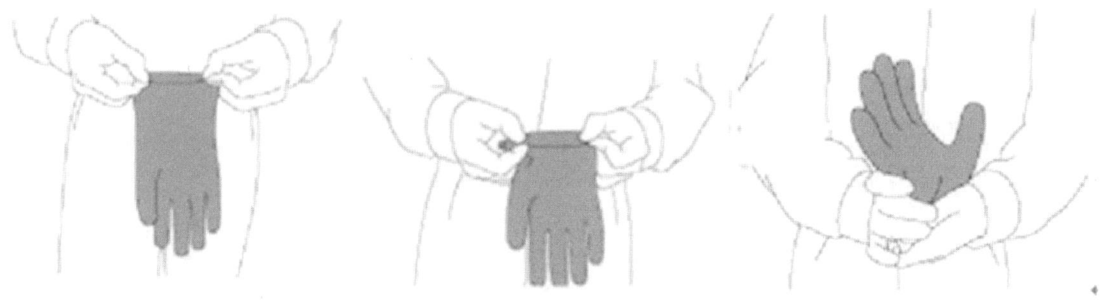

图21-11

4.谨慎拆卸电源导线

（1）安装高压端子后，请使用绝缘胶带给高压端子采取绝缘措施。

（2）按规定扭矩紧固高压端子。

（3）要注意禁止正极（+）端子与负极（-）端子相互接触。

5.高压蓄电池系统起火时的预防措施

（1）启动停止按钮置于 OFF 位置，并保持智能钥匙至少距离车辆 2m 之外，以免车辆意外启动。

（2）在火灾发生的初期，快速关闭安全插头。

（3）如果发生室内起火，给该区域通风以便释放氢气。

（4）如果可以灭火就要使用 CO_2 灭火器。如果没有 CO_2 灭火器，使用大量水或其他类型灭火器。

（5）CO_2 对电力具有高绝缘特性，因此适合于电气（C 级）相关的火灾的灭火上。

（6）如果不能扑灭火灾，则疏散到安全地点。然后，联系消防部门，不要靠近车辆，直到大火已经扑灭。

（7）车辆淹没 / 碰撞时，拔出车辆点火钥匙，然后尽快离开车辆。

6.高压蓄电池气体或电解液泄漏时的预防措施

（1）启动停止按钮置于 OFF 位置，并保持智能钥匙至少距离车辆 2m 之外，以免车辆意外启动。

（2）在火灾发生的初期，快速关闭安全插头。

（3）气体是氢气和碱性蒸气。如果火灾发生在室内，立即给该区域通风，并疏散到安全地方。

（4）如果泄漏液体接触皮肤，立即用硐酸溶液中和受影响区域，然后用自来水或盐溶液清洁。

（5）如果泄漏的蒸气或液体接触眼睛，立即用水冲洗受影响的部位并及时就医。

（6）如果气体泄漏是由高温导致的，则不要使用蓄电池，直到高压蓄电池完全冷却到室温为止。

7.事故后处理车辆时的预防措施

（1）一定要佩戴绝缘手套（或橡胶手套）、护目镜、绝缘套件、绝缘鞋。

（2）绝缘包皮已被破坏时，请勿触摸裸电缆。

（3）如果车辆起火，并且可以扑灭，就要使用 CO_2 灭火器，如果不可用，使用大量水或其他类型灭火器。

（4）如果车辆过半浸水，不要试图接近高压部件如安全插头等。如果必须处理这些部件，首先将车辆移到安全位置，然后处理这些部件。

（5）如果火灾发生在室内，立即给该区域通风并疏散到安全地方，避开氢气和碱性气体。

（6）如果泄漏液体接触皮肤，立即用硼酸溶液中和受影响区域，然后用自来水或盐溶液清洁。

（7）如果需要切断高压，处理相关部件时请参考“高压切断程序”。

8.维修事故车辆前的准备事项

（1）要佩戴绝缘手套（或橡胶手套）、护目镜、绝缘套件、绝缘鞋。

（2）硼酸粉末或溶液。

（3）CO_2 灭火器或其他灭火器。

（4）清洁电解液的毛巾。

（5）乙烯基绝缘带（绝缘端子用）。

（6）兆欧表（用于检查高压绝缘电阻）。

9.电动汽车长期停放时的预防措施

（1）将启动按钮置于 OFF。保持智能钥匙至少距离车辆 2m 以外，以免车辆意外启动（这是为了防止高压蓄电池快速过度放电）。

（2）如果高压蓄电池充电状态（SoC）低于 30%，禁止继续使车辆处于停放状态。

（3）如果车辆长期停放，蓄电池要每 3 个月充电 1 次，以防止高压蓄电池完全放电。

（4）当检查辅助蓄电池放电状态或者更换辅助蓄电池时，检查高压盖电池 SoC 初始化相关问题。

10.混合动力车辆制冷剂的回收/填充预防措施

（1）由于电动压缩机使用高压，您应使用有高体积电阻率的 POE 润滑油。

（2）禁止使用与常规皮带驱动压缩机相同的空调回收 / 填充设备。

二、高压切断程序

警告：在进行高压系统相关作业前，确定阅读并遵循“安全信息和预防措施”。如果不遵循安全指示会导致严重的电击事故。

信息：

高压部件包括高压蓄电池、快速充电继重器、电机、电源线、BMS ECU、逆变器、LDC、车载充电器（OBC）、主继电器、预充电继电器、预充电电阻器、蓄电池电流传感器、安全插头、主保险丝、蓄电池温度传感器、汇流条、充电端口、空调压缩机、电能控制模块等。

（1）将点火开关转至 OFF 位置并分离辅助蓄电池负极（-）端子。

（2）拆卸后坐垫盖。

（3）拆卸维修盖（如图 21-12 中 A）。

（4）拆卸安全插头（如图 21-13 中 A）。

信息：按照下列顺序拆卸安全插头，如图 21-14 所示。

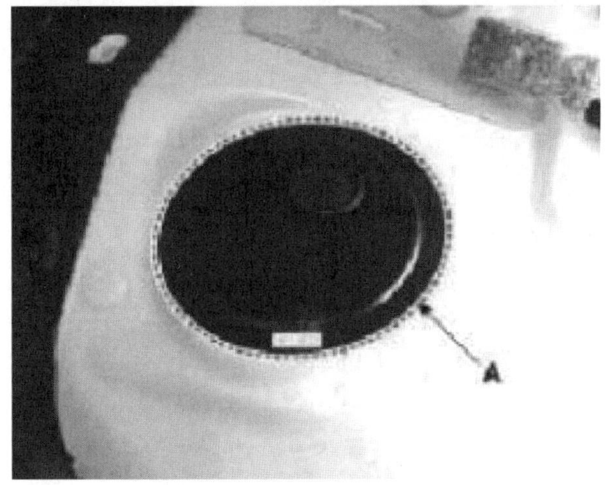

图21-12

图21-13

图21-14

（5）等待 5min 以上，以便高压系统内的电容器完全放电。

（6）测量逆变器端子之间的电压，检查逆变器内电容器是否完全放电。

①举升车辆。

②拧下固定螺栓，并拆卸高压蓄电池组下盖（如图 21-15 中 A）。

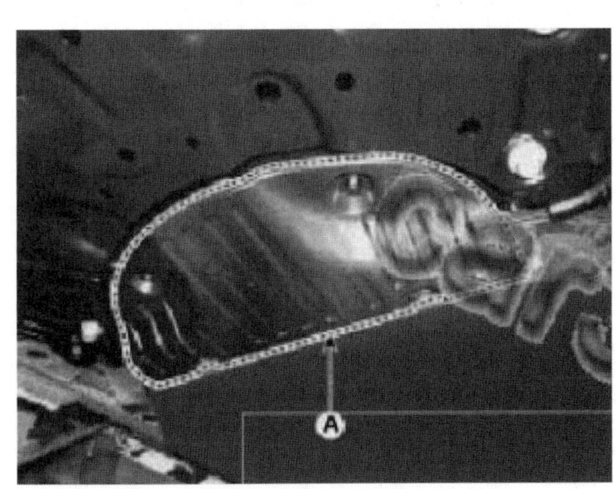

图21-15

③拆卸高压导线（如图 21-16 中 A）。

④测量逆变器端子之间的电压，如图 21-17 和图 21-18 所示。低于 30V：高压电路正常切断路。高于 30V：高压电路故障。

警告：在正常拆卸安全插头时，如果测量的电压值超过 30V，表明高压电路存在严重故障。此时，检查故障码，并禁止接触高压系统。

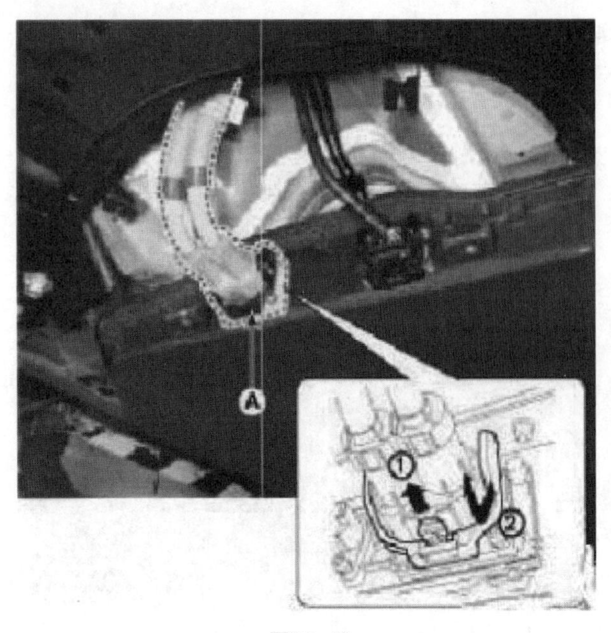

图21-16

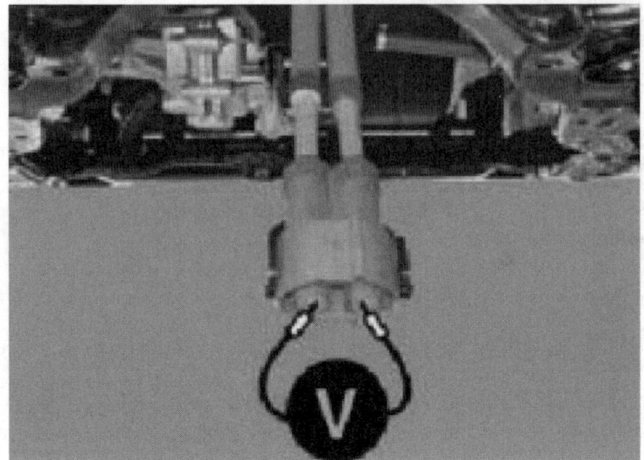

图21-17

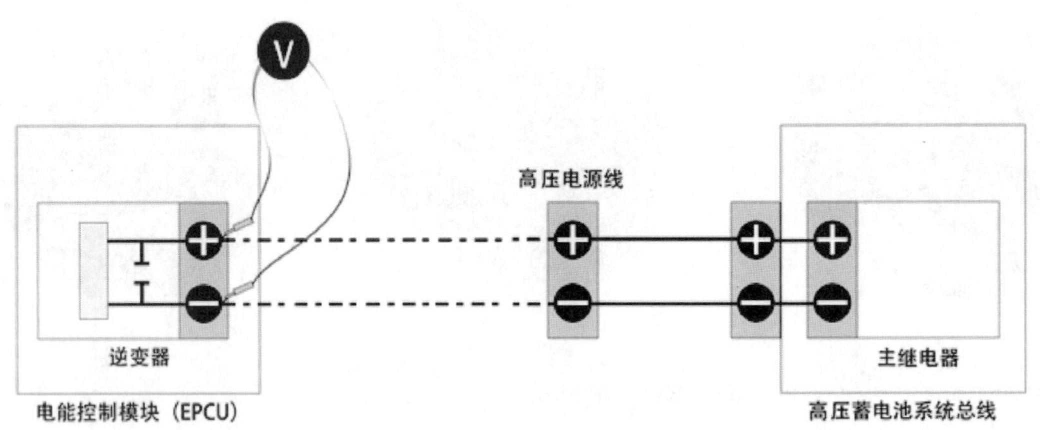

图21-18

第二节　2019—2020年东风悦达起亚K3 EV

一、一般安全信息和注意事项

1.维护高压系统时的预防措施

危险：由于电动车辆包括高压蓄电池，如果系统或车辆操纵不当，会导致严重事故，如电路短路、电击等。因此，执行系统作业前，一定要遵守下列事项。

警告：

（1）检查或维修高压系统前，一定要分离安全插头，以切断高压（HV）。

（2）确保由执行维修操作的维修人员保管拆卸的安全插头，以防其他人员误操作连接安全插头。

（3）金属物体会导致短路，造成人身伤害或车辆损坏。开始工作前一定要卸下所有金属物品（金属物：手表、戒指和其他金属品）。

（4）无论何时执行高压系统作业，必须穿戴个人防护装备（PPE），以免发生安全事故。

（5）禁止没有穿戴个人防护装备的维修人员执行高压系统作业。为避免发生此类事故，用绝缘板盖住高压部件。

（6）执行高压系统作业时，一定要使用绝缘工具。

（7）在绝缘垫上整理和存放拆下的高压部件，以免发生短路。

（8）确保高压端子之间的电压为 30V 或以下。

信息：

（1）所有高压线束和连接器均应绝缘 / 用橙色标志。

（2）高压部件上粘贴有“高压警告”标签。

（3）高压系统部件包括蓄电池系统总成、电源继电器总成（PRA）、高压接线盒、驱动电机和减速齿轮、电源线、BMS ECU、集成充电器和转换器模块（ICCU）、主继电器、预充电继电器、预充电电阻器、蓄电池电流传感器、安全插头、安全联锁连接器、主保险丝、蓄电池温度传感器、汇流条（BUSBAR）、充电端口、电动压缩机、PTC 加热器、高电压加热器继电器等。

注意：维修高压系统时，如图 21-19 所示放置“注意高压”警告标志。

2.个人防护装备

（1）绝缘手套如图 21-20 所示。

主要用途是检查高压部件和执行相关工作用（绝缘性能：1000V/300A 或以上）。

（2）绝缘靴如图 21-21 所示。

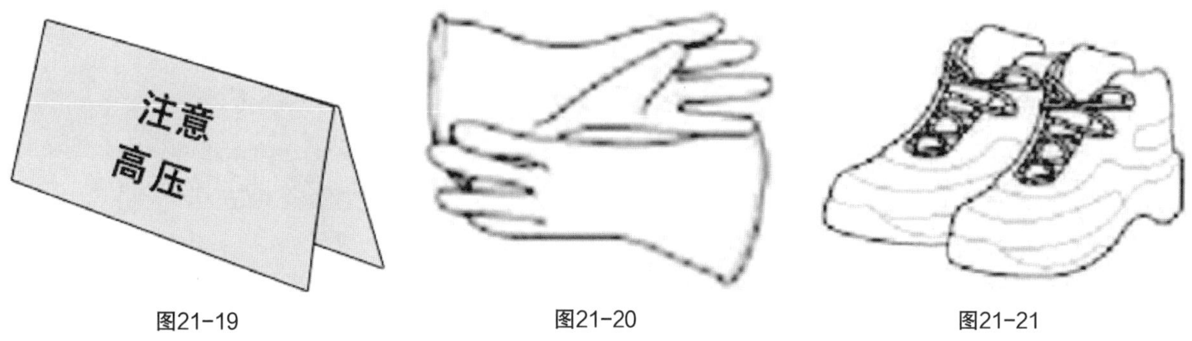

图21-19　　图21-20　　图21-21

主要用途是检查高压部件和执行相关工作用。

（3）绝缘套装如图 21-22 所示。

（4）绝缘安全头盔如图 21-23 所示。

图21-22

图21-23

（5）护目镜如图 21-24 所示。

（6）面部保护如图 21-25 所示。

（7）绝缘垫如图 21-26 所示。

图21-24　　图21-25　　图21-26

主要用途是在绝缘垫上整理和存放拆下的高压部件，以免发生电击事故。

（8）绝缘罩如图 21-27 所示。

主要用途是用绝缘罩盖住高压部件，以免没有佩戴防护装备的人员发生安全相关事故。

（9）警示带如图 21-28 所示。

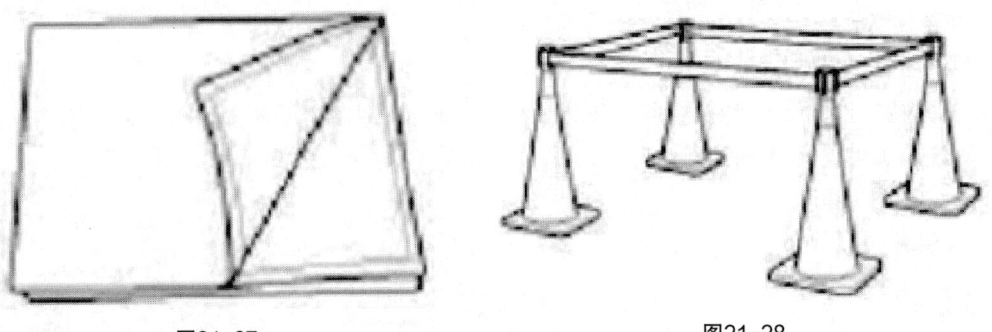

图21-27　　图21-28

主要用途是环绕车辆设置，以阻碍无关人员靠近，防止作业期间发生安全事故。

3.个人防护装备检查

（1）确定绝缘靴、绝缘套装、绝缘头盔和防护装置没有撕裂或损坏。

（2）确定绝缘手套没有撕裂或损坏。

（3）佩戴前确定绝缘手套干燥。

（4）信息。

①如图 21-29 所示折叠绝缘手套。

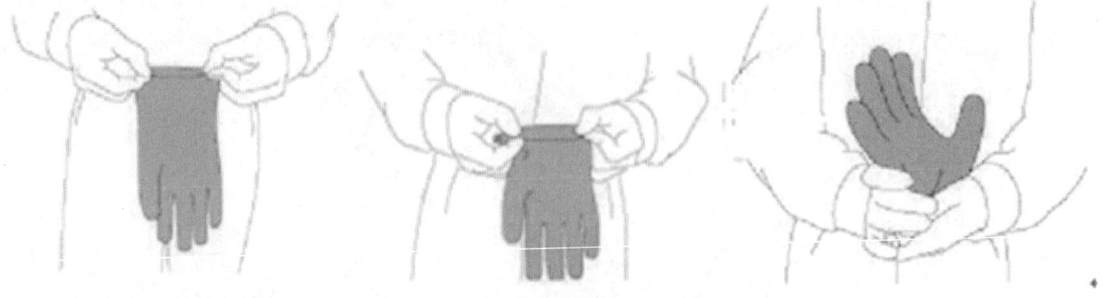

图21-29

②折叠 3~4 次以免漏气。

③检查有无撕裂或损坏部分。

4.操作电源线时的预防措施

（1）重新连接端子后，立即采取高压端子的绝缘措施（使用绝缘胶带）。

（2）按规定扭矩拧紧高压端子固定螺钉。

（3）连接或拆卸电源线和汇流条时，小心谨慎确保（+）端子与（-）端子不互相接触。

5.高压蓄电池系统发生火灾时的注意事项

（1）将启动按钮置于OFF。保持智能钥匙距离车辆至少2m，以免车辆意外启动。

（2）如果发生火灾，在保证安全的条件下，如下进行操作，以在火灾早期迅速分离安全插头。

（3）如果发生车内起火，此区域应通风，以便释放氢气。

（4）如果火势可以扑灭，使用二氧化碳灭火器。如果二氧化碳灭火器不起作用，使用大量水或其他类型的灭火器进行灭火。

（5）二氧化碳具有良好的电气绝缘性能，适用于C级电气火灾。

（6）如果火势无法扑灭，请疏散到安全地带。向消防部门报告电动车辆发生了火灾，在火灾扑灭前不要接近电动车辆。

（7）如遇洪水或发生碰撞事故，应尽快将车辆关闭，并迅速撤离。

6.高压蓄电池气体或电解液泄漏时的注意事项

（1）将启动按钮置于OFF。保持智能钥匙距离车辆至少2m，以免车辆意外启动。

（2）如果发生火灾，在保证安全的条件下，如下进行操作，以在火灾早期迅速分离安全插头。

（3）气体是氢气和碱性蒸气。如果在室内发生泄漏，立即给该区域通风，并转移到安全地方。

（4）如果泄漏的液体接触皮肤，立即用硼酸溶液中和接触部位，然后用自来水或盐溶液进行清洗。

（5）如果泄漏的蒸气或液体接触眼睛，立即用大量水冲洗受影响的眼部后及时就医。

（6）如果因高温泄漏气体，在蓄电池完全冷却至室温之前，不要使用高压蓄电池。

7.事故后操纵车辆时的预防措施

（1）一定要佩戴绝缘手套（或橡皮手套）、护目镜、绝缘套装和绝缘靴。

（2）在任何情况下都禁止碰触裸线。

（3）如果车辆着火而且能进行灭火，使用二氧化碳灭火器。如果没有二氧化碳灭火器，使用大量水或其他类型灭火器。

（4）如果车辆过半浸水，不要接近安全插头或其他高压相关部件，如果必须使用这些部件，处理部件前必须首先将车辆移至安全地方。

（5）气体是氢气和碱性蒸气。如果在室内发生泄漏，立即给该区域通风，并转移到安全地方。

（6）如果泄漏的液体接触皮肤，立即用硼酸溶液中和接触部位，然后用自来水或盐溶液进行清洗。

（7）要切断高压，参考“高压切断程序”。

8.维修事故车辆时的准备

（1）绝缘手套（或橡皮手套）、护目镜、绝缘套装和绝缘靴。

（2）硼酸粉或溶液。

（3）二氧化碳灭火器或其他灭火器。

（4）清洁电解液的擦布。

（5）乙烯基绝缘带（绝缘端子）。

（6）兆欧表（检查高压绝缘电阻）。

9.电动车辆长时间驻车时的预防措施

（1）将启动按钮置于 OFF。保持智能钥匙距离车辆至少 2m，以免车辆意外启动（防止高压蓄电池因暗电流等原因而深度放电）。

（2）如果高压蓄电池 SoC（充电状态）为 30% 或以下，不应长期处于无人看管状态。

（3）如果长时间处于驻车状态，应每 3 个月以正常速度给蓄电池充电到满电状态，以免高压蓄电池 SoC 到达 0。

（4）检查或更换辅助电池时，检查高压蓄电池 SoC 复位相关故障。

10.回收/填充电动车辆制冷剂时的预防措施

（1）电动车辆使用高压，电动车辆的电动压缩机使用高绝缘性能 POE 润滑油。

（2）使用独立的电动车辆保养设备（制冷剂回收 / 填充设备），以免在制冷剂的回收 / 填充操作时，混入普通车辆的 PAG 润滑油。

警告：只能使用电动压缩机专用的制冷剂回收 / 填充设备填充规定制冷剂（R-134a、R-1234yf）和压缩机润滑油（POE）。如果填充普通车辆压缩机润滑油（PAG），可能会损坏压缩机或引发安全事故。

二、高压切断程序

警告：执行高压系统作业时，一定要熟悉并遵守“安全预防措施、注意和警告”。如果不遵守说明，会由于电击或漏电导致严重事故。执行高压系统作业时，首先一定要根据“高压切断程序”切断高压。如果不遵守说明，会由于电击或漏电导致严重事故。

信息：高压系统部件包括蓄电池系统总成、电源继电器总成（PRA）、高压接线盒、驱动电机和减速齿轮、电源线、BMS ECU、集成充电器和转换器模块（ICCU）、主继电器、预充电继电器、预充电电阻器、蓄电池电流传感器、安全插头、安全联锁连接器、主保险丝、蓄电池温度传感器、汇流条（BUSBAR）、充电端口、电动压缩机、PTC 加热器、高压加热器继电器等。

（1）点火开关置于 OFF 位置，并分离 12V 蓄电池的负极（-）端子导线，如图 21-30 所示。

（2）分离安全联锁连接器（如图 21-31 中 A）。

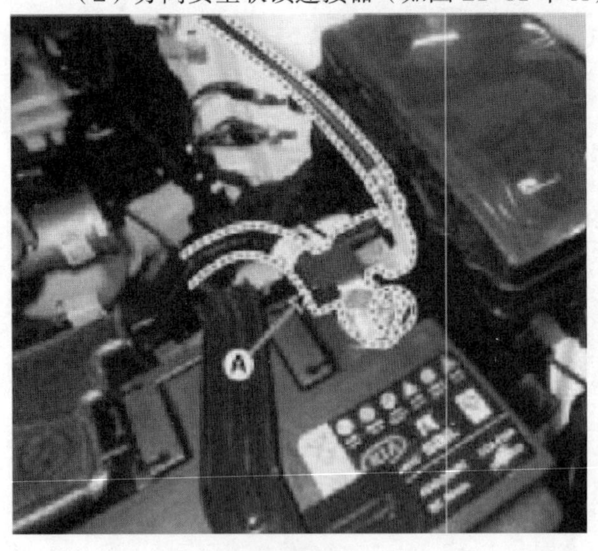

图21-30

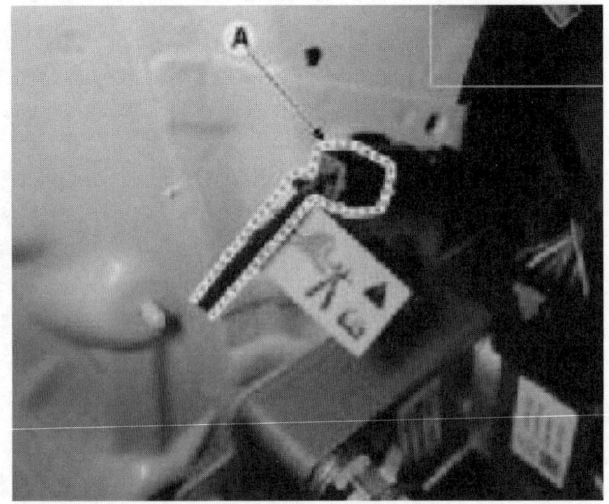

图21-31

信息：如果不能分离安全联锁连接器，切断安全联锁连接器导线，如图 21-32 所示。

（3）拆卸后座椅坐垫盖。

（4）拆卸安全插头盖（如图 21-33 中 A）。

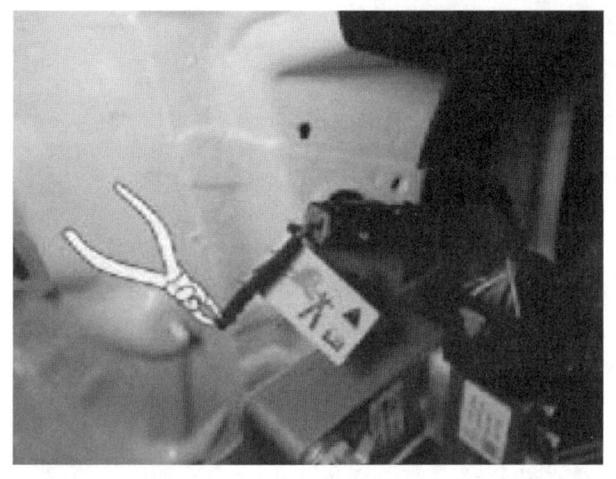

图21-32

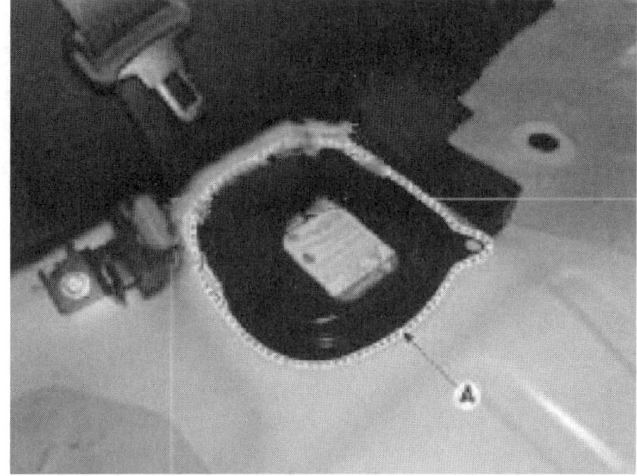

图21-33

（5）拆卸安全插头（如图 21-34 中 A）。

图21-34

信息：按照下列顺序拆卸安全插头，如图 21-35 所示。

图21-35

（6）分离安全插头后，必须等待 5min 以上，以便逆变器内的电容器完全放电。

（7）拧下固定螺母，并拆卸高压蓄电池前部底盖。

①举升车辆。

②拧下固定螺母，并拆卸后底盖（如图 21-36 中 A）。规定扭矩 :7.9~11.8N・m。

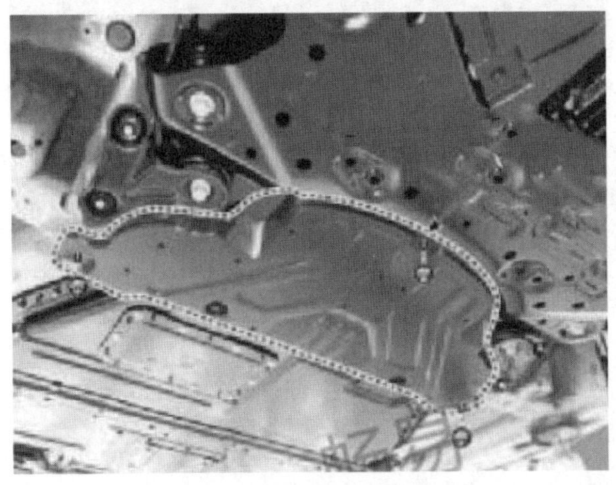

图21-36

③分离高压导线（如图 21-37 中 A）。

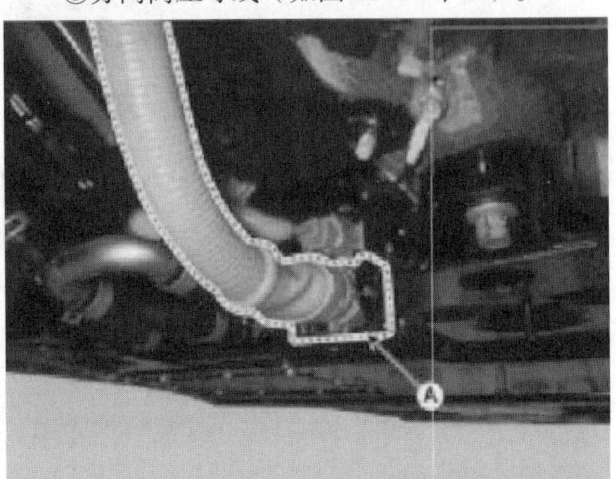

图21-37

信息：按照下列顺序拆卸高压线束，如图 21-38 所示。

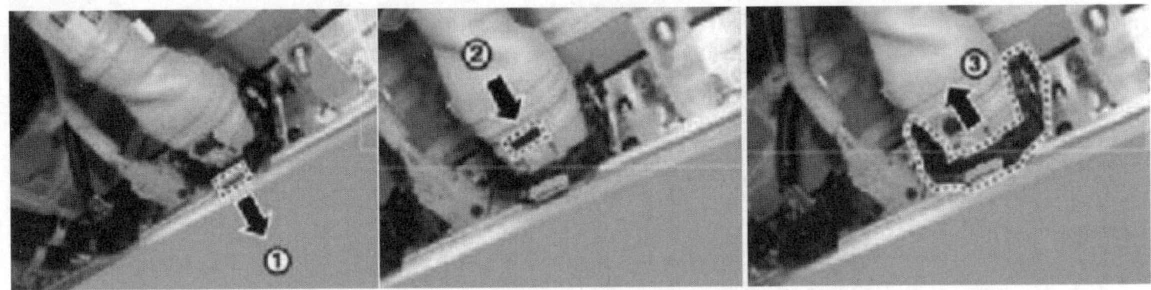

图21-38

（4）测量高压端子之间的电压，确定逆变器电容器完全放电，如图 21-39 和图 21-40 所示。30V 或以下：高压电路正常切断。30V 以上：高压电路故障。

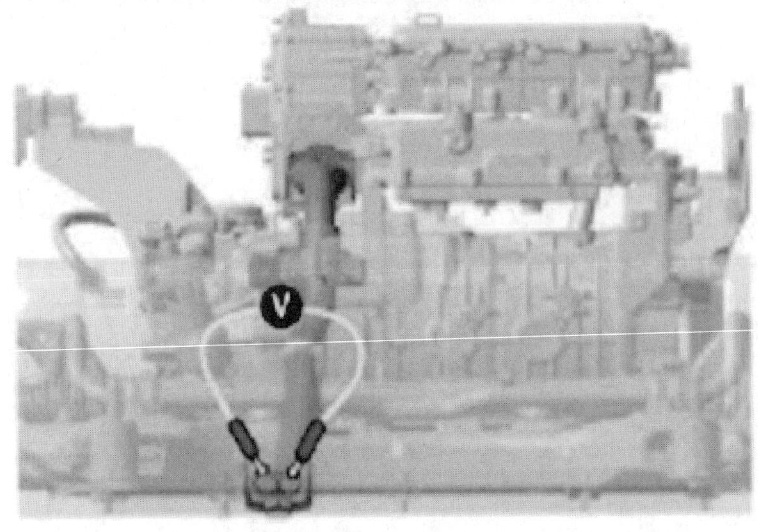

图21-39

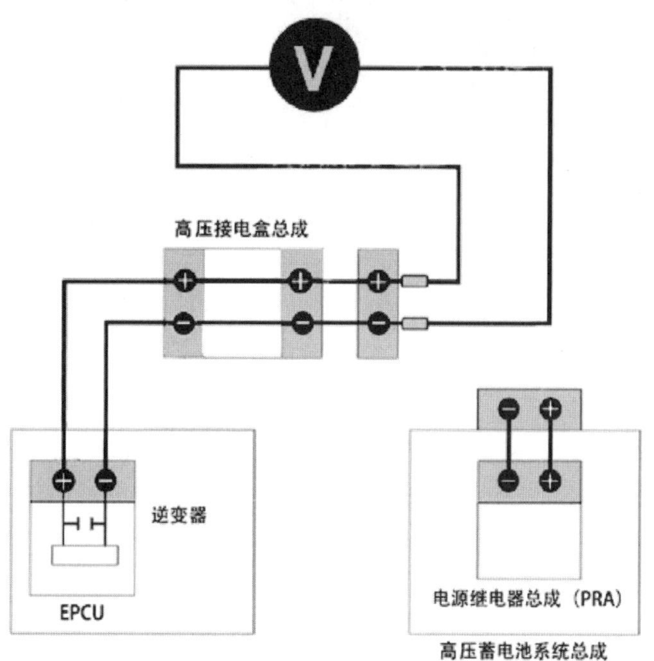

图21-40

警告：如果读取的电压值为30V或以上，检查安全插头是否完全分离。如果在分离安全插头的状态下，电压值仍为30V或以上，表明高压电路可能存在严重故障。此时，首先执行随故障码的故障检修程序。不要触摸任何与高压系统有关的部件。